Rudolf Steiner

Menschengeschichte im Lichte der Geistesforschung

Sechzehn öffentliche Vorträge
gehalten zwischen dem 19. Oktober 1911
und dem 28. März 1912
im Architektenhaus zu Berlin

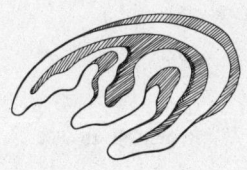

RUDOLF STEINER VERLAG
DORNACH/SCHWEIZ

Nach vom Vortragenden nicht durchgesehenen Nachschriften
herausgegeben von der Rudolf Steiner-Nachlaßverwaltung

Ungekürzte Ausgabe nach dem gleichnamigen Band
der Rudolf Steiner Gesamtausgabe
herausgegeben von E. Froböse und C. Lindenberg
(Bibliographie-Nr. 61, ISBN 3-7274-0610-0)
2. Auflage, Dornach 1983

Taschenbuchausgabe
1.–5. Tsd. Dornach 1987

Bestell-Nr. tb 6900

Zeichen auf dem Umschlag und Titelblatt von Rudolf Steiner

Printed in Germany by Clausen & Bosse, Leck

ISBN 3-7274-6900-5

Die Vorträge dieses Bandes gehören dem Teil von Rudolf Steiners Vortragswerk an, mit dem er sich an die Öffentlichkeit wandte. «Berlin war der Ausgangspunkt für diese öffentliche Vortragstätigkeit gewesen. Was in anderen Städten mehr in einzelnen Vorträgen behandelt wurde, konnte hier in einer zusammenhängenden Vortragsreihe zum Ausdruck gebracht werden, deren Themen ineinander übergriffen. Sie erhielten dadurch den Charakter einer sorgfältig fundierten methodischen Einführung in die Geisteswissenschaft und konnten auf ein regelmäßig wiederkehrendes Publikum rechnen, dem es darauf ankam, immer tiefer in die neu sich erschließenden Wissensgebiete einzudringen, während der neu hinzukommenden die Grundlagen für das Verständnis des Gebotenen immer wieder gegeben wurden.» (Marie Steiner)

Da Rudolf Steiner aus Zeitmangel nur in ganz wenigen Fällen die Nachschriften selbst korrigieren konnte, muß gegenüber allen Vortragsveröffentlichungen sein Vorbehalt berücksichtigt werden: «Es wird eben nur hingenommen werden müssen, daß in den von mir nicht nachgesehenen Vorlagen sich Fehlerhaftes findet.»

Die vorliegenden während des Winterhalbjahres 1911/12 gehaltenen 16 Vorträge bilden die neunte der öffentlichen Vortragsreihen, welche Rudolf Steiner in Berlin seit 1903 regelmäßig durchführte. Kurz zusammengefaßt wurde darin folgendes dargestellt:

Geisteswissenschaft erforscht mit modernen Erkenntnismitteln die übersinnliche Welt und vermittelt so die notwendige Ergänzung zu der Betrachtung der Sinnenwelt, wie sie seit Kopernikus, Kepler, Darwin u. a. einzig gepflegt wird. Alte Weisheit wird dadurch neu verständlich und die Rätsel vom Ursprung des Menschen, von Tod und Unsterblichkeit, von Ewigkeit und wahrem Menschenwesen werden durchschaubar. Die Erkenntnisunsicherheit gegenüber der spirituellen Welt kann durch die geisteswissenschaftliche Methode überwunden werden. Wege zu wahrer Selbsterziehung, zu den verborgenen Tiefen des Seelenlebens und dem wahren Glück des Menschen werden gewiesen. Auch das geschichtliche Leben der Menschheit erscheint durch die Geisteswissenschaft in neuem Licht und es wird deutlich, wie Natur- und Geschichtswissenschaft einer Fortentwicklung durch Geisteswissenschaft bedürfen, wenn man eine befriedigende Lösung der Daseinsrätsel erreichen will.

INHALT

DER MENSCH IN SEINEM VERHÄLTNIS
ZU DEN ÜBERSINNLICHEN WELTEN

Berlin, 19. Oktober 1911

Wie jetzt schon durch eine ganze Reihe von Wintern sollen auch in den nächsten Monaten von mir Vorträge gehalten werden über Gegenstände und Interessen der Geisteswissenschaft, der Wissenschaft von den übersinnlichen Welten.

Wenn in unserer Gegenwart von einer Erkenntnis oder von einer Wissenschaft der übersinnlichen Welten gesprochen wird, so begegnet man noch zahlreichen Vorurteilen und Widerständen. Das ist nur zu begreiflich. Denn wer die Geistesentwickelung der letzten Jahre oder Jahrzehnte kennt, wird ohne weiteres sich eingestehen müssen, daß diese Geistesentwickelung im allgemeinen recht abgeneigt war, Forschungen über die übersinnliche Welt in irgendeinem Sinne gelten zu lassen. Wenn nun gar der Anspruch erhoben wird, wie es in den verflossenen Wintervorträgen geschehen ist und auch weiter geschehen soll, daß diese Vorträge in ihrer ganzen Einkleidung, in ihrem ganzen Ton einen wissenschaftlichen Charakter tragen und darauf Anspruch machen, sich neben sonstige wissenschaftliche Betrachtungen hinzustellen, dann sind diese Vorurteile um so größer. Allerdings wird zugegeben werden müssen, daß seit kurzer Zeit innerhalb unseres Geisteslebens das Bedürfnis gewachsen ist, den Blick hinaufzusenden in die übersinnlichen Welten, um Sinn und Verständnis des ganzen menschlichen Lebens aus dieser Erkenntnis der übersinnlichen Welt zu saugen, um auch Kraft zu gewinnen in unserem so komplizierten Leben für die Ansprüche der äußeren Welt. Es ist eine immer mehr sich steigernde Sehnsucht nach Erkenntnis der übersinnlichen Welt vorhanden.

Auf der anderen Seite wird man aber nicht leugnen können, daß der gegenwärtige Mensch, wenn er durchdrungen ist von dem, was sonst in unserer Gegenwart als maßgebend für das Erringen von Lebensauffassungen gilt, dann auch an die Geisteswissenschaft einen wissenschaftlichen Anspruch macht, in gewisser Beziehung eine wissenschaftliche Begründung fordert. Nun wird zugegeben werden müssen, daß es in unserer Gegenwart zahlreiche Kreise gibt, die vom Standpunkte der gegenwärtigen Wissenschaft aus in irgendeiner Art den Anspruch einer Betrachtung der übersinnlichen Welten auf Wissenschaftlichkeit ganz ableugnen. Wenn wir Umschau halten, wie dieses Ableugnen geschieht, so kann uns auffallen, daß zwei ganz verschiedene Standpunkte in dieser Beziehung eingenommen werden, die aber zahlreiche Vertreter gerade in unserer heutigen Zeit bei denjenigen finden, welche den Trieb, die Sehnsucht haben, herauszuwachsen aus den alten Traditionen, die da sind, um die übersinnlichen Bedürfnisse zu befriedigen. Die einen sagen: was die äußere Wissenschaft in ihren verschiedenen Verzweigungen heute liefern kann, was namentlich die so bewundernswürdige Naturwissenschaft liefert, das wäre ausreichend, um dem Menschen ein befriedigendes Bild der Welt zu geben, welches einer jeglichen Sehnsucht nach Weltansicht und Weltanschauung genügen muß. Nur diejenige Weltanschauung könnte gelten, so sagt man in diesen Kreisen, welche einfach die naturwissenschaftlichen oder sonstige als wissenschaftlich anerkannte Resultate zusammenfaßt, um aus ihrer Ganzheit ein Bild über die Lösung der Welträtsel sich zu machen. Die anderen dagegen sagen: Ein Bild der Welt können wir uns zwar machen, wenn wir auf Grundlage der heutigen Wissenschaften uns Gedanken, Ideen bilden über das, was den äußeren Erscheinungen zugrunde liegen kann, aber dieses Bild reicht nicht aus für das unauslöschliche Bedürfnis der menschlichen Seele nach Erkenntnis. Alles, was wir wissen können von der Welt durch bloß äußere Wissenschaft, beweist uns geradezu, wie wenig diese äußere Wissenschaft ausreicht, um die eigentlichen großen Rätselfragen des Daseins irgendwie zu beantworten. Überall weist eine genaue und eingehende Erkenntnis der äußeren Wissenschaft auf die Untergründe dessen hin, was diese Wissenschaft selber liefert. – Innerhalb dieser Kreise gibt es wieder solche, die zwar zugeben, daß überall in der Welt Hinweise auf ein Übersinnliches sind, und daß niemals äußere Wissenschaft ausreicht, um ein befriedigendes Bild von der Lösung der Welträtsel zu erhalten, die aber dennoch sagen, daß der Mensch in seinem Erkenntnisvermögen, in seinem Wissen beschränkt sei, und daß er in wissenschaftlicher Beziehung die Grenzen seiner Leistungsfähigkeit, seiner Erkenntnis überschreiten würde, wenn er in diese übersinnliche Welt eindringen wollte.

So sehen wir, daß gerade aus demjenigen Geistesleben heraus, mit welchem sich die Geisteswissenschaft in Einklang setzen will, Vorurteile und Widerstände gegen sie selbst erwachsen. Daher wird es heute im Beginne dieser Vortragsreihe notwendig sein, eine gewisse programmatische Auseinandersetzung zu pflegen über die Möglichkeit eines Verhältnisses des Menschen zu den übersinnlichen Welten. Daß der Mensch ein solches Verhältnis zu den übersinnlichen Welten haben müsse, und daß er vielleicht nur nicht imstande sei, mit seinen Erkenntniskräften in diese übersinnlichen Welten hineinzudringen, das haben im Grunde genommen vorsichtigere Geister immer zugegeben, auch in der neueren Glanzperiode der Naturwissenschaft. Wenn man heute gegenüber solchen Auseinandersetzungen, wie sie hier in diesen Vortragsreihen gepflegt werden sollen, vielfach hören kann – damit soll nicht ein Tadel ausgesprochen werden –, daß dies im Grunde genommen eine nicht statthafte Phantasie gegenüber den übersinnlichen Welten sei, und wenn man so etwas begreiflich finden muß, so darf auf der anderen Seite doch auch darauf hingewiesen werden, daß wenigstens die eine Tatsache von vorsichtigeren Denkern und Forschern immer zugegeben worden ist, daß es nicht eine Willkür der menschlichen Seele ist, aus dem, was die äußere Wissenschaft geben kann, selbst die Schlüsse zu ziehen, daß alles in unserer Umgebung zuletzt doch auf übersinnliche Welten hinweist.

Lassen Sie mich aus der zahlreichen Reihe von Tatsachen auf eine ältere und auf eine neuere hinweisen und damit dasjenige einleiten, was dann in den weiteren Vorträgen auch durch die geisteswissenschaftlichen Forschungen selbst klargelegt werden soll. Lassen Sie mich damit einleiten, daß allerdings die Wissenschaft der letzten Jahrzehnte bei denen, die sie wirklich kennen, nicht zu einer Leugnung der übersinnlichen Welten geführt hat, und daß andererseits für den Kenner des wissenschaftlichen Standpunktes der Gegenwart heute auch schon gesagt werden darf, daß unsere äußere Wissenschaft so weit ist, daß sie sich in unserer unmittelbaren Gegenwart gezwungen fühlt, wenigstens im eingeschränkten Maße schon eine gewisse Erkenntnis übersinnlicher Welten zuzugeben. Es wird damit durch diese strenge Wissenschaft im ernstesten Sinne widerlegt, was in vielen populären Weltanschauungsströmungen heute als materialistische oder monistische, oder wie man es nennen will, Weltanschauung vertreten wird.

Auf eine ältere Tatsache lassen Sie mich zunächst hinweisen: auf einen Forscher, der mitten drinnen gestanden hat in alledem, was man den glanzvollen Betrieb der modernen Naturwissenschaft nennen kann, der vieles geleistet hat auf einem engumgrenzten Spezialgebiete, aber sich den Blick auch offen gehalten hat für alles, was äußere Wissenschaft nicht bieten kann. Dieser Forscher hat einmal folgende denkwürdigen Worte gesagt: Bewundernswürdig ist das Bild, das die Naturwissenschaft von dem geben kann, was den stofflichen Wirkungen und den Naturkräften zugrunde liegt in den Theorien über zahlreiche Atomwirkungen, welche die Naturwissenschaft heute vertritt. Aber – so sagt dieser Forscher, und ich möchte das nur als eine Tatsache hervorheben – es wäre eine verhängnisvolle Täuschung zu glauben, daß in alledem, was die Naturwissenschaft in ihren Anschauungen, in ihren Theorien geben kann, etwas läge, was ein metaphysisches Bedürfnis ausschließen würde, das heißt ein Bedürfnis, das die Menschenseele nach der Erkenntnis der übersinnlichen Welt oder wenigstens nach der Annahme eines Daseins der übersinnlichen Welt hat. Ein verhängnisvoller Irrtum wäre es, wenn man glauben wollte, alles was die Naturwissenschaft geben kann, sei doch nur etwas – und wenn es selbst bis in die atomistische Welt hineindringe –, was der äußeren Anschauung entspricht. Diese Anschauung müsse immer einen über sie selbst hinausgehenden Grund haben. – Der Ausspruch dieses Naturforschers wurde in einer Zeit getan, als die weniger strengen Denker, also die – wenn ich mich des Ausdrucks bedienen darf – Draufgänger der modernen Naturwissenschaft jene Gedanken feierten, die ausschließen wollten jeden Gedanken des Menschen an eine übersinnliche Welt. – Ich erzähle Ihnen nicht den Ausspruch eines Naturforschers, der etwa angekränkelt war von irgendwelcher Mystik, oder der philosophisch belastet gewesen wäre, oder der etwa in einer mystischen Versammlung getan worden wäre. Der Ausspruch, den ich soeben angeführt habe, ist im Jahre 1867 in der Morgenröte der materialistischen Naturforschung des vergangenen Jahrhunderts getan worden in der Wiener Akademie der Wissenschaften von dem berühmten Kliniker und Bahnbrecher der medizinischen Wissenschaft *Karl von Rokitansky*. Und was er gesagt hat, das wird trotzdem, was sonst von den Draufgängern dieser Weltanschauung geleistet worden ist, der zugeben, der die ganze Beschaffenheit und das innerste Wesen der Naturwissenschaft kennt.

Noch eine andere Tatsache möchte ich erwähnen. Wer könnte glauben, daß heute eine Wissenschaft mehr ihre Größe rein äußeren experimentellen Forschungen derjenigen Denker verdankt, die sie auf diese äußeren Forschungen und Experimente begründeten, als die Physik? Und was könnte mehr als die physikalischen Errungenschaften unserer Zeit auf der einen Seite als charakteristisch für das naturwissenschaftliche Denken der Gegenwart angeführt und auf der anderen Seite immer wieder und wieder dann herangebracht werden, wenn die Möglichkeit widerlegt werden soll, daß der Mensch es zu tun haben könnte mit Dingen der übersinnlichen Welt? Wenn aber doch nun ein Physiker käme und heute sagen würde: Dem physikalischen Denken der Gegenwart muß der Abschied gegeben werden, oder es sprechen wenigstens zahlreiche Tatsachen und Forschungsresultate dafür, daß dieser Abschied einer Vorstellung gegeben werden müsse, an der so viele Hoffnungen gerade für die rein naturwissenschaftliche Betrachtungsweise in den letzten Jahrzehnten gehangen haben? – Nämlich den Abschied einer Vorstellung zu geben wie zum Beispiel der vom materiell gedachten Weltenäther, den man ja sozusagen als eine Art von Zaubermittel für alle äußeren Naturerscheinungen durch viele Jahre hindurch betrachtet hat. Denn Erscheinungen wie Licht, Wärme, elektrische Erscheinungen und so weiter sollten nur dadurch erklärt werden, daß man hinter dem, was unsere Augen sehen, was unsere Sinne wahrnehmen, hypothetisch den sogenannten Weltenäther als den feinsten Stoff annahm, aus dem sich sozusagen alles erklären lassen müsse. Und indem man sich diesen Weltenäther materiell dachte, war man nicht verlegen ihm auch zuzuschreiben, daß in irgendwelchen Vorgängen jenes materiellen Äthers, der uns selbst erfüllt, auch die geistigen, die übersinnlichen Erlebnisse des Menschen ihren Ursprung haben müßten. Für alles, was man sonst einer übersinnlichen, geistigen Welt zuschreibt, wurde dieser materielle Weltenäther eine Art Zauberer und Erklärer. Wenn nun ein Physiker käme und sagen würde, daß gewisse Dinge innerhalb der physikalischen Forschung zwingen zu denken, daß ein solcher Zusammenhang der Naturkräfte angenommen werden müsse, durch den als möglich sich erweist, daß ohne die Voraussetzung eines materiellen Weltenäthers die Lichtstrahlen durch den Raum geleitet würden? Oder wenn dieser Physiker sagen würde, es müsse aus gewissen Tatsachen heraus heute schon angenommen werden, daß die Lichtwellen sich ohne einen materiellen Träger durch den Raum fortpflanzen? Und wenn dieser Physiker weiter sagen würde: Nun ja, das verstößt zwar gegen jede Art mechanischer Naturerklärung, aber wenn die physikalischen Tatsachen dieses herausfordern, dann ist eben die mechanische Naturanschauung rettungslos verloren. – Und wenn er dann noch weiter ginge und sagte: Was ist dann an die Stelle dessen zu setzen, was so lange als der Weltenäther von der Wissenschaft im materialistischen Sinne angenommen worden ist? Dann ist an dessen Stelle etwas zu setzen, dem vor allen Dingen keine materielle Eigenschaft zugeschrieben werden muß. An die Stelle dieses Weltenäthers ist nun etwas sehr Merkwürdiges zu setzen. – Und ich muß es immer wieder und wieder betonen: Im Sinne der heutigen Physik ist an die Stelle des Weltenäthers etwas sehr Merkwürdiges zu setzen. Nämlich an die Stelle des Äthers, der bisher das Licht durch den Raum fortpflanzen sollte, sollen nun gesetzt werden im mathematischen Sinne reine Gleichungen. Das sind Gedanken, Gedankengebilde. Und was sich da fortsetzt im Sinne von Gedankengebilden, das soll sich nicht durch Materie, sondern – wie man gelehrt sagt – durch das Vakuum, durch den leeren Raum fortsetzen. Das wird in bezug auf das Licht, das an keinen materiellen Stoff gebunden ist, als notwendig durch die Physik bezeichnet.

Wenn das vor einiger Zeit jemand gesagt hätte, in der Zeit der materialistischen oder monistischen Hochflut, so hätte man wahrscheinlich vorausgesetzt, das sei auch so ein vertrackter Vertreter einer geistigen Weltanschauung, denn nur ein solcher könne behaupten, daß das Licht ohne einen materiellen Träger durch den Raum fließt. Aber das hat kein Mystiker gesagt, das ist auch nicht in einer Versammlung gesagt worden, wo man den Leuten alles mögliche auftischen kann, sondern das ist von dem Physiker der Berliner Universität, *Max Planck,* im September 1910 auf der 82. Naturforscherversammlung in Königsberg gesagt worden. Dies ist eine Tatsache, die noch viel bedeutungsvoller ist als die vorhin genannte, und zwar aus dem Grunde, weil wir hier nicht bloß zugestanden haben, was wir von dem Kliniker Karl von Rokitansky vernommen haben: daß die Natur selbst überall auf eine übersinnliche Welt hinweise, – sondern daß in den Gedanken, die der Physiker hat, die er wirklich mit mathematischen Zeichen auf das Papier schreibt, etwas enthalten ist, was an keine materiellen Träger gebunden ist. Das heißt, wir haben nicht nur zugestanden, daß irgendwo im Unbekannten reine Gedanken, das heißt geistige Wirkungen seien, sondern daß die Physik in ihren wirklichen Erkenntnissen das erkennen muß, was nicht bloß Materielles, was Übersinnliches durch den Raum trägt.

Damit sehen wir die Wissenschaft bei jenem Tore angelangt, wo sie sich nicht nur damit begnügen darf zu sagen: Es mag eine übersinnliche Welt geben, aber die menschliche Erkenntnis kann nicht in sie eindringen. – Sondern jetzt gibt sie zu, daß die Gedanken, die sich die Wissenschaft selber macht, nicht bloß auf die Außenwelt sich beziehen, die nur im Stoffe besteht und von Materie durchtränkt wird, sondern die Erkenntnisse, die man hat, beziehen sich auf Geistiges, auf Übersinnliches! Damit ist aus unseren Zeitverhältnissen heraus für den, der die Entwickelung der Wissenschaft wirklich kennt, der Beweis geliefert, daß es heute rückständig ist zu sagen, übersinnliche Erkenntnis könne innerhalb der Wissenschaft keine Geltung beanspruchen. Und es darf dann vielleicht doch nicht als so phantastisch angesehen werden, wenn der, welcher auf dem Boden der Geisteswissenschaft steht, zu sagen nötig hat: Mit solchen Zugeständnissen gewinnt die Wissenschaft eben erst einen Weg, der immer weiter und weiter führen muß, denn die Dinge entwickeln sich vorerst aus ihren Anfängen, zur Anerkennung der Realität desjenigen, was der Mensch in seinen Erkenntniskräften in bezug auf eine übersinnliche Welt überschauen kann.

Will der Mensch in die übersinnliche Welt eindringen, dann wendet er sich heute zunächst und hat sich innerhalb gewisser Gebiete immer an das gewandt, was man die Gedankenbetrachtung der Welt nennt. Wir brauchen gar nicht einmal das Wort Philosophie anzuwenden; das Wesentliche, was der Mensch braucht, ist Gedankenbetrachtung. Denn das wird bald einem Menschen klar, daß er durch die bloße äußere Anschauung – und wenn sie noch so wissenschaftlich ist – nicht zu den Untergründen der Dinge kommen kann.

Da wendet sich der Mensch an die Gedankenbetrachtung und sucht sich innerhalb der Gedanken ein Bild von der Lösung der Weltenrätsel zu machen. Auf eine solche Weise sich ein Bild zu machen von dem, was der Welt zugrunde liegt, darauf ist auch derjenige angewiesen, der nur aus den materiell gegebenen Tatsachen ein Bild der Welt entwerfen will. Aus den Gedanken heraus ist auch alles entsprungen, was zum Beispiel *Ernst Haeckel* zu einem Weltbilde beisteuert, obwohl er sich auf das stützt, was äußere wissenschaftliche Erkenntnis ist. Ob sich jemand mehr oder weniger auf das stützt, was äußere Wissenschaft gibt, oder ob die Wissenschaft zu einem idealistischen oder spirituellen Weltbilde kommt, in beiden Fällen muß zum Gedanken gegriffen werden. Und dieser Gedanke hat eine Eigentümlichkeit, wenn wir uns ihm hingeben. Welches Eigentümliche dieser Gedanke hat, das ergibt die Tatsache, wie unsympathisch oder wenigstens unbequem viele Menschen das Gedankenforschen, das philosophische Nachdenken empfinden.

Seit der alten griechischen Zeit hat es immer Philosophen gegeben. Aber nicht nur, daß Studenten im Schweiße ihres Angesichtes sich gezwungenermaßen in das vertiefen, was das Nachdenken über die Weltenrätsel hat liefern wollen, sondern es ist auch so, daß die Menschen, die aus der ganzen Wärme ihres Herzens, die vielleicht aus einem tiefen, religiösen Bedürfnis heraus, um Frieden und Harmonie in ihrer Seele und Kraft für das Leben zu erhalten, oder die aus einem lebendigen Bedürfnis heraus Aufklärung, Aufschluß erlangen wollen über das, was über das Leben Aufschluß geben kann, – es ist so, daß viele solche Menschen recht trocken und nüchtern und recht abstrakt und unbequem dasjenige finden, was über die Lösung der Welträtsel in theoretischen Büchern, in der Philosophie vorgebracht ist. Wer so recht erfüllt ist vom Leben, wer als Praktiker mitten drinnen steht und sich angezogen fühlt von dem, was das Leben unmittelbar gibt, der wird sich leicht abgestoßen fühlen von der Nüchternheit und Abstraktheit vieler Schriften und Vorträge, die durch Gedankenarbeit in übersinnliche Welten hinaufdringen wollen. Das ist doch etwas, was wohl in den weitesten Kreisen erfahren wird. Aber so blendend auch zuweilen die philosophischen Systeme über die Weltenrätsel für diejenigen sind, die sie durch die Vorbedingungen ihres Lebens verfolgen können, so ungenießbar sind solche Wege für im vollen Dasein und Schaffen und Arbeiten mitten drinnen stehende Menschen. Dennoch haben die, welche aus einem ernsten Erkenntnisdrange heraus solche Gedankensysteme geschaffen haben, um in die Weltenrätsel einzudringen, so empfunden, daß sie sagten: Mit dieser Gedankenarbeit ist ein Bild dessen gegeben, was der Welt als übersinnliche Tatsachen eigentlich zugrunde liegt. – Und wer zu bewundern vermag, was die Denker der jüngsten, aber auch der älteren Zeiten in dieser Beziehung geleistet haben, der weiß, was an menschlichem Scharfsinn nicht nur, sondern an menschlicher Hingabe geleistet worden ist, um auf diesem Wege der Gedanken in die Welt einzudringen. Und der weiß dann auch, welche tiefe Befriedigung man unter gewissen Voraussetzungen über die Lösung der Weltenrätsel empfinden kann an den philosophischen, an den Gedankengebäuden und Ideensystemen großer Denker. Die sind durchaus nicht bloß abstrakt, sondern sind trotzdem, wenn sie auch abstrakt erscheinen, mit vielem Herzblut, mit aller Wärme der Seele geschrieben.

Aber eines kann nicht geleugnet werden, wenn es sich um solche philosophischen Systeme handelt, eines, das allerdings nicht derjenige empfindet, welcher zum Philosophen geboren ist oder seine Freude und Genügsamkeit an abstrakten Gedanken erleben kann, das aber der empfinden kann, der mit

Herzenswärme, mit seiner ganzen Menschlichkeit und mit tiefstem Bedürfnis nach einem Eindringen in die übersinnliche Welt an einem solchen Gedankensystem hängt. Was ein solcher empfindet, das möchte ich an dem Beispiele eines Denkers klarmachen, der allerdings dann ein tragisches Schicksal erlebt hat, der aber in der Zeit, als er dasjenige sprach, von dem jetzt die Rede sein soll, ganz scharfsinnig und zugleich in eindringlicher Art mit den großen Fragen der gedanklichen Lösung der Weltenrätsel sich beschäftigte. Ich meine *Friedrich Nietzsche*. Wir können ganz absehen von dem, was nachher aus ihm geworden ist. Was hier charakterisiert werden soll, liegt in den ersten Jahren seines Wirkens, wo er an der Universität Basel Vorträge ausgearbeitet hat, die dann in seinen nachgelassenen Werken erschienen sind, Vorträge über die griechischen Denker unter dem Titel «Die Philosophie im tragischen Zeitalter der Griechen», das heißt vor Sokrates, wo uns die gigantischen Denker wie Thales, Heraklit, Parmenides besonders interessieren. Aus dem Grunde interessieren sie uns, weil man sieht, wie aus einem lebensvollen Denken, aus der griechischen Weltanschauung und griechischen Kultur heraus, die wahrhaftig im Leben stand und vollgesogen war mit unmittelbarem Leben, ein solches Gedankengebäude wie das des *Parmenides* entstand, das bestrebt war hinaufzudringen in die übersinnlichen Welten, aber so, daß Parmenides, der gigantische Denker des alten Griechenlands, mitten heraus aus der alten vollsaftigen griechischen Welt zu dem abstrakten Gedanken aufstieg, zu dem Gedanken des Ur-Seins und des Ur-Nichtseins. Nicht nur den Menschen, der sonst im praktischen Leben drinnen steht, kann ein leichtes Gruseln, etwas wie eine Gänsehaut überkommen, wenn jemand, um zu den übersinnlichen Welten hinaufzukommen, zu so ausgepreßten Gedanken, zu solchen Abstraktionen greift wie

«Sein», «Ur-Sein», «Ur-Nichtsein». Selbst der, welcher sonst gewohnt ist, sich philosophisch mit den Fragen des Daseins zu beschäftigen, sagt sich: es möchte einem das Blut in den Adern erstarren, wenn man gewahr wird, wie ein Mensch zu solchen Gedanken aufsteigt, aus denen alles Lebendige wie der Saft aus einer Zitrone ausgepreßt erscheint, Gedanken, die den anderen Menschen viel zu nüchtern, trocken und abstrakt sind. – Und dieses Kapitel hat Nietzsche besonders interessiert, weil sich da zeigt, wie ein Denker unmittelbar aus dem Leben heraus sich zu einer abstrakten Gedankenwelt erhebt. So farblos, seelenlos, so ganz und gar entblößt von dem, was das Herz sich ersehnt, fand Nietzsche diese Gedanken, wie sie sich Parmenides damals ausgedacht hatte. Und dennoch, wer sich nun im Sinne einer Erkenntnis der übersinnlichen Welt mit geistiger Wissenschaft beschäftigt, wie sie hier vertreten werden soll, versteht es, wenn ein solcher Mensch davon spricht, daß einem das Blut in den Adern erstarren könnte vor diesen ausgedörrten Abstraktionen, vor diesen bis zur äußersten Abstraktion gebrachten Gedanken, und wenn ein solcher zeigt, daß selbst in dem wunderbarsten Gedankengebäude, wie zum Beispiel eines Hegel, etwas ist, was uns nüchtern berührt, wo uns das Gefühl überkommt: Wie willst du diese Welt, die, wie wir das aus dem alltäglichen Leben wissen, so lebensvoll an uns heranstößt, wie willst du ihren Untergrund ergreifen mit deinem Spinnengewebe von Gedankennetz, das du ausspinnst. Es liegt aber dennoch in einer solchen Empfindung gerade der Keimpunkt zu dem, was in der menschlichen Seele vorhanden sein muß, wenn das Verhältnis des Menschen zu den übersinnlichen Welten hergestellt werden soll.

Der Mensch – und sei er der größte Philosoph und der größte Denker –, der mit einem gewissen Behagen Gedankensysteme ausspinnt, der zu Abstraktionen hinaufzusteigen vermag und sich sagt: in diesen Abstraktionen hast du die Wahrheit über die Weltendinge, – dieser Mensch kommt nur dazu, in solchen Gedanken, und seien sie noch so spinnewebendünn und noch so abstrakt, doch nichts anderes als ein Bild hinzumalen, demgegenüber man sich sagen muß: Es ist ein Bild, – ein Bild, das aber nie die ganze reiche Fülle dessen erschöpfen kann, was der Welt zugrunde liegen muß. Wer als Denker ein solches Weltbild in Gedanken hinstellt, mag ein gewisses Genügen, ein gewisses Behagen und eine Befriedigung darin empfinden, – der im vollen Leben stehende Mensch hat ein Recht dazu, sich zu sagen: Ein solches Gedankengebäude kann nie das volle Leben und damit auch nie die Untergründe des Lebens erschöpfen.

Dieses Gedankengebäude muß von dem, der den Weg in die geistigen Welten finden will, in einer ganz besonderen Weise ausgebaut werden, muß verstärkt werden, muß in seinen letzten Konsequenzen verfolgt werden. Alles genauere und einzelne finden Sie in meinem Buche «Wie erlangt man Erkenntnisse der höheren Welten?». Hier kann es sich nur darum handeln, hauptsächlichste Gesichtspunkte über den Weg anzugeben, den der Mensch nehmen muß, wenn er zu wirklichen Erkenntnissen über die übersinnliche Welt kommen will. Da muß man sagen: Jeder kann es fühlen, wenn er sich auf bloße Gedankengebäude einläßt, daß ihm geistig kalt wird, daß ihm so wird, als hätte er sich nicht der Welt genähert, sondern sich vom vollsaftigen Dasein entfernt, als hätte er wirklich aus dem Dasein den Saft ausgedrückt wie aus einer Zitrone. Aber man muß noch etwas anderes empfinden können, wie man doch wieder für die kristallene Klarheit, für die wunderbare Architektonik eines Gedankengebäudes Leidenschaft, Enthusiasmus empfinden kann, wie man in einer gewissen Weise sagen kann: Was scheinbar so abstrakt ist, das sind dennoch die größten Gedankenerrungenschaften, die der Mensch in sich erleben kann, und die ihm zeigen, wie das gedankliche Schaffen durch die Welt waltet. – So muß man Enthusiasmus, Gefühl und Empfinden in die Welten hinauftragen, die wegen ihrer Abstraktionen so leer erscheinen können, muß sich begeistern können für das, was wie ein Gedankenlicht uns erscheint, wenn wir uns zu ihm erheben. Ein Denker, der bloß denkt und nicht Begeisterung empfinden kann für die durch die Welt webenden Gedanken, kann in der Tat niemals in die übersinnliche Welt eindringen.

Aber das ist nur die eine Seite dessen, was man empfinden muß, wenn man die Beziehungen zu dem Übersinnlichen herstellen will. Das andere ist eine Erfahrung derjenigen, die da Geistesforscher geworden sind: nämlich daß man zu Gedanken aufgestiegen ist, aber daß man etwas fühlt, wie wenn man den festen Boden unter den Füßen verloren hätte, wie wenn man über einem Abgrund stünde. Solange man an den Gedanken Behagen hat, solange man sich fest fühlt in den Gedanken, solange kann man nicht in die übersinnliche Welt hinaufkommen. Erst wenn man im Verfolgen der Gedanken etwas fühlt, was einen zweifachen Vergleich enthält: wie wenn uns der Boden unter den Füßen fortgezogen würde, und wir im Leeren schweben müßten, oder wie wenn wir über uns sich ausbreiten sehen würden das blaue Himmelsgewölbe und dann darauf kämen, das blaue Himmelsgewölbe ist ja gar kein blaues Himmelsgewölbe, sondern du selber, dessen Gesichtsfähigkeit nicht so weit reicht, umgibst dir das Weltall mit einem blauen Himmelsgewölbe, und in Wahrheit geht es ins Unendliche hinein, und du mußt in Wahrheit fragen: wo ist ein fester Punkt? Erst wenn man zugleich mit einer inneren Unsicherheit das empfindet, womit man sich den Blick vernagelt und zu gleicher Zeit die Ahnung an ein Unendliches hervorruft und sich diese Empfindung dann gesteigert denkt, kann man etwas von dem anderen empfinden, was derjenige in aller Stärke fühlen muß, der Gedanken über Weltenzusammenhänge schafft, aber durch die Gedanken hindurch in das lebendige Gefühl geistiger Tatsachen und geistiger Wesenheiten eindringen will, und der dann etwas empfindet, wie wenn er sich selber mit seinen Gedanken den Weg dahin vernagelt, wo die geistigen Wesen leben, wo der Geist wirksam ist.

Was ich Ihnen erzählt habe, ist nicht etwas phantastisch Konstruiertes, ist auch nicht aus Gedanken heraus Geschöpftes: das ist ein Erlebnis aller derer, die den Weg in die übersinnlichen Welten gesucht haben. Das kann ein Erlebnis werden, wie es beschrieben ist in dem Buche «Wie erlangt man Erkenntnisse der höheren Welten?». Was ich so als Empfindung charakterisierte, steigert sich in einer gewissen Weise und steigert sich bei dem, der den Erkenntnispfad im wahren Sinne des Wortes geht, bis zu einem Gefühl, das verwandt ist mit dem, was der Mensch im alltäglichen Leben als Furcht kennt, als Gefühl der Unsicherheit, und das man charakterisieren könnte als ein Nichtwissen, wo man steht, als ein Nichtwissen, wo man fliegt, oder als ein Nichtwissen, wo man ist. Aber dieses Gefühl darf sich nicht vollständig ausbilden, es muß gleichsam in den Untergründen der Seele bleiben; dann nur können wir in die übersinnliche Welt eindringen. Dieses Gefühl muß sogleich überleuchtet werden von dem, was sich vergleichen läßt mit dem Gefühl des Mutes, der Tatkraft, der Willensentfaltung. Der Mensch muß in sich etwas gewahr werden, was er pädagogisch durch Selbsterziehung in sich heranbilden kann im langsamen, geduldigen Fortschritt, wenn er öfter darauf kommt: Du tust nicht nur das, oder setzt dir vor, das zu tun, wozu du äußere Veranlassung hast, wozu du diese oder jene Aufforderung hast, sondern du setzt dir das Ideal, aus deinen eigenen Gedanken dieses oder jenes zu tun und den Gedanken daran und den unbeirrten Willen dazu nicht zu verlieren. – Wenn wir das im Leben öfter tun, ja es geradezu systematisch entwickeln, dann gibt es uns eine Vorstellung, die wir von keiner äußeren Welt und keiner äußeren Anschauung empfangen können, die wir herausholen können aus den tieferen Untergründen der Seele. Wenn wir dieses Gefühl in dem Moment entwickeln können, da wir zu reinen, sinnlichkeitsfreien, nicht aus der Außenwelt geholten Gedanken uns erheben, wo wir nicht auf das hinstarren, was uns die Augen und Ohren und so weiter liefern, wenn wir uns immer wieder und wieder diesem Gefühl hingeben, dann bildet sich etwas in uns, was man erleben muß, was aber ebenso erlebt werden kann, wie ein physikalisches oder chemisches Experiment erlebt werden kann. Erlebt werden kann im Selbstexperiment der Seele ein Freiwerden von einer jeglichen Anschauung und Erkenntnis, die nur durch die Werkzeuge der Körperlichkeit erlangt werden können, ein Freiwerden vom physischen Leib und Hinausdringen in jene Welt, über die wir sonst nur Gedankennetze spinnen können. Und es ist wirklich dann nicht das vorhanden, was viele Menschen einzig und allein von einem solchen Außer-sich-Kommen kennen, was sie kennen von einem das menschliche Bewußtsein zerstörenden Experiment, sondern ein Freiwerden von allem, was sinnliches Dasein und Sinnesanschauung bedeutet. Es dringt der Mensch mit dem eigenen Wesen, von dem er weiß, daß es gegenüber der Körperlichkeit selbständige Realität hat, in die Welt ein, die eine übersinnliche genannt werden muß, weil man sie als eine übersinnliche erlebt. Und wenn jemand sagt: Das kannst du dir einbilden, – so könnte man natürlich nicht durch etwas anderes wieder als durch logische Möglichkeiten und Gründe jemandem eine Anschauung davon geben, was in den übersinnlichen Welten erlebt wird, und was der Mensch als übersinnliches Wesen ist. Aber wer in die übersinnliche Welt eindringt, der weiß, daß er auf dem charakterisierten Wege zu einer Realität übersinnlicher Art kommt, die ihm ebenso in ihrer Wirklichkeit klar ist, und von der er ebenso weiß, daß sie nichts von Phantastik hat, wie er dieses von der äußeren Sinneswelt weiß.

Was ich so von der übersinnlichen Welt geschildert habe, ist nur die eine Richtung, in die wir gehen müssen, wenn wir zu den übersinnlichen Welten ein Verhältnis gewinnen wollen. Es gibt noch etwas anderes. Was ich geschildert habe, ist der Weg durch den Gedanken, was wir in der Sprache der Geisteswissenschaft die Meditation, die stille, ruhige, aber von Gefühl und Empfindung durchdrungene Meditation nennen, das Vertiefen in innere Gedankenerlebnisse der Seele. Das ist die eine Richtung. Die andere Richtung ist diejenige, durch die der Mensch etwas erleben kann, was sich von allen Gedankenerlebnissen unterscheidet. Alle Gedankenerlebnisse sind ja so, daß sie, wenn wir sie hegen, etwas Trockenes, Abstraktes, Unpersönliches haben, etwas, demgegenüber wir deshalb ein solches Erstarren des Blutes fühlen, weil es uns so fremd macht gegenüber dem unmittelbaren Leben. Man muß das fühlen, um solche Gefühle, wie sie eben charakterisiert worden sind, bis in die gedankliche Vertiefung, in die Meditation hineinzutragen, und man wird gewahr werden, daß, wenn man durch den Gedanken, über den Gedanken zu der geistigen Wesenheit emporsteigt, man in die übersinnliche Welt hineinkommt. Aber die Frage muß entstehen: Kann der Mensch nur auf dem Wege des Gedankens in die Realität, in die Wirklichkeit hineinkommen?

Um diese Frage zu beantworten, muß auf eine andere Seite des Verhältnisses des Menschen zu den übersinnlichen

Welten hingewiesen werden. Wie der Mensch in Weltenweiten, in Raumessphären schweift auf dem eben charakterisierten Wege, so kann er auch in sein eigenes Wesen eindringen. Dann kommt er allerdings zu etwas, was ihn ebenso
von dem Gedanken abführt, wie ihn der charakterisierte
Weg zum Gedanken hingeführt hat, denn sowohl die materialistische Gedankenwissenschaft wie die, von der ich
gleich sprechen werde, führt von dem Gedanken ab. Materialistische Gedankenwissenschaft zeigt, daß das Denken
an den Gehirnprozeß gebunden ist, daß überall in der Welt
kein anderes Denken gefunden wird als das, welches an das
Gehirn gebunden ist. Aber wenn der Mensch von dem Denken zu sich selber zurückkehrt und sich über sich klar wird
und sieht, wie die Gedanken und sein ganzes Geistesleben
gleich Schaumblasen aus den Tiefen des Meeres seines Seelenlebens hervorsprudeln, dann gibt es etwas zu erleben, wo
heraus der Gedanke hervorgeht. Allerdings entsteht da die
tiefe Unbefriedigtheit, welche der empfindet, der ein Verständnis hat für die Frage nach dem wahren Sinn des Lebens,
wenn die Gedanken nur ein Schaumgebilde sein sollten auf
der Oberfläche des wogenden Meeres des Seelenlebens; denn
wenn sie das wären, dann wäre die Welt sinnlos. Das ist ein
Gefühlserlebnis für den, der ein Verständnis hat für den
Sinn des Lebens. Aber es soll nun charakterisiert werden,
wie man durch eine andere Richtung zu etwas kommt, was
befreit ist von dem abstrakten Gedanken, die vollsaftig ist,
die uns auf uns selbst zurückweist, und die vom Gedanken
frei ist, die alles das nicht hat, was eben geschildert worden
ist als das Abstrakte, Nüchterne, Trockene der Verstandes-
erkenntnis, der Gedankenwissenschaft.

Was uns so die andere Richtung gibt, ist das, was wir
mystisches Erleben nennen. Der Mensch, der in seine eigene
Gefühlswelt untertaucht, nach wahrer Selbsterkenntnis

strebt, der in die Lage kommen kann, einmal den Blick abzuwenden von dem, was uns in der Welt umgibt, der kommt dahin, wohin die großen Mystiker gekommen sind. Wenn wir bei diesen Mystikern Umschau halten, so hören wir von ihnen, daß sie das Höchste, was sie sich als ein Göttliches vorstellen, das durch die Welt waltet und wogt, in ihrem eigenen Innern erleben. Im Innern des Menschen lebt ein göttlicher Funke auch. Das ist das, was zum Beispiel immer wieder und wieder durch solche mystischen Auseinandersetzungen geht, wie wir sie bei Meister Eckhart, Johannes Tauler und vielen anderen finden. Das ist ein unmittelbares mystisches Erleben. Aber etwas, was charakteristisch ist, weist ein solches mystisches Erleben immerfort auf, und das ist ja etwas, was gegen die Bedeutung eines solchen mystischen Erlebens für die Menschheit von den Gegnern desselben immer vorgebracht wird. Es hat dieses mystische Erleben etwas Individuelles, etwas ganz Persönliches. Und wer so in das eindringt, was man in den Untergründen der Seele erleben kann als den göttlichen Funken, der uns aufklärt über die Welt und ihre innersten Gründe, und gerade der, welcher dieses am stärksten erlebt, wird sagen: Es ist das ein inneres Erleben von einer solchen Tiefe, einer solchen Weite, daß menschliche Begriffe, wie man sie sonst für anderes gelten lassen kann, nicht fähig sind, das, was so erlebt wird, zu übermitteln. – Die tiefsten Mystiker werden gerade damit einverstanden sein, daß man dieses Erleben gar nicht in Gedanken, geschweige in Worte bringen kann, daß alles Gedankenleben unvermögend ist gegenüber den Tiefen des Göttlichen, das man in den Tiefen des eigenen Erlebens durchmachen kann, wenn man sich eins fühlt mit dem, was als Göttliches die Welt durchpulst, wenn man sich aus einer inneren Überzeugung klar ist über das, was die Welt durchwebt. Erleben kann man es – werden die Mystiker sagen –, aber in Gedanken bringen, kann man es nicht. Daher kann man es nicht in den gebräuchlichen Vorstellungen andern übermitteln, sondern es kann nur das Weltenrätsel von jedem Einzelnen persönlich erlebt werden.

Eines tritt einem da entgegen: das nämlich, was man in Gedanken glaubt als sein Eigenes zu haben. Aber damit ist wieder das verknüpft, wodurch man nicht wahrhaft zu dem göttlichen Welteninhalte kommen kann, was Sie lesen können bei allen Mystikern, die es beschrieben haben. Da kommt die Seele zu inneren Feinden. Da kann der Mensch dann nicht mehr sagen: Wenn ich dieses oder jenes aufsteigen fühle, diese oder jene Leidenschaft fühle, dieses oder jenes erlebe und so weiter, dann steht das in meiner eigenen Gewalt. – Nein! Dann kommt sich der Mensch vor, wie wenn er von inneren Feinden ergriffen wäre, gegen die er zunächst nicht Herr werden kann, aber über die er Herr werden muß, wenn er durchbrechen will, was ihn von seinem inneren tiefsten Wesen und damit vom inneren Weltwesen trennt. Da fängt man an das, was mehr ist als das, was wir durch Gedanken wissen, in unserem Innern als etwas zu fühlen, was aus uns selbst heraufsteigt, was sich über dieses Selbst ergießt, und man kommt zur Notwendigkeit, in bezug auf alles, was man erkenneswert findet, Kräfte zu suchen, durch die man es überwindet. Da müssen wieder gewisse Gefühle den Mystiker durchdringen. Denn wenn die Mystiker nur betonten: Du brauchst nur in dich einzudringen, dann wirst du den Gott erleben, – dann wäre das wieder ein solches selbstzufriedenes in sich Hineinsteigen, wie das selbstzufriedene Leben in Gedanken und Ideen.

Wenn man aber zur Realität kommen will, so muß man etwas erleben, was eine ganz bestimmte Gefühlsweise ist, die sich in folgender Art definieren läßt. Manche von Ihnen werden es schon durch ihr eigenes alltägliches Leben bestätigt gefunden haben. Wir alle kennen Schmerzen, kennen Leiden. Gehen wir zunächst von einem Leiden aus, das man am leichtesten kennenlernen kann. Jeder weiß, wie qualvoll physische Schmerzen und Leiden werden können. Aber er weiß vielleicht auch, daß es, wenn der Schmerz sich immer mehr und mehr steigert, ein Stadium der Stärke des Schmerzes gibt, wo derselbe in ein gewisses Stadium der Seligkeit, ja sogar der Lust übergehen kann. Das wurde dort ausgenutzt, wo man die Leute, die man den Quellen des Daseins näherbringen wollte, quälte, so daß der Schmerz so stark wurde, daß er ins Gegenteil umschlug. Da gibt es solche Stadien, in denen man im Schmerz etwas empfindet, was wie eine Art von Lust und Seligkeit auftaucht. Etwas Ähnliches, nicht das gleiche muß der empfinden, welcher in sein Inneres untertaucht, wo er alles, was sich ihm feindlich gegenüberstellt, mit aller Kraft überwindet. Eine Vorstellung davon bekommt man, wenn man die Mystiker liest, die beschreiben, wie sie sich anstrengten, um gegen alle Versuchungen der Leidenschaft, des Egoismus zu kämpfen. Die Selbstsucht, die Leidenschaft wachsen dabei ins Große. Das ist noch ein flaches in sich Hinuntersteigen, wenn man nicht empfindet, wie Leidenschaft und Selbstsucht wachsen als unsere Feinde. Wenn man dann die Kraft findet, zu zerstäuben, zu zersplittern, was innere Versuchungszustände sind, dann dringt man in die Tiefen der Seele ein, wo das untersinnliche Leben der Seele beginnt, was aber auch über das bloß sinnliche Leben hinausgeht. Aber es dürfen die geschilderten Dinge nicht im trivialen Sinne verstanden werden. Da ist dann leicht zu sagen: Dies sind subjektive Erlebnisse, durch die man zu keiner wahren Erkenntnis kommt. – Wenn sie aber so genommen werden, wie sie hier gemeint sind, so weiß man: Wenn man in das eigene Innere hinuntersteigt und die starken Kräfte der Überwindung aufrufen muß, dann kommt man zu etwas, was nicht bloß für den einen oder den anderen Menschen gilt, sondern was jeder durch sein Eintreten in die übersinnliche Welt erleben kann.

Wenn die Menschen einmal durch einen solchen Weg in die übersinnliche Welt hineingekommen sind, dann wissen sie ganz genau, daß der Mensch ein Verhältnis, eine Beziehung hat zu einer Welt, die über das hinausliegt, was die Sinne, der gewöhnliche Verstand und die Vernunft dem Menschen geben können, und daß der Mensch mit seinem ganzen Dasein in einer Welt wurzelt, die nicht entsteht und vergeht wie die Sinneswelt, sondern gegenüber dieser eine ewige ist.

Heute kam es darauf an, das Verhältnis des Menschen zur übersinnlichen Welt zu schildern. Im nächsten Vortrage wird davon gesprochen werden müssen, wie sich der Mensch über die wichtigsten Angelegenheiten, über alle Sehnsuchten und alles, was uns im Leben naheliegt, eine solche wissenschaftliche Erkenntnis erringen kann, über Tod und über Unsterblichkeit. Und im Verlaufe der Vorträge wird sich uns zeigen, daß solche Wege, solche Verhältnisse des Menschen zu den übersinnlichen Welten, wie sie heute geschildert worden sind, in genau demselben Sinne wissenschaftlich sind wie eine physikalische, chemische oder biologische Wissenschaft. Denn was gewöhnlich entgegengehalten wird, wenn auf die Unmöglichkeit solcher Erkenntnisse des Übersinnlichen angespielt wird, ist, daß man sagt: Wenn wir die Kräfte untersuchen, die der Mensch zur Wissenschaft, zum Erkennen hat, so zeigt diese Untersuchung, daß die Erkenntnisfähigkeiten des Menschen begrenzt sind, daß er nicht hinein kann in eine übersinnliche Welt. – Aber kein ernster Geisteswissenschaftler, der da behauptet, daß die übersinnlichen Welten in demselben Sinne erkennbar sind wie die sinnliche Welt, wird sagen, daß das, was man gewöhnlich unter den Erkenntniskräften versteht, wenn man von einer Unzugänglichkeit der übersinnlichen Welt für den Menschen spricht, in die übersinnliche Welt hineinführen könnte. Was die Philosophen, was die Naturforscher und Monisten unter den Erkenntniskräften verstehen, wenn sie sagen: Die Erkenntniskräfte des Menschen müssen sich fernhalten von einer Welt, die nur zur Phantastik führen könnte, – von denen muß auch der wahre Geistesforscher sagen: Diese Kräfte können allerdings nicht in die übersinnliche Welt hineinführen! – Und wenn man noch so streng philosophisch untersucht, was der Mensch mit dem vermag, was ihm an gewöhnlichen Erkenntniskräften zur Verfügung steht, so wird man doch immer antworten müssen: Diese Erkenntniskräfte sind ungeeignet, um in die übersinnliche Welt hineinzuführen.

Betrachten Sie aber demgegenüber den ganzen Gang der heutigen Auseinandersetzung, so werden Sie sehen: nirgends wurde behauptet, daß der Mensch mit dem, was in der Philosophie oder in der Naturwissenschaft Erkenntniskräfte genannt werden, in übersinnliche Welten eindringen könne. Sondern es wurde gesagt, daß der Mensch erst einen Weg durchmachen muß von dem Standpunkte, wo er steht, zu einem andern Standpunkte hin, und daß er von den Erkenntniskräften, von denen mit Recht gesagt wird, daß sie nicht in eine übersinnliche Welt hineinführen können, zu anderen aufsteigen muß, die dann geeignet sind, um in die übersinnliche Welt hineinzugelangen. So wenig es richtig sein wird, zu behaupten, daß ein Blinder ohne die Augen Farben sehen wird, so richtig ist es, daß ein Blinder, wenn man ihn operiert und er seine Augen wieder gebrauchen kann, dann auch in die Farbenwelt hineinschauen kann. So sehr der Kantianismus recht hat, daß die gewöhnlichen Erkenntniskräfte des Menschen nicht hinreichend sind zur

Erkenntnis eines Übersinnlichen, so wahr ist es, daß sich der Mensch Erkenntniskräfte aneignen kann, durch die er dann in die Welten einzudringen vermag, die oft so fern geglaubt werden. Nicht von dem Gebrauch der gewöhnlichen Erkenntniskräfte geht die Geisteswissenschaft aus, sondern von denjenigen, welche man sich erst anzueignen hat. Und das ist zugleich ein Hineinwachsen des Menschen in die übersinnliche Welt.

Der Mensch kann sowohl durch Gedankenvertiefung, Meditation, den Weg hinaus finden in Weltenfernen und Raumestiefen und in Verbindung kommen mit den übersinnlichen Welten, wie er auch durch das, was tiefer liegt als das gewöhnliche Bewußtsein, durch sein eigenes Geistiges, sozusagen mit Durchstoßen der gewöhnlichen Schichten des Seelenlebens in das hineinkommen kann, was übersinnlich oder untersinnlich ist, was aber dann zusammenfällt mit dem, was er außen findet. Denn was der Mensch so findet, das zeigt sich – und die übrigen Vorträge sollen ein Beweis dafür sein – als innig mit dem Menschen verwandt. Wenn der Mensch den Weg hinaus findet durch Gedankenversenkung in Raumesweiten und Weltenfernen und solche Empfindungen und Gefühle mitnimmt, wie sie geschildert worden sind, so trifft er zwar fremde Geisteswelten, aber er trifft doch solche, mit denen er verwandt ist, und aus denen er seinen Ursprung hat. Und wenn er den Weg durch sich selber findet, dann tritt er in Geisteswelten ein, die auch nicht mit dem gewöhnlichen Bewußtsein zu umspannen sind, die aber real als seine geistigen Untergründe vorhanden sind. Da findet er wiederum sich selbst. Und wenn er vergleicht, was er durch Vertiefung in sein Inneres, und was er durch Erweitern seines Bewußtseins nach außen findet, so ist es dasselbe: des Menschen wahres geistiges Wesen, des Menschen wirklicher Ursprung. Es ist die Eröffnung nach Welten, die geistig sind, und in denen, mit dem Ausdruck eines alten Mystikers, der Mensch urständet.

Dann kann der Mensch aus diesen Welten, wenn er sie seiner Erkenntnis zugänglich macht, tiefste Befriedigung finden, um die höchsten Sehnsuchten in seiner Seele zu stillen, die vorhanden sind durch den Drang des Lebenssinnes, durch den Drang nach Beantwortung der Frage: Was ist das Beste an mir selber, was in ganz anderem Sinne vorhanden sein müßte als das, was als materielle Welt um mich herum ist? – Dann findet der Mensch aber auch, was er braucht zur Kraft der Arbeit, zur Lebensfreudigkeit, ja zur Lebensmöglichkeit und zur Lebensgesundheit. Denn das folgt aus einer solchen Vertiefung in die Welt, wenn wir uns durchdringen mit Kräften, die aus den untersten Tiefen unseres Seelenwesens heraufgeholt, die aus Weltenweiten herangeholt sind, damit wir feststehen auf dem Boden, auf dem wir arbeiten und einen Sinn des Daseins erkennen können. Und wenn ich zusammenfassen darf, was die heutige Betrachtung geben soll, was wie ein Grundton durch die ganze Vortragsreihe über die übersinnlichen Welten beweisend hindurchklingen soll, so möchte ich dies mit den Worten tun:

> In weiten Weltenfernen
> Erkennend Menschenwesen,
> In Seelentiefen
> Erlebend Weltenkräfte,
> So erlangt der Mensch
> Rechtes Weltenwissen
> Durch wahre Selbsterkenntnis.

TOD UND UNSTERBLICHKEIT
IM LICHTE DER GEISTESWISSENSCHAFT

Berlin, 26. Oktober 1911

Wenn der Gegenstand der heutigen Betrachtung «Tod und Unsterblichkeit» genannt wird, so könnte es scheinen, als ob zunächst die Veranlassung zu einer solchen Betrachtung in den persönlichen Bedürfnissen der menschlichen Seele gegeben sei, die nicht viel zu tun haben mit Erkenntnis, mit Wissenschaft. Allein wenn Sie die Reihe der Vorträge überblicken, welche in diesem Zyklus als geisteswissenschaftliche gehalten werden sollen, so werden Sie allerdings sehen, daß an die betrachteten Gegenstände schon durch die Titelwahl und dergleichen ein wissenschaftlicher Maßstab, wenn auch ein geisteswissenschaftlicher Maßstab, angelegt werden soll. Daher wird auch die Betrachtung dieses Abends nicht so sehr von demjenigen ausgehen, was wir innerhalb unseres bloßen Gefühlslebens finden, innerhalb unserer Sehnsuchten und Wünsche gegenüber einem Leben, das über das physische Leibesleben hinausgeht. Es wird sich vielmehr darum handeln: Wie muß sich die menschliche Erkenntnis ganz in dem Sinne, wie sich diese Erkenntnis zu anderen Gegenständen unseres Wissens stellt, zu den Fragen von Tod und Unsterblichkeit stellen? Denn wenn wir absehen von der Sehnsucht nach einem Leben, das über das leibliche hinausgeht, wenn wir von dem absehen, was etwa im Sinne der Begriffe wie Todesfurcht und dergleichen zu verstehen ist, so haben wir darin als Bleibendes für die menschliche Erkenntnis in bezug auf Tod und Unsterblichkeit nichts geringeres als die Frage

35

nach dem Wesen unseres menschlichen Lebens, unserer ganzen menschlichen Individualität überhaupt.

In unserer Gegenwart könnte es allerdings scheinen, als ob bei allen Betrachtungen des geistigen Lebens diese wichtigen Fragen nach Tod und Unsterblichkeit wie ausgeschlossen erscheinen müßten. Denn nimmt man heute eine der offiziellen Seelenlehren der sogenannten Psychologie in die Hand, so wird man zwar in aller Breite die Erscheinungen des Seelenlebens abgehandelt finden, insofern sie uns im Alltage entgegentreten, zum Beispiel die Frage der Begriffsentwickelung, die Frage des Gedächtnisses, der Wahrnehmung, der Aufmerksamkeit und dergleichen, aber man wird vergeblich nach einer Auseinandersetzung über das eigentliche Wesen unseres Seelenlebens suchen. Ja man wird in den meisten gerade wissenschaftlichen Kreisen gegenüber diesem Seelenleben das Vorurteil antreffen können, daß derjenige schon Dilettant sein muß, der überhaupt diese Fragen als wissenschaftliche aufwerfen will.

Nun muß allerdings das Denken, das wissenschaftliche Anschauen in andere Bahnen gelenkt werden, als es gewöhnlich wird, wenn die Gegenstände, die in Worte wie Tod und Unsterblichkeit sich einschließen, betrachtet werden sollen. Da wird man nicht mit dem ausreichen, was heute so gern getrieben wird: mit einer Seelenlehre – wie man sie so nennt – ohne Seele, das heißt mit einer Seelenlehre, bei der nur die Erscheinungen des Seelenlebens betrachtet werden sollen, ohne eine Möglichkeit des Ausblickes auf das eigentliche Wesen dessen, was in unserer eigenen Individualität ruht und dessen Ausdruck die Erscheinungen der Seelenerlebnisse sind. Geisteswissenschaft oder Anthroposophie ist nun gegenüber diesen wie auch anderen Fragen eine ungewohnte Anschauungsweise. Allerdings das, was sie gerade in bezug auf die Fragen nach Tod und Unsterblichkeit zu sagen hat, das tauchte, man möchte sagen, wie aus dunkeln Geistesgründen nun schon seit mehr als einem Jahrhundert aus dem abendländischen Kulturleben herauf. Nur hat man es immer wie einen Traum einzelner Menschen genommen, wie den Traum vielleicht auch ganz hervorragender Menschen, wenn es auftrat bei einem Geiste, der sonst so Gewaltiges, so Großartiges für die deutsche Geisteskultur geleistet hat, wie zum Beispiel bei *Lessing*. Man hat es aber auch als einen bedeutungslosen Traum angesehen, wenn es bei solchen auftrat, deren Namen innerhalb des Geisteslebens der letzten Jahrzehnte weniger klangvoll genannt werden.

Geisteswissenschaft steht auch da, wo es sich darum handelt, solche entfernten Dinge zu behandeln wie die, welche sich in die Worte Tod und Unsterblichkeit einschließen, nicht in irgendeinem Gegensatze zu dem, was heute die so bewundernswürdige Naturwissenschaft leistet. Allein der Glaube ist vielfach verbreitet, als ob die Naturwissenschaft das ablehnen müsse, was die Geisteswissenschaft ihrerseits zu sagen habe. So können wir es erleben, daß jedesmal, wenn irgend etwas Neues auftaucht, wie es zum Beispiel im letzten Jahrzehnt in bezug auf die Probleme des Lebens geschehen ist, darauf hingewiesen wird, wie denn die Annahme eines eigentlichen geistigen Lebens, das über das bloß körperliche, materielle Leben hinausgeht, nach und nach völlig überwunden werden muß. Geisteswissenschaft ist durchaus nicht gezwungen, irgend etwas zu verneinen, was zum Beispiel in solchen Auseinandersetzungen auftritt wie in jenen von *Jacques Loeb* in den letzten Tagen des Monisten-Kongresses über das Problem des Lebens, während Geisteswissenschaft allerdings immer wieder und wieder, wie auch damals zu hören bekommt, daß es nun endgültig aus sei mit einer geisteswissenschaftlichen Betrachtung, wenn man hoffen dürfe, daß es endlich im Laboratorium gelingen werde,

Leben, lebendiges Werden aus den äußeren Bedingungen materiellen Geschehens herzustellen.

Gegenüber allen solchen Dingen braucht man nur an eines zu erinnern. Es hat im Menschheitsleben und Menschheitsdenken Zeiten gegeben, in denen man wahrhaftig nicht daran gezweifelt hat, daß man einmal im Laboratorium werde Leben erzeugen können. Und alle, die sich bei der Darstellung des Homunkulus im zweiten Teile von Goethes «Faust» etwas gedacht und sich daran erinnert haben, daß diese Darstellung des Homunkulus wirklich eine Art Traum der Naturforschung der Vorzeit war, das heißt die Darstellung nicht bloß eines untergeordneten Lebendigen, sondern es war ein Traum der Naturforscher, das Höchste, den Menschen, einmal im Laboratorium herzustellen, – alle, welche diesen Traum hegten, dachten durchaus nicht daran, daß nun der Geist aus aller Menschheits- und aller Weltbetrachtung abgeschafft werden muß. Nicht darin liegt gegenüber allen geistigen Betrachtungen des Lebens ein Widerspruch, daß man hoffen könnte aus der Zusammenfügung von äußeren Stoffen lebendiges Werden herzustellen. Nein, es liegt lediglich an der Richtung des Denkens, an der Richtung, welche die Denkgewohnheiten nehmen. Und die Denkgewohnheiten, welche sich bei demjenigen ausbilden, der sich immer mehr und mehr in das vertieft, was hier Geisteswissenschaft genannt wird, diese Denkgewohnheiten zeigen eine Anschauung eines gewissen, über das Materielle hinausgehenden Faktors im menschlichen Werden, in der ganzen menschlichen Entwickelung.

Die rein materialistische Anschauung über das Leben des Menschen sagt: Da sehen wir einen Menschen in das Dasein treten, und wir beobachten, wie sich, sagen wir, von der Geburt oder Empfängnis an, die materiellen Prozesse so und so abspielen, und wir sehen, wie der Mensch nach und nach aus einem unbeholfenen Wesen übergeht zu einem Menschen, der sich ins Leben hineinfindet, Lebensaufgaben vollbringen kann. Und außerdem sehen wir nach gewissermaßen aufsteigenden Prozessen wiederum absteigende, die nach und nach zur Auflösung der physischen Körperlichkeit oder zum Tode führen. – Diese materialistische Betrachtung des Lebens richtet einzig und allein ihr Augenmerk auf das, was man mit Augen sehen oder mit dem bewaffneten Auge und mit Denk- und Forschungsmethoden, die auf sinnliche Anschauung gebaut sind, erreichen kann. Da wird man wohl auch gezwungen, über das hinauszugehen, was mit dem Moment der Geburt oder der Empfängnis gegeben ist, denn es läßt sich doch nicht alles, was an dem Menschen erscheinen wird, erklären, wenn man bloß diejenigen Faktoren in Betracht zieht, welche zwischen der Geburt oder der Empfängnis und dem Tode walten. Da kommt man dann dahin, von vererbten Anlagen zu sprechen, das heißt von demjenigen, was der Mensch in sein eigenes Wesen hineinverpflanzt haben soll durch das, was seine Eltern oder noch ältere Vorfahren als Eigenschaften in sich getragen haben. Aber soweit man innerhalb der rein materiellen Betrachtungsweise bleibt, glaubt man, daß alle Faktoren, alle Elemente, welche das Leben des Menschen erklären sollen, sich in dem erschöpfen, was man beobachten kann zwischen Geburt und Tod, oder was sich in das menschliche Leben durch die vererbten Eigenschaften der Eltern oder anderer Vorfahren hereinverpflanzt.

Sobald allerdings die Menschen denkend daran gehen, diese Vererbung beim Menschen wirklich zu durchforschen, kommen sie bald darauf, wie es im Grunde genommen recht abergläubisch ist und keinem Aberglauben der früheren Zeiten etwas nachgibt, alles, was der Mensch ausleben kann in seinem Leben, etwa auf vererbte Anlagen zurückführen will. Gerade im letzten Jahrzehnt hat ein sehr geistvoller Historiker und Geschichtsforscher es einmal unternommen, Familien, deren Abstammungsverhältnisse bekannt sein konnten, daraufhin zu prüfen, inwiefern die Eigenschaften der Eltern, Voreltern und so weiter in das Leben der Nachkommen hineinleuchten, nämlich *Ottokar Lorenz*. Er konnte aber auf diesem Wege der rein erfahrungsgemäßen Beobachtung zu nichts anderem kommen, als zu sagen: Wenn man in die Vorfahrenreihe von Menschen hinaufschaut, so findet man doch, daß unter den zwanzig bis dreißig Vorfahren, die ein jeder nach oben zählen kann, immer Menschen da sind, die entweder Genies oder Dummköpfe, Weise oder Narren, Musiker oder sonstige Künstler, gewesen sind, so daß man, wenn man die Vorfahrenreihe heraufgeht, alle Eigenschaften haben kann, die sich bei irgendeinem Menschen finden, und daß, wenn man sich an die Vorurteile naturwissenschaftlicher Theorien hängt, in der Wirklichkeit nicht sehr weit kommt, wenn man diese oder jene Anlagen, diese oder jene Ausprägung des menschlichen Charakters, diese oder jene Eigenschaft erklären will.

Geisteswissenschaft fügt nun zu alle dem, was ja innerhalb der Vererbungslinie als Bedingungen für das menschliche Leben wirklich gefunden werden kann – und wenn es durch Erfahrung gefunden wird, leugnet sie den Zusammenhang nicht – einen geistigen Kern hinzu, den wir nicht finden können in alle dem, was wir bei den Eltern, Voreltern und so weiter suchen, sondern den wir innerhalb einer übersinnlichen, einer geistigen Welt suchen müssen. So daß im Laufe desjenigen Prozesses, der sich abspielt, wenn der Mensch durch Geburt oder Empfängnis ins Dasein tritt, sich mit den physischen Faktoren etwas verbindet, was man nicht physisch aufzeigen kann, was geistiger Art ist. Und dieses Geistige, das allerdings nicht mit physischen Augen gesehen werden kann, das ist jene Wesenheit, die wir in uns tragen als das Ergebnis unserer früheren Erdenleben, wie man sagt. Ebenso wahr, wie wir unsere physische Abstammung zurückführen auf unsere Vorfahren, haben wir eine geistige Abstammung zurückzuführen auf eine geistige Vorfahrenschaft, das heißt auf uns selber. Die Geisteswissenschaft ist eben gezwungen, nicht bloß von einem Erdenleben des Menschen, sondern von wiederholten Erdenleben zu sprechen. Allerdings muß aus Gründen, die im Verlaufe dieser Vorträge schon klar werden können, weit, weit zurückgegangen werden, wenn wir unsere Wesenheit in unserem vorigen Leben suchen wollen, so daß wir im geisteswissenschaftlichen Sinne in bezug auf das Hereintreten des Menschen in das Erdenleben sagen: Wir bringen uns aus einem früheren Leben unseren Wesenskern herauf, wir haben dieses frühere Leben durchlebt, sind durch den Tod gegangen und haben ein Leben zwischen dem Tode und dem neuerlichen diesmaligen Auftreten in unserem gegenwärtigen Leben durchgemacht. – Die Geisteswissenschaft ist weiter gezwungen, diesen Wesenskern, welcher nicht ein Produkt des materiellen Daseins ist, sondern welcher gleichsam die Materie sammelt und gestaltet, so daß wir diese Leiblichkeit werden, wieder durchgehend zu denken durch die Pforte des Todes, wenn der Leib sich auflöst, um dann neuerlich ein übersinnliches, geistiges Leben zwischen dem Tode und einem späteren Leben durchzumachen. Daher sprechen wir auf dem Boden der Geisteswissenschaft von wiederholten Erdenleben.

So tritt uns diese Idee von den wiederholten Erdenleben innerhalb des Abendlandes aus dem Zwange des Denkens heraus zuerst bei Lessing auf in dem Werke, das er als sein Testament hinterlassen hat, in der «Erziehung des Menschengeschlechtes», wo er von dieser Lehre sagt: Wenn sie auch die älteste ist, wozu Menschen sich bekannt haben, sollte sie darum nicht eine solche sein, die auf dem Gipfel der menschlichen Entwickelung wieder auftreten muß? – Und auch manche Frage, die eingewendet werden kann, erledigt Lessing in seiner «Erziehung des Menschengeschlechtes» in bezug auf die wiederholten Erdenleben. Allerdings ist es ja so, wenn dergleichen einmal bei einem hervorragenden Menschen auftritt, daß dann die Menschen, die diesen hervorragenden Geist beurteilen, gewöhnlich sagen: Er hat ja Großes geleistet, ist dann aber später auf diesen absonderlichen Traum von den wiederholten Erdenleben verfallen, und man muß das schon dem großen Lessing zugute halten, der auch einmal diesen absonderlichen Irrtum begehen konnte. – So fühlt sich jeder kleine Geist berufen, die großen Geister mit ihren so «schlimmen Irrtümern» abzuurteilen.

Aber einzelne Menschen im neunzehnten Jahrhundert ließ doch dieser Gedanke nicht ruhen, und schon bevor die neuere darwinistische Naturwissenschaft heraufzog, stellt sich der Gedanke der wiederholten Erdenleben als eine Notwendigkeit des menschlichen Denkens wieder ein. So tritt er uns entgegen in einem Buche von *Droßbach* über die menschliche Wiedergeburt, ein von unserem Standpunkte aus verworrenes Buch, aber ein Versuch, der sich gerade gegenüber dem naturwissenschaftlichen Denken erlaubt, diesen Gedanken doch zu hegen. Bald darauf hat sich eine kleine Gemeinde gefunden, die einen Preis aussetzte auf die beste Schrift über die «Unsterblichkeit der Seele», und diese preisgekrönte Schrift von *Widenmann*, die 1851 erschien, behandelte die Unsterblichkeitsfrage vom Standpunkte der wiederholten Erdenleben. So könnte ich noch manches anführen, was zeigen würde, wenn man darauf eingeht, wie das menschliche Denken nach und nach bei vielen Menschen dazu geführt hat, diese Idee der wiederholten Erdenleben ins Auge zu fassen.

Dann kam also die naturwissenschaftliche Betrachtung des Menschen, die sich auf Darwin aufbaute. Zunächst führte sie dazu, den Menschen materialistisch zu betrachten, und sie wird ihn noch lange so betrachten. Aber wenn Sie mein Buch «Theosophie» oder andere nehmen, die im Geiste der Geisteswissenschaft und Naturwissenschaft zugleich gehalten sind, so werden Sie sehen, daß naturwissenschaftliches Denken zu Ende geführt, heute dem Menschen die Notwendigkeit aufzwingt, an die Idee der wiederholten Erdenleben zu denken. Aber das ist es nicht allein. Nicht eine bloß logische Konsequenz ist es, die ich Ihnen heute vorführen will, sondern gezeigt soll werden, daß in der Tat der Mensch auf Grundlage desselben Prinzipes, das in der Naturwissenschaft herrscht, nämlich des experimentellen, des Erfahrungsprinzipes, zu der Idee der wiederholten Erdenleben kommen muß. Da fragt es sich allerdings: Gibt es eine Möglichkeit, Erfahrungen über das zu sammeln, was übersinnlich ist, was von einem anderen Leben herüberkommen, was aus übersinnlichen Welten hereintreten soll, was den Menschenleib, so wie er ist, zur Folge haben und im Tode wieder diesen menschlichen Leib verlassen soll?

Oberflächlich noch ohne die geisteswissenschaftlichen Fundamente kann ja gesehen werden, aber nur im groben, wie ein Inneres, ein Seelisches an der äußeren Leiblichkeit des Menschen arbeitet; nur liebt man heute Betrachtungen dieser Art nicht besonders. Wenn sich aber der Blick des Menschen genauer auf das richten würde, was man nennt die Physiognomie des Menschen in ihrer verschiedenen plastischen Ausgestaltung, wenn man in dieser Physiognomie, auch in der Mimik des Menschen, in der Gebärde, die bei jedem Menschen eine individuelle ist, den schaffenden Geist, die schaffende Seelenkraft schauen würde, so würde man bald ein Gefühl, eine Empfindung davon erhalten, wie innerlich der Geist an dem Leiblichen schafft. Man versuche es nur einmal, einen Menschen zu beobachten, der etwa zehn Jahre lang an Erkenntnisproblemen, an den großen Fragen des Lebens gearbeitet hat, aber in der Weise daran gearbeitet hat, wie man es in einer äußeren Wissenschaft oder Philosophie tut, wo man über diese Dinge nachdenkt, ohne daß sie einem viel sagen. Oder man versuche einen Menschen zu beobachten, der sich mit diesen Fragen so beschäftigt hat, daß sie ihm zu inneren Angelegenheiten des Seelenlebens geworden sind, so daß sie ihn in Zustände höchster Seligkeit, aber auch höchster Schmerzen und tiefster Tragik geführt haben, zu Ausblicken himmelan über das Dasein, die ihn glücklich machen können, und wieder in Gebiete, die ihn höchst unglücklich machen können. Man betrachte einen Menschen, der in seinem Gemüte die Erkenntnisfragen bewegt, und man betrachte ihn, nachdem er so ein durch die tiefsten und höchsten Regionen gehendes Seelenleben durch zehn Jahre hindurch geführt hat, und man wird sehen, wie sich dieser Verlauf in der Physiognomie ausdrückt, wie das Antlitz des Menschen ein anderes geworden ist, wie in der Tat das menschlich Seelische hineinarbeitet in die Leiblichkeit, in die leibliche Form und Bildung. Könnte man nun durch bestimmte Methoden ein solches Arbeiten an der äußeren Leiblichkeit des Menschen weiter verfolgen bis dahin, wo nicht nur gewisse Formen unseres Antlitzes so umgearbeitet werden, daß ihnen das Gepräge des Seelenlebens aufgedrückt wird, sondern wo die unbestimmte Form, die der Mensch zunächst im Erdendasein hat, ganz zu dem wird, was der Mensch als seine ausgearbeitete Gestalt hat? Könnte man jenseits von Geburt und Tod das aufsuchen, was am Menschen arbeitet und immer mehr und mehr hereingestaltet in das leiblich Formhafte dieses Menschen?

Dazu ist notwendig, daß der Mensch sein Seelenleben

über den Punkt hinausführt, an dem es im alltäglichen Leben heute steht. Der Mensch muß lernen in sich selber das Übersinnliche zu ergreifen, das was keiner äußeren Beobachtung zugänglich ist. Nun kann jeder Mensch durch bloßes Nachdenken sozusagen die beiden Punkte finden, wo unser Leben unmittelbar ans Übersinnliche anstößt. Diese beiden Punkte sind der Übergang aus dem wachen Zustand in den Schlafzustand und wieder aus dem Schlafzustand in den Wachzustand. Denn niemand sollte sich dem unlogischen Gedanken hingeben, daß das menschliche Seelenleben mit dem Einschlafen aufhöre und mit dem Aufwachen wieder entstehe. Was menschliches Seelenleben ist, was vom Morgen bis zum Abend abfließt als unsere Triebe, Begierden, Affekte, Leidenschaften, Vorstellungen und so weiter, das muß während des Schlafes in irgendeinem Daseinszustande sein, es muß mit anderen Worten irgendwo sein. Die große Frage entsteht, die vielleicht das Kind stellt, die aber deshalb durchaus nicht unberechtigt zu sein braucht bei dem, der sich einläßt auf die Fragen der Erkenntnis, die Frage nämlich: Wohin geht des Menschen Seele, wenn der Mensch schläft? Wir sehen ja auch andere Prozesse aufhören, wir sehen zum Beispiel eine brennende Kerze verlöschen. Kann man nun vielleicht auch da fragen: Wohin geht das Feuer? Da werden wir sagen: Das Feuer ist ein Prozeß, der aufhört, wenn die Kerze verlöscht, und der wieder beginnt, wenn sie wieder angezündet wird. – Könnte man nun den leiblichen Prozeß des Menschen mit der Kerze vergleichen und sagen: Es ist das Seelenleben des Menschen ein Prozeß, der verlöscht, wenn der Mensch am Abend einschläft, und am Morgen angezündet wird, wenn er wieder erwacht? Es sieht vielleicht so aus, als wenn man diesen Vergleich gebrauchen könnte. Aber unmöglich wird dieser Vergleich, wenn man in der Tat nachweisen könnte, daß zwar nicht für die gewöhnliche Wahr-

nehmung oder Empfindung, wohl aber für eine durch sorgfältige Seelenvorbereitung zu erlangende Empfindung
dasjenige vor uns hintreten kann, was mit dem Einschlafen
unseren Leib verläßt und ihn mit dem Aufwachen wieder
aufsucht. Wenn es sich so verhält, daß beim Einschlafen
nicht bloß ein Prozeß stattfindet wie der einer verlöschenden
Flamme, sondern wenn wir verfolgen können, was abends
beim Einschlafen den Leib verläßt und ihn morgens wieder
aufsucht, wenn wir diesen Prozeß in seiner Realität nachweisen können, dann haben wir ein übersinnliches Innere
des Menschen gegeben, in bezug auf welches wir dann die
Frage gestellt erhalten: Wie wirkt es innerhalb der Leiblichkeit?

Sogar der berühmte Naturforscher *Du Bois-Reymond*
hat den Gedanken ausgesprochen: Der schlafende Mensch,
wie er vor uns liegt, ist vom Standpunkte der Naturwissenschaft aus zu begreifen, nicht aber der wachende Mensch, in
welchem lebt, was an Trieben, Instinkten, Leidenschaften
und so weiter auf und ab wogt. Nun können Sie das, was
ich heute nur flüchtig, wenn auch genauer als beim ersten
Vortrage skizzierte, ausführlicher in meiner Schrift «Wie
erlangt man Erkenntnisse der höheren Welten?» dargestellt
finden. Dort sind die Methoden geschildert, die wir nun
kurz berühren wollen, durch die der Mensch in der Tat dazu
kommt, die Realität dessen, was sich im Schlafe aus dem
Leibe herausbewegt, und was beim Aufwachen wieder in
ihn hineingeht, kennenzulernen. Fragen wir danach zunächst aufmerksame Seelenbetrachter, die nicht unaufmerksam an dem menschlichen Aufwachen und Einschlafen vor-
übergehen, sondern sich eine gewisse Fähigkeit erworben
haben, um auf diese wichtigen Momente wie Einschlafen
und Aufwachen zu lauschen.

Da hören wir, was die Geisteswissenschaft durchaus bestätigen kann, über das Einschlafen des Menschen sagen: Zunächst verwandelt sich das, was in der Umgebung klar und deutlich, mit scharfen Konturen vorhanden ist, wie in ein Nebuloses, in ein Gebilde mit verschwimmenden Formen. Dann fühlt sich der Einschlafende, wie wenn sein ganzes inneres Wesen sich erweitert und nicht mehr angewiesen wäre auf die Formen seiner Körperhaut; das ist verknüpft mit einem gewissen Gefühl der Seligkeit. Dann kommt ein merkwürdiger Moment, in welchem der Mensch wie in einem flüchtigen Traumbilde alles das fühlen kann, was er während des Tages an ihn befriedigenden moralischen Dingen vollbracht hat; das steht lebendig vor ihm, und er weiß, es ist ein Inhalt seiner Seele, er fühlt sich darinnen. Dann kommt gleichsam ein Ruck, und der Mensch fühlt noch: Ach, könnte dieser Augenblick ewig dauern! – Gerade diese Empfindung: Ach, könnte dieser Augenblick ewig dauern, könnte er nie endigen! – fühlen so manche, die den Moment des Einschlafens beachten. Dann ist das Bewußtsein hingeschwunden.

Es kann schon gesagt werden, daß der Mensch in einem solchen Moment übergeht in eine innere Wesentlichkeit, innerhalb welcher das äußere Leibliche keine Rolle spielt, da es ermüdet von des Tages Anstrengung, uns seine Kräfte nicht mehr zur Verfügung stellt. Man fühlt in einem solchen Moment die Realität des Seelischen wie vorbeihuschen. Und alle die Methoden der Geisteswissenschaft, die wir auf dem Gebiet der Geistesforschung experimentelle nennen können, bestehen in nichts anderem, als daß der Mensch die innere Stärke, die innere Kraft erhält, dieses, was so dahinschwindet, in voller Gegenwart sich zu erhalten, so daß er den Moment des Einschlafens in voller Bewußtheit durchmachen kann, daß nicht das Bewußtsein schwindet, sondern erhalten bleibt. Denn warum schwindet das Bewußtsein beim Einschlafen? Es schwindet, weil der Mensch im gewöhnlichen Leben nicht jene innere Stärke und jenen Willen entfalten kann, um dann noch etwas zu erleben, wenn ihn die äußeren Sinne verlassen. Fragen wir uns einmal, wieviel wir im gewöhnlichen Leben innerhalb der Seele durchmachen, was nicht durch die äußeren Eindrücke angeregt ist, was nicht wenigstens Erinnerungen bildet an das, was die Sinne angeregt haben? Da bleibt bei den meisten Menschen recht wenig übrig. Kein Wunder, daß die innere Stärke nicht besteht, die mit inneren Kraftströmen durchdringen kann, was inneres Seelenleben ist, und was in dem Momente, da es im Einschlafen heraustritt, von allem äußeren Erleben verlassen ist. Auf der Durchdringung unserer Seele mit Kraft, welche die Seele brauchen kann, um das Bewußtsein zu erhalten, wenn sie dasselbe nicht durch den Leib vermittelt erhält, darauf beruht alle geistige Entwickelung. Was wir Meditation, Konzentration, Kontemplation nennen, sind experimentelle Mittel, um mit dem Seelenleben weiter zu kommen, als man im gewöhnlichen Leben kommen kann. Ich will nur ein einzelnes Beispiel dafür anführen.

Nehmen wir an, ein Mensch komme dahin, einen Gedanken zum Beispiel des Wohlwollens oder einen anderen in den Mittelpunkt des Erlebens zu stellen und alle anderen Gedanken, auch die, welche durch Augen, Ohren und so weiter eindringen können, davon auszuschließen, nur diesen einen Gedanken festzuhalten, denn die Gedanken fliegen ja in einem solchen Momente an den Menschen heran wie die Bienen an die Blumen, wenn man innerhalb des gewöhnlichen Lebens steht. Aber wenn man die Kraft haben kann, zu solchen Übungen immer wieder und wieder zurückzukehren, Konzentration des Denkens zu üben, sich meditativ zu versenken, sobald man von den bloßen äußeren Eindrücken frei werden kann, und sich in bildhafte Gedanken, die sinnbildlich etwas ausdrücken, immer wieder vertieft, dann kann ein solcher Gedanke den Menschen in seinem Seelenleben aufrütteln, so daß er zu einer stärkeren Kraft wird, als der Mensch sie gewöhnlich hat. Dann erreicht ein solcher Mensch ein bewußtes Einschlafen, das heißt ein Sichbewußtbleiben dessen, was aus dem physischen Leibe herausgeht; er erlebt es bewußt, wie er mit dem Seelenleben in eine geistige Welt hineinwächst. Und das ist kein Traum, auch nicht was man eine Selbsttäuschung oder Selbstsuggestion nennen kann, sondern etwas, was zwar jedem Menschen zugänglich ist, aber nur durch Sorgfalt und Energie zu erreichen ist. Der Mensch kann sich auf diesem Wege vollständig frei machen von der Leiblichkeit. Wie er sich sonst im Zustande des Schlafes unbewußt von ihr frei macht, und wie jeder Mensch im Schlafzustande außerhalb des physischen Leibes ist, so wird er durch solche Übungen bewußt lebend in dem, was sonst unbewußt außerhalb des Menschen vorhanden ist. Kurz, der Mensch kann auf dem Wege innerlicher Seelenübungen eine Befreiung seiner Seelenwesenheit von der Leiblichkeit erleben.

Gewiß, man kann einer solchen Darstellung, die sich auf inneres Erleben stützt, immer entgegenwerfen: Das beruht auf Täuschung! Aber ob es auf Täuschung oder auf Wirklichkeit beruht, das läßt sich nur durch Erfahrung konstatieren. Daher muß ich immer wieder sagen: Was der Mensch auf diese Weise zu erleben glaubt, kann durchaus eine Selbstsuggestion sein, denn wie weit geht der Mensch in bezug auf Selbsttäuschung! – Er kann so weit gehen, daß er, wenn er zum Beispiel bloß an eine Limonade denkt, schon ihren Geschmack auf der Zunge hat. So kann etwas durchaus den Eindruck hervorrufen, als ob es Wahrnehmung einer geistigen Welt sei, dennoch aber kann es Selbsttäuschung sein. Wer daher solche Übungen durchmacht und seine Seele selbst zum Experimentator macht, muß alle Mittel zu Hilfe nehmen, um Täuschungen auszuschließen. Aber zuletzt entscheidet doch nur die Erfahrung. Gewiß, es kann sich jemand den Geschmack einer Limonade suggerieren, aber ob er sich damit den Durst löschen kann, das ist doch eine andere Frage.

Also es gibt die Möglichkeit, das, was im Schlafe außerhalb des physischen Leibes ist, als Realität zu erleben. Wie wird es erlebt? So, daß der Mensch, indem er immer weiter und weiter geht in dem Selbständigsein seiner Seele, eine ganz neue Welt, eine Welt des Übersinnlichen kennenlernt. Und er beginnt in der Tat zunächst eine Welt kennenzulernen, die man nur eine Welt des geistigen Lichtes nennen kann. Da stellt sich dann etwas ganz besonderes heraus. Was der Mensch sonst seine Gedanken, seine Vorstellungen nennt, und wovon er geneigt ist zu sagen: das sind nur Gedanken, keine Wirklichkeiten – das ist etwas, was der Mensch mit herübernimmt, wenn er mit seiner Seele real aus dem Leibe heraustritt. Sein gedankliches Leben löst er los von aller Materialität, und dieses gedankliche Leben macht in dem Augenblicke, wo der Mensch von seiner Leiblichkeit frei wird, eine Metamorphose durch. Was ich jetzt sage, erscheint dem auf materialistischem Boden Stehenden wie etwas Barockes, wie eine Träumerei, dennoch ist es eine Realität. Was wir in uns tragen als die bloßen Gedanken, das verwandelt sich in eine Welt, die wir vergleichen können – allerdings nur vergleichen, es ist nicht dasselbe – mit einem sich ausbreitenden Licht, das uns auf den Grund der Dinge führt. So kommt man in die Welt, in der man das Denken, das man sonst an das Instrument des Gehirnes gebunden hat, loslöst und mit seinem Denken untertaucht in eine neu erscheinende Welt. Das drückt sich in der Weise aus, daß man sich immer mehr wie vergrößert und vergrößert fühlt.

Da lernt man eine Welt kennen, von der die äußere physisch-sinnliche Welt nur eine Offenbarung ist. Geistige Wesenheiten, nicht Atome, liegen aller äußeren Sinneswelt zugrunde, und wir können als Menschen in diese geistige Welt eindringen. So sehen wir uns gleichsam, wenn wir dieses Selbstexperiment in unserer Seele vollziehen, aufgesogen und aufgenommen von einer solchen geistigen Welt.

Eine völlige Erkenntnis, welches Verhältnis diese geistige Welt zu uns Menschen hat, erlangen wir nur, wenn wir nun auch den Moment des Aufwachens wieder geistig erleben können. Auch das ist möglich. Es ist dann möglich, wenn sich der Mensch damit beschäftigt, viel über sein inneres Leben in innerer Meditation und Konzentration nachzudenken, wenn er zum Beispiel allabendlich oder allmorgendlich dasjenige, was er am Tage oder am Vortage erlebt hat, wie im Bilde Revue passieren läßt, um es innerhalb seiner Handlungen oder mit seinen Handlungen verknüpft, nachdenkend zu betrachten, oder wenn er über seine sittlichen Impulse nachdenkt und so recht in sich geht. Dann kommt der Mensch dazu, auch wieder den umgekehrten Moment, wo wir uns aus dem Leben da draußen wieder zusammenschließen, um in unsere Körperlichkeit unterzutauchen, jenen Moment, den wir sonst jedesmal beim Aufwachen unbewußt durchmachen, durch solche Übungen bewußt zu erleben.

Da erlebt er dann etwas, was nur in folgender Art charakterisiert werden kann. Sie alle wissen vielleicht, wie der Schlaf eines Menschen, der gesunde ruhige Schlaf, von dem abhängt, was wir seine Gemütsbewegungen nennen. Wenn der Mensch noch soviel gedacht hat, sich noch so angestrengt hat in seinem Denken, wird er leicht einschlafen. Wenn aber Ärgerzustände, Gemütsbewegungen, Scham, Reue, namentlich ein beunruhigtes Gewissen an ihm nagen, wird er leicht sich auf seinem Lager wälzen und dazu kommen, daß der Schlaf ihn flieht. Nicht das Denken, das wir hinübertragen können in die große geistige Welt, sondern unsere Gemütsbewegungen sind es, die uns den Schlaf vertreiben können. Unsere Gemütsbewegungen sind aber das, was zusammenhängt mit dem, was wir unser engeres Seelenleben nennen können. Unsere Gedanken haben wir mit aller Welt gemeinschaftlich. Die Art und Weise, wie unsere Gemütsbewegungen gerade auf uns wirken, wie sie uns Zorn, Reue, Schmerz und Glück bringen, das ist etwas, was innig mit dem zusammenhängt, was wir selbst sind. Wer nun in einer solchen Weise gelernt hat, bewußt seine Seele aus seinem Leibe herauszubringen, der ist sich aus unmittelbarer Anschauung auch klar, wie er seine Gemütsbewegungen in die Welt hinausträgt, in welche er eintritt, wenn er leibfrei geworden ist. Und so selig es uns auf der einen Seite macht, leiblich befreit in eine Welt des geistigen Lichtes aufzugehen, so sehr fühlen wir uns auch in dieser Welt wie an uns selbst geschmiedet, an alles das, was unsere Gemütsbewegungen sind, was sich auf uns abgeladen hat, was an uns selber nagt. Damit gehen wir dann in die geistige Welt hinein und müssen es auch wieder in unseren Leib hereintragen. Aber durch die charakterisierten Übungen gelangen wir dazu, beim Eintauchen in unseren Leib unsere Gemütswelt zu finden. Sie tritt uns dann wie etwas Fremdes entgegen. Wir lernen uns selber kennen, indem wir in unsere Gemütswelt untertauchen, und lernen dadurch kennen, indem wir es jetzt bewußt verfolgen, was zehrend, was in Wahrheit tötend auf unseren Organismus wirkt. Ich bemerke hier, daß in einem späteren Vortrage zur Sprache gebracht werden wird, wie Sterben und Tod etwas ganz anderes bedeuten, wenn wir es bei Pflanzen oder Tieren betrachten als beim Menschen. Die Geisteswissenschaft macht es sich nicht so leicht, diese Erscheinungen in den drei Reichen gleich zu finden. Beim Menschen findet sich, wenn wir das bewußt verfolgen, was unser Seeleneigentum geworden ist, daß es sich hineinlebt in unsere Leiblichkeit und darinnen zerstörend wirken kann. Wir lernen dann kennen, wie der innere Seelenkern des Menschen es ist, der nun tatsächlich den Leib formt, auf den Leib wirkt, indem er sich mit dem verbindet, was von Vater und Mutter und von den anderen Vorfahren an physischen Faktoren kommt. Da sehen wir den Menschen in das physische Leben hereintreten, sehen, wie er zuerst in ungeschickter Weise hereintritt, wie er die Sprache noch nicht herausbringt; dann sehen wir die Formen nach und nach immer bestimmter werden und sehen, wie er nach und nach zum wirkenden Menschen wird.

Indem wir geisteswissenschaftlich die ganze Entwickelung des Menschen betrachten, sehen wir, wie sich ein innerer Wesenskern herausbildet und den Menschen formt, von der Geburt oder Empfängnis an vom Geistigen in den Leib hineinwirkend. Denselben Wesenskern, der schaffend am Leibe wirkt, finden wir wieder, wenn wir verfolgen können, wie er den Leib verläßt und in eine geistige Welt eindringt. Da finden wir zweierlei: ein Element, das uns fähig macht, unser eigenes Wesen wie in eine geistige Lichteswelt zu ergießen; aber wir finden auch in diesem Wesenskern etwas, was wir in diese geistige Lichteswelt hineintragen müssen, nämlich das Gefüge unserer Freuden und Schmerzen, unserer Gemütswelt, das heißt alles dessen, was wir im Leben erfahren haben. In diesen beiden Dingen haben wir einmal das, was am Menschen schöpferisch ist, was als unser geistiger Wesenskern den Leib verläßt, durch den Tod hindurchgeht und nach einer Zwischenzeit in einem neuen Leibe wieder auftritt, und das, was wir zunächst nur als unsere Gemütsbewegungen kennen, was wir aber durch die geisteswissenschaftliche Anschauung als eine reale Wesenheit kennenlernen, als das, was unseren Leib zerstört, dem Tode entgegenführt.

So sehen wir daran, wie unser geistiger Wesenskern ins Dasein hereintritt, den Leib nach und nach aufbaut, und sehen am stärksten diesen Wesenskern arbeiten in den ersten Tagen, Wochen und Monaten, wo wir noch nicht ein innerliches Seelenleben führen, wo wir noch nicht dieses Seelenleben zum Denken aufrütteln können. Da sehen wir, wie der Mensch gleichsam schlafend ins Dasein hereintritt. Und wenn wir versuchen uns in unserem Leben zurückzuerinnern, so können wir bis zu einem gewissen Punkt kommen, nicht weiter. Wir haben uns ins Dasein gleichsam hereingeschlafen. Erst vom dritten, vierten Jahre ab kann sich der Mensch als ein Ich fühlen, nicht früher. Das ist aus dem Grunde, weil vorher jener geistige Wesenskern des Menschen damit beschäftigt ist, unseren Leib zu formen, auszubilden. Dann kommt er an einen Punkt, wo der Leib nur noch zu wachsen braucht, und von da ab kann dann der Mensch das, was früher in seinen Leib hereingeflossen ist, für sein Seelenleben, sein Bewußtseinsleben verwenden, das heißt für das, was seine Gemütsbewegungen bildet, was der Mensch von der Geburt bis zum Tode trägt, was aber innerhalb der Leiblichkeit immerfort so wirkt, daß wir mit dem Zeitpunkt, da wir anfangen zu uns «Ich» zu sagen, bis zu dem wir uns später zurückerinnern können, wo wir ein innerliches Leben beginnen, die Notwendigkeit zu sterben in uns aufnehmen.

Was erobern wir uns nun aber mit dieser Notwendigkeit zu sterben? Wir erobern uns damit die Möglichkeit, die äußere Welt, so wie sie uns umgibt, in uns aufzunehmen, unser Innenwesen fortwährend zu bereichern, so daß wir im Leben zwischen Geburt und Tod mit jedem Tage reicher werden. In dem Teile unserer Wesenheit, den wir im Schlafe in die geistige Welt mit herausnehmen, der unser inneres Seelenwesen bildet, liegt alles, was wir uns erwerben an Lust und Leid, an Freuden und Schmerzen. Indem wir leben und ein Bewußtsein entwickeln, haben wir für unseren inneren Wesenskern die Möglichkeit, fortwährend sich zu bereichern. Diese Bereicherung tragen wir mit uns, wenn wir durch den Tod durchgehen, aber wir können sie nur dadurch haben, daß wir das ganze Leben hindurch an der Zerstörung des Leibes arbeiten mußten. Unser Leib ist so gebaut, wie er sich aus dem vorhergehenden Leben heraus gestaltet hat. Wir nehmen aber fortwährend Neues in uns auf; das bereichert unser Seelenleben. Aber dieses Neue kann nicht mehr ganz in unsere Leiblichkeit hineindringen, sondern nur bis zu einem gewissen Grade, was sich dadurch ausdrückt, daß wir die Ermüdung vom Tage vorher in uns weggeschafft fühlen; aber nicht vollständig kann es in unseren Leib eindringen. Da ist in bezug auf das, was in unseren Leib eindringt, eine Grenze geschaffen für die weitere Entfaltung des Leiblichen.

Nehmen wir noch einmal das frühere Beispiel, wo ein Mensch durch zehn Jahre hindurch innerhalb seiner Seele an Erkenntnisfragen arbeitet. Da wird, wenn ihm diese Beschäftigung eine innere Seelenangelegenheit ist, sich nach zehn Jahren seine Physiognomie entsprechend umgewandelt haben. Doch es ist durch die Leiblichkeit der Umwandlung eine Grenze gesetzt. Der Drang, sich innerlich weiter zu entwickeln, kann noch bestehen; es kann sich aber das später Aufgenommene nicht mehr in den Leib hineinarbeiten. Daher sehen wir, da der Leib eine Grenze setzt, erst das reichere Innenleben dann beginnen, wenn sich die Seele in den Leib ergossen hat. Zuerst sehen wir die Physiognomie eines solchen Menschen – eines Denkers, Dichters oder tieferen Künstlers – sich umarbeiten; dann erst sehen wir das innere reiche Geistesleben sich entwickeln. Erst wenn uns an unserer Außenwelt eine Grenze gesetzt ist, entwickeln wir uns so recht, können aber dann das, was wir in uns entwickeln, nicht mehr in unsere Leiblichkeit hereintragen, weil unser Leib nach dem aufgebaut ist, was wir uns in einem früheren Erdenleben erworben haben. Deshalb müssen wir das, was wir uns dann noch innerlich erwerben, durch den Tod hindurchtragen. Das hilft uns dann die nächste Körperlichkeit aufbauen, so daß wir erst dann, in einem nächsten Leben, in eine Leiblichkeit hineingebaut haben werden, was auf unsere jetzige Leiblichkeit zerstörend wirken muß.

Da eröffnet sich uns ein Ausblick, der ganz hineinpaßt in alles naturwissenschaftliche Denken, ein Ausblick auf das, was Tod und Unsterblichkeit ist, was die wiederholten Erdenleben sind. Da sehen wir, wenn wir unsere Physiognomie umarbeiten, wenn wir das, was zuerst unbestimmt in das Dasein hereintritt, immer bestimmter und bestimmter hervortreten sehen, wie der Mensch das, was er sich durch Erleben in der Seele in früheren Erdenleben erworben hat, hineingebaut hat in seine Leiblichkeit. Wir sehen in dem sich entfaltenden Leibe die Ergebnisse unseres früheren Lebens, und wir sehen in dem, was wir uns jetzt erwerben, was sozusagen als Geistiges unserem Leiblichen entgegensteht, die sich entfaltenden Anlagen zu unserem künftigen Leben. So betrachtet die Geisteswissenschaft das Leben, das wir zwischen Geburt und Tod führen, wie mitten drinnenstehend zwischen Früherem und Folgendem. Und die späteren Betrachtungen werden ergeben, wie in bezug auf die Zeit, wo der Mensch durch eine lange Dauer leiblos lebt, wie ja im Schlafe auch, unser Blick sich erweitert auf die Zeiten unseres Daseins, die der Mensch in den übersinnlichen Welten zubringt. Aber damit solche Dinge nicht Hirngespinste bleiben, ist es notwendig, daß der Blick auf die Methoden hingelenkt wird, durch welche die Seele fähig gemacht wird, auch dann wahrzunehmen, wenn sie nicht das äußere physische Gehirn hat. Nur dadurch, daß der Mensch die Seele fähig macht, im Übersinnlichen wahrzunehmen, wird das, was sonst eine bloße Behauptung bleiben müßte, zu einer bewiesenen Realität.

Wir stehen heute im Grunde genommen erst am Anfange einer Wissenschaft, die sich mit solchen Dingen befaßt. Und im weitesten Umkreise derer, die sich für die besten Kenner der Dinge, für die Aufgeklärtesten halten, wird man diese Sachen gerade als Phantastereien ansehen. Der vor Ihnen spricht, wundert sich nicht, wenn jemand sagen würde: Das ist etwas, was ganz und gar Träumerei, Phantasterei ist, was ganz und gar einer jeglichen wissenschaftlichen Wahrheit der Gegenwart widerspricht! – Niemand wird begreiflicher finden als ich selber, wenn jemand morgen oder nach dem Vortrag einen solchen Ausspruch tun wird. Aber indem sich die Menschen immer mehr und mehr in eine solche Geisteswissenschaft vertiefen, werden sie einsehen, daß wir durch innere Versenkung unsere Seele dazu präparieren können, daß sie fähig wird, innerlich von sich zu wissen, innerlich Kräfte zu entwickeln, durch die sie auch dann noch wissen, auch dann noch wahrnehmen kann, wenn sie den Leib verläßt und nicht mehr durch die Organe des Leibes wahrnehmen kann. Das muß experimentell – könnte man sagen – aber geistig-experimentell festgestellt werden, daß die Seele, wenn sie sich nicht mehr der leiblichen Organe bedient, etwas ist, was erfahren werden kann. Sie ist das, was durch Geburten und Tode geht, was so wirkt, daß es sich seinen Leib mit auferbaut, was durch den Tod geht, und was sich zum Aufbau des neuen Leibes während des Erdendaseins neue Kräfte sammelt.

So erlangt man mit den Fragen nach dem Wesen des Menschen zugleich Antwort auf die Fragen nach Tod und Unsterblichkeit. Wenn *Goethe* einmal in einem sehr schönen Aufsatz gesagt hat, die Natur habe den Tod erfunden, um viel Leben zu haben, so bewahrheitet die geisteswissenschaftliche Forschung eine solche Ahnung Goethes, indem sie sagt: In einem jeglichen Leben bereichert der Mensch sein Seelenleben, sein Inneres; er muß sterben, weil sein jeweiliger Leib als Wirkung aus seinen früheren Erdenleben auferbaut ist, und indem er seinen Leib tötet, schafft er sich die Möglichkeit, um in einen neuen Leib hineinzubauen, was er gegenwärtig nicht in die Welt und in seinen Leib hineinbauen kann.

Eine solche Weltanschauung ergibt einen tiefen Einfluß auf unser ganzes Leben. Und wenn sie unser ganzes Wesen durchdringt, wenn sie uns nicht bloß Theorie bleibt, dann fühlen wir eine solche Wahrheit erst als eine wirkliche Lebenswahrheit. Denn dann sagen wir uns, wenn wir die Mitte des Lebens überschritten haben, wenn die Haare anfangen zu erbleichen und Runzeln unser Gesicht zu erfüllen beginnen: Es geht abwärts! – Warum geht es abwärts? Weil das, was die Seele sich erobert hat, nicht mehr in den Leib hineingetragen werden kann. Aber was wir uns innerlich errungen haben, und was gegenwärtig den Leib zerstören muß, das wird in einen neuen Leib hineingebaut. Der Einwand liegt nahe, und wir wissen, daß er oft gemacht wird, aber es soll in diesen Vorträgen gerade versucht werden dergleichen Einwände vorwegzunehmen, daß jemand sagt: Ihr Geistesforscher sagt uns da, wie der Mensch schwach wird im Alter, wie sein Denken schwindet, wie sein Gehirn schwächer wird, also sagt ihr damit, wie gerade mit der Leiblichkeit der Geist dahinschwindet! – So selbstverständlich dieser Einwand ist, und so selbstverständlich sich ihn jeder machen muß, der noch nicht tief in die Geisteswissenschaft eingedrungen ist, so ist doch damit nur zugestanden, daß ein solcher nicht darüber denkt: Wovon ist denn unser jetziges Gehirn auferbaut? – Von unserem früheren Leben ist es auferbaut! Und wir müssen mit unseren Gedanken unsere Leiblichkeit, insofern in uns ein Gehirn ist, zerstören. Die Gedanken aber, die den Leib zum Absterben bringen, sind die, welche sich des Gehirns bedienen. Daß etwas aufhören muß, was an ein Instrument wie das Gehirn gebunden ist, ist ganz selbstverständlich. Doch nicht unser geistiges Wesen hört damit auf. Daher ist es, wenn sich der Mensch in absteigender Richtung bewegt, daß wir in uns nicht mehr die geeigneten Werkzeuge finden, um das auszuleben, was wir in dem gegenwärtigen Leben uns angeeignet haben. Das arbeitet aber in uns dann in einem Seelenleben, das nicht an das Gehirn gebunden ist, und das daher auch nicht durch Gehirngedanken zum Ausdruck kommen kann. Das arbeitet dazu vor, um im nächsten Leben gestaltend zu wirken. Es ist also nicht bloß im Sinne Goethes zu sagen: Die Natur hat den Tod erfunden, um viel Leben zu haben – sondern wir müssen sagen: Der Tod ist da, um das, was wir uns im Leben innerlich erwerben, in neuen Formen auszuarbeiten!

In diesem Sinne können wir daher sagen, wenn wir das Alter herankommen sehen: Gott sei Dank, daß das Leben nach abwärts gehen kann, daß Tod sein kann! – Denn würde er sich nicht ausbreiten, so könnten wir nimmermehr das, was uns aus der herrlichen Welt zuströmt, so aufnehmen, daß es uns selber gestaltet. Damit wir das, was wir erleben können, zum Inhalte unseres eigenen Wesens machen können, brauchen wir als Menschen den Tod, müssen den Tod haben. Daher sehen wir auf den Tod hin als auf das, wodurch gerade das Leben in einer inneren, höheren Gestaltung sich bilden kann. So gibt es im Grunde genommen in der natürlichsten Weise eine bessere Beraterin in der Geisteswissenschaft; sie ist nicht nur Trösterin gegenüber der Todesfurcht, sondern sie ist etwas, was uns Kraft gibt, indem wir dem Tode entgegengehen und das Äußere absterben sehen; wissen wir doch, daß dann das Innere wächst. Die Geisteswissenschaft wird das ganze Leben auf ein höheres Niveau stellen, auf dem das Leben in einer sinnvollen Vernünftigkeit vor den Menschen hintritt.

Aus den folgenden Vorträgen wird sich ergeben, daß das Leben nicht ohne Ende nach vorn und rückwärts abläuft, sondern daß auch die wiederholten Erdenleben einen Anfang und ein Ende haben. Darauf soll jetzt nur hingedeutet werden. Aus dem, was die Geisteswissenschaft über Tod und Unsterblichkeit zu sagen hat, ergibt sich, wenn wir auf das gegenwärtige Leben schauen, daß wir seine Wirkungen in einem folgenden Leben haben werden. So zerfällt für die Geisteswissenschaft das gesamte menschliche Sein in gewisse Daseinsformen: in das Dasein zwischen Geburt und Tod und in jenes zwischen dem Tode und einer neuen Geburt. Da sehen wir, was Goethe in bezug auf das einfache Leben gefühlt hat, auf das volle Leben erweitert, indem wir zurückblicken nicht bloß auf das kleine Gestern, sondern auf das große Gestern, wo wir uns unser gegenwärtiges Leben gezimmert haben. Wir blicken hin auf des Lebens Freuden oder Leiden und empfinden: Freude ist das, was uns stärkt für das Kommende; Leid ist das, was wir an Überwindung von Widerständen aufbringen müssen, um uns ebenso für das Kommende zu stärken. Da sehen wir einen großen Gegensatz des Lebens in die Zukunft hinein sich ausdehnen und denken dabei an den Goetheschen Vers:

Liegt dir Gestern klar und offen,
Wirkst du Heute kräftig frei,

Kannst auch auf ein Morgen hoffen,
Das nicht minder glücklich sei.

Lebensglücklichkeit, Lebensmut fließt uns aus der innerlich begriffenen Geisteswissenschaft, indem sie uns zeigt: Es ist in der Tat der Geist, der sich das Materielle formt und sich in der Zerstörung des materiellen Lebens selbst erhält, um immer neu und neu sich selbst zu offenbaren, und der dabei das neu Errungene anwendet. Das soll im Sinne des heutigen Abends in die Worte zusammengefaßt werden:

Lebend offenbart der Geist
Stets nur seine Kraft,
Sterbend aber zeigt der Geist,
Wie er durch allen Tod hindurch
Sich stets zu höherm Leben nur bewahrt.

DER SINN DES PROPHETENTUMS

Berlin, 9. November 1911

Es ist gewiß richtig, was *Shakespeare* eine seiner berühmtesten Personen sagen läßt, und was im Deutschen gewöhnlich mit den Worten wiedergegeben wird: Es gibt mehr Dinge im Himmel und auf der Erde, als Ihr mit Eurer Schulweisheit Euch träumen laßt. – Aber es ist auch gewiß nicht minder richtig, was ein großer deutscher Humorist, *Lichtenberg,* gleichsam als Erwiderung darauf in die Worte gefaßt hat: Es gibt viele Dinge in der Schulweisheit, die weder im Himmel noch auf der Erde zu finden sind! – Beide Aussprüche zusammen werfen gewissermaßen ein Licht auf die Behandlungsart, die man vielem gerade in unserer Gegenwart angedeihen läßt in bezug auf das, wovon hier in diesen Vorträgen gesprochen werden soll. Wenn es sich um einen Gegenstand wie den heutigen handelt, muß man allerdings sagen: Es erscheint mehr noch als den übrigen Gebieten des übersinnlichen Forschens, mehr als den übrigen Gebieten der Geisteswissenschaft gegenüber, ganz begreiflich, daß es gegenüber einem solchen Thema weite Kreise insbesondere der ernsten, strengen Wissenschaft gibt, welche solche Dinge leugnen. Denn wenn schon für die übrigen Gebiete, oder wenigstens für zahlreiche der übrigen Gebiete der Geisteswissenschaft, sehr schwierig die Grenze zu ziehen ist zwischen dem, was ehrliches, ernstes Forschen ist, und was Scharlatanerie oder vielleicht etwas noch Schlimmeres ist, so muß man sagen: Überall da, wo das übersinnliche Forschen irgendwie in Beziehung steht zum menschlichen

Egoismus, da beginnen allerdings gefährliche Partien dieses Forschens. – Und auf welchen Gebieten höherer Erkenntnis könnte das mehr der Fall sein, als bei alledem, was sich zusammenschließt in das Thema vom Prophetentum, wie es in den verschiedenen Zeiten aufgetreten ist. Hängt doch alles, was mit dem Worte Prophetie bezeichnet wird, unmittelbar zusammen mit einer – allerdings begreiflichen – verbreiteten Eigenschaft der Menschen: mit der menschlichen Begierde, das Dunkel der Zukunft zu durchdringen, etwas von dem zu wissen, was dem Menschen auf seinem zukünftigen Lebenswege beschieden ist.

Nicht mit irgendeiner Neugier nur, sondern mit einer Neugier, die sozusagen an die intimsten und tiefsten Seiten der menschlichen Seele geht, hängt das Interesse für Prophetie zusammen. Kein Wunder daher, daß in unserer Zeit, nachdem man im Laufe der menschlichen Entwickelung so schlechte Erfahrungen mit der Befriedigung aller derjenigen Wissenssehnsuchten gemacht hat, welche so tief mit den Interessen der menschlichen Seele zusammenhängen, die Wissenschaft, die ernstlich in Betracht kommen will, nichts weiter wissen will von solchen Dingen. Nur scheint es doch, als ob unsere Zeit nicht mehr anders könnte, als sich wenigstens mit diesen Dingen wiederum auseinanderzusetzen, wie mit so vielem also, wovon wir in den vorhergehenden Vorträgen gesprochen haben und in der Zukunft noch sprechen werden. Hat doch sogar, wie viele von Ihnen wissen werden, ein reiner Historiker, *Kemmerich*, ein Buch über «Prophezeiungen» geschrieben, in dem er nichts anderes will, als zusammentragen, was sich in gewisser Weise an Tatsachen geschichtlich belegen läßt, die darauf hinweisen, daß wichtige Geschehnisse von diesem oder jenem Menschen vorher gewußt oder vorhergesagt worden sind. Ja, der betreffende Historiker fühlt sich sogar zu dem Ausdruck gedrängt, daß es kaum irgendein bedeutendes Ereignis in der geschichtlichen Entwickelung gibt, welches nicht einmal vorausgesagt, vorausempfunden, vorausgedacht und auch vorausverkündet worden wäre. Man hört heute noch solche Behauptungen nicht gern. Aber man wird ihnen endlich in denjenigen Grenzen, innerhalb welcher sich die Geschichte der Dinge bemächtigt, gar nicht mehr ausweichen können, indem man ebenso die Dinge der Vergangenheit wie die Dinge der Gegenwart mit klaren äußeren Dokumenten belegen wird.

Nicht immer war das Gebiet, von dem wir heute etwas sprechen wollen, so wenig angesehen als in unserer Zeit, nicht immer war es auf so zweifelhafte Kreise des menschlichen Strebens angewiesen als in unserer Zeit. Wir brauchen nur wenige Jahrhunderte zurückzugehen und werden finden, daß zum Beispiel im sechzehnten Jahrhundert hervorragende tonangebende Gelehrsamkeit in dem damaligen Betriebe des Prophetentums durchaus vertreten war. Sehen wir doch einen der größten Geister der naturwissenschaftlichen Forschung aller Zeiten in einer entsprechenden Verbindung mit einer Persönlichkeit, deren Neigung für eine Lebensauffassung, die sich in das Licht der Prophezeiungen stellt, bekannt ist, sehen wir doch *Kepler*, den großen Naturforscher, in Verbindung mit dem Namen Wallenstein, dessen Persönlichkeit Schiller nicht zum geringsten Teile aus dem Grunde so interessiert hat, weil er sein Leben in das Licht prophetischer Weisheit stellte. Diejenige Art von Prophezeiung, die uns zu Keplers Zeiten entgegentritt, und die uns vor ein paar Jahrhunderten in Europa überall so entgegentritt, daß erleuchtete, wissenschaftlich führende Geister sich mit ihr beschäftigen, hängt mit der Art und Weise zusammen, wie man damals den Zusammenhang der Sternenwelt, den Gang der Gestirne, die Stellung der Gestirne zum menschlichen Leben anschaute. Es ist jene damalige Prophe zeiung im wesentlichen irgendwie zusammenhängend mit der Astrologie. Man braucht dieses Wort nur auszusprechen, um zu wissen, daß in weiteren Kreisen auch heute noch ein Bewußtsein dafür vorhanden ist, wie ein Zusammenhang gedacht wird zwischen den zukünftigen Ereignissen des einzelnen menschlichen Lebens oder auch des Völkerlebens und dem Gange der Gestirne. Aber niemals wurde, was man prophetische Erkenntnis oder Prophetenkunst nennt, so unmittelbar zusammenhängend gedacht mit der Beobachtung des Ganges und der Konstellation der Sterne als zu Keplers Zeiten.

Wenn wir in die griechische Zeit zurückgehen, so sehen wir allerdings, daß eine prophetische Kunst vorhanden war, die, wie Sie wohl wissen, zum großen Teil von Prophetinnen ausgeübt wurde. Es war eine prophetische Kunst, die dadurch herbeigeführt wurde, daß der Mensch ganz bestimmten Erlebnissen ausgesetzt wurde, zum Beispiel Erlebnissen der Askese oder auch solchen Erlebnissen, die auf eine andere Art das Selbstbewußtsein, die Besonnenheit des alltäglichen Lebens zurückdrängten, so daß der Mensch an andere Mächte hingegeben war, gleichsam wie außer sich, wie in Ekstase war und dann Dinge sagte, die sich entweder direkt auf die Zukunft bezogen oder von den zuhörenden Priestern oder Weisen so gedeutet wurden, daß sie auf die Zukunft Beziehung hatten. Gleich taucht da das Bild der Pythia, der Prophetin in Delphi auf, welche durch die aus einem Erdspalt auftauchenden Dünste in einen anderen Seelenzustand versetzt wurde, als es der Bewußtseinszustand des gewöhnlichen Alltagslebens ist, und die dann Mächten hingegeben war, mit denen sie sonst keine Verbindung hatte, an die sie sonst nicht dachte und aus einem solchen Zustande heraus nun entsprechende Andeutungen machte. Da sehen wir eine Art von Prophetie, die nicht mit der Berechnung von Sternkonstellationen und Sterndeuten zusammenhängt.

Ebenso ist jedem das Prophetentum des alttestamentlichen Volkes ·bekannt, das selbstverständlich von der heutigen Aufklärung als Prophetentum auch bezweifelt werden kann, das aber, wenn es zunächst nur in bezug auf seine Eigenart charakterisiert werden soll, insofern es aus dem Munde dieser Propheten kam, nicht nur wichtige Weisheitsprüche brachte, die dann für das, was innerhalb des alttestamentlichen Volkes geschieht, tonangebend sind, sondern die auch ihre Aussagen voraussehend über die Zukunft machten. Doch sehen wir dieses Prophetentum nicht in derselben Weise wie die Astrologie des fünfzehnten, sechzehnten Jahrhunderts Voraussagen machen aus der Sternenwelt, aus Sternenkonstellationen heraus, sondern da sehen wir wieder, wie entweder durch besondere Anlagen der betreffenden Persönlichkeiten oder durch Askese und bestimmte Übungen und so weiter diese Propheten sich einen andern Bewußtseinszustand als den der übrigen Menschheit aneignen, durch den sie aus dem alltäglichen Leben hinausgerissen werden, nicht das gewöhnliche Leben beurteilen können. Dafür aber sehen wir sie in die großen Zusammenhänge ihres Volkes blicken, sehen sie das, was Glück und Unglück ihres Volkes ist, empfinden. Dadurch, daß sie gleichsam so etwas wie ein Übermenschliches erleben, was über die einzelnen menschlichen Interessen hinausgeht, reißen sie ihre Seele von dem unmittelbaren Bewußtsein los, und es ist so, wie wenn der Gott Jahve selber aus ihnen sprechen würde. So weise erschienen ihre Andeutungen, wie wenn Jahve selber dem Volke verkünden wolle, was das Volk zu tun habe, was die künftigen Schicksale des Volkes sind.

Wenn wir dies bedenken, muß es uns doch erscheinen, als wenn die Art der Prophezeiung, wie sie uns am Ausgange des Mittelalters vor der Morgenröte der neueren Wissenschaft entgegentritt, nur eine besondere Art wäre, und als ob Prophetie ein umfassenderes Gebiet wäre, das aber immer in irgendeiner Weise mit irgendwelchen besonderen Seelenzuständen zusammenhinge, die der Mensch erst erreicht, wenn er von seiner Persönlichkeit loskommt. Allerdings muß man sagen, daß kaum noch erkenntlich die astrologische Prophetie als eine solche Kunst scheint, durch welche der Mensch von seiner Persönlichkeit loskommt. Denn der Astrologe, welcher das Geburtsdatum eines Menschen bekommt, nach diesem Geburtsdatum nun nachsucht, wie die Konstellation in dieser Stunde ist, welches Sternbild gerade im Aufgange über dem Horizont ist, wie zur Geburtsstunde die Konstellation der anderen Sterne zu einem Sternbilde ist und daraus berechnet, wie der Verlauf der Sternkonstellationen, während des Lebens dieses Menschen weiter sein würde, und nach gewissen Anschauungen, die man sich über den günstigen oder ungünstigen Einfluß gewisser Sterne und Sternkonstellationen auf das menschliche Leben gemacht hat, nach solchen Berechnungen voraussagt, was im Leben eines Menschen oder eines Volkes auftreten würde – ein solcher Astrologe erscheint uns kaum mehr als eine solche Persönlichkeit wie der alte jüdische Prophet oder wie die griechischen Prophetinnen oder überhaupt die alten Propheten, die herausgetreten waren aus dem gewöhnlichen Bewußtsein und in der Ekstase nur aus einem aus dem Übersinnlichen geschöpften Wissen die Zukunft vorhersagten. Was bei diesen astrologischen Prophezeiungen die heutigen Menschen am stärksten stört, insofern sie sich zu dem aufgeklärten Teil unserer Gebildeten rechnen, das ist, daß schwer eingesehen werden kann, was der Gang der Sterne, die Konstellation von Sternen mit dem zu tun haben sollen, was im Leben eines Menschen, im Leben eines Volkes oder in der Aufeinanderfolge der Zeitereignisse hier auf der Erde geschieht. Und da der Blick der heutigen Erkenntnis auf

etwas ganz anderes gerichtet ist als auf solche Zusammenhänge, so bringt man auch demjenigen kein besonderes Interesse entgegen, was in den Zeiten, in welchen auch erleuchtete Wissenschaft mit astrologischer Prophezeiung vereinbar
war, vor allen Dingen als etwas Gewisses, als etwas Reales
erschienen war.

Noch der große tonangebende Forscher und Gelehrte
Kepler hat nicht nur seine keplerischen Gesetze gefunden,
er war nicht nur einer der größten Astronomen aller Zeiten,
sondern er widmete sich auch der astrologischen Prophezeiung. Und in seiner Zeit, kurz vorher und kurz danach,
finden wir zahlreiche wirklich erleuchtete Geister, welche
dieser selben Kunst anhängen, und welche von ihrem Standpunkte aus, wenn man alle Dinge objektiv bedenkt, gar
nicht anders konnten, als diese prophetische Kunst, diese
prophetischen Erkenntnisse so ernst zu nehmen, wie in entsprechender Weise unsere heutigen Zeitgenossen irgendeinen
wissenschaftlichen Zweig ernst und würdig nehmen. Denn
man kann leicht sagen, daß irgendeine Vorhersage, die zum
Beispiel bei der Geburt eines Menschen getan worden ist, die
aus Sternenkonstellationen geholt und an dem Leben dieses
Menschen bewahrheitet worden ist, daß dieser Zusammenhang der Konstellation mit dem Leben des Menschen doch
nur auf einer Art von Zufall beruht. Gewiß, in einer unendlich großen Anzahl von Fällen muß zugegeben werden, daß
das Frappierende des Eindruckes, den man von der Bewahr-
heitung astrologischer Vorhersagungen haben kann, einfach
darauf beruht, daß man durch das Eintreten einer solchen
Vorhersagung überrascht ist und das Übereinstimmende behält und darüber vergißt, was nicht eingetroffen ist. In gewisser Beziehung hat allerdings jener griechische Atheist
ganz recht, der einmal mit seinem Schiffe in einer Küsten-
stadt ankam, wo an einem Opferorte gewisse Zeichen der-

jenigen Persönlichkeiten aufgehängt wurden, welche auf der See ein Gelübde getan hatten, daß sie, wenn sie bei irgendeinem Schiffbruch gerettet würden, ein solches Opferzeichen an einem solchen Opferorte aufhängen würden. Gewiß, da waren viele solche Opferzeichen aufgehängt. Es war kein Zweifel: sie alle rührten von solchen Menschen her, die aus einem Schiffbruch gerettet worden waren. Aber der betreffende griechische Atheist meinte, man könnte erst dann die Wahrheit wissen, wenn man auch die Zeichen aller derjenigen aufhängen würde, die trotz jenes Gelübdes bei Schiffbrüchen zugrunde gegangen sind. Da würde sich dann zeigen, von welcher Seite mehr Zeichen aufgehängt würden. Ebenso könnte auch gesagt werden: Ein objektives Urteil kann man nur gewinnen, wenn man nicht nur alle eingetroffenen, sondern auch alle nichteingetroffenen astrologischen Voraussagen verzeichnen würde. – Aber gegenüber einer solchen Anschauung, die ja immer möglich ist, erscheint doch mancherlei wieder höchst frappierend. Da ich in diesen öffentlichen Vorträgen nicht eine gründliche Kenntnis aller geisteswissenschaftlichen Grundlagen voraussetzen kann, so muß auch auf das hingewiesen werden, was dem allgemeinen Bewußtsein eine Vorstellung davon geben kann, welchen Wert entsprechende Dinge auf Gebieten haben, über die wir uns hier ergehen.

Frappierend muß es doch für den größten Skeptiker erscheinen, wenn zum Beispiel folgende Tatsache auftritt. Wallenstein – damit wir bei bekannten Persönlichkeiten bleiben – wendet sich an den großen Kepler, dessen Namen jeder Wissenschafter nur mit Ehrfurcht nennen kann, um sein Horoskop von ihm zu erhalten, das heißt die aus den Sternen zu findende Aussage in bezug auf sein künftiges Leben. Er erhält von Kepler dieses Horoskop. Dieses Horoskop des Wallenstein war mit einer gewissen Vorsicht gemacht worden. Es wurde nicht etwa so zustande gebracht, daß Wallenstein in einem gewissen Lebensjahre an Kepler schrieb, dann und dann sei er geboren und er wünsche jetzt von ihm sein Horoskop, sondern es geschah in der Weise – so dumm nämlich, wie man es heute glaubt, war es doch nicht –, daß ein Mittelsmann gewählt wurde, so daß der Betreffende, der das Horoskop zu machen hatte, nicht wußte, um welche Persönlichkeit es sich eigentlich handelte. Es wurde nur das Geburtsdatum angegeben. Kepler wußte also nicht, um wen es sich handelte. Nun hatte Wallenstein damals schon eine gewisse Anzahl von Erlebnissen hinter sich, von denen er auch verlangte, daß sie aufgezeichnet würden, und dann sollte eine Aufzeichnung der weiteren Erlebnisse, die der Zukunft, angefertigt werden. Kepler fertigte das von ihm verlangte Horoskop aus. Darin fand Wallenstein, wie es bei zahlreichen Horoskopen der Fall ist, eine große Übereinstimmung mit vielen seiner Erlebnisse. Er faßte zum Horoskop Vertrauen – es ist das ein Vorgang, der sich so bei vielen Leuten der damaligen Zeit abgespielt hat – und es gelang ihm in manchen Fällen, sein Leben so einzurichten, wie es im Sinne gewisser solcher Voraussagen war. Nun muß gleich gesagt werden, daß im verflossenen Leben zahlreiche Tatsachen stimmten, aber manche stimmten auch nicht. Ebenso war es mit dem, was sich auf die Zukunft bezog. Das war bei zahlreichen Horoskopen der Fall. Da hat man in der damaligen Zeit allerdings eine sonderbare Sache befolgt, die darin bestand, daß man gesagt hat: Da muß in der Geburtsstunde irgend etwas nicht richtig sein, und vielleicht könnte der betreffende Astrologe die Geburtsstunde etwas korrigieren. – So etwas hat auch Wallenstein gemacht. Er hat Kepler ersucht, die Geburtsstunde zu korrigieren; es handelt sich dabei nur um ganz weniges; dadurch kamen richtigere Daten heraus, die stimmten jetzt wieder besser.

Demgegenüber muß aber gesagt werden, daß Kepler ein durchaus ehrlicher Mann war und gar nicht gern so etwas tat, wie die Geburtsstunde korrigieren. Aus dem Brief, den Kepler damals darüber an Wallenstein schrieb, fühlt man heraus, daß er es nicht gerne tat und einen solchen Vorgang nicht empfehlen konnte, denn wenn man so etwas vornimmt, könnte man ja dadurch alles mögliche in dieser Weise feststellen. Dennoch unterzog er sich dieser von Wallenstein gewünschten Aufgabe – es war das im Jahre 1625 – und gab auch dann wieder Angaben über das zukünftige Leben Wallensteins, namentlich sagte er ihm, daß nach diesem jetzigen Lesen der Sternenzusammenhänge die Sternkonstellationen für Wallenstein im Jahre 1634 außerordentlich ungünstig ständen. Er fügte auch noch hinzu, jetzt, nachdem dies noch so lange bis dahin sei, könnte er es voraussagen, denn, wenn auch Wallenstein sich aufregen würde, so würde diese Aufregung doch schon schwinden bis zu der Zeit, da diese ungünstigen Verhältnisse einträfen, aber er glaube nicht, daß es gefährlich wäre für das, was Wallenstein tun würde. Für den März 1634 war es vorausgesagt. Und siehe da: wenige Wochen vor diesem Datum stellten sich die Ursachen ein, die zur Ermordung von Wallenstein führten. Das sind Dinge, die doch wenigstens frappieren können.

Aber nehmen wir andere Beispiele, und zwar nicht aus den Reihen untergeordneter Astrologen, sondern solche, die mit erleuchteten Geistern umgehen. Da muß einer außerordentlich bedeutsamen Persönlichkeit auf diesem Gebiete gedacht werden: ich meine Michel, *Nostradamus*. Nostradamus war ein bedeutender Arzt, der unter anderem auch bei einer Pestkrankheit unendlich heilsam gewirkt hat; er wurde tief verehrt gerade wegen der selbstlosen Art, wie er sich seinem Arztberufe hingab. Bekannt ist aber auch, daß er sich, als er wegen dieser Selbstlosigkeit von seinen medizinischen Kollegen vielfach angefeindet worden ist, von seinem ärztlichen Berufe in die Einsamkeit von Salon zurückzog. Da beobachtete er nun nicht so wie Kepler oder andere die Sterne, sondern er hatte einen besonderen Raum in seinem Hause, in das er sich zurückgezogen hatte. Von diesem Raume aus – das ist aus seinen eigenen Angaben zu entnehmen – betrachtete er die Sterne eigentlich nur so, wie sie sich dem Blicke darbieten, nicht so, daß er besondere mathematische Rechnungen vornahm, sondern nur das, was Gemüt und Seele und Imagination verfolgen können, wenn sie sich den Wundern des nächtlichen Sternenhimmels aussetzen. Viele, viele Stunden, Stunden voll Inbrunst und Andacht verbrachte Nostradamus in dieser eigentümlichen Kamera, die nach allen Seiten den freiesten Ausblick in den Sternenhimmel bot. Und da haben wir von ihm nicht nur einzelne Vorhersagungen, sondern eine ganze lange Serie von den mannigfaltigsten Vorhersagungen über Ereignisse der Zukunft, die in der sonderbarsten Weise eintrafen, so daß der vorhin genannte Historiker Kemmerich gar nicht umhin kann, als frappiert zu sein und noch nach langer Zeit etwas auf das zu geben, was die Vorhersagungen des Nostradamus sind. Nostradamus trat zuerst mit einigen seiner Vorhersagungen hervor. Er wurde natürlich auch in seiner Zeit zuerst ausgelacht, denn er konnte nicht einmal auf irgend welche astrologischen Berechnungen hinweisen. Es war ihm, wie wenn durch den Anblick der Sterne ihm in merkwürdigen Bildern, Imaginationen die Zukunft sich gezeigt hätte, zum Beispiel als ob in einem großen Bilde ihm aufgegangen wäre der Ausgang der Schlacht bei Gravelingen im Jahre 1558, welche die Franzosen mit großem Verlust verloren haben. Eine andere Voraussage, die auch lange vorher für das Jahr 1559 gemacht wurde, bezog sich darauf, daß König

Heinrich II. von Frankreich in einem Duell fallen sollte, wie er sagte. Man lachte nur darüber. Die Königin selbst lachte und meinte, daran könne man am leichtesten sehen, wieviel darauf zu geben sei, denn ein König sei über ein Duell erhaben. Aber siehe da: bei einem Turnier fiel der König in dem vorhergesagten Jahr. Und viele Dinge könnten wir anführen, die erst später eingetreten sind und die, wenn sie in der entsprechenden Weise gedeutet werden, nur eingetretene Voraussagen des Nostradamus genannt werden können.

Weiter haben wir einen anderen erleuchteten Geist des sechzehnten Jahrhunderts, der wieder als Astronom eine große Bedeutung hat: *Tycho de Brahe.* Die heutige Welt kennt Tycho de Brahe kaum anders, als daß man sagt, er habe nur zur Hälfte die kopernikanische Weltanschauung angenommen. Wer aber sein Leben genauer kennt, der weiß, was Tycho de Brahe zum Beispiel zur Herstellung von Sternkarten getan hat, wie er die damals vorhandenen Sternkarten in ganz hervorragender Weise verbessert hat, da er ein Astronom von ganz hervorragender Bedeutung für seine Zeit war, neue Sterne gefunden hat und so weiter. Aber Tycho de Brahe war zu gleicher Zeit ein Mensch, der tief davon durchdrungen war, daß nicht nur die physischen Verhältnisse der Erde im Zusammenhang stehen mit der ganzen Welt, sondern daß auch dasjenige, was die Menschen geistig erleben, mit den Ereignissen des großen Kosmos zusammenhängt. So kam es denn, daß Tycho de Brahe nicht nur ein großer Astronom war, der die Sterne beobachtete, sondern daß er die Vorgänge des Himmels auf die Vorgänge im Menschenleben bezog. Und es war allerdings frappierend, daß Tycho de Brahe schon als zwanzigjähriger Mensch, als er nach Rostock kam, damals den Tod des Sultans Soliman vorausgesagt hat, der zwar nicht auf den Tag genau, aber doch eintraf, wenn auch mit einer kleinen Ungenauigkeit. Es war eine ungenaue Angabe, aber eine Angabe, gegen die man sich vielleicht gerade als Historiker nicht auflehnen kann; denn wenn man schon lügen wollte, könnte man sagen, so würde man nicht halb lügen und nicht die Differenz von ein paar Tagen in das Resultat hineinmischen.

Daraufhin ließ sich der König von Dänemark von Tycho de Brahe das Horoskop machen für seine drei Söhne. Das stimmte für seinen Sohn Christian, weniger für den andern Sohn Ulrich. Aber eine merkwürdige Voraussage machte Tycho de Brahe über den dritten Sohn Hans, die eingekleidet und hergenommen ist von dem Gang der Sterne. Die ganze Konstellation, alles was man für den Herzog Hans sehen könne, sei so, daß er ein gebrechlicher Mensch sei und bleiben müsse, der kaum ein hohes Alter erreichen könne. Da die Geburtsstunde nicht ganz sicher war, machte Tycho de Brahe sogar mit großer Vorsicht seine Angabe: Vielleicht stirbt er im achtzehnten, vielleicht im neunzehnten Jahre, denn da treten ganz besonders ungünstige Konstellationen ein. – Ich will es dahingestellt sein lassen, ob er dies aus einer gewissen Nachsicht mit den Eltern oder aus einem andern Grunde tat, denn er schrieb, es wäre allerdings möglich, daß diese furchtbare Konstellation in bezug auf das achtzehnte oder neunzehnte Jahr für das Leben des Herzogs Hans überwunden werden könne; dann würde Gott sein Schützer sein. Aber man müsse sich klar werden, daß diese Verhältnisse da wären, daß Hans zuerst eine außerordentlich ungünstige Konstellation mit dem Mars hätte und daß er deshalb kriegerischen Verwickelungen in früher Jugend ausgesetzt sein würde. Aber da in bezug auf diese Konstellation über dem Mars die Venus noch günstig stünde, so könnte man hoffen, daß er über diese Zeit hinüberkommen würde. Aber dann käme gerade mit dem achtzehnten, neunzehnten

Jahre jene ungünstige, gefährliche Konstellation, die durch den für Hans feindlichen Saturn hervorgerufen sei, und die zeige, daß er einer «feuchten, melancholischen» Krankheit ausgesetzt sei, die namentlich von der betreffenden fremdartigen Umgebung kommen müsse, in die dieser Mensch dann versetzt sein würde.

Wie war der Verlauf des Lebens dieses Herzogs Hans? Er wurde als junger Mann in die damaligen politischen Verhältnisse verwickelt, wurde in einen Krieg geschickt, machte eine Schlacht mit, die Schlacht bei Ostende, und hatte dann in Anknüpfung daran – das hatte Tycho de Brahe besonders vorausgesagt – große Seestürme zu bestehen. Er war nahe daran, zugrunde zu gehen. Dann wurden Verhandlungen angeknüpft von befreundeter Seite über eine Ehe des Herzogs Hans mit der Zarentochter, und er selbst wurde aus diesem Grunde nach Dänemark zurückberufen. Das konnte nun Tycho de Brahe so auslegen, daß Mars hart herangetreten sei an den Herzog, daß die von den ungünstigen Marseinflüssen herrührenden Verwickelungen aber zurückgehalten wurden durch die Einflüsse, die von der Venus kamen, so daß die Venus, welche die Beschützerin der Liebesverhältnisse ist, zunächst den Herzog Hans geschützt hat. Dann aber kam in seinem achtzehnten, neunzehnten Jahre der feindliche Saturneinfluß. Er wurde abgeschickt nach Moskau. Bis Petersburg kam er. Man kann sich eine Vorstellung davon machen, in welcher Stimmung der dänische Hof auf den jungen Herzog hinblickte. Alle Vorbereitungen zur Heirat wurden gemacht, man erwartete stündlich die Nachricht von dem Zustandekommen dieser Verbindung, statt dessen kam zuerst eine Meldung, daß die Heirat verzögert wurde, dann kamen Nachrichten von der Erkrankung des Herzogs und endlich die Todesnachricht.

Solche Dinge wirkten auf die Zeitgenossen frappierend.

Daß aber solche Dinge auch auf die Nachwelt frappierend wirken müssen, das kann doch nicht bestritten werden. Und schließlich ist es auch wahr, daß die Weltgeschichte zuweilen Humor liebt, humoristisch ist, wie es ja auf anderem Gebiete zum Beispiel jenem Professor ergangen ist, der behauptet hat, daß das weibliche Gehirn weniger wiege als das männliche, und bei dem sich dann herausgestellt hat, als sein Gehirn nach seinem Tode gewogen wurde, daß es ganz besonders wenig wog, so daß er einem humoristischen Spiele des Weltengeistes zum Opfer gefallen ist. So ging es auch *Giovanni Pico von Mirandola,* dem das Horoskop gestellt und gesagt war, daß ihm der Mars besonders ungünstig sei, ihm ein großes Unglück bringen würde. Er war ein Gegner aller solcher Prophezeiungen. Lucius Bellantius hatte ihm noch gezeigt, daß alles unrichtig sei, was er gegen die Sterndeutungen eingewendet hatte. Er starb dann genau in dem Jahre, für welches der ungünstige Einfluß des Mars angegeben war.

So könnten wir zahlreiche Beispiele anführen und würden uns die Überzeugung verschaffen können, daß es allerdings in einem gewissen Sinne leicht ist, manches gegen diese oder jene solcher Angaben einzuwenden. Gewiß, es muß ernst genommen werden, was ein sehr bedeutender und namentlich durch seine humanitären Bestrebungen außerordentlich zu verehrender heutiger Astronom gegen das, was man alles für das Eintreffen des Todes Wallensteins nach Keplers Horoskop sagen kann, eingewendet hat. Es muß zugegeben werden, daß es ernst zu nehmen ist, wenn *Wilhelm Förster* dem entgegenhält: Nun wußte Wallenstein diese Tatsache. Da kam das betreffende Jahr heran, und indem er sich an sein Horoskop erinnerte, wurde er zögernd, griff nicht recht durch, wie er es sonst wohl getan hätte, und hat auf diese Weise selbst den unglücklichen Ausgang herbeigeführt. – Solche Dinge wird man immer einwenden können. Man muß aber auf der anderen Seite doch bedenken, wenn man überhaupt in bezug auf wissenschaftliche Belege bei äußeren Daten etwas geben kann, dann genügen auch für die heutige Zeit jene Angaben für die Aufstellung wissenschaftlicher Tatsachen durchaus, die – sagen wir – keine schärferen Belege erfordern. Es können manche Dinge durchaus problematisch sein, man sollte sich aber darum dem nicht verschließen, daß das sorgfältige Vergleichen von vergangenen Lebensdaten, wobei man es mit Angaben zu tun hatte, die aus den Sternen zu gewinnen waren, zu dem Vertrauen führte für das, was erst in kommenden Zeiten geschehen sollte. Bei allem, was fehl ging, hatte man schon ein Auge für das, was fehl ging und die frappierenden Zusammenhänge nicht aufdeckte, aber man nahm das doch nicht in einem ganz kritiklosen Sinne an. Kritik konnten die Leute der damaligen Zeiten auch anwenden und haben sie vielleicht bei manchen Dingen recht viel angewandt.

Wie man auch über diese Dinge denkt, ich wollte nur von einigen dieser Beispiele die frappierendsten anführen, um zu zeigen, daß auch auf dem Wege der heutigen Wissenschaft mit den Methoden der heutigen Wissenschaft es möglich ist, im Ernste über diese Dinge zu reden. Und selbst wenn man das nimmt, was dagegenstünde, so müßte man doch mindestens das eine zugestehen, wenn man auch ganz den Inhalten ablehnend gegenüberstünde, daß die Gründe, nach welchen erleuchtete Geister einer verhältnismäßig so kurz hinter uns liegenden Zeit an diesen Dingen festgehalten haben, nicht schlechte Gründe, sondern menschenwürdige, gute Gründe sind. So daß man, wenn man auch selbst die Gründe ablehnte, sich sagen muß: Diese Dinge wirkten in jenem Zeitalter so auf erleuchtete Geister, daß man sah, wie diese Geister, ganz abgesehen von Einzelheiten, an den Zusammenhang dessen

glaubten, was im einzelnen Menschenleben und im Völkerleben vorgeht mit den Dingen, die in der großen Welt, im
Weltenraume sich abspielen. An diesen Zusammenhang des
Makrokosmos, der großen Welt, mit dem Mikrokosmos, der
kleinen Welt, glaubten diese Menschen.

An was glaubten sie im Grunde genommen? Sie glaubten
daran, daß dieses Menschenleben auf der Erde, wie es sich
abspielt, nicht allein ein chaotisches Strömen von Ereignissen
ist, sondern daß Gesetzmäßigkeit in diesen Ereignissen ist,
daß ebenso, wie zyklische Gesetzmäßigkeit in den Him-
melsereignissen ist, so eine gewisse zyklische Gesetzmäßigkeit, ein gewisser Rhythmus in den menschlichen und irdischen Verhältnissen sich abspielt. Damit wir uns darüber verständigen können, was gemeint ist, soll auf einige Tatsachen
hingewiesen werden, die wahrhaftig, wenn man beobachten
will, ebenso Gegenstand der Erfahrung werden können, wie
es die strengsten Tatsachen der wissenschaftlichen Chemie
oder Physik heute sind. Nur muß man dann auf den entsprechenden Gebieten Beobachtungen anstellen.

Nehmen wir an, wir beobachten irgendeine besondere
Tatsache, die sich im Menschenleben während der Kindheits-
zeit abspielt. Wer dann das Menschenwesen so betrachtet,
daß er längere Zeiträume ins Auge faßt, wird merkwürdige
Zusammenhänge herausbringen. Da ergibt sich ein merkwürdiger Zusammenhang zwischen dem allerersten Kindesleben und dem spätesten Greisenleben, so daß wir – wenn
auch in Umkehrung – ganz genau einen Zusammenhang bemerken können zwischen dem, was der Mensch am Abend
seines Lebens erlebt, und dem, was er in der Jugend durchgemacht hat. Dann werden wir sagen können: Wenn wir
zum Beispiel in der Jugendzeit Aufregungen durchgemacht
haben durch besondere Angstzustände, dann kann es sein,
daß wir vielleicht unser ganzes Leben hindurch davon ver-

schont sein konnten, aber im Alter dann eigentümliche Dinge auftreten, von denen wir wissen können, wir haben die Ursache zu ihnen in den Angstzuständen der allerfrühesten Kindheit zu suchen. Dann gibt es wieder Zusammenhänge zwischen dem Jünglingsalter und der Zeit, die dem Greisenalter vorangeht. Kreisförmig spielt sich das Leben ab. Wir können noch weiter gehen. Nehmen wir zum Beispiel an, irgend jemand würde in seinem achtzehnten Jahre aus seinem bisherigen Lebensgange herausgerissen werden, er hätte vielleicht bis dahin studieren können, wäre im achtzehnten Jahre aus seinem Studium herausgerissen worden und müßte von da ab Kaufmann werden, vielleicht dadurch, daß der Vater sein Vermögen verloren hat und so weiter. Da könnte sich herausstellen, daß der Betreffende sich zuerst gar nicht unglücklich in seinem Beruf fühlt, wir sehen aber dann nach einigen Jahren ganz besondere Schwierigkeiten im Leben auftreten. Wenn wir einen solchen Menschen weise leiten, ihm über gewisse Schwierigkeiten hinweghelfen wollen, so können wir nicht irgendwelche allgemeine abstrakten Grundsätze anwenden, sondern wir müssen uns klar sein, daß wir, während er mit achtzehn Jahren aus seinen Lebensverhältnissen herausgerissen worden ist und mit vierundzwanzig Jahren besondere seelische Schwierigkeiten hat, so daß also sechs Jahre später die Schwierigkeiten aufgetaucht sind, sechs Jahre vorher, also etwa im zwölften Jahre, im Seelenleben dieses betreffenden Menschen irgendwelche Vorgänge finden werden, welche die Schwierigkeiten bedingen, die uns also in Wahrheit erklären werden, was sich mit vierundzwanzig Jahren abgespielt hat: sechs Jahre vorher, sechs Jahre nachher, der Berufswechsel liegt in der Mitte. Wie bei einem Pendel, das nach rechts und links ausschlägt, in der Mitte der Punkt ist, wo die Gleichgewichtslage ist, so ist in diesem Falle das achtzehnte Jahr ein Knotenpunkt gegenüber dem Pendelschlag des Lebens. Was vorher im Leben da war, spielt sich so ab, daß eine Ursache, die vorher gelegt ist, ihre Wirkung dieselbe Anzahl von Jahren nach diesem Knotenpunkt hat. So ist es mit dem ganzen Menschenleben.

Das menschliche Leben verläuft nicht unregelmäßig, sondern in gewisser Weise regelmäßig und gesetzmäßig. Der einzelne Mensch braucht das nicht zu wissen. Aber in jedem Menschenleben ist ein Lebensmittelpunkt, und was vor diesem Lebensmittelpunkt ist, das Jugendleben, das Kindheitsleben, läßt die Ursachen gleichsam im Schoße der aufeinanderfolgenden Ereignisse liegen, und was dann eine gewisse Anzahl von Jahren vor diesem Lebensmittelpunkt sich abgespielt hat, zeigt sich in seinen Wirkungen ebenso viele Jahre nach demselben. Und so wie der Tod der entgegengesetzte Punkt der Geburt ist, so sind die Ereignisse der Kindheit die Ursache für Ereignisse, die sich in den Jahren zutragen, die dem Tode vorangehen. So begreift man das Leben.

Vernünftig wird man das Leben nur begreifen, wenn man so zurückzeichnet, wenn man zum Beispiel in bezug auf einen Krankheitszustand, der vielleicht mit vierundfünfzig Jahren auftritt, sich einen Lebensknotenpunkt suchen wird, wo ein Mensch an einer besonderen Krise vorbeigegangen ist, von dort zurückrechnet und ein Ereignis finden wird, das sich zum vierundfünfzigsten Jahre verhält wie Geburt zum Tode, das heißt in gewisser Beziehung entgegengesetzt. In einer gewissen Weise sind die Ereignisse im Menschenleben auch so angeordnet, daß sie sich gesetzmäßig verfolgen lassen. Das widerspricht nicht unserer Freiheit. Die größte Sorge der Menschen ist gewöhnlich, daß eine solche gesetzmäßige Art des Ablaufes der Ereignisse der menschlichen Willkür, der menschlichen Freiheit widerspräche. Das ist aber nicht der Fall, das kann nur für ein ungeschultes Denken so scheinen. Wer zum Beispiel in seinem fünfzehnten Jahre irgendeine Ursache in den Schoß der Zeiten hineinlegt, deren Wirkung er im vierundfünfzigsten Jahre erlebt, der benimmt sich dadurch ebensowenig seiner Freiheit für dieses Jahr wie der, welcher sich ein Haus baut, das im nächsten Jahre fertig werden soll, und dann in dasselbe einzieht. Bei genauem logischem Denken wird man nicht sagen können, man benehme sich seiner Freiheit, wenn man dann in das Haus zieht. Bei genauem logischem Denken wird man nicht sagen können, man benehme sich seiner Freiheit, wenn man Ursachen für spätere Ereignisse legt. Das hat mit der Freiheit des Lebens direkt nichts zu tun.

Ebenso, wie es zyklische Zusammenhänge im einzelnen Menschenleben gibt, ebenso sind solche für das Leben der Völker, überhaupt auch für das Leben auf der Erde vorhanden. In früheren Vorträgen wurde schon angeführt, was auch später noch gezeigt werden soll, daß wir die Entwickelung unserer Erdenmenschheit zunächst für unsere unmittelbare Kulturepoche in aufeinanderfolgende, uns zunächst berührende Kulturepochen, Kulturzeiträume einteilen. Da haben wir einen Kulturzeitraum, den wir als denjenigen bezeichnen, in welchem die babylonisch-assyrisch-ägyptisch-chaldäische Kultur sich abgespielt hat. Darauf folgend haben wir denjenigen Zeitraum, den wir als den griechisch-lateinischen bezeichnen, in den alle Tatsachen des Griechentums und des Römertums hineinfallen, und dann haben wir den unsrigen, den wir vom Untergange des Griechentums und des Römertums an bis in unsere Zeit hinauf rechnen, und der, wie alle Zeichen der Zeit zeigen, noch lange dauern wird. So haben wir drei aufeinanderfolgende Kulturepochen.

Wer genauer das Völkerleben in diesen drei aufeinanderfolgenden Epochen betrachtet, der wird gewahr werden,

daß die griechisch-lateinische Zeit etwas wie einen Lebensknotenpunkt in der Entwickelungsgeschichte der Menschheit
hatte. Daher auch jenes eigentümlich Faszinierende der griechisch-römischen Kultur. Die Art und Weise, wie griechische
Kunst, griechische und römische Staatenbildung sich ausnehmen, was römisches Recht und römische Staatskunst und
was Auffassung des römischen Bürgers ist, das ist etwas, was
wie eine Art von Gleichgewichtspunkt in den aufeinanderfolgenden Strömungen der Entwickelung der Menschheit
dasteht. Dann haben wir nachher unseren Kulturzeitraum,
vorher den ägyptisch-chaldäischen. In einer merkwürdigen
Weise kann nun der, welcher die Verhältnisse tief genug
betrachtet, wahrnehmen, wie ganz bestimmte Erscheinungen
des ägyptisch-chaldäischen Zeitraumes, allerdings in ver-
änderter Gestalt, aber dennoch verwandt mit diesen, sich
heute wieder abspielen. So daß damals die Ursachen in den
Schoß der Zeiten gelegt worden sind, die jetzt wieder her-
auskommen. Und wir empfinden es dann wie eine merkwürdige Mahnung, daß nicht nur gewisse Arten zum Beispiel der menschlichen Hygiene, gewisse Waschungen im
alten Ägypten aufgetreten sind und jetzt wieder, wenn auch
in anderer Gestalt, auftreten, sondern daß auch gewisse
Arten, sich zum Leben zu stellen, so auftreten, daß man
sieht: es erscheint das, was im alten Ägypten als Ursache
gelegt worden ist, heute in seinen Wirkungen, aber wie ein
Ruhepunkt dazwischen erscheint die griechisch-römische Kultur. Und wiederum geht der ägyptisch-chaldäischen Kultur
diejenige voran, welche wir als die urpersische bezeichnen.
Nach dem Gesetz der Kreislaufentwickelung ist es dann,
man möchte sagen, wie eine Ahnung zu erhoffen, daß ebenso, wie sich die ägyptisch-chaldäische Zeit in unserem Kultur-
zyklus wiederholt, so der urpersische Zeitraum in demjenigen sich wiederholen wird, der auf den unsrigen folgen

wird. Immer Gesetzmäßigkeit in dem Gange der Menschheitsentwickelung! Nicht Regellosigkeit, nicht Chaos, aber auch nicht eine solche Gesetzmäßigkeit, wie die heutigen Historiker vielfach vermuten. Da sucht man die Ursachen für alles, was heute geschieht, in der unmittelbar vorhergehenden Zeit, die Ursachen für die Geschehnisse der nächsten Vergangenheit wieder in der unmittelbar vorhergehenden Zeit und so weiter, so daß man eine Kette von Ereignissen konstruiert, wo immer eines auf das andere folgt. Aber bei genauerer Betrachtung stellt sich das nicht heraus, sondern da stellen sich Kreisläufe, Überschneidungen, heraus, so daß etwas, was vorher da war, eine Zeitlang verborgen bleibt und später wieder auftritt, was noch früher da war, noch später auftritt und so weiter. Das kann sich schon einer äußerlichen Betrachtung der Menschheitsentwickelung ergeben.

Für den aber, der in den letzten zwei Vorträgen anwesend war, und der auch geisteswissenschaftlich in den Gang der Menschheitsentwickelung eindringt, stellt sich noch viel weiteres heraus, daß nämlich auch noch in der Tat eine tiefe geistige Gesetzmäßigkeit in dem Strom des Geschehens, in dem Strom des Werdens drinnen liegt, und daß in dem Augenblick, wo der Mensch zu einer gewissen Vertiefung seines Seelenlebens kommt, wie es schon charakterisiert worden ist, er auch zu einem Schauen solcher tieferen inneren Zusammenhänge vordringt. Und wenn es auch wahr ist, daß nichts so leicht, als was in dieses Gebiet gehört, verkannt werden kann, daß es sogar leicht auch in die Nähe kommen kann von Scharlatanerie, vielleicht auch von Schwindelhaftigkeit und von dem, was unmoralischen menschlichen Trieben und Instinkten entgegenkommt, so ist dennoch dieses wahr, daß der Mensch imstande ist, Persönliches auszuschließen und die inneren verborgenen Kräfte des Geisteslebens rege zu machen, so daß er nicht mehr nur das entwickelt, was er aus seiner Umgebung weiß, woran er sich als an sein eigenes Leben und das seiner nächsten Bekannten erinnert, sondern daß er frei wird von allem, was sein persönliches, sein sinnliches Anschauen ausmacht. Wenn der Mensch, wie es im ersten und zweiten Vortrage geschildert ist, derart aus seiner Persönlichkeit heraustritt und sich bewußt wird, daß noch höhere Kräfte in ihm sind, die nur durch entsprechende Übungen, die charakterisiert worden sind und auch weiter charakterisiert werden sollen, entwickelt zu werden brauchen, und wenn der Mensch durch solche Übungen die tiefer liegenden Kräfte an die Oberfläche ruft, dann wird dies, indem irgend etwas in einem Menschenleben geschieht, zu irgendeiner Zeit auch zum Verräter von tiefer liegenden Ursachen, und der Mensch ahnt dann, daß alles, was im Laufe der Zeit geschieht, so oder so Wirkungen hineinwirft in die Zukunft. Das ist das Gesetz, welches uns auch durch die Geisteswissenschaft entgegentritt, daß alles, was auch auf geistigem Gebiete geschieht, nicht wesenlos im Strome des Daseins verrinnt, sondern daß es seine Wirkungen hat, und daß wir das Gesetz suchen müssen, wonach diese Wirkungen in späteren Zeiten auftreten. Durch diese Erkenntnis kommen wir auch dazu, überhaupt einzusehen, daß dieses Leben zwischen Geburt und Tod auch die Ursachen für das Zurückkehren unserer Individualität auf die Erde enthält, so daß sich für die Wirkungen in einem nächsten Leben die Ursachen zeigen im jetzigen Leben.

Wie die Erkenntnis der Wirkungen des Karma ein Ergebnis der Einsicht ist, wie die Ursachen im Schoße der Zeit liegen und wieder umgeändert als Wirkungen erscheinen, so wie dieses Gesetz Ergebnis solcher Erkenntnis ist, so war im Grunde genommen auch bei all den Menschen, welche Prophetie ernst nahmen oder sie ausübten, als eine Einsicht, als

Grundstimmung ihrer Seele das vorhanden, daß es Gesetze gibt im Werdegang des Menschenlebens, und daß die Seele die Kräfte wachrufen kann, welche in diese Gesetze einzudringen vermögen. Aber die Seele braucht Anhaltspunkte zunächst. Die ganze Welt in ihren Tatsachen hängt zusammen. Wie schließlich der Mensch in seinem physischen Leben von Wind und Wetter abhängig ist, so ist wenigstens vorauszusetzen, wenn man auch über die Einzelheiten keine Klarheit hat, daß alles, was uns umgibt, in gewisser Weise zusammenhängt. Und wenn man auch nicht Naturgesetze sucht in diesen Zusammenhängen nach der Art der heutigen Naturgesetze, so kann man doch aus dem, was einem in dem Gange der Sterne, in den Konstellationen der Sterne erscheint, etwas herausholen, was in uns den Gedanken hervorrufen kann: Da draußen sehen wir Harmonien, die in uns ähnliche Harmonien, ähnliche Rhythmen auslösen können, nach denen das menschliche Leben verläuft.

Dann führen andere Betrachtungen auf Einzelheiten. Führen wir zunächst das Folgende an: Wir haben, wenn wir das Menschenleben genau betrachten, wie man in der kleinen Schrift «Die Erziehung des Kindes vom Gesichtspunkte der Geisteswissenschaft» nachlesen kann, unterscheidbare Epochen noch in folgendem: die ersten Jahre des Menschen bis zum Zahnwechsel, darauf die nächsten Jahre bis zur Geschlechtsreife, dann die Jahre bis zum einundzwanzigsten Jahre und dann wieder die bis zum achtundzwanzigsten Jahre, das heißt siebenjährige Perioden im Menschenleben, welche uns zeigen, daß sie in ihrem ganzen Charakter verschieden sind, daß neue Arten von Fähigkeiten auftreten, nachdem diese Epochen da sind. Wenn wir darauf einzugehen vermögen, dann zeigt sich uns ganz klar, daß ein rhythmischer Gang im Menschenleben vorhanden ist, der in einer gewissen Weise im Sternenhimmel wiedergefunden werden kann. Merkwürdig, wenn jemand das Leben nach diesem Gesichtspunkte betrachtet – man muß es nur objektiv ruhig betrachten, ohne den Fanatismus einer Gegnerschaft – dann findet man, daß sich um das achtundzwanzigste Lebensjahr für die Seele etwas abspielt, was in einer gewissen Weise in der Tat für viele Menschen so ist, daß man sagen kann: Es hat sich nach vier mal sieben Lebensjahren Wichtiges zum Abschluß gebracht. – Vier mal sieben Lebensjahre, achtundzwanzig ungefähr, wenn auch nicht ganz genau, das ist auch die Zeit, welche der Saturn zu seinem Umlauf braucht. Während dieser Zeit durchläuft er einen Kreis, der aus vier Teilen besteht, geht also durch den ganzen Kreis durch, durchläuft die Zeichen des Tierkreises, und es entspricht dann sein Gang in einer gewissen Weise wirklich bildhaft dem Gang des Menschenlebens von der Geburt bis zum achtundzwanzigsten Jahre. Und man kann es wieder weiter einteilen, indem man, wie man den Kreis in vier Teile teilt, diese achtundzwanzig Jahre in Perioden teilt, von denen jede sieben Jahre dauert. Da sieht man, wie in der Tat in dem Umlaufe eines Sternes für den großen Weltenraum etwas gegeben ist, was sich in einer ähnlichen Weise im Menschenleben zeigt.

In ganz ähnlicher Art kann für andere Dinge, die am Himmel vorgehen, Rhythmisches im Menschenleben gezeigt werden. Wenn einmal die heute wenig beachtete, außerordentlich geistvolle, aber noch durchaus in ihren Anfängen ruhende Lehre des Berliner Arztes *Fließ* über die wunderbare Reihe von Geburt und Tod studiert und weiter ausgebaut werden wird, so wird man sehen, wie rhythmisch Geburten und Tode im Leben der Menschheit sind. Aber alles das ist heute erst im Anfang wissenschaftlicher Untersuchungen. Man wird dann darauf kommen, wenn man den Gang der Sterne auf das menschliche Leben bezieht, daß man gar nichts anderes braucht, als den Gang der Sterne als eine Himmelsuhr anzuschauen, und das menschliche Leben als einen Rhythmus, der für sich abläuft, aber dennoch in einer gewissen Beziehung durch die Sterne bestimmbar ist. Man kann sich eine Vorstellung davon machen, wie man, wenn man auch nicht in naturwissenschaftlichem Sinne die Ursachen in den Sternen sucht, dennoch denken kann, daß das Menschenleben durch eine innere Verwandtschaft in einem ähnlichen Rhythmus abläuft. Wenn wir zum Beispiel oftmals des Morgens vor unsere Tür getreten sind oder zum Fenster hinausgeschaut haben und dann zur selben Zeit immer einen Menschen vorbeigehen gesehen haben, von dem wir wissen, er geht zu seinem Amte oder dergleichen, schauen wir auf die Uhr und wissen, daß jeden Tag zu dieser bestimmten Zeit der betreffende Mensch bei uns vorbeigeht. Ist es nun unbegründet, einmal die Uhr zu nehmen, wenn wir das wissen und zu sagen: Wenn die Zeiger der Uhr *so* stehen, können wir erwarten, daß dieser Mensch da vorbeigeht? Sind die Zeiger der Uhr dafür die Ursache, sind sie bestimmend für den Menschen, der da vorbeigeht? Die Ursachen liegen ganz anderswo, aber man kann durch den bestimmten Rhythmus annehmen, daß um diese bestimmte Zeit der Betreffende dann draußen vorbeigehen wird. So braucht man nicht in den Sternen die Ursachen zu suchen. So kann man in den Sternen eine Weltenuhr sehen, die den Rhythmus angibt, nach dem sich auch das Menschen- und Völkerleben abspielt.

Hier ruhen Dinge, die auch heute schon wichtige Gesichtspunkte für die Betrachtung des Lebens abgeben werden, und die Geisteswissenschaft hat, weil sie mit viel tieferen Mitteln vorgehen kann, auf diese tieferen Zusammenhänge hinzuweisen. Jetzt werden wir es auch begreifen, warum Tycho de Brahe, Kepler und andere sozusagen als Rechner vorgingen, Kepler am allermeisten, Tycho de Brahe schon weniger. Denn wer sich in das eigentümliche Seelenleben Tycho de Brahes hineinlebt, der findet, daß es nicht gar so weit entfernt war von dem Seelenleben des Nostradamus. Aber vollends sehen wir bei Nostradamus, daß er nicht zu rechnen braucht, sondern daß er in seiner oben offenen Kammer sitzt und den Sternenraum auf sich wirken läßt. Daß er dazu die entsprechenden Fähigkeiten hat, das schreibt er besonders günstigen Vererbungsverhältnissen zu, die sein Organismus besitzt, der ihm keine Hindernisse entgegensetzt. Dann braucht er aber noch etwas anderes, wie er sagt: eine ruhige, gelassene Seele, die alles ausschaltet, was ihn sonst im Leben umgeben hat, die alle Gedanken und Bewegungen, vor allem alle Sorgen, Aufregungen und Bekümmernisse des gewöhnlichen Lebens entfernt, alle Erinnerungen an das tägliche Leben. Rein und frei muß sich die Seele ihren Sternen entgegenstellen. Dann taucht in der Seele auf, taucht in Nostradamus' Geist – man sieht es ganz genau geistig – in Bildern dasjenige auf, was er verkündet. Er sieht es wie in Bildern, in Szenen vor sich. Und wenn er in astronomischen Ausdrücken sprechen würde, und ein Menschenschicksal voraussagen und zum Beispiel sagen würde, der Saturn sei schädlich, oder der Mars sei schädlich, so würde er bei Schicksalsvoraussagungen nicht an den physischen Saturn oder an den physischen Mars da draußen direkt denken, sondern er würde denken: Dieser Mann hat einen kriegerischen Charakter, hat ein kriegerisches Temperament, zugleich aber etwas, was Melancholie ist, was ihn gewissen trübsinnigen Stimmungen aussetzen kann, die bis in die Leiblichkeit hineingehen können. – Das sieht er. Das läßt er im Geiste zusammen wirken, und da entsteht ihm dann ein Bild für die Zukunftsereignisse des betreffenden Menschen; da wirken die Neigung zur Melancholie und die kriegerische Stimmung des Menschen zusammen: Saturn und Mars. Das sind nur Sinnbilder. Wenn er Saturn und Mars sagt, so will er sagen, daß in dem Menschen etwas drinnen ist, das zu dem hindrängt, was sich ihm wie eine Szene, ein Bild hinstellt, was man aber mit der Oppositionsstellung oder Konjunktionsstellung von Mars und Saturn am Himmel vergleichen kann. Aber das ist nur Ausdrucksmittel, nur Sinnbild für das, was er sagen will. Für Nostradamus lösen die Betrachtungen der Harmonie der Sterne die Stimmung der Sehergabe aus, die es ihm möglich macht, daß er tiefer in die Seelen hineinsehen kann, als man es sonst vermag.

Das heißt also, wir sehen in ihm einen Menschen, der durch ein besonderes Verhalten die inneren Kräfte der Menschenseele erwecken kann, die sonst verborgen im Menschen ruhen. Deshalb ist es Stimmung der Andacht, der Ehrfurcht vor dem Göttlichen, die er in sich hervorruft, wenn Sorgen und Bekümmernisse völlig stillestehen, und auch das Hinneigen der Seele zur äußeren Welt verschwunden ist. Er hat sich dann vollständig vergessen, fühlt sich nicht selbst und kann dann sagen, daß sich in solchen Momenten in seiner Seele bewahrheite, was immer sein Wahlspruch war: Es ist der Gott, der hier durch meinen Mund sich ausspricht. Ist, was ich zu sagen vermag, etwas, was dich berührt, o Mensch, so nimm es hin, als dir gesagt von der Gnade deiner Gottheit! – Diese Ehrfurcht gehört dazu! Sonst ist Sehergabe nichts Echtes. Diese Stimmung aber sorgt von vornherein dafür, daß der, welcher sie hat, diese Sehergabe nicht in einem unmoralischen oder in irgendeinem unedlen Sinne mißbraucht.

Bei Tycho de Brahe sehen wir eine Art von Übergang zwischen dem Charakter des Nostradamus und dem des Kepler. Tycho de Brahe kommt einem vor, wenn man seine Seele studiert, wie jemand, der sich aus einem früheren

Leben heraus an Anschauungen erinnert, die er gehabt hat, etwa wie man in Griechenland prophetische Dinge getrieben hat. Es ist etwas in ihm wie in der Seele eines alten Griechen, der überall Weltenharmonie sehen will. Das wird Stimmung. Und die Stimmung ist es bei ihm, wie wenn die astronomische Berechnung nur eine Krücke wäre, die darauf hinweist, daß er in der Seele die Kräfte findet, welche in ihm aufsteigen lassen die Bilder aus früheren Ursachen über die Ereignisse der Zukunft oder der Vergangenheit. Kepler ist schon ein mathematischer Geist, ein wissenschaftlich abstrakterer Geist in dem Sinne, wie es die Geister unserer Gegenwart in noch erhöhterem Maße sind. Er ist daher schon mehr oder weniger auf die bloße Berechnung angewiesen, die natürlich auch wieder stimmt, weil nach den Erfahrungen, die auf hellseherische Art gemacht worden sind, die Himmelskonstellationen eingestellt sind auf das menschliche Leben. Und immer mehr und mehr wurde die Astrologie bloße Berechnung. Sehergabe, wie sie Nostradamus noch hatte, ging immer mehr und mehr verloren. Wir werden den Übergang noch sehen in dem Vortrage «Von Paracelsus zu Goethe». – Sehergabe ging auf in abstrakte Erkenntnis, in reine intellektuelle, astrologische Prophetie, und wir können sagen: Als die Sehergabe nur noch astrologische Prophetie war, ist sie schon intellektuell, verstandesmäßig gedacht.

Je weiter wir zurückgehen, desto mehr werden wir finden, daß den alten Propheten aus den Untergründen ihrer Seele das aufging, was sie über das Leben ihrer Völker zu sagen hatten. So war es bei den jüdischen Propheten, daß sie unmittelbar aus der Verknüpfung mit ihrem Gotte, aus dem Umstande, daß sie von ihrer Persönlichkeit und von ihren persönlichen Angelegenheiten frei wurden, den großen Ereignissen ihres Volkes hingegeben waren, und auch hinschauen konnten auf das, was ihrem Volke bevorstand. So wie heute der Erzieher, der vorschauen kann, daß sich im Kinde Eigenschaften zeigen, die sich im Alter wiederholen müssen, darauf Rücksicht nehmen kann, so erscheint dem jüdischen Propheten die Seele seines Volkes als ein Ganzes, und was in Vorzeiten als Ursachen da war, das lagerte sich in seiner Seele ab und wirkte so, daß er die Wirkungen wie in einer grandiosen Ahnung wahrnimmt. Was für eine Bedeutung hat das aber für das menschliche Leben, was für einen Sinn hat dieses Prophetentum?

Darauf kommen wir, wenn wir uns klar machen, daß es große Persönlichkeiten gibt, auf die wir immer das geschichtliche Strömen der Tatsachen zurückführen werden. Wenn auch die Menschen immer am liebsten nivellieren möchten, weil es unangenehm ist, wenn eine Persönlichkeit besonders über die anderen Menschen emporragt, denn heute will man Gleichheit in bezug auf alle Fähigkeiten, heute will man leugnen, daß gewisse Persönlichkeiten mehr an Kraft als die anderen haben, so gibt es dennoch im geschichtlichen Werden und in der Entwickelung der Menschheit solche großen, fortgeschritteneren Führerpersönlichkeiten. Es gibt zweierlei Führer in der Entwickelungsgeschichte der Menschheit. Heute ist es ja schon so weit gekommen, daß das größte Ereignis der Menschheitsentwickelung oder überhaupt, daß größte Ereignisse so betrachtet werden, als ob sie nicht auf eine Persönlichkeit zurückführen, sondern wie von selber aus den Ideen herauswachsen würden. So gibt es heute eine theologische Richtung, die sich noch immer christlich nennt, die aber sagt, es brauche gar keinen einzelnen Menschen Christus Jesus gegeben zu haben. Ja, einer dieser Theologen hat sogar gesagt, als ihm erwidert wurde, daß doch die Weltgeschichte von Menschen gemacht würde, das sei so selbstverständlich, wie der Wald aus Bäumen bestände, aber darauf käme es nicht an, sondern so wie die Bäume den

Wald machen, so machen die Menschen die Weltgeschichte. Es ragt keiner hervor. Aber trifft denn so etwas wie der Ausdruck: «Der Wald besteht aus Bäumen» zusammen mit dem, was in der Geschichte da ist? Man muß sich nur wundern, wie wenig Logik sich darin ausdrückt, denn der Betreffende braucht nur darüber nachzudenken, daß der Wald, so wie er besteht, zurückzuführen ist auf Taten eines Menschen oder vieler Menschen. Es muß die Frage entstehen, ob nicht der Wald doch so entstanden sein könnte, daß ein oder zwei Samenkörner gelegt worden sind, und daß daraus der ganze Wald abstammen kann. Gewiß besteht der Wald aus Bäumen; aber es ist doch erst zu untersuchen, ob er einmal nicht aus ein oder zwei gelegten Samenkörnern abstammt. So ist auch in der Menschheitsgeschichte zu untersuchen, ob nicht die Ereignisse der Menschheitsentwickelung auf diesen oder jenen einzelnen Menschen zurückzuführen sind, der die übrigen befruchtet hat.

Wer die Weltgeschichte so betrachtet, der kommt darauf, daß Menschen, die den Strom der Menschheitsentwickelung leiten, überschüssige Kräfte haben. Ob sie nun diese Kräfte im günstigen oder ungünstigen Sinne verwenden, ist eine andere Sache. Aus überschüssigen Kräften wirken die Menschen auf ihre Umgebung. Überschüssige Kräfte, die der Mensch nicht für seine Persönlichkeit gebraucht, können sich entweder in Taten ausleben, oder sie haben in unmittelbaren Taten keine Verwendung. Bei Tatenmenschen sehen wir, wie das, was der Mensch an Kräften in sich trägt, sich in Taten unmittelbar auslebt. Es gibt aber Menschen, die nicht dazu veranlagt sind, dasjenige, was sie an Kräften haben, auch in Taten auszuleben, oder aber es tritt, wenn es sich in Taten ausleben will, immer ein Hindernis ein. Da haben wir gerade den interessanten Fall des Nostradamus. Er ist Arzt, er war Jude, er wirkt in einer heilsamen Weise durch seine Tätigkeit, er tut vielen Menschen Gutes. Aber die Menschen können es oft nicht leiden, daß jemand Gutes tut. So bekam er Neider, wurde bezichtigt, daß er Calvinist sei. Nun, Jude und Calvinist, das waren damals zwei unmögliche Dinge, und so kam es, daß er gezwungen war, sich aus einer weitverzweigten, hingebungsvollen Tätigkeit, die er als Arzt entwickelt hatte, zurückzuziehen und seinen Beruf aufzugeben. Aber waren jetzt die Kräfte, die er in dieser aufregenden Tätigkeit angewendet hatte, nicht mehr in ihm, als er sich zurückzog? Dieselben Kräfte waren noch immer in ihm. In der Physik glaubt man an eine Erhaltung der Kraft. Man übertrage das nur in gesunder Weise auf die Seelenkräfte. Bei Nostradamus war es so, daß jetzt seine Kräfte, als er seine Tätigkeit einstellte, einen anderen Weg nahmen. Wenn er aber Arzt geblieben wäre, so würden sie keine andere Wirkung in die Zukunft gehabt haben. Oder ist es keine Wirkung in die Zukunft, wenn man einen Menschen heilt, während er vielleicht sonst gestorben wäre? Setzt man da nicht seine Tätigkeit im weiteren Verlaufe der Dinge in die Zukunft hinein fort? Denn wo ist ein Ende dessen, was man da an Taten vollbringt? Der Tatenstrom setzt sich fort. Ziehen wir uns wie Nostradamus von einer Tätigkeit zurück, so ist der Tatenstrom plötzlich unterbrochen. Er ist nicht mehr da. Die Kräfte aber sind da. Und die Kräfte, die in der Seele bleiben, gestalten sich um, so etwa, daß das, was sonst vielleicht als fernste Wirkungen seiner Taten in der Zukunft sich gezeigt hätte, als Sehergabe sich zeigt und im Bilde vor ihm auftauchte. Umgewandelt sehen wir seine Taten. Und anders ist es auch nicht bei anderen prophetischen Naturen aller Zeit, und auch nicht bei den alten jüdischen Propheten. Die alten hebräischen Propheten sind Männer gewesen – das zeigt die biblische Geschichte –, innig verbunden mit alledem, was in der Seele ihres Volkes an Kräften lebte, was im Strome der Zeit von der Vergangenheit in die Zukunft ging; nicht hingen sie an der eigenen Seele, nicht am Persönlichen. Und auch solche Naturen waren sie nicht, die in Taten sich auslebten, wohl aber solche, die überschüssige Kräfte in sich hatten, die von vornherein so auftraten wie des Nostradamus Kräfte nach ihrer Umwandlung. Daher zeigte sich ihnen in gewaltigen Traumbildern, was sonst als Taten sich ausgelebt hätte. Sehergabe ist mit Tatendrang unmittelbar verbunden, zeigt sich nur wie eine Metamorphose des Tatendranges der in der Seele überschüssigen Kräfte.

So zeigt sich Sehergabe durchaus nicht unbegreiflich, sondern sie kann sich ganz hineinstellen in die logische Denkweise unserer Naturwissenschaft selber. Daraus ersehen wir aber auch, daß uns gerade eine solche Sehergabe hinausführt über die unmittelbare Gegenwart. Und alles, was wirken soll über die unmittelbare Gegenwart hinaus, wie kann es nur wirken? Nur der kann über die unmittelbare Gegenwart hinaus wirken, der Ideale hat. Ideale sind aber zunächst etwas Abstraktes. Man setzt sie sich vor und glaubt, daß sie wirklich unserer Gegenwart entsprechen könnten. Wer aber aus der übersinnlichen Welt heraus wirken will und vollbringen will, was aus der übersinnlichen Welt auf ihn einwirkt, der nimmt nicht abstrakte Ideale, sondern er sucht in die Ursachen einzudringen, die im Schoße der Zeiten liegen, und fragt sich: Wie wirken sich diese Ursachen in der Zeit aus? – Und das läßt er nicht wirken auf den Verstand, sondern auf seine Sehergabe. Eine richtige Erkenntnis der Vergangenheit, wenn dies aber nicht verstandesmäßig gemacht wird, sondern sich auf die tieferen Seelenkräfte ablagert, läßt immer in der Seele Bilder der Zukunft auftauchen, die mehr oder weniger entsprechend sind. So ist es auch heute, daß dem, der Sehergabe richtig betreibt, indem er sich in den Gang der Menschheitsentwickelung der Vorzeit vertieft, ein Bild aufsteigt, welches wie ein konkretes Ideal dasteht und sich etwa so ausnimmt, daß man sich sagen würde: Wir leben in einer Zeit, in welcher die Menschheit an einem Übergange steht; gewisse Kräfte, die bisher nur dunkel in der Seele waren, treten immer mehr und mehr hervor. Und in einer gewiß gar nicht fernen Zukunft wird, wie heute Vernunft, Verstand und Phantasie für den Menschen existieren, etwas anderes in der Seele da sein, etwas wie eine neue Seelenkraft, durch welche sich der Drang, die übersinnliche Welt zu erkennen, geltend machen wird. Man sieht etwas wie einen neuen Sinn an die Seele herankommen.

Man sieht aber heute schon das Aufgehen dieser neuen Seelenkraft. Wenn solches Angeregtsein durch das, was in der Vergangenheit geschah, auf uns wirkt und Bilder entstehen von dem, was in der Zukunft geschehen muß, dann haben wir nicht die Impulse des Fanatikers, sondern dann haben wir die Impulse, die aus der Realität heraus wirken und uns sagen, warum wir in bezug auf die geistige Entwickelung der Gegenwart dieses oder jenes tun. Das ist im Grunde genommen der Sinn alles Prophetentums. Es zeigt sich, wie der Sinn des Prophetentums auch dann erreicht werden kann, wenn die Bilder, die ein Seher von der Zukunft entwirft, nicht ganz richtig sind. Gerade wer die verborgenen Kräfte der menschlichen Seele zu beobachten vermag, weiß, daß vielleicht durchaus falsche Bilder von dem auftreten, was in der Zukunft geschehen soll, weiß aber auch, warum die Bilder vieldeutig sind oder sein können, so daß durchaus nichts Besonderes ausgesprochen ist in bezug auf das Geschehene, wenn gesagt wird: Der hat dieses oder jenes angegeben, aber das ist dehnbar, das ist vieldeutig! – Solche Bilder können vieldeutig sein. Worauf es aber ankommt, das ist, daß solche Impulse im Menschen vorhanden sind, die sich auf das Ganze beziehen, was in die Zukunft hineingeht, und auf dasjenige wirken, was im Menschen vorhanden ist, so daß durch solche Impulse schlummernde Kräfte im Menschen geweckt werden. Mögen die Bilder mehr oder weniger stimmen, diese Prophezeiungen; ganz aber stimmen sollen die Kräfte im Menschen, die Impulse, die geweckt werden; darauf kommt es an!

So ist der Sinn des Prophetentums weniger in der Befriedigung der Neugier durch Voraussagen auf die Zukunft zu suchen, als vielmehr in der Anfeuerung des Bewußtseins, daß der Mensch überhaupt der Wirkung von Ursachen in die Zukunft hinein sicher sein kann. Dann mögen Schattenseiten und dergleichen da sein, notwendig aber ist es, zu denken, daß die guten Seiten der Prophetie auch da sind, und den Sinn für das Menschenleben haben, daß man wissen kann, daß auch im Großen das Menschenleben da ist, daß der Mensch nicht blind in den Tag hinein, aber auch nicht blind in eine ferne Zukunft hinein lebt, sondern daß er sich selber seine Ziele, seine Impulse setzen kann aus dem Lichte der Erkenntnis heraus. Recht hatte Goethe, der so viel Wunderbares über die Weltendinge gesagt hat, als er die Worte hinschrieb:

Wer das Vergangene kennte, der wüßte das Künftige; beides
Schließt an heute sich rein, als ein Vollendetes, an.

In einem schönen Spruche der «Weissagungen des Bakis» sagt er das.

So, sehen wir, liegt im Grunde genommen der Sinn des Prophetentums nicht so sehr in dem, was die Neugier oder den Erkenntnisdrang befriedigt, sondern der Sinn des Prophetentums liegt in den Impulsen, die es uns für ein Wirken in die Zukunft hinein geben kann. Und nur weil in unserer Zeit das Erkennen, das Verstandes-Erkennen, das nicht die Impulse des Willens entzündet, überschätzt wird, kommt es, daß man auch über das Prophetentum kein objektives Urteil gewinnen will. Aber die Geisteswissenschaft wird es dahin bringen, daß man erkennen wird: Ja, es waren viele Schattenseiten in dem alten und in dem neuen Prophetentum, aber es ruht in diesem Prophetentum – in dem Streben, in dem Bewußtsein, einen Hinweis auf den Gang der Zukunft zu erhalten – ein wichtiger Kern, der nicht für die Erkenntnis oder für die Neugier gebildet ist, sondern der wichtig ist als Feuer für unseren Willen. Und auch die Menschen, die alles, was im Menschen vorgeht, nur darnach beurteilen wollen, ob man es nüchtern, verstandesmäßig begreifen kann, müssen aus einer solchen Einsicht in die Weltverhältnisse erkennen, wie die Prophetie aus einer Wissensrichtung hervorgeht, welche die Anfeuerung der Willensentwickelung zum Ziele hat. Und nachdem wir jetzt angeführt haben, was gegen alle Anfeindungen des Prophetentums gesagt werden kann, und uns über das verständigt haben, was Kern und Sinn der Prophetie ist, kann mit einem gewissen Recht gesagt werden: Auf diesem Gebiete liegen viele von jenen Dingen verborgen, von denen Schulweisheit sich nichts träumen läßt.

Wahr ist dies. Aber gerade im Lichte einer solchen Erkenntnis werden sich auch viele Tatsachen zeigen, die uns den anderen Spruch beweisen, wie Verstandes-Erkenntnisse, selbst wenn sie noch so richtig sind, zuweilen praktisch vollständig wertlos sind, weil sie nicht Willensimpulse entwikkeln können. Wie es wahr ist, daß vieles da ist, was Schulweisheit sich nicht träumen läßt, so ist es auf der anderen Seite wahr, daß vieles, was sich auf dem Gebiete der sich verbreitenden wissenschaftlichen Forschung, der Verstandesforschung, ergibt, daß vieles von den Dingen im Himmel und auf der Erde nicht anzutreffen ist. Diese Erkenntnisse verwehen, ziehen nichts nach sich, wenn sie nicht von dem im Menschenleben, was ein Wissen ist, fortschreiten zu dem, was nicht nur am Anfang war, sondern was in der Gegenwart und in der Zukunft das Wichtigste und Bedeutsamste ist: die menschliche Wirksamkeit, die menschliche Tat!

VON PARACELSUS ZU GOETHE

Berlin, 16. November 1911

Es war an einem schönen Septembertage dieses Jahres, da führte mich meine Tätigkeit durch Zürich. Und da sich ein freier Tag zwischen den Tagen der Arbeit fand, fuhr ich mit einigen Freunden nach dem Zürich benachbarten Orte Einsiedeln. Es ist dies eine Benediktiner-Abtei, die in der Frühzeit des Mittelalters begründet worden ist und durch mannigfaltige Umstände eine gewisse Berühmtheit erlangt hat. Es war an jenem Septembertage gerade das, was man in katholischen Gegenden einen Wallfahrtstag, ein Wallfahrtsfest nennt. Einsiedeln war gerüstet, eine große Anzahl von Wallfahrern zu empfangen, und bereitete sich zu einem regen Leben vor, wie man es in katholischen Wallfahrtsorten kennt. Ich selbst wollte damals auch eine Art von Wallfahrt machen, aber nicht unmittelbar nach jenem Orte Einsiedeln, sondern von dort aus nach einer benachbarten Stätte. Es wurde ein Wagen genommen, und man sagt dann, man wolle zur «Teufelsbrücke» fahren. Auf einem ziemlich holprigen Wege, bergauf und bergab, kommt man endlich dorthin und trifft ein ziemlich modernes Gasthaus an, das erst vor verhältnismäßig kurzer Zeit gebaut worden ist. An diesem Gasthause findet sich eine Tafel: «Geburtsstätte des Arztes und Naturforschers Philippus Theophrastus Bombastus von Hohenheim, genannt *Paracelsus,* 1493–1541.»

Das war zunächst das Ziel meiner Wallfahrt: die Geburtsstätte des berühmten, man kann auch sagen in vieler Beziehung berüchtigten, Theophrastus Bombastus Paracelsus von Hohenheim. Zunächst sah man an einer merkwürdigen Stätte, an der sich viele Wege kreuzten, rings ein wirklich üppiges Pflanzenfeld, reichen Blumenwuchs, und in jenem Augenblick, als wir dort waren, war der Ort auch noch ganz besonders bevölkert von den in der Schweiz ja noch so vielfach unmittelbar anzutreffenden Viehherden. Man konnte etwas ganz Besonderes empfinden durch das Eigenartige der Natur, wie man sie eben innerhalb Europas kaum wo anders als in Alpengegenden gut finden kann. Die Natur hat dort etwas, wie wenn die Pflanzen eine eigene Sprache führten, als ob sie einem etwas sagen wollten, als ob sie recht gesprächig werden könnten. Es ist auch die dortige Stätte so recht geeignet, mit dem zu verwachsen, was einem der Geist der Natur sagen kann.

Und es stieg vor meiner Seele das Bild eines Knaben auf, der in den ersten neun Jahren seines Lebens in jener Natur aufgewachsen ist, der tatsächlich in einem Hause seine Geburtsstätte hatte, das einstmals dort gestanden hat, und das dann durch das genannte neue ersetzt wurde. Denn es lebte im fünfzehnten Jahrhundert an jener Stätte der alte Arzt Bombast von Hohenheim, und das Söhnchen jenes Bombast von Hohenheim war dann der künftige Paracelsus. Man konnte sich so recht hineindenken in den Knaben, von dem einem bekannt sein kann, wie innig er schon von frühester Kindheit an mit aller Natur verwachsen war. Man konnte sich hineindenken den Knaben in diese Natur, konnte sich ihn denken seine intimen kindlichen Gespräche mit den Pflanzen führend. In einer gewissen Beziehung zeigt die äußere Konfiguration ganz sicher noch das, was jener Knabe Paracelsus unzählige Male zu sich hat sprechen lassen vom frühen Morgen bis zum späten Abend, ausgenommen diejenigen Zeiten, in welchen er seinen Vater auf den Gängen begleitete, die dieser in die benachbarten Orte unternommen. Und als sicher kann es gelten, daß schon mit dem kleinen Knaben inmitten der damaligen Natur der Vater manches Interessante an Gedanken über die jedenfalls interessanten Fragen austauschen konnte, die jenes Kind schon zu stellen vermochte über das, was die Natur unmittelbar im Erleben zeigt. Manches, was dann in jenem Knaben herangereift ist, was wir im Leben des Paracelsus erfahren können, tritt uns in einer kindlichen Gestalt entgegen, wenn wir vor uns haben das Bild des alten biederbraven, aber sehr kundigen Lizentiaten, des alten Bombast von Hohenheim, der an der Hand den wißbegierigen, den naturtrunkenen Knaben führt.

Während dieses Bild in meiner Seele aufstieg, mußte ich eines anderen Bildes gedenken, das ich allerdings vor vielen Jahren schon hatte, als ich in Salzburg vor einem Hause stand, an dem eine Tafel anzeigt, daß in diesem bescheidenen Hause Theophrastus Bombastus Paracelsus von Hohenheim im Alter von achtundvierzig Jahren gestorben sei. Zwischen diese zwei Bilder schloß sich mir dieses ereignisreiche, dieses ganz einzigartige Leben ein.

Wenn wir uns ein wenig dem Paracelsus-Leben nähern, so finden wir bei ihm, allerdings noch ganz mit dem Charakter des fünfzehnten, sechzehnten Jahrhunderts, in seiner Seele auferstehen eine tiefe Naturerkenntnis, die dann zur Arzneiwissenschaft und zur Philosophie wurde, zur Theosophie. Eine tiefe Naturerkenntnis, die nicht meßbar ist mit demjenigen, was uns heute an äußerer Naturerkenntnis durch das Experiment und durch den Verstand und Intellekt gegeben ist, sondern die tieferen Seelenkräften entstammt, hellseherischen Seelenkräften, von deren wahrer Gestalt wir schon Andeutungen machen konnten in den bereits gehaltenen Vorträgen dieses Zyklus'. Was aber in Paracelsus diese tieferen Kräfte der Seele geweckt hat und ihm möglich machte innerhalb der Natur hinter dasjenige zu schauen, was nur der äußere Sinn und der äußere Verstand erkennen können, das war tatsächlich durch das innige Verwachsensein mit der Natur bewirkt, durch das Sich-verwandt-Fühlen aller seiner Seelenkräfte mit dem, was keimt und blüht und sproßt in der Natur. Auch als der neunjährige Knabe dann mit seinem Vater nach Kärnten verzog und in eine ähnlich sprossende Natur versetzt wurde, konnte er sich verwandt fühlen mit all dem, was als Geist in der Natur lebt. Und Paracelsus war, indem er so heranwuchs, immer weiter und weiter gekommen gerade in einer individuellen, in einer ganz eigenartigen und persönlichen Naturanschauung. Wie könnte das auch anders sein! Es war ja alles, was sich in seinem Geist festsetzte, innig zusammenhängend mit den ihm eigentümlichen Kräften und Fähigkeiten, mit der Art, wie er zu den Dingen stand, wie sie zu ihm sprachen. Daher legte er auch zeit seines Lebens ganz besonderen Wert darauf, so innig mit der Natur verwachsen zu sein. Und wenn er gegenüber denen, die seine Feinde wurden, betonen wollte, wie sein Inneres mit der Natur verwandt ist, so wies er wohl später noch oft darauf hin. So sind seine Worte: «Merket auf, wie ich mich verantworte: Von der Natur bin ich nicht subtil gesponnen, ist auch nicht meines Landes Art, daß man etwas mit Seidenspinnen erlangt. Wir werden auch nicht mit Feigen erzogen, noch mit Met, noch mit Weizenbrot; aber mit Käs, Milch und Haberbrot, das kann nicht subtile Gesellen machen. Diejenigen in weichen Kleidern und die, so in der Frauen Zimmern erzogen werden, und wir, die wir in Tannzapfen erwachsen, verstehen einander nicht wohl. Darum kann sogar der als grob geurteilt werden, der sich selbst gar subtil und holdselig zu sein vermeint. Also geschieht mir auch, was ich für Seiden achte, heißen die andern Zwillich und Trillich.» Er sei so geartet, meint er, wie die Menschen, die nicht ihr ganzes Wesen getrennt haben von dem Mutterboden des natürlichen Daseins, sondern die mit diesem Mutterboden innig zusammenhängen, und aus diesem Zusammenhange schöpft er seine Kraft und seine Weisheit. Daher konnte es sein Wahlspruch dann zeit seines Lebens werden: «Eines andern Knecht soll niemand sein, der für sich selbst kann bleiben allein.» Das durchdrang seine ganze Art und Weise, das zeigt uns seelisch-plastisch diesen Mann. Wir können es daher begreifen, daß, als er später an die Universität kam, er sich durchaus nicht in die Art und Weise hineinfinden konnte, wie nun gelehrt fortgesetzt werden sollte, was er wie natürlich, nur angeregt durch die Gespräche mit der Natur und mit seinem Vater, über die Arzneiwissenschaft wußte. Er konnte das zunächst wirklich nicht verdauen.

Um einzusehen, was er da zu überstehen hatte, müssen wir einen Blick in die Art und Weise tun, wie damals Medizin getrieben worden ist. Da war vor allen Dingen maßgebend, was in den alten Überlieferungen und Urkunden der alten Mediziner *Galen, Avicenna* und anderer stand. Die Vortragenden beschäftigten sich vorzugsweise damit, dasjenige, was in den Büchern stand, zu kommentieren, auszulegen. Das war dem jungen Philippus Theophrastus Bombastus von Hohenheim tief in der Seele zuwider, und er fand wohl vor allen Dingen, daß ein weiter Abstand zwischen dem unmittelbar aus der Natur heraus intuitiv zu erkennenden geistigen Wirken und Schaffen ist und dem, was sich davon so entfernt hat als gelehrtes Wesen, als bloße Verstandesbegriffe und Ideen. Daher wollte er eine andere Schule durchmachen. Und diese andere Schule hat er gründlich auch durchgemacht. Wir sehen Paracelsus bald alles Hochschulwesen verlassen und ihn in allen Ländern Europas umherwandern, nicht nur durch alle deutschen und österreichischen Lande, Siebenbürgen, Polen, Ungarn, Italien, Spanien und Portugal, sondern auch durch Frankreich, England, Holland, Preußen, Litauen, nach Dänemark, Norwegen und Schweden hin, mit der Absicht, überall dort etwas erkennen zu lernen von der Art und Weise, wie – um mit Goethe zu sprechen – «Natur im Schaffen lebt». Denn was ihm eigentlich vorschwebte, war der Gedanke: Die ganze Natur ist zwar ein Einheitliches, aber sie spricht viele Arten von Sprachen, und gerade dadurch, daß man erkennen lernt, wie ein und dasselbe in den verschiedensten Gebieten, in den verschiedensten Umgebungen die Gestalt ändert, verschieden gestaltet wird, dringt man zu dem Wesen der inneren Einheit vor, zu dem, was gegenüber allem nur sinnlich Wahrnehmbaren das zugrunde liegende Geistige ist.

Aber er wollte nicht nur kennenlernen, wie ein jedes Erz, jedes Metall unmittelbar nach der Konfiguration des Gebirges und je nach dem, wo sein Fundort ist, herausspringt aus seiner Umgebung, um sich so ein Bild zu verschaffen, wie Natur im Schaffen lebt, er wollte nicht nur kennenlernen, wie die Pflanzen andere Formen annehmen je nach dem Klima und der Umgebung, sondern ihm schwebte auch noch etwas anderes vor. Er sagte sich: Mit dem, was seine Umgebung ist, hängt der ganze menschliche Organismus zusammen. Was der Mensch ist, leiblich und seelisch, das ist nicht überall als dasselbe Wesen zu fassen, wenigstens erkennt man den Menschen nicht, wenn man ihn nur an einem Orte betrachtet. – Deshalb durchwanderte Paracelsus die verschiedensten Gegenden der Erde, die ihm zugänglich waren, um überall mit seinem tief ins Geistige dringenden Blick zu erkennen, wie der Mensch mit der Natur verwandt ist, je nachdem er die Einflüsse der verschiedensten Verhältnisse in Klima und Landlage auf sich wirken läßt. Und erst wenn man dieses überall Andere durchmißt, kommt man zu dem, was Aufklärung über das gesunde und kranke Wesen im Sinne des Paracelsus gibt. Daher war er niemals befriedigt, irgendeine Krankheitsform nur an einem Orte kennenzulernen, sondern er sagte sich: Es sind doch die feinen Substanzen, die den menschlichen Organismus zusammensetzen, verschieden, je nachdem der Mensch zum Beispiel in Ungarn, in Spanien oder in Italien lebt, und niemand erkennt den Menschen, der nicht die feineren Substanzen mit dem in die Tiefen der Sache eindringenden Blick verfolgen kann. – Und als man ihm vorwarf, was er seine «hohe Schule» nannte, was die anderen seine Landstreicherei nannten, da berief er sich darauf, daß die Gottheit nicht zu dem komme, der sich auf die Ofenbank setze. Er war sich klar, daß der Mensch dorthin gehen müsse, wo in den verschiedensten Gestalten der göttliche Geist in den Formen der Natur webt und wirkt. So bildete sich ihm ein Wissen heraus, das im höchsten und schönsten Sinne wirklich hellseherisch-individuell zu nennen ist, das er allein durch sein Verwachsensein mit der Natur haben konnte.

Aber Paracelsus fühlte auch, daß dieses Wissen so innig mit dem verwachsen ist, was sein eigenes inneres Seelenwesen ausmacht, daß er sich immer bewußter wurde, daß eigentlich nur durch eine intime Art und Weise des Aussprechens klar gemacht werden kann, was er unmittelbar auf der hohen Schule der Natur gelernt hatte. Er nannte die Natur sein «Buch» und die verschiedensten Gegenden der Erde die «einzelnen Blätter» dieses Buches, die man, indem man auf sie tritt, durchliest. Und voller Verachtung wurde er nach und nach gegen diejenigen, welche nur den alten Galen, Avicenna und so weiter studierten und sich entfernten durch die Bücher der Menschen von dem Buch, das ausgebreitet in seinen verschiedensten Seiten als das «Buch der Natur» vor ihm lag. Er fühlte aber auch, daß das, was er so in dieser seiner hohen Schule lernen konnte, nur intim in Worte gekleidet werden kann. Daher hatte er das Bedürfnis, nicht in einer Sprache sich auszudrücken, die eigentlich dem unmittelbaren Seelenleben fremd geworden war, in der lateinischen Sprache, in der dazumal alles vorgetragen wurde, was in der Art an Universitäten getrieben wurde, wie es eben angedeutet worden ist. Er hatte nicht das Bedürfnis, in dieser Sprache sich auszudrücken, die, wie die Gelehrsamkeit, welche sich dieser Sprache bediente, fremd war der unmittelbaren Natur, denn da glaubte er, könnte es ihm nicht gelingen, die Worte so zu biegen und zu formulieren, daß sie unmittelbar das ausdrücken könnten, was herausströmte aus allem Sein. Deshalb hatte er das tiefe Bedürfnis, in seiner Muttersprache das auszudrücken, was er ausdrücken wollte. Diese Dinge brachten ein Doppeltes mit sich. Einmal, daß er nicht aus Renommiersucht oder aus Hochmut ein hohes Selbstbewußtsein über den Wert dessen hatte, was er wissen konnte, denn er war im Grunde genommen eine demütige Natur in bezug auf das, was in seiner Seele sich auferweckte aus der großen Natur. So kam es, weil das, was aus der Natur sprach, ihm in der Seele aufging wie in einem Spiegel, daß er sagte: Man könne eigentlich aus allen andern Betrieben der Arzneiwissenschaft nichts lernen, sondern man müsse sich in der Erneuerung der Arzneiwissenschaft wieder unmittelbar der Natur nähern. – Daher seine stolzen Worte: «Wer der Wahrheit nach will, der muß in meine Monarchey. Mir nach, ich nicht euch nach, Ihr mir nach, Avicenna, Galene, Rhazes, Montagnana, Mesuë, mir nach und nicht ich euch nach. Ihr von Paris, ihr von Montpellier, ihr von Schwaben, ihr von Meißen, ihr von Köln, ihr von Wien, und was an der Donau und am Rheinstrom liegt, ihr Inseln im Meer: du Italia, du Dalmatia, du Sarmatia, du Athenis, du Griech, du Arabs, du Israelita. Mir nach und ich nicht euch nach ...

Ich werde Monarcha, und mein wird die Monarchey sein, und ich führe die Monarchey und gürte euch eure Lenden!»

Nicht aus Übermut oder Hochmut, sondern aus dem Bewußtsein heraus, wie die Natur aus ihm selber spricht, sagte er: Mein ist die Monarchey! – Er meinte damit die Monarchey des naturwissenschaftlichen und arzneilichen Wissens seiner Zeit.

Das andere, was daraus folgte, war, daß er bald durch eine solche Gesinnung und ein solches Wissen in einen Gegensatz zu denen kam, die damals die offiziellen Vertreter seines Faches waren. Erstens konnten sie gar nicht leiden, daß er in deutscher Sprache sich ausdrückte, was sie nur in lateinischer Sprache auszudrücken für möglich hielten. Er war darin ein völliger Neuerer. Und weiter konnten sie nicht begreifen, daß er durch die Länder zog und lernen wollte. Vor allem konnten sie nicht fassen, daß der, welcher wie er mit dem ganzen Wesen und Weben der Natur verwachsen war, eine lebendige Empfindung dafür hatte, wie der Mensch, wo man auch hinkomme, in seiner Seelenentwickelung, auch in der Blüte seiner Leibesentwickelung, überall eine Blüte, eine Frucht des natürlichen Daseins in der betreffenden Gegend ist, und daß man nicht nur sehen muß, wie die Pflanzen blühen, wie die Tiere gedeihen, sondern wie in den Menschen, die unmittelbar mit der Natur verwoben und verwachsen sind, in der Seele sich ausdrückt, was aus dem ganzen übrigen Dasein hereinspielt. Daher gab Paracelsus etwas auf Leute, die als Bauern, als Schäfer, ja selbst als Abdecker mehr in der und mit der Natur hantierten. Er war überzeugt von dem, was sich in ihr einfaches Wissen hineindrängte, daß darin etwas von einem wirklichen Wissen von der Natur enthalten sei, von dem er etwas lernen könne, so daß er gleichsam als Landstreicher von den Landstreichern lernte. Daher sagt er von sich: Ich bin der Kunst nachgegangen mit Gefahr meines Lebens und habe mich nicht geschämt, von Landfahrern, Nachrichtern und Scherern zu lernen. Meine Lehre ward probiert schärfer denn das Silber in Armut, Ängsten, Kriegen und Nöten. – Das konnte man ihm nicht verzeihen. Und als er später an die Universität Basel – gleichsam wie durch einen Irrtum der Vertreter seines Faches – berufen wurde, da bemerkte einer der Zunftgelehrten mit Schrecken, daß Paracelsus auf der Straße nicht in der Art und Tracht der Professoren ginge, wie es für diese üblich wäre, sondern wie die Landstreicher, wie ein Fuhrmann! Das konnte nicht angehen; das schändete das Ansehen des ganzen Standes.

So kam es denn, daß er da, wo er anwenden wollte, was er aus dem großen Buch der Natur gelernt hatte, auf den Widerspruch seiner Fachgenossen stieß und durchmachte, was diejenigen durchzumachen haben, die den Neid und den Widerstand am ärgsten erleben müssen. Was man ihm aber am wenigsten verzeihen konnte, war, daß er durch seine tiefen Einblicke in die Natur dort Erfolg hatte, wo die andern nicht an Erfolg denken konnten, oder wo sie alles, was in ihrer Macht stand, angewendet hatten und nichts machen konnten. Es ist ja wahr, wenn man ihm da oder dort Widerstand leistete, daß er nicht mit den herbsten Worten aus seinem stolzen Bewußtsein sparte, aber wenn man die Verhältnisse bedenkt, unter denen er wirkte, so weiß man, daß es hinlänglich verdient war. Wo er gedrängt war, mit diesen oder jenen Amtsgenossen über die eine oder andere medizinische Frage zu diskutieren, da ging es bunt zu. Da redeten zum Beispiel die andern in lateinischer Sprache, die er recht gut verstand, dann schrie er ihnen in deutscher Sprache das entgegen, was er für Beweise, sie aber für Torheit hielten. Und solches ist ein Bild für die ganze Art und Weise, wie er mit seiner Zeitgenossenschaft zusammenstieß.

Was er gewonnen hat in Einsicht, das können wir, wenn wir es kurz andeuten wollen, in folgender Weise darstellen. Er sagte: Der Mensch, wie er vor uns als gesundes und krankes Wesen steht, ist nicht ein einzelnes Wesen, eine einzelne Art, sondern ist hineingestellt in die ganze große Natur. Und was im Menschen geschieht als gesunde oder kranke Erscheinung, das kann man in einer gewissen Hinsicht nur beurteilen, wenn man alle Einwirkungen kennt, die von der großen Welt, vom Makrokosmos ausgehen, um den Menschen in ihre Kreise zu ziehen. – So erschien ihm der Mensch zunächst wie ein einzelnes Wesen in der ganzen großen Welt, im Makrokosmos. Das war die eine Richtung, wie er den Menschen betrachtete. Und er sagte sich nun weiter: Wer beurteilen will, wie alle die Erscheinungen, die sonst draußen in Wind und Wetter, im Auf- und Untergehen der Sterne und so weiter sich abspielen, gleichsam die menschliche Natur durchströmen, in sie hereinspielen, der muß sich eine intime Erkenntnis von alledem verschaffen, was in der großen Natur draußen vorgeht. – Weil Paracelsus sich nicht auf das spezielle Wissen vom Menschen beschränkte, sondern den hellseherisch erkennenden Blick schweifen ließ über den ganzen Makrokosmos, auf Physik, Astronomie, Chemie, und alles zusammennahm, dessen er habhaft werden konnte, war für ihn der Mensch ein Teil des Makrokosmos.

Daneben aber erschien ihm der Mensch als ein im hohen Grade selbständiges Wesen, indem er die Substanzen des Makrokosmos verarbeitet und durch die Art, wie er sie verarbeitet, entweder im Zusammenhange oder im Gegensatze mit dem Makrokosmos lebt. Insofern der Mensch ein Teil des Makrokosmos ist, betrachtet Paracelsus diesen Menschen als den untersten, primitivsten, rein physisch-leiblichen Menschen. Aber insofern der Mensch doch eine gewisse Summe, einen gewissen Kreislauf von Substanzen und Kräften in seine Organisation herein empfängt und sich selbständig entwickelt, sich selbständig in ihnen betätigt, sah Paracelsus in dem Menschen wie eingespannt etwas, was er den «Archaeus» nennt, was ihm wie ein innerer Werk- und Baumeister war, was er auch den «inneren Alchymisten» nannte. Und er macht darauf aufmerksam, was man vielleicht heute nicht mehr als besonders bedeutsam empfindet, was er aber als tief geheimnisvoll und aufklärend erkannte, wie dieser innere Baumeister, dieser innere Alchymist, das umändert, was äußere Stoffe sind, die gar keine Ähnlichkeit haben mit dem, was der Mensch als Stoff im Innern braucht, wie er umändert Milch und Brot in Fleisch und Blut. Das erschien ihm als großes Rätsel. Darin sprach sich aus, was er als den inneren Alchymisten arbeiten sah, der sich entweder harmonisch in das Weltall einfügt, oder sich in einen Gegensatz dazu stellt. Das war ihm der Mensch in einer zweiten Richtung, der einen solchen inneren Alchymisten in sich haben kann, der entweder die Substanzen zu Giften werden läßt, die den Organismus zerstören, oder zu jenen Mitteln, die den Organismus in entsprechender Weise entwickeln und zur Entfaltung bringen.

Dann unterschied er ein drittes: das, was der Mensch ist, abgesehen von aller äußeren Welt. Da fand Paracelsus etwas, worauf auch schon hier hingedeutet werden konnte, daß der Mensch in seiner ganzen Organisation so beschaffen ist, daß in dem Zusammenwirken der Kräfte und Organe eine kleine Welt, ein Mikrokosmos, ein Abbild der großen Welt vorhanden ist. Wohl gemerkt: das ist etwas anderes für Paracelsus als der erste Gesichtspunkt. Nach dem ersten Gesichtspunkt ist der Mensch, insofern die Ströme der Natur durch ihn hindurchgehen, ein Teil der Natur. Insofern bei seinem dritten Gesichtspunkt die einzelnen Teile der Natur zusammenwirken, findet er in dem, was Blut- und Herzsystem ist, was Nerven- und Gehirnsystem, was Wechselwirkung zwischen Blut und Herz und zwischen Nerven und Gehirnsystem ist, ein Abbild dessen, was draußen in der Natur wie bildlich dargestellt wird in dem gegenseitigen Verhältnis von Sonne und Mond. Und in den andern Organen findet er ein inneres Himmelreich, ein inneres Weltgebäude. Das äußere Weltgebäude ist ihm wie ein großes Symbolum, das sich im Menschen wie eine kleine Welt wiederholt. Und in einer Unordnung, die in dieser kleinen Welt auftreten kann, sieht er eine dritte Art und Weise, wie der Mensch krank werden kann. Einen vierten Gesichtspunkt sah er in dem, was in Leidenschaften, Seelenregungen, Begierden, Trieben vorhanden ist, die über ein gewisses Maß hinausgehen, zum Beispiel in Zorn und Wut, was dann wieder zurückwirkt auf die körperliche Organisation. Und endlich sah er noch einen fünften Gesichtspunkt, der heute schon gar nicht zugegeben wird, in der Art und Weise, wie der Mensch eingegliedert ist in den Verlauf der Welt, und wie ihm aus dem ganzen Laufe der geistigen Entwickelung die Krankheitsursachen kommen können.

So entwickelte Paracelsus fünf Gesichtspunkte, die sich ihm nicht dadurch ergaben, daß er theoretisch vorging, sondern aus dem, was er als die Natur des Menschen sah, was ihm aus der unmittelbaren Anschauung des Verhältnisses des Menschen zur Natur aufging. Dadurch daß er auf der einen Seite den Blick darauf richtete, wie der Mensch in die Natur hineingestellt ist, und die Art und Weise, wie die einzelnen Glieder zusammenwirken, nicht verstandesmäßig, sondern mit dem hellseherischen Blick auf sich wirken ließ, konnte sich Paracelsus in einer ganz besonderen Weise zu dem kranken Menschen stellen. Das war das Eigentümliche bei ihm, daß er sich nicht mit einer, sondern mit allen Seelenkräften in ein Verhältnis zur ganzen Welt setzte. Daher sein schöner Ausspruch: Durch das Gemüt lernen wir den Gott-Vater in der Welt erkennen; durch den Glauben lernen wir Christus, den Sohn, erkennen; und durch die Imagination lernen wir den Geist erkennen.

Wie die Erkenntnis des gesunden und kranken Menschen aus diesen drei Richtungen hervorgeht, so wollte er den Menschen vor seine Seele hinstellen. Aber er wollte nicht nur auf den Menschen sehen, sondern er wollte darauf sehen, wie die einzelnen Dinge in der Natur untereinander und wieder mit dem Menschen verwandt sind. Dadurch konnte sich ihm das Eigentümliche ergeben: Wenn er einem kranken Menschen gegenüberstand, so sah er, wie unter den eben an-geführten Gesichtspunkten die Natur wirkte; seinem aus der Tiefe der Seele aufsteigenden intuitiven Blick ergab sich das Unregelmäßige der Substanzen, das Unregelmäßige der Organe. Den ganzen Menschen hatte er vor sich. Er konnte nicht in abstrakte Worte kleiden, was da vor ihm aufstieg, was er erlebte vor dem kranken Menschen, konnte es nicht in eine Formel bringen; aber er lebte sich hinein in den andern, in den kranken Menschen. Er brauchte nicht einen Namen für die Krankheit, sondern indem er wie unter-tauchte in die Krankheit, ging seinem Blicke etwas ganz Neues auf: wie er die Substanzen verbinden sollte, wie er die Stoffe, die er in der Natur kannte, zusammenfügen mußte, damit er ein Mittel gegen diese Krankheit finden konnte. Es war aber auch nicht nur das Seelische, in das er untertauchte, sondern auch das Moralische und Intellek-tuelle und Geistige. Man nenne ihn, wenn man will, einen Landstreicher, wie man das, was er getan hat, vielleicht als scharlatanhaft ansehen mag, man betone das alles, wie er aller Mittel entblößt war, wie er Schulden machen mußte und so weiter. Man vergesse aber dann nicht, wie er auch die Selbstlosigkeit hatte, ganz eins werden zu können mit der Krankheit, der er gegenüberstand.

Paracelsus konnte daher sagen: Wenn er auch alles, was die Natur ihm gab, für den Kranken verwendete, das wichtigste Heilmittel bestünde erstens in der Liebe. Nicht die Stoffe heilen, sagte er, die Liebe heile. – Und die Liebe wirkte auch von ihm auf den Kranken hinüber, denn er sah sich ganz und gar hinüberversetzt in die Natur des andern Menschen. Das zweite, was ihm entspringen mußte durch sein besonders intimes Verhältnis zur Natur, war, daß er in einem jeden einzelnen Falle die Mittel wirksam sah, die er anwandte; er sah sie ihre Kräfte im menschlichen Organismus entfalten. Daraus kam ihm das zweite: die zuversichtliche Hoffnung. Liebe und Hoffnung nennt er seine besten Heilkräfte, und er ging auch nie ohne Liebe und Hoffnung an seine Arbeit. Es war der Mann, der als Landstreicher herumging, von der selbstlosesten Liebe ganz und gar durchdrungen. Dabei machte er allerdings oft sonderbare Erfahrungen. Seine Liebe ging so weit, daß er im reichsten Maße diejenigen umsonst heilte, die kein Geld hatten. Er mußte aber auch leben. Manche Leute prellten ihn oft um das Honorar; nun, dann ging er weiter, machte sich auch nichts daraus. Es kam aber auch wohl zu Zusammenstößen mit der Umgebung. So war ihm zum Beispiel auch das folgende passiert. Als er in Basel war, denn er wurde später, auch wie durch eine Art Irrtum, als Stadtarzt nach Basel berufen, hatte er manche berühmte Kur ausgeführt. Da wurde er einmal zu einem Kanonikus Lichtenfels gerufen, der eine Krankheit hatte, die niemand heilen konnte. Paracelsus hatte sich ein Honorar von hundert Talern ausbedungen, wenn er ihn heilen würde; der Kanonikus war damit einverstanden. Paracelsus gab ihm dann das betreffende Heilmittel, und nach drei, vier Malen war die Krankheit geheilt.

Da meinte der Kanonikus, wenn das so leicht gegangen sei, dann bezahle er auch nicht die hundert Taler, – und Paracelsus hatte das Nachsehen. Er verklagte sogar, um ein Exempel zu statuieren, den Kanonikus, bekam aber von dem Basler Gericht unrecht: er solle seine Taxe einhalten. Darauf hatte er dann, wie es hieß, böse Zettel gegen das Gericht und besonders gegen den Kanonikus verteilen lassen. Das machte böses Blut. Dann machte ihn ein Freund darauf aufmerksam, daß sein Aufenthalt in Basel ein unsicherer sei. Und nun floh er bei Nacht und Nebel aus Basel. Wäre er eine halbe Stunde später aus den Toren der Stadt hinausgegangen, so wäre er ins Gefängnis gekommen.

Wer das eigenartige Leben dieses Menschen kennt, der begreift den tief ins Herz dringenden Eindruck, der von dem Bilde ausgeht, das aus Paracelsus letzten Lebensjahren stammt: ein Bild, das uns ein Antlitz zeigt, in dem viel Geistiges zum Ausdruck gekommen ist. Da ist viel gelebt und viel erfahren worden, aber zugleich hat das Leben dieser Seele und diesem Leibe arg mitgespielt. Dem leidenden, dem verhältnismäßig jungen Manne mit den alten Zügen und den Runzeln und der Kahlköpfigkeit ist es auf der einen Seite anzumerken, welches Ringen und Streben, welcher Extrakt der ganzen Zeitevolution in Paracelsus lag, und auf der andern Seite, wie er das Tragische eines Menschen durchmachen mußte, der sich so seiner Zeit gegenüberstellte. Und wenn es auch nur eine Legende ist, wenn auch nicht wörtlich zu nehmen ist, was in Salzburg passiert sein soll, daß die Salzburger Ärzte einmal beschlossen hätten, einen seiner Diener dazu anzustiften, Paracelsus von einer Höhe herunterzustürzen, der dadurch seinen Tod fand und dann in sein Haus getragen wurde, – wenn es auch nicht wahr ist, so muß man doch sagen: Das Leben des Paracelsus war schon so, daß man ihm gar nicht den Schädel zu zerspalten brauchte; man hat ihm das Leben so sauer, so bitter gemacht, daß wir seinen frühen Tod durchaus begreifen. – Wollten wir ihn noch plastischer vor uns haben, müßte er noch in vielen Zügen und Einzelheiten geschildert werden.

Ein solcher Mann wie Paracelsus hat auf alle, die in der folgenden Zeit den Weg in die geistigen Welten suchten, einen tiefen Eindruck gemacht. Und wer das Goethe-Leben kennt, der empfindet, daß auch auf *Goethe* Paracelsus, mit dem er sich früh bekannt machte, einen großen Eindruck hinterließ. Lag doch in Goethe etwas, was man nennen kann, wie bei Paracelsus, ein Verwachsensein mit der umliegenden Natur. Bei anderer Gelegenheit wurde schon von mir betont, wie Goethe als siebenjähriger Knabe sein Verwobensein mit der Natur darin zeigte, daß er, alles von sich weisend, was er an religiösen Erklärungen über die Natur aus seiner Umgebung hat, sich einen eigenen Altar baut. Da nimmt er ein Notenpult seines Vaters, legt Steine aus dessen Sammlung und Pflanzen darauf, wartet die am Morgen aufgehende Sonne ab, sammelt die Strahlen der Sonne mit einem Brennglas, hat ein Räucherkerzchen oben drauf gesteckt und entzündet dasselbe mit dem Brennglas, um ein Opferfeuer zu entzünden, das an der Natur selbst entfacht ist, und bringt so dem Gotte der großen Natur ein Opfer dar. Dieses Verwachsensein mit der Natur tritt bei Goethe so früh auf und entfaltet sich später zu den großen, auch hellseherischen Ideen über die Natur. Und wir sehen in dem Goethe, der schon in Weimar ist, diese Denkweise weiter wirken in dem Prosahymnus «An die Natur»: «Natur! Wir sind von ihr umgeben und umschlungen – unvermögend, aus ihr herauszutreten, und unvermögend, tiefer in sie hineinzukommen. Ungebeten und ungewarnt nimmt sie uns in den Kreislauf ihres Tanzes auf und treibt sich mit uns fort, bis wir ermüdet sind und ihrem Arme entfallen . . .»

Auch in anderer Weise sehen wir viel Ähnlichkeit zwischen Goethe und Paracelsus. So sehen wir, wie er ein rechter Schüler der Natur in der Botanik und Zoologie wird, wie er auf seiner italienischen Reise das Wesen der Naturobjekte dadurch geistig zu erkennen trachtet, daß er beobachtet, wie sich das Einzelne in seiner Mannigfaltigkeit zeigt. Schön ist es, wie er da den unschuldigen Huflattich sieht, den er von Deutschland her kennt, der sich umgeändert zeigt. Da lernt er, wie die äußeren Formen in der verschiedensten Weise dasselbe Wesen zum Ausdruck bringen können. So sehen wir, wie er – überall die Einheit in der Vielheit suchend – das Einheitliche als den Geist erkennen wollte. Und bedeutsam ist der Ausspruch, den Goethe von Rom aus am 18. August 1787 an Knebel in Weimar gerichtet hat: «Nach dem, was ich bei Neapel, in Sizilien von Pflanzen und Fischen gesehen habe, würde ich, wenn ich zehn Jahre jünger wäre, sehr versucht sein, eine Reise nach Indien zu machen, nicht um etwas Neues zu entdecken, sondern um das Entdeckte nach meiner Art anzusehen.» Was sich in der Sinneswelt ausbreitet, will er in der rechten Weise intuitiv geistig erschauen. Auf den Geist in der Natur ging Paracelsus aus, auf den Geist ging Goethe aus.

Kein Wunder daher, daß, als er Bekanntschaft machte mit dem Leben des Paracelsus, dieses Paracelsus-Leben neben dem Faust-Leben lebendig in Goethes Seele auftauchte. Wenn wir Goethes Leben besonders auf uns wirken lassen, dann steht sein Faust vor uns da, nicht nur als der Faust des sechzehnten Jahrhunderts, der in einer gewissen Beziehung eine Art Zeitgenosse des Paracelsus ist, sondern es steht Paracelsus selber vor uns, so wie er auf Goethe gewirkt hat. Wir haben in der Faust-Figur etwas, an dem Paracelsus mitgewirkt hat. Nehmen wir nur einmal die Antwort auf die Frage: Warum ist Goethe auf den Faust verfallen? – Es wird uns in der Legende von Faust erzählt, daß er die Bibel eine Weile hinter die Bank legte, ein Doktor der Medizin wurde und die Naturkräfte studieren wollte. Bei Paracelsus sehen wir nun zwar, daß er der Bibel treu geblieben ist und sogar ein Bibelkundiger war, sehen aber bei ihm doch, wie er die alten medizinischen Autoritäten, Galen, Avicenna und so weiter «hinter die Bank legte», sogar einmal verbrannte und unmittelbar auf das Buch der Natur ging. Das war ein Zug, der einen großen Eindruck auf Goethe gemacht hat. Und weiter: Sehen wir nicht einen ähnlichen Zug, wenn Faust die Bibel in sein «geliebtes Deutsch» übersetzt, damit das, was aus derselben stammt, ihm unmittelbar in die Seele strömen kann, und wenn Paracelsus das, was für ihn die Naturwissenschaft ist, in sein geliebtes Deutsch überträgt? Und manche andern Züge könnten wir anführen, die zeigen würden, wie in Goethe etwas lebte von dem wiedererstandenen Paracelsus, als er die Faust-Figur schuf. Ja, man möchte sagen: Man sieht im «Faust» – Goethe hat es nur ins Ideelle umgesetzt –, was sich zwischen Paracelsus und seinem biederen Vater oft abgespielt hat, wenn sie zusammen hinausgegangen sind, da wo Faust erzählt, wie er Umgang mit seinem Vater gepflogen hat. Kurz, es kann uns Paracelsus vor Augen treten, wenn der Faust als Gestalt des Goetheschen Schaffens, der Goetheschen Kunst auf uns wirkt.

Indem wir so die beiden Gestalten neben uns haben, tritt uns etwas entgegen, was in nicht minder eigentümlicher Art zeigt, wie Goethe etwas ganz anderes machen konnte sowohl aus der Faust-Figur, wie aus der Paracelsus-Figur des sechzehnten Jahrhunderts. Betrachten wir den Goetheschen Faust: er ist unbefriedigt über das, was ihm die verschiedenen Wissenschaften, Medizin, Theologie und so weiter geben können. Goethe kann aber diesen Faust doch nicht so darstellen, daß jenes unmittelbare Sich-Hineinleben in

die Natur vor uns steht. Nicht daß es Goethe nicht gekonnt
hätte, sondern es mußte für ihn etwas geben, warum er es
nicht tat. Warum tat er es nicht?

Da ist zunächst auffällig, was nicht bloß ein äußerer Umstand, eine äußere Tatsache ist, daß Paracelsus mit einer
innerlich harmonischen und mit dem Geist der Natur ver-
wachsenen Seele ungefähr in den Jahren stirbt, in denen wir
uns Faust vorstellen können, als er die Worte sagt:

> Habe nun, ach! Philosophie,
> Juristerei und Medizin,
> Und leider auch Theologie!
> Durchaus studiert mit heißem Bemühn ...

Und was nun Faust weiter erlebt, das erlebt er in einem
Lebensalter, das Paracelsus in der physischen Welt gar nicht
erreicht hat. So führt uns Goethe gleichsam eine Art Paracelsus vor von dem Lebensalter an, in welchem Paracelsus
gestorben ist, aber einen Paracelsus, der nicht hat hineinwachsen können in den lebendigen Geist der Natur.

Und wie führt er uns denselben vor? Trotzdem er zeigt,
daß Faust ein tiefes Verständnis der Natur gefunden hat,
auch eine Art Sich-verwandt-Fühlen mit der Natur, ist es
anders, als es bei Paracelsus war. Das fühlen wir, da Faust
zu dem Geist in der Natur die Worte spricht:

> Erhabner Geist, du gabst mir, gabst mir alles,
> Warum ich bat. Du hast mir nicht umsonst
> Dein Angesicht im Feuer zugewendet.
> Gabst mir die herrliche Natur zum Königreich,
> Kraft, sie zu fühlen, zu genießen. Nicht
> Kalt staunenden Besuch erlaubst du nur,
> Vergönnest mir in ihre tiefe Brust
> Wie in den Busen eines Freunds zu schauen.

> Du führst die Reihe der Lebendigen
> Vor mir vorbei, und lehrst mich meine Brüder
> Im stillen Busch, in Luft und Wasser kennen.

Faust wächst in einer gewissen Weise, da er vorher von der Natur getrennt war, mit ihr zusammen. Aber es kann nicht gezeigt werden, daß so lebendig in die Einzelheiten der Natur Faust eindringt, wie Paracelsus eingedrungen ist; es kann nicht gezeigt werden, daß das auch unmittelbar eintritt, indem er so zu dem erhabenen Geist der Natur spricht. Goethe kann uns nicht zeigen, wie Faust verwachsen würde mit der Natur, sondern er muß uns eine rein innere Seelenentwickelung zeigen. Faust muß eine bloß seelisch-geistige Entwickelung durchmachen, um dadurch zu den Tiefen des Natur- und Weltenschaffens zu kommen. So sehen wir bei diesem Weg des Faust, trotzdem er vielfach an Paracelsus erinnert, daß alles, was Faust erlebt, im Moralischen, im Intellektuellen, im Leben der Gemütsbewegungen durchgemacht wird, und nicht wie bei Paracelsus, bei dem gleichsam die Fühlfäden unmittelbar in die Natur hinausreichen. Und so weit muß es kommen, daß Faust bis zu der Selbstlosigkeit, der innigen Liebe zu dem Geistigen am Schluß des zweiten Teiles aufsteigen kann, nicht indem er mit der Natur zusammenwächst, sondern sich gleichsam noch weiter von ihr entfernt. Goethe läßt den Faust erblinden:

> Die Nacht scheint tiefer tief hereinzudringen,
> Allein im Innern leuchtet helles Licht.

Faust wird Mystiker, wird zu einer Persönlichkeit, welche die Seele nach allen Seiten entwickelt, welche in den Mephisto-Kräften sich entgegengesetzt sieht allen Widerständen der Seele. Kurz, Faust muß sich rein im Innern der Seele entwickeln, muß den Geist in seiner Seele auferwecken. Dann, wenn dieser Geist im Innern, nicht wie bei Paracelsus im unmittelbaren Verkehr mit der Natur, auferweckt ist, wird sogar bei Faust das Sinnenfällige dadurch vernichtet, daß er erblindet, daß er nicht mehr physisch sehen kann:

Allein im Innern leuchtet helles Licht.

Faust wird gewahr – das erkennen wir aus dem Schluß der Dichtung –, wenn der Mensch seine inneren Seelenkräfte entfaltet, daß der Geist, der in der Natur waltet, auch die inneren Seelenkräfte herauftreibt. Und wenn dieser Geist genügend entfaltet ist, dann gelangt der Mensch unmittelbar an das, was als Geistiges Mensch und Natur durchzieht. So Faust am Ende.

So läßt Goethe, um seinen Faust zu demselben Ziel kommen zu lassen, zu welchem Paracelsus kommt, Faust einen innerlich seelischen Weg durchmachen. Wenn man darüber nachdenkt, was die Veranlassung dazu ist, so kommt man zu der Erkenntnis, wie die Mächte der Zeit die aufeinanderfolgenden Entwickelungsepochen, das geschichtliche Leben bedingen. Da kommt man dahin zu erkennen, welche Bedeutung es hat, daß Paracelsus' Todesjahr etwas vor jener großen Umwälzung liegt, die für die äußere Naturwissenschaft durch das Werk des Kopernikus hervorgerufen worden ist. Paracelsus' Leben fällt noch in die Zeit, in welcher es als richtig galt, daß die Erde stille stehe in der Welt, daß die Sonne um sie herumgehe, und so weiter; das wirkte auch noch aus Paracelsus heraus. Erst nach seinem Tode trat die ganz andere Art der Anschauung des Sonnen- und Weltensystems ein. Der Boden wurde den Menschen förmlich unter den Füßen weggezogen. Wer heute das kopernikanische Weltsystem als etwas Selbstverständliches hinnimmt, erhält gar keinen Begriff von jenem Sturm, der losging, als die

Erde «in Bewegung gebracht wurde». Man kann sagen, der Boden unter den Füßen wankte den Menschen buchstäblich. Das bewirkte aber auch, daß der Geist nicht mehr, wenn der Mensch auf der Höhe der Bildung stand, in seiner unmittelbaren Weise wie ein Aroma in die Seele einströmte wie bei Paracelsus. Wäre Kopernikus beschränkt geblieben auf das, was die Sinne sehen, so hätte er nie sein Weltsystem aufgestellt. Dadurch daß er den Sinnen nicht glaubte, konnte er sein Weltsystem aufstellen, indem er durch Intellekt und Vernunft über den Sinnenschein hinausging. So war der Gang der Entwickelung. Der Mensch mußte unmittelbar seinen Geist und seine Vernunft entwickeln. Und die Zeiten seit dem sechzehnten Jahrhundert sind nicht ohne Wirkung vorübergegangen.

Indem Goethe seinen Faust heraufheben mußte aus einer Paracelsus-Figur des sechzehnten Jahrhunderts in eine Faust-Figur des achtzehnten, mußte er dem Rechnung tragen, daß der Mensch nicht mehr in einer solchen unmittelbaren und primitiven Weise wie Paracelsus mit der Natur zusammenhängen kann. Daher wurde der Faust eine Gestalt, welche die Kräfte des Daseins, den Sinn des Seins nicht durch das unmittelbare Verwachsensein mit der Natur entdecken konnte, sondern durch die verborgenen Kräfte aus den Tiefen der Seele. Aber zu gleicher Zeit zeigt sich uns das Wesentliche, daß an dem Menschen der Strom des Daseins nicht bedeutungslos vorbeigeht. Paracelsus ist als eine große, überragende Gestalt ein Sohn seiner Zeit. Und Goethe hat im «Faust» ein Bild, eine Figur dichterisch geschaffen, die er nach einer gewissen Richtung hin zum Sohne seiner Zeit machte, die an der Naturwissenschaft seiner Zeit Vernunft und Intellekt gebrauchen lernte, und die auch das Mystische herausarbeiten konnte. Daher muß gesagt werden: Darin, daß sich Goethe gedrängt fühlte, nicht eine

Paracelsus-Figur, sondern eine andere Figur hinzustellen, zeigt sich der ganze Einschnitt vom sechzehnten bis zum achtzehnten Jahrhundert herauf in der Entwickelung der europäischen Menschheit. Das Bedeutungsvolle eines solchen Einschnittes zeigt sich selbst an den größten Genien, und darin liegt der Unterschied zwischen diesen beiden Gestalten. Und für den, der Goethe kennenlernen will, ist es im höchsten Grade interessant, sein Schaffen an der Faust-Figur zu betrachten, denn sein Faust klärt uns mehr als irgendeine andere seiner Gestalten über ihn auf.

Wenn wir von diesen Beobachtungen aus die Geisteswissenschaft oder Anthroposophie betrachten, kann sie sich innig verwandt fühlen mit Goethe, aber in einer andern Art auch wieder innig verwandt fühlen mit Paracelsus. Wie mit Paracelsus? Paracelsus konnte die tiefsten Einblicke in die Natur erhalten aus den entwickelten Kräften der Seele durch unmittelbaren Umgang mit der Natur. Aber die Zeit, in welcher derjenige, der mit der Entwickelung fortschreitet, so zu den Gründen des Daseins kommen kann wie Paracelsus, ist seit Kopernikus, Galilei, Giordano Bruno und Kepler vorbei. Eine andere Zeit ist angebrochen. Goethe hat im «Faust» den Typus dieser Zeit gezeigt, in welcher mit den verborgenen Kräften der Seele gearbeitet werden muß, so daß aus den Tiefen der Seele heraus höhere Sinneskräfte erwachsen. Wie die Augen die Farben sehen, wie die Ohren die Töne hören, so werden diese höheren Sinne das wahrnehmen, was als Geist in der Umgebung ist, und was mit den gewöhnlichen Sinnen nicht als Geist geschaut werden kann. So muß also der moderne Mensch nicht durch ein Verwachsensein mit der Natur wie bei Paracelsus, sondern mit Hinwegwendung von der Natur die tieferen Seelenkräfte erleben. Wenn er aber dazu kommt, daß er die tieferen Kräfte aus seiner Seele heraufholt, daß er ein Verständnis

entwickeln kann auch für das, was als Geistiges und Übersinnliches unsichtbar hinter dem Sichtbaren, hinter dem
Sinnlichen der Natur lebt und webt, wenn der Mensch das
Faustische aus sich herausarbeitet, dann wird das Faustische
zuletzt so, daß es zum hellseherischen Einblick in die Natur
wird. Und in einer gewissen Weise kann bei Entfaltung des
inneren Geistes jeder Mensch erleben – er braucht ja darum
nicht zu erblinden –, daß er, wenn er auch nicht die Rätsel
der Welt gelöst glauben kann durch das, was ihm Augen
und äußere Sinne lehren, dennoch sagen kann: «Im Innern
leuchtet helles Licht!» Und das ist etwas, was uns dem Geist,
der in allem waltet, nahe führen kann.

So ist der Weg von Paracelsus zu Goethe im höchsten
Grade interessant, wenn man in der Faust-Figur aufleben
sieht aus Goethes Seele heraus, was für Paracelsus, was auch
für Faust das Wesentliche ist: daß der Mensch in die Tiefen
der Welt und in die Gesetze, mit denen der ewige unsterbliche Geist des Menschen verwandt ist, nicht durch die äußeren Sinne eindringen kann, sondern nur durch ein unmittelbares Verwachsensein mit der Natur, wie bei Paracelsus,
oder durch eine Entfaltung der höheren Sinne, wie es Goethe,
wenn auch nur dichterisch, andeutete in der Fortführung
der Faust-Figur des sechzehnten Jahrhunderts. So wurde
auch immer mehr und mehr für Paracelsus dasjenige Grundsatz, was dann Goethe für seinen Faust mit den Worten
betont hat:

Geheimnisvoll am lichten Tag
Läßt sich Natur des Schleiers nicht berauben,
Und was sie deinem Geist nicht offenbaren mag,
Das zwingst du ihr nicht ab mit Hebeln und mit Schrauben.

Nichts ist damit gemeint – weder im Paracelsischen, noch
im Goetheschen Sinne –, daß man den Geist der Natur nicht

erforschen könnte, sondern daß sich der Geist in der Natur zwar dem in der Seele erweckten Geist offenbare, nicht aber den Instrumenten, die wir im Laboratorium formen, nicht den Hebeln und den Schrauben. Daher sagt Goethe: «Was sie deinem Geist nicht offenbaren mag, das zwingst du ihr nicht ab mit Hebeln und mit Schrauben.» Dem Geist aber kann sie es offenbaren. Das ist die richtige Interpretation dieses Goetheschen Wortes. Denn Goethe war, indem er einen Abglanz des Paracelsus im «Faust» geschaffen hat, mit Paracelsus völlig einverstanden, und Paracelsus müßte mit Goethe als gültig das geistvolle Wort hingenommen haben:

> Wer will was Lebendigs erkennen und beschreiben,
> Sucht erst den Geist herauszutreiben,
> Dann hat er die Teile in seiner Hand,
> Fehlt leider! nur das geistige Band.

Und Goethe fügt hinzu, und zwar als er den «Faust» zuerst konzipiert hat, da er selber noch jugendlich übermütig war und auch nicht im Sinne des Paracelsus zu den «Katzenreinen und Superfeinen» gehörte:

> Encheiresin naturae nennts die Chemie,
> Bohrt sich selbst einen Esel und weiß nicht wie.

Das hat er dann später umgeändert in:

> Spottet ihrer selbst und weiß nicht wie,

wie wir es jetzt im «Faust» finden. Das will aber sagen, daß niemand, der ohne die entwickelten höheren Erkenntniskräfte an die Natur herangehen will, die Gründe der Natur erkennen kann und auch nicht erkennen kann, wie der unsterbliche Geist des Menschen mit der Natur zusammenhängt, wie er ihm ähnelt, oder mit Jakob Böhme gesprochen, wo er «urständet».

Wenn man den Weg von Paracelsus zu Goethe durchmißt, wie wir ihn mit ein paar Strichen heute zu zeichnen versucht haben, dann findet man, wie Paracelsus und Goethe lebendige Bekenner des andern Grundsatzes sind, nicht des Grundsatzes derjenigen Natur- und Weltanschauungen, die sie treffen wollten mit dem Goetheschen Spruch:

> Wer will was Lebendigs erkennen und beschreiben,
> Sucht erst den Geist herauszutreiben,
> Dann hat er die Teile in seiner Hand,
> Fehlt leider! nur das geistige Band.

Nein! Paracelsus und Goethe gehen so an die Natur, gehen so an die Menschenwesenheit heran, daß ihnen gilt:

> Wer will was Lebendiges erkennen und begreifen,
> Sucht in Wesensgründen das Geisteslicht zu finden.
> Da hat er die Teile in seiner Hand,
> Und nimmer wird er dann verkennen
> Der Dinge Wahrheit im geistigen Band.

DIE VERBORGENEN TIEFEN
DES SEELENLEBENS

Berlin, 23. November 1911

Wenn sich in irgendeiner Gegend ein Erdbeben bemerkbar macht, wenn die Erde selber also unter der Menschen Füße in Aufruhr kommt, dann macht sich wohl bei den meisten Menschen, die so etwas erleben, eine gewisse Furcht und Angst, ein Schauergefühl geltend. Geht man den Ursachen eines solchen Schauergefühles nach, so sind sie wohl hauptsächlich dort zu suchen, wo wir sagen können, daß der Mensch nicht nur vor dem Unbekannten steht, vor demjenigen, was irgend woher kommt, ohne daß er sich die Sache so recht erklären kann, ohne daß er die Sache erwartet hat, sondern dieses Schauergefühl rührt aus etwas anderem her, aus der Empfindung, die dann die Menschen in jenem Augenblicke, wenn das Ereignis noch andauert, haben, wie weit das noch gehen und was da noch alles aus den unbekannten Tiefen herauf geschehen könnte.

Ein solches Gefühl, wenn der Mensch es vielleicht auch im gewöhnlichen Leben nicht immer so ansieht, kann er oftmals selbst dem gegenüber haben, was allem bewußten Dasein, allem bewußten Vorstellen und Empfinden gegenüber in den Tiefen des Seelenlebens ruht, und was zuweilen recht erdbebenartig aus unseren verborgenen Seelentiefen heraufspielt. Was da an Trieben, Begierden, aber auch an unerklärlichen Stimmungen und Hemmungen des Seins heraufspielt, was in unser bewußtes Leben oftmals ebenso zerstörend wie ein Erdbeben eingreift, dem gegenüber wird der

Mensch fast immer, wenn er noch so sehr glaubt sich selbst zu erkennen, vor der unbestimmten Erwartung stehen: Was wird wohl noch alles aus dem Unterirdischen meiner Seele heraufspielen können? – Denn der Mensch, der ein wenig tiefer in sein Wesen eindringt, bemerkt bald, daß eigentlich alles Vorstellungsleben, das sich im Bewußtsein abspielt, namentlich das, was er vom Momente des Aufwachens bis zum Momente des Einschlafens beherrscht, – etwas wie die auf der Oberfläche des Meeres sich kräuselnden Wellen ist, die aber die Kraft ihres Emporstrebens, selbst die Art und Weise, wie sie ihr Spiel treiben, auf für das gewöhnliche Wahrnehmen unbekannte Tiefen zunächst zurückführen müssen. So ist es mit dem menschlichen Vorstellungsleben. Das allein müßte schon diejenigen bedenklich machen, welche immer wieder und wieder aus dem, was sie äußere Erfahrungswissenschaft nennen, Einwände gegen die Darstellungen erheben, die hier in diesen Vorträgen aus der Geisteswissenschaft heraus gegeben werden. Wenn die Geisteswissenschaft gezwungen ist, in dem Menschen kein so einfaches Wesen zu sehen, wie man es so oft sehen will, so könnte dafür wie ein äußerer Beleg durch das Leben selbst diese Kompliziertheit der Menschennatur dienen, welche der Mensch alltäglich gewahr werden kann.

Die Geisteswissenschaft muß sich den Menschen nicht nur aus demjenigen zusammengesetzt denken, was zunächst das äußere Auge sieht, oder was die äußere anatomische und physiologische Wissenschaft am Menschen wahrnehmen und zergliedern kann, und was man mit wissenschaftlichen Methoden beherrschen kann, sondern die Geisteswissenschaft muß alles, was so durch ein äußeres Wahrnehmen und äußere Wissenschaft festgestellt und beherrscht werden kann, also den physischen Leib des Menschen, seinen höheren, übersinnlichen Gliedern gegenüberstellen. Von diesen muß gesagt werden, daß sie nur durch jene Erkenntnis wahrzunehmen sind, von der auch hier schon in dem Vortrage über «Tod und Unsterblichkeit» und anderen skizzenhaft gesprochen worden ist, und von der in den noch folgenden Vorträgen weiter gesprochen werden wird. Da muß die Geisteswissenschaft aus ihren unmittelbaren Beobachtungen heraus über jene Forschungsergebnisse, die nicht in der Sinneswelt gewonnen werden können, sondern die nur dem mit Recht so zu nennenden hellseherischen Bewußtsein zugänglich sind, dem äußeren sichtbaren physischen Leib – man möge sich dabei nicht an einem Worte stoßen, das nur wie die anderen zum Bezeichnen dienen soll – dasjenige entgegenstellen, was man den Ätherleib oder Lebensleib als das nächste übersinnliche Glied des Menschen nennen kann.

Und wenn die Geisteswissenschaft streng auf dem Boden der äußeren Wissenschaft steht, daß sich in dem physischen Leibe des Menschen solche Kräfte und Substanzen finden, die auch in seiner physischen Umgebung vorhanden sind und in diesem physischen Leibe ebenso wirksam sind wie in der physischen Umgebung, so muß die Geisteswissenschaft ebenso betonen, daß die ureigene Wirksamkeit dieser physischen Kräfte und Substanzen eigentlich erst dann bei diesem physischen Menschenleib auftritt, wenn der Mensch durch die Pforte des Todes gegangen ist, während diese Kräfte und Substanzen die ganze Lebenszeit hindurch, die der Mensch in der physischen Welt zubringt, eingefaßt sind in die höheren Kräfte des Äther- oder Lebensleibes, der gleichsam der Kämpfer gegen den Zerfall der physischen Kräfte und Substanzen ist, welcher sofort eintritt, wenn mit dem Momente des Todes der Ätherleib sich von dem physischen Leibe des Menschen löst. Es ist, wie wir uns gleich in der heutigen Betrachtung werden überzeugen können, gegenüber der allseitigen wahren Erfahrung des Lebens durchaus kein Paradoxon, wenn von einem solchen höheren Leibe des Menschen gegenüber dem physischen Leibe gesprochen wird, denn im Leben zeigen sich überall die Trennungen, zeigt sich überall die Zweigliedrigkeit des Menschen, insofern er diesen physischen Leib hat, der alles enthält, was die sonstige physische Umgebung hat, und insofern dieser physische Leib durchgliedert ist von dem Ätherleib oder Lebensleib.

Dann aber muß diese Geisteswissenschaft sich darüber klar sein, daß alles, was sich innerhalb unseres Bewußtseinslebens abspielt, scharf entgegenzustellen ist alledem, was im Menschen an Wirksamkeiten und Kräften auch dann vorhanden bleibt, wenn das Bewußtsein wie beim schlafenden Menschen im normalen Leben erloschen ist. Denn es wäre schon logisch absurd, wenn man behaupten wollte, daß alles was sich vom Morgen an, wenn der Mensch aufwacht, an Trieben, Begierden, Vorstellungen und Ideen im auf- und abwogenden Seelenleben den Tag über abspielt, früh mit dem Aufwachen entstehen und jeden Tag abends mit dem Einschlafen wieder spurlos erlöschen würde. In dem, was wir am Menschen vor uns haben, wenn der Schlaf eingetreten ist, haben wir wohl den physischen Leib und alles, was denselben in der Wirksamkeit der physischen Welt erhält, vor uns, das heißt den physischen Leib und den Äther- oder Lebensleib, aber wir haben von diesem streng geschieden, was wir nun den astralischen Leib nennen, den eigentlichen Träger der Bewußtseinserscheinungen. Innerhalb dieses aber wiederum, was da Träger der Bewußtseinserscheinungen ist, müssen wir, wenn wir das Seelenleben richtig verstehen wollen, wieder dasjenige unterscheiden, was sozusagen fortwährend in unserer Gewalt ist, was fortwährend beherrscht werden kann durch die Kraft unseres inneren Gedankenlebens und unserer Willensentschlüsse. Wir müssen es scharf unterscheiden von dem, wovon gesagt werden konnte, daß es aus den untergründigen Tiefen des Seelenlebens heraufwogt und Temperament, Färbung und Charakter unserem Seelenleben gibt, worüber wir aber nichts vermögen, was aber dennoch nicht von uns beherrscht wird. So müssen wir unterscheiden zwischen alledem, was unser Seelenleben im weiteren Sinne ausfüllt, was tatsächlich von unseren ersten Kindheitstagen an bis in unsere ältesten Tage herein fortwährend in uns lebt, was uns zu begabten und unbegabten, guten und bösen, was uns zu Menschen macht, die ästhetischen Sinn und Schönheitsgefühl haben oder die keinen Sinn für Schönheit haben, was aber nicht mit dem zusammenhängt, das wir durch unser Verstandesbewußtsein, durch unsere Empfindungswelt und unsere Willenswelt umschlossen denken können: wir müssen es unterscheiden von unserem sonstigen bewußten Seelenleben. Daher unterscheiden wir in bezug auf unser Seelenleben, wenn wir geisteswissenschaftlich sprechen, zunächst zwei Glieder: ein erweitertes oder, wie man in der neuesten Zeit gewohnt worden ist, weil man es schon nicht mehr leugnen kann, ein unterbewußtes Seelenleben und dasjenige, was unser bewußtes Seelenleben ist, was schon in das hereinspielt, was wir beherrschen mit Gedanken, Willensimpulsen, mit Geschmacks- und sonstigen Urteilen.

Wie man nun auch denken mag über sonstige Notwendigkeiten, den Menschen in diese vier Glieder seiner Wesenheit zu teilen, so wird man wenigstens schon zugeben müssen, daß es für die Betrachtung des Lebens notwendig ist, weil die Erfahrung dafür spricht, zunächst diese vier Glieder des Menschen zu unterscheiden. Wenn man allseitig und unbefangen auf das eingeht, was das Leben darbietet, so findet man überall die Belege für das, was eben von seiten der Geisteswissenschaft ausgesprochen worden ist, und was zunächst wie eine Behauptung klingen mag. Das stellt sich insbesondere dann heraus, wenn man auf die genaueren Belege der Geisteswissenschaft eingeht. Da findet man vor allen Dingen, daß die Geisteswissenschaft aus ihren Erkenntnissen heraus dem Äther- oder Lebensleib nicht nur diejenigen Kräfte zusprechen muß, die den Organismus innerlich so durchkraften, daß er aus einem bloßen physischen Gefüge dieser Leib wird, welcher Träger unseres Seelenlebens ist. Wir finden in diesem Ätherleib nicht nur diese organisierenden Kräfte, sondern wir finden, das zeigen die Ergebnisse der Geisteswissenschaft, in ihm alles verankert, was wir zu unserem Gedächtnis rechnen müssen, was unsere Erinnerungen darstellt. Denn nicht innerhalb dessen, was vorhin der astralische Leib genannt worden ist, sollen wir den Träger des Gedächtnisses suchen, sondern im Ätherleibe, der unserem Seelenleben weniger naheliegt, der mehr mit dem physischen Leibe zusammengefügt ist, an den er im gewöhnlichen Leben so stark gebunden ist, daß er auch dann bei ihm verbleibt, wenn der Mensch im gewöhnlichen Leben mit dem Ich und dem astralischen Leib aus dem physischen Leib hinausgeht und in die Unterbewußtheit wie im Schlafe versinkt. So müssen wir das Gedächtnis und alles, was wir in uns tragen, was wir aber nicht immer in unserem Bewußtsein wirklich gegenwärtig haben, sondern aus den verborgenen Tiefen des Seelenlebens heraufholen müssen, im Sinne der Geisteswissenschaft in einem unserem physischen Leibe zugrunde liegenden Ätherleibe suchen. Wenn das so ist, so müßte man annehmen, wenn eine Berechtigung dafür bestehen sollte, den Ätherleib als den Träger des Gedächtnisses in einer gewissen Beziehung selbständig gegenüber dem physischen Leibe zu denken, daß er im gewöhnlichen Leben seine Selbständigkeit beweisen müßte, zum Beispiel die Selbständigkeit des Gedächtnisses gegenüber dem physischen Leibe.

Wenn die eben charakterisierten Annahmen der Geisteswissenschaft richtig sein sollen, was müßte sich dann in bezug darauf herausstellen, wie wir mit der äußeren Welt in Verbindung stehen, wie unser Ich die bewußten Eindrücke des Seelenlebens, der äußeren Welt aufnimmt? In bezug auf alles das müssen wir uns, wie wir Menschen in der physischen Welt sind, zunächst an unsere Sinnesorgane, die äußere physische Organe sind, und an unseren Verstand halten, der an das Instrument des Gehirns gebunden ist. Daher können wir sagen: Alles, was der Mensch als sein Weltbild, als die Summe dessen hat, worinnen er im alltäglichen Bewußtsein lebt, das ist an den äußeren Leib gebunden, an Gesundheit und Krankheit dieses äußeren Leibes, vor allem aber an gesunde, wohlausgebildete Sinnesorgane und an ein wohlausgebildetes Gehirn. – Gibt es ein Recht davon zu sprechen, daß dasjenige, was in unserem Inneren ruht wie in verborgenen Tiefen des Seelenlebens, und was nur durch die Erinnerung heraufgeholt werden kann, also zum Gedächtnis gehört, nicht in demselben Maße wie das bewußte Leben des Alltags an die äußere Organisation gebunden ist, sondern mehr im Innern ruht, unter der Schwelle dessen, was an die Sinne und an das Instrument des Gehirns gebunden ist? Gibt es etwas, das berechtigt, von einer Selbständigkeit des Gedächtnisses zu sprechen? Wenn es das gibt, so könnte man mit einem gewissen Recht auch davon sprechen, daß innerhalb dessen, was physische Leibesorganisation ist, der Ätherleib des Menschen ein selbständiges Dasein hat, ein Dasein, das innerlich unbeschädigt sein kann, weil es selbständig ist gegenüber äußeren Schädigungen der Leibesorganisation. Interessant ist die Frage, die wir an das Leben stellen können: Gehen die gewöhnlichen Vorgänge des Bewußtseins, bei welchen wir an die Gesundheit des Gehirns gebunden sind, völlig parallel den Vorgängen des Gedächtnisses, oder nimmt sich das Gedächtnis in gewissem Sinne als selbständig aus, so daß es, wenn der physische Leib nicht mehr Träger der Wahrnehmungen sein kann, sich als Gedächtnis selbständig erweist? Fragen wir das Leben, was es für eine Antwort gibt. Da kommen wir auf eine merkwürdige Tatsache, die jeder nachprüfen kann, weil sie in der Literatur zu treffen ist. Alle Dinge der Geisteswissenschaft werden zuerst aus dem hellseherischen Bewußtsein hervorgeholt. Dann aber sind sie für andere Menschen zunächst Hypothesen. Doch kann über das, was als Ergebnis hingestellt wird, das Leben befragt werden, ob es durch das Leben selbst belegt werden kann.

Eine Persönlichkeit, die allen durch ihr tragisches Geschick bekannt ist, soll als Beispiel angeführt werden: *Friedrich Nietzsche*. Nachdem sich bei seiner Krankheit die letzte Katastrophe lange vorbereitet hatte, erlebte er das rasche Hereinbrechen des Irrsinns, wurde von seinem Freunde *Overbeck*, der damals Professor in Basel war und vor einigen Jahren gestorben ist, aus Turin abgeholt und zunächst unter schwierigen Umständen nach Basel gebracht. Nun erzählt uns das interessante Buch von *Bernoulli* das Folgende. Ich will dabei die einzelnen Episoden der Überführung von Turin nach Basel übergehen und nur auf diejenige Tatsache hinblicken, welche Overbeck besonders aufgefallen ist. Nietzsche hatte kein besonderes Interesse an dem, was sich um ihn herum abspielte, und was als solches in die Sphäre seines gewöhnlichen Bewußtseins fiel, kaum daß er irgendwelche Aufmerksamkeit oder Willensimpulse auf das verwendete, was vorging. Er ließ sich auch leicht in das Krankenhaus bringen und traf dort einen alten Bekannten, der zu gleicher Zeit der Leiter dieses Krankenhauses war. Als Nietzsche, der gar kein Interesse mehr für die äußere Welt hatte, dessen Namen hörte, tauchte etwas bei ihm auf, und er fing – zum größten Erstaunen seines Freundes Overbeck – sogleich ein Gespräch an fortzusetzen, das er vor vielen Jahren mit diesem betreffenden Arzte geführt hatte. Genau an dem Punkt setzte er es fort, wo er vor sieben Jahren aufgehört hatte! So treu wirkte das Gedächtnis, während das Instrument des äußeren Wahrnehmens, das Gehirn, der Verstand, das gewöhnliche Bewußtsein zerstört waren, so daß er gleichgültig und unaufmerksam an dem vorbeiging, was er hätte wahrnehmen können und beobachten sollen, wenn alles, was zum alltäglichen Bewußtsein gehört, ihm treu erhalten geblieben wäre. Da sehen wir handgreiflich, wie dem zerstörten Organismus gegenüber dasjenige fortwirkt, dem wir mit Recht nun eine gewisse Selbständigkeit zuschreiben müssen. Aber gehen wir weiter. Wir können hier an einem Experiment, das uns in so treuer Weise die Natur selbst vorgestellt hat, erkennen, wie die Verhältnisse liegen, wenn wir nur allseitige Beobachtungsgabe dafür haben. Als Nietzsche dann nach Jena überführt war, und ihn Overbeck und andere besuchten, da stellte sich ebenfalls heraus, daß man mit ihm über alles dasjenige sprechen konnte, was er in früheren Jahren durchforscht und erlebt hatte, niemals aber über das, was sich in der unmittelbaren Gegenwart um ihn herum abspielte, und dessen Beobachtung und Wahrnehmung an dasjenige gebunden ist, wofür der physische Leib das Instrument ist. Dagegen war in selbständiger Weise und bis zu einem hohen Grade dasjenige vorhanden geblieben, was in der Geisteswissenschaft genannt werden muß der selbständig wirkende Ätherleib, welcher der Träger des Gedächtnisses ist. Und man könnte nun zu diesem einen Beispiele unzählige hinzufügen. Gewiß, es ist richtig: wer durchaus materialistisch denken will, der kann sagen, daß da eben gewisse Teile des Gehirns intakt blieben, welche gerade Träger des Gedächtnisses sind. Allein wer solchen Einwand macht, der wird schon sehen, daß er gegenüber dem wirklichen Erlebnis, der unbefangenen Betrachtung des Alltages, damit nicht auskommen kann. So sehen wir gleichsam hinter dem physischen Leibe den Ätherleib oder Lebensleib stehen, den wir durch die Geisteswissenschaft zugleich als den Träger des Gedächtnisses erkennen.

Wenn wir von anderer Seite den Menschen betrachten, von der Seite seines Innenlebens, dann sehen wir, daß der Mensch wirklich im Alltage gewahr wird, wie aus unbekannten Tiefen die Wellen heraufschlagen, deren er sich sonst, wenn er sein Seelenleben überblickt, nicht so bewußt ist wie desjenigen, was er mit dem Verstande, mit Empfindungen und Willensimpulsen beherrscht. Unter den Dingen, welche uns zeigen, wie unbekannte Tiefen aus unserer Seele, insofern diese Seele weiter ist als unser Bewußtsein, heraufarbeiten bis ins Bewußtsein herein, steht das auch hier schon angedeutete, für die gesamte Erfassung des Menschen so wichtige Traumleben. Die Träume haben in ihrer chaotischen Art und Weise, in ihrem Auf- und Abwogen, das scheinbar ganz gesetzlos ist, doch eine feine innere, intime Gesetzmäßigkeit, und sie sind, wie wir gleich sehen werden, etwas von dem, was in den unterbewußten Regionen des Seelenlebens spielt und gleichsam nur heraufschlägt, die oberen Regionen berührt, aber sich nicht unter die Herrschaft des Menschen zwingen läßt. Es soll niemals meine Art sein, in diesen Vorträgen irgend etwas bloß Ausgedachtes zu geben, sondern nur, wie man es auch in der Naturwissenschaft macht, was dem Leben, der Erfahrung oder dem geisteswissenschaftlichen Experiment entlehnt ist. Daß es eine Traumwissenschaft gibt, wie es eine Physik und Chemie gibt, das wissen die Menschen in weiteren Kreisen kaum, aber Unzähliges hat diese Traumwissenschaft über die Dinge heraufbefördert, die in den verborgenen Tiefen unseres Seelenlebens vorhanden sind. Es sei zunächst ein ganz einfacher Traum erzählt, der uns vielleicht komisch anmuten muß, der aber charakteristisch ist für den, welcher tiefer in die verborgenen Tiefen der Seele eindringen will.

Eine Bäuerin träumte einmal, daß sie auf dem Wege zur Stadt und auf dem Wege zur Kirche ist. Sie träumt ganz genau, wie sie zur Stadt kommt, wie sie zur Kirche hineingeht, wie der Prediger auf der Kanzel steht und predigt. Sie hört deutlich die Predigt des Geistlichen. Es war ihr ganz wunderbar, wie der Geistliche inbrünstig und tief zum Herzen gehend predigte. Insbesondere aber machte auf sie einen tiefen Eindruck, wie der Geistliche die Hände ausbreitete. Diese Geste des Unbestimmten, das auf viele Menschen einen noch tieferen Eindruck macht, als das Bestimmte, machte auf die Frau einen ganz tiefen Eindruck. Da geschah nun etwas Merkwürdiges. Im Traum verwandelte sich plötzlich die Gestalt des Predigers wie auch seine Stimme, und zuletzt, nachdem der Traum durch viele Zwischenphasen durchgegangen war, zeigte sich, daß von den schönen früheren Worten des Predigers nichts mehr geblieben war. Er sprach nicht mehr so wie früher, sondern seine Stimme hatte sich umgewandelt in das Krähen eines Hahnes, ja er selbst war zu einem Hahn mit Hahnenflügeln geworden. Die Frau wacht auf: da draußen vor dem Fenster kräht der Hahn!

Vieles zeigt uns, wenn wir auf eine solche Sache eingehen, dieser Traum. Zunächst zeigt er uns, daß wir mit den gewöhnlichen Zeitvorstellungen nicht rechnen dürfen, wenn wir den Traum erklären wollen. Was Zeitvorstellungen ausdrücken, wenn wir im wachen Leben zurückblicken, das können wir für den Traum nicht als maßgebend betrachten. Denn es ist zweifellos, wie Ihnen aus eigenen Traumerlebnissen sehr erklärlich sein wird, daß die Träumerin sich den

Traum über lange Zeit ausgedehnt denken muß, denn sie träumte, wie sie Schritt für Schritt zur Stadt ging, wie sie in die Kirche hineinging, wie der Prediger auf die Kanzel stieg, wie sie die Predigt hörte und so weiter. Dafür würde man in der physischen Welt lange Zeit brauchen. So lange hat ganz bestimmt der Hahn nicht gekräht. Aber sie ist durch das Hahnenkrähen aufgewacht. Was nun das Hahnenkrähen in dem Seelenleben der Frau ausgelöst hat, das ergänzt sich zu der zurücklaufenden Traumvorstellung, zu den Traumbildern. Sie sieht auf eine Welt zurück, die sie glaubt durchlebt zu haben. Diese Welt erfüllt sich mit Bildern, die von ihr aus dem gewöhnlichen Leben entlehnt sind. Aber die Veranlassung, die äußere Ursache: der Hahnenschrei hat sich rasch abgespielt. Wenn wir es äußerlich ins Auge fassen, so würden wir eine Zeit bekommen als Ursache für das, was die Frau in ihrer Seele erlebte, die ganz kurz wäre im Verhältnis zu der Zeit, über welche die Frau ihre Traumerlebnisse ausgedehnt denkt.

Wenn uns nun die Geisteswissenschaft sagt, daß der Mensch vom Einschlafen bis zum Aufwachen nicht in seinem physischen und Ätherleibe ist, sondern mit seinem astralischen Leib und seinem Ich außerhalb derselben in einer Welt ist, die nicht für äußere Augen sichtbar, die übersinnlich ist, so müssen wir uns dann konkret vorstellen, daß aus diesem Leben jene Frau durch den Hahnenschrei herausgerissen worden ist. Es wäre eine ganz haltlose Vorstellung, wenn der Mensch sich denken wollte, daß er in jener Welt, in welcher er vom Einschlafen bis zum Aufwachen ist, nicht ebenso Erlebnisse hätte wie in der physischen Welt. Aber diese Erlebnisse müssen rein seelischer Natur sein. Indem die Frau aufwacht, spielt in ihr Aufwachen hinein der Hahnenschrei, und sie blickt im Aufwachen auf das zurück, was sie erlebt hat. Wir müssen nun durchaus nicht die Bilder, die sie

durchlebt, alles, was ihr der Traum vorgaukelt, als etwas auffassen, was sie während des Schlafes wirklich erlebt hat,
sondern wir müssen es so auffassen – wir kommen erst dann
mit der ganzen Erscheinung des Traumlebens zurecht –, daß
die Frau eigentlich nicht fähig ist, in dasjenige hineinzu-
blicken, was sie bis zum Morgen, bis zum Momente des Aufwachens erlebt hat. Als aber der Moment des Aufwachens
herantritt, da wird ihr durch das Aufeinanderprallen des
Schlaflebens und des Wachlebens klar, daß sie etwas erlebt
hat, nicht was sie erlebt hat. Und das veranlaßt sie, in das
Schlafleben die Bilder hineinzuschieben, die nun symbolische, sinnbildliche Erlebnisse aus dem Tagesleben sind. Es
ist so, wie wenn die Frau etwas, was sie oft im Tagesleben
gesehen hat, zu Bildern vereinigt, diese hinstellt und gleichsam dadurch ihre Schlaferlebnisse zudeckt. Daher erscheint
auch als Zeitverlauf nicht das, was sich wirklich abgespielt
hat, sondern diese Vorstellungen, die wie ein Vorhang vor
das Schlafleben hingeschoben werden, erscheinen in ihrem
eigenen Zeitverlaufe mit der Zeit ausgestattet, welche die
Bilder haben müssen, wenn sie als äußere physische Wahrnehmungen erfahren werden sollen. Wir müssen daher sagen,
daß die Bilder des Traumes in vieler Beziehung eher ein
Verdecken, ein Verhüllen dessen sind, was der Mensch im
Schlafe erlebt, als ein Aufdecken desselben. Es ist wichtig,
daß der Traum zwar durch die Bilder, die der Mensch selber
vor sein Schlafleben stellt, etwas ist, was geschieht, aber kein
Abbild dessen ist, was geschieht, sondern daß nur auf etwas
hingewiesen wird, was im Schlafe erlebt wird. Dafür kann
als Beweis dienen, daß diese Träume, die der Mensch durchmacht, je nach dem Seelenleben des Menschen durchaus verschieden sind. Bei einem Menschen, der von diesem oder
jenem aus seinen Tageshandlungen oder durch ein böses Gewissen gequält wird, werden andere Traumbilder auftreten

als bei demjenigen, der sich während des Schlaflebens in das versenken kann, was seine Seele, wenn sie in die übersinnliche Welt kommt, mitnehmen kann an Befriedigungen und Seligkeiten über irgend etwas in günstigem Sinne Vollbrachtes oder an Dingen, durch die ihr das Leben sinnvoll wird. Die Qualitäten, nicht die Erlebnisse selbst, deuten darauf hin, daß sie etwas sind, was in den verborgenen Tiefen des Seelenlebens vorgeht. Insbesondere aber wird der Traum zum Verräter der verborgenen Seelentiefen, wenn wir ihn in folgender Weise auftreten sehen. Einen Traum, den ich in bezug auf andere Dinge auch hier schon vorgebracht habe, wollen wir als Verräter der verborgenen Tiefen des Seelenlebens betrachten. Da hat sich folgender Traum rhythmisch, periodisch bei einem Menschen wiederholt, angeregt durch ein Jugenderlebnis.

Der Betreffende hatte, als er noch Schüler war, ein gewisses Zeichentalent bewiesen; deshalb hatte ihm der Lehrer gerade in der Zeit, als er bald von der Schule abgehen sollte, eine besonders schwere Zeichnung gegeben. Während der Schüler sonst in einer gewissen Zeit mehrere Zeichnungen kopierte, konnte er mit dieser, weil er es mit den Einzelheiten genau nahm, das ganze Jahr nicht fertig werden, so daß er zeichnete und zeichnete und nicht fertig werden konnte. So kam es, daß der entscheidende Schulschluß herannahte, und daß von der Arbeit, zu der noch vieles andere hätte treten müssen, nur ein verhältnismäßig geringer Teil beendigt war. Man kann sich nun denken, daß der Schüler, weil er wußte, daß er mit seiner Arbeit nicht fertig werden würde, eine gewisse Angst oder Furcht durchlebt hat. Aber diese Angst, die er damals erlebte, war gar nichts gegen jene Angstzustände, die nun regelmäßig nach Verlauf einer ganz bestimmten Anzahl von Jahren als Traumerlebnis immer wieder auftauchten! Nach einer Anzahl von Jahren, während welcher der Traum nicht aufgetaucht war, träumte der Betreffende, wie er noch Schüler ist, seine Zeichnung nicht fertig wird, und es darüber mit der Angst bekommt. Immer größer und größer wurde das Angsterlebnis des Traumes, bis er erwachte. Und wenn der Traum einmal dagewesen war, wiederholte er sich nach einer Woche vielleicht. Dann blieb der Traum wieder jahrelang aus, kam wieder, wiederholte sich nach einer Woche, darauf blieb er wieder aus, und so sehr oft.

Das Verständnis für dieses merkwürdige Traumerlebnis gewinnt man erst, wenn man auf das übrige Leben dieses Menschen eingeht. Der Betreffende hatte als Schüler ein gewisses Zeichentalent, das entwickelte sich erst allmählich sein ganzes Leben hindurch, etappenweise, stufenweise. Wenn man nun genau beobachtete, so zeigte sich immer, daß dieser Mensch in bezug auf seine Fähigkeit zum Zeichnen jedesmal Fortschritte machte und wieder mehr konnte, wenn ein solches Traumerlebnis vorangegangen war und die Zunahme der zeichnerischen Fähigkeiten angekündigt hatte. So daß man immer sagen konnte: Das Traumerlebnis trat ein, und nachher fühlte sich dieser Mensch in einer ganz besonderen Weise von größeren Fähigkeiten durchzogen und durchgossen, um sich zeichnerisch auszudrücken. – Es ist dies ein außerordentlich interessantes Erlebnis, das in die Tatsachenwelt eines Menschen hineinspielen kann. Wie kann nun die Geisteswissenschaft ein solches Erlebnis erklären?

Wenn wir zu Hilfe nehmen, was schon in den letzten dieser Vorträge hier gesagt worden ist, daß in dem Menschenwesen sein übersinnlicher zentraler Wesenskern lebt, der fortwährend an der Umgestaltung von inneren Kräften, aber auch an der Umgestaltung der äußeren Physiognomie arbeitet, wenn wir darauf Rücksicht nehmen, daß ein solcher zentraler Wesenskern als eine übersinnliche Wesenheit beim Menschen vorhanden ist und ihm zugrunde liegt, dann werden wir sagen müssen: Während des ganzen Lebens arbeitet dieser zentrale Wesenskern beim Menschen an seinem Leibesinstrument, an seiner ganzen Organisation, denn die braucht man, wenn man fortwährend neue Fähigkeiten entwickeln will, die sozusagen mit äußeren Fertigkeiten zusammenhängen. – Es arbeitete dieser zentrale Wesenskern die leibliche Organisation so um, daß der Mensch immer geschickter, immer fassungsfähiger wurde für Formen, für alles das, was unter den Fähigkeiten das ausmacht, wodurch man etwas zeichnerisch ins Auge faßt und es formend ausdrücken kann.

In den Leib hinein arbeitet des Menschen zentraler Wesenskern. So lange nun, als dieser innere Wesenskern in den Leib hineinarbeitet, so lange seine Tätigkeit sich hineinergießt in den Leib, so lange kann er nicht ins Bewußtsein herauftreten. Da ergießen sich seine ganzen Kräfte in die Umformung der Leibesorganisation, die dann als Fähigkeiten – in diesem Falle als Zeichnen – auftreten. Erst wenn eine gewisse Stufe erreicht ist, und der Mensch so umorganisiert ist, daß er diese Umorganisation ins Bewußtsein heraufholen kann, wenn er also fähig wird, dasjenige wissend auszuüben, was seine neugewonnenen Fähigkeiten sind, erst in dem Augenblicke, da sein zentraler Wesenskern ins Bewußtsein herauftritt, kann der Mensch wissen, was in ihm geschieht, was da unten in den verborgenen Tiefen des Seelenlebens arbeitet. Aber ein Übergang ist in unserem Falle da. Wenn der Mensch noch gar nichts davon weiß, daß in den Zeiten, wo er äußerlich nicht vorrückt, der zentrale Wesenskern an seinen zeichnerischen Fähigkeiten arbeitet, bleibt alles unten in den verborgenen Tiefen des Seelenlebens. Aber wenn der Zeitpunkt da ist, wo der zentrale Wesenskern ins Bewußtsein herauftreten soll, dann macht sich dies in dem eigentümlichen Traumerleben bemerkbar, das sich deshalb in diese Form kleidet, weil angekündigt werden soll, daß der innere Wesenskern mit den zeichnerischen Fähigkeiten an einen gewissen Abschluß gekommen ist. So ist dieser Traum jedesmal ein Beweis, daß etwas erreicht ist. Bis dahin, wo der Traum eintritt, haben die Seelenkräfte unten in verborgenen Tiefen im Leibesinneren gearbeitet, um die Fähigkeit allmählich herauszukristallisieren. Dann aber, bevor diese Kräfte sich offenbaren können durch das Bewußtsein, nachdem sie so weit erhärtet sind, und die leibliche Organisation für diese Fähigkeit fertig ist, wird noch ein Übergang geschaffen. Zunächst tritt sie nicht voll ins Bewußtsein herauf, sondern gießt sich um in das Halbbewußtsein des Traumes. Durch den Traum bricht das Verborgene des Seelenlebens in die bewußten Teile des Seelenlebens herein. Daher nach dem Traume immer das Weiterschreiten des Menschen in bezug auf diese Fähigkeit, die sich so charakteristisch im Traume symbolisch zum Ausdruck bringt.

So sehen wir in der Tat, wie des Menschen zentraler Wesenskern einmal unten arbeiten kann in den Gründen der sinnlichen und übersinnlichen Leibesorganisation, dann aber sehen wir, wenn der Mensch es bis zu einem gewissen Grade dahin gebracht hat, es ins Bewußtsein zu erheben, und der innere Wesenskern mit seiner Arbeit an einem Abschluß ist, wie es sich dann erst in einem Traumerlebnis ausdrückt und diese Tätigkeit sich in die Kräfte umwandelt, die im bewußten Leben auftreten. So haben wir eine Korrespondenz zwischen dem, was unten ist, und dem, was oben im bewußten Leben sich abspielt, und wir sehen auch, warum so vieles nicht in das bewußte Leben heraufdringen kann, denn dasjenige kann nicht in das Bewußtsein heraufdringen, was der Mensch noch braucht, um erst die Organe herauszugestalten, damit er die Fähigkeiten umgestaltet, welche dann die Werkzeuge für das bewußte Leben werden müssen. So können wir sagen, daß das ganze Leben hindurch beobachtet werden kann, wie der zentrale Wesenskern des Menschen am Organismus arbeitet. Wenn sich der Mensch während der Kindheit nach und nach entwickelt, von innen nach außen, dann ist es derselbe innere Wesenskern, der an ihm, bevor das Ich-Bewußtsein eintritt, bis zu jenem Zeitpunkte arbeitet, an den sich der Mensch dann später zurückerinnern kann, derselbe Wesenskern, der auch später an ihm weiter arbeitet. In einem fortwährenden Sichverwandeln ist die Gesamtwesenheit des Menschen. Was der Mensch in seinem Seelenleben erlebt, das erlebt er bald so, daß er nichts davon weiß, aber daß es in ihm schaffend tätig ist, bald so, daß es die schaffende Tätigkeit einstellt, aber dafür in die bewußte Tätigkeit heraufdringt. Dieser Zusammenhang besteht zwischen dem, was wir in den oberen Regionen des Bewußtseins haben, und dem, was im Unterbewußten, in den verborgenen Tiefen des Seelenlebens in uns ruht.

Diese verborgenen Tiefen des Seelenlebens sprechen oft so, daß sie wahrhaftig eine ganz andere Sprache reden, eine ganz andere Weisheit entfalten, als das, was sich der Mensch in seinem Oberbewußtsein auch nur träumen läßt. Daß des Menschen Bewußtsein nicht zusammenfallend gedacht werden darf mit dem, was wir die Vernunft der Dinge nennen, die das menschliche Bewußtsein gleichsam spiegelt, können wir daraus entnehmen, daß die vernünftige Tätigkeit, das Walten der Vernunft uns auch dort entgegentritt, wo wir in demselben Sinne nicht eine Beleuchtung durch die Vernunft annehmen können, wie es beim Menschen der Fall ist. Vergleichen wir in dieser Beziehung den Menschen mit den Tieren, so finden wir, daß der Mensch nicht die Vernunft-Tätigkeit vor den Tieren voraus hat, sondern die andere

Beleuchtung dieser Vernunft-Tätigkeit durch das Bewußtsein. Wenn wir den Biber, die Wespe am Bauen sehen, so sehen wir in dem, was die Tiere vollbringen – wir können dabei den gesamten Horizont des tierischen Schaffens überblicken –, daß da Vernunft drinnen waltet, und daß es im Grunde genommen dieselbe Vernunft ist, welche der Mensch anwendet, wenn er aus seinem Bewußtsein heraus ein Stück dieser Vernunft-Tätigkeit der Welt beleuchtet. Nur immer ein Stück der Vernunft-Tätigkeit der Welt kann der Mensch aus seinem Bewußtsein beleuchten, aber eine viel umfassendere Vernunft-Tätigkeit durchzieht unser unterbewußtes Seelenleben. Da werden nicht nur die unterbewußten Schlüsse und Begriffsbildungen von der Vernunft vollzogen, auf die selbst ein Naturforscher wie Helmholtz hingewiesen hat, sondern ohne daß der Mensch dabei ist, werden da kunstvolle, weisheitsvolle Dinge von der Vernunft vollzogen.

Auf ein Kapitel darf hier hingewiesen werden, worauf ich schon hingedeutet habe, was ich nennen möchte das Kapitel «Von dem Philosophen und der menschlichen Seele», wobei ich besonders an diejenigen Philosophen denke, welche im neunzehnten Jahrhundert vorzugsweise pessimistische Philosophen waren. Der Philosoph hat es vorzugsweise mit dem zu tun, was wir Vernunft, bewußte Verstandestätigkeit nennen, und er läßt nichts anderes zu, als was er mit der Verstandestätigkeit prüfen kann. Wenn wir Philosophen wie Schopenhauer, Mainländer, Eduard von Hartmann nehmen, so finden wir, daß sie von der Idee ausgehen, daß gegenüber dem, was der Mensch weiß, indem er die Welt mit dem offenbaren Seelenleben überschauen kann, die Übel, die Schmerzen und Leiden weit die Freuden und das Glück überwiegen. Und *Eduard von Hartmann* hat ein interessantes Rechenexperiment angestellt, in dem er in einer wirklich geistreichen Weise zeigte, wie in der Welt Schmerzen und

Leiden überwiegen. Er faßte in einem Subtrahenden zusammen, was der Mensch alles als Leiden und Schmerzen erleben muß, und stellte als Minuend hin alles das, was der Mensch als Freude und Glück erleben kann. Wenn er nun Leiden und Schmerzen von Glück und Freuden subtrahiert, so überwiegt in seiner Rechnung Schmerz und Leid. So sagt der Philosoph aus einer Verstandesoperation heraus natürlich mit einem gewissen Recht: Wenn in der Welt Schmerz und Leid überwiegen, so ist das Leben eigentlich nur pessimistisch anzuschauen. – Der Verstand macht also dieses Rechenexempel im Philosophen und fällt das Urteil aus dem bewußten Leben heraus, daß die Welt bis zu einem gewissen Grade als eine schlechte anzusehen ist.

Nun habe ich in meiner «Philosophie der Freiheit» darauf hingewiesen, daß dieses Rechnen des Verstandes, diese «Subtraktion» überhaupt nicht anwendbar ist. Denn wer vollzieht sie, auch wenn sie nicht der Philosoph, sondern der Mensch im Leben vollzieht? Immer das offenbare, das bewußte Seelenleben. Aber das bewußte offenbare Seelenleben entscheidet merkwürdigerweise nicht über den Lebens- und Lustwert des Daseins. Denn das zeigt uns wieder das Leben. Wenn der Mensch noch so sehr ein solches Rechenexempel anstellt, so zieht er daraus nicht den Schluß, daß das Leben keinen Wert habe. Daraus wieder muß man wissen – ich habe vorher gesagt, daß die Rechnung Eduard von Hartmanns geistvoll und richtig ist –, daß der Mensch, wenn er diese Rechnung vollzieht, durchaus nicht im bewußten Leben daraus ein Resultat ziehen kann. Schon *Robert Hamerling* hat in seiner «Atomistik des Willens» den Gedanken ausgesprochen, daß hier bei dieser Rechnung etwas falsch sein müsse, denn in jedem Lebewesen, und auch im Menschen ist, selbst wenn die Schmerzen überwiegen, dann doch die Lust am Dasein vorhanden, nicht die Lust an Vernichtung des

Daseins. Der Mensch zieht also nicht aus dem Subtraktionsexempel, aber aus irgend etwas die Folgerung, das Leben habe doch einen Wert. Nun habe ich in meiner «Philosophie der Freiheit» nachgewiesen, daß das Subtraktionsexempel nicht anwendbar ist, weil das Seelenleben des Menschen in seinen Tiefen ein ganz anderes Rechenexempel ausführt. Nicht ein Subtraktionsexempel: das würde das Bewußtsein ausführen. Das unterbewußte Seelenleben führt ein Divisionsexempel aus: es dividiert die Menge der Lust durch die Menge der Leiden, der Schmerzen. Nun wissen Sie alle, daß, wenn man subtrahiert – angenommen die Menge des Schmerzes wäre gleich acht, und die Menge der Lust wäre ebenfalls gleich acht –, das Resultat, also der Wert des Daseins in diesem Falle gleich «Null» wäre. Wenn man aber nicht subtrahiert, sondern dividiert, so würde die Rechnung lauten: Acht durch acht gleich Eins. Man bekommt dann immer noch Eins als Resultat, nicht Null. Und wenn also auch der Nenner noch so groß ist, wenn er nur nicht «unendlich» ist, so bleibt sogar als Resultat immer noch eine Daseinslust. Diese Division macht der Mensch in seinen verborgenen Seelentiefen, und was dann als Resultat heraufsteigt und bewußt wird, ist das, was der Mensch im bewußten offenbaren Seelenleben als den Daseinswert, als den Lustwert empfindet. Ich habe an jener Stelle nachgewiesen, daß jene eigentümliche Erscheinung des Menschen, der, wenn er sich sonst nur einer gesunden Natur erfreut, auch gegenüber weit überragenden Schmerzen doch eine Lust am Dasein, eine Freude, eine Begierde der Welt gegenüber hat, nur dadurch verständlich ist, daß er in seinen Seelentiefen dasjenige ausführt, was wir uns dann wissenschaftlich als ein Divisionsexempel klarmachen können.

So sehen wir, wie die Seele in ihren Tiefen ein Rechner ist, und wie das Leben im Offenbaren zeigt, daß der Mensch in seinem Unterbewußtsein die waltende Vernunft hat. Wie im Biber zum Beispiel, wenn er baut, Vernunft waltet, die ganz und gar nicht in das tierische Bewußtsein heraufreicht, über die er sich nicht bewußt Rechenschaft geben kann, oder wie dies bei der Wespe der Fall ist, so waltet in des Menschen Seelentiefen Vernunft und dringt wie die Kraft im Meer, welche die Wellen nach oben treibt, in das Bewußtsein herauf, das ein viel kleinerer Kreis im Dasein ist als dasjenige, was in dem weiten Horizonte des Seelenlebens vorhanden ist. Da werden wir gewahr, wie sich der Mensch im großen ansehen muß als auf dem Meere des Seelen- und Bewußtseinslebens schwimmend, und wie nur ein Teil seines Seelenlebens eigentlich durch das Bewußtsein beleuchtet ist, der mit seinem Oberbewußtsein schwimmend ist im Unterbewußten.

Wir können auch im alltäglichen Leben sehen, wie der Mensch immer wieder auf das hingewiesen wird, was da unten in ihm waltet, und was das Leben gegenüber den äußeren Ereignissen anders macht beim einen oder beim anderen Menschen. In unseren Seelentiefen können, ohne daß wir uns ihrer bewußt sind, Dinge walten, die wir vor langer, langer Zeit erlebt haben, die wir für das äußere Bewußtsein vergessen haben, die aber dennoch fortwirken. Die zeigen sich dem Geistesforscher als fortbestehend in dem zentralen Wesen des Menschen und als wirksam, wenn sie auch nicht nach dem Muster des Bewußten sich in Tätigkeit setzen. So kann folgender Fall eintreten. Es kann in einem Menschen unten in seinen Seelentiefen irgend etwas vorhanden sein, was er schon als Kind erlebt hat, und was ihn tief ergriffen hat. Wir wissen, daß der Mensch als Kind ganz besonders für die Wahrnehmung einer Ungerechtigkeit in seiner Umgebung empfänglich sein kann. Nehmen wir nun an, das Kind habe in seinem siebenten, achten Jahre durch seine Eltern oder durch seine sonstige Umgebung, nachdem es irgend etwas getan hat, eine ungerechte Beurteilung erfahren. Im späteren Leben kann sich dann das bewußte Seelenleben wie eine Oberfläche darüberlagern. Vergessen kann es sein für das Bewußtsein, aber nicht unwirksam für die unbewußten Seelentiefen. Nehmen wir an, ein solches Kind wächst nun heran und erlebt zum Beispiel in seinem sechzehnten, siebzehnten Jahre in der Schule wieder eine Ungerechtigkeit. Ein anderes Kind, das jenes erstgenannte Erlebnis nicht gehabt hat, mag heranwachsen und einer Ungerechtigkeit der gleichen Art ausgesetzt sein. Es kommt nach Hause, klagt, daß es diese Ungerechtigkeit erfahren hat, es weint, schimpft vielleicht auch auf die Lehrer, aber weiter geschieht nichts, die Sache geht vorbei, wie wenn sie nicht dagewesen wäre, geht ins unterbewußte Seelenleben. Das andere Kind aber, das herangewachsen ist, indem es im siebenten, achten Jahre eine Ungerechtigkeit erlebt hat, die es für das äußere Bewußtsein vergessen hat, erlebt vielleicht ganz dasselbe. Aber jetzt geht die Sache nicht unbemerkt vorüber, sondern daraus wird bei diesem Kinde ein Schülerselbstmord. Wo liegt der Grund? Der Grund dafür ist, während sich im bewußten Seelenleben bei beiden Kindern vielleicht ganz dasselbe abgespielt hat, in demjenigen zu suchen, was aus den unterbewußten verborgenen Tiefen in das offenbare Seelenleben heraufspielt.

In unzähligen Fällen können wir wahrnehmen, wie unser unterbewußtes Seelenleben in dieser Weise in unser bewußtes hereinspielt. Nehmen wir einmal folgendes an, das uns immer wieder und wieder entgegentritt, was man aber leider nicht ordentlich beachtet. Es gibt Menschen, welche in ihrem ganzen späteren Leben etwas von einem Zuge zeigen, den man das Sehnen nennen könnte. Das wogt herauf. Und wenn man sie fragt, wonach sie sich sehnen, so sagen sie:

das sei eben das Ungeheuerliche, daß sie nicht wissen wonach sie sich sehnen. Und alles, was man an Trostgründen und dergleichen aufbringen kann, was sonst einen Menschen trösten kann, das kann sie nicht trösten, die Sehnsucht bleibt, was man auch versucht. Geht man dann mit denselben Methoden, die man in der Naturwissenschaft anwendet, mit den beobachtenden Methoden, in das frühere Leben solcher Menschen zurück, dann bemerkt man, daß ganz besondere Früherlebnisse dieses Sehnen bewirkt haben. Man wird dann finden – davon kann sich jeder überzeugen, der auf solchen Gebieten Beobachtungen anstellt –, daß diese Menschen in ihrer frühen Jugend in bezug auf Aufmerksamkeit und Interesse immer auf etwas ganz bestimmtes hingelenkt worden sind, was eigentlich nicht mit dem tiefsten Wesen ihrer Seele zusammenhängt; sie sind in eine Sphäre der Seelentätigkeit hingelenkt und ihre Aufmerksamkeit ist gefesselt worden durch etwas, wonach die Seele nicht drängte. Daher blieb alles, wozu sie in ihrer Seele gerne hätten kommen mögen, diesen Seelen versagt. Die Aufmerksamkeit drängte auf etwas ganz anderes hin, als worauf sie gerichtet wurde; sie schlägt förmlich um. Daher zeigt sich nun später folgendes. Weil Aufmerksamkeit und Interesse früher nicht befriedigt worden sind, weil der Mensch immer jenen Drang hatte, für den ihm nichts geboten worden ist, hat sich das, was viele aufeinanderfolgende Erlebnisse waren, nun in einen Hang, in einen Trieb, in etwas, was wie eine Leidenschaft, wie ein Instinkt wirkt, umgewandelt, was in einem sehnenden Verlangen, in einer unbestimmten Sehnsucht nach etwas zutage tritt. Früher würde es möglich gewesen sein diesen Drang zu befriedigen, jetzt ist es nicht mehr möglich. Warum? Weil sich in dem Strom des Seelenlebens erst jene Ereignisse abgespielt haben, auf welche die Aufmerksamkeit gelenkt worden ist, und zu denen sich die Seele nicht hingedrängt fühlte. Jetzt haben sich dadurch solche Begriffe festgesetzt, daß der Mensch für das, was früher für ihn passend gewesen ist, kein Verständnis hat. Früher hatte man ihm kein Verständnis entgegengebracht für das, was in den Untergründen der Seele waltet und webt; jetzt hat er sich das abgewöhnt, jetzt kann man nicht mehr eingreifen. Was übrig geblieben ist, das ist das, wofür er vielleicht gar nicht organisiert war.

So sehen wir, wie neben dem bewußten Leben des Menschen eine unterbewußte Strömung im Seelenleben mitläuft, und wir sehen sie im Alltagsleben in tausend Fällen. Wie aber wieder das bewußte Seelenleben hinuntertaucht in das unterbewußte, und wie der Mensch dennoch in die unterbewußten Tiefen des Seelenlebens eingreifen kann, das zeigen andere Erscheinungen. Da kommen wir zu dem Kapitel der Geisteswissenschaft, das uns zeigt, wie das Seelenleben hinunterreicht bis zum Ätherleib, der aber am physischen Leib arbeitet, wo der Mensch gleichsam in seine eigenen Untergründe hinuntersteigt. Was aber findet er da? Dasjenige findet er, was sein eigenes Leben über den engen Kreis des Menschen hinausführt, was ihn mit dem ganzen Weltall verbindet, denn sowohl mit dem physischen Leibe, wie mit dem Ätherleibe sind wir mit dem ganzen Universum verbunden. Ergießt sich das Seelenleben in den Ätherleib, dann können wir uns mit unserem Wesen in die Weltenweiten hinausleben, dann tritt das ein, was wir ein erstes Ankündigen nennen können des Verwachsenseins des Menschen mit der ganzen Welt, dessen, was nicht mehr er selbst ist, sondern was die Welt ist. Dann dringen wir zu dem menschlichen Phantasieleben durch. Und wenn der Mensch noch weiter hinuntersteigt, so weitet er das Innere noch mehr und dringt über das, was sonst den Menschen als die gewöhnlichen Zeit- und Raumverhältnisse einschließt, hinüber und erlebt, wie sein physischer Leib und Ätherleib in das ganze Universum eingeschlossen und von diesem abhängig sind. So beleuchtet das, was außerhalb des Menschen ist, sein Bewußtsein, wenn er in den physischen Leib hinuntersteigt. Haben wir gesehen, wie das verborgene Seelenleben heraufleuchten kann in das menschliche Bewußtsein, so müssen wir auf der anderen Seite mit dem Bewußtsein in die verborgenen Tiefen des Seelenlebens hinuntersteigen. Wir kommen zu denselben, wenn wir zunächst hinuntersteigen durch die Phantasie, wenn sie wirkliche, reale Phantasie ist, was etwa *Goethe* darunter versteht, wenn sie nicht eine Phantastik ist. Und wenn wir noch weiter hinuntersteigen, so kommen wir zu dem, was wir hellsichtige Kräfte nennen, die sich nicht nur auf das beschränken, was der Mensch sonst als Zeit- und Raumesdinge zur Verfügung hat, sondern wir kommen zu Weltenweiten, die sonst unsichtbar sind.

Indem wir in die verborgenen Tiefen des Seelenlebens heruntersteigen, dringen wir in das Gebiet der Phantasie und weiter in das Gebiet des Hellsehens und in die Region der verborgenen Dinge des Daseins. Durchgangspunkte aber sind die verborgenen Tiefen des eigenen Seelenlebens. Nur indem wir durch diese dringen, kommen wir zu den verborgenen Tiefen des Daseins, die als geistige, übersinnliche, für das gewöhnliche Bewußtsein nicht mehr wahrnehmbar sind, und die den Dingen des Wahrnehmbaren zugrunde liegen. Durch die Phantasie, wenn der Mensch nicht Phantastik übt, sondern aus einem vertieften Leben heraus, aus einem Mitleben mit den Dingen heraus gleichsam die Dinge so schafft, daß an Stelle der äußeren Wahrnehmung das umfassende Bild tritt, fühlt der Mensch sehr wohl – und der wahre Künstler wird das immer vertreten –, wie er mit den Dingen zusammenwächst, wie er zwar nicht als das Wesen der Dinge bezeichnen darf, was er durch die Phantasie ausdrückt, aber

Phantasie der Weg ist, durch den man in dasjenige eindringen kann, was tiefer ist als das, was Verstand und äußere Wissenschaft erfassen können. Deshalb hat ein Philosoph, und etwas Geistreiches hat er damit getan, *Frohschammer,* dasjenige, was der Welt zugrunde liegt, was schöpferisch ist, in einseitiger Weise als die «schöpferische Phantasie» in den Dingen bezeichnet. So daß der Mensch, wenn er aus seinem gewöhnlichen bewußten Seelenleben in unterbewußte Regionen hinunterdringt – und wer würde nicht zugeben wollen, daß das Leben in Phantasie zu den unterbewußten Regionen des Seelenlebens gehört –, nach diesen philosophischen Auseinandersetzungen mehr mit dem Wesen der Dinge, das als Phantasie selbstschöpferisch in den Dingen ist, zusammenwachsen würde, als durch den bloßen Verstand. Trotzdem diese Anschauung im höchsten Grade einseitig ist, so kann man von dieser Idee der Phantasie als einer schöpferischen Weltenmacht doch sagen, daß sie mehr als eine bloße Verstandesanschauung im Einklange steht mit dem, was auch sonst in der Welt geheimnisvoll zutage tritt. Wenn der Mensch mit dem, was er mit dem Verstande erschaffen kann, zur Welt der tausend Möglichkeiten übergeht, zur Welt der Phantasie gegenüber den nur hundert Möglichkeiten des Verstandes, so fühlt er, daß er zwar abkommt von dem, was den Alltag beherrschen muß, daß er aber doch eindringt in die Welt dessen, was sich in den Untergründen der Seele als umfassende Möglichkeit darstellt, dem gegenüber dasjenige, was in den Obergründen erlebt wird, nur wie ein kleiner Ausschnitt erscheint. Oder liegen nicht auf dem Grunde des Daseins die Millionen von Möglichkeiten gegenüber den nur tausend Wirklichkeiten, die sich auf der Oberfläche des Daseins ausbreiten, und die wir wahrnehmen? Man braucht nur auf das hinzuschauen, was im Meeresleben als Keime von Fischen hervorgebracht wird, was als unendlich vielseitige Möglichkeit hervorgebracht wird und wie sich das gegenüber den Erscheinungen des Lebens, die dann daraus hervortreten, ausnimmt, und man wird sehen, wie viele Keime, die das Leben hervorzaubert, möglich sind. Und wieviele von den Keimen werden Wirklichkeit? Da zeigt es sich, wie viel reicher das Leben in den Untergründen ist gegenüber dem, was an der Oberfläche dann zu schauen ist. Nicht anders ist es, wenn der Mensch von dem, was sein Verstand erfassen kann, hinuntersteigt in das Reich der Phantasie. Und ähnlich, wie wenn wir von dem Reiche der äußeren Wirklichkeit in das Reich der unendlichen Möglichkeiten hinuntersteigen, ähnlich ist es, wenn wir von der Verstandeswelt hinuntersteigen in das Zauberreich der Phantasie.

Aber es ist eine Einseitigkeit, wenn man die schöpferische Weltenkraft mit der Phantasie parallelisieren will, weil der Mensch durch die Phantasie zwar hinuntersteigt, aber nicht weit genug, um von diesen Untergründen aus in die Realität der übersinnlichen Welt hineinzukommen. Das kann er erst, wenn er die hellseherischen Kräfte entwickelt, die wir finden, wenn wir aus den Obergründen des Seelenlebens in die verborgenen Seelentiefen, aber mit Bewußtsein, hinuntersteigen, das heißt in die Kräfte, welche sonst nur unbewußt heraufschlagen. Auch das ist hier schon angedeutet worden, wie der Mensch mit dem Bewußtsein hinuntertauchen kann in unterbewußte Regionen. Wenn der Mensch so hinuntersteigen will, so muß er zu diesem Zwecke seine eigene Seele zu einem Instrument, zu einem Werkzeug machen, so daß sie genau so ein künstliches Instrument für das Weltenwahrnehmen im Geiste wird wie das, was der Chemiker und Physiker an Instrumenten und dergleichen in seinem Laboratorium für die äußeren Dinge verwendet. Zu einem Instrument, das die Seele im Alltagsleben nicht ist, muß sie werden. Dann aber ist eben der Goethesche Ausspruch wahr:

Geheimnisvoll am lichten Tag
Läßt sich Natur des Schleiers nicht berauben,
Und was sie deinem Geist nicht offenbaren mag,
Das zwingst du ihr nicht ab mit Hebeln und mit Schrauben.

Nicht mit solchen Instrumenten und durch solche Experimente, die auf Hebel und Schrauben, das heißt überhaupt auf Äußerliches gegründet sind, kann man in den Geist eindringen. Aber wenn man das, was sonst in den verborgenen Seelentiefen waltet, mit Bewußtsein beleuchtet, so daß, was sonst in Finsternis gehüllt ist, im Lichte auftaucht, dann kann man in jene Geistesgründe eindringen, in denen die Menschenseele als ein Ewiges und Unendliches mit den schaffenden Wesen lebt, die ebenso unendlich sind, wie sie selber. Und nur dadurch, daß die Seele intime Erlebnisse in sich selber durchmacht, kann sie sich zu einem solchen Instrument machen.

Es wurde hier schon darauf hingewiesen, was in ausführlicher Weise in dem Buch «Wie erlangt man Erkenntnisse der höheren Welten?» enthalten ist, wie der Mensch durch Meditation, Konzentration das erreichen kann, was die Seele bewußt in die verborgenen Tiefen des Seelenlebens hinunterführt. Wenn der Mensch dadurch in die Lage kommt, durch einen starken Willensentschluß das auszuschließen, was die Sinne wahrnehmen, wenn er in die Lage kommen kann, das zu unterdrücken, woran er sich sonst im Leben erinnert, was Bekümmernisse, Sorgen, Aufregungen und so weiter sind, was das bewegte Gemüt ihm sonst darstellt, dann kann er mit seinem leeren Seelenleben in sich verharren. Alle Erinnerungen an äußeres Wahrnehmen sind ausgelöscht wie sonst im Schlafesleben. Aber im Schlafe sind die Kräfte, die in den verborgenen Seelentiefen walten, nicht stark genug, um mit dem Bewußtsein hinunterzudringen, oder besser gesagt, die Seele ist noch nicht stark genug, um die verborgenen Tiefen bewußt zu beleuchten. Das kann der Mensch nur erlangen, wenn er sich mit seinem Willen auf das unterbewußte Leben richtet, wenn er sich zum Beispiel einer bestimmten Vorstellung oder einem bestimmten Vorstellungskomplex hingibt, sagen wir an das, was sonst das Unterbewußte tut. Das muß ganz und gar in den Willen getaucht sein. Der Wille muß maßgebend sein für das, was wir denken, und nichts anderes ist maßgebend als das, in was sich der Mensch durch den Willen hineinstellt. In der Meditation stellt der Mensch einen Vorstellungsinhalt durch seinen Willen sich vor. Wenn er so lange Zeit hindurch nichts anderes denken, anschauen und sich erinnern wird als das, was er sich selbst vorgestellt hat, wenn er dazu imstande ist, mit seinem Willen eins zu werden, und der Wille die Gedanken in den Horizont des Bewußtseins bringt und wenn er fähig ist, diese Vorstellungen fest ins geistige Auge zu fassen und alle Seelenkräfte, die sonst zersplittert sind, in einer einzigen Aufmerksamkeit zusammenfaßt, wenn er den Willen in die Mitte rückt und die Fähigkeit hat, eine solche Vorstellung nicht wie suggestiv auf sich wirken zu lassen, das heißt, wenn er immer Herr seiner selbst bleibt und nicht unter dem Zwange einer solchen Vorstellung steht, sondern sie immer wieder auslöschen kann, wenn er will, kurz, wenn er seine Seele so weit bringt und so zu starker innerer Willensentfaltung kommt, dann hat er einen ersten Schritt getan. Aber nicht die Vorstellungen der Außenwelt sind es, die am stärksten wirken, sondern diejenigen Vorstellungen, welche wir als die symbolischen, die sinnbildlichen bezeichnen. Nehmen wir zum Beispiel die Vorstellung, die der Mensch als «Licht» oder als «Weisheit» hat, die in der Seele waltet, so wird er zwar viel erreichen können, wenn er sie durch seinen Willen in sein Bewußtsein hineinstellt, aber er wird doch nicht sehr weit kommen. Anders aber wird es sein, wenn der Mensch sich sagt, die Weisheit stelle sich dar im Sinnbilde des Lichtes, oder Liebe im Sinnbilde der Wärme, das heißt wenn er überhaupt sinnbildliche Vorstellungen wählt, die unmittelbar in der Seele selbst leben, kurz, wenn er Verzicht leistet auf Vorstellungen, die der äußeren Welt entlehnt sind, und dagegen solche Vorstellungen berücksichtigt, die er sich selbst gemacht hat, die sogar nicht einmal eindeutig, sondern vieldeutig sind, und sich diesen hingibt. Dann kann man zwar sagen, wenn man materialistisch denkt, ein solcher Mensch sei ein Phantast im Üben, denn diese Vorstellungen bedeuteten nichts. Aber sie brauchen auch nichts zu bedeuten, sondern sie sollen nur Erzieher sein für die Seele, damit die Seele in die verborgenen Tiefen hinuntertauchen kann. Wenn der Mensch so in strengen Vorschriften seine Seele von dem, was sie im Alltag ist, wo äußere Kräfte von außen oder aus dem verborgenen Seelenleben herauf walten, um Vorstellungen hereinzubringen, zu einer solchen umgestaltet, daß alles dem bewußten Willen unterstellt ist, wo er das ganze Vorstellungsleben innerlich in starken Kräften sich abspielen läßt, dann lebt er in wahrer Meditation, in wahrer Konzentration, dann wird seine Seele durch solche Übungen etwas anderes. Wer das durchmacht, kann bemerken, daß seine Seele in andere Regionen hinabsteigt. Wenn wir beschreiben, was solch ein Übender, ein solcher Meditant erleben kann, wird sich gleich zeigen, daß er zur wirklichen, inneren, zentralen Wesenheit kommt, zur übersinnlichen, innerlichen Zentralwesenheit des Menschen. Folgendes Erlebnis kann sich geltend machen.

Es kann der Mensch bis zu einem bestimmten Punkte

kommen, wo er wahrnimmt: die Vorstellungen, welche er da entwickelt, tun etwas an ihm, gestalten etwas an ihm um. Er hört auf, nur etwas von Gedanken, von einem Seelenleben zu wissen, das er bisher gehabt hat, sondern er nimmt etwas wahr, das aus dem Seelenleben in Weltenweiten hinaus will und aus den Raumesweiten herein gestaltend an ihm wirkt. Wie verwachsen mit dem Raume fühlt sich der Mensch da, aber immer unter voller Kontrolle des Bewußtseins. Nun kommt zu diesem Erlebnis, daß außerordentlich bedeutsam ist, das nie außer acht gelassen werden darf, wenn experimentell die Realität der äußeren übersinnlichen Welt erfahren werden soll, etwas anderes hinzu. Der Mensch wird sich bewußt: In dir geschieht etwas, aber du kannst dir unmöglich das, was in dir vorgeht, so vorstellen, wie du im gewöhnlichen Leben vorstellst; du kannst das, was in dir vorgeht, nicht mit den scharfen Konturen des Gedankens fassen; du hast in dir ein Erleben, das reich ist, das vieldeutig ist, aber du kannst es nicht in dein Bewußtsein hereinbekommen. – Es ist, wie wenn der Mensch an einen Widerstand stoßen würde, wenn er das in das gewöhnliche Bewußtsein hereinbringen würde. Er muß gewahr werden, daß hinter ihm ein erweitertes Bewußtsein ist, aber er fühlt einen Widerstand, wie wenn er nicht das gewöhnliche Instrument seines Leibes benutzen könnte. Da wird man gewahr, wie man innerlich noch etwas anderes ist, als was man bewußt weiß. Man wird gewahr, daß man in den Ätherleib die Kräfte hineinarbeitet, daß aber der physische Leib da drinnen wie ein schwerer Klotz ruht, daß er nicht nachgibt. Das ist das erste Erlebnis. Und das spätere Erlebnis, wenn wir die Übungen weiter und weiter wiederholen, ist: der physische Leib fängt an nachzugeben, so daß wir in die Lage kommen, dasjenige, was wir erleben, in die Vorstellungen des gewöhnlichen Lebens zu übersetzen, was zuerst nicht übersetzt, sondern nur in dem tieferen verborgenen Seelenleben erlebt werden konnte.

Alles was man in geistigen Welten erlebt und was in der Geisteswissenschaft mitgeteilt wird, es wird in die Ideen und logischen Begriffe des gewöhnlichen Lebens gekleidet. Aber wie es uns da entgegentritt, so ist es nicht durch logische Schlußfolgerungen gewonnen, noch durch irgendwelche äußere Beurteilung der Dinge, sondern es ist durch das übersinnliche Erleben gewonnen, durch das Beleuchten der verborgenen Untergründe des Menschen mit seinem Bewußtsein. Und dann erst, nachdem es im Übersinnlichen erlebt ist, ist es in das gewöhnliche Bewußtsein heruntergetragen, indem der, welcher so seine Seele selber zum Instrumente des Wahrnehmens des Übersinnlichen gemacht hat, in seiner Seele das hervorgerufen hat, was nun auch bis in die physischen und ätherischen Leibeskräfte hinein seinen Organismus umgestaltet, so daß es mit den gewöhnlichen Begriffen belegt und für die äußere Welt mitgeteilt werden kann. «Logisch» wird Geisteswissenschaft mitgeteilt.

Wenn wir das ins Auge fassen, was wir an unterbewußten Seelenkräften haben, so kann man sagen: Es sieht der Seelenforscher, was da geschieht. – Er sieht wie bei dem vorhin angeführten Beispiel, als wir sagten, daß ein Traumerlebnis sich wiederholt zeigt, wie der seelische Wesenskern zuerst im Innern des Menschen arbeitet. Indem dann die zeichnerischen Fähigkeiten auftreten, zeigt sich im Bewußtsein des Menschen das Resultat dieses Arbeitens. Wir sehen also zuerst ein Arbeiten an dem Unterbewußten, dann eine Umwandlung und ein Herauftreten dessen ins Bewußtsein, was in den Untergründen arbeitet. Beim bewußten Hinuntertauchen lebt der Mensch zuerst in seinem Bewußtsein in Meditation und Konzentration. Da bewirkt die Kraft des Willens, welche auf Meditationen und Konzentrationen verwendet wird, die Umgestaltung des ätherischen und physischen Leibes. Wir sind es selbst, die dann in das Alltagsbewußtsein das hereinbringen, was wir übersinnlich erleben. Es ist also geistig-experimentell möglich, dasjenige zur unmittelbaren Anschauung zu bringen, was wir im Leben beobachten, aber nur dann, wenn der Mensch in die verborgenen Tiefen seiner Seele heruntersteigt.

Was ich Ihnen hier ausgeführt habe als künstliche Schulung und als einzig richtige Schulung für den gegenwärtigen Menschen, wenn er durch Schulung zu hellseherischen Kräften kommen will, das stellt sich auch für den Menschen, der günstig veranlagt ist für das, was man nennen kann sein Arbeiten aus seinem Seelenkern heraus, auf eine natürliche Weise ein. Es kann der Mensch auch dadurch, daß er von Natur aus dafür veranlagt ist, gewisse Kräfte in die verborgenen Seelentiefen hinunterführen. Dann tritt eine Art natürliches Hellsehen ein. Ein solches kann ebenso wie das geschilderte selbstbewußte Hellsehen zu dem führen, was angedeutet ist. Wenn der Mensch so in seine Seelentiefen hinunterdringt und gewahr wird, wie das an der Leibesorganisation arbeitet, was er durch Meditation und Konzentration in seinen Ätherleib hineingearbeitet hat, so bleibt er nicht mehr in den Raum- und Zeitverhältnissen stehen, in denen er sonst steht, wenn er nur innerhalb der äußeren Wahrnehmung bleibt, sondern er durchdringt Raum und Zeit und was sonst in der Sinneswelt ist und kommt auch zu den Dingen, die als geistige den Sinnesdingen zugrunde liegen. Wenn wir den Menschen mit dem geschulten hellseherischen Bewußtsein zu der Wesenheit der Dinge hindurchdringen sehen, so kann das auch in gewisser Beziehung durch natürliche Veranlagung geschehen. In dem Vortrage über den «Sinn des Prophetentumes» ist es an Nostradamus gezeigt worden, wie durch natürliche Anlage eine solche Entfaltung der hellseherischen Kräfte stattgefunden hat. Wie das ins Leben hereinspielt, wie überhaupt das alles wirkt, was erweitertes Bewußtsein, was Wirken der Seelenkräfte ist, die außerhalb der gewöhnlichen Grenze des bewußten Seelenlebens liegen, das kann man aus einem Buche entnehmen, auf das ich hier hinweisen möchte. In ihm ist sehr schön dargestellt, wie sich für die äußere Wissenschaft das Wirken der verborgenen Seelen- und Geisteskräfte ausnimmt, wie auch der Zusammenhang dieser ohne besondere Schulung erreichten Geisteskräfte mit dem, was in meinem Buche dargestellt ist über die Beziehung des Menschen zu den höheren Welten. Sie finden das dargestellt in dem Buche «Das Mysterium des Menschen im Lichte der psychischen Forschung. Eine Einführung in den Okkultismus» von *Ludwig Deinhard*, das die beiden Methoden übersinnlicher Forschung darstellt, sowohl die, welche sich an die äußere Wissenschaft hält, wie auch jene, welche sich an das hält, was durch die wirkliche Schulung, durch Meditation, Konzentration und so weiter an Eindringen in die übersinnlichen Welten erreicht werden kann. Wer aber genauer in das eindringen will, was die Seele durchmacht, der wende sich an das, was in meinem Buche «Wie erlangt man Erkenntnisse der höheren Welten?» dargestellt ist.

So sehen wir, wie die Seele jenes merkwürdige, erdbebenartige Heraufstürmen der Kräfte, die da unten in den Tiefen walten, überall zeigt. So zeigt sich aber auf der anderen Seite, wie die Geisteswissenschaft dazu berufen ist, darauf hinzuweisen, wie der Mensch auch experimentell, allerdings nur durch das Experiment, das er mit dem eigenen Seelenleben vollziehen muß, in das eigene Seelenleben, in die verborgenen Tiefen des Daseins herunterdringen kann. Aber nicht anders, als daß wir durch die verborgenen Seelentiefen gehen und uns selber dort zunächst erfassen, dringen wir auch in die verborgenen Tiefen, in die geistigen Untergründe, in die Region des Ewigen und Unsterblichen in der äußeren Welt. Geisteswissenschaft geht durch die verborgenen Tiefen des Seelenlebens zu den verborgenen Tiefen der äußeren Welt, des Kosmischen, des Universums. Das ist das Wesentliche in dem Gange, in den Methoden der Geisteswissenschaft.

Wenn wir die Dinge so ansehen, dann bewahrheitet sich uns in einem ganz besonderen Sinne das Wort Goethes, das er im Anschluß an eine mißverstandene Naturauffassung von *Haller* gesprochen hat. Wenn Haller gesagt hat: «Ins Innere der Natur dringt kein erschaffener Geist; glückselig! wem sie nur die äußere Schale weist!», sagte Goethe, indem er als ein durch natürliche Veranlagung bis an die Grenze des Hellsehens vordringender Mensch sich bewußt war, daß ein Zusammenhang zwischen dem bewußten Leben des Menschen und dem Hinunterdringen in die verborgenen Tiefen des Seelenlebens besteht und von da aus in die verborgenen Tiefen des Kosmos, indem er es wußte durch sein eigenes Leben, durch sein Leben mit der Außenwelt, mit der Natur selber, – sagte er gegenüber den Worten Hallers, die nur eine Erkenntnis der Außenwelt gelten lassen wollen und auf das Erkennen der Oberfläche gingen:

> «Ins Innre der Natur –»
> O, du Philister! –
> «Dringt kein erschaffner Geist.»
> Mich und Geschwister
> Mögt ihr an solches Wort
> Nur nicht erinnern!
> Wir denken: Ort für Ort
> Sind wir im Innern.
> «Glückselig! wem sie nur
> Die äußre Schale weist!»

> Das hör' ich sechzig Jahre wiederholen;
> Ich fluche drauf, aber verstohlen;
> Sage mir tausend tausend Male:
> Alles gibt sie reichlich und gern;
> Natur hat weder Kern
> Noch Schale,
> Alles ist sie mit einem Male;
> Dich prüfe du nur allermeist,
> Ob du Kern oder Schale seist!

Wahrhaftig, wir können sagen, daß in der Welt vieles rätselvoll ist, und daß der Mensch mit dem, was in sein Bewußtsein heraufdringt, kaum mehr hat als die Schale seines
Seelenlebens. Aber wir sehen, wenn wir nur die richtigen
Methoden einschlagen, wie der Mensch doch durch die Schale
des Lebens hindurchdringen kann bis zu seiner Seele Kern,
daß er aber, wenn er in die Tiefen seiner Seele eindringt,
zugleich die Aussicht hat, in das Leben des Universums einzudringen. Deshalb können wir wirklich mit Goethe sagen:

> Müsset im Naturbetrachten
> Immer eins wie alles achten!
> Nichts ist drinnen, nichts ist draußen:
> Denn was innen, das ist außen.

Nur muß der Mensch das verborgene Innere selbst erst finden! So vermag denn Geisteswissenschaft, indem sie in ihrer
Art auf die verborgenen Tiefen des Seelenlebens hindeutet,
doch ganz andere Empfindungen im Menschen erregen als
die bloß äußere Wissenschaft. Sie mag zwar zugeben: Wenn
wir in die Welt hinausschauen, so erblicken wir Rätsel über
Rätsel. Und diese Rätsel mögen oftmals Schauer erregen,
wenn wir das eigene Innere so rätselvoll finden und wenn
wir wahrnehmen, wie die Kräfte dieses Inneren heraufwir-

ken in das, was wir unmittelbar erleben müssen, oder wenn der Mensch mit banger Erwartung vor dem steht, was das Unbekannte erst noch werden und geben kann. Wir sehen den Menschen gegenüber der Außenwelt Rätsel über Rätsel vor sich haben. Aber wenn wir in richtiger Weise das äußere Leben mit dem inneren vergleichen, so fühlen wir, wie wenn da unten in unserem eigenen inneren Seelenleben verborgene Kräfte wirksam sind, die nicht in den engen Kreis des gewöhnlichen Bewußtseins eindringen, sondern, wie die Kräfte beim Erdbeben an die Oberfläche herauftreiben, als unterirdische Seelenkräfte in das offenbare Bewußtsein sich heraufdrängen. Wenn wir aber auf der einen Seite sehen, wie wir hoffnungsvoll die Gewißheit aufnehmen können, daß der Mensch in die eigenen Seelentiefen hinuntersteigen und dort Rätsel nach Rätsel lösen kann, so gewinnen wir auch die Hoffnung zu dem, was die Geisteswissenschaft weiter verspricht: daß nicht nur die verborgenen Rätsel des Seelenlebens sich uns enthüllen können, sondern daß auch beim Durchgang durch unser Seelenleben und beim Aufschließen der Pforte in die geistige Welt hinaus sich dort für die Menschenseele Rätsel über Rätsel lösen und Ausblicke sich eröffnen können durch den Aufschluß der großen Welt draußen. – So dringt der Mensch, wenn er sich selbst als Rätsel zu erfassen den Mut hat, und wenn er die Seele selbst als Instrument der Wahrnehmung zu erhöhen sich bemüht, zu der Hoffnung und Zuversicht vor, daß sich ihm auch im Geistigen der Welt die großen Rätsel immer mehr zu seiner Befriedigung, zu seiner Lebenssicherheit lösen werden.

Berlin, 7. Dezember 1911

Zu denjenigen Erkenntnissen der Geisteswissenschaft, welche
weiteren Kreisen unserer Zeitgenossen am wenigsten einleuchten können, gehört zweifellos die von den wiederholten Erdenleben und ferner jene von dem Hinüberklingen
der Ursachen, die in einem Erdenleben durch den Menschen
gelegt werden, in andere Erdenleben, kurz das, was wir als
das Gesetz der geistigen Verursachung oder das Gesetz vom
Karma bezeichnen. Daß die gegenwärtige Menschheit sich
absprechend und zweifelhaft gegenüber diesen Erkenntnissen verhalten muß, ist aus all den Denkgewohnheiten
des gegenwärtigen Lebens heraus zu begreifen. Und es wird
wohl so lange dauern, ehe diese Denkgewohnheiten sich geändert haben, bis es zu einer allgemeineren Anerkennung
des Einleuchtenden gerade dieser Grundwahrheiten der
Geisteswissenschaft kommt. Aber eine unbefangene Betrachtung des Lebens, eine vorurteilsfreie Anschauung desjenigen,
was im Alltage geradezu rätselhaft vor unsere Augen tritt,
und was nur erklärlich ist, wenn wir diese erwähnten Wahrheiten zugrunde legen, wird immer mehr und mehr zu einer
Änderung der Denkgewohnheiten und dann auch zu einer
Anerkennung des Einleuchtenden dieser großen Wahrheiten
führen.

Zu den Erscheinungen, die wir insbesondere in dieses Gebiet zählen dürfen, gehören ohne Zweifel diejenigen, die
gewöhnlich in so vieldeutige Namen zusammengefaßt werden, wie das Glück oder das Unglück des Menschen. Es brau-

chen nur diese zwei Worte ausgesprochen zu werden, und es wird sogleich im Herzen des Menschen das Empfindungsurteil widerklingen, daß damit etwas gesagt ist, was den Menschen recht sehr auf die Grenzen aufmerksam machen könne, welche zwischen seinem Erkennen und demjenigen, was sich draußen in der Welt abspielt, gezogen sind. Dieses, ebensosehr wie ein anderes, erklingt als Empfindungsurteil in der Seele: ein Urteil, das zu einer unauslöschlichen Sehnsucht führt, irgend etwas über jene unerklärlichen Zusammenhänge zu wissen, die man aus einer gewissen Aufklärung heraus immer wieder ableugnen mag, die aber doch ein ganz unbefangener Trieb des menschlichen Erkennens anerkennen muß. Wir brauchen uns nur vor die Seele zu rufen, was Glück oder Unglück, insbesondere das letztere, für das Menschenleben Rätselhaftes haben können, um das Gesagte einzusehen, ein Rätselhaftes, das wahrhaftig nicht durch irgendeine theoretische Antwort erledigt werden kann, sondern das deutlich zeigt, daß zu seiner Beantwortung mehr notwendig ist als eine Theorie, als irgend etwas, was im äußeren Sinne abstrakte Wissenschaft genannt werden kann. Der Mensch hat ja – wer wollte das bezweifeln – unmittelbar in seiner Seele den Drang, in einer gewissen Übereinstimmung mit seiner Umgebung, mit der Welt zu sein. Und welche Summe von Nichtübereinstimmung kann sich darin ausdrücken, daß zuweilen irgendein Mensch von sich nicht anders sagen kann, oder daß seine Mitmenschen nicht anders können, als von ihm zu sagen, er werde sein ganzes Leben lang vom Unglück verfolgt. An eine solche Anerkennung knüpft sich ein «Warum?» von einschneidender, tiefer Bedeutung für alles, was wir zu sagen haben über den Wert des Menschenlebens, über den Wert auch derjenigen Kräfte, welche diesem Menschenleben zugrunde liegen.

Robert Hamerling, der bedeutsame, aber leider viel zu

wenig gewürdigte Dichter des neunzehnten Jahrhunderts, hat in seinen Prosa-Aufsätzen eine kleine Abhandlung «Über das Glück» geschrieben, und er beginnt das, was er zu sagen hat, mit einer Erinnerung, die sich ihm, wie er sagt, immer wieder und wieder aufdrängte, wenn er über die Frage nach dem Glück nachdachte. Er hat diese – sei es eine Legende oder sonst etwas, darauf kommt es nicht an – in Venedig erzählen hören: «Es wurde einem Ehepaare ein Mädchen geboren. Die Frau starb an den Folgen der Geburt. Der Vater hörte an dem Tage, als dieses Kind geboren worden ist, daß sein ganzer Besitz bei einem Schiffsunglück zugrunde gegangen sei, und es traf ihn darüber der Schlag, so daß er an dem Tage der Geburt des Kindes starb. So war das Kind von dem Unglück betroffen, Waise zu sein von dem ersten Tage an, da es in das irdische Dasein eintrat. Es wurde zunächst von einer reichen Verwandten angenommen. Diese vermachte dem Kinde in dem Testament, das sie aufstellte, ein großes Vermögen. Sie starb aber, da das Kind noch ganz jung war. Und siehe da, als man das Testament eröffnete, zeigte sich ein Formfehler; es wurde angefochten, und das Kind hatte das ganze Vermögen, das ihm in Aussicht gestellt war, verloren. Es wuchs nun heran in Not und Elend und mußte sich dann später als Magd verdingen. Da verliebte sich in das Kind ein ganz lieber, netter Bursche, den das Mädchen sehr gern hatte. Doch nachdem das Verhältnis eine Zeitlang gedauert hatte, und das Mädchen, das sich unter Unglück und unter den schwierigsten Verhältnissen im Leben hatte fortbringen müssen, nun hätte hoffen können, daß es jetzt zu irgendeinem Glück käme, da stellte sich heraus, daß der Geliebte mosaischen Glaubens sei, und daß daher aus der Ehe nichts werden könnte. Sie machte ihm darüber die bittersten Vorwürfe, daß er sie betrogen hätte, aber sie konnte von ihm nicht lassen. Immer verläuft dies Leben in einem merkwürdigen Wechselspiel. Auch der Bursche konnte von dem Mädchen nicht lassen, und er versprach ihr, wenn sein Vater einmal sterben würde, was nicht mehr lange dauern könnte, so würde er sich taufen lassen, und die Ehe könnte vollzogen werden. Er wurde auch tatsächlich bald an das Krankenbett seines Vaters gerufen. Unter all den Schmerzen, die unsere Unglückliche zu ertragen hatte, ist nun noch das, daß sie krank wurde, schwer krank. Unterdessen war der Vater ihres Bräutigams in der Ferne gestorben. Ihr Bräutigam ließ sich taufen. Doch als er kam, war das Mädchen bereits an den moralischen Leiden, die sie auszustehen hatte in Verbindung mit ihrem physischen Leiden, gestorben. Er fand nur noch seine tote Braut. Jetzt traf ihn der bitterste Schmerz. Es ergriff ihn der unwiderstehliche Wunsch, und er konnte nicht anders – er mußte das Mädchen, trotzdem es begraben war, noch einmal sehen. Er konnte auch schließlich bewirken, daß es ausgegraben wurde. Und siehe da, es lag in einer solchen Stellung, daß man deutlich sehen konnte: es war lebendig begraben worden und hatte sich im Grabe, als es aufgewacht war, gewendet!»

Diese Erzählung, sagt Hamerling, fiel ihm immer wieder ein, wenn die Rede darauf kam, oder wenn er denken mußte, was menschliches Unglück sein kann, und wie es tatsächlich manchmal so aussehen könnte, wie wenn ein Mensch von seiner Geburt bis zum Grabe nicht nur, sondern über das Grab hinaus, wie in diesem Falle, von Unglück verfolgt werden würde. Gewiß, die Erzählung mag eine Legende sein, aber darauf kommt es nicht an, denn ein jeglicher von uns wird sich sagen: In diesem Augenblick – die Begebenheit mag wahr oder nicht wahr sein – könnte die Begebenheit möglich sein und sich so zugetragen haben, auch wenn sie sich in Wahrheit nicht zugetragen hat. Aber sie illustriert uns in aller Deutlichkeit die große, bange Frage: Wie können wir das «Warum?» nach dem Werte eines Lebens beantworten, das so von Unglück verfolgt wird? – Das macht uns allerdings darauf aufmerksam, daß es vielleicht ganz unmöglich sein könnte, über Glück oder Unglück zu sprechen, wenn man das einzelne Menschenleben überhaupt nur in Frage zieht. Und wenigstens über dieses einzelne Menschenleben hinauszublicken, könnte als Anforderung in bezug auf die Denkgewohnheiten sich herausstellen, wenn man ein Leben vor sich hat, welches uns so in die Welt eingesponnen scheint, daß keine Vorstellung über den Wert des Menschenlebens sich mit dem verträgt, was dieses Leben zwischen Geburt und Tod durchzumachen hat. Da scheinen wir so recht über die Grenzen von Geburt und Tod hinausgewiesen zu werden.

Wenn wir aber nun die Worte Glück oder Unglück genauer ins Auge fassen, werden wir sogleich sehen, daß sie im Grunde genommen nur in einer gewissen Sphäre anzuwenden sind, daß uns zwar vieles draußen in der Welt, außerhalb des Menschen, an die eigentümliche Zusammenstimmung oder Nichtzusammenstimmung des Menschen mit der Welt erinnern kann, daß wir aber doch kaum in die Lage kommen können, bei ähnlichen, analogen Vorkommnissen außerhalb des Menschen von Glück oder Unglück zu sprechen. Nehmen wir einmal an, daß schon der Kristall, der sich nach gewissen Gesetzen in regelmäßigen Formen bilden soll, durch die Nachbarschaft anderer Kristalle oder durch sonstige Naturkräfte, die in seiner Nachbarschaft wirken, gezwungen werden kann, sich nicht allseitig auszubilden, indem er verhindert wird, jene Ecken und Kanten zu bilden, die er bilden sollte, so daß es gut ausgebildete, ihren inneren Gesetzen entsprechende Kristalle eigentlich sehr wenig in der Natur gibt. Oder wenn wir die Pflanze betrachten, so müssen wir sagen, daß auch ihr ein inneres Bildungsgesetz wie eingeboren ist. Aber bei wie vielen Pflanzen müssen wir sagen, daß sie keineswegs dazu kommen, die ganze Kraft ihrer inneren Bildungstriebe wirklich gegenüber Wind und Wetter und anderem, was sich in der Umgebung befindet, zur Entfaltung zu bringen. Und ein Gleiches können wir von den Tieren sagen. Ja, wir können noch weiter gehen und brauchen uns nur die nicht hinwegzuleugnende Tatsache vor Augen zu halten, wie viele Keime von Lebewesen im Entstehen vergehen und nicht zu einer wirklichen Ausbildung kommen, weil sie gegenüber den äußeren Verhältnissen keine Möglichkeit haben, wirklich das zu werden, wozu sie veranlagt sind. Denken wir, wie groß allein die Anzahl der Keime im Meere ist, die zu den Meeresbewohnern werden könnten, welche da oder dort diese Meere bevölkern, und wie wenig davon wirklich zur Ausbildung kommen. Da könnten wir allerdings in einer gewissen Weise sagen: Wir sehen klar und deutlich, daß die Wesen, die uns in den verschiedenen Naturreichen entgegentreten, innere Bildungskräfte und Gesetze haben, daß aber diese inneren Bildungskräfte und Gesetze ihre Hemmnisse, ihre Grenzen an ihrer Umgebung finden und an der Unmöglichkeit, sich selbst mit der Umwelt in Einklang zu bringen. – Und wie könnten wir übersehen, daß in der Tat etwas Ähnliches vorliegt, wenn wir vom menschlichen Glück oder Unglück sprechen. Da sehen wir, wie der Mensch die Möglichkeit sich auszuleben, dadurch nicht in Wirklichkeit verwandeln kann, daß sich ihm Hemmnis über Hemmnis entgegensetzt. Oder wir können sehen, daß der Mensch gleich einem Kristall – es ist das nur methaphorisch gesagt –, der so glücklich ist, daß er nach allen Seiten seine Ecken und Kanten frei ausbilden kann, sagen könnte: Mich hindert nichts, mir kommen die äußeren Umstände, mir kommt der Gang der Welt entgegen, sie helfen mir, das aus mir auszubilden, was in meinem inneren Wesenskern veranlagt ist! – Und nur im letzteren Falle spricht der Mensch gewöhnlich davon, daß er Glück habe. Ein anderes Verhältnis läßt ihn entweder gleichgültig, oder zwingt ihn direkt von Unglück zu sprechen. Aber wir können, wenn wir nicht bloß bildlich sprechen wollen, ohne ins Phantastische zu verfallen, immerhin nicht von dem Unglück der Kristalle, der Pflanzen oder gar der unzähligen Keime sprechen, die im Meere verkommen, bevor sie überhaupt entstehen können. Wir müssen schon, das fühlen wir, ins Menschenleben aufsteigen, um eine Berechtigung zu haben, von Unglück oder Glück zu sprechen. Und wir bemerken innerhalb des Menschenlebens bald, daß es eine Grenze gibt, an welcher wir nicht mehr von Glück oder Unglück sprechen können, trotzdem das Äußere, was den Menschen treibt, zunächst für sein unmittelbares Leben zerstörend, hemmend, hindernd sein kann. Oder sprechen wir etwa – wir können fühlen, daß wir es nicht tun –, wenn wir den großen Märtyrer, der irgendeine bedeutsame Sache der Welt zu überbringen hat, durch die seiner Aufgabe feindlichen Gewalten dem Tode verfallen sehen, – sprechen wir mit einem gewissen Recht zum Beispiel einem Giordano Bruno gegenüber, weil er dem Feuertode überliefert worden ist, von Unglück? Wir fühlen es, daß hier im Menschen selber etwas liegt, wo die Möglichkeit aufhört, von einem bloßen Unglück oder, wenn die Sache gelingt, von einem Glück zu sprechen. So sehen wir Glück oder Unglück geradezu auf die menschliche Sphäre und innerhalb derselben gewissermaßen auch wieder auf ein engeres Gebiet verwiesen.

Wenn wir nun an den Menschen selber herantreten da, wo er sein Leben innerhalb von Glück und Unglück empfindet, so stellt sich heraus, daß sich im Grunde genommen dieses Glück oder Unglück recht wenig irgendwo fassen läßt, wenn wir es begrifflich fassen wollen. Denn betrachten wir einmal Diogenes – mag auch wieder eine Legende zugrunde liegen, möglich ist aber, daß es so geschehen ist – wie ihn Alexander auffordert, daß er sich eine Gunst, also sagen wir ein Glück, von ihm ausbitte. Und siehe da, Diogenes fordert, wie nicht sehr viele Menschen in diesem Falle, daß Alexander ihm aus der Sonne gehe. Das also war es, was ihm in diesem Augenblicke zu seinem Glück fehlte. Wie würde mancher andere in diesem Augenblicke das, was zu seinem Glück fehlte, für sich selber interpretiert haben? Aber gehen wir weiter. Kann jemand im entferntesten glauben, daß das Glück des genußsüchtigen Menschen, der sein Leben nur dann als ein glückliches betrachtet, wenn alle seine Begierden, die aus seinen Leidenschaften und Trieben heraus entstehen, ihm befriedigt werden können, manchmal durch die alltäglichsten Genüsse, daß das, was ein solcher Glück nennt, auch Glück sein könnte für den Asketen, der die Vervollkommnung seines Wesens davon erwartet und nur dadurch das Leben für lebenswert hält, daß er sich selber in jeder Weise alles mögliche entzieht, daß er sich auch selber sogar gewissen Schmerzen und Leiden aussetzt, die nicht sonst vom gewöhnlichen Glück oder Unglück über ihn verhängt wären? Wie verschieden sind die Vorstellungen von Glück und Unglück bei einem Asketen und bei einem Genüßling! Aber wir können noch weiter gehen, um zu zeigen, wie uns ein jeglicher Begriff von Glück, der allgemein sein will, aus den Händen gleitet. Wir brauchen lediglich daran zu denken, wie unglücklich ein Mensch sein kann, der ohne Grund, ohne daß irgendeine wahre Realität zugrunde liegt, recht eifersüchtig wird. Nehmen wir einen Menschen, der gar keinen Grund zur Eifersucht hat, der aber in dem Glauben ist, daß er alle möglichen Gründe dafür habe. Er ist im tiefsten Sinne des Wortes unglücklich – und es gibt gar keinen äußeren Anlaß dazu. Aber das Maß, die Intensität des Unglückes hängt durchaus nicht von irgendeiner äußeren Realität ab, sondern lediglich von der Art, wie sich der betreffende Mensch, und zwar in diesem Falle ganz aus einer Illusion heraus, zu der äußeren Realität in seinem Leben stellt.

Daß nicht nur das Unglück, sondern auch das Glück höchst subjektiv sein kann, daß es uns sozusagen bei jedem Schritt und Tritt von der Außenwelt in die Innenwelt verweist, das zeigt eine sehr schöne Erzählung, die uns *Jean Paul* in seinen «Flegeljahren» im Beginne des ersten Bändchens gegeben hat, in der ein Mensch, der sonst in Mitteldeutschland lebt, sich das Glück ausmalt, das es für ihn wäre, wenn er in Schweden Pfarrer sein könnte. Es ist eine ganz reizende Stelle, wie er sich ausmalt, wenn er in seinem Pfarrhof sitzen und den Tag erleben würde, da es schon nachmittags um zwei Uhr finster wird. Wie die Menschen in die Kirche gehen würden, jeder mit seinem eigenen Licht, wo dann die Bilder aufsteigen, die er einmal als Kind hatte, wo jedes seiner Geschwister auch mit einem eigenen Licht kam, wie er schwelgt beim Phantasiebild des Kirchganges der Leute durch die Finsternis, jeder mit seinem eigenen Licht. Oder wenn er sich hineinträumt in andere Situationen, die einfach dadurch hervorgerufen werden, daß sie an gewisse Naturzusammenhänge erinnern, zum Beispiel er wäre in Italien, er brauchte sich bloß vorzustellen, daß man die Orangenbäume sieht und so weiter. Das alles versetzt ihn in eine Stimmung wunderbarsten Glückes, aber es ist gar nichts davon irgendeine Realität, sondern alles ist nur Traum.

Zweifellos weist Jean Paul mit diesem Traum eines Pfarrers in Schweden auf tiefe Zusammenhänge der Glücks- oder

Unglücksfragen hin, indem er zeigen will, wie im Grunde genommen die Frage nach Glück oder Unglück von der Außenwelt doch abgelenkt werden kann auf das menschliche Innere. Sonderbar, wir haben hier deshalb, weil Glück und Unglück ganz abhängen können von dem menschlichen Inneren, den Begriff des Glückes als einen allgemeinen zerfließen sehen. Und doch wieder, wenn wir auf das blicken, was der Mensch gewöhnlich sein Glück oder Unglück nennt, dann bezieht er das, was er so bezeichnet, in unzähligen Fällen ganz gewiß nicht auf sein Inneres, sondern auf irgend etwas Äußeres. Ja, wir könnten sogar sagen: Das Eigenartige des Bedürfnisses nach Glück beim Menschen ist tief darin begründet, daß der Mensch unablässig den Drang hat, nicht einsam und allein mit seinem Denken, mit seinem Fühlen und seinem ganzen innerlichen Werden zu sein, sondern im Einklange mit dem, was in seiner Umgebung wirkt und webt. – Von Glück spricht der Mensch im Grunde genommen dann, wenn er nicht will, daß das, was er an Erfolg, an Wirkung hat, nur von ihm abhänge, sondern wenn er gerade Wert darauf legt, daß es nicht von ihm, sondern von etwas anderem abhängt. Wir brauchen uns nur – zweifellos gehört hier das Kleinste und das Größte zusammen – das Glück des Spielers vor Augen malen. Wir können ganz gut das Glück des Spielers in einen Zusammenhang bringen, man möchte sagen, so paradox es erscheint, mit der Befriedigung, die jemand an einer gewonnenen Erkenntnis hat. Denn was wir erkannt haben, ruft in uns das Gefühl hervor, daß wir in unserem Denken, in unserem Seelenleben in Einklang stehen mit der Welt, daß wir dasjenige, was draußen ist, in der Auffassung auch in unserem Inneren haben, daß wir nicht einsam hier stehen und die Welt uns anstarrt wie ein Rätsel, sondern daß das Innere auf das Äußere antwortet. Daß ein lebendiger inniger Kontakt mit dem Äußeren da ist, daß das Äußere im Inneren wieder aufleuchtet und sich spiegelt, daß das Äußere etwas zu tun habe mit dem Inneren, wofür ein Zusammenstimmen der Beweis ist, das ist doch im Grunde genommen die Befriedigung, die wir an der Erkenntnis haben. Beim Spieler, der gewinnt, können wir nicht anders, wenn wir uns seine Befriedigung analysieren wollen, als uns sagen – selbst wenn ihm der Gedanke, worauf seine Befriedigung beruht, nicht aufsteigt, sie könnte nicht da sein, wenn er selbst das tun könnte, was eintritt. Und die Befriedigung beruht darauf, daß etwas ohne sein Zutun außer ihm herbeigeführt wird, daß die Welt gleichsam auf ihn Rücksicht nimmt –, daß sie etwas heranträgt, was ihm zugute kommt, daß die Welt im einzelnen Falle zeigt, daß er nicht außer ihr steht, sondern daß er einen bestimmten Kontakt, einen bestimmten Zusammenhang mit ihr hat. Und das Unglück, das der Spieler empfindet, wenn er verliert, beruht im Grunde genommen darauf, daß es für ihn eine solche Empfindung nicht gibt, sondern das Unglück löst in ihm eine Empfindung aus, als wenn er von der Welt ausgeschlossen wäre, als ob sie keine Rücksicht auf ihn nähme, als wenn der Kontakt mit ihr durchbrochen wäre.

Kurz, wir sehen, wie es gar nicht richtig ist, daß der Mensch mit Glück oder Unglück nur etwas meint, was in seinem Innern abgeschlossen sein kann, sondern gerade das im tiefsten Sinne meint, wenn er von Glück oder Unglück spricht, was einen Zusammenhang herstellen kann zwischen ihm und der Welt. Deshalb wird der Mensch unserer aufgeklärten Zeit kaum irgendeiner Sache gegenüber so leicht abergläubisch, so grotesk abergläubisch, als gerade dem gegenüber, was man Glück, was man seine Erwartung von irgendwelchen Kräften oder Elementen nennt, die außerhalb seiner liegen und ihm zu Hilfe kommen sollen. Wenn beim Menschen so etwas vorliegt, kann er recht abergläubisch werden. Ich kannte einmal einen sehr aufgeklärten deutschen Dichter. Der schrieb in der Zeit, von der hier die Rede ist, ein Drama. Dieses Drama wurde bis zum Ende eines bestimmten Monats, das konnte er sich schon vorher sagen, nicht fertig. Aber er hatte den Aberglauben, daß er mit diesem Drama nur einen Erfolg haben könne, wenn es vor dem Ersten des nächsten Monats an die betreffende Theaterdirektion eingeschickt würde. Würde es später werden, so hatte er den Aberglauben, dann könnte es keinen Erfolg haben. Zufällig ging ich nun, als die letzten Tage des Monats heranrückten, auf der Straße, ich wußte aus dem Verkehr mit dem Betreffenden, daß er mit seiner Arbeit lange nicht fertig war, da sah ich ihn in rasender Eile auf dem Zweirade zur Post fahren. Ich wartete, und als er wieder herauskam, sagte er mir: «Ich habe nun mein Drama an das Theater eingeschickt.» Ich fragte ihn darauf: «Sind Sie denn fertig geworden?» Da meinte er: «Ich habe noch an den letzten Akten zu arbeiten. Aber ich habe es jetzt so eingeschickt, weil ich glaube, daß es nur einen Erfolg haben kann, wenn es noch vor Ablauf dieses Monats ankommt. Ich habe aber auch gleich dazu geschrieben, daß man es mir, wenn es einläuft, wieder zurückschicken möchte. Dann werde ich es fertig machen. Aber es muß zu dieser Zeit eingeschickt werden!» Da sehen wir, wie sozusagen ein Mensch nicht vertraut auf das, was er kann, sondern daß er die Hilfe von außen erwartet, wie er erwartet, daß das, was werden soll, nicht bloß durch ihn gemacht werde, durch seine Tüchtigkeit oder seine Kraft, sondern daß ihm die Welt außerhalb seiner zu Hilfe kommt, daß sie etwas weiß von ihm, so daß er nicht so einsam dasteht mit dem, was er als einzelne Seele ist.

Alles das beweist uns nur, daß im Grunde genommen wirklich der Begriff des Glückes in seiner Allgemeinheit uns entschlüpft, wenn wir ihn fassen wollen. Und er entschlüpft einem auch, wenn man sich in der Literatur bei denjenigen umschaut, die über das Glück irgend etwas geschrieben haben, denn es schreiben ja über die Dinge gewöhnlich Menschen, die sich sozusagen mit dem Schreiben in irgendeiner Weise beschäftigen. Nun weiß ein jeder von vornherein, daß man in einer richtigen Weise eigentlich nur von demjenigen sprechen kann, mit dem man in einer lebensvollen, nicht bloß in einer theoretischen Beziehung steht. Diejenigen nun, die als Philosophen oder als Psychologen über das Glück schreiben, stehen ja im Grunde genommen in einer lebensvollen Beziehung nur mit demjenigen an Glück oder Unglück, was sie selbst erlebt haben. Nun ist schon ein Faktor, der außerordentlich stark in die Waagschale fällt, der, daß Erkennen an sich, wie es uns in der äußeren Menschenwelt entgegentritt, daß Wissen, wenn es in einem gewissen höheren Sinne genommen wird, von vornherein eine Art Glück bedeutet. Das wird jeder zugeben, der jene innere Beseligung je gefühlt hat, welche Erkenntnis geben kann, und das wird im Grunde genommen dadurch beglaubigt, daß die hervorragendsten Philosophen, angefangen bei Aristoteles bis in unsere Zeit, immerdar den Besitz der Weisheit, des Wissens als ein besonderes Glück bezeichnet haben. Aber wir müssen uns auf der anderen Seite doch wieder fragen: Was hat eine solche Antwort auf die Frage nach dem Glück gegenüber demjenigen zu bedeuten, der wochenlang, mit wenig Ausnahmen, unten in einem finsteren Bergwerke arbeitet, oder dem gegenüber, der im Bergwerke verschüttet wird und vielleicht tagelang noch in grauenvollstem Zustande lebt? Was hat eine solche philosophische Ausdeutung des Glückes mit dem zu tun, was in der Seele eines Menschen lebt, der niedrige, vielleicht ekelhafte Arbeit im Leben zu verrichten hat? – Das Leben gibt merkwürdige Antwort auf die Frage nach dem Glück. Und wir können in Hülle und Fülle die Erfahrung machen, daß die Antworten der Philosophen wirklich in einer merkwürdig grotesken Art sich oftmals gerade in dieser Beziehung von dem entfernen, was uns alltäglich im Leben entgegentreten kann, wenn wir dieses Leben nur in seiner wahren Gestalt betrachten wollen. Aber auch anderes lehrt uns wieder das Leben über das Glück. Und da erscheint uns selbst von den eben geltend gemachten Standpunkten aus als ein merkwürdiger Widerspruch in der Glückauffassung das Leben selber. Es sei ein Fall für viele erzählt.

Nehmen wir einmal an, ein Mensch mit, sagen wir, höheren Ideen, selbst mit der Fähigkeit einer ausgezeichneten Phantasie, müsse eine niedere Arbeit verrichten. Er müsse als gemeiner Soldat fast sein ganzes Leben zubringen. Ich spreche von einem Falle aus dem Leben, der wahrhaftig keine Legende ist, sondern von dem Falle eines höchst merkwürdigen Menschen, *Josef Emanuel Hilscher* mit Namen, der 1806 in Österreich geboren, 1837 gestorben ist, der die längste Zeit seines Lebens als gemeiner Soldat zu dienen hatte, es zu nichts gebracht hatte als zum Fourier, und der trotz glänzender Begabungen nicht über diesen Grad hinauskommen konnte. Dieser Mann hat eine größere Anzahl nicht nur formvollendeter, sondern tief vom Seelenleben durchdrungener Gedichte hinterlassen, auch ausgezeichnete Übersetzungen des englischen Dichters Byron. Dieser Mann hat ein reiches Innenleben gehabt. Man male sich den ganzen Kontrast aus, der da bei diesem Leben bestand zwischen dem, was ihm äußerlich der Tag an Glück brachte, und dem, was er innerlich durchlebt hat. Die Gedichte sind keineswegs von Pessimismus durchdrungen, sie sind durchdrungen von Kraft und Fülle. Sie zeigen uns, wie dieses Leben, trotz mancher Enttäuschungen, welche es für ein solches Leben gibt, bis zu einem gewissen Grade sich zu einer Unendlichkeit erweiterte und zu einer inneren Beseligung kam. Es ist schade, daß die Menschheit gerade solche Erscheinungen so leicht vergißt. Denn wenn wir uns wieder eine solche Erscheinung vor Augen stellen, so kann sich uns, weil die Dinge nur gradweise voneinander verschieden sind, zeigen, daß es vielleicht eine Möglichkeit selbst da noch gibt, wo das äußere Leben des Menschen ganz und gar von dem Glück verlassen zu sein scheint, von dem innersten Wesen des Menschen heraus eine Glückslage zu schaffen.

Nun kann man insbesondere von dem Gesichtspunkte der Geisteswissenschaft, wenn man nämlich durchaus bei mißverständlichen oder primitiven Auffassungen bleiben will, sogar fanatisch gegen das Glück wettern, oder auch fanatisch einseitig aus der Idee der wiederholten Erdenleben und des Karma das Leben erklären wollen. Das Eine, fanatisch gegen das Glück zu wettern, wäre, wenn jemand aus mißverstandenen Unterlagen an die Geisteswissenschaft herantritt und sagen wollte, daß alles Streben nach Glück und Zufriedenheit doch nur Egoismus sei, und Geisteswissenschaft doch gerade den Menschen über den Egoismus hinauszuführen versuche. Schon *Aristoteles* fand es im Grunde genommen sogar lächerlich, wenn man behaupten wollte, daß der tugendhafte Mensch mitten in unerklärlichen Schmerzen irgendwie zufrieden sein könnte. Denn das Glück braucht nicht bloß als eine Befriedigung des Egoismus aufgefaßt zu werden, sondern selbst wenn das Glück zunächst nur eine Befriedigung des Egoismus bedeutet, so brauchte es doch zum Gesamtheile der Menschheit nicht wertlos sein. Denn das Glück kann auch so aufgefaßt werden, daß es unsere Seelenkräfte in eine gewisse harmonische Stimmung bringt und sie daher sich allseitig entfalten läßt, während Unglück disharmonische Stimmungen in unserem Seelenleben schafft und uns hindert, unsere Tüchtigkeiten und unsere Kräfte auszuleben. – So können wir das Glück, wenn es auch zunächst nur als eine Befriedigung des Egoismus gesucht wird, als den Pfleger von innerer harmonischer Seelenkraft ansehen, und wir können auf der einen Seite hoffen, daß der, welcher solche innere harmonische Seelenkraft durch das Glück zubereitet erhält, über seinen Egoismus allmählich hinauskommt, während der Mensch es wahrscheinlich schwer hat, aus dem Egoismus herauszukommen, wenn er nur von Unglück verfolgt wird. Und auf der anderen Seite kann man wieder sagen: Wenn der Mensch Glück anstrebt und als Befriedigung des Egoismus erhält, so kann er dadurch, daß seine Kräfte in Harmonie versetzt werden, für sich und andere in heilsamer Weise Gutes wirken. – So darf nicht einseitig bloß gewettert werden gegen das, was Glück genannt werden kann. Aber auf der anderen Seite begeht mancher, der da glaubt an die Geisteswissenschaft schon herangekommen zu sein, wenn er nur von ferne das eine oder das andere wahrgenommen hat, wieder einen Fehler, indem er sagt: Da habe ich einen unglücklichen Menschen und dort einen glücklichen vor mir. Wenn ich an Karma, an die Verursachung des einen Lebens aus dem anderen denke, so kann ich mir leicht erklären, wie der, welcher unglücklich ist, sich dieses Unglück in einem vorhergehenden Leben selbst zubereitet hat, und wie der Glückliche in einem früheren Leben sein Glück selbst verursacht hat. – Eine solche Aussage hat etwas Verfängliches aus dem Grunde, weil sie in einer gewissen Beziehung richtig ist. Aber Karma, das heißt das Gesetz von der Verursachung des einen Erdenlebens aus dem anderen, darf nicht im Sinne eines bloß erklärenden Gesetzes genommen werden, sondern man muß es als etwas ansehen, das in unseren Willen eindringt und uns dazu bringt, im Sinne dieses Gesetzes zu leben. Nur dann aber ist dieses Gesetz vor dem Leben berechtigt und gerechtfertigt, wenn es das Leben erhöht, bereichert. Dem Glück gegenüber hat sich uns gezeigt, daß der Mensch zunächst die Sucht nach dem Glück aus der Begierde heraus erzeugt, nicht einsam dazustehen, sondern etwas von den äußeren Verhältnissen der Welt zu haben, so daß diese auf ihn Rücksicht nehmen. Auf der anderen Seite hat sich uns gezeigt, daß aber Glück etwas sein kann, was im vollen Widerspruche mit den äußeren Tatsachen nur durch die Anschauungen des Menschen, durch das, was er an den äußeren Tatsachen erlebt, herbeigeführt werden kann.

Wo gibt es einen nicht durch Abstraktionen und Theorien, sondern durch die Wirklichkeit selbst herbeigeführten Ausgleich dieses scheinbaren Widerspruches? Wir können einen Ausgleich dieses scheinbaren Widerspruches finden, wenn wir unseren geistigen Blick auf das wenden, was wir den inneren Wesenskern des Menschen nennen können, auf dasjenige, wovon wir in den bereits gehaltenen Vorträgen gesagt haben, daß es an dem äußeren Menschen arbeitet, selbst das Leibliche gestaltet, aber auch den Menschen hinstellt an seinen Ort, an seinen Platz in der Welt. Wenn wir uns an diesen inneren Wesenskern des Menschen halten und uns fragen: Wie kann sich dieser innere Wesenskern zum Glück oder Unglück des Menschen verhalten? – so bekommen wir am leichtesten eine Antwort, wenn wir darauf Rücksicht nehmen, daß an einen solchen Wesenskern des Menschen diese oder jene Glücksverhältnisse herantreten können, so daß der Mensch sich sagen muß: Ich habe dieses oder jenes beabsichtigt, habe dieses oder jenes gewollt, ich habe auch meine Klugheit, meine Weisheit in diejenige Richtung gelenkt, daß dieses oder jenes kommen konnte, aber nun sehe ich an dem, was eingetreten ist, daß der Erfolg weit über das hinausgeht, was ich durch meine Klugheit veranlagt, was ich vorherbestimmt habe oder vorher habe sehen können. –

Welcher Mensch, gerade in verantwortungsvollen Stellungen in der Welt, würde sich nicht in unzähligen Fällen so etwas sagen, daß er zwar Kräfte aufgewendet hat, daß ihm aber ein Erfolg zugefallen ist, der in gar keinem Verhältnisse steht zu den aufgewandten Kräften. Was kann ein Mensch, wenn wir des Menschen Wesenskern nicht als etwas auffassen, was nur einmal da ist, sondern als etwas, was in voller Entwickelung begriffen ist, ihn auffassen im Sinne der Geisteswissenschaft, wenn wir ihn als das auffassen, was nicht bloß das eine Leben, sondern viele Leben gestaltet, was also das eine Leben in unserer unmittelbaren Gegenwart gerade so gestalten will, wie es ist, und uns sagen, daß, wenn dieser innere Wesenskern durch die Pforte des Todes geht, er dann durch eine übersinnliche Welt durchgeht, um sich, wenn die Zeit gekommen ist, in einem neuen Dasein in einem physischen Leben zu betätigen, – was kann ein Mensch, der seinen zentralen Wesenskern so auffaßt, der innerhalb einer solchen Weltauffassung sich selber erfaßt, für eine Stellung einnehmen gegenüber einem Erfolg, der ihm in der geschilderten Weise zugeflossen ist? Er wird sich nimmermehr sagen: Also hat es das Glück gegeben, also bin ich befriedigt, ich bin froh, daß ich zwar mit den Kräften, die ich in Bewegung gebracht habe, ein Geringes nur gewollt habe, aber das Größere ist mir vom Glück zugeflossen! – Das wird ein solcher Mensch, der an Karma und an die wiederholten Erdenleben im Ernste glaubt und sein Leben im Sinne von Karma einrichten will, sich niemals sagen, sondern er wird sich sagen: Dieser Erfolg ist da. Ich selber aber habe mich gegenüber diesem Erfolg als schwach erwiesen. Ich werde nicht zufrieden sein mit dem Erfolg, sondern ich werde an ihm lernen meine Kräfte zu erhöhen, ich werde Keime in meinen inneren Wesenskern lenken, die ihn zu immer höheren und höheren Vollkommenheiten führen werden. Mein unverdienter Erfolg, mein Glückszufall zeigt mir, was mir fehlt. Ich muß von ihm lernen. – Eine andere Antwort kann sich der, welcher dem Glück im Erfolge gegenübersteht und im rechten Sinne auf das Karma sieht, an Karma glaubt, nicht geben. Was tut er damit? Ein solcher Glückszufall – Zufall ist hier nicht in dem gewöhnlichen Sinne gemeint, sondern so, daß einem etwas zufällt – macht ihn nicht zu etwas, was er als ein Letztes hinnimmt, sondern was ihm zu einem Anfang, zu einem Ersten wird, von dem er lernt, und was sein Licht hineinwirft in die folgenden Entwickelungszustände seines Daseins.

Was ist aber der Gegensatz von dem, was wir jetzt eben angeführt haben? Stellen wir es uns einmal richtig vor Augen. Gerade dadurch wird der an die wiederholten Erdenleben und an das Karma oder an die geistigen Verursachungen glaubende Mensch zur Anspornung seiner Kräfte Keime erhalten, daß er den Glückserfolg überhaupt als einen Anfang, als eine Ursache für seine weitere Entwickelung betrachtet. Der Gegensatz davon wäre der, wenn wir im umgekehrten Falle ein Unglück, einen Mißerfolg, der an uns herantritt, auch nicht in der Weise einfach hinnehmen, daß wir sagen, es habe uns eben getroffen. Sondern es nimmt der, welcher das Leben des Menschen über das einzelne Erleben hinaus erschaut, als ein Ende, als ein Letztes hin, als etwas, dessen Ursachen man ebenso in der Vergangenheit zu suchen hat, wie der Erfolg, der als ein Glückserfolg eintritt, seine Wirkungen in der Zukunft zu suchen hat, der Zukunft unserer eigenen Entwickelung. Das Unglück schauen wir als eine Wirkung unserer eigenen Entwickelung an. Wie das?

Das können wir uns eben durch einen Vergleich klar machen, der uns zeigt, daß wir nicht in jeder Lage des Lebens richtige Beurteiler der Verursachung des Lebens sind. Nehmen wir an, ein Mensch habe bis zu seinem achtzehnten Jahre lässig und träge aus der Tasche seines Vaters gelebt, aber er hat nach seiner Auffassung in einem richtigen Glück gelebt. Als er achtzehn Jahre alt ist, verliert der Vater sein Vermögen. Dadurch ist der Sohn nun gezwungen, nicht träge und faul weiter dahinzuleben, sondern etwas Ordentliches zu lernen. Das bringt ihm zunächst allerlei Leiden und Schmerzen. «O, ein großes Unglück», sagt jetzt der Sohn, «hat mich getroffen!» Es ist nur die Frage, ob er in dieser Lage der richtige Beurteiler seines Schicksals ist. Wenn er jetzt etwas Ordentliches lernt, so kann er vielleicht mit fünfzig Jahren sagen: Ja, damals mußte ich es als ein großes Unglück ansehen, daß mein Vater sein Vermögen verloren hat. Jetzt kann ich es nur noch als ein Unglück für meinen Vater, nicht für mich, ansehen; denn ich wäre vielleicht mein ganzes Leben lang ein Taugenichts geblieben, wenn mich dieses Unglück nicht getroffen hätte. Dadurch aber, daß es so gekommen ist, bin ich ein ordentlicher Mensch geworden, und das geworden, was ich jetzt bin.

Fragen wir uns also: Wann ist der Mensch ein richtiger Beurteiler seines Schicksals? Im achtzehnten Jahre, da ihn das Unglück getroffen hat, oder mit fünfzig, da er auf sein damaliges Unglück zurückblickt? – Und nehmen wir an, er denke noch weiter und frage sich nach der Ursache seines damaligen Unglückes. Da könnte er sich fragen: Ja, mich hätte das Unglück damals überhaupt nicht zu treffen brauchen. Äußerlich scheint es zunächst, als ob das Unglück mich getroffen hat aus dem Grunde, weil mein Vater sein Vermögen verloren hat. Aber nehmen wir an, ich wäre von frühester Kindheit an so gewesen, daß ich ungeheuren Lerneifer gehabt hätte, daß ich ungeheuer viel ohne äußeren Zwang getan hätte, so daß es mich nicht geniert haben würde, wenn mein Vater sein Vermögen verloren hätte, dann wäre der Übergang ein ganz anderer gewesen, dann hätte mich kein Unglück getroffen. Scheinbar liegt der Grund meines Unglückes außer mir. In Wahrheit, kann ich sagen, liegt der tiefere Grund in mir. Denn wie ich gewesen bin, das hat herbeigezogen, daß das Leben für mich damals zum Unglück, zum Schmerz und zum Leid geworden ist. Ich habe das Unglück herbeigezogen.

Wenn ein solcher Mensch sich das sagt, so hat er schon in gewisser Weise ein wenig begriffen, wie in der Tat alles, was äußerlich an uns herantritt, durch ein Inneres herbeigeführt wird, und wie wir das, was an uns herantritt, auch auffassen können als verursacht durch unsere eigene Entwickelung. Jegliches Unglück kann sich uns so darstellen, daß wir uns sagen, wir sind in dasselbe hineinversetzt wegen eines unvollkommenen Zustandes in uns, es weist uns das Unglück darauf, daß irgend etwas an uns noch nicht so vollkommen ist, wie es sein sollte. Da haben wir den umgekehrten Fall von dem Erfolg: das Unglück als eine Wirkung, als ein Ende dessen aufgefaßt, was in früheren Zeiten unserer Entwickelung von uns selber verursacht ist. Und wenn wir das Unglück jetzt wieder nicht bloß so vor unsere Seele hinstellen, daß wir darüber jammern und nur der äußeren Welt die Schuld dafür geben, sondern wenn wir auf unseren inneren Wesenskern sehen und ernsthaft an die Verursachung durch die verschiedenen Erdenleben, also an Karma, glauben, dann haben wir das Unglück wieder als eine Aufforderung, uns immer vollkommener und vollkommener zu machen, im Leben zu lernen, das Leben als eine Schule zu betrachten. Dann aber, wenn wir die Sache so betrachten, wird Karma und das, was wir das Gesetz der wiederholten Erdenleben nennen, uns zu einer Kraft für das Leben, zu demjenigen, was das Leben reicher, inhaltvoller machen kann.

Nun kann allerdings die Frage entstehen: Kann denn schon das bloße Wissen von dem Karmagesetz in einer gewissen Weise das Leben erhöhen, das Leben reicher und inhaltvoller machen, kann es vielleicht in einer gewissen Weise also schon aus Unglück sozusagen Glück formen? – So sonderbar es heute vielen erscheinen mag, so möchte ich doch eine Bemerkung machen, welche für die Gesamtauffassung von Glück oder Unglück aus der Geisteswissenschaft heraus bedeutsam sein kann. Erinnern wir uns noch einmal an die von Hamerling erzählte Legende von jenem Mädchen, das vom Unglück verfolgt ist bis zum Tode und noch über das Grab hinaus, indem es lebendig begraben worden ist. Gewiß, wer nicht tiefer in die Kräfte eingedrungen ist, welche Erkenntnisse geben können, der wird es paradox finden. Aber nehmen wir einmal gleichsam hypothetisch an, jenes Mädchen wäre mit seinem Unglück in eine Umgebung versetzt, welche eine geisteswissenschaftliche Weltanschauung bis zu dem Grade hergeben würde, daß sich der einzelne Mensch sagt: In mir lebt ein zentraler geistiger Wesenskern, der hinausragt über Geburt und Tod, der in dem, was er in diesem Leben ist und in der Außenwelt vermag, die Wirkungen der verflossenen Erdenleben zeigt und weiter sich Kräfte zulegt für die folgenden Erdenleben. – Nehmen wir an, eine solche Erkenntnis wäre eine Kraft der Seele in jenem Mädchen gewesen – denkbar wäre es durchaus, daß diese Vorstellungen dagewesen wären –, dann erhöht eine solche Vorstellung den Glauben an die innere Kraft unseres zentralen Wesenskernes. Und es darf vielleicht gesagt werden: Indem jene Kraft, die von dem Seelisch-Geistigen ausgeht, hineinwirkt in das Leibliche von dem Wesenskern aus, wie es von anderen Gesichtspunkten in den folgenden Vorträgen darzustellen ist, indem die Kraft, derer sich da der Mensch bewußt werden kann, bei diesem Mädchen in seinen

Gesundheitszustand hätte hineinwirken können, hätte es vielleicht durch die Kraft eines solchen Glaubens sich halten können, bis der Mann nach dem Tode seines Vaters wieder zurückgekehrt wäre. Paradox mag es manchem erscheinen, der nicht weiß, welche Kraft eine Erkenntnis hat, die der rechten Realität entstammt und deshalb nicht eine abstrakte und bloß theoretische ist, sondern die als Keimkraft in der Seele wirkt.

Da aber sehen wir, daß es vielleicht gegenüber den Glücksfragen keinen Trost zu geben braucht für diejenigen Menschen, die nun wahrhaftig ihr ganzes Leben hindurch in eine Arbeit hineingestellt sind, welche sie nimmermehr befriedigen kann, deren Lebensansprüche zurückgewiesen werden durch ihr ganzes Leben hindurch. Wir merken aber, daß es bei einem solchen starken Glauben an den menschlichen zentralen Wesenskern, der da weiß, daß dieses einzelne Menschenleben eines unter vielen ist, allerdings etwas geben kann wie ein Erwachen der Kraft. Es wird mir im Innern meiner Seele durch meinen Zusammenhang mit der Gesamtwelt, in die ich mich hineingestellt finde, indem ich mich geistig ergreife, dasjenige erklärlich, was zunächst in der äußeren Welt mir scheinbar als mein Glück oder mein Unglück, als das gute oder böse Schicksal meines Lebens entgegentritt. – Nicht gewöhnlicher Trost kann uns über das Unglück hinweghelfen, wenn es uns wirklich nach unserer eigenen Auffassung trifft. Hinweghelfen muß uns darüber, was die Möglichkeit gibt, dasjenige, was uns unmittelbar trifft, so anzuschauen, daß wir es hineingestellt sehen als Glied in die Kette des Daseins. Dann sagen wir uns: Das Einzelne zu betrachten, heißt nur den Schein und nicht die Wirklichkeit betrachten, wie es den Schein betrachten heißt, wenn jemand, der bis zu seinem achtzehnten Jahre gefaulenzt hat, dann jenes charakterisierte Unglück erfahren hat und arbeiten muß, es als ein wahres Unglück betrachtet und nicht als die Ursache seines späteren Glückes. So werden wir, wenn wir diese Dinge tiefer erfassen, in der Tat dazu hingeführt, daß wir uns sagen: Gerade an den Glücksfällen zeigt sich uns klar, wie eine Betrachtung des Lebens von einem bestimmten Gesichtskreise aus uns durchaus nur etwas Scheinbares geben kann, und wie das, was uns als Glück oder Unglück trifft, sich nur seinem Scheine nach zeigt, wenn wir es eingeschränkt betrachten, daß es sich uns aber seinem Sinn und seinem Wesen nach erst zeigt, wenn wir es hineingestellt betrachten in das Gesamtleben des Menschen. Wenn wir aber auch dieses Gesamtleben des Menschen erschöpft sehen würden innerhalb der Grenzen zwischen der Geburt und dem Tode, so würde uns niemals ein Menschenleben, das gegenüber den gewöhnlichen Menschenverhältnissen und der sonstigen Arbeit nie Befriedigung finden kann, erklärlich erscheinen. Erklärlich werden, erklärlich in der Realität, die oft durch jenen Satz ausgesprochen worden ist, den aber für das reale menschliche Schicksal nur die Geisteswissenschaft bekräftigen kann, das kann es erst, wenn wir wissen: Wenn uns etwas verständlich ist, hat es keine Macht mehr über uns. – Und dem, für dessen zentralen Wesenskern der Glückserfolg nur ein Antrieb zur Entwickelung nach oben wird, für den wird auch der Unglücksfall zu einer Aufforderung zur weiteren Entwickelung. Da löst sich uns der scheinbare Widerspruch, indem wir uns in der Betrachtung des Lebens von der Auffassung, daß wir etwas als Glück oder Unglück nur von außen an uns herantreten sehen, abgelenkt sehen auf die Art und Weise, wie wir die Erlebnisse in unserem Inneren umgestalten und was wir daraus machen.

Haben wir aus dem Karmagesetz gelernt, aus dem Erfolg nicht bloß eine Befriedigung zu schöpfen, sondern ihn eben als eine Aufforderung zu nehmen, um uns weiter zu entwickeln, so kommen wir auch dazu, Mißerfolg und Unglück in gleicher Weise zu betrachten. Alles verwandelt sich in der Menschenseele, und was ein Schein von Glück oder Unglück ist, das wird in des Menschen Seele zu einer Realität. Das besagt aber außerordentlich vieles und Bedeutsames. Denn nehmen wir einmal an, ein Mensch stünde ganz und gar ablehnend gegenüber der Anschauung von den wiederholten Erdenleben, und er sähe, wie ein Mensch durch bloße Phantasiegebilde, die er sich macht, zum Beispiel aus unberechtigter Eifersucht leidet, oder wie sich ein anderer einem erträumten Glücke hingibt, oder er sähe auf der anderen Seite, wie ein anderer bloß aus seiner Phantasie heraus, also aus dem bloßen Schein, nicht aus der realen Tatsachenwelt, eine innere Wirklichkeit entwickelt, etwas, was für das Innere wahrhaftig recht sehr wirklich ist, dann könnte ein solcher Mensch sich sagen: Wäre das nicht die unglaublichste Unangemessenheit in bezug auf das Innere des Menschen gegenüber der äußeren Welt, wenn es mit dieser Tatsache in diesem einen Leben des Menschen erschöpft wäre? – Zweifellos ist, wenn der Mensch durch die Pforte des Todes geht, dasjenige ausgelöscht, was er hier mit dem Begriffe der Realität verbindet, was als Eifersucht oder als Glücksillusion in ihm lebt. Aber was sich als Lust und Leid mit seiner Seele vereinigt hat, was als Wirkung in der Gemütsbewegung aufgetreten ist, das ist eine Kraft geworden in seiner Seele, das lebt ein Leben in der Seele, das mit seiner weiteren Entwickelung in der Welt zusammenhängt. Und so sehen wir durch die charakterisierte Umwandlung, wie der Mensch in der Tat berufen ist, aus dem Schein seine Wirklichkeit heraus zu entwickeln.

Damit aber haben wir auch eine Erklärung desjenigen erreicht, was wir im Eingange gesagt haben, warum der Mensch in der Tat seinem Glücke so gegenübersteht, daß er unmöglich dieses Glück mit seinem Ich, mit seiner Individualität verbinden kann. Denn wenn er es nicht in unmittelbarer Weise mit seinem Ich verbinden kann als äußere Ereignisse, die an ihn herankommen und sein Dasein erhöhen, dann kann er es in seinem Innern umgestalten, so daß, was zunächst äußerer Schein ist, zu einer inneren Realität wird. Dadurch wird der Mensch der Umwandler des äußeren Scheines in das Sein, in die Realität. Aber wenn wir nun auf unsere Umwelt blicken und uns sagen: Da haben wir gesehen, wie die Kristalle, wie die Pflanzen und Tiere ihre inneren Bildungsgesetze auch nicht ausleben können, wie sie äußerlich gehemmt werden! Wir haben gesehen, wie unzählige Keime, ehe sie in Wahrheit entstehen können, vergehen müssen. – Was ist da nicht der Fall, was läßt uns da nicht in der Weise von Glück oder Unglück sprechen, wie wir es angeführt haben? Das ist nicht der Fall, daß hier ein Äußeres zum Inneren wird, so daß sich in der Tat ein Äußeres im Inneren spiegelt, und daß ein Schein umgewandelt werden kann in ein wirkliches Sein. Nur dadurch, daß der Mensch einen zentralen Wesenskern in sich hat, löst er sich los von der unmittelbaren äußeren Wirklichkeit und erlebt eine neue Wirklichkeit. Diese Wirklichkeit, die er in sich erlebt, hebt sich für das gewöhnliche Leben dadurch von dem äußeren Leben ab, daß er sich sagen kann: Ich lebe auf der einen Seite in der Vererbungslinie, indem ich das in mir trage, was ich von den Eltern, Großeltern und so weiter ererbt erhalten habe. Ich lebe aber auch in dem, was nur eine geistige Verursachungslinie hat und mir noch etwas anderes geben kann neben dem, was mir durch die äußere Welt an Glück zugeführt werden kann. – Nur dadurch zeigt sich, daß der Mensch in der Tat zwei Welten angehört, einer äußeren und einer inneren Welt. Wenn man das Dualismus nennen will, so mag man es immerhin tun, aber gerade die

Art, wie der Mensch Schein in Sein, in Realität umwandelt, zeigt uns, wie auch dieser Dualismus selbst nur Schein ist, indem fortwährend im Menschen äußerer Schein in innere Realität umgewandelt wird. Und weiter zeigt uns das Leben, wie das, was wir in der Phantasie erleben, indem wir die Tatsachen «falsch» deuten, in unserem Inneren zur Realität wird.

So sehen wir, wie das, was als Glück und Unglück zu bezeichnen ist, eng gebunden ist an das menschliche Innere. Wir sehen aber auch, wie es eng gebunden ist an jenes menschliche Innere, welches im Sinne der Weltanschauung angedeutet wird, daß der Mensch in geisteswissenschaftlicher Betrachtung in einer Reihe von wiederholten Erdenleben steht. Wenn wir die Sache so ansehen, können wir sagen: Begründen wir uns dann nicht auf allen äußeren Glücksschein ein inneres Glück und rechnen mit diesem Glück als einem Unvergänglichen in unserer Entwickelung? – Alles äußere Glück, was uns zufällt, ist so wunderbar charakterisiert durch die Legende des Krösus, wo Solon zu Krösus gesagt hat, daß niemand vor seinem Ende sein eigenes Leben als glücklich preisen solle, denn alles, was uns an äußerem Glück zufällt, kann sich ändern. Es kann sich Glück in Unglück verwandeln. Was kann uns vom Glück niemals genommen werden? Das, was wir aus den äußeren Glücksfällen machen, sei es aus den Erfolgsfällen, sei es aus den Mißerfolgen. Und im Grunde genommen kann also der Mensch das schöne und echte Volkssprichwort auf sein ganzes Verhältnis zum Glück anwenden, daß ein jeglicher seines Glückes Schmied dennoch sei. Das Volk hat manches schöne und außerordentlich zutreffende Wort über das Glück geprägt, und man kann an diesen Worten sehen, welche tiefe Philosophie in der Anschauung der einfachsten Menschen vorhanden ist. In dieser Beziehung könnten die, welche sich die Gebildetsten nennen, unendlich viel davon lernen. Manchmal allerdings treten uns diese Wahrheiten in einer recht derben Form vor Augen. Es gibt ja auch ein Sprichwort, welches sagt, daß gegen eine bestimmte menschliche Eigenschaft selbst Götter vergeblich kämpfen. Dann aber gibt es ein merkwürdiges Sprichwort, das gerade diese menschliche Eigenschaft, gegen welche selbst die Götter vergeblich kämpfen sollen, in Zusammenhang bringt mit dem Glück, indem man sagt, der Dumme habe das meiste Glück. Man braucht daraus nicht die Konsequenzen zu ziehen, daß die Götter wegen jener Erfolglosigkeit gerade diese Menschen mit Glück zu bestechen suchen. Aber wir können doch sagen: Es zeigt sich uns, wie in diesem Sprichwort ein deutliches Bewußtsein vorhanden ist von der Innerlichkeit und der Notwendigkeit der Verinnerlichung dessen, was wir den Zusammenhang des Menschen mit dem Glück in der Welt nennen müssen. – Denn unsere Weisheit, solange sie sich nur auf die äußeren Dinge und ihre Zusammenhänge bezieht, wird uns im Grunde genommen wenig helfen. Helfen wird uns die Weisheit, die sich schon in eine innere wieder verwandelt hat, also wieder die Eigenschaft erlangt, die noch der ursprüngliche primitive Mensch hat, wenn sie auf das starke Zentrum seiner Innerlichkeit baut, das über Geburt und Tod hinausragt und nur erklärlich ist, wenn wir es im Lichte der wiederholten Erdenleben betrachten. So trennt sich uns alles das, was der Mensch aus der bloß äußeren Welt an Glück erleben kann, im Grunde doch als der Schein des Glückes von dem, was wir als das wahre Wesen des Glückes bezeichnen, welches erst in dem Augenblicke entsteht, da der Mensch aus den äußeren Tatsachen des Lebens etwas machen kann, sie verwandeln kann, und sie einverleiben kann seinem sich entwickelnden Wesenskern, der von Leben zu Leben geht. Und wir begreifen dann, wenn ein Mensch im tiefsten äußeren Krankheitsschmerz – *Herder* – einmal zu seinem Sohne sagte: «Gib mir einen großen schönen Gedanken, und ich will mich daran erquicken!». Wir sehen daran förmlich, wie von Herder das Hereinleuchten eines großen, schönen Gedankens in ein gequältes Leben als eine Erquickung, also als ein Glücksfall erwartet wird. Da ist es leicht davon zu sprechen, daß der Mensch mit seinem Inneren seines Glückes Schmied sein muß. Aber wenn wir die Weltanschauung der Geisteswissenschaft in den Teilen, die wir gerade heute berühren konnten, in ihrer kraftvollen Wirksamkeit ins Auge fassen, wo sie nicht bloß theoretische Erkenntnis ist, sondern unseren geistig-seelischen Wesenskern ergreift, indem er voll erfüllt wird von dem, was über Glück oder Unglück hinausgeht, wenn wir die Weltanschauung in dieser Weise fassen, dann kann sie jene großen Gedanken hergeben wie kaum eine andere, die es noch möglich machen, daß der Mensch, selbst dann wenn er im Unglück umkommen muß, im Augenblick sich mit dem Gedanken erfüllt: Das ist doch nur ein Teil des gesamten Lebens!

Deshalb wurde diese Frage über das Glück heute aufgeworfen, um an ihr zu zeigen, wie das alltägliche äußere Leben befeuert und befruchtet wird durch die realen Gedanken über das Gesamtleben, die uns die Geisteswissenschaft geben kann, und wie diese nicht bloß als eine Theorie in das Leben eingreifen, sondern die Kräfte des Lebens selber bringen. Und das ist das Wesentliche. Wir müssen nicht nur äußere Trostgründe haben gegenüber dem, der bei einem äußeren Unglück durch die Erweckung der inneren Kräfte das Unglück ertragen lernen soll, sondern wir müssen die realen inneren Kräfte ihm geben können, die über die Sphäre des Unglückes hinausführen zu einer Sphäre, zu der er gehört, trotzdem das Leben dem zu widersprechen scheint. Das kann aber nur eine Wissenschaft geben, die zeigt, wie das Menschenleben hinausreicht über Geburt und Tod, wie es doch zusammenhängt mit alle dem, was die beseligenden Gründe unserer Weltordnung bildet. Wenn wir von einer Weltanschauung solches erwarten können, dann können wir sagen, daß sie die Ahnungen der allerbesten Menschen mit einem Inhalt erfüllt. Mit einer solchen Weltanschauung kann der Mensch das Leben so ansehen, daß er in diesem Leben wie derjenige steht, der auf einem Schiffe von den im Sturme auf- und abwogenden Wellen geschaukelt wird, aber doch in seinem Innern den Mut findet, auf nichts in der äußeren Welt im gleichen Sinne zu bauen wie auf die Kraft und Wesenheit seines eigenen Innern. Vielleicht können dann solche Betrachtungen wie die heutigen geeignet sein, vor den Menschen ein Ideal hinzustellen, das uns *Goethe* in einer gewissen Weise vorzeichnet, das wir aber auffassen können auch über die Ahnung hinaus, von der Goethe erfüllt ist als einem Menschenideal, das für alle gilt: allerdings nicht als etwas, was unmittelbar in dem einzelnen Leben erfüllt ist, sondern als ein Ideal für das gesamte Menschenleben, wenn sich der Mensch im glück- und unglückbewegten Leben wie auf einem Schiffe fühlt, das auf den sturmbewegten Wellen hin- und herschaukelt, und vertrauen kann auf sein Inneres. Das muß zu einer Anschauung führen, die wir mit einer kleinen Abänderung der Goetheschen Worte folgendermaßen charakterisieren können:

> Der Mensch steht männlich an dem Steuer,
> Das Schiff bewegen Wind und Wellen –
> Wind und Wellen nicht sein Inneres.
> Beherrschend sie – blickt er in die grimme Tiefe
> Und vertraut, ob scheiternd oder landend,
> Den Kräften seines Innern!

DER PROPHET ELIAS
IM LICHTE DER GEISTESWISSENSCHAFT

Berlin, 14. Dezember 1911

Wie eines der glänzendsten Gestirne am Himmel der geistigen Entwickelung der Menschheit leuchtet aus frühem Altertum zu uns herüber der Prophet *Elias*. Tief, tief prägen sich die Charakterzüge, die Darstellungen der Taten dieser Persönlichkeit, die ganze Größe, wie sie in der biblischen Urkunde geschildert sind, in Menschenherzen und Menschengemüter ein. Schwer faßbar für die äußere Geschichte erscheint jedoch diese bedeutsame Persönlichkeit. Der Geisteswissenschaft, von deren Gesichtspunkte aus die heutige Betrachtung über den Propheten Elias angestellt werden soll, ist aber gerade diese Persönlichkeit ein Zeichen dafür, wie der Menschheitsentwickelung als wichtigste Ursachen, als wichtigste Impulse des Geschehens nicht nur die Taten, die Ideen zugrunde liegen, die äußerlich wahrnehmbar sind, die sich in der äußeren Geschichte mitteilen lassen, sondern wie bewegende Kräfte und Impulse allerwichtigster, allererster Art die Vorgänge in den menschlichen Seelen selber sind. Um diese die Geschichte beleuchtende Tatsache vor unser geistiges Auge hinzustellen, brauchen wir nur daran zu erinnern, daß auch die Begründung des Christentums zum allergrößten Teile einem inneren Seelengeschehen zu verdanken ist, das sich äußerlich als das Ereignis von Damaskus für den Apostel Paulus darstellt. Man möge streiten, wieviel man will, in bezug auf die äußere Tatsache: nicht zu leugnen ist, daß die Begründung des Christentums mit demjenigen in innigem Zusammenhange steht, was sich damals in der Seele, im Geiste des Apostels Paulus abgespielt und sich in die flammenden Worte und in die opfervollen, schwerwiegenden Taten dieses Begründers des Christentums übertragen hat. Aber auch an vielen anderen Stellen können wir nachweisen, daß menschliches Geschehen, geschichtliches Werden zuletzt nicht in die gewöhnlichen Taten der Geschichte hineinführen, sondern in die menschliche Seele, in das menschliche Herz.

Ein solches Beispiel werden wir heute zu betrachten haben. Bei der Kürze und der Skizzenhaftigkeit, die der Vortrag haben muß, der über ein Thema handelt, über das so viel zu sagen wäre, muß es jedoch der weiteren Ausarbeitung dieses Themas in den Seelen überlassen bleiben, inwiefern irgendwie belegend, erläuternd, beleuchtend die Dinge sein können für die Entwickelung der Menschheitsgeschichte, die heute vorgebracht werden in Anknüpfung an die Persönlichkeit des Propheten Elias und seine Zeit. Das, wovon dieser Vortrag handeln wird, soll nun aber nicht bloß als eine Mitteilung über die Persönlichkeit und Bedeutung des Propheten Elias gegeben werden, sondern zugleich als eine Art Beispiel, wie durch die Geisteswissenschaft solche Dinge betrachtet werden können, und wie die Geisteswissenschaft in der Lage ist, mit ihren Mitteln in das hineinzuleuchten, was uns auf andere Art über das geschichtliche Werden der Menschheit mitgeteilt worden ist. Um zu dem angedeuteten Ziele zu kommen, soll heute in einer ganz besonderen Weise vorgegangen werden. Es soll nämlich zunächst dasjenige, was über die Persönlichkeit und die Bedeutung des Propheten Elias zu sagen ist, aus den Forschungen der Geisteswissenschaft selbst, unter möglichst geringer Anlehnung an die Bibel, gegeben werden, höchstens dort in Anlehnung an die Bibel, wo Namengebungen oder

Charakterisierungen einen Hinweis zweckvoll erscheinen lassen. Es soll also der gewagte Versuch gemacht werden, zunächst zu erzählen, was eigentlich geschehen ist, um dann darauf hinzuweisen, wie sich dieses Geschehene in der biblischen Urkunde spiegelt. Was geschehen ist, soll aus solchen Forschungen heraus gegeben werden, wie sie eben auf dem Boden der geisteswissenschaftlichen Forschungen möglich sind, auf dem sich in diesem Vortragszyklus und auch in den Vorträgen der vergangenen Jahre die Schilderung bereits bewegt hat. Für die Zuhörer – und es ist heute eine große Anzahl solcher vorhanden –, welche durch langjährige Beschäftigung mit Geisteswissenschaft ganz mit der Kraft und mit der beweisenden Stärke der geisteswissenschaftlichen Methode vertraut sind, kann von vornherein das, was gesagt wird, wenn es auch nur, weil beweisende Auseinandersetzungen viele Stunden in Anspruch nehmen würden, skizzenhaft gesagt werden kann, als sicheres Ergebnis der Forschung hingestellt werden. Die Zuhörer aber, welche sich auf einen solchen Boden nicht stellen oder nicht stellen können, bitte ich, das, was über die wahre Geschichte gesagt wird, als eine Hypothese hinzunehmen, die eben der Prüfung unterliegt. Und ich bin ganz ruhig, wenn diese Prüfung sachgemäß und vorurteilslos unternommen wird, wird sie bestätigen, was jetzt gesagt werden soll. Was hat nun die Geisteswissenschaft über die Persönlichkeit und die Bedeutung des Propheten Elias und seiner Zeit zu sagen?

Wir haben uns in jene Zeit des althebräischen Altertums zu versetzen, in welcher die glänzende Epoche der salomonischen Regierung vorüber ist, und das palästinensische Reich mannigfaltige Nöte auszuhalten gehabt hat, es braucht nur an die Philisternot und an ähnliches erinnert zu werden. Zu versetzen haben wir uns in jene Zeit, in welcher das, was früher ein einheitliches Reich gewesen ist, bereits geteilt erscheint in das Reich Juda und in das Reich Israel. Wir haben uns zu versetzen in jene Zeit – jetzt kommt eine solche Gelegenheit, wie viele kommen werden, wo angeknüpft werden kann an biblische Namen, aber nur wegen der Anlehnung und Verständlichkeit –, in welcher in Samaria der König Ahab regierte, welcher der Sohn des Omri und einer der Nachfolger des Jerobeam ist. Es hat eine Art Bündnis oder Verbrüderung stattgefunden des Königs Ahab, besser gesagt sogar seines Vaters, mit dem Könige von Tyrus und Sidon, und eine Art Bekräftigung hat dieses Bündnis dadurch erfahren sollen, daß Ahab die Tochter aus dem Königshause von Tyrus und Sidon, Jesabel, geheiratet hat. Die Namen sind aus der Bibel bekannt, und um nicht gar zu unverständlich zu sein, knüpfe ich an die Namen der Bibel an. Wir haben uns in eine Zeit zu versetzen, in welcher für die Menschen, die sich entsprechende Anlagen bewahrt hatten, noch keineswegs das alte Hellsehen verschwunden ist, das ja eine Geisteseigenschaft der Menschen in Urzeiten war. Ausgestattet nicht etwa nur mit diesem Hellsehen, sondern mit einer ganz besonderen hellseherischen Kraft, die sie allerdings durchaus nicht bereit war, nur im Sinne des Guten und Edlen zu verwenden, war die Königin Jesabel. Eine Art Hellseherin haben wir in ihr zu sehen, während wir in König Ahab einen Mann zu sehen haben, der in besonderen Ausnahmezuständen das hatte, was aus den verborgenen Kräften der Seele ins Bewußtsein hereintreten kann, was besonders in älteren Zeiten in einem viel ausgedehnteren Maße als in der Gegenwart heraufspielte. Dieser König Ahab hatte nicht in einem besonderen Maße, sondern nur manchmal Ahnungen, Visionen dann, wenn er irgendeiner besonderen Schicksalsfrage gegenüberstand.

In dieser Zeit hörte man in jenen Gegenden in der mannigfaltigsten Weise, daß es einen großen bedeutenden Geist gäbe. Das war der Geist, der eben in der biblischen Urkunde den Namen Elias trägt. Die wenigsten Menschen, die sozusagen draußen in der Welt lebten, wußten eigentlich weder, wo diese Persönlichkeit zu suchen sei, welche diesen Namen Elias trug, noch wie diese Persönlichkeit gerade stark auf die Zeitgenossen wirkte. Man könnte etwa das, was da war, so charakterisieren, daß in weitesten Kreisen der Name dieser Persönlichkeit und der Hinweis auf sie mit gewissen Schauergefühlen genannt wurden, so daß man wußte, es steckt etwas Bedeutendes in und hinter diesem Geiste. Aber wie das nun in der Welt wirkte, und wo man es zu suchen hatte, das wußte man nicht recht, davon hatte man nicht recht eine Ahnung. Nur einzelne Persönlichkeiten, die man die eingeweihten Schüler dieses Geistes nennen kann, wußten, wie es eigentlich um die Sache stand, wußten auch in der physischen Welt, in der äußeren Wirklichkeit den Mann zu finden, welcher der Träger dieses Geistes war. Der König Ahab wußte es nicht. Aber er hatte eine ganz besondere Angst, eine Art von besonderem Schauergefühl, wenn auf diese Persönlichkeit hingedeutet wurde. Denn man verband und mußte ganz besondere Begriffe mit dieser Persönlichkeit verbinden. Der König Ahab in Samaria war derjenige, welcher namentlich durch seine Verbrüderung mit Tyrus und Sidon in das alte palästinensische Reich eine gewisse Art von Religion hineingebracht hatte, die sich an äußeres Zeremoniell, äußere Formen hielt, an dasjenige, was in äußeren Symbolen auftrat, an eine Art Heidentum mit anderen Worten. Diejenigen, welche zu einem solchen Heidentum gehörten, mußten nun das, was ihnen über die Individualität des Propheten Elias bekannt war, mit einem ganz besonderen Schauergefühl hinnehmen. Denn aus den verschiedenen Dingen, welche man da hörte, konnte man sich sagen: Gewiß, es ist aus alten Zeiten des althebräischen Volkes das vorhanden, was man die Jahve-Religion nennen kann, es ist vorhanden der Glaube an *einen* Gott, an *ein* geistiges Wesen der Welt, das übersinnlich waltet, das durch seine übersinnlichen Kräfte in Menschenwerden und Menschengeschichte eingreift. – Aber man wußte auch, daß die Zeit herangerückt ist, wo innerhalb der Besten des althebräischen Volkes ein immer bedeutsameres und größeres Verständnis der Wesenheit des Jahve sich einführen sollte. Man wußte, daß die Moses-Religion zwar im Keim schon alles hatte, was man als die Jahve-Religion bezeichnen kann, aber es war so verstanden worden, wie es bei einem mehr oder weniger erst im Kindheits- oder Jünglingsalter stehenden Volke verstanden werden kann. Die Jahve-Religion, der Aufblick zu einem übersinnlichen Gotte, der durch nichts anderes charakterisiert werden kann, als daß man sagt: Er hat mit nichts anderem Ähnlichkeit, als mit jenem unsichtbaren Übersinnlichen, das der Mensch gewahr wird, wenn er sein eigenes Ich ins Auge faßt. Jenes Übersinnliche war da, aber man hatte es so aufgefaßt, daß man an den äußeren Erscheinungen des Menschenlebens sozusagen versuchte, sich zu verbildlichen, wie der Jahve-Gott wirkte. Man hatte sich daran gewöhnt, zu sagen: Jahve wirkt so, daß er die Menschen belohnt, den Menschen sich gütig erweist, wenn sich in der äußeren Natur Fruchtbarkeit, Üppigkeit zeigt, wenn sonst das Leben leicht dahinfließt. – Man hatte sich aber auch gewöhnt, zu sagen, daß der Jahve-Gott im Zorn erglühe oder sich von den Menschen abwende, wenn Kriegsnöte, Hungersnöte oder dergleichen da waren.

Die Zeit, von der wir jetzt sprechen, ist auch eine solche Zeit der Not, namentlich eine Zeit der Hungersnot. Und gar manche hatten sich von Jahve aus dem Grunde abgewandt, weil sie an sein Wirken nicht mehr glauben konnten, da sie sahen, wie er die Menschen behandelte, da eben eine furchtbare Hungersnot herrschte. Wenn wir von einem Fortschritte des Jahve-Gedankens sprechen können, müssen wir diesen Fortschritt in der folgenden Art charakterisieren, Auftreten sollte nun ein Gottesgedanke, der zwar der alte Jahve-Gedanke war, aber von einem höheren Verständnis der Menschen durchdrungen, so durchdrungen, daß man sich sagte: Was auch in die äußere Welt eintreten, wie auch der Mensch beseligt dahinleben möge, wie ihn aber auch Not und Elend treffen mögen, diese äußeren Dinge sind in keiner Weise beweisend für die Güte oder den Zorn des Jahve, sondern der hat den richtigen Begriff, die rechte Hingabe an den Jahve-Gedanken, der auch in der größten Not und im größten Elend in dem Aufblick zu dem unsichtbaren Gotte nicht wankend wird, der durch die Kräfte allein, die in seiner Seele walten, und durch keinerlei äußere Beobachtungen, äußere Bekräftigungen die Gewißheit empfängt: Er ist!

Dieser Umschwung sollte sich in der damaligen Zeit vollziehen. Wenn solche Umschwünge in der Zeit vor sich gehen sollen, müssen immer Persönlichkeiten da sein, in deren Seelen sich so etwas zuerst vollzieht, in die gleichsam hineinwirken kann dasjenige, was als ein neuer Impuls, eine neue Kraft in der Geschichte auftreten soll. Wenn das Wort nicht mißverstanden wird, kann man sagen: Es war durch das Völkerschicksal diejenige Individualität, die mit dem Namen des Propheten Elias bezeichnet wird, ausersehen, um den Jahve-Gedanken in einer solchen Weise zuerst in der eigenen Seele zu erfassen. – Dazu war notwendig, daß in der Seele dieser Persönlichkeit ganz besondere Kräfte aus den verborgenen Untergründen und Tiefen aufstiegen, die vorher nicht bei den Menschen, auch nicht bei den Lehrern der Menschheit waren. Eine Art mystischer Einweihung erster Art, durch welche die Kunde von einem solchen Gott hereinziehen konnte, mußte sich in der Wesenheit des Elias abspielen. Daher ist von ungeheurer Wichtigkeit, um dieses Hereindringen des Jahve-Gedankens in der charakterisierten Weise zu zeigen, daß man in die Seele desjenigen Mannes hineinschaue, in dem zuerst der Geist verkörpert war, der in solcher Art durch seine Einweihung, durch seine Durchdringung mit den verborgenen Kräften der Seele, wie es für den ersten, tonangebenden Geist notwendig war, den Jahve-Gedanken möglich machen sollte.

Mit dem, was solche Persönlichkeiten als einen bedeutsamen Ruck nach vorwärts zuerst in ihrer eigenen Seele erleben, stehen sie ja allein da. Aber sie versammeln Schüler um sich. Das, was man die großen religiösen oder Propheten-Schulen innerhalb Palästinas, was man die Initiations- oder Mysterienstätten bei anderen Völkern nennen kann, das gehört zu solchen Schulen. So war denn der Prophet Elias, wenn wir diesen Namen gebrauchen wollen, ebenfalls von einigen Schülern umgeben, die nur von unten zu ihm aufblickten, aber doch in einer gewissen Weise wenigstens wußten, um was es sich handelte, wenn sie auch nicht sehr tief in seine Seele hineinschauen konnten. Die andern Menschen aber wußten nicht, wo derjenige steckt, in dem solches vorging. Man mußte sich nur sagen: Er ist da, es geht etwas vor. – Was wir vielleicht in unserer Sprache, wenn der Name nicht mißbraucht wird, eine Art Gerücht nennen würden, verbreitete sich. Das Gerücht verbreitete sich, daß der Prophet da sei, aber man wußte nicht wo. Denn solche Propheten, solche bedeutsamen Geister hatten eine ganz bestimmte Kraft. Es mag das, was ich hiermit sage, wenn man nur auf unsere Zeit blickt, etwas grotesk erscheinen, für den aber, der die Eigentümlichkeiten alter Zeiten kennt, braucht es durchaus nicht grotesk zu sein. Eine ganz besondere Kraft hatten diese Persönlichkeiten, eine Kraft mit einer großen und einschneidenden Wirksamkeit, die sich da und dort zeigt, nicht bloß in den Schauergefühlen, sondern auch in Positivem, das sie sozusagen den Seelen einträufeln, um dadurch so zu wirken, daß man eigentlich nicht weiß, wo die äußere Persönlichkeit steckt. Die äußere Persönlichkeit solcher Geister ist zuweilen eine recht unscheinbare. Die Schüler wissen es. Irgendwo, vielleicht in einer höchst unscheinbaren äußeren Stellung, tritt die äußere Persönlichkeit auf.

Und siehe da: in jener Zeit war die äußere Persönlichkeit, die der Träger des eben charakterisierten Geistes war, ohne daß Ahab, der König von Samaria, eine Ahnung davon hatte, eigentlich sein Nachbar. Er war in seiner unmittelbaren Nähe. Aber König Ahab wußte nichts davon. Er suchte die Persönlichkeit, von der er so sprechen konnte, wie es jetzt charakterisiert worden ist, überall, nur nicht in dem schlichten Besitzer eines kleinen Gutes, das in seiner unmittelbaren Nähe war. Denn wo diese Persönlichkeit zu gewissen Zeiten war, warum sie zuweilen abwesend war, darüber machte sich der König keine Gedanken. Jesabel wußte es, teilte aber zunächst ihr Geheimnis dem Ahab nicht mit. Sie behielt es aus Gründen, die wir nachher erkennen werden, eben für sich. Diejenige Persönlichkeit nun, welche eigentlich der äußere physische Träger des Elias ist, wird auch in der Bibel mit einem Namen genannt. Sie heißt dort Naboth, so daß wir in Wahrheit nach den geisteswissenschaftlichen Forschungen in dem biblischen Naboth den physischen Träger der geistigen Individualität des Elias zu sehen haben.

Es kam in jener Zeit der Hungersnot, wo viele eben hungern mußten, in gewisser Weise auch über Naboth die Not. In solchen Zeiten, wo nicht nur der Hunger wirkt, was in der damaligen Zeit allerdings der Fall war, sondern wo auch das unendliche Mitleid mit den Hungernden, mit den

Bedrängten wirkt, sind die Verhältnisse besonders günstig, daß in dem durch sein Schicksal oder durch sein Karma dazu Vorbereiteten jene verborgenen Seelenkräfte hereinkommen können, durch die er zu einer solchen Mission sich aufschwingen kann, wie es angedeutet worden ist. Machen wir uns nun klar, was in einer solchen Seele vorgeht, was also in Naboths Seele vorgegangen ist.

Was vorgeht, sind zunächst rein innerliche Vorgänge, ist eine bedeutsame Selbsterziehung oder Selbstentwickelung der Seele zu höheren geistigen Höhen. Was die Seele innerlich erlebt an Aneignung von Kräften, durch die sie hineinschaut in die geistigen Welten, um aus ihnen wieder herunterzutragen, was als Impulse der Menschheitsentwickelung eingepflanzt werden soll, ist außerordentlich schwer zu schildern, läßt sich außerordentlich schwer in Worte kleiden, weil es nicht einmal dem, der so etwas erlebt, so zum Bewußtsein kommt, namentlich in jenen alten Zeiten nicht so zum Bewußtsein kam, daß er es in genaue, scharf konturierte Begriffe hätte bringen können. Man macht eine hellseherische Entwickelung der Seele durch in verschiedenen Stufen. Bei einer solchen Wesenheit wie Naboth geht natürlich das voraus, daß sie zuerst das bestimmteste innere Erlebnis hat: In mir soll aufleuchten die Kraft, die jetzt in die Menschheit hereinkommen soll. Ich soll ihr ein Gefäß sein. – Dann aber kommt das andere Erlebnis: Ich muß nun alles daransetzen, daß ich mich dieser Kraft würdig mache, daß die Kraft in mir in richtiger Weise sprechen kann, daß ich mir die entsprechenden Eigenschaften aneigne, die mir die Fähigkeiten geben, das zu erleben, was ich erleben muß, damit ich die Kraft in der richtigen Weise den Mitmenschen mitteilen kann.

So muß eine solche Persönlichkeit mancherlei Stufen durchmachen. Wenn eine entsprechende Stufe dann erreicht ist, treten für die eigene Seele gewissermaßen bestimmte

Zeichen auf, die nicht etwa Träume sind, aber innere Erlebnisse, auch nicht nur Visionen, denn es liegt ihnen die Realität der Entwickelung der eigenen Seele zugrunde. Es treten Bilder auf, welche die Anzeichen dafür sind: Jetzt bist du in deiner Seele so weit, daß du es wagen kannst, zu wirken. – Die Bilder als solche brauchen nicht viel zu tun zu haben mit dem, was die Seele in Realität durchmacht. Sie sind bloße Symbole in der Weise, wie auch der Traum symbolisiert. Es sind aber in einer gewissen Weise typische Symbole, wie wir auch unter gewissen Umständen bestimmte Träume haben, so zum Beispiel bei pochendem Herzen den Traum eines glühenden Ofens. So treten bestimmte visionartige Erlebnisse auf, wenn die betreffende Seele wieder dieses oder jenes an hellseherischer Kraft sich angeeignet hat. Bei jenem Naboth trat das zuerst auf, daß er durch ein solches Bild erkannte: «Du bist es, durch den verkündet werden soll, daß man vertrauen kann auf den alten Jahve-Gott und vertrauen muß, auch wenn der äußere Schein des geschichtlichen Verlaufes durch die Not, die hereingebrochen ist, dawiderspricht. In Ruhe muß man warten, bis die Zeiten wieder besser werden, denn dem Ratschluß des alten Jahve-Gottes entspricht es, Not und auch wieder Glück zu bringen. Aber niemals darf das Vertrauen schwinden.» Daß dieses durch ihn Auszusprechende eine unerschütterliche, überzeugende Kraft in seiner Seele ist, das wurde dem Naboth klar. Es stand vor ihm lebendig als etwas, was mehr war als eine bloße Vision. Es stand vor seiner Seele der Gott selber, wie er sich ihm vorstellen konnte in einem Gesicht und zu ihm sprach: «Gehe zum König Ahab und sage: Es muß vertraut werden auf den Jahve-Gott, bis er wiederum regnen läßt», – das heißt, bis wieder bessere Zeiten kommen. Da wußte dieser Mann seine Mission, wußte, daß er sich jetzt der weiteren Ausbildung der Seelenkraft zu widmen hatte, die zu voller Entwickelung das bringen kann, was ihm so vor dem geistigen Auge stand, und er entschloß sich dazu mit allen Opfern, soweit es nur möglich war, einer derjenigen zu sein, die am meisten der Not der damaligen Zeit, auch dem Hunger, ausgesetzt waren. Er hungerte wahrlich nicht – ich betone, daß hier nicht etwa eine Hungerkur zur Erlangung geistiger Erkenntnis anempfohlen werden soll –, um in höhere Welten hinaufzusteigen, er hungerte aus keinem andern Impulse, als die andern hungerten, nicht nur um das Schicksal der andern zu teilen, sondern es sogar in einem erhöhten Maße zu teilen. Seine Seele aber war in einer unausgesetzten inneren Kontemplation dem Gotte hingegeben, der sich ihm in der geschilderten Art offenbart hatte, und er wandte seine Gedanken nicht von diesem Gotte ab. Wir würden heute in der Geisteswissenschaft sagen: Seine ganze Meditation war, daß er mit voller Willkür diesen Gedanken in den Mittelpunkt seiner Seele brachte. – Daß er damit richtig handelte, zeigte sich ihm wieder in einem Zeichen, in einem inneren Gesichte, das wieder mehr war als eine bloße traumhafte Vision, indem vor ihm in aller Lebendigkeit das Bild des Gottes stand, der ja in seiner Seele lebte und ihm sagte: «Harre aus, ertrage alles! Derjenige, der die Menschen und auch dich ernährt, wird dir das Nötige geben. Nur unbedingtes Vertrauen in den ewigen Bestand der Seele mußt du haben!» Das Bild trat auf, als ob er – ein Einsiedler, der die Sache mehr in bildhafter Realität darstellte – hinginge an den Bach Krith, dort sich verberge und sich von dem Wasser des Baches, solange eines da war, tränke und sich nährte von dem, was ihm der Gott schickte, was er eben unter der Not der Zeit noch haben konnte. Es erschien ihm als Bild einer besonderen Gnade des Gottes, daß ihm die Raben diese Nahrung zubrachten. So hatte er in diesem Gesicht eine Bekräftigung dessen, was er wieder in seinem Inneren als die Hauptsache zu durchleben hatte.

Dann sollte er eine höhere Stufe in bezug auf die verborgenen Seelenkräfte erleben. Siehe da, er versuchte noch tiefer, so würden wir heute sagen, in jene Meditation sich hineinzuversenken, von der er ausgegangen war, und die wir schon charakterisiert haben. Diese Meditation, dieses innere Erleben nahm dann folgenden Charakter an. Er sagte sich: Wenn du überhaupt der Vision gewachsen sein sollst, welche da von einem ganz neuen Gottesbild hereinleuchtet, so mußt du im Grunde genommen innerlich, auch in den tiefsten Kräften deiner Seele, ein ganz anderer werden, als du bis jetzt gewesen bist. Du mußt eigentlich die Seele, die in dir lebt, überwinden, ablegen, und du mußt aus deinen tieferen Seelenkräften heraus in einer neuen Art dasjenige beleben, was du zwar hast, was aber so als dein eigentliches Ich nicht bleiben darf, wie es ist. – So arbeitete er unter dem Einfluß dieses Gedankens an seiner Seele intensiv, in innerer Arbeit, an einer Umwandlung, an einer Umgestaltung seines eigenen Ich, damit es würdig werden konnte, sich dem Gotte gegenüberzustellen, der sich ihm offenbart hatte. Wiederum ergab sich für ihn eine Art Gesicht, eine Art Vision, aber eben etwas, was viel mehr ist als eine Vision und doch viel weniger Wert hat, denn den eigentlichen Wert haben die inneren Seelenvorgänge. Es ergab sich ihm das Gesicht, daß sein Gott, der sich ihm offenbart hatte, ihn nach Sarepta schickte, daß er dort eine Witwe antraf, die einen Sohn hatte. Jetzt erscheint ihm die Art und Weise, wie er leben soll, gleichsam personifiziert in dem Schicksal dieser Witwe und ihres Sohnes. Die haben kaum mehr etwas zu essen, so tritt die Vision vor seine Seele. Das letzte, was sie haben, wollen sie noch anwenden und dann sterben. Er aber sagt jetzt das, was er im Grunde genommen zu seiner eigenen

Seele von Tag zu Tag, von Woche zu Woche im einsamen Nachdenken gesagt hatte, wie in einem Traum, wie in einem Gesicht zu dieser Witwe: «Sorget nicht, bereitet ruhig aus dem Mehl, das Ihr noch habt, das Mahl, das bereitet werden soll für Euch und auch für mich. Vertrauet für alles, was kommen soll, auf den Gott, der Glück und Unglück bringen kann, an dem man nie irre werden darf!» Und siehe da, es zeigte sich ihm im Traum, im Gesichte, war in der Vision ausgedrückt, daß der Mehlbehälter und der Ölkrug nicht leer wurden, sondern sich immer wieder füllten. Sein ganzer Seelenzustand drückte sich im Gesichte so aus, als er gleichsam für diese Persönlichkeit reif geworden war, als ob diese Persönlichkeit hinzöge in das Haus der Witwe und in dem oberen Stockwerk dieses Hauses wohne. Aber die innere Realität ist die, daß die eigene Seele gleichsam ein höheres Stockwerk besteigt, zu einer höheren Stufe ihrer Entwickelung hinaufgelangt. Jetzt aber tritt ihm im Gesicht entgegen, wie der Sohn jener Frau stirbt. Das ist nichts anderes als die symbolische Widerspiegelung dafür, wie er überwunden, gleichsam getötet hat, was sein Ich bisher war. Die unterbewußten Kräfte seiner Seele fragen ihn: «Was sollst du jetzt tun?» Er steht gewissermaßen ratlos da. Da nimmt er sich selbst zusammen durch die Kraft, die bisher in ihn geflossen ist, und versenkt sich weiter in das, was ihm zum Sichversenken gegeben ist. Da stellt sich dar, daß, nachdem der Sohn dieser Witwe gestorben ist, diese Frau ihm Vorwürfe macht, das heißt sein eigenes seelisches Unterbewußtsein ihm Vorwürfe macht und ihm Besorgnis einjagt: Das alte Ich-Bewußtsein ist nun fort, wie nun weiter? – Im Bilde dargestellt ist es so, daß er den Sohn zu sich kommen läßt, sich kühn in seine Seele weiter vertieft und dadurch den toten Sohn wieder zum Leben bringt. Das gibt ihm Mut zur weiteren Belebung des neuen Ich aus dem alten Ich.

So reifte er heran. So reifte seine Seele heran, daß sie in sich die Kraft haben konnte, nun auch wirklich vor die äußere Welt hinzutreten und zu verkündigen, was dieser äußeren Welt zu sagen war, vor allen Dingen vor den König Ahab hinzutreten, um zur Entscheidung zu bringen den Sieg der neuen Jahve-Auffassung gegenüber demjenigen, was aus der Schwäche der Zeiten an deren Stelle getreten war, und dessen Repräsentant der König Ahab war.

Von irgendwoher – jedenfalls hatte Ahab keine Ahnung, woher der Mann kam – kam dieselbe Persönlichkeit an König Ahab heran, der in seinem Reiche sorgend herumging und sich die Not besah. Da traf er auf diesen Mann. Und es machte sich etwas geltend in Ahabs Seele bei den Worten, die dieser Mann zu ihm sprach, obwohl er durchaus nicht wußte, daß es sein Nachbar war, als ob das Schauervolle jetzt in einem besonderen Maße vor ihm stünde, was er immer empfunden hatte, wenn von jenem Geiste gesprochen wurde, der in der Bibel mit dem Namen des Propheten Elias genannt wird. «Bist du etwa der Mann, der Israel verwirrt?» fragte ihn Ahab. «Nein», antwortete Naboth-Elias, «sondern du selbst bist es, der Unglück und Unheil bringt über Israel. Die Entscheidung muß herbeigeführt werden, welchem Gotte sich nunmehr unser Volk zuwenden soll.»

Da wurden denn die Dinge so geführt – das Einzelne näher auszuführen, würde heute zu weit gehen –, daß ein großer Teil des Volkes von Israel versammelt wurde am Berge Karmel, wo die Entscheidung herbeigeführt werden sollte durch ein äußeres Zeichen, das sich uns durchaus als etwas Begreifliches darstellen sollte, zwischen dem Gotte des Ahab und dem Gotte des Elias. Zuerst wurde veranstaltet, daß die Priester und Propheten des Baal, wie man den Gott des Königs Ahab nannte, ihr Opfer darbrachten. Nun wollte man abwarten, ob durch den Opferdienst, der da dargebracht wurde, durch die frommen Übungen der ekstatischen Propheten, die sich durch Musik und Tanz in ganz besondere Zustände versetzen, ob durch diese Exerzitien sich etwas wie mitteilend auf das Volk ausbreiten wollte, mit anderen Worten, ob durch die Gotteskraft, die diese Priester in sich hatten, etwas sich von der Kraft und Gewalt dieses Gottes zeigte. Zum Opferaltar wurde das Tier herangebracht. Es sollte sich zeigen, ob wirklich in den Priestern die Kraft wirkte, welche die Menge ergreifen kann. Denn Naboth-Elias sagte: «Es muß die Entscheidung herbeigeführt werden: ich stehe hier allein – und mir gegenüber stehen vierhundertfünfzig Baalspriester. Wir wollen sehen, wie stark ihre Kraft auf das Volk ist, oder wie stark meine Kraft ist.» Das Opfer wurde veranstaltet. Alles wurde getan, was getan werden konnte, um die Kraft, welche die Baalspriester hatten, auf das Volk zu übertragen, damit es an den Gott Baal glauben sollte. So weit wurde es getrieben, daß Hände und andere Körperstellen dieser Priester mit dem Messer geritzt wurden, so daß Blut floß, um das, was schauervoll wirken mußte bei den Priestern, die unter Tanz und Musik wirkten, noch zu verstärken. Aber siehe da, es zeigte sich nichts, denn Elias-Naboth war da mit seiner Kraft. Man möchte mit nüchternen Worten sagen: Er war da mit seinem Einfluß. – Sie brauchen nicht an irgend etwas von Zauberei zu denken. Und er brachte es mit seinem Einfluß dahin, alles aus dem Felde zu schlagen, was da war. Dann begab er sich an die Opferung. Mit anderen Worten; es begab sich an die Opferung mit ihrer ganzen Kraft diejenige Seele, die durchgemacht hatte, was wir eben geschildert haben. Das Opfer wirkte! Die Seelen, die Gemüter wurden ergriffen. Etwas Ähnliches trug sich zu wie das, was ich in meinem Buche «Die Mystik im Aufgange des neuzeitlichen Geisteslebens» zu beschreiben versucht habe, wo es an

Johannes Tauler dargestellt ist, der Prediger gewesen ist, aber noch eine besondere Schulung durchmachte. Als er dann die Kanzel wieder betrat, zeigte sich bei seinen Zuhörern eine Wirkung, die dadurch ausgedrückt ist, daß uns erzählt wird: etwa vierzig Menschen fielen durch seine Predigt hin und waren tot, das heißt sie waren in ihrem Innern durch die entsprechende Kraft getroffen. So war es bei Elias. Jetzt brauchen wir nichts anderes zu denken, als daß die Worte, die in der Bibel stehen, eine Übertreibung sind, wenigstens ergibt das die geisteswissenschaftliche Forschung. Die Baalspriester, die vierhundertfünfzig Gegner des Elias, mußten sich als besiegt ergeben. Sie waren in ihren Seelen getötet durch Elias-Naboth. Elias-Naboth hatte das Feld. (1. Kön. 18, 40.) Das aber können wir sagen als etwas, was sich von selbst jetzt ergibt.

Ich habe Ihnen den Charakter und die Eigenart der Jesabel geschildert. Sie wußte: Der, welcher da gewirkt hat, ist eigentlich unser Nachbar. Da drüben haben wir ihn. Wenn er nicht in geheimnisvoller Art abwesend ist, ist er in unmittelbarer Nähe. – Was wußte aber Elias-Naboth von jenem Momente an? Er wußte, daß Jesabel mächtig ist, daß sie von seinem Geheimnis weiß, und daß – mit anderen Worten – nun sein äußeres physisches Leben nimmermehr ein ganz sicheres sein könnte. Er mußte für den Fall seines Todes in der nächsten Zeit Sorge tragen. Die Bibel erzählt auch, daß der König Ahab heimging und der Jesabel mitteilte, was sich ereignet hatte am Berge Karmel. Und sie sagte: Ich werde an Elias tun, was er an deinen vierhundertfünfzig Propheten getan hat. (1. Kön. 19, 2.) – Ich möchte einmal wissen, wer eine solche Rede, wie sie an dieser Stelle in der Bibel von Jesabel berichtet wird, mit andern Mitteln erklären will als denen der Geisteswissenschaft, während sie durch die geisteswissenschaftliche Forschung wie eine Selbstverständlichkeit erscheint. Elias aber muß nun dafür Sorge tragen, daß, wenn er durch die Rache der Jesabel mit dem Tode abzugehen habe, in einer gewissen Weise sein Geist in bezug auf das, was er der Menschheit zu sagen hat, weiter wirkt in dieser Menschheit. Und siehe da, als er wiederum in seiner Seele Einkehr hält, in dieser inneren intensiven Einkehr sich fragt: Was sollst du nun tun, um dich selber hier in der physischen Welt zu ersetzen, wenn dein Tod herantritt durch die Rache der Jesabel? – da kam eine neue Offenbarung über ihn. Sein Blick wird auf eine ganz bestimmte Persönlichkeit hingelenkt, auf die er, Naboth-Elias, sozusagen übertragen kann, was er der Menschheit zu geben hat. Sein Blick wird gelenkt auf Elisäus, auf *Elisa*. Sie mögen nun denken, daß Elias den Elisäus von früher her gekannt hat, aber darauf kommt es nicht an. Elias Blick wurde auf diese Persönlichkeit gelenkt, und die innere Erleuchtung sagte ihm: Weihe diesen Mann in dein Geheimnis ein. – Und mit jener Deutlichkeit, mit der die religiösen Urkunden für die Geisteswissenschaft sprechen, wird uns noch gesagt, daß Elias-Naboth etwas besonderes vollziehen soll, und daß dasjenige, was jetzt auch über Elisäus kommen soll, derselbe Geist ist, der bisher über Elias gewaltet hat. In Damaskus sollte er ihn aufsuchen. In Damaskus sollte über Elisäus diese Erleuchtung kommen. In derselben Weise sollte über Elisäus die Erleuchtung kommen, wie es uns später für den Apostel Paulus selbst angedeutet wird. Und nachdem Elias sich seinen Nachfolger hat erkiesen können, traf ihn auch bald die Rache der Jesabel.

Jesabel lenkte die Gedanken ihres Gatten Ahab auf den Nachbar hin und sagte etwa folgendes zu ihm: Siehe an, dieser Nachbar ist ein frommer Mann, in dem die Gedanken des Elias leben. Wenn du ihn doch aus deiner unmittelbaren Nähe als denjenigen entfernen würdest, auf den viel ankommt, weil er doch einer der wichtigsten Anhänger des Elias ist. – Ahab wußte nichts davon, wie es um das Geheimnis des Naboth stand, aber er wußte, daß er ein treuer Anhänger des Elias war. Da überredete denn Jesabel den Ahab dazu, er möge diesen Mann, sei es durch alle überredenden Kräfte, oder selbst durch die Macht seines Königtums, veranlassen, zu ihm überzutreten. Das wäre ein Schlag gewesen für die Sache des Elias, wenn durch irgend etwas es gelungen wäre, diesen Mann herüberzuziehen. Jesabel wußte natürlich, daß das nur eine Fiktion sei, sie wollte nur dadurch herbeiführen, daß sich ihr Gatte zu einer wichtigen Tat aufraffe. Denn sie wollte nicht diese Tat, sondern die andere, die darauf folgte. So war es eine Art fingierter Rat, den Jesabel gab.

Ahab ging zu Naboth, und siehe da, Naboth wandte ihm ein: Niemals wirst du dasjenige erlangen, was du jetzt willst!– Sie wissen, in der Bibel wird die Sache so dargestellt, daß Naboth einen Weingarten besitzt als Nachbar des Ahab, und daß Ahab nach diesem Weingarten strebt, den er durch Gewalt oder Überredung haben will. Naboth sagt in der Bibel zum König: «Das lasse der Herr fern von mir sein, daß ich dir meiner Väter Erbe sollte geben!» (1. Kön. 21, 3.) In Wirklichkeit ist aber ein ganz anderes Erbe gemeint, das er nicht hingeben will. Darauf stiftet Jesabel ihre Rache an. Sie braucht ihren fingierten Rat, weil der König erst zerschmettert sein sollte über die Weigerung dieses Mannes. Das kann man erkennen, wenn man nur die Bibel an dieser Stelle liest, wo es heißt: «Da kam Ahab heim, voll Unmuts und zornig um des Wortes willen, das Naboth, der Jesreeliter, zu ihm hatte gesagt und gesprochen: ‹Ich will dir meiner Väter Erbe nicht geben›. Und er legte sich auf sein Bette und wandte sein Antlitz und aß kein Brot.» (1. Kön. 21, 4.)

Man denke, weil er einen Weingarten in seiner Nachbarschaft sich nicht anschaffen konnte, hörte er zu essen auf. Solche Dinge ergeben sich nur dann, wenn man die wahren Tatsachen erforschen kann, die dahinter sind. Jesabel stiftet nun ihre Rachetat an, die darin besteht, daß man ein Fest ansetzt, zu dem auch Naboth herangezogen wird, und daß ihm besondere Ehren angetan werden. Denen kann er sich nicht entziehen. Es ist ihm die Möglichkeit geboten, zu wirken. Aber Jesabel ist selbst eine hellseherische Persönlichkeit. Mit den andern würde er leicht fertig geworden sein, mit den andern konnte er seine Kräfte messen. Sie aber konnte ihn verderben. Sie stiftete die Mörder an, das heißt, wie es in der Bibel erzählt ist, falsche Zeugen, die da sagten, daß Naboth ein Gottes- und Königsleugner wäre. (1. Kön. 21.)

Damit war Elias als äußere physische Persönlichkeit tot, aus der Welt geschafft. Ahab war durch alles, was vorangegangen war, und was wahrhaft tiefe Kräfte in seiner Seele ergriffen hatte, sozusagen vor eine Art Schicksalsfrage gestellt. Da konnte sich gerade in diesem Augenblick ausnahmsweise für ihn eine Ahnung ergeben. In dieser Ahnung erschien ihm Elias, vor dem er so oft geschaudert hatte. Und in dieser Vision sagte ihm Elias, wie es um die Sache stand. Das ist ein geistiges Erlebnis. Er hört sozusagen von dem Bilde des Elias nach dessen Tode, daß er den Naboth hingemordet habe, den Naboth-Elias. Das letztere brauchte er nur zu ahnen, aber Mörder wurde er genannt. Und in der Bibel finden wir das furchtbare Wort ausgesprochen, das er in dieser Ahnung auf seine Seele sich entladen fühlte, denn so sagte das Bild in der Ahnung zu Ahab: «An der Stätte, da Hunde das Blut Naboths geleckt haben, sollen auch Hunde dein Blut lecken!» (1. Kön. 21, 19.) Und über Jesabel wurde gesagt: «Die Hunde sollen Jesabel fressen an der Mauer Jesreels.» (1. Kön. 21, 23.)

Wir wissen, das war eine Ahnung, die zu denen gehörte,

welche sich erfüllten. Denn als später der König Ahab gegen die Syrer in den Krieg zog, wurde er in der Schlacht verwundet, das Blut träufelte auf seinen Wagen, und er fand so seinen Tod. Wie der Wagen gewaschen wurde, traten die Hunde hinzu und leckten das Blut, das aus den Wunden des Ahab geflossen war. Und als der spätere Ausgang der Geschehnisse Jehu zum Herrn in der Stadt Samaria machte, da wurde im Fenster stehend Jesabel angetroffen, die ergriffen, aus dem Fenster gestürzt und in der Tat vor den Mauern der Stadt von den Hunden zerfleischt wurde. Aber darauf will ich jetzt nur hindeuten, weil die Zeit zu kurz ist, um näher darauf einzugehen. Das ist jetzt auch weniger wichtig. Viel wichtiger ist das, was nunmehr folgt.

Der, den Elias-Naboth zu seinem Nachfolger erkoren hatte, mußte nun selber seinerseits heranreifen. Aber er reifte nun auf eine andere Art heran. Der Schüler sozusagen hat es schon leichter als der erste Lehrer. Ihm stand zur Verfügung die Kraft, zu der sich Naboth-Elias hinaufgeschwungen hatte, ihm stand der Beistand des Elias zur Verfügung. Und wie die Individualitäten der Menschen, wenn sie durch die Pforte des Todes gegangen sind, mit einer ganz besonderen Kraft aus der geistigen Welt heraus wirken, so wirkte jetzt Naboth-Elias nach seinem Tode mit einer ganz besonderen Kraft auf den Elisäus herab, wie etwa der Christus Jesus selber nach seinem Tode, nach der Auferstehung auf seine Jünger gewirkt hat. Elias-Naboth wirkte mächtig auf den Elisa. Und was nun Elisäus erlebte, das erlebte er auch als ein inneres Erlebnis seiner Seele, aber als ein solches, das im Zusammenhange stand mit der Kraft, die von Elias ausströmte und auch noch fortdauernd nach seinem Tode auf diejenigen herabwirkte, die sich ihm hingeben konnten. Elisäus erlebte es so, daß lebendig vor seiner Seele stand sein großer Lehrer Elias, auch nach seinem Tode, und ihm sagte:

«Ich will mit dir heraustreten, aus dem Gilgal hinweg.» Ich möchte hier die Bibel ganz genau anführen; sie sagt: «Um die Zeit aber, da Jahve Elias im Wetter gegen Himmel fahren ließ, ging Elias mit dem Elisa aus dem Gilgal hinweg.» (2. Kön. 2, 1.) Das ist kein Ort. Auch die Bibel meint damit keinen Ort. «Gilgal» heißt nichts anderes als «Herumwälzung». Gemeint ist damit ein technischer Ausdruck: Das Wälzen, das Durchgehen der Seele durch Geburt und Tod, das Leben der Seele innerhalb des physischen Leibes, wie die Seele von physischem Leib zu physischem Leib geht. Das nannte man Gilgal.

Sie werden sich nicht zu wundern brauchen, wenn es sich durch die Geisteswissenschaft hier ergibt, daß Elisäus in der Tat durch das, was er in seiner Seele in innerer Kontemplation und Hingabe erlebte, nicht durch die Kräfte seiner physischen Natur, sondern durch seine höheren Kräfte bei Elias war, das heißt mit ihm in der höheren Welt beisammen war. Und die Stufen, die er in der Seelenentwickelung durchzumachen hatte, gibt ihm jetzt der Geist des Elias an. Er macht ihn aber überall darauf aufmerksam, wie schwierig der Weg ist, den er zu durchmessen habe. In Stufen geht es hinauf – dorthin, wo er sich erst vereinigt fühlt mit dem Geist, der von Elias ausströmt. Die Ortsnamen, die da gewählt werden, sind nicht als Ortsnamen zu nehmen, sondern in ihrer wortwörtlichen Bedeutung als Seelenzustände. Da sagt zum Beispiel Elias: Ich gehe jetzt nach Beth-El. – Das stellt sich vor den Elisäus als eine Vision, die mehr ist als eine Vision. Und wie eine Mahnung sagt der Geist des Elias zu ihm: Lieber, bleibe hier. – Das heißt aber nichts anderes als: Besinne dich, ob du die Kraft hast, weiter mit mir zu gehen. – Da erscheint auch noch etwas weiteres wie eine Mahnung in der Vision. Alle seine Prophetenschüler, also seine Kollegen im Geistigen, stehen neben ihm und mahnen ihn. Die, welche wissen, weil sie eingeweiht sind in die Tatsache, daß Elisäus in die höheren Regionen hinaufsteigen kann, wo der Geist des Elias zu ihm spricht, sagen dem Elisäus: «Heute wirst du ihm nicht nachfolgen können. Weißt du auch, daß der Herr wird deinen Herrn von deinen Häupten nehmen?» (2. Kön. 2, 3.) Er aber antwortet ihnen: «Schweiget nur stille.» Zu dem Geist des Elias aber sagt er: «So wahr der Herr lebt und deine Seele, ich verlasse dich nicht!» Weiter sagt Elias: «Ich muß nun gehen nach Jericho.» Dasselbe wiederholt sich. Und dann fragt Elias: «Was willst du nun eigentlich?» Elisäus antwortet, und das steht auch in der Bibel, nur so, daß man es herausholen muß in der wahren Lesart: «Ich will, daß zu meinem Geist als ein zweiter der deinige in meine Seele komme!» In der Bibel steht es unrichtig: «Daß mir werde ein zwiefältig Teil von deinem Geiste.» (2. Kön. 2, 9.) Aber so ist ungefähr der geistige Sinn dessen, was Elisa vernimmt von Elias, daß er in den Tiefen seiner Seele lebendig werde, daß er dort zum vollen Bewußtsein erwache und mit der eigenen Seele sei er dem Geiste des Elias so gegenübergestellt, daß die Seele aus sich selbst heraus die Entschlüsse des Elias kundgeben könne. Da sagt Elias: «Wenn du, da ich mich jetzt in höhere Regionen zu erheben habe, meinen Geist sehen kannst, wie er in höhere Regionen aufsteigt, dann hast du erreicht, was du willst, und dann zieht meine Kraft in dich ein.» Und siehe da, Elisäus sah aufsteigen den Elias «im Wetter gen Himmel», nur der Mantel fiel zurück, das heißt die geistige Kraft, mit der er sich zu umhüllen hatte. Das war die geistige Vision, die sich ihm zeigte und ihn erkennen ließ, daß er der Nachfolger des Elias werden durfte. Und dann heißt es in der Bibel: «Und da ihn sahen der Propheten Kinder, die gegenüber zu Jericho waren, sprachen sie: ‹Der Geist des Elias ruhet auf Elisa.› Und sie gingen ihm entgegen und fielen vor ihm nieder zur

Erde.» (2. Kön. 2, 15.) Das weist darauf hin, daß in Elisa das Wort so mächtig geworden war, daß es durchdrungen war von der Kraft, welche die Prophetenschüler auch bei Elias erlebt hatten, und daß sie erkannten, daß wirklich der Geist des Elias-Naboth in Elisa weiterlebte.

Das ist es, was sich nach den geisteswissenschaftlichen Methoden, die hier in diesen Vorträgen schon geschildert worden sind und auch weiter noch geschildert werden sollen, über die wahren Vorgänge in der damaligen Zeit ergibt, was sich über jenen Impuls ergibt, der überfloß von Elias auf Elisa als eine Erneuerung und Erhöhung des alten Jahve-Glaubens. Es ist nun die Eigentümlichkeit, daß diese Vorgänge, die ja zunächst nur insbesondere in jenen alten Zeiten für den in die Sache Eingeweihten verständlich waren, denen erzählt wurden, welche die Sache selber nicht verstehen konnten, in einer solchen Weise, die sie eben begreifen konnten, und auf ihre Seelen in der Weise des Gleichnisses, der Wundererzählung wirkte. Aus dem, was im höchsten spirituellsten Sinne wahrhaftig wunderbar genug ist, entwickelte sich dann das, was als die Erzählung von Elias, Elisa und Naboth in der Bibel steht. Denjenigen, die nicht haben begreifen können, wie ein größter Impuls für die Weltentwickelung der Menschheit aus jenen Seelen hervorgequollen ist, die erst vieles, was sich dem äußeren Anblick entzieht, in sich haben durchmachen müssen, wurde es in Gleichnissen gesagt. Für sie wurde hingestellt, was uns nun eben in der Bibel erzählt wird, daß in der Zeit des Königs Ahab Elias lebte, daß der Gott Jahve dem Elias erschien in der Zeit der Hungersnot und ihm sagte: «Gehe hin zu dem König Ahab und sage ‹So wahr der Herr, der Gott Israels, lebet, vor dem ich stehe, es soll diese Jahre weder Tau noch Regen kommen, ich sage es denn›.» (1. Kön. 17, 1.) Dann heißt es weiter: Der Gott sagte dem Elias: «Gehe weg von hinnen und wende dich gegen Morgen und verbirg dich am Bache Krith, der gegen den Jordan fließt; und sollst vom Bach trinken; und ich habe den Raben geboten, daß sie dich daselbst sollen versorgen.» (1. Kön. 17, 3–4.) Das geschah. Und als das Wasser versiegt war, schickte wieder der Gott den Elias nach Sarepta. Und «im dritten Jahre» konnte dann Elias aufbrechen, konnte an den König Ahab herantreten – ich habe das schon angedeutet, während ich aus der Geistesforschung heraus die Tatsache hinstellte – und die vierhundertfünfzig Propheten des Baal vor die Entscheidung stellen. Dann ist wieder in einem Wunderbilde hingestellt, was in Wirklichkeit so geschehen ist, wie ich es Ihnen erzählt habe. Dann folgt die Erzählung, wie Naboth, der aber in Wahrheit der Träger des Geistes des Elias selber ist, beraubt werden soll seines Weinberges durch Ahab, und wie dann Jesabel den Naboth verdirbt. Nach dem, was in der Bibel dort steht, kann man nun nicht begreifen, wie Jesabel dies an Elias ausgeführt haben soll, weil sie doch zu Ahab sagte: «Ich will an Elias das tun, was er an deinen vierhundertfünfzig Baalspriestern getan hat». Denn sie hat nach der Bibel nur den Naboth umbringen lassen, während sie aber in der Tat, was allerdings kein Bibelleser wird herauslesen können, den Träger des Geistes des Elias umbringen ließ. Denn in der Bibel steht nur, daß Elias zum Himmel aufgefahren ist. Da würde sie also den Elias auf eine sonderbare Art verdorben haben, wenn sie es so tun wollte, wie er nach der Bibel an den vierhundertfünfzig Priestern des Baal getan hat. Kurz, wir haben Bilder, die nur verstanden werden können, wenn man sie heute wieder mit dem beleuchtet, was die geistige Forschung unmittelbar aus ihren Quellen herausgeben kann. In bezug auf diejenigen der verehrten Zuhörer, die nicht in der Lage wären, weil es nicht möglich ist, noch weitere Belege in einem Vortrag anzuführen, dasjenige, was sich aus der geisteswissenschaftlichen Forschung heraus ergibt, als mehr als eine Hypothese anzusehen, bin ich vollständig beruhigt, wenn sie bei der Beurteilung nur vorurteilsfrei zu Werke gehen, wenn sie die einzelnen Stellen prüfen und vergleichen, was heute gegeben ist, mit dem, was die Wissenschaft überhaupt geben kann. Man kann zwar ohne die geistige Forschung nicht darauf kommen, aber man kann es durch die äußere Wissenschaft bekräftigen und auch bekräftigen durch den eigenen Verstand.

Wir müssen also sagen: Im eminentesten Sinne zeigt sich, wenn wir die Persönlichkeit des Propheten Elias und seine Zeit betrachten, wie keineswegs das, was als Impulse und als Ursachen im Menschengeschehen wirkt, sich erschöpft in demjenigen, was äußerlich sich darstellt, und was die äußere Geschichte zu berücksichtigen weiß. Sondern die wichtigsten Vorgänge des Menschengeschehens sind die, welche sich in den Seelen der Menschen vollziehen und aus diesen Menschenseelen heraus wirken in die äußere Welt, übergehen in andere Leute und dort weiterwirken. Und wenn es auch nicht in der heutigen Zeit geschehen kann, in alten Zeiten war es geboten, daß eine solche Persönlichkeit, über die man nur munkelte, in dem einfachen, schlichten Nachbar leben konnte, ohne daß man es wußte. In der verborgensten Art wirken gerade die stärksten, die intensivsten Kräfte der Menschheitsentwickelung. So zeigt sich uns, wie wir in dem Propheten Elias ein Hinaufsteigen, ein Durcharbeiten des Jahve-Gedankens für die Menschheit in einem hervorragenden Maße haben, so daß wir eine wichtige epochale Tat für die Menschheit bei ihm zu verzeichnen haben, wenn wir ihn nur im rechten Lichte sehen.

Durch eine weitere Prüfung würde sich zeigen, daß von hier ein Licht fällt auf das, was geschehen ist, und auch auf das, was dann bis zur Begründung des Christentums

weitergeführt hat. So zeigt sich, daß wir durch eine solche
Betrachtung aus dem Geiste heraus dem nahekommen, was
uns so wichtig erscheinen muß: den Gründen und Impulsen,
die in der Menschheitsentwickelung gewirkt haben, und weil
sie gewirkt haben, auch fortwirken bis in unsere Tage hinein. Deshalb können wir das, was um uns herum spielt, auch
nicht verstehen, wenn wir nicht verstehen können, was in
der Vorzeit gespielt hat. Über die wichtigsten Dinge aber
berichtet nicht die äußere, physische Geschichte, die der äußeren Welt entstammt, denn auch für die Geschichte gilt ein
Wort, das ausgesprochen werden kann mit einer dem Sinne
nach nur geringen Abänderung eines Goetheschen Wortes,
jenes Goethe-Wortes mit Bezug auf die Notwendigkeit, den
Geist in der Natur zu erkennen durch die Vertiefung in den
Menschengeist, durch die Forschung, die nur aus den verborgenen Untergründen der Seele heraufgebracht werden kann.
Und an dem Beispiele des Propheten Elias und seiner Zeit
am Geisteshimmel der Menschheit bewahrheitet sich das
abgeänderte Goethe-Wort:

> Geheimnisvoll am lichten Tag der Gegenwart,
> Läßt Geschichte sich des Schleiers nicht berauben.
> Und was sie deinem Geist nicht offenbaren mag,
> Das zwingst du ihr nicht ab, nicht aus Pergamenten
> Und nicht aus den Zeichen, die da eingeschrieben sind
> In Erz, in Ton und in Stein.

DER URSPRUNG DES MENSCHEN
IM LICHTE DER GEISTESWISSENSCHAFT

Berlin, 4. Januar 1912

Was die Geisteswissenschaft, von deren Gesichtspunkten aus hier in diesen Vorträgen gesprochen wird, über die wichtige Frage nach dem Ursprunge des Menschen zu sagen hat, das muß im Grunde genommen allen denjenigen Persönlichkeiten von höchstem Interesse sein, die sich aus den großen Weltanschauungsfragen der Gegenwart heraus für diese Geisteswissenschaft interessieren. Denn der Frage nach dem Ursprunge des Menschen ist ein ungeheures Interesse von allen Seiten her in den letzten Jahrzehnten entgegengebracht worden, das insbesondere in der zweiten Hälfte des neunzehnten Jahrhunderts durch die großen, bewundernswürdigen Fortschritte der Naturwissenschaft angefacht worden ist. Und es ist zu begreifen, daß bei der eindringlichen Art, mit welcher die Naturwissenschaft sich in diesen letzten Jahrzehnten zur Weltanschauung zu erheben versucht hat, die Frage nach dem Ursprunge des Menschen immer wieder und wieder aufgeworfen werden, gewissermaßen in den Mittelpunkt der modernen Weltanschauungsfragen gestellt werden mußte.

Für einen oberflächlichen Blick könnte es nun scheinen, als ob gerade gegenüber dieser Frage nach dem Ursprunge des Menschen diejenige Weltanschauung, welche in unserer Gegenwart auf dem festen Boden der Naturwissenschaft stehen will, und jene, welche hier als Geisteswissenschaft vertreten wird, im allerschroffsten Gegensatze zueinander stünden. Wenn man allerdings die Verhältnisse innerhalb der naturwissenschaftlichen Entwickelung ins Auge faßt, wie sie noch vor wenigen Jahrzehnten, oder vielleicht vor noch kurzer Zeit vorhanden waren, dann könnte es im höchsten Maße plausibel erscheinen, einen solchen schroffen Gegensatz anzunehmen. Denn man braucht nur zu bedenken, was es im Jahre 1864 bedeutete, als aus den Darwinschen naturwissenschaftlichen Anschauungen heraus, die damals zwar jung, aber doch schon auf dem Wege waren, weiteste Kreise zu ergreifen, auf einer deutschen Naturforscherversammlung, bevor noch *Darwin* selber sich in deutlicher Weise in der Anwendung seiner Prinzipien auf die Frage nach dem Ursprunge des Menschen ausgesprochen hatte, *Ernst Haeckel* diese Darwinschen Prinzipien so auf die Wissenschaft vom Menschen anwendete, daß er energisch, kühn und mutvoll nicht nur die Verwandtschaft des Menschen in bezug auf seine Gestalt und Lebensverhältnisse mit den höheren Tieren vertrat, sondern daß er energisch die unmittelbare reale Abstammung, das wirkliche Hervorgehen des Menschen von und aus der höheren Tierwelt vertrat.

Damals mußte man, insofern man nach dieser Richtung hin vorurteilslos sein wollte, in weitesten Kreisen wohl denken, daß die kommenden Entdeckungen der naturwissenschaftlichen Forschung immer mehr und mehr das bestätigen und bekräftigen werden, was Ernst Haeckel im Jahre 1864 allerdings wie ein kühnes Programm der Forschung ausgesprochen hatte: die Hinleitung, die Hinordnung aller naturwissenschaftlichen Prinzipien in der Weise, daß man erkennen könne, wie sich allmählich aus den Tierordnungen heraus die Ordnung des Menschen entwickelt habe. Wenn sich dies, was Haeckel damals wie eine Art Programm verkündete, was ihm selbst aber schon als eine unumstößliche Wahrheit galt, bewahrheitet hätte, wenn die naturwissenschaftliche Forschung wirklich den Weg eingeschlagen hätte, den er vorausgesetzt hatte, dann würde zweifellos heute der erwähnte radikale Gegensatz zwischen Naturwissenschaft und Geisteswissenschaft auch vorhanden sein. Nun ist es aber nicht so gekommen. Die Naturwissenschaft selber hat im Grunde genommen ganz andere Resultate gezeitigt und Konsequenzen nach sich gezogen, namentlich in den letzten Jahrzehnten, als man damals vorausgesetzt hatte. Und daß man in unsern heutigen Tagen noch so große Schwierigkeiten hat, auf diesem Gebiete klar zu sehen, wenn es sich darum handelt, das Verhältnis von Naturwissenschaft zur Geisteswissenschaft darzulegen, rührt einzig und allein davon her, daß die populäre Verbreitung und das Sicheinleben naturwissenschaftlicher Erkenntnisse nicht mit der Entdeckung und Hervorbringung dieser Erkenntnisse den gleichen Schritt hält. Wir stehen heute noch gegenüber dem populären Bewußtsein so da, daß in den weitesten Kreisen wie ein festes Dogma der Glaube, namentlich aber in der populären Literatur die Anschauung verbreitet ist, als ob tatsächlich nur derjenige auf dem festen Boden naturwissenschaftlicher Erkenntnisse stehen würde, der heute sich ganz und gar der Behauptung fügt, der Mensch sei äußerlich, real, wie man ihn mit den äußeren Sinnen anschauen kann, im Laufe der Zeit aus Tierformen herausentwickelt worden, die unmittelbar in der Tierreihe ihrer Gestaltung und ihren Lebensverhältnissen nach an ihn grenzen. Dieser Glaube ist weit verbreitet, und man kann es noch überall hören, wenn man hinhorcht, daß demjenigen, der diesem Glauben, diesem Dogma etwas entgegensetzen will, einfach geantwortet wird: Nun, du weißt ja eben nichts von dem, was sich als Weltanschauung ergibt, wenn man wirklich auf dem festen Boden naturwissenschaftlicher Tatsachen steht. – Man weiß eigentlich in den weitesten Kreisen nichts davon, denn die populäre Literatur stellt alles so dar, daß man nichts davon wissen kann, daß dieser Glaube in den letzten Jahren recht brüchig geworden ist, und was Naturwissenschaft heute in bezug auf unsere Frage wirklich an Tatsachen herbeibringt, eigentlich schon in eine für die materialistisch-monistische Weltanschauung bedenkliche Nähe desjenigen gerückt ist, was die Geisteswissenschaft zu sagen hat. Denn man möchte sagen: Die Art und Weise, wie sich die Naturwissenschaft in bezug auf unsere Frage in den letzten Jahren entwickelt hat, ist so, daß überall die alten Anschauungen eines direkten Hervorgehens des Menschen aus der an ihn angrenzenden Tierreihe angezweifelt werden müßten. Und wenn wir den Gang, den diese Wissenschaft genommen hat, nur mit ein paar Strichen ins Auge fassen, bevor wir auf die geisteswissenschaftlichen Dinge eingehen, so wird er uns zeigen, wie es richtig ist, daß die Geisteswissenschaft eigentlich heute viel weniger mit der Naturwissenschaft in Widerspruch kommen kann, als die naturwissenschaftlichen Theorien und Hypothesen, die noch immer von einer materialistisch-monistischen Weltanschauung gehalten werden, mit den Tatsachen der Naturwissenschaft in Widerspruch stehen.

Wenden wir uns, um mit ein paar Strichen das anzudeuten, was sich zugetragen hat, zu den Anschauungen zurück, die zum Beispiel in den sechziger, siebziger Jahren des neunzehnten Jahrhunderts ganz begreifliche Verbreitung finden konnten. Was hat sich, als Darwin selber 1871 sein geistvolles Buch «Über die Abstammung des Menschen und die geschlechtliche Zuchtwahl» seinem 1858 erschienenen Buche «Über die Entstehung der Arten im Tier- und Pflanzenreich» folgen ließ, damals in begreiflicher Art bei ihm und seinen unmittelbaren mehr oder weniger ihm nahestehenden oder über ihn hinausragenden Anhängern gebildet? Da hat sich die Anschauung gebildet, daß sich einmal in einer Zeit, die der unsrigen lange vorangegangen ist, der Mensch nach und nach aus Formen, die der Affenart angehören, herausgebildet habe, Formen, die zwar nicht mit den Formen dieser Tierspezies übereinzustimmen brauchen, welche sich bis in unsere heutigen Tage herein erhalten hat, aber doch in einer gewissen Weise mit ihnen äußerlich formverwandt ist. Eine Art von Wesen sah man als Vorfahren des Menschen an, das vier Gliedmaßen hatte, die im Gegensatze zu der heutigen Verteilung der vier Gliedmaßen des Menschen in Hände und Füße mehr gleichartig gestaltet waren, eine Art vierhändiges Wesen, bei dem auch die heutigen zu Füßen umgestalteten Gliedmaßen des Menschen handähnlich waren. Also eine Art vierhändiges Klettertier wäre der Mensch gewesen, noch mit einer Art von Haarkleid bedeckt, mit einem unvollkommen ausgebildeten Gehirn und demgemäß mit einer anders gestalteten Schädelkapsel. Und dann würde sich in mehr oder weniger gerader Linie ein solches affenähnliches Wesen durch die Anpassung an die Verhältnisse und durch alles, was sich im Kampfe ums Dasein ergeben hat, zu dem heutigen Menschen fortentwickelt haben. Man ist so weit gegangen, daß man nicht etwa bloß sich der Anschauung hingegeben hat, als ob die äußeren Formen und die mehr ins Tierische gehörenden Lebensverhältnisse des Menschen sich allmählich aus einer solchen tierähnlichen Form herausgebildet hätten, sondern als ob auch alle geistigen Betätigungen des Menschen nur eine höhere Ausbildungsstufe demgegenüber darstellen würden, was sich an geist- und seelenähnlichen Betätigungen schon in der Tierwelt findet.

Man hat sich da insbesondere bemüht, zu zeigen, daß das, was menschliches Denken, menschliches Fühlen, menschliches

Wollen und Wesen dieses Wollens unter dem Maßstabe der sittlichen Weltanschauung ist, sich nur herausstellt als eine Komplikation, eine Ausbildung einfacherer, primitiver Seelen- und Geistestätigkeiten, die sich auch im Tierreiche finden, sich dann eben so kompliziert und umgestaltet hätten wie die äußeren Formen des Gehirns oder der Gliedmaßen. Es wäre also wichtig, daß eine solche Anschauung zu der Annahme führen müßte, daß alles, was der Mensch heute als sein Geistiges, als den Inhalt seines Seelenlebens erlebt, eigentlich nur das Produkt, der Ausdruck eines physisch-leiblichen Lebens sei, welches sich zurückverfolgen läßt in Zeiten, in denen es eigentlich nur ein noch tierisch sich verwirklichendes, leibliches Leben gibt, für welche Zeiten es noch keinen Sinn hat, von einem solchen geistigen Vorgange oder geistigen Inhalt zu sprechen, wie er sich in der Menschenseele heute auslebt. Wie eine Art Überbau über frühere niedere Formen hätte sich demgemäß das menschliche Geistesleben ausgestaltet, so daß keine Berechtigung vorliegen würde, das Geistesleben des Menschen, wie es sich in der Seele auslebt, wofür die Menschen so lange einen höheren, reineren Ursprung angeschaut haben, an eine geistige Welt unmittelbar anzuknüpfen, die sich in unsere physische Welt hereinstreckt. Und für noch fernere Zeiten in der Vergangenheit würde sich ergeben, daß das tierische Leben sich aus niederen Formen herausentwickelt hat und daß das, was Geistiges und Seelisches im Tiere genannt werden kann, zurückgeführt werden muß auf ein Dasein in Urzeiten, in welchen es nur diejenigen Vorgänge und Wesenhaftigkeiten gegeben hat, die der Mensch heute geneigt ist, nicht als durchlebt und durchwoben zu denken von irgendwelchem Hereinspielen eines Geistigen. Damit aber wäre für die Weltanschauung der Geist sozusagen als ein Schein, als eine Schein-Substantialität hingestellt, die aus dem Leiblichen wie heraussprüht, und es wäre alles Geistige auf das zurückgeführt, was uns als ein Sinnliches leiblich-körperhaft umgibt.

Es ist wohl hinlänglich bekannt, wie in der zweiten Hälfte des neunzehnten Jahrhunderts Weltanschauungsströmungen pilzartig aufgeschossen sind, die ganz von dem eben charakterisierten Geiste belebt waren, die ihre Größe darin sahen, mit alledem zu brechen, was alte Anschauungen herübergebracht haben über den Ursprung des Menschen aus einer geistigen Welt heraus und über ein Aufgenommenwerden des Menschen in eine geistige Welt, wenn der Mensch durch die Pforte des Todes geschritten ist. Man darf sagen, daß gerade redlichster Wahrheitssinn, geschärftes intellektuelles Gewissen im Verlaufe des neunzehnten Jahrhunderts bei den mannigfaltigsten Persönlichkeiten zu einer solchen Weltanschauung geführt haben. Zu einer Weltanschauung, die damals keineswegs etwa eine materialistische Gesinnung im Hintergrunde hatte, sondern die durchaus im Einklange mit einem edlen und echten Idealismus handeln und denken wollte, der sich sagte: Darauf kann kein Mensch hoffen, daß er einer geistigen Welt unmittelbar angehört, sondern allein darauf, daß der Geist, der sich aus dem materiellen Dasein herausentwickelt hat, ein mehr oder weniger langes Dasein in der Menschenseele finden werde. Es werde sogar die menschliche Kultur das Geistige im Laufe der Entwickelung fortbilden, dasjenige aber, was man selber im Geistigen tun könnte, würde nicht einmal in einer geistigen Welt geborgen werden, sondern könne mit dem vollständigen Auslöschen der menschlichen Persönlichkeit und Individualität nur in dem fortleben, was die menschliche Gattung als Kultur hervorbringt. – Ja, man darf sagen, daß sogar bei vielen Menschen sich außerordentlich viel Seelenheroismus in eine solche Anschauung mischte, und daß man gerade bei den führen den Persönlichkeiten auf diesem Gebiete nicht den geringsten Grad von einem Gegensatze zu moralischen Weltanschauungen konstatieren darf. Denn viele haben sich gesagt, es sei gerade das, was die Seele anstreben müsse, wenn sie sich selbst gut versteht, daß sie selbstlos wirkt auf Grund dessen, was sie in der Welt gewinnen kann, und sich dann aber selbstlos wieder hingibt, in voller Anerkennung, daß sie ausgelöscht werde, und daß nur ihre Taten weiterleben. Man betone wiederholt, daß es eigentlich Egoismus sei, in irgendeiner Form eine Unsterblichkeit zu suchen.

Geisteswissenschaft ist im allgemeinen nicht geneigt, Dinge herunterzukanzeln, welche aus einem echten Wahrheitssinn und einer intellektuellen Gesinnung hervorgegangen sind, sondern sie muß verstehen, wie sich solche Anschauungen bilden. Nie könnte sich Geisteswissenschaft darauf einlassen, dieses Herunterkanzeln von Weltanschauungen dadurch zu bewirken, wie es oft in der Welt geschieht, daß man auf das moralisch Verhängnisvolle hinweist, was sich aus der charakterisierten Weltanschauung ergeben muß. Aber etwas anderes ist es, wenn eine objektive Anschauung der Welt, ein tieferes Wissen und eine tiefere Erkenntnis selber uns überall eine solche Weltanschauung als brüchig erweist. Und da muß man sagen: Alles, was in einer so bewundernswürdigen Art von der Entwickelungsgeschichte, von der vergleichenden Anatomie, von der Versteinerungskunde und Geologie und der übrigen Naturwissenschaft geleistet worden ist, und was so bestimmt darauf hinzudeuten schien, daß sich eine solche Weltanschauung bestätigen müsse, das hat gerade immer mehr und mehr dazu geführt, daß es unmöglich geworden ist, heute auf Grundlage der naturwissenschaftlichen Tatsachen bei einer solchen Weltanschauung stehenbleiben zu können. Daher sind gewisse Forscher, von denen wir hier in den kurzen Strichen, mit denen wir den Werdegang der

Weltanschauung charakterisieren wollen, nur Typen anführen können, dazu gekommen, Vorstellungen, die sich auf Grundlage früherer Annahmen und Hypothesen herausgebildet haben, gerade deshalb zu bekämpfen, weil die fortgeschrittenste naturwissenschaftliche Kenntnis Tatsachen zutage gefördert hat, die durchaus nicht mit gewissen Hypothesen und Anschauungen übereinstimmen. Da sei herausgehoben eine Persönlichkeit wie *Kollmann,* weil sie typisch ist für die Anschauungen, die wir in mancherlei Nuancen auch bei anderen vertreten finden, und zwar deshalb, weil sie in den Tatsachen eine Grundlage haben. Kollmann mußte aus dem, was sich aus den Beobachtungen der Entwickelungsgeschichte ergab, aus der Beobachtung des vorgeburtlichen Menschen, des Menschenkeimes und der Tierkeime vor ihrer Geburt, und aus dem, was sich ihm in der Versteinerungskunde zeigte, zu dem Schlusse kommen, man könnte unmöglich annehmen, daß die Vorfahren des Menschen in einer früheren Zeit so gestaltet gewesen wären, wie sie zum Beispiel die orthodoxen Darwinianer in den siebziger Jahren des neunzehnten Jahrhunderts angenommen haben und noch heute annehmen. Unmöglich könnten die Menschen in ihrer Gestalt so angenommen werden, daß man eine nach rückwärts fliehende, niedere Stirnbildung, ein noch unentwickeltes, sozusagen wie zusammengeschrumpftes Gehirn bemerken würde, eine Gestalt also, welche an die heutige Affengestalt erinnern würde. Sondern es fand sich im Gegenteil immer wieder der genannte Forscher aus seinen Entdeckungen heraus bemüßigt anzunehmen, daß man gerade umgekehrt eine weit über die heutige Geschlossenheit des menschlichen Gehirnes und des Affengehirnes hinausgehende Gehirnkonfiguration annehmen müsse, aus der sich sodann das Affengehirn von heute aus einer ursprünglichen Form herausgebildet hätte, die eigentlich dem menschlichen Gehirn von heute viel ähnlicher gewesen sein muß als das gegenwärtige Affengehirn. So daß man im gegenwärtigen Affengehirn eine Art von Rückbildung zu sehen hätte aus einer Form, die es heute nicht mehr gibt, und die dadurch, daß sie in ihrer Gehirnbildung bestimmter geworden ist, auch als die Stammform des Menschengehirnes anzunehmen wäre. Außerdem fand sich derselbe Forscher bemüßigt anzunehmen, daß man nicht aus den Formen der höheren Tiere den Menschen ableiten könne, sondern aus kleinen, pygmäenartigen Wesen ihn ableiten müßte. Und er suchte daher überall nach Resten eines solchen alten, zwerghaften Menschengeschlechtes.

Wenn man eine solche Hypothese einmal auf seine Seele wirken läßt, so wird man sich sagen: Es ist eigentlich die Frage bald gelöst, warum die Versteinerungskunde, die Geologie, keine rechten Dokumente für einen solchen von Kollmann angenommenen Urmenschen aufweisen kann, und warum alles, was gegenwärtig von versteinerten Affen und Menschen gefunden werden kann, von dieser Urmenschenform abweicht. – Das kann bald herausgefunden werden. Wenn man die heutigen Erdenverhältnisse ins Auge faßt, so muß man sich sagen: Es ist unmöglich, daß eine solche Urform, welche die des Menschen und des Affen zugleich wäre, heute lebensfähig wäre, daß sie unter den gegenwärtigen irdischen Lebensverhältnissen existieren könnte. – Daraus folgt aber unmittelbar, ob es nun ein solcher Forscher mehr oder weniger deutlich ausspricht, er müsse nun doch voraussetzen, daß die Erde in früheren Zeiten ganz andere Verhältnisse als heute gehabt haben muß, daß wir zurückschauen müssen auf frühere Zeiten, welche ganz andere Lebensbedingungen hatten, und daß wir auf keiner Erde, die schon die heutigen Lebensbedingungen hatte, des heutigen Menschen Stammform finden könnten. So müßten wir zu solchen Erdenbedingungen zurückgehen, die sehr abweichen würden von dem, was wir an Vorstellungen über die gegenwärtigen Erdenbedingungen haben. Man wird durch eine solche naturwissenschaftliche Hypothese darauf hingewiesen, daß eigentlich unsere Erde in der Vorzeit eine ganz andere Gestalt gehabt haben müßte und alle Verhältnisse anders gewesen sein müßten, als sie heute sind.

Damit wird aber die ganze Frage, wie sie sich in der zweiten Hälfte des neunzehnten Jahrhunderts herausentwickelt hat, überhaupt verschoben. Wodurch kam es denn, daß die Naturforscher zu einer solchen Weltanschauung vorrückten? Dadurch, daß sie aus ihren Vorstellungen heraus durch ihren Wahrheitssinn und ihr intellektuelles Gewissen mit der alten Anschauung brechen mußten, so zum Beispiel mit der Linnéschen Anschauung, wonach die einzelnen Formen der Lebewesen gleichsam nebeneinander in die Welt hineingestellt gewesen wären. Diese Anschauung schien nicht der Höhe der wissenschaftlichen Forschung zu entsprechen, willkürliche Schöpfungsakte anzunehmen, die einmal die einzelnen Formen der Tiere und daneben auch den Menschen auf die Erde hingestellt hätten. Wenn man darauf eingeht, warum diese Anschauung nicht wissenschaftlich schien, so muß man darauf antworten: Sie schien mit Recht nicht wissenschaftlich, wenn man die Gesetze und Bildungsbedingungen der Lebewesen, wie sie gegenwärtig herrschen, ins Auge faßt, denn nach diesen Naturgesetzen läßt sich ein Hineinstellen der Tier- und Menschenformen *nebeneinander* durchaus nicht vereinen. Wenn auf der anderen Seite die naturwissenschaftlichen Tatsachen selber dazu drängten, wie wir aus den mehr oder weniger bewußten oder unbewußten Ausführungen des obengenannten Forschers gesehen haben, ganz andere Verhältnisse im Erdendasein für die früheren Zeiten anzusetzen, dann gilt die Grundlage nicht

mehr. Dann kann man nicht sagen, daß es für diese Erden-
phase noch immer eine solche Denkschwierigkeit hätte, die
einzelnen Formen der Lebewesen in einer solchen materiellen Unabhängigkeit voneinander zu denken und nur in
geistiger Abhängigkeit voneinander aufzufassen.

Aber der genannte Naturforscher ist nur ein Typus. Von
ganz besonderer Wichtigkeit ist das, was solche naturwissenschaftlichen Denker wie *Klaatsch* und *Snell* aus ganz besonderen naturwissenschaftlichen Ergebnissen heraus zu sagen
haben. Für sie stellte sich heraus, und sie sprachen es in deut-
lichster Weise aus, daß nach dem, was sich an naturwissenschaftlichen Tatsachen beobachten läßt, überhaupt gar keine
Rede davon sein könnte, daß der Mensch in irgendeiner
unmittelbaren Verwandtschaft mit höheren, affenähnlichen
Säugetieren stünde. Es ist heute nicht möglich, auf die Ergebnisse zum Beispiel der Blutforschung in den letzten Jahren einzugehen, obwohl es interessant sein würde. Es soll
heute mehr auf die Gestalt eingegangen werden. Es könnte
aber über die *Friedmannsche* Blutforschung ganz dasselbe
gesagt werden, was über die morphologische Entwickelung
gesagt worden ist. Diese letztgenannten Forscher fanden, daß
es ganz unmöglich sei, davon zu sprechen, daß der Mensch
sich aus höheren Säugetieren herausentwickelt habe, weil ein
gewissenhaftes Verfolgen dessen, was wir heute als Ergebnis der Versteinerungskunde haben, uns dazu führt, einzusehen, daß die Bildungskräfte und die Bildungsverhältnisse
der höheren Säugetiere selber nur so aufgefaßt werden können, daß sie auf Grundformen, auf ursprüngliche Tierformen zurückführen, welche im Grunde genommen eigentlich so, wie sie als mit der Erde in Verbindung stehend ursprünglich gedacht werden müssen, dem Menschen viel ähnlicher sind als den heutigen affenähnlichen Säugetieren. Es
würden also die heutigen Affen viel unähnlicher den Stamm-

formen sein, von denen sie selbst abgeleitet werden müßten, als der Mensch es dieser Stammform gegenüber ist.

Das ist nun eine außerordentlich interessante Wendung, die besonders durch Klaatsch in die Entwickelung der Zoologie hineingekommen ist, daß sich die Forscher zu der Auffassung gezwungen sahen: Wenn man zum Beispiel die menschlichen Hände beobachtet, so ist es unmöglich, auch nur einen Moment im Ernste daran zu denken, daß sie sich aus den Gliedmaßen der heutigen höheren Säugetiere umgebildet haben, sondern man muß umgekehrt in urferner Zeit Stammformen annehmen, die viel ähnlicher waren den heutigen Menschenhänden als den heutigen Gliedmaßen der höheren Säugetiere. – So hat der genannte Forscher zum Beispiel gesagt: Wenn wir am Gibbon, dieser merkwürdigen, für die Menschenähnlichkeit immer herangezogenen Affenart sehen, daß er in seinen Gliedmaßen noch am meisten mit den menschlichen Giedmaßen Ähnlichkeit hat, so muß man sagen, er habe sie nicht deshalb, weil sich aus seiner Form die Menschenform herausgebildet hat, sondern weil er sich von allen Affenarten am meisten die Urform bewahrt hat, von welcher auch der Mensch abstammt, und die dieser sich am treuesten bewahrt hat. – So ist dieser Forscher dazu gekommen, in weit zurückliegenden Zeiten eine Art von Lebewesen anzunehmen, welche in ihrer ganzen Konstitution so gewesen sind, daß der Mensch, wie er heute vor uns steht, das Allermeiste sich von ihnen bewahrt hat, und daß am meisten Abweichungen diejenigen Tierformen haben, die sich dann neben dem Menschen aus diesen ursprünglichen Formen der Urzeit herausentwickelt haben. So hätte der Mensch am treuesten eine ursprüngliche Lebensform bewahrt, die für diesen Forscher existiert hat, lange bevor nicht nur unsere Affengeschlechter vorhanden waren, sondern auch die übrigen Säugetiere. Eine Urform also, die in jene Zeiten zurückführt, in denen noch nicht unsere Säugetiere vorhanden waren. Und es ist interessant, daß Klaatsch geradezu sagt, man müsse diese Urform der Tiere verwandter denken den alten Drachengeschlechtern, von denen die Geologie erzählt, als den heutigen Säugetieren und Affen. So daß alle Säugetiere von einer Urform abstammen, welche sie zur Karikatur verzerrt, gleichsam heruntergebracht hätten, während der Mensch sie am treuesten bewahrt hat.

Das sind Dinge, die wir nicht aus irgendeiner von den Naturforschern als phantastisch angesehenen Geisteswissenschaft herausfinden, sondern die wir innerhalb der naturwissenschaftlichen Forschung so finden, daß sich die Forscher, aus dem, was sie sehen, gedrängt fühlen, solches zu behaupten. Nun kann man allerdings wieder sagen, daß solche Forscher doch merkwürdige Sprünge machen und daß man vieles dagegen einwenden kann. Aber wenn man sich wieder jenes merkwürdige Lebewesen vor die Seele stellt, von dem die Menschen und die Säugetiere alle abstammen sollen, so muß man sich doch sagen: Unter den heutigen Verhältnissen ist ein solches Lebewesen ganz unmöglich, es kann heute gar nicht existieren. – Der Mensch hat sich eben die Form von damals so umgestaltet, daß er sie nach und nach den heutigen Verhältnissen angepaßt hat. Nun ist es interessant, daß sich ein Forscher wie Klaatsch bei der Entwickelung jener Urform zum Menschen, was also gar nichts zu tun hätte mit den Gesetzen, welche die verschiedenen Gestalten der Säugetiere hervorbrachten, dazu gedrängt fühlt, als Orte der Entwickelung aus einer solchen Urform gerade diejenigen Orte anzunehmen, innerhalb deren der Mensch am wenigsten von dem berührt werden mußte, was man im Darwinistischen Sinne den «Kampf ums Dasein» nennt. Denn er sagt: Wenn der Mensch den groben Kampf ums Dasein mit Raubtieren und so weiter hätte bestehen müssen in Gegenden, wo Raubtiere besonders verbreitet waren, so hätte er diesen Kampf niemals durchführen können, er mußte, damit das, was in ihm Entwickelungsanlage war, zur Ausgestaltung kommen konnte, davor bewahrt werden in Verhältnissen, welche diesem Kampfe ums Dasein entrückt waren. – So versucht uns ein solcher Forscher, weil er ja dennoch immer ein materialistisch-monistisches Denken im Hintergrunde hat, zu zeigen, wie sich der heutige menschliche Fuß aus einer Gliedmaßengestalt bei den Urwesen gebildet habe, indem er annimmt, daß das zweite Paar der Gliedmaßen eine Art von Kletterhand gewesen sei. Es hätte sich – das ist natürlich reine Hypothese dieses Forschers – das Menschengeschlecht, oder diese Urform des Menschengeschlechtes, in Gegenden aufgehalten, wo es in nicht dicht gedrängten, aber hohen Bäumen lebte, so daß es zwar nicht ein Klettertier gewesen sei, wo sich aber doch, in Anpassung an sein Klettern, weil es sich an Baumstämmen stützen konnte, die Aushöhlung des Fußes und die eigentümliche scharfe Einstellung der großen Zehe des menschlichen Fußes bilden konnte. Denn als der Mensch ein Wesen wurde, meint Klaatsch, das auf dem Boden ging, mußte es schon den Fuß dafür gebildet haben; es mußte also aus anderen Verhältnissen heraus diesen Fuß so bilden.

Das ist allerdings eine sonderbare Schlußfolgerung und eine merkwürdige Hypothese. Denn wie sollte nicht der Einwand gerechtfertigt sein, daß der Fuß, als er noch eine Kletterhand war, auch den Verhältnissen angepaßt sein mußte? Da reicht also materialistisch-monistisches Denken nicht aus. Aber interessant ist es, zu beobachten, wie ein solcher Forscher dazu kommt, für die Gestaltung des Menschen aus einem Urwesen, jenes Prinzip abzulehnen, auf welches der orthodoxe Darwinismus so lange Wert gelegt hatte: den «Kampf ums Dasein», so daß er also gerade den

Menschen diesem Kampfe ums Dasein entrücken will. Wie könnte man da sagen, daß die heutigen naturwissenschaftlichen Tatsachen in irgendeiner Weise so aufzufassen seien, daß sie eine Bekräftigung und Bestätigung des Weltanschauungs-Programmes gebracht hätten, das in der Morgenröte des Darwinismus in so kühner Unerschrockenheit entworfen wurde? Es scheint sich uns das höchst Interessante zu zeigen, daß sich Naturforscher gedrängt fühlten, auf Formen als auf Ursprungsformen des Menschen hinzuweisen, die heute nicht vorhanden sind, die sozusagen für die Naturforscher ausgedachte, bloß hypothetisch angenommene Formen sind. Und das geht so weit, daß zum Beispiel Klaatsch gegenüber all den Ideen, daß sich der Mensch durch den Kampf ums Dasein aus höheren Säugetierformen während der Eiszeit herausentwickelt habe, sagen kann, das sei eine kindliche Vorstellung, die heute gar nicht mehr aufrecht erhalten werden könnte. Selbstverständlich wird eine solche von diesem Forscher kindlich genannte Vorstellung in der populären Literatur überall noch vertreten, und es gibt noch genugsam Schreiber in dieser populären Literatur, welche sagen, daß sie Tatsachen anführen, während es nur Hypothesen sind, die scheitern gegenüber dem, was andere Forscher als Tatsachen anführen. So führt das naturwissenschaftliche Denken ganz aus dem hinaus, was heute noch vielfach als naturwissenschaftliche Weltanschauung gegeben wird.

Wie ist also kurz skizziert der Gang der naturwissenschaftlichen Forschung von früher bis in unsere Zeit? In den siebziger Jahren sagte man: Schaut euch die höheren Säugetierformen an, da habt ihr ein Bild, wie der Mensch in ferner Vergangenheit ausgeschaut hat! – Heute wird gesagt: In diesen Säugetierformen habt ihr Tierformen, die nur dadurch entstanden sind, daß sie vollständig abgewichen sind von dem, was als Urmensch einst da war, und was nicht in den Versteinerungsschichten der Erde gefunden werden kann, wofür es kein äußeres Zeugnis gibt, sondern was heute nur aus dem, was durch die Geologie gefunden wird, konstruiert werden kann. Naturwissenschaft selbst führt uns also auf Gestaltungen zurück, die heute nicht mehr vorhanden sind. So wird der Mensch angegliedert in der Urzeit an Formen, die wahrhaftig recht verschieden sind von dem, wovon man bis noch vor verhältnismäßig kurzer Zeit glaubte, den Menschen abstammen lassen zu müssen.

Das ist ein Weg, der uns klärlich zeigt, daß er unmittelbar in das einmünden muß, was die Geisteswissenschaft nun eigentlich über den Ursprung des Menschen zu sagen hat. Wodurch unterscheidet sich die Geisteswissenschaft von einem naturwissenschaftlich-materialistischen Monismus in bezug auf die Frage nach dem Ursprunge des Menschen? Die Geisteswissenschaft muß annehmen, daß der Mensch, so wie er heute gestaltet ist, in eine Vergangenheit zurückführt – wir haben das als einen Weg in die nächste Vergangenheit auch in diesen Vorträgen schon angedeutet –, daß wir zunächst, wenn wir ihn nach rückwärts verfolgen, zu früheren Leben, zu früheren Verkörperungen geführt werden. Was heute als Geist oder Seele im Menschen lebt, das müssen wir nach dem, was sich uns in den letzten Vorträgen ergeben hat, so anschauen, daß es nicht nur ein Leben haben kann innerhalb der menschlichen Leibesform, in der es uns in der sinnlichen Welt zunächst entgegentritt, sondern daß es auch ein Leben haben kann in dem sogenannten entkörperten Zustand, so daß wir das volle Menschenleben so zu betrachten haben, daß es zerfällt in jenen Teil, der in der Zeit von der Geburt oder Empfängnis bis zum Tode zugebracht wird, und in jenen Teil, der vom Tode bis zu einer neuen Geburt geht, wo der Mensch in einer rein geistigen Welt lebt und die Kräfte ausgestaltet und verwertet, die er sich im physischen Leibe angeeignet hat. Dann schreitet der Mensch durch eine neue Geburt so zum Dasein, daß er zwar die äußere Körpergestalt, die äußeren Körperformen aus der Vererbungslinie als ein Ergebnis dessen erlangt, was ihm die Eltern und die weiteren Ahnen vererben können, daß aber das, was so vererbt wird, nicht den eigentlichen menschlichen Wesenskern einschließt, sondern daß dieser unmittelbar bevor der Mensch in das Dasein tritt, in einer geistigen Welt ist, sich dort mit entsprechenden Kräften aus früheren Leben ausgestattet hat, und daß der Mensch dann durch diesen geistigen Wesenskern, insofern er Formen als Leibesformen ererbt hat und aus physischen Stoffen zusammengesetzt ist, plastische Umgestaltungen und Ausbildungen erfahren kann, daß er sich so umgestaltet und namentlich in den ersten Kindesjahren individuell gegliedert, so daß der Leib ein brauchbares Werkzeug für das Geistig-Seelische werden kann, das als ein Selbständiges in denselben eintritt. Daher sehen wir das Geistig-Seelische als ein Selbständiges, als ein Erstes in der Geisteswissenschaft an, das so am Menschen arbeitet, daß der Mensch den Grundunterbau seiner Gestalt, seiner stofflichen Verhältnisse aus den Vererbungsverhältnissen übernimmt, daß aber in das, was er da übernimmt, die feinere individuellere Gestaltung nach Maßgabe dieser geistig-seelischen Verhältnisse hineingearbeitet wird. Doch sehen wir geisteswissenschaftlich betrachtet den geistig-seelischen Wesenskern nicht so an der Menschengestalt arbeiten, als ob dieser den ganzen Menschen gestalten würde, sondern so, daß innerhalb jener Leiblichkeit, die in der physischen Welt vererbt wird, noch immer so viel Beweglichkeit und so viel innere Biegsamkeit bleibt, daß sich der geistig-seelische Wesenskern da hineinarbeiten kann.

Wenn wir den Menschen nun in die frühere Zeit zurückverfolgen, so finden wir, daß sich an das Leben in der Sinneswelt ein Leben im Geistigen anschließt zwischen dem letzten Tode und der diesmaligen Geburt, daß sich dann aber wieder ein vorheriges Erdenleben anschließt, darauf wieder ein geistiges Leben und so weiter. Indem wir aber mit den Mitteln, welche dem Geistesforscher zur Verfügung stehen, und die sogleich in Anlehnung an diese Ausführungen mit einigen Strichen gekennzeichnet werden sollen, uns zu dem früheren Dasein des Menschen zurückwenden, finden wir, daß diese Verkörperungen, dieses Eintreten in einen physischen Leib in der Vorzeit sozusagen einmal aufhört, daß da dasjenige, was wir den geistig-seelischen Wesenskern des Menschen nennen können, allerdings in einer anderen Art vorhanden war als jetzt, wo er durch die Geburt ins physische Dasein eintritt, aber doch vorhanden war und aus der geistigen Welt ebenso herauskam, wie er jetzt auch herauskommt, wenn er sich mit den Vererbungsverhältnissen verbindet. Aber wir würden finden, daß er ursprünglich aus der geistigen Welt in ferner Urzeit so herauskam, daß er irdische Verhältnisse antraf, welche ganz verschieden von den gegenwärtigen waren. Und zwar zeigt uns die Geisteswissenschaft, daß dieses Geistig-Seelische tatsächlich in der Urzeit solche irdischen Verhältnisse antraf, daß damals weit, weit mehr zu gestalten, umzuprägen war von dem, was als Leibesgestalt dem Menschen als einem geistig-seelischen Wesen gegeben wurde. Und immer weiter und weiter kommen wir in der Zeitenfolge zurück und finden endlich, daß wir zu einer solchen Urzeit aufsteigen, in welcher das menschliche Geistig-Seelische noch nicht darauf angewiesen war, fertige Leibesgestaltungen zu finden, in welche es nur die feineren Gestaltungen des Gehirns, des Drüsensystems und so weiter hineinprägen kann, und wir werden in Urzeiten zurückgeführt, in denen das Geistig-Seelische des Menschen solche Verhältnisse antraf, daß ohne die Vorgänge der gegenwärtigen Vererbung und Fortpflanzung die damaligen stofflichen Verhältnisse und Gesetze unmittelbar aus dem Geistigen herausgestaltet werden konnten. So werden wir nicht zu einer hypothetischen Form zurückgeführt, die ein sinnlich-physisches Dasein einmal gehabt haben soll, wie es Klaatsch für die alte Drachenzeit annimmt, sondern wir werden in Wahrheit zu einer geistigen Urform zurückgeführt. Und in der ersten Verkörperung des Menschen haben wir ein unmittelbar plastisches Ausarbeiten der Leiblichkeit zu sehen, und unter den fortschreitenden Erdenverhältnissen wurden dann die festeren Gestaltungen der menschlichen Leiblichkeit nur sozusagen immer mehr und mehr an das übertragen, was sich forterbte, und es verblieb für diesen inneren, in bezug auf äußere Gestaltungskraft immer schwächer und schwächer werdenden geistigen Wesenskern nur die Möglichkeit, innerhalb dessen zu gestalten, was innerhalb der Vererbungslinie gegeben ist. Heute gestaltet das Geistig-Seelische, weil es in der Vererbungslinie schwächer geworden ist und nicht mehr die Kraft hat, um die spätere Leiblichkeit zu formen, nur die feineren Verhältnisse aus: die Struktur des Gehirnes, die feineren Verhältnisse des Blutumlaufes, des Drüsensystems. Es findet den ihm von der Vererbung gegebenen physischen Leib vor. Gehen wir aber in die Urzeiten zurück, so finden wir da ganz andere Verhältnisse des Erdengeschehens, ganz andere Verhältnisse des Leiblichen, in denen das Geistige innerhalb des Leiblichen nicht nur den Rest der körperlichen Substanzen gestaltet, wie es heute der Fall ist, sondern den ganzen Menschen unmittelbar aus sich selbst heraus formend gestalten kann, so daß dasjenige, was uns heute als Menschenform entgegentritt, im geisteswissenschaftlichen Sinne so aus dem Geistigen herauskristallisiert angesehen werden muß, wie wir heute einen Salzwürfel aus einer Salzlösung sich herauskristallisieren sehen, der sich aus den inneren Bildungsgesetzen seine Form gibt. Und wie es nicht notwendig ist, daß die Salzwürfel, die alle durch die innere Bildung einander gleichen, von einem einzigen abstammen, ebensowenig ist es notwendig, wenn man diese geisteswissenschaftlichen Erwägungen auf seine Seele wirken läßt, daran zu denken, daß eine leibliche Blutsverwandtschaft mit den Tieren vorliege, wenn das, was der Mensch heute in seinen Formverhältnissen, in seinem Knochenbau und in dem Bau der übrigen Organe hat, an Verhältnisse und die Funktionen der Tiere erinnert, welche ähnliche Formen haben. Die Formengleichheit haben wir auf ein Hervorquellen dieses Formprinzipes zurückzuführen, das wir heute noch als ein unmittelbar Geistig-Seelisches erkennen können. Im einzelnen ist das in meiner «Geheimwissenschaft im Umriß» weiter ausgeführt.

Wie Geisteswissenschaft den Menschen zurückführt auf eine geistige Urgestalt, auf eine Urform des Menschen, die in sich geistig ist, aber so stark in sich mit Kräften durchsetzt ist, daß sie die Materie noch meistert, dieser Gedanke sollte hingestellt werden. Und daneben sollte gezeigt werden, wie die Naturwissenschaft die Urform, zu der sie selbst hingeführt wird, und die nicht affenähnlich ist, nur aus dem hypothetischen Gedanken heraus gestalten muß. Aber die Naturwissenschaft denkt noch, daß diese Urform als materielles Wesen in der Urzeit gewirkt haben müsse. Sie hat nicht als materielles Wesen in der Urzeit gewirkt, gerade so wenig, als heute zum Beispiel der Mensch, wenn er schläft, wenn er als geistig-seelisches Wesen den Leib verläßt, als materielles Wesen während der Zeit vom Einschlafen bis zum Aufwachen gewisse Produktionsverhältnisse reguliert. Während heute das Geistig-Seelische während des Schlafes mehr noch wirkt als während des Tagwachens, nämlich die Ermüdung fortschafft, so müssen wir das, was da schöpferisch ist im

Menschen, was die Ermüdung fortschafft während des Schlafes, in der Urzeit so verstärkt denken, daß es den ganzen Menschen in seinen Formverhältnissen hervorrufen konnte.

Wenn man sich dann fragt: Was hat die ganze Evolution für einen Sinn?, so muß man sagen: Im Grunde genommen zeigt uns schon das heutige Menschenwesen nicht in kühnen Hypothesen, sondern durch eine vorurteilslose Betrachtung, worin der Sinn einer solchen Entwickelung liegt. Wenn wir den Menschen in seinem Leben betrachten, wie wir es hier auch schon getan haben, wie er mit seinem Bewußtsein, mit seinem gegenwärtigen Ich sich an seine Kindheit zurückerinnert, so reißt der Faden der Erinnerung einmal ab, und für das gewöhnliche Bewußtsein können wir uns dann nur von Eltern, Geschwistern und so weiter erzählen lassen, wie wir vor diesem Zeitpunkte da waren, sonst müßten wir unseren Ursprung weit später ansetzen. War nun in diesen Zeiten, an welche wir uns nicht zurückerinnern können, in dem dämmerhaften wie schlafenden Leben des Kindes das geistig-seelische Wesen des Kindes noch nicht vorhanden? Es war vorhanden, es war sogar stärker und kräftiger in den ersten Kindheitsjahren in bezug auf äußere Wirksamkeit als später. Bevor das Ich-Bewußtsein beim Menschen aufgetreten ist, arbeitete dieses traumhaft-tätige menschliche Wesen gerade an der feineren Ausgestaltung der Gehirnverhältnisse und der feineren menschlichen Leiblichkeit, und weil es seine Kräfte dort hineinschickte, kam noch nicht ein inneres menschliches Seelenwesen mit Ich-Bewußtsein zustande. Als dann der Mensch aus seiner Seele heraus die feineren Verhältnisse seiner Leiblichkeit ausgebildet hatte, wandelte sich dieses von außen am Menschen Arbeitende in dasjenige um, was als bewußtes inneres Seelenleben auftrat. So sehen wir, daß für die äußere Gestalt die Gestaltungskraft des Geistig-Seelischen schwächer werden muß, damit sie als Bewußtsein auftreten kann. Daher ist es nicht widersinnig, wenn die Geisteswissenschaft in die Zeiten zurückgeht und das Geistig-Seelische so ansieht, daß es zuerst die menschliche Gestaltung schaffend auftrat, und nachdem es eine solche Form angenommen hat, die sich durch Vererbung durch die Generationen erhielt, konnten die geistig-seelischen Kräfte auf ein inneres Leben sich zurückziehen, auf ein bewußtes und immer bewußter werdendes menschliches Seelenleben. So ist in Wahrheit dieser geistig-seelische Wesenskern des Menschen nur schwach geworden in bezug auf die äußeren Gestaltungsverhältnisse, aber was verloren ist und was er an die Vererbung abgegeben hat, das ist aufgetreten in den Bewußtseinskräften, welche sich in den Kulturprozessen immer weiter und weiter entwickeln.

Es muß nun interessieren, wie gegenüber dieser Menschengestaltung der Ursprung der Tierwelt selber zu denken ist. Auch da kann nur kurz etwas gesagt werden, was in der «Geheimwissenschaft» weiter ausgeführt ist. Es kann gesagt werden, daß die irdischen Verhältnisse, in die sich der Mensch hineinfinden mußte, sich früher ausgestalteten als dasjenige, was menschliche Leibesform ist, und daß der Mensch in einem bestimmten Zeitpunkte aus der Welt des Übersinnlichen in die Welt des Sinnlichen eintrat, so daß er als eine rein geistige Urform in einer bestimmten Zeit soweit das Geistig-Seelische ins Leibliche hineinarbeitete, daß er dann als ein leibliches Wesen auftreten konnte, und daß wir uns dasjenige, in was er da hineinarbeitete, als ganz anderes vorzustellen haben als die späteren Leibesformen, nämlich in sich beweglich, plastisch. Und dieses Plastische gestaltete der Mensch in einer Zeit, in welcher es für die Menschenformen möglich war, denn für die Tierwelt muß die Geisteswissenschaft annehmen, daß sie sich in einer wesentlich früheren Erdenzeit in die sinnliche Materie hin-

eingestaltete, daß sie nicht warten konnte, bis die Verhältnisse eingetreten waren, welche dem Menschen die heutige
Form gegeben haben. Der Mensch hat gleichsam gewartet,
bis die Erde dazu reif war, damit sich das, was sich in seinem
Geistigen spiegelte, einprägen konnte der plastischen, organischen Materie als die heutige menschliche Leibesform. Die
Tiere erlangten die Leibesformen früher und unter anderen
Verhältnissen, und das bedingte, während auch bei ihnen
die Urform geistig ist, daß dieses in viel engeren Verhältnissen Arbeitende des Geistig-Seelischen des Tieres in anderer Form im Tiere zum Vorschein kam. Daher haben wir
in den Tieren Wesen zu sehen, die sich der Mensch gleichsam
in das Erdendasein vorausgeschickt hat und die wir, weil sie
sich nicht in den Verhältnissen verkörperten, in denen sich
der Mensch verkörperte, deshalb in alten, nicht den späteren
Erdenverhältnissen angepaßten Formen zu sehen haben.

Nun handelt es sich darum, wenn die Geisteswissenschaft
streng im Sinne der Naturwissenschaft denken will, daß sie
nicht nur ihre Logik ganz im Sinne der Naturwissenschaft
denken will, daß sie nicht nur ihre Logik ganz im Sinne der
Naturwissenschaft einrichten muß, denn Sie werden gesehen haben, daß die eben gemachten Ausführungen nicht
nur streng naturwissenschaftlich gedacht sind, sondern daß
die Tatsachen der Naturwissenschaft ganz auf das hindeuten, was heute gesagt worden ist: daß einfach diejenigen
Formen, welche die Naturforscher aus den Tatsachen als
Urformen ausdenken und materiell-sinnlich vorstellen, in
geistig-seelische Formen verwandelt werden müssen, die nur
dadurch zu der heutigen Menschenform geführt haben, daß
sie sich später in irdische Verhältnisse hineinverkörpert haben als die Tierformen. Aber die Naturforschung zeigt ihre
Ergebnisse nicht nur durch die Hypothese, sondern auch
durch das Experiment, durch den Versuch. Auch in dieser

Beziehung bleibt die Geisteswissenschaft nicht hinter der Naturwissenschaft zurück. Es wurde schon in früheren Vorträgen darauf hingewiesen, wie der Mensch sich in bezug auf sein Geistig-Seelisches fortentwickeln kann, wie er durch intime Seelenvorgänge – Meditation, Konzentration und ähnliches – so auf sein Geistig-Seelisches wirken kann, daß es in sich viel mächtiger, viel kräftiger wird, als es im normalen Leben ist. Heute kann nur darauf hingewiesen werden, daß die Gedanken im meditativen Leben aus der menschlichen Willkür herausgeboren werden müssen, wenn sie den Menschen zu einem Geistesforscher weiterbilden sollen, während alle anderen Gedanken aus den umgebenden Verhältnissen gebildet werden. Wenn der Mensch mit voller Ausdauer beginnt, sich einem solchen meditativen Leben hinzugeben, wenn er durch seine Willkür in den Mittelpunkt seines Seelenlebens gewisse Vorstellungen stellt, Gefühle oder Willensimpulse, so gelangt er dazu, sein Geistig-Seelisches herauszulösen aus dem Leiblichen, und er kann dann, so sehr man das heute verlacht und verhöhnt, zu einem Innenleben vorrücken, wo er weiß: Jetzt lebe ich in meinem geistig-seelischen Wesenskern und stehe durch ihn unmittelbar mit der geistigen Welt in Verbindung. Ich erlebe nicht durch meine Sinne oder durch den Verstand, der an das Gehirn gebunden ist, sondern ich erlebe in mir einen geistig-seelischen Menschen, der herausgeschlüpft ist aus seinem physischen Leib, selbst aus seinem Gehirninstrument. – Und es ist erwähnt worden, daß der Mensch in den ersten Stadien eines solchen Aufrückens das Gefühl hat, wenn er noch nicht weit genug vorgeschritten ist: Du erlebst jetzt ein inneres geistiges Leben, aber du kannst es nicht vorstellen, kannst es nicht in Begriffe verwandeln. – Das ist ein Übergangszustand, der manchem recht bedenklich erscheinen kann. Und es ist wahr, während man sich sonst für einen vernünftigen

Menschen hält, wenn man sich von seinem Erleben Begriffe machen kann, so ist das jetzt etwas, wenn man die Dinge nicht in Begriffe fassen kann, demgegenüber man sich dann nicht für einen vernünftigen Menschen halten kann, sondern für einen Idioten, wenn man so etwas durchmacht: Jetzt erlebst du etwas, aber du kannst es nicht begreifen!

So sonderbar es klingt, man wird dann in einem gewissen höheren Sinne für eine gewisse Zeit eine Art Idiot. Wenn man aber dann fortschreitet, so gestaltet man diesen geistig-seelischen Wesenskern so um, daß er noch stärkere Kräfte erhält, nämlich bewußt teilzunehmen an dem, was der geistig-seelische Wesenskern tut, was aber sonst unbewußt ist. Während man in der ersten Kindheit unbewußt an seiner äußeren Konfiguration arbeitet, merkt man, wenn man eine bestimmte Zeit hindurch seine Übungen gemacht hat, daß man den geistig-seelischen Wesenskern so stark macht, daß man jetzt bewußt, indem man an seiner Gehirnorganisation arbeitet, ein Organ schafft, so daß man nun begreifen kann, was man vorher nicht begreifen konnte, und ins Bewußtsein bringen kann, was man erlebt. Darauf beruht die Mitteilbarkeit der Geisteswissenschaft. Was man in den ersten Zeiten des geistesforscherischen Erlebens schauen kann, das ist so unbestimmt, so ganz ein Erleben in einem neuen Daseinselement, daß es gar keine Begriffskonturen hat. Aber wenn es nur so bleiben würde, so würde man Geisteswissenschaft nicht mitteilen können. Man kann sie erst mitteilen, wenn man diese Erlebnisse hinunterführen kann ins Bewußtsein und sie in Begriffe bringen kann. Das kann man aber nur durch das Gehirn. Deshalb muß der Geistesforscher sein Gehirn bewußt umformen, deshalb spürt er sein Gehirn zuerst wie einen Klotz, den er erst umformen muß.

So können wir sagen: wir können förmlich erleben in dieser höheren menschlichen Geistesentwickelung das Arbeiten des Menschen aus seinem geistigen Wesen heraus wie ein experimentelles Arbeiten an der Konfiguration, an der Organisierung der Materie. – Höhere geistige Erkenntnis geht immer so vor sich, daß das menschliche geistige Leben, das erst im Geistigen vorhanden ist, in die Materie hineingearbeitet wird. Da sehen wir, wie die menschliche Seele, die auf einer bestimmten Stufe ihrer selbst bewußt wird, den Prozeß fortsetzt, den wir am Anfange der Menschenentwickelung aus der geistigen Welt herein sich abspielen sehen, und es weist uns dann das, was der Mensch als Geistesforscher erlebt, wenn er lange Zeit hindurch jene angedeuteten Methoden ausbildet, auf den geistigen Ursprung des Menschen in seiner Entwickelung hin. Wie dem Menschen in seinem alltäglichen Leben, in dem Leben zwischen Geburt und Tod, die früheren Zustände in der Erinnerung erscheinen, daß er weiß, wenn er fünfzig Jahre alt geworden ist, was er mit zwanzig, dreißig Jahren und so weiter erlebt hat, und sein Bewußtsein nach rückwärts erweitert wird, so wird des Menschen Bewußtsein durch Meditationen und Konzentrationen nach rückwärts über die Geburt hinaus erweitert in Regionen, die uns sonst ganz verborgen sind, wenn wir uns nur an das Gehirn im Irdisch-Leiblichen halten. Da wird ein Punkt berührt, der dem heutigen Bewußtsein des Menschen noch ganz ferne liegt, für den aber ein Verständnis da sein wird in verhältnismäßig kurzer Zeit, wenn die Kultur durch die Geisteswissenschaft befruchtet werden wird. Es wird ein Gebiet berührt, das wir die Hinausführung des menschlichen Bewußtseins über die Grenze des Gehirns und der Sinne nennen können. Dann erlangen wir dadurch eine Erweiterung der Erinnerungen über das gegenwärtige Leben hinaus, eine Erweiterung des Bewußtseins für Seelen- und Geistesvorgänge. Diese Seelen- und Geistesvorgänge stellen sich dann in der Tat so dar, daß man sagen kann: Man arbeitet nicht mehr bloß mit logischen Schlüssen, wie es die Geologie, die Paläontologie, die vergleichende Anatomie und so weiter tun, sondern man arbeitet mit Tatsachen, die einem geistig vor Augen treten, wie Erinnerungen an die früheren Zeiten seiner Erdentage. Das geistige Schauen erweitert sich. Und da tritt, indem der geistig-seelische Wesenskern des Menschen sich ausbildet, dem inneren Erleben entgegen und wird uns tatsächlich wie vor das geistige Auge gezaubert jener geistige Ursprungszustand unseres Erdenlebens, in welchem dann nicht die Formen der Wesen enthalten sind, wie sie um uns herum sind, sondern jener Wesen, wie sie noch nicht Form angenommen haben, wie sie sich ausnehmen würden, wenn man einen Kristall wahrnehmen würde, der noch nicht Gestalt angenommen hat und hineinschießen würde in das Werden. Kurz, wir lernen erkennen, was im Menschen, abgesehen von den leiblichen Formkräften, ist, wie er ist, ohne daß man auf das Leibliche Rücksicht zu nehmen braucht, das in der Vererbung liegt. Man lernt ihn geistig-seelisch kennen, und wir können uns dann eine Vorstellung machen, wie der Mensch an seiner Ursprungsstätte war, als er sich das erste Mal formgestaltend in das Leibliche hereinarbeitete und in die Sinneswelt hineinverkörpert hat.

Damit ist ein Ergebnis angeführt worden, das jeder Mensch nachprüfen kann, wenn er die nötige Ausdauer und den Mut aufwenden will, die zu einem solchen Selbstexperiment nötig sind. Wenn nämlich der Mensch seinen geistig-seelischen Wesenskern in sich erlebt, dann erlebt er, bevor er ihn begreift, nicht etwas, was als ein ganz Fremdes ihm entgegentritt, trotzdem er nicht herausgeboren ist aus der sinnlichen Umwelt, sondern als etwas, was als ganz Neues auftritt, wovon er aber fühlt: Es ist mit deiner ganzen innersten Natur verwandt, was du als einen innersten Einschlag spürst; das bist du selbst als ein Ewiges, das als ein Erstes, als ein Ewiges aller äußeren Leibesgestaltung zugrunde liegt.– Da fühlt man, daß man jetzt nicht mit den Sinnen, sondern geistig dem ganzen Menschen gegenübersteht. Und da findet sich eine merkwürdige Vergleichsmöglichkeit mit dem, was uns im alltäglichen Leben entgegentritt. Der Geistesforscher erlebt, daß er nicht sagen kann: Was ich da ausbilde, steht in Verbindung mit meinem Gehirn oder mit meinem Auge und so weiter, sondern er muß sagen: Es steht mit dem ganzen Menschen in Zusammenhang. – Es ist ähnlich so, wie wenn wir im gewöhnlichen Leben das Kind betrachten. Da sehen wir, daß das Kind eigentlich anders lacht und weint als der erwachsene Mensch. Es ist auch anders. Das Kind lacht und weint mit dem ganzen Leibe. Es geht das, was beim Erwachsenen nur durch den Ausfluß der Tränendrüsen zustande kommt, beim Kinde bis in den ganzen Organismus hinein. Es fühlt sich erschüttert durch das, was sich im Weinen zum Ausdruck bringt. So ist es auch beim Lachen: das Kind lacht mit dem ganzen Leibe, wo vielleicht der Erwachsene nur die Mundwinkel verzieht. Das kann man auch im weiteren Leben beobachten. Von dem, was die Seele ergreift, wird so zunächst der ganze Mensch ergriffen, dann erst ergreift es die Tränendrüsen oder die Lachmuskeln. Es spezialisiert sich das Beeinflußtwerden auf ein besonderes Organ. Verfolgen Sie, wie Sie eine Zeit des Lebens hindurch bei Rührung, die Sie empfinden, etwas wie ein Beengtsein, wie eine Spannung in der Brust fühlen, später im Leben konzentriert sich dies auf ein leises Gefühl im Kehlkopf, das der Mensch bemerken kann, wenn er darauf achtgibt. So tritt aus dem Ergreifen des ganzen Menschen das zutage, was sich spezialisiert. Das Geistig-Seelische arbeitet sich heraus aus dem ganzen Menschenwesen und spezialisiert sich dann auf einzelne Teile.

Genau denselben Prozeß macht man durch als Geistesforscher. Da fühlt man einen zweiten Menschen sich in sich
entwickeln. Man fühlt, daß dieser innere Mensch, der in
einem lebt als Geisteswesen, nur in einem geringeren Maße
an der Ausgestaltung des Organischen arbeitet, als er ursprünglich an dem Ausgangspunkte der Erdentwickelung
gearbeitet hat.

Einzelne Tatsachen habe ich Ihnen angeführt, die als Bekräftigung der Behauptung dienen können, daß der Mensch
– wie die Naturwissenschaft noch heute glaubt, wenn sie
auch durch ihre Ergebnisse zu ganz anderen Gedanken gedrängt wird –, wenn er an die Ursprungsstätte seines Erdendaseins zurückgeführt wird, nicht zu einer ursprünglichen
Lebensform kommen würde, die zwar verschieden wäre
von der heutigen Form, aber doch noch eine sinnliche Menschenform oder Tierform wäre; – sondern es zeigt sich uns,
daß wir auf eine solche Urform zurückgeführt werden, die
geistig-seelisch ist, und daß überhaupt, bevor die erste Ausgestaltung zu einer physischen Menschenform möglich war,
der Mensch als geistig-seelisches Wesen vorhanden war.
Auch in dieser Beziehung ist der Mensch das Geschöpf, sich
aus seinem innersten geistig-seelischen Wesenskern heraus
schaffend, das Wesen, das sich seine Form nach den Bedingungen gibt, die es im Geistig-Seelischen hat. Das Geistig-
Seelische stellt sich uns aber auch für den Menschen in der
Vergangenheit dar als das Ursprüngliche. Der Geist erweist
sich uns als das eigentlich Schöpferische, und später wird
sich uns auch das, was uns als das materielle Leben in der
äußeren Welt gegenübertritt, als aus dem Geiste heraus gestaltet darstellen.

Heute sollte es sich nur darum handeln, Ihnen dieses besondere Kapitel über die Abstammung, den Ursprung des
Menschen vor die Seele zu führen bis zurück zu dem Punkte

seiner Entwickelung, da der Mensch noch nicht ein sinnliches, sondern ein geistig-seelisches Wesen war. Wenn die Naturwissenschaft die Wege weiter verfolgen wird, welche heute gekennzeichnet worden sind, und die sie jetzt gegangen ist, so wird sie sich mit der Geisteswissenschaft begegnen. Wer daher heute schon vorurteilslos die Dinge betrachtet, wird sagen müssen: So hat es also nur geschienen, als ob man den Menschen zurückführen könne auf tierische Ursprungsformen, ja als ob man also das Geistig-Seelische nur zu betrachten brauche als eine Ausgestaltung von physischen Formen. Sondern umgekehrt muß man sagen: Dasjenige, wovon man geglaubt hat, daß es das Ergebnis des Sinnlichen wäre, erweist sich als das Ursprüngliche, als das Erste, als das Schöpferische, und als Ergebnis das Sinnliche. – Überall wird der Mensch, wo er mit den Sinnen wahrnehmen und mit dem Verstande denken kann, zum Geistigen geführt. Und wenn er den Geist, worauf wir noch zurückkommen werden, in seiner Ewigkeit erkennt, so wird er sich gesichert fühlen in dem Geistig-Seelischen der Welt, das wir nur mit dem Prädikat der Ewigkeit ansprechen können.

Aus dem Geiste urständet alles! Das ist die Erkenntnis der Geisteswissenschaft. Und weil aus dem Geiste alles urständet, und das materielle Dasein nur ein Durchgangsstadium ist, in welchem wir uns Kräfte aneignen sollen, die wir uns anderswo nicht aneignen können, so empfinden wir das materielle Dasein als einen Durchgangspunkt wieder zu einem geistdurchdrungenen Leben in der Zukunft. Wie die Erdenverkörperungen des Menschen angefangen haben dadurch, daß er aus einem rein geistigen Sein hervorgegangen ist, so werden sie enden, wenn sie für den Menschen ihre Aufgabe erfüllt haben: nämlich dasjenige ihm zu geben, was sich dem Menschen einprägt, um es mit hinaufzunehmen in die geistige Welt. Wie der Mensch nach jedem Tode zum

Erdendasein zurückkehrt, um das auszubilden, was er vorher noch nicht ausbilden konnte, wie wir auf einen Anfang der Verkörperungen zurückblicken, so erblicken wir vorauseilend in die Zukunft ein Ende der Verkörperungen, damit aber auch ein Wiederaufgenommenwerden des Menschen in die geistige Welt.

Aus dem Geiste urständet alles. In dem Geiste lebt die Menschenseele, die sich kraftvoll in ihm fühlt. Zum Geiste wird sie, wenn sie ihr Ziel auf der Erde erreicht und erworben haben wird, was das Leibliche geben kann, zurückkehren. Vom Geiste – durch die Materie – zum Geiste! Das ist die große bedeutungsvolle, lebenfördernde Antwort, welche die Geisteswissenschaft auf die Frage nach dem Ursprunge und nach der Bestimmung des Menschen zu geben hat.

DER URSPRUNG DER TIERWELT
IM LICHTE DER GEISTESWISSENSCHAFT

Berlin, 18. Januar 1912

Wenn es vom Gesichtspunkte der gegenwärtig herrschenden Vorstellungen schon einigermaßen schwierig war, geisteswissenschaftlich den Ursprung des Menschen auseinanderzusetzen, was im letzten Vortrage dieses Zyklus' geschehen sollte, so wird es heute noch weniger leicht sein, über den Ursprung der Tierwelt zu sprechen. Denn wenn sich auf der einen Seite schon die Schwierigkeit dadurch ergibt, daß alles, was sich auf die Tierwelt bezieht, der menschlichen Beobachtung – wenigstens scheinbar – noch entfernter liegt als alles, was sich auf die Natur und Wesenheit des Menschen bezieht, so muß sich auf der anderen Seite auch eine Schwierigkeit noch ganz besonders dadurch ergeben, daß im Sinne der gegenwärtigen Vorstellungswelt ein Einfluß geistiger Tatsachen, geistiger Ursachen auf die Entwickelung und den Ursprung des tierischen Daseins ganz und gar nicht gelten gelassen wird. Wir finden vielmehr, daß sich im Laufe der letzten Entwickelungszeiten unseres Geisteslebens gerade die Vorstellung ganz besonders herausgebildet hat, daß an der Entwickelung des tierischen Lebens genau dieselben Ursachen, Kräfte und Wesenheiten beteiligt sein sollen wie an der unlebendigen, an der sogenannten unorganischen Natur. Und wir wissen ja, daß die größten Triumphe der Naturwissenschaft eigentlich gerade auf diesem Gebiete der sogenannten rein natürlichen Entwickelung der Lebewesen erzielt worden sind.

Nun müssen wir allerdings sagen, daß auf der einen Seite die Sehnsucht nach einer rein natürlichen Entwickelung hin, wie man gewöhnlich sagt, zielt, also nach einer solchen Entwickelung, welche nur jene Kräfte berücksichtigt, die auch im leblosen Dasein walten. Wir sehen, wie eine Forschung, die nach dieser Richtung geht, von Triumph zu Triumph zu eilen glaubt, ja, wenn man sie im rechten Sinne auslegt, dieses auch tut. Auf der anderen Seite kann man wahrnehmen, wie tiefere Denker, die durchaus auf dem Boden der naturwissenschaftlichen Tatsachen stehen und außerdem noch völlig mit alle dem vertraut sind, was die Naturwissenschaft in der neueren Zeit hervorgebracht hat, dennoch nicht in der Lage sind, die Ansichten derjenigen zu teilen, welche durchaus das Leben aus einer bloßen Verbindung oder einer bloßen Kombination, wenn auch sehr komplizierter Art, derjenigen Kräfte und Vorgänge herleiten möchten, welche auch in der leblosen Natur vorhanden sind. Ein großer Teil der Denker der Gegenwart und der unmittelbaren Vergangenheit machte es sich nicht besonders schwierig, zu sagen: Bis zu einer gewissen Zeit habe die Entwickelung unserer Erde wohl vorzüglich darin bestanden, leblose Prozesse aus sich heraus zu entfalten, und dann sei ein Zeitpunkt eingetreten, in welchem sich irgendwelche Stoffe in einer komplizierten Weise so verbanden, daß die einfachsten Lebewesen entstanden, worauf dann die Entwickelung in der Weise fortschritt, daß aus diesen einfacheren Lebewesen, wie man sagt, im Kampfe ums Dasein und in Anpassung an die Umgebung immer kompliziertere und kompliziertere Lebewesen bis hinauf zum Menschen sich entwickelt haben. – Aber ein anderer Teil der Denker der letzten Zeit mußte sich sagen: Es ist unmöglich zu denken, daß aus der bloßen Verbindung unlebendiger Stoffe zu irgendeiner Zeit das hätte entstehen können, was man im eigentlichen Sinne eine

Urzeugung, ein Hervorgehen des Lebendigen aus dem Unlebendigen nennen kann.

Es gehört zu solchen Denkern der letzteren Art insbesondere der nach vielen Richtungen hin geniale *Gustav Theodor Fechner*. Da an diese Persönlichkeit sich auf so mancherlei Gebieten wirklich auch wichtige Fortschritte der Naturwissenschaft knüpfen, so sollte man eigentlich über die Ansicht eines solchen Denkers nicht so leicht hinweggehen, als dies heute gewöhnlich der Fall ist. Gustav Theodor Fechner kann sich nicht vorstellen, daß jemals aus Unlebendigem sich Lebendiges habe entwickeln können. Vielmehr liegt es ihm nahe, sich vorzustellen, daß aus dem Lebendigen durch Absonderungsprozesse das Unlebendige hervorgehen kann, weil wir in der Tat sehen, daß der Lebensprozeß innerhalb der Lebewesen Stoffe absondert, die, nachdem sie ihre Zeit dem Lebensprozesse gedient haben, an die übrige Natur übergehen und dann sozusagen dem Leblosen, den unorganischen Vorgängen angehören. So kann sich Fechner wohl vorstellen, daß unsere Erde an ihrem Ausgangspunkte einstmals ein einziges großes Lebewesen gewesen wäre. Aus diesem großen Lebewesen Erde, das seine Atmung, vielleicht auch seine Ernährung wie aus dem Weltenraume herein besorgt habe, aus diesem großen, gewaltigen Einheitsorganismus, der einstmals unsere Erde war, haben sich auf der einen Seite die Lebewesen herausgebildet wie durch besondere Abschnürung dessen, was in dem großen Erdenorganismus nur lebendige Organe waren, durch Verselbständigung solcher Organe. Und auf der anderen Seite haben sich aus dem großen Lebewesen Erde diejenigen Stoffe abgesondert, die heute den leblosen Naturprozessen auf eine ähnliche Weise angehören, wie sich die Stoffe aus einem Organismus absondern, nachdem sie eine Zeitlang den lebendigen Prozessen gedient haben. So wäre im Sinne dieses

Denkers nicht das Lebendige aus dem Leblosen, sondern das Leblose aus dem Lebendigen hervorgegangen.

In einer ähnlichen Weise, vielleicht noch phantastischer, bildete sich eine Vorstellung der Naturforscher *Wilhelm Preyer* heraus, der seine Legitimation, seine Berechtigung naturwissenschaftlich mitzusprechen, nicht nur durch seine physiologischen und biologischen reichlichen Forschungen, sondern auch durch seine Schriften über den Darwinismus erbracht hat. Preyer stellt sich auch vor, daß die Erde an ihrem Ausgangspunkte eine Art lebendiges Wesen gewesen sei. Ja, er war überhaupt abgeneigt, von einem Unlebendigen in absolutem Sinne zu sprechen. Er sagt: Wir haben eigentlich kein besonderes Recht, eine Flamme als etwas durchaus Unlebendiges zu betrachten, sondern wir können sehr wohl das Brennen in der Flamme wie eine Art Lebensprozeß auf niederster Stufe betrachten, der sich ebenso vereinfacht und aus einem Höheren herabgebracht hat wie jene Lebensprozesse, die wir heute betrachten, sich hinaufentwickelt haben können. Wenn eine Flamme brennt, meint Preyer, dann erscheine es doch so, als ob in dem Verzehren des Stoffes und in der ganzen Art und Weise, wie das Brennen als Tatsache sich uns darstellt, etwas Ähnliches sich uns wie ein Lebensprozeß zeige. Und da hielt er es nicht für ausgeschlossen, daß die Erde selber ein großer Lebensprozeß war, ein Lebensprozeß, der nur unter ganz anderen Bedingungen verlaufen sein muß, als heute Lebensprozesse verlaufen. Und so sehen wir die merkwürdigsten Vorstellungen aus dem Kopfe eines Naturforschers entstehen, die Preyer dadurch ausdrückt, daß er sagt: die Erde könne wohl am Ausgangspunkte ihres Werdens ein großer gewaltiger Organismus gewesen sein, dessen Atmen wir in den glühenden Eisendämpfen zu suchen haben, dessen Blutfließen wir in den glutflüssigen Metallen uns vorzustellen haben, und dessen

Ernährung durch vom Weltenraum hereingezogene Meteoriten geschehen sein muß. – Es ist dies allerdings ein eigentümlicher Organismus und ein eigentümlicher Lebensprozeß, aber es glaubt dieser Naturforscher nicht anders ausdrücken zu können, daß er nicht Lebendiges auf Lebloses, sondern das Leblose auf ein ursprüngliches Lebendiges zurückführt. Und was uns heute als unser Leben in den verschiedenen Reichen erscheint, das erschien ihm nur als ein besonders ausgestaltetes Leben, während ihm das Leben einer brennenden Kerze als ein in einer gewissen Weise zurückgebildetes Leben erschien, so daß dieses letztere wohl äußerlich uns wie leblos entgegentreten kann.

Wenn wir sagen müssen, daß solche Erscheinungen in der Entwickelung des neueren Geisteslebens uns gewissermaßen zeigen können, wie bedeutende Denker, die nicht nur ihrer Gesinnung nach, sondern ihren Erkenntnissen nach fest auf dem Boden der Naturwissenschaft stehen, durchaus nicht auf die Erde bloß als den glühend-flüssigen leblosen Gasball der Kant-Laplaceschen Theorie zurückgehen, sondern auf die ursprüngliche Erde als auf ein großes Lebewesen sehen, um das erklären zu können, was heute lebt, kann uns das gewissermaßen lehren, daß die Zurückführung des Lebendigen auf das Leblose doch nicht so leicht geht. Auf der anderen Seite müssen wir sagen, daß gerade die bahnbrechenden Geister der größten Errungenschaften der Forschungsergebnisse der neueren Naturwissenschaft uns auch nicht lehren können, daß naturwissenschaftliches Denken alles Lebendige auf ein lebloses Dasein zurückgeführt habe, und daß in dieser Beziehung die Naturwissenschaft geradezu dem widersprechen würde, was die Geisteswissenschaft zu sagen hat, daß alles Stoffliche, und dann überhaupt alles Lebendige, auf geistige Ursachen zurückzuführen ist. Ist es denn richtig, daß dasjenige, was *Darwin* oder *Lamarck* oder

andere bahnbrechende Geister für die großen Errungenschaften der Naturwissenschaft geleistet haben, den Hinblick
auf geistige Ursachen, die den Erscheinungen zugrunde
liegen, ausschließt?

Schon öfter ist von dieser Stelle aus auf eine merkwürdige
Stelle in Darwins Schriften aufmerksam gemacht worden,
wo dieser große gewaltige Bahnbrecher darauf hinweist,
wie es ihm gelungen sei, die Umwandlung einer Lebensform
in die andere zu zeigen, und wie es ihm dadurch sehr wohl
möglich schien, die heutigen Lebewesen in ihrer Kompliziertheit auf frühere, vielleicht weniger komplizierte Lebewesen
zurückzuführen und so die Mannigfaltigkeit der heutigen
Lebeformen durch vielleicht wenig voneinander verschiedene, ursprüngliche Lebeformen zu erklären. Dann aber sagt
Darwin in einer sehr bezeichnenden Art: So wäre es denn
gelungen, die heutigen mannigfaltigen Lebensformen auf
eine ursprüngliche zurückzuführen und das heutige Leben
in seiner Vielheit durch Entwickelung zu erklären. – Aber
von diesen ursprünglichen Lebensformen spricht Darwin so,
daß er annimmt, daß, wie er wörtlich sagt, «der Schöpfer
ihnen einstmals das Leben eingegossen habe». Ja, wir dürfen
geradezu sagen, daß dieser in der Mitte des neunzehnten
Jahrhunderts wirkende Naturforscher Darwin sich dadurch
zu seiner Erklärung von der Umwandlung der Arten in der
lebendigen Natur berechtigt glaubte, daß er dasjenige, worauf er die Entwickelung ursprünglich zurückführte, einfach vom Schöpfer hervorgehend annahm. Er würde sich
sofort – das können wir aus der ganzen Denkweise Darwins
erkennen – die Unzulänglichkeit seiner Erklärung vor Augen
haben führen müssen, wenn er nicht das Eingreifen geistiger
Tatsachen an irgendeiner Stelle der Erdentwickelung hätte
annehmen dürfen. Gerade dadurch fühlt er sich fest und
stark auf dem Boden, den er betreten hat, daß er sich sagt,

wenn man annehmen könne, daß ursprüngliches, aus dem Geistigen erzeugtes Leben in einfachsten Formen da war, dann kann man diesem Leben in den einfachsten Formen auch zumuten, daß es solche Triebkraft, solche Stoßkraft hatte, um sich zu komplizierten und mannigfaltigen Formen umgestalten zu können.

In noch höherem Sinne muß man dies auf Jean Lamarck anwenden, der von einer natürlichen Entwickelung der Lebewesen durch Anpassung an die Umgebung zu immer komplizierteren Formen gesprochen hat. Gerade bei Lamarck sieht man, daß sein Gedanke der ist: man dürfe eine Entwickelung von dem äußerlich Unvollkommenen zu dem äußerlich immer Vollkommeneren annehmen, weil man dies durchaus nicht im Widerspruche zu denken brauche mit dem Durchwoben- und Durchlebtsein dieser ganzen Entwickelung mit geistigen Grundkräften. Wie hätte sonst Lamarck eine Stelle in seinem grundlegenden Werke haben können, die wir wörtlich anführen können, die gerade bezeichnend für die Art und Weise ist, die jetzt bei älteren naturwissenschaftlichen Denkern gekennzeichnet worden ist. Lamarck sagt in seiner «Philosophie zoologique»:

«Da man nun nicht berücksichtigt hatte, daß die Individuen einer Art sich unverändert forterhalten müssen, solange sich die auf ihre Lebensweise einwirkenden Umstände nicht wesentlich ändern, und da die herrschenden Vorurteile mit der Annahme dieser fortschreitenden Erzeugung ähnlicher Individuen in Einklang steht, so hat man angenommen, daß jede Art unveränderlich und so alt wie die Natur sei, und daß sie von dem erhabenen Urheber aller Dinge besonders geschaffen worden sei.»

Lamarck ist sich bewußt, daß er mit der einen einzigen Schöpfung aller Arten am Ausgangspunkte dieses natürlichen Daseins brechen muß, daß er sich die Arten, die wir heute um uns haben, als durch Entwickelung entstanden zu denken habe. Dann aber fährt er fort:

«Gewiß, alles existiert nur durch den Willen des erhabenen Urhebers aller Dinge. Aber können wir ihm Regeln vorschreiben bei der Ausübung seines Willens, oder die Art und Weise bestimmen, nach der er dies getan hat? Konnte seine unendliche Allmacht nicht eine uns unbekannte *Ordnung der Dinge* schaffen, welche alles, was wir sehen, und alles, was existiert, nacheinander ins Dasein treten ließ? Welches auch immer sein Wille gewesen sein mag, die unermeßliche Größe seiner Macht ist gewiß immer dieselbe, und auf welche Art er auch diesen Willen ausgeführt haben mag, nichts kann die Größe desselben verkleinern. Indem ich also die Ratschlüsse dieser unendlichen Weisheit respektiere, halte ich mich innerhalb der Grenzen eines einfachen Naturbeobachters.»

So spricht der, auf den man sich heute, und mit Recht, beruft, wenn von der Entwickelungslehre gesprochen wird. Wir sehen aber zugleich, daß dieser Mann damit von vornherein in der bestimmtesten Weise sich sein Programm vorzeichnete. Wie ist dieses Programm?

Es ist so, daß Lamarck sagt: Wenn man alles, was einem als einfacher Naturbeobachter zur Verfügung steht, durch Beobachtung ermittelt, so ergibt sich die Möglichkeit einer Vorstellung, daß sich die Organismen in laufender Reihe entwickelt haben; aber ursprünglich müsse man sich denken, daß geistige Triebkräfte in dieser ganzen Entwickelung walten, denn sonst habe man überhaupt keinen festen Boden. – Das erkennt man durchaus als die Gesinnung des bahnbrechenden Lamarck. Man muß dann allerdings sagen: So hat sich dieser naturwissenschaftliche Forscher sein besonderes Programm dadurch vorgezeichnet, daß er sich auf die Vorgänge der Außenwelt beschränkte und gar nicht weiter

zu dem aufsteigt, was geistig dem ganzen Entwickelungsprozeß zugrunde liegen muß. Das Geistige übergibt er auf
einmal einer Welt, in die er nicht einzudringen beabsichtigt,
die er von vornherein als ein Gebiet des gesamten ungehin-
derten Schöpferwillens voraussetzt; er aber beschränkt sich
auf die Darstellungen dessen, was aus diesem Schöpfer-
willen hervorgequollen ist und sich in laufender Entwickelung darlebt.

Nun muß man auf der anderen Seite wieder sagen, daß
so, wie die Dinge heute liegen, sich dem naturwissenschaftlichen Beobachter niemals zu Recht ergeben kann, daß unter
den Bedingungen, welche der heutigen äußeren Beobachtung
zugänglich sind, auf der heutigen Erde jemals sich Lebendiges aus Leblosem entwickeln könne. Die Vorstellung, daß
sich Lebendiges aus Leblosem entwickelt, ist keineswegs eine
neue, sie ist im Grunde genommen die ältere. Es ist schon
von dieser Stelle aus hervorgehoben worden, daß es ein
großer Fortschritt in der Naturwissenschaft war, der aber
kaum zwei Jahrhunderte hinter uns liegt, als *Francesco
Redi* den Satz ausgesprochen hat: Lebendiges kann nur aus
Lebendigem entstehen. – Es ist interessant, daß man in den
Jahrhunderten vor Francesco Redi noch durchaus angenommen hat, daß aus bloß unlebendigen Stoffen Lebendiges und
recht komplizierte Lebewesen hervorgehen können. Nicht
nur, daß man annahm, daß aus Flußschlamm, der für die
äußere Beobachtung etwas Unlebendiges darstellte, sich niedere Tiere, Regenwürmer zum Beispiel, entwickeln können,
ohne daß von dem Regenwurmvorfahren ein lebendiger
Keim in den Schlamm hineingelegt worden ist, sondern man
nahm durchaus systematisch an, daß Tiere bis zu den Insekten hinauf, oder noch höhere, sich aus leblosen Stoffen entwickeln könnten. Interessant ist es, daß man in einem Werke
des heiligen *Isidor,* der 636 gestorben ist, durchaus systema-

tisch angeführt findet, daß sich aus einem Ochsenleichnam
– etwas, was also schon ins Unlebendige übergegangen ist –,
wenn man ihn nur genügend klopft, Bienen entwickeln können. Ja, dieser an der Spitze der Gelehrsamkeit seiner Zeit
stehende Mann hat nicht nur angegeben, wie aus einem
Ochsenleichnam Bienen werden können, sondern er sagt uns
auch, wie in derselben Art aus Pferdekadavern Hornissen,
aus Mauleseln Drohnen und aus Eselkadavern Wespen sich
entwickeln können. Doch nicht genug damit, sondern bis ins
siebzehnte Jahrhundert hat man angegeben, wie aus dem,
was sich bereits ins Unlebendige verwandelt hat, Ameisen
und Aale entstehen können. Und der Glaube, daß sich
Lebendiges aus Leblosem in der einfachsten Weise gestalten
kann, war so mächtig, daß Francesco Redi nur mit knapper
Not dem Schicksale des Giordano Bruno entgangen ist, weil
er die Frechheit hatte, den Satz auszusprechen: Lebendiges
kann nur aus Lebendigem entstehen; denn nur auf unge-
nauer Beobachtung könne die Annahme beruhen, daß sich
aus unlebendigen Stoffen Lebewesen entwickeln können,
weil in dem Flußschlamm bereits die lebendigen Keime der
Lebewesen enthalten sein müssen, wenn Lebendiges sich entwickeln soll.

Die Geisteswissenschaft muß heute zu den Errungenschaften des Francesco Redi den Satz hinzufügen, daß Geistiges
sich nur aus Geistigem entwickeln kann. Und weil schließlich alle Erdentwickelung in dem Geistigen gipfelt, wie
es sich einfach und auf einer untergeordneten Stufe in der
tierischen Welt darstellt, wie es sich auf einer höheren Stufe
in dem normalen Menschen und auf der höchsten Stufe in
dem menschlichen Geiste selber darstellt, so kann dieses
Geistige, das sich zuletzt wie herausgebiert aus dem scheinbar Geistlosen, nur auf ein ursprüngliches Geistiges zurückgeführt werden. Wenn die Geisteswissenschaft dieses heute

zu behaupten genötigt ist, wie wir es in den früheren Vorträgen und auch in den verflossenen Jahren in diesen Vortragszyklen gehört haben, und wenn sie weiter auf den einzelnen Gebieten vollständig diesen Satz: Geistiges kann nur aus Geistigem hervorgehen – erhärten will und sagt: Alles, was uns als Materielles erscheint, ist nur ein umgewandeltes Geistiges –, so ist sie heute, weil andere Dinge Mode geworden sind, denn man verbrennt nicht mehr, nicht mehr dem Schicksale des Francesco Redi oder des Giordano Bruno, wohl aber einem anderen Schicksale ausgesetzt. Weil sie heute vorausnehmend eine Wahrheit zu vertreten hat, die sich in das Kulturleben ebenso einleben wird, wie sich der Satz: Lebendiges kann nur aus Lebendigem entstehen – eingelebt hat, so wird man die Geisteswissenschaft als eine Träumerei betrachten, als etwas, was keineswegs fest auf dem Boden einer wirklichen wissenschaftlichen Erkenntnis steht.

Nun soll das, was die Geisteswissenschaft von ihrem Standpunkte aus über die Frage nach dem Ursprunge der Tierwelt zu sagen hat, hier zunächst skizziert werden. Dann soll gezeigt werden, weil ich mir in diesen Vorträgen die Aufgabe gestellt habe, dasjenige, was die Geisteswissenschaft aus sich hervorbringt, in Einklang zu setzen mit den Errungenschaften der Naturwissenschaft, wie die Erkenntnisse der Geisteswissenschaft über den Ursprung der Tierwelt durchaus in Einklang zu bringen sind mit den Errungenschaften naturwissenschaftlicher Erkenntnis der Gegenwart.

Auf das, was Gustav Theodor Fechner oder Preyer als den ursprünglichen Erdenorganismus angenommen haben, kann allerdings die Geisteswissenschaft als solche nicht zurückgehen. Aber auf der anderen Seite muß immer wieder und wieder betont werden, daß es keiner Erklärung gelingen wird, auch nur logisch einigermaßen plausibel zu machen, daß sich innerhalb unserer Erdentwickelung aus einem rein nebelhaften Gebilde, wie es die Kant-Laplacesche Theorie annimmt, die Mannigfaltigkeit der Lebewesen habe entwikkeln können; man müßte denn sozusagen zu Auskunftsmitteln der allerneuesten Denkweise greifen, wenn man die organische oder die tierische Welt damit in Einklang bringen wollte. Dann würde man zu der heute zwar vielfach bewunderten, aber nicht minder phantastischen Denkweise des schwedischen Forschers *Svante Arrhenius* kommen, daß — sagen wir gerade zur rechten Zeit, als die Erde so weit war, Keime lebendiger Wesen aufnehmen zu können, sie durch den sogenannten Strahlungsdruck aus dem Weltenraume herein solche Keime in sich versetzt erhielt. Es wird jeder sehr leicht einsehen, daß mit einer solchen Erklärung keine Erklärung gegeben ist, denn man hätte dann die Aufgabe, zu erklären, wo und wie diese Lebewesen entstanden sind, wenn sie auch nur als einfachste Keime durch den Strahlungsdruck auf die Erde in sie hereingeflossen sind.

Die Geisteswissenschaft muß auf eine Gestalt der Erde zurückgehen, wo sich uns die Erde noch nicht besetzt und bevölkert zeigt von solchen Lebewesen, wie wir sie heute erkennen. In einer gewissen Beziehung zeigt uns die Geisteswissenschaft auch etwas Ähnliches wie Fechner und Preyer es sich durch reine Verstandesschlüsse vorgestellt haben, daß nämlich die Erde an ihrem Ausgangspunkte ein Lebewesen war, welches nicht nur in lebloser Art die Gase und Dämpfe in sich hatte, wie sie die Kant-Laplacesche Theorie annimmt. Diese Theorie kann man auch sehr leicht schon dem einfachsten Schüler erklärlich machen, indem man ihm sagt: Sieh dir einmal an, es kann wirklich durch bloße Rotation eines Tropfens in einer Flüssigkeit, wenn man ihn rotieren läßt, sich etwas abspalten, was dann durch die Rotation als kleiner Tropfen um den großen herumkreist, so daß man dadurch etwas wie ein Weltsystem im kleinen entstehen lassen kann. – Man vergißt dabei nur, daß man selbst erst durch Drehung den Tropfen in Bewegung gebracht hat, und daß, wenn ein solcher Vorgang sich wirklich einmal im großen zugetragen haben soll, daß durch Rotation eines Gasballes sich die Planeten abgespaltet haben, dann ein Riesen-Professor oder ein Riesen-Lehrer im Weltenraume gewaltet haben muß, denn man muß, wenn man ein Experiment macht, alle Prozesse dabei berücksichtigen und nicht sich selber vergessen. Ist es schon unmöglich, daß man aus dem, was man gegenwärtig kennt, auch nur die Abspaltung der Planeten von einem einstmals bestehenden Gasball erklären kann, so wird es noch weniger möglich sein, innerhalb eines planetarischen Daseins das Leben zu erklären ohne ein Lebendiges, wenn vorher nur Unlebendiges vorhanden gewesen sein soll.

Die Geisteswissenschaft führt uns aber auf eine solche Erde zurück, welche tatsächlich an ihrem Ausgangspunkte nicht nur belebt war, sondern auch durchgeistigt war, so daß wir also in der Erdentwickelung auf ein ursprüngliches durchgeistigtes Erdenwesen zurückzugehen haben. Wenn wir dieses durchgeistigte Erdenwesen uns dann gleichsam wie im Bilde vor die Sinne führen wollten, so würde sich dieses Wesen substantiell so darstellen, wie wir gewissermaßen heute noch wie letzte Reste dieses ursprünglichen Erdenzustandes in den niedersten Organismen, von denen sich eigentlich schwer sagen läßt, ob sie pflanzliche oder tierische Wesen sind, bewegliche, aber noch nicht geformte lebendige Materie vor uns haben. Wenn wir diese niedersten Organismen, die man eigentlich als fließendes Leben ansprechen könnte, denn sie sehen zunächst aus wie ein runder Tropfen, der aber auf äußere Veranlassung hin sozusagen seine Materie nach Form und Lage verändert, verlängert in Fühlhörner oder in Füße, die über den Boden kriechen, der aber in sich gar keine bestimmten Formen hat, – wenn wir uns diese ursprüngliche Lebenssubstanz vergegenwärtigen, so haben wir im Sinne der Geisteswissenschaft das Ganze der ursprünglichen Erdenmaterie vor uns und innerhalb dieser Erdenmaterie noch gar nicht das, was wir heute als unlebendige Stoffe haben. Die ganze Erde ist sozusagen eine lebendige, aber noch ungeformte Substanz, und dasjenige muß sich die Geisteswissenschaft neben dieser ungeformten Substanz als ein rein Geistiges am Ausgangspunkte der Erdentwickelung denken, was wir das Formprinzip, das übersinnliche Formprinzip nennen. Wir können heute im Sinne der Geisteswissenschaft nur eine Vorstellung von dem bekommen, wie diese Erde eigentlich am Ausgangspunkte ihres Werdens war, wenn wir uns den schlafenden Menschen vorstellen und uns in dem Sinne, wie wir es in vorhergehenden Vorträgen oftmals getan haben, sagen: Wenn wir uns den schlafenden Menschen vorstellen, so haben wir im Bette liegend den physischen Leib und diesen physischen Leib durchdrungen von dem, was wir geisteswissenschaftlich eine nicht mehr sinnliche Leibesform nennen: den Ätherleib. Aber außerhalb, gleichsam im Umkreise dieses physischen lebendigen Leibes, haben wir das, was während des wachen Tageslebens innerhalb dieses physischen Leibes ist: das lebendige Leben der Seele, das wir den Zusammenhang zwischen dem Ich und dem astralischen Leib des Menschen nennen. – So haben wir im wachenden Menschen das innere Seelenhafte vor uns, durchdringend das äußere Leibliche; beim schlafenden Menschen haben wir aber das äußere Leibliche vor uns, abgesondert von dem inneren Seelenhaften. Dieses innere Seelenhafte ist beim heutigen schlafenden Menschen bewußtlos, es ist sozusagen nicht von einem wirklichen inneren Inhalt durchdrungen, wenigstens nicht bewußt. Aber für einen wirklichen Denker ist es unmöglich sich vorzustellen, daß der schlafende Mensch tatsächlich noch das in sich habe, oder daß das, was in dem schlafenden Menschen lebendige Tätigkeit ist, zugleich während des Wachzustandes die Erscheinungen des Seelenlebens selber bewirke. Was können wir uns, wenn wir wirklich logisch denkend vorgehen, nur vorstellen? Wir können uns nur vorstellen – das kann heute nur skizziert werden, aber jeder, der logisch und konsequent denken wird, kann zu keinem anderen Resultat kommen –, daß der Mensch seine Seelentätigkeit durch die wachende Leibestätigkeit ausübt, ausdrückt, so daß der wachende Mensch, um Bewußtsein zu entwickeln, seine körperlichen Organe braucht, und daß die körperlichen Organe so gestaltet sein müssen, daß sie, wenn sie von dem seelischen Prinzip belebt werden, Träger oder Vermittler des Bewußtseinslebens sein können. Nimmermehr kann sich aber ein Mensch vorstellen, daß durch die innere lebendige, organische Tätigkeit, die während des Schlafes abläuft, dasjenige geschehen kann, was im Wachen als innere Seelenvorgänge in unser Bewußtsein tritt. Wir brauchen nur einen einfachen Vergleich zu nehmen, der für diesen Zweck durchaus genügt, so werden wir sehen können, wie es sich mit dieser Sache verhält.

Setzen wir an die Stelle des Gehirnes, des Seelenorgans, was uns den wachbewußten Zustand vermittelt, die Lunge und das Atmen. Dann müssen wir sagen, die Lunge atme nur dadurch, daß ihr der Sauerstoff von außen zufließt. Aber die Tätigkeit der Lunge erschöpft sich nicht dadurch, daß ihr der Sauerstoff zufließt, denn auf die Zuführung des Sauerstoffes kann die organische Tätigkeit keinen Einfluß haben. Wir können aber daraus, wie wir von innen heraus unsere Lunge ernähren und beleben, nichts erfahren über die Natur und Wesenheit des Sauerstoffes, und die Lunge kann auch nicht von innen mit Sauerstoff versorgt werden. Gerade aber so, wie wir uns den inneren Lebensprozeß als in die Lunge übergehend zu denken haben, so haben wir uns während des Schlaflebens den inneren Lebensprozeß auch in das Gehirn und die übrigen Organe übergehend zu denken. Abends sind unsere Organe erschöpft, weil die Seelentätigkeit die Organe abnutzt, und sie müssen von einer reinen Lebenstätigkeit durchsetzt werden, damit sie wieder Vermittler der Seelentätigkeit sein können. Ebensowenig aber, wie die bloße innere Lebenstätigkeit die Lunge mit Sauerstoff versorgen kann, ebensowenig kann die innere Lebenstätigkeit den Menschen während des Schlafes mit dem versorgen, was wir die Triebe, Begierden, Leidenschaften und so weiter des Menschen nennen können. Nichts folgt aus der bloßen Leibestätigkeit des Menschen für seine Seelentätigkeit, wie aus der bloßen Lebenstätigkeit, die sich in die Lunge ergießt, nichts für die Natur des Sauerstoffes folgt, der sich durchaus von außen mit der Lunge vereinigt. Und kein Mensch kann dem ganz zwingenden Schlusse entkommen: Ebenso wie der Sauerstoff als solcher in der Außenwelt existiert und der Lunge sich mitteilt, nur daß die Lunge, weil sie nicht einschläft, nicht abwechselnd sondern immer damit versorgt wird, ebenso werden die Erkenntnisorgane des Menschen nicht von innen heraus durch die bloße Leibestätigkeit dazu aufgerufen, daß sie Seelentätigkeit vermitteln, sondern diese muß ihnen beim Aufwachen einfließen, wie der Sauerstoff von außen in die Lungen einfließt. Es muß also etwas sein, was, sich zusammensetzend zum menschlichen Ich, am Morgen in die Leibestätigkeit hereinfließt und dann in den menschlichen Seelenorganen wirkt. So müssen wir in dem, was das Schlafleben ist, das Geistige abgesondert denken und es sozusagen als etwas betrachten, das einen Teil unserer Leibesorgane am Morgen zu Seelenorganen erweckt.

Wir haben also gleichsam im schlafenden Menschen einen lebendigen Organismus und über ihm schwebend ein selbständiges Geistiges. Während des wachen Lebens müssen wir uns vorstellen, daß dasjenige, was als Seelenprozesse, also als Geistig-Seelisches, in uns abfließt, allerdings nur gewisse Prozesse bewirken kann, die ihnen zweifellos im Organismus parallel gehen, welche Wirkungen der Seelenprozesse sind und die, wenn sie an ihrem Gipfel ankommen, Ermüdung bewirken, sozusagen Auflösungsprozesse des Materiellen sind, während vom Leibe aus diese Ermüdungsprozesse während des Schlafes wieder rückgängig gemacht werden.

In einer ähnlichen Weise zeigt die Geisteswissenschaft, daß die Erde an ihrem Ausgangspunkte eigentlich aus einer Zweiheit bestanden habe, aus etwas, was nicht dem schlafenden und dem wachenden Menschen gleich ist, sich aber wohl damit vergleichen läßt, was sozusagen, so wie heute noch die letzten Reste der einfachsten Organismen sind, bewegliche Lebenssubstanz war, aber in keiner Weise zu tierischen oder menschlichen, ja nicht einmal zu pflanzlichen Formen umgebildete Organismen waren. Und wie wir uns in Verbindung mit dem Menschenleib, ihn im Schlafe umschwebend, dasjenige zu denken haben, was seelischer Inhalt des Menschen ist, so haben wir uns den ganzen Erdenleib an seinem Anfange umschwebt zu denken von dem, was wir den Erdengeist, den gemeinsamen einheitlichen Erdengeist nennen können. In diesem Erdengeist erst haben wir alles das zu suchen, was später innerhalb der Erdentwickelung Form geworden ist. In diesem Erdengeist haben wir aber zunächst auch alles das zu suchen, was auf die flüssige materielle Substanz, gleichsam auf die schlafende Erde erregend wirkt, so daß die ganze Lebenssubstanz in der verschiedensten Weise in Bewegung kommt. So haben wir uns –

ich möchte sagen wie Geistesströme aus der Umgebung der Erde hereinwirkend zu denken in die flüssige lebendige Materie die erregenden Ursachen, die, wie der Sturm das Meer aufpeitscht und zu allerlei Wellengebilden gestaltet, ursprünglich nur solche Formen in der flüssigen Substanz hervorriefen, die sich nicht verfestigten, sondern, nachdem sie sich zeitweilig geformt hatten, ihre ursprüngliche formlose Gestalt wieder annahmen. Das Formprinzip selber ist als ein übersinnliches, geistiges Prinzip zu denken, das mit der ursprünglichen Erdensubstanz verbunden war. Wenn wir uns heute noch für diese Wirkungsweise oder für diese Wechselwirkung zwischen Geist und Materie in bezug auf die Erde bei ihrem Ausgangspunkte etwas Ähnliches vorstellen wollen, so können wir uns – die Naturwissenschaft der Zukunft wird das schon ergeben – einen engeren Bezirk vorstellen, in welchem das geschieht, was am Ausgangspunkt der Erdentwickelung geschah. Wir können noch immer etwas aufweisen, was auf ungeformte Lebenssubstanz wirkt. Alle solche Prozesse, die unser eigenes Geistesleben in der Gehirnsubstanz, in der Blutsubstanz hervorbringt, lassen sich mit den Vorgängen vergleichen, die sich ursprünglich beim Erdenausgangspunkt zwischen dem geistigen Formprinzip und dem, was als lebendige Substanz dem Erdenwerden zugrunde liegt, abgespielt haben.

In unserem heutigen Sinne läßt sich eine solche Sache nicht beweisen. Beweisen läßt sich nur, daß die Geisteswissenschaft mit den Mitteln, die bereits geschildert worden sind, sozusagen für die ganze Erdentwickelung etwas Ähnliches herstellt, wie es im einzelnen Menschenleben im Gedächtnis hergestellt wird. Dadurch, daß gewisse Kräfte, von denen hier auch gesprochen worden ist, die in den Tiefen der Seele ruhen, ausgebildet werden – das sind zugleich die Kräfte, durch deren Entwickelung der Geistesforscher in das geistige

Erdenwesen unmittelbar hineinschauen kann –, erweitert sich das menschliche Gedächtnis und der geistige Blick des Menschen. So kann der Stoff und das stoffliche Leben ganz durchdrungen werden von dem Geistesblick, und es können sich auch die stofflichen Vorgänge in ihrem Dasein so zeigen, daß sie nicht nur die gegenwärtigen, sondern auch die früheren Zustände, aus denen sie sich herausentwickelt haben, unmittelbar dem Geistesauge entgegentreten lassen. Wie heute der Mensch in der Gegenwart das in sich trägt, was an seinem Seelenleben seit seiner Kindheit geformt hat, und damit die Erinnerungslinie verfolgen kann, so verfolgt er sein Seelenleben bis in frühere Zustände; er kann es also zurückverfolgen, wie es nicht nur jetzt, sondern vor Jahrzehnten und so weiter gewesen ist. Wenn der geistige Blick nicht nur an dem äußeren Materiellen haften bleibt, sondern die Oberflächen der Dinge durchdringt und in die geistigen Untergründe hineindringt, dann macht sich innerhalb des Geistigen etwas geltend, was den Menschen in eine Art von Weltgedächtnis versetzt, was man auch das Lesen in der Akasha-Chronik nennt, und dadurch blickt er auf frühere ursprüngliche Erdenzustände zurück.

Beweise sind also nur auf eine solche geistige Art und Weise zu geben. Aber wenn diese Dinge erforscht sind, dann stehen uns die Mittel zur Verfügung, welche erhärten, was durch die Geistesforscher zutage getreten ist, und zeigen, daß ein voller Einklang besteht zwischen dem, was uns die Dinge heute noch darstellen, und was der Geistesforscher durch seine Erkenntnisse behaupten muß. Daher kann man auch in einem populären Vortrage keinen anderen Weg einschlagen, als erzählen, was sich dem Geistesforscher darstellt, und was aus der unmittelbaren geistigen Beobachtung fließt, während wir durch diese geisteswissenschaftliche Beobachtung sozusagen an den Ausgangspunkt des Erdenwerdens versetzt werden. Aber wir müssen zu gleicher Zeit betonen, daß für solche Zustände allerdings dasjenige, was wir als Geistiges zu erkennen haben, noch viel näher materiellem Schaffen steht, als das Geistige heute materiellem Schaffen nahesteht. Heute braucht das Geistige die Widerlage, den Widerstand des materiellen Leibes, so daß es das Geistige im Menschen nur zu jenen Bildern vom Materiellen bringt, die wir uns in unseren Vorstellungen vor Augen führen. Bis zu einer stärkeren Verdichtung bringen wir es nicht als zu diesen Bildern.

Die Geisteswissenschaft aber steht auf dem Boden – die folgenden Vorträge werden noch auf den Ursprung der Materie aufmerksam machen –, daß alles materielle Dasein ursprünglich ein geistiges gewesen ist, nur daß das Geistige, als es selber noch materieschaffend war, in einem ursprünglicheren, willensartigeren, kraftvolleren Zustande war, als es heute im menschlichen Geistesleben ist. Daher haben wir uns das, was als geistiges Formprinzip die Erde umschwebte, demjenigen viel näherstehend zu denken, was wir die ursprüngliche Lebenssubstanz nannten, als es heute beim schlafenden Menschen in bezug auf sein ihn umschwebendes Seelisches zu denken ist. Und wir haben uns dann im weiteren Fortgang zu denken, daß durch ein Eingreifen des übersinnlichen Formprinzipes in die Substanz alles das entstanden ist, was man heute die unlebendige Natur nennt. Tatsächlich haben wir uns zu denken, daß durch Einwirkung des geistigen Formprinzipes aus der bewegten und erregten Materie sich eine solche Materie absonderte, die dann leblos wird. Damit steht die Geisteswissenschaft wiederum den Untersuchungen von Fechner und Preyer nahe. Aber solcher unlebendiger Stoff wird in einer gewissen Weise wieder von dem Formprinzip ergriffen, indem jetzt in diesem leblosen Stoff das Formprinzip als Kristallisation auftritt, so daß wir uns alles Mineralische als aus ursprünglich geistiger, belebter Materie hervorgehend und von dem Formprinzip ergriffen zu denken haben. Daher können wir heute noch, wenn wir vom Kristall sprechen, ein übersinnliches Formprinzip erkennen. Anders aber machte sich das Formprinzip geltend in der Materie, die als belebte zurückblieb. Und wenn wir heute von den Pflanzen absehen, so müssen wir uns vorstellen, daß die Erde unter dem Einfluß derjenigen Substanzen, die sich als leblose allmählich absonderten aus der lebendigen Substanz und in der verschiedensten Weise gruppierten, sich zu demjenigen gestaltete, was wir als feste Erde, als flüssiges Wasser, als Luft und so weiter bezeichnen. Wir müssen uns weiter vorstellen, daß während dieser Zeit in die ganze lebendige und leblose Substanz das Formprinzip hineinwirkt, daß die lebendige geformte Materie dem äußeren Leblosen ausgesetzt ist, – ja, während sie früher in sich durchaus lebendig war, sich nun mit der leblosen Stofflichkeit durchsetzen muß, auch dadurch, daß im Laufe der Erdentwickelung das Ernährungsprinzip sich geltend machte als ein Hereinnehmen des Unlebendigen in das Lebendige.

Wir sehen also das Lebendige gewissermaßen das Unlebendige aufnehmend, das es erst in einer gewissen Weise aus sich selbst herausgesondert hat. Dadurch kommt das Lebendige auf der Erde immer mehr und mehr in die Bedingungen hinein, die sich durch das Unlebendige als die Elemente Erde, Wasser, Luft und so weiter äußern, und das Lebendige kann nur so geformt werden, daß die Formen den äußeren Elementen angepaßt werden.

Nun müssen wir uns das Leben der Erde so vorstellen, daß es im weiteren Verlaufe in der verschiedenartigsten Weise das Unlebendige und das Lebendige durch das Formprinzip getrennt hält. Wir müssen uns vorstellen, daß die Stoffe, welche heute aus den Höhen herabgefallen und mit dem Erdenleib verbunden sind, in einer mittleren Erdenzeit noch aufgelöst und als Dunst in der damaligen Erde vorhanden waren. Wir können durchaus von einer solchen Erdenzeit sprechen, in welcher eine solche Luftumhüllung, wie sie heute da ist, nicht vorhanden war. Wir müssen da von Dämpfen und Gasen sprechen, die heute längst verfestigt sind. Wir müssen uns die ganze Verteilung von Wasser und Luft in einer mittleren Erdenzeit anders vorstellen. Da müssen wir uns vorstellen, daß das Formprinzip, das rein geistig zu denken ist, indem es die lebendige Substanz in die leblose, geformte Materie hineinformte, aus dieser letzteren die Bedingungen zum Beispiel für die Atmung und so weiter entnehmen mußte, so daß das Formprinzip auf diese Weise die mannigfaltigsten Formen zu schaffen hatte, die an alte Erdenverhältnisse angepaßt waren, welche jetzt durchaus nicht mehr bestehen. Die Geisteswissenschaft zeigt nun aber, daß die Entwickelung so voranschritt, daß gleichsam nur ein Teil der lebendigen Substanz in jenen Zeiten wirklich zur Formung kam, und daß, als die formlose Materie unmittelbar von dem geistigen Prinzip ergriffen wurde, ein Teil der alten, beweglichen, formlosen Substanz zurückgehalten wurde. Wir haben also in alten Zeiten, da die Erde in einer ganz anderen Weise von Stoffen umschichtet war, die heute schon durch Verdichtung zu Boden gefallen sind oder in der Erde selbst ein flüssiges Dasein führen, gleichsam das Formprinzip in alte Formen hineinkristallisiert, die unter den heutigen Bedingungen längst nicht mehr existieren können. Nehmen wir einen solchen Zustand, in dem unsere Erde noch durchaus nicht als Planet die Gestalt hatte, die wir heute sehen. Da mußten ganz offenbar andere Formen von Lebewesen entstehen, Lebewesen, welche eben den alten Bedingungen angepaßt waren und heute nicht mehr bestehen könnten. Es ist nun leicht erklärlich, daß viele von diesen

Lebensformen vollständig aussterben mußten, als die Erde selbst ihre Gestaltung umänderte. Da finden wir, was noch geologisch nachweisbar ist und was die Paläontologie zeigt, daß Tiere gelebt haben, die wir uns so zu denken haben, daß sie etwa nur angepaßt waren dem sich erst seiner jetzigen Gestalt annähernden Wasser, das aber noch von ganz anderen Substanzen durchsetzt war. Andere Tiere finden wir da, die den damaligen Luftverhältnissen angepaßt waren, so die Saurier-Arten und so weiter, kurz, wir könnten die mannigfaltigsten Tierformen antreffen, die den damaligen Verhältnissen angepaßt waren. Daneben entstanden andere Formen, die sozusagen den Verhältnissen in der Weise angepaßt waren, daß sie allerdings nicht mehr durch das ursprüngliche Formprinzip aus der formlosen bewegten Materie herausgestaltet werden konnten, die aber fähig waren, in aufeinanderfolgenden Generationen sich umzubilden und in der Vererbungslinie sich so weiterzubilden, daß sie aus den alten Formen die späteren entwickelt haben. Die neuen waren dann an die neueren Erdenverhältnisse angepaßt. Während jene Formen aussterben mußten, die in den alten Zeiten so stark von dem Formprinzip durchdrungen waren, daß sie nicht mehr umgeformt werden konnten, konnten sich die Organismen, die in sich beweglicher geblieben waren, bei denen sich das Lebendige noch nicht so stark geformt hatte, umformen und so sich weiter entwickeln.

Für den Menschen stellt sich die Entwickelung so dar, daß wir ihn in den alten Zeiten nicht innerhalb dessen erblicken können, was mit äußeren Augen hätte erblickt werden können, sondern wir würden ihn in einer so feinen Materie formlos beweglicher Art finden, daß er in den Zeiten, als die Tierformen schon da waren, alles hat werden können. Der Mensch ist aus dem Formlosen in die Gestaltung, in die Form am allerspätesten herabgestiegen. Während die Tiere, die heute auf der Welt sind, schon früher das Formprinzip aufgenommen haben, so daß sie ihre frühere Gestalt in Anpassung an die Umbildung der Erde umformen mußten, hat sich der Mensch nicht bestimmen lassen, schon in die alten Formen herabzusteigen, sondern er wartete, bis die Erde jene Verteilung von Luft und Wasser hatte, wie sie jetzt vorhanden ist. Da erst ist für den Menschen die Verdichtung der noch kaum geformten Materie in die spätere menschliche Gestalt eingetreten. Weil der Mensch am spätesten in die geformte Gestalt eingetreten ist, deshalb erschien er so, daß er nicht an einzelne bestimmte Erdenverhältnisse bloß angepaßt ist. Wenn wir aber zu den Tieren zurückgehen, so müssen wir uns ihren Ursprung so vorstellen, daß sich bestimmte Formen an ganz bestimmte Territorien der Erde angepaßt haben. Diese Tiere haben dann die Gestalt bekommen, die keineswegs noch den heutigen Nachkommen ähnlich ist, die den damaligen Verhältnissen angepaßt war, aber weil die Tiere nur territorialen Verhältnissen angepaßt waren, die sich in gewisser Beziehung rasch änderten, so konnten sie sich nur innerhalb bestimmter Grenzen ändern. Der Mensch aber, der in der Zeit, als die Erde noch raschen Veränderungen unterworfen, noch nicht in eine Gestaltung eingetreten war, sondern erst später, als es möglich war, daß er über die ganze Erdoberfläche hin die Gestaltung so in die Leiblichkeit hineinversetzte, daß er als solcher der ganzen Erde angepaßt war, konnte die Erde als ein Wesen bevölkern, das am wenigsten den äußeren Verhältnissen und am meisten den inneren seelischen Triebkräften angepaßt ist. Der Mensch war also von vornherein solchen Formkräften angepaßt, daß sein Inneres dem Geistigen entsprach, daß die Formkräfte unmittelbar auf das Seelische so wirken konnten, daß sie seine äußere physische Gestalt zu einer aufrechten machten, daß sie seine Hände zu lebendigen Werkzeugen des

Geistes machten. Aber das alles konnte erst geschehen, nachdem die Erde über gewisse Gestaltungsprinzipien hinweg war, damit der Mensch demjenigen angepaßt werden konnte, was von innen heraus seine ganze Gestalt und sein Sichdarleben bestimmen konnte. So daß beim Menschen das Formprinzip auf dem Umwege des Geistigen seine Gestalt bestimmt, während beim Tiere das Formprinzip viel mehr in das Unlebendige und Unorganische hineingreifen mußte. Wir können es den Tieren noch heute ansehen, wie sie ihr ganzes Seelenleben noch enger an das Körperliche geknüpft haben, während der Mensch ein solches Seelenleben zu entwickeln vermag, das sich aus dem Leibesleben heraushebt.

Betrachten wir das Tier, wie es ganz in dem Leibesleben drinnensteckt, wie es einmal geformt ist, sehen wir, wie es verdaut, wie unmittelbar das Seelische das Leibesleben durchdringt und mit den körperlichen Funktionen verknüpft sich ausnimmt. Betrachten wir aber, wie das Seelische beim Menschen sich unmittelbar als Selbständiges aus dem Leiblichen heraushebt, so werden wir sehen, wie der Mensch deshalb so gestaltet ist, weil die Tierwelt früher, angepaßt an andere Verhältnisse unseres Erdendaseins, aus dem Formlosen herausgestaltet worden ist als der Mensch. Nur dadurch konnte auch im Menschen ein solches Seelenwesen tätig werden, das sich gegenüber dem Leibesleben so verselbständigte, daß der Mensch auch dann innerhalb dieses Seelenwesens das formende Prinzip behalten kann, wenn dieser Mensch durch die Pforte des Todes schreitet und sein Leibesleben zunächst ablegt. Weil das Formprinzip die tierische Seele so viel früher ergriffen hat, daß eine innige Verbindung mit dem Leibesleben hergestellt werden mußte, und weil das Tier deshalb ganz in dem Leibesleben aufgeht, so löst sich das, was im einzelnen Tiere erlebt wird, nicht vom Leibesleben los. Beim Menschen löst es sich los, behält außer der organischen, leiblichen Substanz auch noch im Seelischen ein Formprinzip und kann nach der Zeit zwischen dem Tode und einer neuen Geburt wieder ein neues Leibesleben formen. Nur dadurch, daß das Formprinzip beim Menschen das Geistig-Seelische unmittelbar ergriffen hat, hat dieses Geistig-Seelische jene Selbständigkeit, die hindurchschreiten kann von Leben zu Leben, die es ihm möglich macht, in wiederholten Leben sein Dasein zu durchlaufen. Dagegen bewirkte die innige Verbindung mit der Daseinsform, die im Tiere zwischen dem Formprinzip und der lebendigen Materie hergestellt werden mußte, daß das Formprinzip, wenn der Tod des Tieres eintritt, im Organischen sich erschöpft hat, und das Seelische des Tieres wieder in ein allgemeines tierisches Seelenleben zurückfällt, nicht in einem individuellen, sondern in einem allgemeinen Tierischen fortdauert, in einem Fortleben der Gruppenseele des Tieres und nicht der einzelnen Tierseele.

So sehen wir, daß wir den Ursprung des Tierischen darin zu suchen haben, daß dasjenige, was beim Menschen später eindringt und ihn durchdringt, beim Tiere früher eindringt. Das Tier ist gleichsam von dem fortlaufenden Entwickelungsprinzip zurückgelassen. Es ist ein zurückgebliebenes Wesen im Verhältnisse zum Menschen, der ein fortgeschrittenes Wesen ist. Wir können uns durch einen einfachen Vergleich leicht vorstellen, wie diese Bildung geschehen ist, wenn wir uns in einem Glase eine Flüssigkeit vorstellen, darin eine Substanz, und zwar so aufgelöst, daß man sie nicht von der Flüssigkeit unterscheiden kann. Läßt man dieselbe aber stehen, dann setzt sich ein Bodensatz ab und oben bleibt die feinere Flüssigkeit zurück. So hätten wir uns den gesamten Entwickelungsprozeß vorzustellen: in dem, was wir als Zweiheit ansehen – sozusagen zwischen dem Geistig-Formenden und dem, was unten die lebendige Substanz ist –, dasjenige, was die geistige Substanz ist. Darin ist auch das formende Prinzip für den Menschen enthalten. Aber für den Menschen bleibt die Formlosigkeit am längsten erhalten. Für das Tier tritt die Gestaltung früher ein, so daß sich in einer Zeit, als der Mensch sich noch oben in einer formlosen, dünneren Substanz erhalten hat, unten das Tierwesen schon verdichtet und so fortlebt, daß es in sich nur immer zu stärkeren und stärkeren Formen kommen kann, die sich im Laufe der Zeit umwandeln. Demgegenüber läßt sich der Mensch in bezug auf die Form nur auf das zurückführen, was ursprünglich in einem formlosen Lebendigen ist, worin aber der Geist als treibendes Prinzip hereinwirkt und es allmählich zur jetzigen Gestalt bringt. Im weiteren Fortgang haben wir uns die Tierformen auch so zu denken, daß sie nicht aus einer Tierform hervorgegangen sind, sondern es blieben, während sich da oder dort gewisse Tiere formten, andere zurück, die sich erst später formten, andere wieder stiegen noch später herab und so weiter. So ist der Mensch am spätesten herabgestiegen.

Eigentümlich, daß wir dies, was jetzt gesagt worden ist, voll erklärt finden, wenn wir solche Bücher wie zum Beispiel die Haeckelschen lesen. Da ist zwar äußerlich die Behauptung getan, daß der Mensch sich auf die Tiere zurückführen lasse. Wenn wir aber die Stufenleiter verfolgen, so sehen wir, daß der Mensch auf etwas zurückführt, was nicht auf die jetzigen Erdbedingungen zurückführen kann, sondern auf gedachte Lebewesen. Und ebenso die Tiere. Wir finden diejenigen Wesen, auf welche die Geisteswissenschaft hinweist, als hypothetische Wesen vor auch im Haeckelschen Stammbaum, nur daß diese dann nicht auf Geformtes, sondern auf Formloses zurückführen. Es ist jetzt nicht möglich, dies weiter auszuführen. Aber aus meiner «Geheimwissenschaft» ergibt sich, daß das, was jetzt als Erde dargestellt ist, sich aus früheren geistigen Stufen herunterentwickelt hat. Das ergibt sich so, daß man durchaus nicht sagen kann, dann setze ja die Geisteswissenschaft wieder nur etwas Unbekanntes ein. Nein! Zuletzt wird die Erde auf frühere planetarische Daseinsstufen zurückgeführt, wie der Mensch in bezug auf sein gegenwärtiges Leben auf frühere Leben zurückgeführt wird. Und wenn wir auf die früheren Stufen zurückgehen, so finden wir das Materielle nicht als ein Lebendiges, sondern als ein Geistiges. Wir lernen den Ausgangspunkt alles Lebendigen als den Geist kennen. Dadurch führen wir – also auf den Geist, das ist auf etwas, was wir in uns selber haben – die Grundlage auf etwas Bekanntes zurück, das in uns selber ist, während die äußere Wissenschaft auf etwas Unbekanntes zurückführt. Die Geisteswissenschaft ist da in einer anderen Lage, als die jetzige hypothetische Entwickelungslehre. Die Geisteswissenschaft führt die Entwickelung auf etwas zurück, was als ein Geistiges da war und heute auch noch da ist. Nur daß sich nicht in der Weise das in uns liegende Geistige zeigt, wie in dem Glase sich die dünnere Flüssigkeit von der dichteren Substanz abgesondert zeigt. Das feinere Geistige im Menschen hat sich eben, wie das feinere im Glase sich von der dichteren, niedergesunkenen Materie abgesondert hat, eben auch abgesondert.

So müssen wir die Tierwelt darauf zurückführen, daß der Mensch, damit er sein Geistiges entwickeln konnte, wie er es heute hat, die gesamte Tierwelt zunächst absondern mußte, damit er als feinere geistige Wesenheit so sich oben auf dem Untergrunde der tierischen Welt entwickeln konnte, wie sich in unserem Vergleiche die feinere Substanz zeigt, wenn sie unten auf dem Boden die gröbere Materie abgesondert hat. Es kann heute nur auf die Geschehnisse so weit hingewiesen werden, daß sie uns den Ursprung der Tierwelt vor Augen führen. Wie sich das Geistige und Seelische nachher gestaltet, muß einem späteren Vortrage überlassen bleiben. Das muß aber noch erwähnt werden, daß die Tatsachen durchaus nicht diesem Prinzip widersprechen, und daß die Naturwissenschaft darauf kommen wird, wie der Hergang eigentlich nicht anders sein konnte, als er heute dargestellt ist. Denn zeigen sich uns die Tiere etwa so, daß man nötig hätte, von der besonderen, nur beim Menschen vorhandenen Geistigkeit zu reden? Im Gegenteil! Einer genaueren Beobachtung wird sich zeigen, daß zuweilen innerhalb der Tierwelt viel mehr Verstand vorhanden ist, daß sich der Mensch erst seinen Verstand erwerben muß, und daß vielleicht darin der Vorzug des Menschen vor den Tieren besteht, daß er sich seinen geringen Verstand erst erwerben konnte. Überall wo wir in der Tierwelt hinschauen, beim Biber, bei den Wespen und so weiter, sehen wir Verstand walten, sehen wir Geist walten, der sich der Tiere bedient. Man kann nicht sagen, daß dieser Verstand in den einzelnen Tieren drinnen sei. Man braucht nur darauf hinzuweisen, wie gewisse Insekten für ihre Nachkommen sorgen. Da sieht man, daß man es mit einem übersinnlichen, die Tierreihen durchwaltenden Verstand zu tun hat, der für die Tierwelt objektiv ist, wie die Materie selber für die Tierwelt objektiv ist. Das können wir bemerken, wenn das Insekt seine Eier so ablegt, daß die Larve in ganz anderen Lebensverhältnissen leben muß. Das Insekt selber hat vielleicht in der Luft gelebt, die Larve muß erst im Wasser leben. Das Insekt kennt also vielleicht gar nicht die Bedingungen, in denen die Larve leben muß. Es kann also nur durch einen in ihm waltenden Instinkt hingeführt werden, die Eier dort abzulegen, wo die Larve leben kann. Oder betrachten wir Tiere wie den Biber und so weiter, die mit ihren ihnen eingewachsenen Organisationen das formen, was man äußere Architektonik nennen kann. Da werden wir nicht mehr weit davon sein, nach den Rechten der äußeren Beobachtung anzuerkennen, daß da Verstand in die tierische Substanz selber hineinwirkt. Wenn wir den Menschen betrachten, so sehen wir, daß er sich, nachdem er da ist, diejenigen Fähigkeiten erst aneignen muß, die in die Tiere schon hineingeformt sind. Er ist noch nicht so weit, daß er das in sich hat, was die Tiere schon in sich geformt haben. Daran kann man einen Maßstab haben, an dem man sehen kann, daß die Tiere früher geformt sind, und daß der Mensch noch fortgeformt wird, nachdem er bereits geboren ist. Es wird keine Bestätigung für die Affen-Abstammung des Menschen sein, wenn der Naturforscher *Emil Selenka* gefunden hat, daß die Affennatur in ihrem embryonalen Zustande der Menschengestalt viel näher ist als die spätere Affengestalt, woraus man annehmen kann, daß der Mensch viel früher gestaltet ist als die Affengestalt, nur daß der Mensch sich seine Gestalt erst erwirbt, wenn er in die Welt selber eintritt.

Überall zeigt die Naturwissenschaft in ihren Tatsachen, daß dasjenige, was die Geisteswissenschaft zu sagen hat, sich gerade durch die fortgeschrittenste Naturwissenschaft bestätigt. Ja, man könnte noch weiter gehen – ich schrecke nicht davor zurück – und zeigen, wie heute die Naturwissenschaft sozusagen gegen ihre Theorien etwas zutage fördert, was einen vollen Beleg für die geisteswissenschaftlichen Tatsachen liefert. Gerade wenn man auf solche Forschungsergebnisse eingeht, wie die über den Fortpflanzungsprozeß der niederen Tiere durch die beiden Brüder *Oscar* und *Richard Hertwig* aus dem Jahre 1875, was später vielfach bestätigt worden ist, daß das Befruchtungsprinzip zum Beispiel bei den Seeigel-Eiern überhaupt durch den Einfluß von Säuren ersetzt werden kann, daß also aus einem zunächst rein unorganischen Prozeß eine Befruchtung hergeleitet werden kann, so muß gesagt werden, daß die Vorgänge, die heute an das Prinzip der Vererbung gebunden sind, nur so vorgestellt werden können und so geschehen können, wie sie sich äußerlich darstellen, während sie sich in alten Zeiten ganz anders dargestellt haben. So kann man von einer Befruchtung des belebten Erdenkernes, der formlose lebendige Materie war, durch das ihn umfließende geistige Formprinzip sehr wohl sprechen, trotzdem man im Einklange mit den naturwissenschaftlichen Tatsachen ist, so daß sich aus dem Formprinzip heraus das Lebendige gestaltete, und daß sich dann das Unlebendige absonderte von dem Lebendigen, das die Einheitssubstanz der ganzen Erde war.

Es zeigt sich uns, wie sich im Grunde genommen das ganze Erdendasein so ausnimmt, daß wir es nur im Sinne Goethes verstehen können, der allerdings nur wie andeutend gesagt hat, was sich als Wirklichkeit für den Geistesforscher in bezug auf den Ursprung von Tier und Mensch ergibt. Denn, wenn wir den Blick hinauswenden in die ganze Welt, wodurch gewinnt im Grunde genommen alles, was uns da umgibt, seinen rechten Wert? Nur dadurch, wie *Goethe* sagt, daß es sich zuletzt in einer menschlichen Seele spiegelt. Für die Geisteswissenschaft aber zeigt sich der natürliche Erdenprozeß auch so, daß er im Grunde genommen von den ältesten zu den jüngsten Formen in der Weise fortschreitet, daß alles – als die Blüte der Erdenform – darauf hingeordnet ist, daß man das vorstellen kann, was zuletzt aus dem Erdenprozeß hervorgebracht werden muß, wie die Blüte oder Frucht aus der Pflanze hervorgebracht wird.

So ergibt sich aus einer Betrachtung des Ursprunges der Tierwelt wie eine Grundüberzeugung geisteswissenschaftlicher Erkenntnis, was sich in die das Menschenwesen aufklärenden Worte zusammenfassen läßt, die uns zugleich allerdings mit dem Bewußtsein der Menschenwürde, die sich auf dem Grunde alles übrigen Daseins aufbaut, Verantwortung auferlegt. Weil wir als Menschen nur dadurch werden konnten, daß die ganze übrige Erdenentwickelung auf uns hin angelegt war, so müssen wir uns dieser Erde würdig erweisen, indem wir von Vollkommenheitsgraden zu Vollkommenheitsgraden schreiten wollen, denn es zeigt uns die Entwickelung, daß sie angelegt ist auf die Vollkommenheit des Menschen. Und das gibt uns die Verpflichtung, nicht stehenzubleiben, sondern aufzurücken in immer feinere und feinere Gestaltungen des geistigen Lebens. Jenes Geistesleben, das der Mensch heute in sich trägt, konnte sich nur auf dem Grunde des Niederen aufbauen, und das Gegenwärtige müssen wir auch heute wiederum abstoßen und niederen Elementen überlassen, damit sich noch weiteres Geistesleben in uns entwickeln kann. Dies zusammenfassend können wir sagen: Wahr ist es für den Menschen, aber auch seine höchste Pflicht begründend:

Es lassen die Elemente
Gestaltend sich vom Geist durchdringen.
Empfangen mußten sie
Des Geistes letzten Kräftetrieb:
Das Menschenwesen einzukleiden
In Geistgestalt und Seelenleben.

CHRISTUS

UND DAS ZWANZIGSTE JAHRHUNDERT

Berlin, 25. Januar 1912

Wer sich gegenwärtig ein wenig in dem geistigen Leben umsieht, der wird nicht leugnen können, daß die Frage, die den
Gegenstand der heutigen Betrachtung bilden soll, die aller-
weitesten Kreise ergriffen hat, und zwar gerade, man könnte
sagen vom wissenschaftlichen Standpunkte aus. Auf der anderen Seite allerdings scheint in der Gegenwart immer mehr
und mehr eine Weltanschauung Platz zu greifen, innerhalb
welcher die Frage, die sich an den Christus-Namen knüpft,
eigentlich keinen rechten Platz hat. Der Vortrag, welchen
ich vor einigen Wochen von dieser Stelle aus über den «Ursprung des Menschen» halten durfte, und jener, der dann wie
eine Fortsetzung an anderem Orte über den «Ursprung der
Tierwelt» folgte, werden wohl gezeigt haben, daß ein jedes
Zeitalter, also auch unser gegenwärtiges, solche Grundfragen
wie nach dem Ursprunge des Menschen und ähnliche – wir
können dadurch voraussetzen auch diejenige nach dem Wesen, das mit dem Christus-Namen bezeichnet wird – in das
Licht der Denkgewohnheiten, der ganzen Empfindungs- und
Anschauungsweisen rückt, die auch sonst in einem Zeitalter
herrschen. Wir haben gesehen, daß schon in der Frage nach
dem Ursprunge des Menschen eigentlich die theoretischen
Anschauungen, die Weltanschauungen, die sich für unsere
Zeitgenossen aus diesen Denkgewohnheiten heraus ergeben
haben, im Grunde genommen den wahren, echten Ergebnissen wissenschaftlicher Forschung widersprechen, während

sich uns gerade bei der Frage nach dem Ursprunge des Menschen gezeigt hat, daß die geisteswissenschaftlichen Antworten, welche den Ursprung des Menschen nicht auf äußerlich physisch-sinnliche, sondern auf geistige Formen zurückführen, gerade den wirklichen Ergebnissen der Naturwissenschaft entsprechen und mit ihnen in voller Harmonie stehen. Aber vielleicht bei keiner Frage – es könnte dies wohl daher rühren, daß die Frage zu den größten Weltanschauungsfragen gehört –, zeigt sich so sehr die Disharmonie zwischen dem, was sich als eine Weltanschauung herausgebildet hat, was als Denkgewohnheiten in den weitesten Kreisen bei den Menschen heute herrscht, und demjenigen, was eigentlich die Wissenschaft notwendigerweise hat feststellen müssen, wie bei der Christus-Frage. Allerdings, seit dem Eintritt der Christus-Bewegung in die Weltgeschichte hat das menschliche Vorstellungsvermögen gegenüber der Wesenheit des Christus immer diejenige Gestalt angenommen, welche dem Zeitalter oder, man kann sogar sagen, den Menschen, die sich damit beschäftigen, angemessen war.

Da finden wir in den ersten Jahrhunderten nach dem Eintritt des Christentums in die Weltgeschichte, daß sich in einer gewissen Ideen- und Geistesrichtung, die man als die Gnosis bezeichnet, Ideen herausbilden, grandios und gewaltig über diejenige Wesenheit, die man als den Christus bezeichnet. Da findet man, daß sich diese gnostischen Ideen verhältnismäßig nur kurze Zeit in einer allgemeinen Weise gegenüber den Christus-Vorstellungen haben halten können, welche sich sozusagen als die populären ausbreiten und die dann der Inhalt der kirchlichen Bewegung werden. Es ist lehrreich, mit nur wenigen Worten auf die grandiosen Ideen über den Christus einzugehen, die sich als die gnostischen Ideen in den ersten christlichen Jahrhunderten entwickelt haben, nicht etwa darum, weil die Begriffe, welche die Geisteswissenschaft wieder über den Christus zu sagen hat, sich in irgendeiner Weise mit den gnostischen Ideen deckten, das behaupten nur die, welche wegen ihrer geisteswissenschaftlichen Unreife völlig unfähig sind, die Dinge wirklich zu unterscheiden, die sich im geistigen Leben darbieten. Die gegenwärtige Geisteswissenschaft, deren Ideen wir am heutigen Abend, wenn auch kurz, besprechen wollen, schreitet in vieler Beziehung über alles hinaus, was die alte Gnosis der ersten christlichen Jahrhunderte hervorgebracht hat. Aber um so interessanter ist es vielleicht, mit ein paar Worten auf diese gnostischen Ideen hinzuweisen. Es gibt allerdings viele Standpunkte der Gnosis, mancherlei Schattierungen innerhalb dieser Geistesrichtung, aber auf die eine, die wichtigste, soll wenigstens hingewiesen werden, die am meisten an das anklingt, was die Geisteswissenschaft in der Gegenwart zu sagen hat.

Man kann sagen: Die alte Gnosis der ersten christlichen Jahrhunderte hat zuerst gegenüber alledem, was damals im Christentum zutage trat, den tiefsten, bedeutungsvollsten Begriff von der Christus-Wesenheit, denn ihr ist diese Christus-Wesenheit ein Ewiges, das nicht nur mit der ganzen Entwickelung der Menschheit verknüpft ist, sondern auch mit der ganzen Entwickelung der den Menschen umgebenden Welt, des Kosmos überhaupt. – Wir haben bei der Frage nach dem Ursprunge des Menschen zurückgehen müssen zu jener Gestalt des Menschen, die noch völlig in geistigen Höhen schwebt, die sich sozusagen noch nicht eingelebt, einverleibt hat in das äußere materielle Kleid. Wir haben gesehen, wie der Mensch im Laufe der Erdentwickelung, ausgehend von einer rein geistigen Gestalt, nach und nach zu jener verdichteten Wesenheit herabgestiegen ist, die wir als den heutigen Menschen bezeichnen, und wie nur durch

die materialistischen Denkgewohnheiten die Entwickelungslehre, indem sie den Menschen nach rückwärts verfolgt, zu
äußerlich tierischen Formen kommt, während die Geisteswissenschaft zu Formen kommt, welche immer mehr und mehr
den geistig-seelischen gleichen und endlich vollständig den
geistigen Ursprung des Menschen zeigen. In jener Region, in
welcher der Mensch schwebte, bevor er materielles Dasein
angenommen hat, wo sich der Mensch inmitten nur geistiger
Wesenheiten und geistiger Tatsachen fühlte, suchte die alte
Gnosis auch schon die Christus-Wesenheit. Wenn wir sie
recht verstehen wollen, so müssen wir sagen, die Gnosis war
der Anschauung: Während der Mensch sich weiter entwik-
kelte und dazu schritt, sein geistig-seelisches Wesen mit einer
körperlichen Hülle zu umschließen, um in die materielle
Entwickelungsreihe einzutreten, blieb in rein geistigen Welten wie – man möchte sagen – ein alter Genosse des Menschen, der aber nicht mit in die materielle Welt hinunterstieg,
die Christus-Wesenheit vorhanden, – so daß der Mensch für
die Anschauung dieser alten Gnosis eine Entwickelung
durchmachte innerhalb der materiellen Welt und innerhalb
derselben nun seine Fortschritte zu verzeichnen hat. Die
Christus-Wesenheit aber bleibt in der Region des rein Geistigen, während der Mensch seine Entwickelungen im Materiellen durchmachte, so daß auch für die Zeit, welche der
Mensch schon als Geschichte durchlebte, die Christus-Wesenheit nicht innerhalb jener Region zu suchen ist, welcher der
Mensch als physisch-sinnliches Wesen angehört, sondern in
dem rein Geistigen. In jener Zeit, welche wir als den Ausgangspunkt des Christentums bezeichnen, sah die Gnosis
einen besonders wichtigen Zeitpunkt der Entwickelung der
Erdenmenschheit, nämlich jenen Zeitpunkt, da aus geistigen Welten, nachdem sie ihre eigene Entwickelung zurückgehalten hat, während der Mensch schon in die materielle

Welt heruntergestiegen war, die Christus-Wesenheit in die physisch-sinnliche Welt hereintrat, um als Impuls in ihr zu wirken. So sah die Gnosis den Menschen, als er noch in urmenschheitlichen Entwickelungsepochen war, als eine geistige Wesenheit mit der Welt verbunden, in welcher der Christus wirksam war, und sah dann im Beginne unserer Zeitrechnung den Christus heruntersteigen in die Welt, in welcher der Mensch schon lange seine materielle Entwickelung durchgemacht hat.

Es muß sich dazu sofort die Frage ergeben: Wie dachte sich die Gnosis dieses Heruntersteigen einer rein geistigen Wesenheit in die menschheitliche Entwickelung?

Die Gnosis stellte sich vor, daß ein besonders entwickeltes Menschheitsindividuum, das von der geschichtlichen Forschung als Jesus von Nazareth bezeichnet wird, eine solche Reife hatte, daß in ihm in einem gewissen Zeitpunkte Bedingungen vorhanden waren, daß seine Seele aus der geistigen Welt unmittelbar aufnehmen konnte, was vorher aus der geistigen Welt Menschen nicht unmittelbar haben aufnehmen können. Von diesem Zeitpunkte also spricht die Gnosis, in dem sich die Seele eines auserlesenen Menschen reif fühlen konnte, eine bisher nicht mit der Menschheitsentwickelung verbundene Wesenheit in sich selber hereinzunehmen, nämlich den Christus. In der Bibel suchte die Gnosis die Darstellung dieses Hereinbrechens der Christus-Wesenheit in die Menschheitsentwickelung in jenem Ereignisse – wir mögen es heute ein symbolisches Ereignis oder wie immer nennen –, das als die Johannes-Taufe im Jordan auftrat. Durch diese Johannes-Taufe sei mit dem Jesus von Nazareth etwas ganz Besonderes geschehen. Man kommt zu dem, was in der gnostischen Vorstellung liegt, wenn man etwa folgendes denkt.

Es gibt ja – das ist nicht abzuleugnen, wenn wir das Leben

mancher Menschen wirklich beobachten, nicht mit den heutigen Denkgewohnheiten, sondern mit dem, was uns tief in die Seelen hineinführen kann – für zahlreiche Menschen solche Augenblicke, solche epochemachenden Ereignisse, wo sich diese Menschen wie an einem Wendepunkte ihres Lebens fühlen und sich sagen können: Gegenüber dem, was ich bisher erlebt und erfahren habe, erscheint mir dies jetzt wie die Vorstellung eines neuen Lebens. – Es ist vielleicht hereingebrochen durch ein besonders tiefgehendes schmerzliches Ereignis oder durch andere Prüfungen des Lebens. Zu leugnen ist es nicht, daß es für zahlreiche Menschen etwas gibt wie einen Wendepunkt, wie etwas, was man Erneuerung, Erweckung ganz besonderer Kräfte im Seelenleben nennen kann. Wenn man sich ein solches Ereignis wie die elementaren Anfänge zu dem denkt, was sich die Gnosis als das vorstellte, was mit dem Jesus von Nazareth bei der Johannes-Taufe im Jordan vorgegangen ist, so bekommt man eine Vorstellung des Hereinbrechens von etwas ganz Neuem, aber nicht von etwas, wie es sonst in die menschliche Seele durch Prüfungen des Lebens hereinbricht, sondern von etwas, was in aller menschlichen Entwickelung bis dahin nicht mit einem menschlichen Leben verbunden war. Und was da aufgeht in der Seele des Jesus von Nazareth, was als ein völlig Neues auftritt und als ein Inneres in dem Jesus von Nazareth lebt, ein Leben lebt, welches dazu geführt hat, alle Kultur, die davon den Ausgangspunkt genommen hat, in ein neues Licht zu rücken, das, was ein solches Leben in das Innere des Jesus von Nazareth bringt, nannte die Gnosis den Christus. Damit war sich die Gnosis aber auch klar, daß mit diesem Christus, der nicht so ohne weiteres in einem äußeren einzelnen Menschen gesucht werden kann, sondern in dem, was da in einem äußeren Menschen als ein besonderes Innenwesen noch vorhanden war, etwas in die

Menschheit als ein neuer Impuls hereingebrochen war, ein Impuls für etwas, was vorher nie da war, weil eben das, was der Jesus von Nazareth durch die drei Jahre von der Johannes-Taufe ab in sich trug, vorher mit der menschlichen Entwickelung nicht verbunden war.

Damit haben wir ungefähr die alte gnostische Vorstellung über den Christus so gegeben, daß wir sie begreifen können, weil sie uns sozusagen in ihren Elementen schon dann vorliegt, wenn ein besonderer Umschwung in einer einzelnen menschlichen Seele vor sich geht. Was nun dem modernen Menschen ganz besonders schwierig zu begreifen sein wird, das ist, daß mit diesem Ereignis, das eben charakterisiert worden ist, etwas verbunden ist, was für die ganze Menschheitsentwickelung eine geschichtliche Bedeutung hat, eine geschichtliche Bedeutung fundamentaler Art, daß damit etwas gegeben ist, was wir den Schwerpunkt der ganzen Menschheitsentwickelung nennen können. Von dieser gnostischen Vorstellung, auch wenn wir sie mit mancherlei vergleichen, was in diesen Vorträgen aus der Geisteswissenschaft hat dargestellt werden können, darf man sagen, daß sie eigentlich – gleichgültig, wie man über die Realität denkt – eine großartige, gewaltige Vorstellung auf der einen Seite von der Christus-Wesenheit, dann aber auch von der Wesenheit des Menschen hat, denn sie stellt den Menschen in eine Entwickelung hinein, in welche ein Impuls aus der geistigen Welt heraus unmittelbar im Laufe des geschichtlichen Werdens eingreift. Es ist daher gar nicht wunderbar, daß diese gnostische Vorstellung nicht irgendwie hat populär werden können. Denn wer sich nur ein wenig die Bedingungen der Menschheitsentwickelung von dem ersten christlichen Jahrhunderte an, die Zustände der menschlichen Seele, die verschiedenen Verhältnisse des sozialen Lebens klar macht, wird ohne weiteres zugeben, daß eine solche Vorstellung von einem Hochsinn getragen war, der ganz gewiß nicht populär wird. Man braucht nur, um sich dies klar zu machen, in das heutige Geistesleben einen Blick zu tun. Wenn von einer solchen Vorstellung, wie sie eben als die gnostische charakterisiert worden ist, die Rede ist, so werden die meisten Menschen sagen: Das ist eine Abstraktion, eine kühne Träumerei. Wir Menschen aber brauchen etwas real Wirkliches, etwas, was uns naheliegt, was unmittelbar in unser reales Leben eingreifen kann. – Wie eine Abstraktion sehen heute die Menschen noch immer das an, was jetzt eben als die gnostische Vorstellung charakterisiert worden ist, denn weit entfernt sind eigentlich heute die Menschen noch davon, die viel größere Gesättigtheit, das wahrhaft Konkrete dessen zu spüren, was in den geistigen Vorstellungen liegt, zu denen wir uns erheben, gegenüber dem, was die meisten Menschen einmal das Anschauliche, das Konkrete und wahrhaft Wirkliche nennen. Wäre das nicht der Fall, so würden die Menschen auch nicht in der Kunst nach dem drängen, was Augen sehen, was Hände greifen können, und als etwas Abstraktes das ablehnen, zu dem man sich im Geiste mit inneren Seelengaben erheben muß.

Es ist natürlich nicht möglich, auch nur mit ein paar Strichen darauf einzugehen, wie sich die Vorstellung von der Christus-Wesenheit in der populären Welt entwickelt hat. Aber das darf gesagt werden, daß neben der unmittelbaren Vorstellung, welche man sich über den Jesus von Nazareth bildete, der auf wunderbare Weise geboren ist, der in seiner liebwerten Art den Menschen auf zahlreiche Arten entgegentrat, schon indem die Geschichte seiner Kindheit entwickelt worden ist, der den Menschen dann als der für die ganze Menschheit liebende Menschenheiland entgegentrat, – es muß gesagt werden, daß neben allen den Empfindungen und Gefühlen, welche die Menschen für diesen Menschenheiland in all seiner liebwerten Art aufbrachten, immer doch durch die Jahrhunderte hindurch auch ein Nachklang der Christus-Vorstellung lebte, von einer Wesenheit, welche in dem Menschen Jesus von Nazareth verkörpert, verleiblicht war. Und neben dem, was man sozusagen als äußere Geschichte über das Leben des Jesus von Nazareth erzählte, stand noch das Hinaufblicken zu einem großen Geheimnis, zu einem ungeheuren Mysterium, zu dem Mysterium, das eben damals, als der Jesus von Nazareth auf der Erde wandelte, ein Übermenschliches in dieser Persönlichkeit zum Ausdruck gebracht hatte. Und dieses Übermenschliche namentlich nannte man den Christus. Daneben aber – könnte man sagen – fühlten sich die Menschen, je mehr sie sich der neueren Zeit näherten, immer unvermögender und unvermögender, den kühnen Gedanken dieses Christus, etwa des gnostischen Christus, zu fassen, so daß wir schon im Mittelalter sehen, wie sich die Wissenschaft sozusagen nur getraut, über die äußere Welt Gründe anzugeben, über das, was sich vor den Sinnen abspielt und was hinter den Sinnen noch als eine Art naturgesetzlicher Welt liegt. Dagegen fühlte sich die Wissenschaft nicht dazu berufen, in jene Faktoren, in jene Impulse einzudringen, welche in die Menschheitsentwickelung als die höchsten geistigen Impulse eingegriffen haben. So wird die Frage nach dem Ursprunge des Menschen, auch die Frage nach jener Entwickelung des Menschen, in die der Christus-Impuls eingreift, für die mittelalterliche Anschauung zu einem Gegenstande des Glaubens, und der Glaube figuriert nun hinfort neben dem, was Wissenschaft, was Erkenntnis sein soll, die nur auf die niederen Gegenstände der Weltenordnung sich beschränken soll. Es wäre nun interessant, darzustellen, wie vom sechzehnten Jahrhundert ab sich immer mehr und mehr diese Art von «doppelter Buchführung» in der Menschheit zugespitzt hat, durch die man die Art der Erkenntnis auf die niederen Ordnungen der Dinge beschränken wollte, und alles, was sich auf die geistigen Ursprünge und auf die Dinge der geistigen Entwickelung bezieht, dem Glauben zuweisen wollte. Das aber kann heute nicht unsere Aufgabe sein. Vielmehr muß darauf hingewiesen werden, wie im neunzehnten Jahrhundert der ganze Gang der Entwickelung dazu geführt hat, sozusagen das neunzehnte Jahrhundert völlig verlieren zu lassen eine jegliche wirkliche Christus-Idee, wenigstens in weiteren Kreisen. In engeren Kreisen hat sich ja wie eine Weiterentwickelung alter gnostischer Ideen das erhalten, was man einen tiefen Einblick in den Christus-Impuls nennen kann. Aber in weiteren Kreisen, auch in wissenschaftlich-theologischen Kreisen, trat im neunzehnten Jahrhundert eine Verzichtleistung ein auf den eigentlichen Christus-Begriff, und der Versuch, sich auf die Persönlichkeit des Jesus von Nazareth zu beschränken, diese zwar als eine einzigartige, auserlesene Persönlichkeit hinzustellen, die gleichsam die Entwickelungsbedingungen der Menschheit, die göttliche Innennatur des Menschen am tiefsten erfaßt hat und in fundamentaler Weise in sich getragen hat, aber doch wie ein «Mensch», allerdings wie ein Mensch, der über alles sonstige hinausging. So wurde im neunzehnten Jahrhundert an die Stelle einer alten Christologie das gesetzt, was man eine bloße Leben-Jesu-Forschung nennen kann, eine solche Leben-Jesu-Forschung, die immer mehr und mehr ungläubig war gegenüber allem, was in der Persönlichkeit des Jesus von Nazareth als ein göttlicher Inhalt gelebt haben soll, und nur glauben wollte, daß man in dem Jesus von Nazareth eine auserlesene einzelne Menschenindividualität vor sich habe. Ihren Höhepunkt erlangte diese Art von Anschauungen in dem, was den Menschen heute in einer solchen Schrift entgegentritt, wie dem «Wesen des Christentums» von *Adolf*

Harnack und ähnlichen Bestrebungen in der Leben-Jesu-Forschung, die sich in der mannigfaltigsten Schattierung heute zeigen. Man braucht nur darauf hinzuweisen, was in der allerneuesten Zeit aus einer ernstesten Vertiefung heraus gerade aus dieser Leben-Jesu-Forschung erreicht worden ist. Und da es den jüngsten Ereignissen angehört, was hier zu sagen ist, so braucht nur mit wenigen Worten darauf hingedeutet zu werden, daß diejenigen Methoden, die im neunzehnten Jahrhundert angewendet worden sind, um sozusagen historisch nachzuweisen, was sich im Beginne der christlichen Zeitrechnung zugetragen haben soll, durchaus zu keinem wirklichen Resultat geführt haben. Es würde viel zu weit gehen, in der einen oder anderen Weise diesen Gedanken durchzuführen. Wer aber tiefer auf das eingeht, was die neuere Zeit geleistet hat, der wird wissen, daß der Versuch gemacht worden ist, mit den gewöhnlichen Mitteln äußerer materialistischer Forschung an den Ausgangspunkt unseres christlichen Geisteslebens die Persönlichkeit des Jesus von Nazareth zu stellen, daß aber dieser Versuch, mit äußeren historischen Mitteln das Dasein jener Persönlichkeit zu beweisen, wie man etwas anderes sonst beweist, dazu geführt hat, daß das Geständnis Platz greifen mußte: Es läßt sich mit den äußeren materialistischen Mitteln diese Persönlichkeit des Jesus von Nazareth nicht rechtfertigen. – Nicht etwa, daß sich das Gegenteil rechtfertigen läßt, daß er nicht gelebt habe, aber sie läßt sich nicht rechtfertigen, wenn man in der Weise, wie man sonst mit den historischen Mitteln das Dasein eines Aristoteles oder Sokrates oder Alexander des Großen beweist, das Leben des Jesus von Nazareth beweisen wollte. Aber nicht nur das, sondern in eine ganz andere Richtung und Linie ist die Forschung auf diesem Gebiete in der neueren Zeit gedrängt worden. Sie brauchen nur solche Bücher wie die bei Diederichs in Leipzig erschienenen von *William Benjamin Smith* zu nehmen und Sie werden sehen, daß unsere Zeit durch ein genaues Eingehen auf die biblischen und andere Urkunden, die sich auf das Christentum beziehen, wieder darauf gekommen ist, daß diese Urkunden eigentlich gar nicht von dem reden können, wovon man so lange im neunzehnten Jahrhundert geglaubt hat, reden zu müssen. Man hat aus einer philologischen Ergründung der biblischen und anderen Urkunden das Leben des Jesus von Nazareth wieder konstruieren wollen, aber die Urkunden zeigten endlich den Leuten etwas ganz anderes. Es zeigte sich, während man versucht hat, mit aller wissenschaftlichen Gewissenhaftigkeit, mit allen auserlesenen Mitteln ein «Leben Jesu» zu konstruieren, daß diese biblischen Urkunden, die christlichen Dokumente da, wo man auf wirklich christlichem Boden steht, gar nicht von einem «Menschen» Jesus von Nazareth reden. So sehen wir, daß die äußere Forschung sagen mußte: Die Dokumente reden gar nicht von einem Menschen Jesus von Nazareth, sondern sie reden von einem Gotte. – Man hat die merkwürdige Anomalie in unserer Zeit vor sich, daß die materialistische Forschung behauptet: Ihr habt fehl geschlossen, wenn ihr glaubt, aus den christlichen Urkunden einen Hinweis zu haben auf den Menschen Jesus von Nazareth, vielmehr müßt ihr euch überzeugen, daß die Evangelien und die anderen Dokumente von einem Gotte reden, und daß alle die Dinge, die erzählt werden, nur Sinn und Bedeutung haben, wenn man von einem Gotte im Ausgangspunkte des Christentums spricht.

Nun, ist das nicht etwas höchst Sonderbares? Unsere Zeit findet, wenn man von dem Jesus von Nazareth sprechen will, müsse man von einem Gotte sprechen! Aber es ist das dieselbe Zeit und dieselbe Forschungsrichtung, die in einem Gotte, das heißt in einem reinen Geistwesen, überhaupt keine Realität sehen kann. Zu was wird daher der Christus für die gegenwärtige Forschung? Er wird zu einer reinen Dichtung der Menschheit, zu etwas, was nur als Idee, nur als von den Menschen in einer sozialen Phantasie geschaffener Empfindungsimpuls in die Geschichte eingegriffen hat! Nicht zu einer Realität, sondern zu einem gedachten Gotte wird nach der neuesten historischen Forschung der Christus. Ja, wenn man es trocken sagen wollte, so könnte man sagen: Da bringt es die historische Forschung zu etwas, was sie so recht nicht brauchen kann, denn was sollte die gegenwärtige Forschung mit einem Gotte anfangen, an den sie so recht nicht glauben kann? – Sie hat nur den Beweis, daß die biblischen Dokumente von einem Gotte sprechen, kann aber damit nichts anfangen, als ihn in die Reihe der Dichtungen zu setzen.

Stellen wir nun gegenüber diesem Tatbestande denjenigen, den die Geisteswissenschaft an diese Stelle zu setzen hat.

Da darf ich auf mein Buch verweisen «Das Christentum als mystische Tatsache». Der Grundnerv dieses Buches ist eigentlich wenig verstanden worden. Ich habe daher versucht, in der Vorrede zur zweiten Auflage noch einmal worauf es ankommt, aufmerksam zu machen. Worauf es ankommt, das ist, daß Menschheitsgeschichte, Weltgeschichte etwas ist, was sich nicht in alledem erschöpft, was uns die äußere Geschichte gewöhnlich schildern kann, was äußere Dokumente geben können, weil in die Menschheitsentwickelung überall eingreifen geistige Impulse, geistige Faktoren, die wir geradezu als geistige Wesenheiten bezeichnen müssen. Stellen wir dagegen die ganze Art und Weise von geschichtlicher Weltauffassung, wie sie zum Beispiel durch *Leopold von Ranke* und andere in die Welt gekommen ist, so muß man sagen: Das Höchste, wozu sich die Geschichtswissenschaft noch aufschwingt, ist, daß sie von historischen

Ideen spricht, als ob in den Gang der Menschheitsentwickelung, wie sie sich über Völker und Staaten hin abspielt, sozusagen äußere abstrakte Ideen eingreifen würden. Das ist das Äußerste, woran man glaubt. Aber Ideen sind nicht etwas – auch nicht wie die Geschichtsschreiber sie verstehen –, was Kraft entwickelt, was Macht entfaltet. Der ganze Entwickelungsgang der Menschheit wäre geistlos, wenn Sie geschichtlich forschten, wenn nicht die Ideen, die sich in die Menschenseelen hineindrängen, der Ausdruck wären von wesenhaften Impulsen, die unsichtbar, übersinnlich das ganze geschichtliche Werden durchwalten, so daß hinter dem, was die äußere Geschichte erzählt, das noch steht, was nur mit den Mitteln der geisteswissenschaftlichen, der übersinnlichen Forschung, wie sie bereits in einem Vortrage dargestellt ist und noch dargestellt werden soll, zu erreichen ist. Und da könnte ich zeigen, wie sich der christliche Impuls in die Menschheitsentwickelung geschichtlich hereinstellt, indem er sich als eine Fortsetzung dessen erweist, was sich für die geistige Menschheitsentwickelung in den alten Mysterien abgespielt hat. Was die Mysterien eigentlich sind, das wird heute noch im Grunde genommen wenig verstanden. Was in den alten vorchristlichen Zeiten für die geistigen Grundlagen aller Völkerentwickelung in den Mysterien geleistet worden ist, das kann nur der verstehen, der durch die moderne Geisteswissenschaft einen Einblick in jene Entwickelung der Seele tut, welche diese Seele zu dem umgestaltet, wovon auch hier schon öfters die Rede war, zu einem Instrumente der Wahrnehmung dessen, was als geistige Welt hinter der sinnlichen steht. Wir wissen, daß der Mensch heute in einer gewissen Weise, rein auf sein Inneres beschränkt, ganz und gar zurückgezogen auf die Intimitäten seines seelischen Erlebens, über sich selber hinaufsteigen kann zu einer gewissen höheren Ausgestaltung seines Seelenwesens, so daß dieses Seelenwesen in einer geistigen Welt ebenso lebt, wie das Menschenwesen, das im Körper verleiblicht ist, in einer physischen Welt lebt.

Die geisteswissenschaftliche Betrachtung der Geschichte zeigt nun, daß diese Möglichkeit, durch rein innere, intime Seelenentwickelung in die geistige Welt emporzusteigen, erst im Laufe der Zeit in die Menschheitsentwickelung eingetreten ist, daß sie keineswegs in alten Zeiten schon vorhanden war. Wenn heute die Seele, indem sie innerhalb ihrer selbst stehenbleibt, völlig frei durch ihre eigenen Maßnahmen sich zu einem Geistesschauen erhebt, so konnte die Seele im wesentlichen in vorchristlichen Zeiten dieses nicht, sondern da war sie angewiesen auf gewisse Maßnahmen, welche in den Mysterien-Heiligtümern mit ihr vorgenommen worden sind. Wenn wir, was genauer in meinem «Christentum als mystische Tatsache» dargestellt ist, kurz skizzieren wollen, was in den Mysterientempeln, die im alten Sinne dies waren, was wir heute als geistige Lehrstätten auffassen würden, von den Leitern dieser Mysterientempel mit der Seele vorgenommen wurde, so kann man es in folgender Weise zusammenfassen. Es wurde die Seele durch äußere Maßnahmen von ihrer Leiblichkeit befreit. Es wurde ihr die Möglichkeit gegeben, durch eine gewisse Zeit hindurch in einem Zustande zu verharren, der dem Schlafzustande ähnlich und doch wieder ganz verschieden von ihm war. Wenn wir heute nach den Ergebnissen der Geisteswissenschaft den Schlafzustand betrachten, so müssen wir uns denken, daß die äußere Leiblichkeit des Menschen im Bette liegen bleibt, während der eigentliche geistig-seelische Wesenskern des Menschen außerhalb dessen verharrt, was im Bette bleibt. Aber die Kräfte, das eigentliche innere Wesen dieses geistig-seelischen Kernes ist im schlafenden Zustande von so geringer Intensität, daß Bewußtlosigkeit eintritt und Finsternis um den geistig-seelischen Kern des Menschen herum ist. Die Maßnahmen, die in den alten Mysterien mit der menschlichen Seele vorgenommen wurden, sind die, daß durch den Einfluß anderer, vorgeschrittener Persönlichkeiten, die für sich schon diese Mysterien-Einweihung durchgemacht hatten, für die Seele eine Art von Schlafzustand herbeigeführt worden ist, aber so, daß dieser Seele gleichzeitig ihre inneren Kräfte geschärft und gestärkt worden sind, so daß sie ihren Leib in einem schlafenden, ja todähnlichen Zustande zurückließ, aber in einem seelischen Dasein durch eine gewisse Zeit hindurch in die geistige Welt hineinschauen konnte, bewußt also ein Schlafleben führte und sich in diesem Schlafleben eine Überzeugung von dem verschaffen konnte, was sie als ein Bürger der geistigen Welt ist. Wenn dann eine solche Seele nach einiger Zeit wieder in den gewöhnlichen Menschenzustand zurückgeführt worden war, so trat in ihr eine Erinnerung an das auf, was sie in der Wahrnehmung außerhalb ihres Leibes erlebt hatte, und eine solche Seele konnte dann wie ein prophetischer Geist vor die Volksgemeinschaft hintreten und davon Zeugnis ablegen, daß es eine geistige Welt und einen ewigen Bestand der Menschheit gibt. Eine solche Seele hatte dadurch teilgenommen an dem Leben im Geistigen, und in den Mysterien wurden die Vorschriften gegeben, denen sich eine solche Seele in einem langen Leben zu unterwerfen hatte, damit dann durch die Leiter der alten Mysterienstätten der letzte Akt hinzugefügt wurde. Werfen wir also die Frage auf: Woher rühren die alten Weistümer, die uns in der Menschenentwickelung von den Völkern des Erdenrundes überbracht sind, von ihrem göttlichen Ursprung und der Ewigkeit der Menschenseele? – Aus der Geisteswissenschaft heraus müssen wir uns die Antwort geben: Sie rühren von den auf diese Weise Eingeweihten oder Initiierten, wie man sie auch nennt, her. – In einer eigenartigen Weise treten uns allerdings diese alten Weistümer zutage. In Mythen, Legenden und allerlei bildhaften Darstellungen und Erzählungen ist das gegeben, was wie in einem lebendigen Traume der zu Initiierende in diesen Mysterienstätten erlebte. Ja, man versteht die Mythologien nur, wenn man die in denselben uns entgegentretenden Gestalten als bildliche Ausgestaltungen dessen auffaßt, was die Eingeweihten der Mysterien während ihrer Einweihung schauten. Man muß also, wenn man zu den alten Religionslehren ein Verhältnis gewinnen will, bis zu den Mysterien zurückgehen, muß in den Mysterien das sehen, was sich allerdings für die äußere profane Welt verborgen hat, was nur die erreichen konnten, die sich durch strenge Prüfungen und auch durch Schweigsamkeit, die aus Umständen geboten war, die heute nicht besprochen werden können, für die Einweihung vorbereitet hatten.

So läuft die menschliche Geistesentwickelung, wenn wir sie in vorchristliche Zeiten zurückverfolgen, in das Dunkel der Mysterien hinein. Dazu war die Menschenseele in jenen alten Zeiten noch nicht reif, um in sich selber, nur gestützt auf ihre eigenen intimen Kräfte, ohne die unfreie Zutat der Tempelpriester, in die geistige Welt hinaufzusteigen. Daß aber etwas geschah, während sich die äußeren Taten der Geschichte abspielten, das sollte in meinem Buche «Das Christentum als mystische Tatsache» gezeigt werden. Da sollte gezeigt werden, daß der ganze Sinn der Menschheitsentwickelung der ist, daß die Menschheit durch alles, was sie während der wiederholten Verkörperungen aufgenommen und erfahren hatte, auch von ihren Initiierten erfahren hatte über die geistige Welt, um jene Zeitenwende, in welcher das Christentum seinen Anfang nimmt, so reif war, daß nun diejenige Zeit eintreten konnte, in welcher sich die Menschen ohne äußeren Einfluß, ohne die Maßnahmen, die in den alten Zeiten in den Mysterien gepflogen worden sind, nur im intimsten Inneren als Seelen in eine geistige Welt erheben konnten. Das ist, wie wir jetzt auch über das Ereignis, das sich in Palästina abgespielt hat, denken wollen, der große Fortschritt, der sich nach und nach, vielleicht im Verlaufe von Jahrhunderten, aber doch um die Zeitenwende, in welche der Beginn des Christentums fällt, vollzogen hat, daß die Menschenseele sozusagen zur «Selbsteinweihung» reif wurde, einfach unter Anleitung derer, die da wußten, was die Menschenseele durchzumachen hat, aber ohne Zutun äußerer Tempelleiter oder Mysterienleiter. Dasjenige aber, was sich sonst im Inneren der Mysterientempel abgespielt hat, hunderte und hunderte Male, und wovon uns in den Legenden und Mythen und Mythologien der Völker Kunde erhalten ist, trat durch die Begründung des Christentums auf den großen Plan der Weltgeschichte. Und man kann, wenn man die Evangelien verstehen will, einfach so verfahren, daß man fragt: Was mußte ein Kandidat der Einweihung durchmachen, der zum Beispiel bei dem alten persischen oder dem ägyptischen Volke seine Seele hinaufbringen sollte zum unmittelbaren Hineinschauen in die geistige Welt? – Die Vorschriften darüber, was er durchmachen mußte von einem gewissen Vorgang, der als «Taufe», und einem anderen, der als «Versuchung» bezeichnet wurde, bis zu dem, wo die Seele hinausgeführt wurde zu einem Wahrnehmen der geistigen Welt, waren beschrieben, bildeten sozusagen das Ritual der Einweihung. Wenn man solche Ritualien nimmt und mit der Hauptsache in den einzelnen Evangelien vergleicht – das konnte ich in meinem schon erwähnten Buche zeigen –, so sieht man, wie uns in den Evangelien die wiedererstandenen Beschreibungen der alten Einweihungszeremonien entgegentreten, nur angewendet auf das große geschichtliche Individuum des Jesus von Nazareth.

Man sieht dann, wie, während früher die Kandidaten der Einweihung in der Abgeschlossenheit der Mysterientempel in die geistige Welt hinaufgeführt wurden, durch das, was sich in der Geschichte selber zutrug, der Jesus von Nazareth bis zu dem Punkte geführt wurde, wo er nun nicht bloß so weit hinaufgeführt wurde, daß er in der Erinnerung von einer geistigen Welt Kunde geben konnte, sondern wo er sich mit einer Wesenheit vereinigen konnte, die sich vorher wirklich noch nicht mit einer menschlichen Wesenheit vereinigt hatte: mit der Christus-Wesenheit. So herrscht eine große Übereinstimmung zwischen den Erzählungen des Werdeganges des Jesus von Nazareth bis dahin, wo der Christus von seiner Seele Besitz nahm, und der dann auch noch durch die nächsten drei Jahre hindurch von dieser Seele Besitz genommen hatte, und den Beschreibungen der alten Einweihungsvorgänge. In der Darstellung dessen, was der Jesus von Nazareth da durchgemacht hat, tritt uns entgegen – am genauesten ist das am Johannes-Evangelium zu sehen – die Einweihung, die unmittelbar durch die großen, der Geschichte zugrunde liegenden geistig-göttlichen Tatsachen selber gegeben war. Unzählige Kandidaten waren vorher eingeweiht worden, aber nur so weit, daß sie Zeugnis ablegen konnten: Es gibt eine geistige Welt, und die Menschenseele gehört einer solchen geistigen Welt an. – Mit dem bedeutsamsten Wesen aber, an welches sie sich erinnern konnten, konnte sich, als sich weltgeschichtlich die Einweihung an ihm zutrug, das innere Wesen des Jesus von Nazareth vereinigen. Das war eine Einweihung, zu der alle alten Einweihungen hintendierten, hingeordnet waren.

So tritt uns das Mysterium von Golgatha entgegen, heraustretend aus dem, was bisher in das Dunkel der Mysterien eingehüllt war, auf den großen Plan der Weltgeschichte. Solange man nicht glaubt, daß an einem Punkte der Erde in einem bestimmten Zeitpunkte so etwas geschieht wie die Durchdringung, die Einweihung des Jesus von Nazareth mit dem Christus, und daß so etwas seine gewaltigen Kraftstrahlen aussendet und einen Impuls bildet für alles spätere Werden der Menschheit, solange begreift man nicht, was eigentlich der Christus-Impuls für die Menschheitsentwickelung zu bedeuten hat. Erst wenn man die Realität eines solchen geistigen Ereignisses, wie es jetzt geschildert worden ist, durch alle übrigen Vorbedingungen der Geisteswissenschaft zuzugeben vermag, kann man verstehen, was durch den Christus-Impuls in die Menschheitsentwickelung hineingekommen ist. Dann aber wird man auch die Evangelien nicht dadurch herabwürdigen, daß man in ihnen vier verschiedene Initiationsritualien findet, in welche nur hineingeheimnißt ist, was sich dann um die geschichtliche Person des Jesus von Nazareth abgespielt hat. Wenn man aber dies versteht, dann wird man auch begreifen, daß das, was durch dieses Ereignis in Palästina geschieht, eine tiefe, ursächliche Bedeutung hat für alle spätere Menschheitsentwickelung. Während bis dahin das, was wir den tiefinnersten Wesenskern nennen können, etwas war, was für die Menschen zwar vorhanden war, aber nicht so recht in das menschliche Bewußtsein hereingetreten war – das sollte gerade diesem Ereignisse unterliegen, das mit dem Mysterium von Golgatha geschildert worden ist –, sollte nun die Zeit beginnen, da die Menschen wissen konnten: In diesem Ich offenbart sich im Menschen das, was der Mensch mit dem gesamten Kosmos gemeinschaftlich hat.

Wollten wir etwa darstellen, wie ein Mensch, der im geisteswissenschaftlichen Sinne spricht, den großen Umschwung ansehen muß, der durch den Christus-Impuls in die Weltgeschichte eingetreten ist, so müssen wir sagen: Der Mensch besteht hinsichtlich seiner Wesenheit aus seinem physischen Leibe, aus seinem Lebensleibe, aus seiner Seelenhülle, und im Innersten trägt er das, was von Inkarnation zu Inkarnation, von Erdenleben zu Erdenleben geht, das eigentliche Ich. Aber dieses eigentliche Ich ist zugleich das, dessen sich die Menschen am allerspätesten bewußt wurden, so daß die Menschen nicht in den vorchristlichen Zeiten davon eine Ahnung hatten, daß ebenso wie ihr physischer Leib mit der ganzen physischen Welt, und wie ihr Seelenwesen mit der Seelenwelt verbunden ist, so ihr tiefinnerster Wesenskern herausgeboren ist aus der umfänglichsten geistigen Welt. Den Gott und die göttliche Urwesenheit nicht in der Seelenhülle, sondern in dem eigentlichen Ich zu suchen, das war es, was das Christentum, der eben geschilderte Christus-Impuls der Menschheitsentwickelung gebracht hat. Früher konnte man sagen: Meine Seele wurzelt in dem Göttlichen, das Göttliche ist das eigentlich Bildhafte, das Bildende. – Jetzt aber lernte man sagen: Willst du erkennen, wo sich dir das tiefste Göttliche, das alle Welt durchlebt, enthüllen kann, so schaue in dein eigenes Ich, denn durch dein Ich spricht der Gott zu dir. Er spricht zu dir für das gewöhnliche Bewußtsein, wenn du richtig verstehst, wie durch das Mysterium von Golgatha göttliche Kräfte in die Menschheit eingetreten sind, wenn du dich bekannt machst damit, wie sich die eine Einweihung als ein großes geschichtliches Ereignis vollzogen hat, während früher der Eingeweihte in den Tiefen der Mysterientempel zum Erleben der geistigen Welt gebracht wurde. Aber der Gott spricht besonders zu dir, wenn du dich hinauferhebst, indem du deine Seele zu einem Instrument der Wahrnehmung in der geistigen Welt machst. – Man kann sagen: Der Eintritt des göttlichen Bewußtseins, das durch das Ich spricht, ist das Wesen des Christus-Impulses. Und daß dieser Christus-Impuls in die Menschheit eintreten konnte, hat eben das

Historischwerden des alten Einweihungsprinzipes bewirkt, wie es dargestellt worden ist. Das eine – das Mysterium von Golgatha – ist die Ursache. Was in den Menschenseelen im Laufe der Erdentwickelung noch bis in ihre fernste Zukunft immer mehr und mehr hervortreten wird, das ist, daß ein klares Erkennen des Göttlich-Geistigen, dem der Mensch angehört und durch das er unabhängig wird von allem Erdenwerden, durch das Ich spricht.

Wer von diesem Gesichtspunkte aus gewisse tiefste Worte der Evangelien verstehen kann, wird in die große Erziehung des Menschengeschlechtes durch die geistige Welt eindringen. Er wird sehen, wie durch die althebräische Entwickelung vorbereitet worden ist, was durch den Ich-Kern zu dem Menschen sprechen sollte, wie das, was zu dem Judentum, aber als Volksgeist, gesprochen hat. So war es bei den anderen Völkern nicht, sondern bei diesen war nur das Bewußtsein vorhanden, daß das Geistig-Göttliche – sagen wir zu der Seelenhülle spricht, wenn der Mensch eingeweiht wird. Dem Judentum aber war es klar geworden, daß die Entwickelung der Menschen ein fortlaufender Erziehungsprozeß ist, und daß in dem Ich, welches das ganze Volk umfaßt, die Mächte ruhen, denen der Mensch mit seinem tiefsten Wesen angehört. Daher empfand der Jude: Indem ich als Einzelner des ganzen althebräischen Volkes hinaufschaue in die Entwickelungsreihe bis zu Abraham und das erkenne, was da als der Geist waltet, was durch die Generationen weiterschreitet, darf ich sagen: Er lebt in mir, lebt in allen meinen Vorahnen als das Göttliche, welches das einzelne Physische des Menschen herausgestaltet hat. – So sah sich der einzelne Angehörige des althebräischen Volkes mit dem Stammvater verbunden, fühlte sich mit dem Vater Abraham eins. Scharf nun betont das Christentum: Alles solches Fühlen des Göttlichen, auch wenn es von sich spricht als «Ejeh asher ejeh» – «Ich bin der Ich-bin», ist noch nicht das, was den Menschen in seiner vollsten Gestalt zeigt, sondern erst, wenn man etwas fühlt, was im Geistigen jenseits aller Generationen ist, dann hat man erfaßt, was als Göttliches in den Menschen hereinwirkt. Deshalb muß man in richtiger Übersetzung des Satzes sagen: Ehe denn Abraham war, war das Ich-bin! – Das heißt, in seinem Ich erlebt der Mensch ein Ewiges, das ursprünglicher ist als dasjenige Göttliche, das von Abraham sich durch die Generationen hindurch ausgelebt hat.

«Schauet auf das, was sich nicht in dem eigentlichen physischen Menschen erschöpft, sondern was als ein Göttlich-Geistiges durch die Generationen lebt, durch das Blut aller der Generationen, die sich von Abraham herunter entwickelt haben. Aber schauet auf dieses Göttlich-Geistige so, daß Ihr es erkennt in dem einzelnen Menschen, nicht in dem, was zusammenhält Bruder und Schwester, sondern was in dem Einzelnen lebt, was der Einzelne entdeckt, wenn er sich selbst in seinem innersten zentralen Seelenwesen als ‹Ich bin› erkennt.» – So haben wir einen solchen Ausspruch des Christus Jesus aufzufassen wie den, der etwa lautet: Wenn einer zu mir kommt und verläßt nicht seinen Vater, Mutter, Weib, Kinder, Brüder, Schwestern, ja sein eigenes Leben, so kann er nicht mein Jünger sein. – Nicht als wenn dies eine Auflehnung wäre gegen das Berechtigte der Verwandtschaft und der Kindesliebe, haben wir es aufzufassen, sondern so, daß der Christus Jesus in die Welt das Prinzip des Göttlich-Geistigen bringt, das jeder einzelne Mensch, dadurch, daß er Mensch ist, in seinem innersten Wesenskern finden kann. Daher wird das Innerste des Christentums die Menschen immer mehr so berühren, daß das, was als innerstes Geheimnis des Christentums waltet, ein solches ist, das über alle Unterschiede, die unter den Menschen walten, hinweg zu dem Allgemein-Menschlichen führt, zu dem, was jeder Mensch in sich entdecken kann. Die alten Götter waren Volksgötter, Rassengötter, gebunden an diese oder jene Stammeseigentümlichkeiten; so etwas haben wir auch noch dem Indiertum, dem Buddhismus zuzuschreiben. Der Gott dagegen, der in dem Christus den Menschen entgegentrat, ist ein solcher, welcher den Menschen über alle sonstigen Unterschiede hinweg zu dem bringt, was der Mensch nur dadurch ist, daß er «Mensch» ist. Es ist damit die Notwendigkeit gegeben, daß derjenige, welcher das eigentliche Wesen des Christentums erfassen will, die geistig führenden Mächte und Impulse der Weltgeschichte als Realitäten ansehen muß, daß gebrochen werde mit alledem, was bisher «Geschichte» war, und daß dasjenige, was den Menschen bisher als Geschichte gegolten hat, nur das äußere Kleid des geschichtlichen Werdens ist, während in den Tiefen des geschichtlichen Werdens Wesenheiten walten, die, wenn auch übersinnlich, so real sind, wie in der Sinneswelt das einzelne Tier oder der einzelne Mensch ist. Und die vorzüglichste unter den übersinnlichen Wesenheiten, die das geschichtliche Werden der Menschheit regieren, ist der Christus, der durch drei Jahre hindurch, wie auch die Gnosis es annahm, in dem Leibe des Jesus von Nazareth gewirkt hat.

So erhebt sich die Geisteswissenschaft allerdings zu einer Vorstellung, die etwas mit dem, was die äußere Wissenschaft hervorgebracht hat, anfangen kann. Denn während die letztere heute zu dem Bekenntnis genötigt ist: Nicht mit einem «Menschen», sondern mit einem in einem Menschen waltenden Gotteswesen haben wir es zu tun, womit sie aber nichts anfangen kann, führt uns die Geisteswissenschaft wiederum zu solchen Wesenheiten, die für sie nun Realitäten sind, so daß die Geisteswissenschaft gerade auf diesem Gebiete auch mit der neuesten Forschung das Richtige anzufangen weiß. Das wird sich als das Wunderbare herausstellen für die Geistesentwickelung des zwanzigsten Jahrhunderts, daß dieses erkennen wird, daß das neunzehnte Jahrhundert auf Fehlwegen war, indem es das Leben des Christus Jesus zu einem bloßen Leben des Jesus von Nazareth herunterdrücken wollte, daß aber jene Wissenschaft in das richtige Leben einzulenken beginnt, die da sagt: Alles liefert uns den Beweis, daß man es in dem Christus Jesus mit einem «Gotte» zu tun hat. – Die Geisteswissenschaft wird nur hinzufügen, daß man etwas mit diesem Worte anfangen kann. Das ist allerdings eine Anschauung, die dem, was sich als materialistisch-monistische Weltanschauung in unserer letzten Zeit herausgebildet hat, widerspricht. Aber wir konnten sowohl bei dem Vortrage über den «Ursprung des Menschen» wie auch bei dem anderen über den «Ursprung der Tierwelt» zeigen, wie sich die Geisteswissenschaft in völliger Übereinstimmung mit dem weiß, was die äußere Wissenschaft als tatsächliche Forschungsergebnisse zutage gefördert hat. Und jetzt können wir sagen, daß sich die Geisteswissenschaft unmittelbar mit dem verbinden kann, wozu auch äußere gewissenhafte Forschung kommt. Wo sie aber wie vor einem Fragezeichen steht, da wird diese äußere gewissenhafte Forschung nicht zu dem geführt, wozu die Geisteswissenschaft führen kann.

Während des zwanzigsten Jahrhunderts aber wird zu den Denkgewohnheiten noch etwas anderes hinzutreten müssen. Der Mensch steht jetzt auf dem Standpunkte, daß menschliches Leben und Erkennen, wie es in der physischen Welt dasteht, der äußeren Welt als der unmittelbaren Wahrheit gegenüberstünde, und daß höchstens dadurch ein Irrtum entstehen könne, daß sich der Mensch unzutreffende Bilder von der Welt mache oder etwas tue, was man als ein Böses bezeichnet, was nicht mit dem äußeren Gange der Welt übereinstimmt. Heute ist die Weltanschauung noch durchaus darauf aus, überall die Ursachen in dem zu suchen, was sich unmittelbar darbietet. Durch diese Denkweise sind die Weltanschauungsfragen zu einem Punkte gedrängt, von dem aus – das muß allen klar sein, die tiefer in das Geistesleben der Menschheit hineinschauen können – eine Umkehr sich notwendig macht. Zu einem unmittelbaren Unglauben an alles Geistige und zu einem bloßen Zusammenfassen der äußeren sinnlichen Wirklichkeit ist sowohl auf naturwissenschaftlichem wie auf historischem Gebiete die äußere Wissenschaft gekommen, zu einem Nichtgeltenlassen des Geistigen, das sich hinter den Sinneserscheinungen zeigen soll. In einer gewissen Beziehung, kann man sagen, ist unser Zeitalter bis zu einem Punkte gekommen, der unmittelbar in sein Gegenteil umschlagen muß. Äußerster Materialismus, äußerster materialistischer Monismus muß die Seele dazu führen, daß sie sich durch ihr eigenes inneres Widerstreben zu jenem Begriffe gegenüber der Weltanschauung hinbequemen werde, der bisher eigentlich in den Weltanschauungen sehr wenig eine Rolle gespielt hat. Zu allem Suchen nach den Ursprüngen der Dinge muß ein Begriff hinzutreten, der bis heute noch nicht Bürgerrecht gefunden hat. In meinen Schriften «Die Philosophie der Freiheit» wie in «Wahrheit und Wissenschaft» ist gezeigt worden, daß der Mensch nötig hat, die Voraussetzung zu machen, daß der Stand, in dem er sich gegenüber der Welt befindet, nicht der wahre ist, daß er erst eine Entwickelung seines Innenlebens durchmachen muß, um die Wahrheit über die Welterscheinungen erkennen zu können und sich in ein wahres und auch sittliches Verhältnis zu den Welterscheinungen setzen zu können. Hinzutreten muß zu dem bloß ursächlichen Erkennen der Begriff der Erlösung.

Das wird die große Aufgabe des zwanzigsten Jahrhunderts sein, daß der Begriff der Erlösung, der Wiedergeburt

Bürgerrecht bekommen wird zu den anderen wissenschaftlichen Begriffen. Wie der Mensch als Erkennender der Welt gegenübersteht, so ist es nicht der Wahrheit entsprechend. Alle wahren Begriffe bekommt man erst, wenn man, erlöst von dem gegenwärtigen Standpunkte, sich zu einem Höheren hinaufentwickelt hat, wenn man erlöst ist von den Hindernissen, welche bewirken, daß man nicht die wahre Gestalt der Welt sieht. Das ist Erkenntnis-Erlösung. Moralische Erlösung ist, wenn der Mensch erkennt, daß es, wie er zu der Welt steht, so nicht das Wahre ist, sondern daß er erst einen Weg gehen muß, der über die Hindernisse hinweggeht, die sich auftürmen zwischen ihm und dem, welchem er eigentlich angehört. Der Begriff des Wiedergeborenwerdens der Seele auf einer höheren Stufe wird sich herausentwickeln aus dem, was uns als wunderbare naturwissenschaftliche Forschungsergebnisse entgegengetreten ist, was uns auch als wunderbare Ergebnisse der historischen Forschung entgegentritt. Der Mensch wird erkennen, wenn er so wie photographisch die Welt abgebildet hat und den großen naturwissenschaftlichen und geschichtlichen Werdegang der Menschheit sich vorgezaubert hat, daß er daran nicht etwas hat, was ihm die Welt nur abbildet, sondern was ein mächtiges Erziehungsmittel ist. Der Mensch wird nicht mehr bloß glauben, daß die Naturwissenschaft ihm eine Welt abbildet, sondern die Gesetzmäßigkeit wird etwas sein, was ihn erziehen wird. Und wenn die Naturwissenschaft nicht bloß da sein wird, um die Welt abzubilden, sondern um die Menschen zu erziehen, daß die Menschenseele sich von einem Standpunkte erlöst, der ein unmittelbarer ist, und sich zu einem Standpunkte hinaufarbeitet, wo sie auf höherer Stufe wiedergeboren wird, wenn der Mensch also erkennen wird, daß er erlöst werde von den Hemmungen, in denen er steckt, so hat er sich selbst die Vorbedingungen des Begriffes des

Christus-Impulses in der Welt ausgebildet. Denn dann wird er einsehen, daß er nach demjenigen Zeitpunkte hinblicken darf, den wir vom geisteswissenschaftlichen Gesichtspunkte aus kennen gelernt haben, wo der Mensch einmal in einer rein geistigen Welt war und in die Welt des materiellen Daseins herabgestiegen ist, daß er durch diese materielle Welt hindurchgehen muß, um seinen Fortgang zu machen, daß aber an einem bestimmten Punkte seine Umkehr eingeleitet werden mußte, damit er sich wieder befreien kann von dem, was er hier aufgenommen hat. Von dem Versinken in das rein Materielle hat der Christus-Impuls die Menschheit befreit. Objektiv ist der Christus in der Weltentwickelung dasjenige, was in uns jenes Erlebnis darstellt, das wir haben, wenn wir sagen: Das Verhältnis zur Welt, das sich ergibt, wenn die Seele wiedergeboren und erlöst ist von dem, was sie als ihr Ursprüngliches bekommen hat, was so als ihr Erlebnis auftreten kann, es ist, draußen im großen Weltenprozeß der Menschheit gesehen, das, was als der Christus in die Welt hereintrat.

Wenn so das zwanzigste Jahrhundert einmal das große Erlebnis im Inneren des Menschen wirklich ernst wird nehmen können, so wird es auch das Christus-Ereignis begreifen können und nicht mehr daran Anstoß nehmen, was als die Wiedergeburt der Seele auf einer höheren Stufe sich im Menschen abspielt. Und dann wird die Geisteswissenschaft zeigen, daß für das geschichtliche Werden dasselbe gilt, was für das äußere natürliche Geschehen gilt. Da hat man sich in der äußeren Weltanschauung auch dem Irrtume des Schopenhauerischen Satzes hingegeben: Die Welt ist meine Vorstellung. – Das heißt, daß um mich herum eine Welt von Farben, von Tönen und so weiter ist, das hängt ab von meinem Auge und meinen anderen Sinnesorganen. Aber es ist nicht richtig, wenn man die Welt in ihrer Ganzheit erfassen will, daß man sagt: Die Welt der Farben ist nur da durch die Konstitution meines Auges. – Denn mein Auge wäre nicht da, wenn nicht das Licht zuerst mein Auge herausgezaubert hätte. Wenn es auf der einen Seite wahr ist, daß die Empfindungen des Lichtes durch die Konstitution des Auges bestimmt ist, so ist es auf der anderen Seite nicht weniger wahr, daß das Auge nur durch das Licht, durch die Sonne da ist. Beide Wahrheiten müssen sich zu einer umfänglichen Wahrheit verbinden. So ist es richtig, was schon *Goethe* gesagt hat: «Das Auge hat sein Dasein dem Licht zu danken. Aus gleichgültigen tierischen Hilfsorganen ruft sich das Licht ein Organ hervor, das seinesgleichen werde, und so bildet sich das Auge am Lichte fürs Licht, damit das innere Licht dem äußeren entgegentrete.» – Wie das Auge durch das Licht gebildet ist, wie die Wahrnehmung des Lichtes durch das Auge geschieht, so kommt das innere Christus-Erlebnis, die innere Wiedergeburt der Seele durch das Christus-Erlebnis der Menschheit, durch das Mysterium von Golgatha zustande. Die Geisteswissenschaft zeigt, daß, bevor der Christus-Impuls in die Menschheit eingetreten ist, dieses innere Erlebnis nur durch äußeren Anstoß in den Mysterien durchgemacht werden konnte und nicht intim, wie jetzt durch eine Art von Selbsteinweihung in dem Menschen selber. So ist es mit dem inneren mystischen Erleben des Christus ebenso, wie es für die Farben- und Lichtwelt mit dem Auge ist: Durch das Innere erlebt der Mensch den Christus. Daß er aber die Seele intim über sich selbst hinaussteigern kann, rührt davon her, daß die geistige Sonne, das Mysterium von Golgatha, in die Weltgeschichte eingetreten ist. – Ohne das objektive Mysterium von Golgatha und ohne den objektiven Christus kein subjektives inneres Erlebnis mystischer Art, wie es der Mensch im zwanzigsten Jahrhundert erleben wird und wie er es vollständig wissenschaftlich ernst nehmen wird.

So können wir sagen: Das zwanzigste Jahrhundert wird den Menschen die Vorbedingungen liefern zu einem wirklichen Verständnis des Christus-Impulses, indem es zeigen wird, wie tief wahr der Christus-Impuls als geistige Sonne wird und in der Menschenseele das innere Erlebnis wachruft, das Goethe mit den Worten andeutete:

> Von der Gewalt, die alle Wesen bindet,
> Befreit der Mensch sich, der sich überwindet.

Und man kann sagen, indem man an dieses Sich-Überwinden, an das Mysterium von Golgatha, an das Christus-Ereignis anknüpft, daß der Mensch in dem Sich-Überwinden eigentlich erst so recht sich findet, daß er die Gestalt, die er von seinem Erdenursprunge hat, als etwas betrachten muß, von dem er erlöst zu werden hat, und daß alles moralische Wirken, alle Erkenntnis erst durch die Erlösung eintreten kann. Durch den Begriff der inneren Erlösung wird der Mensch den Begriff der Erlösung in der geschichtlichen Entwickelung erkennen lernen und, so durchdringend, im zwanzigsten Jahrhundert das Christus-Ereignis unter dem Lichte auffassen, das voll geben kann der etwas erweiterte Goethesche Ausspruch:

> Von der Gewalt, die alle Wesen bindet,
> Befreit der Mensch sich, der sich überwindet,
> Und der in dieser Überwindung
> Sich selber erst in Wahrheit findet,
> So wie die ganze Menschheit sich in Christus
> In Wahrheit selber finden kann.

MENSCHENGESCHICHTE,
GEGENWART UND ZUKUNFT
IM LICHTE DER GEISTESWISSENSCHAFT

Berlin, 1. Februar 1912

Es ist ein hervorstechender Zug der Menschenseele, den Trieb
zu empfinden nach Orientierung in der ganzen Menschheitsentwickelung, um dadurch eine gewisse Ansicht über die
Stellung der eigentlichen Persönlichkeit innerhalb des gegenwärtigen Lebens zu bekommen. Wie die Vergangenheit gestaltet war, aus welcher sich alles heraus entwickelt hat, was
uns in der Gegenwart umgibt, was wir in der Gegenwart als
Lebensschuld und Lebensarbeit auf uns geladen fühlen, wie
nach dem Verlaufe der Menschheitsentwickelung und nach
dem, was die Seele in sich selber an Trieben und Sehnsuchten
erlebt, alles, was als Hoffnungen und Ideale in uns lebt, für
die Zukunft ersprießen kann, – über alle diese Dinge muß
sich ja die Menschenseele so oftmals Fragen stellen. Und es
ist zweifellos ein gesunder Zug der Seele, daß sie diese Fragen stellt. Denn der Mensch unterscheidet sich ja dadurch
von den anderen Erdenwesen, daß er gewissermaßen die
Stellung, welche er innerhalb der Entwickelung angewiesen
erhalten hat, nicht nur als eine solche aus ihren Bedingungen
und Ursachen heraus erkennt, sondern daß er sie auch aus
dem Bewußtsein seiner Aufgabe, seiner Mission in entsprechender Weise beeinflussen kann. Und so sehen wir denn,
daß im Sinne der neueren Zeit auch die Betrachtung der
Weltentwickelung, der Menschheitsentwickelung selber eine

Gestalt annimmt, welche von Gesichtspunkten ausgeht, die an das eben Geltendgemachte erinnern.

Wir sehen zum Beispiel, wie *Lessing* im Beginne der neuesten Geistesrichtung seine «Erziehung des Menschengeschlechtes» schreibt als ein reifstes Dokument seiner eigenen Geistesentwickelung, und wie er in dieser «Erziehung des Menschengeschlechtes» bemüht ist zu zeigen, daß ein gewisser durchgehender Plan in der Entwickelungsgeschichte der Menschheit vorliegt, daß man gewissermaßen einen alten Zeitraum unterscheiden kann, in welchem die Menschheit zum Beispiel in bezug auf ihre moralischen Impulse Geboten folgen mußte, die ihr von außen gegeben waren, während die fortlaufende Erziehung durch die die Welt durchsetzenden geistig-göttlichen Mächte dahin geht, daß die Menschheit immer mehr und mehr dazu kommt, das Gute als einen eigenen Impuls ihres Wesens zu erfassen, um das Gute aus dem bloßen Begriffe heraus – das Gute um des Guten willen – zu tun. Und wir sehen, was sich uns auch in den Vorträgen dieses Zyklus schon öfter ergeben hat, wie Lessing aus einer solchen Betrachtung heraus zu der Notwendigkeit aufsteigt, für die Menschenseele wiederholte Erdenleben anzunehmen, weil ihm gewissermaßen die Menschheitsentwickelung ein Reales, ein wirklich Fortschreitendes ist. So daß für ihn die Frage entstehen mußte: Wenn eine Menschenseele in einem früheren Zeitraume der Menschheitsentwickelung lebt und aus diesem gewisse Impulse aufnimmt, wie ist es dann mit dem Sinn der Menschheitsentwickelung zu vereinen, daß diese Seele für die Entwickelung für immer abgestorben wäre, wenn sie gestorben ist? – Nur dadurch konnte er mit der Entwickelung einen Sinn verbinden, daß er sich sagte, die Seele kehre ins Erdenleben immer wieder, und in immer wiederkehrenden Leben werde durch die die Menschheit führenden Mächte die Seele zum Gipfel der Entwickelung erzogen. Das ist der Grundgedanke, der Grundimpuls, der in Lessings Seele gelegen war, als er zu seiner «Erziehung des Menschengeschlechtes» angeregt war. Dann sehen wir wieder, wie aus einer tiefgründigen Natur- und Menscheneinsicht Lessings Nachfolger, *Herder,* sich bemüht, in der «Philosophie der Geschichte der Menschheit» nach einer Idee die Menschheit als ein Ganzes darzustellen, zu zeigen, wie in bestimmten Zeiten andere Faktoren auf den Menschen gewirkt haben als in späteren Zeiten, so daß ein sinnvoller Plan in der Entwickelung der Menschheit auch von Herder gesehen wird. Und eigentlich ist die tiefere Menschheitsbetrachtung der folgenden Zeiten niemals wieder von den Ideen abgekommen, die etwa von Lessing, Herder und anderen angeregt worden sind. Nur hat der durchgreifend bloß auf das Äußere gerichtete Zug des neunzehnten Jahrhunderts auch die Geschichte ergriffen, so daß das, was über den fortlaufenden Plan der Menschheitsentwickelung gedacht und gesonnen worden ist, gewissermaßen mehr bei denjenigen Naturen im Hintergrunde geblieben ist, die auf das Geistige ihr Seelenmerk richteten, während die offizielle Geschichtswissenschaft nicht kühn genug, nicht mutig genug war, um die wirksamen Mächte, die realen fortschreitenden Faktoren in der Menschheitsentwickelung zu erforschen.

Es ist nun natürlich, daß die Geisteswissenschaft, wie sie uns immer mehr entgegentreten soll in der Weltanschauung, die hier von diesem Orte aus schon seit Jahren zu charakterisieren versucht wird, wieder zu erkennen sucht, wie der konkrete, tatsächliche Sinn der Menschheitsgeschichte ist. Da muß man allerdings sagen, wie auf mancherlei Gebieten, die wir in diesen Vorträgen besonders in diesem Winter berühren, sich immer wieder und wieder die Vorurteile auftürmen, die zwar nicht aus den gegenwärtigen Forschungen, aber aus den gegenwärtigen Gedanken über diese Forschungen herrühren. So türmen sich insbesondere dann Vorurteile auf, wenn man die großen Gesetze der Menschheitsgeschichte und desjenigen erforschen will, was sich als Kraft für die Gegenwart und als Hoffnung und als Ideale für die Zukunft ergeben soll. Und gar zu gern sieht man heute das Wesen des Menschen, wie es uns unmittelbar in der Gegenwart entgegentritt, als etwas an, das in einer gewissen Beziehung doch keine rechte innere Entwickelung durchgemacht haben könne, sondern das, insofern es das Wesen des Menschen ist, eigentlich immer so gewesen sei, wie es heute ist. Höchstens gibt man zu, daß der gegenwärtige Mensch in bezug auf das mehr natürlich Tierische seiner Entwickelung eine Entfaltung durchgemacht habe, die man entweder tatsächlich bis zu jenen Urmenschen zurückverfolgt, welche wir aus den vorzeitlichen Gräbern oder sonstigen Fundstätten herausgraben, und welche uns etwas unvollkommenere Gestalten des Menschen zeigen, als es die der Kulturmenschen der Gegenwart sind, die aber nur in bezug auf die äußere körperliche Gestaltung des Menschen solches zeigen. Oder man verfolgt hypothetisch, wie wir es aus dem Vortrage über den «Ursprung des Menschen» gesehen haben, die Abstammung des Menschen noch weiter zurück und glaubt in irgendeiner tierischen Form etwas zu haben, woraus sich der Mensch entwickelt haben könne. Daß im Grunde genommen eine wirklich sinnige Betrachtung schon der gewöhnlichen Geschichte uns zeigt, wie sich das Seelenleben der Menschen seit Jahrtausenden gar sehr verändert hat, darauf will man in der Gegenwart nur all zu wenig achten, und man würde nur schwer zugeben, daß drei, vier, fünf Jahrtausende vor unserer Zeitrechnung die ganze Seelenverfassung und Seelenstimmung des Menschen durchaus noch eine andere war als in der Gegenwart. Man möchte da nur ein Faktum zunächst erwähnen, welches gerade denen, die wissenschaftlich die Entwickelung der Menschenseele betrachten, auffallen sollte, das aber keineswegs in seiner fundamentalen Bedeutung richtig gewürdigt wird.

Man spricht heute davon, daß der Mensch logisch denken müsse, daß er seine Begriffe, seine Vorstellungen in logischer Art miteinander verknüpfen müsse, ja, daß er nur in logischer Weise überhaupt zu Urteilen kommen könne. Damit beweist man, daß man die Ansicht hat, daß der Mensch für die Vorstellungsverrichtung seiner Seele gewissen inneren logischen Gesetzen unterworfen ist, und daß er gewissermaßen zur Wahrheit nur durch Logik kommen könne. Nun weiß man aber auch aus der historischen Entwickelung, daß diese Logik als Wissenschaft erst wenige Jahrhunderte vor unserer Zeitrechnung durch den griechischen Weisen *Aristoteles* begründet worden ist. Und man kann sagen: Wenn man wirklich die geistige Entwickelung der Menschheit kennt, so muß man sich auch klar sein, daß sich der Mensch der logischen Gesetze eigentlich erst nach der Zeit bewußt wurde, als der griechische Weise Aristoteles diese logischen Gesetze in eine bestimmte Form gebracht hatte. Wäre es nun nicht natürlich und sachgemäß, daß man über ein solches Faktum nachdächte und sich fragte: Wie kommt es denn, daß das Denken über logische Gesetze erst in einem bestimmten Zeitalter in die Menschheitsentwickelung eingetreten ist? – Würde man sachgemäß über dieses Faktum nachdenken, so würde man nämlich zu dem Ergebnis kommen, welches durchaus der Wahrheit entspricht, daß die Menschen allerdings erst verhältnismäßig spät ihr Bewußtsein so entwickelt haben, daß sie sich der logischen Vorgänge in ihrer Seele, oder besser gesagt der logischen Gesetze in ihrer Seele eben bewußt werden konnten, und daß die Logik deshalb erst in einer bestimmten Zeit entstanden ist, weil vorher die ganze Stimmung, die ganze Konstitution der

Menschenseele eine solche war, daß sie sich nicht der logischen Gesetze bewußt sein konnte. Die Menschheit hat sich selber erst nach und nach zum logischen Denken entwickelt, hat sich dazu entwickelt gegen jenes Zeitalter hin, das wir nach den bedeutendsten Völkern, die in demselben gelebt haben, das griechisch-römische nennen können. Gegen dieses griechisch-römische Zeitalter zu hat sich die Menschheit so entwickelt, daß sie sich in diesem Zeitraum des als logisch zu charakterisierenden Denkens erst bewußt geworden ist, so daß vorher die innere Seelenverfassung der Menschen eine andere war.

Nun hat allerdings der gegenwärtige Mensch, wenn er sich nicht auf die tieferen Ergebnisse der Geistesforschung einlassen will, nur *eine* Möglichkeit, eine Vorstellung davon zu gewinnen, was denn eigentlich ein Bewußtsein ist, das nicht durchdrungen, durchsetzt und durchwoben ist von logischer Gesetzmäßigkeit. Wenn sich der Mensch heute rein durch die äußere materialistische Naturbeobachtung eine Vorstellung bilden will über ein vor-logisches Bewußtsein, so kann es nur so geschehen, daß er sich an die Instinkte der Tiere wendet. Was kann er an diesen Instinkten der Tiere lernen? Wiederholt ist hier darauf aufmerksam gemacht worden, daß es ganz unmöglich wäre, von den Instinkten der Tiere so zu sprechen, daß in dem Leben und Treiben der Tierwelt nicht tatsächlich Logik, innere Vernünftigkeit vorhanden wäre. Alles, was im Grunde genommen im Leben der Tierwelt geschieht, weist uns auf diese innere Vernünftigkeit hin. Wir sehen, wie Insekten mit voll ausgebildeten Instinkten unter gewissen Verhältnissen leben, die es ihnen völlig unmöglich machen, die Umstände kennenzulernen, unter denen sich ihre Nachkommen in der ersten Zeit ihres Daseins entwickeln müssen. Trotzdem das ausgewachsene Insekt in Naturbedingungen lebt, die ganz andere sind, als

sie die Raupe braucht, so sehen wir doch, wie das Insekt, obwohl es die anderen Bedingungen in seinem gegenwärtigen
Zustande gar nicht kennengelernt hat, mit einer großen Na-
turweisheit seine Eier dort ablegt, wo dann die auskriechende
Raupe die für sie richtigen Naturbedingungen antrifft. Da
sehen wir, wie tatsächlich innerhalb dessen, was geschieht,
eine waltende Vernunft wirkt. Überall sehen wir Vernunft
und Logik in dem Reich der Tiere walten, bei denen wir
aber, wenn wir uns nicht einer unerlaubten Mystik hingeben
wollen, nicht davon sprechen können, daß sie etwas von
dieser Logik und Vernunft in ihrem Bewußtsein hätten.
Und wenn wir den Wunderbau des Bibers und andere Verrichtungen der Tiere betrachten, wenn wir das ganze Instinktleben der Tiere durchgehen und aufmerksam machen,
wie Tiere zum Beispiel zu einem Witterungswechsel in einem
Verhältnis stehen, den sie lange voraussehen und sich dem
entsprechend verhalten, wenn wir darauf hinweisen können, wie nach den gutbeglaubigten Mitteilungen die Tiere
Erdbeben, Vulkanausbrüche voraussehen – aber das ist nur
eine Metapher, denn es geschieht durch die in den Tieren
waltende Vernunft, indem sie so etwas «voraussehen» –, so
müssen wir sagen: In dem Instinktleben der Tiere liegt etwas,
was uns zeigt, wie die Tiere ebenso in eine Logik und Vernunft verstrickt sind, wie eine äußerlich wirkende Gesetzmäßigkeit in der Welt vorhanden ist, wie überall die Umwelt von objektiver Vernünftigkeit und objektiver Gesetzmäßigkeit durchwoben ist. – So kann sich der Mensch an
den tierischen Instinkten, an dem, was bei den Tieren aus
einer Gesetzmäßigkeit heraus oder durch Anregung einer
Gesetzmäßigkeit wirkt, die sich nicht ins Bewußtsein herein-
spiegelt, davon eine Vorstellung machen, wie das, was durch
ihn geschieht, auch noch in einer anderen Weise geschehen
kann. Es braucht nicht bloß dadurch zu geschehen, daß sich

der Mensch, wenn er dieses oder jenes tun will, sagt: Dies ist mein Ziel, so muß es aussehen, und so muß das Werkzeug aussehen; – sondern es kann, ohne diese bewußten Erwägungen anzustellen, aus anderen Bewußtseinsformen heraus, aus für das menschliche Bewußtsein unterbewußten Formen sich ein Ähnliches im Weltenzusammenhange entwickeln, wie sich menschliche bewußte Vernünftigkeit im Menschen entwickelt.

Nun weist uns die Geisteswissenschaft darauf hin, daß diese Art von Vernünftigkeit, wie sie gegenwärtig in der Menschheit vorhanden ist, diese auf innere bewußte Logik, auf innere vernünftige Zielsetzung gebaute Logik, sich erst nach und nach entwickelt hat, daß der Mensch aber vorher keineswegs ein tierisches Wesen mit bloß tierischen Instinkten war, sondern ein Wesen, das eine ganz andere Form von Bewußtsein hatte, als es gegenwärtig unser logisches Bewußtsein ist, aber auch ein anderes Bewußtsein, als es der tierische Instinkt darstellt. Wenn Sie auf das sehen, was hier in den Vorträgen dieses Zyklus auch schon über die Möglichkeit gesagt worden ist, schlummernde Kräfte der Menschenseele zu entwickeln und gleichsam dasjenige zu eröffnen, was wir Geistesaugen, Geistesohren genannt haben, was wir in wirklichem, nicht in phantastischem Sinne eine Art hellseherisches Bewußtsein genannt haben, dann werden wir den Blick auf die Möglichkeit richten können, aus dem heutigen bloß logischen, bloß sich vernünftige Ziele setzenden Bewußtsein heraus, andere Bewußtseinsformen zu entwickeln, sich gleichsam zu anderen Bewußtseinsformen zu erziehen. Es wurde darauf aufmerksam gemacht, wie durch innere, intime Seelenvorgänge der Meditation, Konzentration, derjenige, der ein Geistesforscher werden will und in die tieferen Untergründe der Seele hineinschauen will, zu einem anderen Bewußtsein gelangen muß, so daß der Geistesforschung eine andere Art des Bewußtseins vorschwebt, die erzieherisch heraus entwickelt wird aus der gegenwärtigen Bewußtseinsform. Wie nun eine solche Bewußtseinsform, durch die der Mensch nicht nur wahrnimmt, was er durch seine Augen, Ohren und übrigen Sinnesorgane wahrnehmen kann, durch die er überhaupt nicht nur wahrnimmt, was er durch sein Leibeswerkzeug wahrnehmen kann, sondern unabhängig von seinem Leibeswerkzeug in eine geistige Welt hineinsieht, – wie sich ein solches hellseherisches Bewußtsein in der Gegenwart zum Ziele der Geistesforschung zu entwickeln hat, so zeigt sich auch, wenn wir die Menschheit in die Vergangenheit verfolgen, daß in früheren Zeiten eine andere Bewußtseinsform vorhanden war, als sie gegenwärtig der Menschheit als logisches, denkerisches Bewußtsein eigen ist. Was wir heute als Bewußtsein kennen, hat sich seit dem griechisch-römischen Zeitalter erst entwickelt. Der Mensch mußte erst dazu erzogen werden. Nun sind wir wieder über den griechisch-römischen Zeitraum hinausgeschritten, und in unserer heutigen Zeit zeigt uns die geisteswissenschaftliche Forschung das Hineingestelltsein des Menschen in die Entwickelung so, daß wieder darauf aufmerksam gemacht wird, wie diejenige Bewußtseinsform, welche sich seit dem griechisch-römischen Zeitalter entwickelt hat, weiter entwickelt und zu höheren Bewußtseinsformen erzogen werden kann. Daraus kann sich wenigstens zunächst hypothetisch der Gedanke ergeben: Also ist es sinngemäß, daß man auch annehmen kann, daß jenes Bewußtsein, welches Aristoteles gewissermaßen in seiner Logik in Gesetze gebracht hat, das in der griechisch-römischen Zeit in die Entwickelung der Menschheit eintritt, sich wieder aus anderen Bewußtseinsformen heraus entwickelt hat, so daß wir, wenn wir in der Geschichte der Menschheit zurückgehen, andere Bewußtseinsformen, vor allen Dingen andere Formen des Seelenlebens bei der Menschheit aufsuchen müssen.

Solche anderen Formen des Seelenlebens bei der Menschheitsentwickelung aufzusuchen, ist der heutige Weltanschauungsmensch, der da glaubt auf dem festen Boden der Naturwissenschaft zu stehen, aber nur auf seinen eigenen Vorurteilen steht, noch verhindert. Denn er kann sich nicht vorstellen, daß sich ihm, wenn er in der Menschheitsentwickelung zurückgeht, am Ausgangspunkte der Menschheit, gleichsam bei den Urmenschen, ein anderes Bewußtsein ergeben könnte als das instinktive Bewußtsein, das dem tierischen Bewußtsein von heute ähnlich ist. Wenn wir aber, wie wir es in dem letzten Vortrage charakterisiert haben, die Entwickelung der Menschheit nicht etwa bis zu einem Punkte zurückverfolgten, wo der Mensch ein Tier gewesen wäre und sich nur in bezug auf seine Körperformen aus tierischen Stammgebilden herauf entwickelt habe, sondern wenn wir, wie es die Geisteswissenschaft tut, den Menschen dahin zurückverfolgen, wo er als geistige Wesenheit schon vorhanden war, ehe er eine physische Körperform sein eigen nannte, wenn man also den Menschen bis zum geistigen Urmenschen zurückverfolgt und dann die Vorstellung in sich aufnimmt, daß dieser geistige Urmensch erst im Laufe der Zeit äußere Körperformen angenommen habe, wie wir es charakterisiert haben, dann kann man nicht mehr bei einer rückwärtsgehenden Betrachtung solche Bewußtseinsformen aufsuchen, die nur dem tierischen Instinkte ähnlich wären, sondern dann kommen wir zu solchen Bewußtseinsformen, die einer alten Menschenform entsprechen würden, die wir uns immer geistig-seelischer und geistig-seelischer zu denken haben, je weiter wir zurückkommen. So daß wir uns, weitergehend selbst bis in die griechisch-römische Zeit hinein, vorzustellen haben, daß die Menschheitsentwickelung so vor sich gegangen ist, daß auch das innere Seelenleben immer mehr und mehr in das Materielle verstrickt worden ist. Wir würden also in der geschichtlichen Entwickelung der Menschheit zu Bewußtseinsformen aufzusteigen haben, die einer mehr geistigen Seeleninnerlichkeit entsprechen würden.

Nun zeigen uns nicht nur die Tatsachen der Geistesforschung – diese zeigen es klar –, sondern auch die äußeren Tatsachen der Menschheitsentwickelung, daß wir, je weiter wir zurückgehen, selbst in historischen und in auf historische Weise erforschbaren vorhistorischen Zeiten gewissermaßen zu einer anderen Art des Lebens der Menschenseele kommen, zu einer ganz anderen Art sich zu der Außenwelt zu verhalten. Solche Vorstellungen, wie wir sie gegenwärtig entwickeln, wie sie die Kinder in der Schule schon als verstandesmäßige lernen, durch die wir die Außenwelt spiegeln, finden wir bald nicht mehr, wenn wir über das griechisch-römische Zeitalter hinaus zurückgehen. Und nicht mit Unrecht haben die abendländischen Geschichtsphilosophen immer ihre Philosophiegeschichte damit begonnen, daß sie die Philosophie, das heißt das gedankenmäßige Nachdenken über die Welt, fünf bis sechs Jahrhunderte vor der christlichen Zeitrechnung in der griechischen Welt bei *Thales* ihren Anfang nehmen ließen, weil sie erkannten, daß da überhaupt erst die Möglichkeit vorliegt, von einer verständigen, logischen Abspiegelung der Welt zu sprechen. Nur unsere Gegenwart hat es dahin gebracht, das zu durchbrechen, was in diesem Gefühl der Geschichtsschreiber liegt, die Philosophie überhaupt erst mit Thales beginnen zu lassen. Heute, wo man alles über einen Leisten schlägt, will man auch die Philosophiegeschichte weit, weit im orientalischen Denken beginnen, bei den Indern oder Persern, gar nicht darauf achtend, daß alle menschlichen Seelenverfassungen, die Dinge zu erleben und anzuschauen, innerhalb der vorgriechischen Kulturen ganz andere waren, als es später von der griechischen Kultur ab geworden ist. Es gehört die ganze Oberflächlichkeit der «tiefsinnigen» Betrachtung der Betrachter des Orients dazu, so zum Beispiel bei Deußen, deren unsere Zeit fähig ist, um die Philosophiegeschichte über Thales hinaus zu führen. Das kann nur geschehen, wenn man keine Ahnung davon hat, wie das menschliche Bewußtsein in seinen Grundformen sich entwickelt hat, und daß, was orientalisches Geistesleben ist, ganz anderen Inhalt hat, als was vom griechisch-römischen Zeitalter ab für das innere Leben der Menschheitsgeschichte beginnt. Und wenn wir prüfen, was uns in älteren Zeiten entgegentritt, so müssen wir sagen: Der Mensch fühlte sich da überall mehr oder weniger gedrängt, nicht in den Verstandesformen, in den intellektiven Formen, in denen wir heute schon als Kinder beginnen die Welt abzuspiegeln, zu leben, sondern die Gedankengebilde, die uns als Mythos entgegentreten, seelisch als bildhaftes Denken über die Welt zu erleben. Als Imaginationen tritt uns das entgegen, was der Mensch in seine Seele aufnimmt, um über die Welt sich irgendwelche Aufklärungen zu geben. Bilder sind es, die in den Mythen uns erhalten sind. Und das Merkwürdige zeigt sich, daß wir auf dem Grunde der Kulturen aller Völker sehr bald, wenn wir in die vorgriechischen Zeiten zurückgehen, Bilder finden, und je weiter wir zurückgehen, desto mehr tritt uns das entgegen, daß der Mensch tief innerlich befriedigt und beseligt ist, in diesen Bildern zu leben, in demjenigen, was man eine Art imaginativer Auffassung der Welt nennen könnte.

Wer nun von dem gegenwärtigen intellektiven, verstandesmäßigen, logischen Auffassen der Welt aus, durch jene Selbsterziehung, wie sie in dem Buche «Wie erlangt man Erkenntnisse der höheren Welten?» charakterisiert ist, seine Seele zu einem Instrument für Geistesforschung macht, der gelangt zu einer Art von imaginativer Erkenntnis als der ersten Stufe wahrhaftiger hellseherischer Erkenntnis, und wer diese imaginative Erkenntnis, die nun wieder in einer Art von Bildern sich darstellt, auf seine Seele wirken läßt, der wird sich sagen: Vergleiche ich diese imaginative Erkenntnis des Geistesforschers mit dem, was noch in den wunderbaren Imaginationen der Mythen und Welterklärungen der Griechen und auch noch der vorgriechischen Völker erhalten ist, so tritt mir etwas entgegen, was auf der einen Seite gleich oder ähnlich ist, auf der anderen Seite aber grundverschieden. – Wenn sich der heutige Geistesforscher zu seinen Imaginationen erhebt, so behält er in seinen Imaginationen, die ihm die geistigen Vorgänge abspiegeln, welche hinter den sinnlichen Erscheinungen des Daseins stehen, sein logisches Denken, er behält es und strebt gerade an, was wir logisches Denken nennen müssen. Das heißt, er trägt alle Vernunftzusammenhänge, den ganzen Charakter des gegenwärtigen Bewußtseins da hinein, und es wäre eine imaginative Erkenntnis keine richtige, die nicht Aufschluß geben könnte über die Art und Weise, wie die Bilder zusammenhängen, wie sich alles innerhalb der imaginativen Welt zum Ganzen webt. Gerade in dieser Beziehung habe ich vor kurzer Zeit eine ganz merkwürdige Tatsache erlebt. Sie finden in meiner «Geheimwissenschaft im Umriß» den Versuch gemacht, in einem größeren Umfange nicht nur die Menschheitsentwickelung auf der Erde im Sinne einer imaginativen Erkenntnis darzustellen, sondern auch die früheren Verkörperungen unserer Erde in anderen, vorhergehenden Himmelskörpern. Alles, was in dieser Beziehung Tatsachen sind, wie sie sich aber nur dem geistigen Bewußtsein ergeben, finden Sie so dargestellt, wie es dem logischen Bewußtsein und den Tatsachen des Sinneslebens entspricht. Nun sagte mir einmal ein Theologe, der dieses Buch gelesen hatte: Was ich da gelesen habe, das erschien mir durchaus so, daß es durch Logik und Vernunft aufgebaut ist, so daß man sich herbeilassen könnte daran zu denken, daß der Schreiber dieses Buches rein aus dem heutigen Geistesleben heraus auch nur durch logische Schlußfolgerungen dazu gekommen ist. – Das machte mich bedenklich, und ich sagte mir: Dann ist die ganze Darstellung vielleicht durch gar kein Hellsehen, sondern durch bloße Logik zustande gekommen. – Und er sagte das, obwohl er durchaus vorgab, daß er durch seine eigene Logik nicht finden könnte, was in diesem Buche als Erkenntnisinhalt gegeben ist. Dieses Faktum trifft man ja öfter in der Gegenwart, besonders dann, wenn einem in feindlicher Weise entgegengehalten wird, daß derartige Darstellungen durch bloße Logik aufgestellt sind, wenn auch diese Ergebnisse erst hinterher auf Gedankenfäden zusammengedröselt werden, um sie begreiflich zu machen. Nun ist aber alles, was in der «Geheimwissenschaft» steht, durch keine logischen Schlußfolgerungen gefunden. Es würde auch schwer halten, diese Dinge durch Logik zu finden. Aber nachdem sie gefunden sind, sind sie mit Logik durchkleidet, durchwoben. Sie sind auch selbstverständlich nicht mit Entäußerung der Logik gefunden, aber durchaus nicht auf dem Wege logischer Schlußfolgerung, dennoch aber entspricht alles durchaus dem, was man imaginative Erkenntnis nennen kann.

So soll daran ein Beispiel gegeben werden für das, was durch Selbsterziehung des gegenwärtigen Bewußtseins als eine Art neuer imaginativer Erkenntnis angestrebt werden kann, die uns in die Untergründe der Dinge führen kann. Wenn wir eine solche Erkenntnis mit Mythen und Sagen und anderen Gebilden vergleichen, die uns aus alten Zeiten der Menschheitsentwickelung heraufglimmen, so haben wir das Folgende gefunden, daß es wichtig ist, diese Lichtblicke zu erkennen, welche die Menschen in die Untergründe des natürlichen Daseins getan haben müssen. Damit sie aber das, was sie so erforschten, durch so gewaltige Bilder zum Ausdruck bringen konnten, wie sie uns in den Mythen und Sagen erhalten sind, war notwendig, daß jene Menschen gescheiter waren als die Menschen einer logischen Zeitepoche. Denn gegenüber manchem Naturmythos und manchem Schöpfungsmythos ist das, was unsere heutige Wissenschaft ist, oft nichts weiter als Stümperei und Dilettantismus, denn mit seinem ursprünglichen Walten und Weben der Weltenkräfte steht ein ägyptischer oder babylonischer Mythos über das Wirken des Guten und Bösen in der Welt höher als das moderne monistische Ausdeuten der Welt. Man fühlt aus dem, was jene Menschen denken konnten, ein inneres Zusammenleben und Verwobensein mit den Kräften, die heute der Mensch mühselig in Gedankenbildern vergegenwärtigt, fühlt ein innerliches Durchdrungensein mit den tiefen Kräften des Naturdaseins, die da in dem Naturdasein selber walten. Dann aber fühlt man es auch den Mythen an: So, wie sie in ihrer Vollsaftigkeit und Großartigkeit – und zwar in einer gewissen Beziehung gleichmäßig bei allen Völkern über den Erdball hin – sich darstellen, so hat nicht Verstand, auch nicht Phantasie im heutigen Sinne sie gewebt, sondern Imagination. Nur nicht die Imagination, von der heute als der geistesforscherischen die Rede ist, sondern eine Imagination, die noch frei war von dem intellektiven und verstandesmäßigen Element. Auch war es nicht das Walten einer bloßen Phantasie, sondern das Walten einer ursprünglichen Imagination, einer hellseherischen, noch nicht zu Ende geführten Imagination, nicht ein dem Tierischen Ähnliches, wenn auch traumhaft dunkel, dämmerhaft als Imagination waltend und gestaltend, als Imagination wirkend, aber noch nicht die Imagination durchtränkt auch mit dem Element der Logik und des Gedankens. So sehen wir, bevor die griechisch-römische Bildung in die Menschheitsgeschichte eingegriffen hat, die Völker innig verbunden mit dem, was in den Tiefen der Wesen waltet, und ohne Anwendung der Logik das unmittelbare Zusammenweben mit dem Ewigkeitsdasein in den großen gewaltigen Bildern der Mythen – etwas zum Ausdruck bringend, was nicht wissenschaftlich im heutigen Sinne ist, sondern was die Wissenschaft der älteren Zeiten war.

In diesem Sinne kommen wir zu dem Aufgange unseres gegenwärtigen intellektiven menschlichen Verhaltens in der griechisch-römischen Kultur, und wir sehen dieser Kultur vorangehend eine ganz andere Art des Seelenlebens und der Kultur, ein Seelenleben, das, weil es noch nicht logisch war, weil es noch traumhaft war, aber zugleich mit den geistigen Grundtatsachen allen Webens und Wirkens tiefer verbunden war, nun bildhaft dieses Weben und Wirken zum Ausdruck bringen konnte. Daher kann man vielleicht kein anderes Wort finden, welches besser das Wesen der unmittelbar der griechisch-römischen Zeit vorangehenden Kultur charakterisiert, wie sie bei den Ägyptern oder Chaldäern verbreitet war, als das Wort: Offenbarungskultur. Der griechisch-römischen Kultur voran ging eine Offenbarungskultur, wo sich in die Menschenseele, wenn diese erkennen wollte, in gewaltigen Bildern und Imaginationen das, was in den Dingen lebt und webt, wie eine Offenbarung hereindrängte, die herausquellen will aus den Dingen, wie die Quelle aus den Felsen und Bergen quillt. Die griechisch-römische Kultur dagegen finden wir überall so charakterisiert, daß sie nach und nach eine Art von Abenddämmerung der alten Offenbarungskultur erlebt, daß zwar in der älteren Zeit der Griechen die Offenbarungen noch voll lebendig aus den Dingen herauf quellen, aber dann sehen wir, besonders mit Sokrates, das starke Heraufkommen eines Durchdrungenseins des Seelenlebens mit Verstandeskultur, mit dem intellektiven Element, und wie allmählich immer verblaßter und verblaßter diejenigen Dinge werden, die aus der alten Offenbarungskultur erquollen sind, so daß der Mensch immer mehr und mehr das zum Inhalte seines Seelenlebens macht, was sich ihm darbietet, wenn er die Dinge um sich herum anschaut und auf seine Sinne wirken läßt. Vorher war es so, daß der Mensch die Dinge angeschaut hat, daß er da gesehen hat die rauschende Quelle, daß er gesehen hat, was in Wald und Wiese geschieht. Überall richtete er sein Auge auf die Dinge hin, aber aus jeder Pflanze schlüpfte ihm etwas hervor, was geistig zu ihm sprach wie eine Offenbarung, aus jedem Wässerlein, aus jeder rauschenden Quelle trat ihm entgegen, was als geistige Grundkraft darinnen lebte. Das brachte er dann in die Bilder zum Beispiel der Wasserwesen, der Nymphen und so weiter. Was in den Tiefen der Dinge waltete, was so dem alten hellseherischen Bewußtsein wie hinzukommende Träume einer geistigen Welt sich erschloß, das erlosch nach und nach, und es trat an dessen Stelle eine volle, rückhaltlose Anerkennung dessen, was der Mensch überhaupt mit seinen Sinnen wahrnahm. Es trat die Wahrnehmungskultur auf, wo der Mensch mit dem, was er ist, und was er wahrnahm, sich in die Welt hineinstellte, wo er die Welt durch seine körperlichen Organe, durch seine ganze körperliche Organisation sah und sie so lieb gewann, daß das ganze Griechentum tatsächlich in seiner Gesinnung wie durchzogen ist von dem Spruche, der uns von einem großen Griechen überliefert ist, der da sagt: Lieber ein Bettler sein in der Oberwelt, als ein König im Reiche der Schatten! – In der alten Offenbarungskultur hätte man so nicht sagen können, das war erst möglich, als die Welt bis zur Wahrnehmungskultur vorgerückt war, zu dem, was die Sinne sehen, und was der Verstand auf Grundlage der Sinne als intellektive Anschauung entwickelt, da man nur noch wußte, daß hinter der Sinneswelt eine geistige Welt ist. So konnte man erst sagen, als dem unmittelbaren Anblick diese geistige Welt ungewiß geworden war, die hinter der Sinneswelt steht.

Dieses Hereinreichen eines ganz neuen Zeitalters hat man auch gefühlt. Oh, man hat in der Epoche, die wir als die griechisch-römische charakterisieren können, dieses Hereinbrechen desjenigen gefühlt, was der Mensch nun aus sich selber als seinen Verstand, als seine intellektuelle Kultur heraustreiben soll. Man hat es gefühlt, daß man früher wie geborgen war in einem Offenbarungswesen, dem man sich geistig verwandt fühlte. Jetzt aber fühlte man, daß man in ein neues Element eintritt, wo man mehr auf die Spitze seines eigenen Ich gestellt wurde. Für den, der die Geschichtsentwickelung in ihren feineren Nuancen beobachtet, tritt dieser Zug mit aller Deutlichkeit hervor. Und er tritt uns dann noch ganz besonders hervor, wenn wir uns erinnern, daß ein solches Sichhineinleben in eine Offenbarungskultur dem Menschen zwar zeigt, wie er als geistiges Wesen innerhalb der geistigen Welt geborgen ist, die er hellseherisch, wenn auch traumhaft, wahrnimmt, wie aber ein solches hellseherisches Wahrnehmen zugleich mit einem geringen Hinblicken auf das eigene Ich verbunden ist, mit einem geringen Bewußtwerden des eigenen Ich. Sich auf die Spitze der eigenen Persönlichkeit stellen, das kann erst einem Volke durch die Wahrnehmungskultur gegeben werden. Daher tritt in dem griechisch-römischen Zeitalter mit der Möglichkeit, die Wahrnehmungen innerlich zu verarbeiten mit diesem intellektiven Element, zugleich das Reflektieren des Menschen auf sein Ich ein, das zunächst nur im Verstande, als Begriff, als Idee, als Unsichtbares innerhalb der gewöhnlichen Wirklichkeit zu erfahren ist. Daher sehen wir in den uralten Zeiten dasjenige wenig betont, was menschliches Ich ist. Wer auf den

Grund der alten Kulturen geht, wird immer sagen: Die alten Mythen und Sagen sprechen von Göttern, und wenn der Mensch seine Arbeit tut, so ist er sich bewußt, daß bei dem einen Schritte dieser Gott hereinwirkt, bei dem anderen jener, und ihn anspornt. – Der Mensch fühlte sich in seinem Hindringen zu den Dingen wie gottbeseelt, wie geistdurchdrungen, aber noch nicht Ich-beseelt. Zur Ich-Erkenntnis und zum Ich-Bewußtsein gelangt der Mensch erst durch die intellektuelle Kultur. Daher mußte ihm diese Nahrung in der griechisch-römischen Zeit werden, damit er zum vollen Bewußtsein seiner selbst kommen konnte. Selbst in der Sprachentwickelung können wir nachweisen, wie dies nach und nach herausgekommen ist, wie es in den Offenbarungskulturen nicht vorhanden war, sondern wie sich da der Mensch als Gefäß betrachtete, in welches die Götter ihr Quellwasser hineinschütteten. Der Grieche mußte erst die große Tragik durchmachen, daß ihm der Blick verdämmert wurde auf Kosten der geistigen Umwelt, daß er sich sagen mußte: Das ist das Tragische. Lieber in der Welt, die ich liebgewonnen habe, ein Bettler sein, als in der anderen Welt, die mir ungewiß ist, ein König! – Die ihm aber erst im griechisch-römischen Zeitalter ungewiß geworden ist. Da aber noch immer in dieses merkwürdige Zeitalter in einer wunderbaren Weise die alten Mysterien hereinspielten, so konnte man über diesen Übergang der Seele selber noch mythisch, bildhaft denken mit dem Heraufkommen eines ganz neuen Bewußtseins.

Was hätte der Mensch, der damals schon ganz intellektuell gedacht hätte, der ganz durchdrungen gewesen wäre mit intellektueller Kultur, sich gesagt, wenn er den Blick auf diesen wichtigen Punkt der Menschheitsgeschichte hingelenkt hätte, wo die Seele herausgerissen wird aus der alten Offenbarungskultur, um zu der Wahrnehmungskultur aufzusteigen, und dadurch zum Ich-Bewußtsein erzogen wird? Er würde sich gesagt haben: In alten Zeiten war der Mensch in dem Leibe so, daß er, wenn er den Blick hinausrichtete, überall waltend das Geistig-Seelische sah. – Er sah in diesem Geistig-Seelischen kein Ich, aber er sah, was er als die über ihm stehenden geistigen Wesenheiten beschrieb: Sie leben in meinen Taten, sie leben in meiner Wahrnehmung, in meinem Leben, und so überall. – Wohin er den Blick richtete, stellte sich ihm noch nicht das Ich dar. Jetzt lenkte nun der Mensch den Blick hinaus auf die Welt, und da fällt ihm in dieser Zeit des Überganges besonders auf: «Was bin ich selber?» Und da erfüllt ihn die Antwort auf diese Frage mit einer Art von Schauder, so daß er sich sagen muß: Nicht mehr, wenn ich mich über mich frage, komme ich auf die Antwort, daß Götter in mich eindringen, sondern ich fühle mich mit einem vereinsamten Ich durchdrungen! – So hätte sich ein Mensch gesagt, der von intellektivem Bewußtsein durchdrungen gewesen wäre. Der aber, der sich noch von früher etwas herübergebracht hätte, der so gesprochen hätte, daß er das Auftreten des Ich-Bewußtseins noch ins alte Bild gebracht, es sich vom Standpunkte des alten Bewußtseins aus vorgestellt hätte, würde gesagt haben: Da hatten einstmals der Flußgott, also eine göttliche Wesenheit, Kephissos und eine Nymphe einen Sohn gehabt, Narcissos. Das tritt in die Menschenseele selber als Bild. Narcissos sieht die Quelle am Helikon. Ihm wird vorausgesagt, daß er in dem Augenblick zugrundegehen müsse, wo er sich selber sieht. Das heißt: seinen Zusammenhang mit dem Göttlichen verliert das menschliche Ich, wenn der Mensch seinen Zusammenhang mit dem Göttlichen sieht. Da sieht sich Narcissos und hat den Todeskeim in sich aufgenommen. So die Menschenseele, da sie sich in der Wahrnehmungskultur erkennen lernt. Da ist der Übergang von der alten Offenbarungskultur in die Wahrnehmungskultur geschildert, nur in einer anderen Weise.

Jemand, der den Übergang zu dem neuen Bewußtsein schon in der Art des alten Bewußtseins sich vorgestellt hätte, hätte sich gesagt: Wenn der Mensch früher in die Umwelt hinausblickte, so erblickte er überall geistig-göttliche Kräfte, allerdings in seinem alten Bilderschauen. Dieses alte imaginative Bewußtsein ist zurückgegangen, es hat allmählich etwas wie eine Abenddämmerung erlebt, und was zuletzt zurückgeblieben ist, das waren eigentlich die schlechtesten Kräfte geistiger, spiritueller Wesenheiten, die draußen wirkten. Die kamen einem Menschen, der sich das Neue in der Art des Alten vorgestellt hat, zum Bewußtsein als die Gorgonen, in denen die Menschen in ihrem Schauen nur mehr die schlimmsten Wesen schauten und daher auch so abbildeten als das, was ihnen in ihrem Bewußtsein auch nur als die schlimmsten Wesen aufstieg. Da erhebt sich der neue Mensch, Perseus, verstümmelt die Gorgonen, die Medusa, das heißt dasjenige Bewußtsein, das wie ein letzter Rest, dargestellt in dem Schlangenhaupt der Medusa, noch vorhanden war. Dann wird weiter dargestellt, wie aus der verstümmelten Medusa zwei Wesen entstehen: Chrysaor und Pegasus. Ich bin kein Freund der allegorisch-symbolischen Deutung von Mythen. Ich meine – auch nicht im Sinne einer allegorisch-symbolischen Ausdeutung – es so, daß der, der mit den Bedingungen des alten Bewußtseins das Aufsteigen des Neuen erlebt hat, ganz mit den Bedingungen jenes alten Bewußtseins das, zu dem sich die Menschheit entwickeln sollte, hellseherisch noch geschaut hat als das Hervorgehen des Chrysaor und des Pegasus aus der Medusa. Was hat er geschaut? Chrysaor, das Bild, das der Mensch als Abschlagszahlung erhalten hat für das, was er als die alte hellsichtige Art verloren hat. Pegasus, die Personifikation der Phantasie. Denn dadurch ist die Phantasie verursacht, daß die alte Imagination in eine Art von Abenddämmerung hineingeht, und die Menschen nicht mehr die Kraft haben, mit einer alten Bewußtseinskraft in die neue Zeitepoche hineinzugehen. Und anstelle der alten Imagination, die in die geistige Realität ging, setzen sie das, was nicht in die geistige Realität geht, aber in das ewige Gestalten der Menschenseele, und das die neue Gestaltung der Menschenseele darstellen will. Pegasus ist nichts anderes als das, was als Ich-Kultur im Menschenleben ist. Das gestaltet sich weiter. Daher hören wir, wie das, was zur Ich-Kultur geführt hat, Chrysaor, sich verbindet mit Kallirrhoe. Da entsteht Geryoneus als das, was wir die moderne Verstandeskultur, die intellektuelle Kultur nennen müssen, wovon der Grieche empfand, daß sie den Menschen aus der alten hellseherischen Kultur hinausführte, daß sie ihn aber deshalb hinausführen mußte, weil er sonst nie zur Erfassung des Ich-Bewußtseins hätte kommen können. Wiederum hat die Gestalt des Chrysaor etwas merkwürdig Tragisches an sich, sie charakterisiert uns, wie es der menschlichen intellektuellen Kultur selber geht. Und wie es einer derjenigen, der das am tiefsten empfand, ein Dichter, *Robert Hamerling,* von dieser intellektuellen Kultur gesagt hat: Wir sehen im Laufe der Menschheitsentwickelung aus der alten unbewußten Kultur des Mythos die bewußte Kultur des Intellektuellen sich entwickeln. Aber diese Kultur hat den Sinn einer jeden Entwickelung, zu dem eigenen Tode zu führen! – Würde die bloße Verstandeskultur in der ihr eigenen Weise nur fortschreiten – das ist für Hamerling klar, und das muß für jeden klar sein, der die eigenartige Kultur des Verstandes wirklich im Innersten ermessen kann –, so würde sie zu einem Ziele hinführen, das ein Trockenwerden, ein Auslöschen aller Lebendigkeit, aller Ursprünglichkeit und aller Tatkräftigkeit der Kultur sein würde.

Das ist das, was sich aus der alten Kultur in die Kultur der Gegenwart herein entwickelt hat: die Verstandeskultur. Und indem die Geisteswissenschaft darauf aufmerksam macht, daß die Verstandeskultur nicht eine Verstandeskultur zu bleiben braucht, zeigt sie, daß die Menschheit zwar notwendigerweise zur intellektuellen Kultur kommen mußte, um das Ich-Bewußtsein zu entwickeln, daß sie aber wieder zu etwas kommen kann, was mehr als intellektuelle Kultur sein kann. Was gibt die intellektuelle Kultur dem Menschen? Sie gibt ihm das, was er ein Bild der Welt nennt. Worum bemüht sich denn der Mensch heute ganz besonders? Nehmen wir einmal das, was den Menschen, welche heute aus der intellektuellen Kultur heraus ein Weltbild aufbauen wollen, ganz besonders als das höchste Ideal vorschwebt, daß die Begriffe nur gar nicht von dem abweichen, was in der Wirklichkeit draußen ist. Und alles nennen sie unmöglich, was nicht unmittelbar mit der sinnlich-materiellen Wirklichkeit stimmt. Aber das wird die Geistesforschung noch über die intellektuelle Kultur hinaus als ein Richtiges erkennen, daß uns mit derselben nicht nur etwas gegeben ist, was uns die Wirklichkeit abbilden kann, sondern etwas, was die Seele erziehen kann, was die Kräfte der Seele heraufholt, was noch einen erzieherischen Wert hat, und wie durch dasjenige, was in der Menschenseele durch die intellektuelle Kultur geboren wird, die Menschheit der Zukunft wieder zu einer imaginativen Kultur kommen wird, durch die sie mit den geistigen, spirituellen Hintergründen der Dinge in Verbindung treten wird.

So sehen wir in der intellektuellen Kultur das notwendige Element, um das menschliche Ich im Laufe der Menschheitsgeschichte heraus zu kristallisieren, sehen, daß durch die intellektuelle Kultur das alte Hellsehen abgestumpft werden mußte, damit das Ich aufleuchten und sich hereinleben kann in diejenigen Inkarnationen, welche die Seele in der griechisch-römischen Kultur durchlebte, und die sie auch noch heute und eine Zeit weiter noch durchlebt. Und dann sehen wir, wie in der Zukunft eine neue imaginative Kultur angezündet wird, durch welche die Menschheit wieder in den Geist und in das geistige Leben aufgenommen werden wird. So reiht sich die Gegenwart an die Vergangenheit, und so lehrt uns die Gegenwart in dem, was sie als ihre Wurzeln hat, was sich für die Zukunft entwickeln muß. Gewissermaßen in grandiosester Weise tritt uns an einer Stelle der Menschheitsgeschichte das Bewußtsein von dieser Umgestaltung des Bewußtseins entgegen. Vorher sei aber noch darauf aufmerksam gemacht, daß mit der alten Offenbarungskultur, die wir als der griechisch-römischen Wahrnehmungskultur und unserer intellektuellen Kultur vorausgegangen charakterisierten, auch eine gewisse Epoche der Menschheit erreicht war. Ganz und gar ist die Offenbarungskultur in ein solches Seelenleben der Menschheit eingetaucht, das wir als altes imaginatives Leben bezeichnen können. Würden wir noch weiter zurückgehen, so würden wir eine alte Kultur treffen, die überall in Vorderasien hinweist nicht auf die Kultur, die in der Geschichte als die persische geschildert ist, sondern auf eine viel ältere, aus welcher die persische erst wieder hervorgegangen ist. Und diese ältere Kultur ihrerseits folgte wieder auf die alte indische. So finden wir als die Vorläufer der Offenbarungskultur die altpersische und die altindische Kultur.

Sofern wir diese Kulturen überblicken, finden wir in der Menschheit ausgebildet, was innerhalb der Menschheit nun auch aus dem Geistigen hervorgegangen ist, aber was noch nicht aus dem bewußten, von Verstand, von Logik durchsetzten Geistigen hervorgegangen ist: das ist die Sprache. Wie heute noch nach einem öfters getanen Ausspruch das

Kind sprechen lernt, bevor es denken lernt, so hat auch die Menschheit sprechen gelernt vor dem Denkenlernen. Bevor das Fassen des Seeleninhaltes in die großen gewaltigen Bilder da war, entwickelte sich aus den tiefen Untergründen des Bilderbewußtseins, nicht aus den tierischen Instinkten heraus, eine Sprache aus einem hellseherischen Bewußtsein, das noch ein höheres war als das Offenbarungsbewußtsein der altägyptischen Kultur. Jenseits noch der altindischen Kultur entwickelte sich das Element der Sprache. Die Sprache ist eine Schöpfung im Menschengeiste, aber eine vorbewußte Schöpfung des Menschengeistes. Das weist uns dann in noch ältere Zeiten der Menschheitsentwickelung zurück, in welchen der geistige Prozeß der Menschheit so verlief, daß sich die Sprache nach und nach aus einer noch unterbewußten geistigen Tätigkeit heraus entwickelte.

Und dann sehen wir jene uralt indische Kultur heranreifen, die wir gerade deshalb bewundern, weil wir sie im besten Sinne des Wortes eine Einheitskultur nennen können. Das ist nicht die Kultur der Veden. Diese sind, wie sie uns vorliegen, nur ein Nachklang der wirklichen uraltindischen Kultur und nicht viel länger vor unserer christlichen Zeitrechnung entstanden, als wir heute nach dem Anfang derselben leben. Diese altindische Kultur könnte heute dadurch charakterisiert werden, daß man sagt: Der alte Inder empfand überhaupt noch nicht den Unterschied des Materiellen von dem Spirituellen, wenn er auf Pflanzen, Steine, Berge, Wiesen und Wolken hinschaute. Bei allem um sich herum sah er noch nicht das Geistige von dem Materiellen gesondert, sah überhaupt nicht so die Farben und die Formen, wie wir heute, sondern wie unmittelbar grenzte für ihn das Geistige an das Materielle an. Unmittelbar sah er den Geist ebenso real, wie er die äußeren materiellen Farben sah: Einheitskultur, das Spirituelle noch ebenso wie das Materielle.

Daher empfand er den allwaltenden Geist überall in den Dingen, was etwas später mit dem Empfinden des allwaltenden Geistes Brahman bezeichnet worden ist, die All-Seele, die waltend überall empfunden wird. Aber diese Kultur, die uns in den Urzeiten als Ausgangspunkt der menschlichen Geschichte entgegentritt, machte gewissermaßen den Menschen noch nicht fähig, sich im Materiellen zu betätigen, im Materiellen wirklich seine Kräfte auszuleben. Daher stellte sich ihr im Norden auf dem Gebiete, wo sich später das Perserreich ausbreitete, eine andere Kultur, eine fast ihr entgegengesetzte entgegen, die ganz davon durchdrungen ist, daß der Mensch zwar der geistigen Welt angehört, aber das Materielle hier auf der Erde zu bearbeiten habe.

Das urpersische Volk ist gegenüber dem alten indischen Volke das arbeitsame, das werktätige Volk, das sich mit den geistigen Mächten verbinden will, um durch eigene Kraft und eigene Arbeit das Geistige der materiellen Konfiguration der Erde einzuprägen. Daher fühlte sich der Perser verbunden mit seinem Gotte des Lichtes und sagte: Er durchdringt mich, – wie der Mensch überhaupt erst den Zusammenhang mit dem Göttlichen in der Zeit der Wahrnehmungskultur, der griechisch-römischen Zeit, verloren hat. Es lebte in dem Urperser der Geist des Lichtes, Ahura Mazdao. Dagegen betrachtete er das, was er als die widerstrebende Materie zu überwinden hatte, als durchsetzt mit den Kräften des Widerstandes, des Ahriman, des finsteren Geistes. So ist mit dem Ausdruck des sich offenbarenden Geistes in der Menschenseele vor der Offenbarungskultur beim Perser das verbunden, was wir nennen können die Kultur des Mithra-Enthusiasmus. Wir können uns das, was der alte Perser sich mit dem Ahura Mazdao vorstellte, den wir uns mit der Sonne symbolisiert denken können, in folgender Weise veranschaulichen. Während später der Mensch noch wußte: Du bist geistdurchdrungen, es waltet in dir der Geist, – und noch später nur sich Ich-durchdrungen fühlte, so waren diese urpersischen Zeiten ein Enthusiasmus im Geiste, wirklich ein In-Gott-Stehen und den Gott durch sich wirken lassen. Eine enthusiastische Kultur ist die alte Ahura Mazdao-Kultur gewesen, die der Offenbarungskultur voranging.

So sehen wir, daß sich gerade durch die Geisteswissenschaft so etwas wunderschön beobachten läßt, wie es besonders der Dichter empfindet, zum Beispiel wenn Robert Hamerling am Schlusse seiner «Atomistik des Willens» sich ähnliches vormalt. Er kommt noch nicht auf geisteswissenschaftliche Art, aber durch elementare Intuitionen darauf, daß sich die Menschheit aus einem elementaren Verbundensein mit den spirituellen Kräften der Natur entwickelt hat, daß die Menschheit auf dieser elementaren Stufe Mythos und Sprache gebildet hat, daß aber die intellektuelle Kultur dazu berufen ist, den Menschen zu einem Punkte zu führen, wo er auf sein Ich, auf seinen zentralen geistig-seelischen Wesenskern völlig aufmerksam, völlig bewußt wird. –

Darauf hat eine andere Kultur der Menschheitsentwickelung in grandioser Weise hingewiesen. Damals hat man darauf hingewiesen, als man in einer prophetischen Ahnung wußte: Es wird eine Zeit kommen, da in dem Menschen vollbewußt leben wird – aber nur in seinem innersten Kerne wird sich das ausprägen –, was als höchstes Geistig-Göttliches die Welt durchlebt und durchwebt. Aber diese Zeit muß erwartet werden, sie ist eine kommende Zeit. Da wird in den Menschen etwas einziehen, wodurch er in die Lage kommen wird, sein Innerstes mit seinem Göttlichen volldurchdrungen vorzustellen. Es rücken gleichsam die geistigen Mächte heran, um diesen Aufschwung des menschlichen Ich vorzubereiten. Jetzt aber dürfen wir von dem, was im Menschen vorhanden ist, noch nicht so sprechen, als ob das höchste Göttlich-Geistige diesen Menschen schon durchdringt. Unaussprechbar ist noch das Göttliche. So empfand die althebräische Kultur, so fühlte sie die Ich-Kultur, die intellektuelle Kultur herannahen, indem sie sich etwa sagte: Was einst als Name den Gott wird bezeichnen können, der in der Menschenseele lebt, das kann erst mit einem unaussprechlichen Namen charakterisiert werden. – Daher ihre Anschauung von dem unaussprechlichen Jahve-Namen. Jahve oder Jehova ist ja auch nur ein Ersatz für den unaussprechlichen Namen des Göttlichen, denn was mit diesen Buchstaben zusammengesetzt wurde, ist in der Tat nicht zu vokalisieren, ist nicht über die Lippen zu bringen, denn sobald es über die Lippen gebracht wird, wird er zu etwas anderem als das, was als das göttlich-geistige Wesen gemeint ist, das sich erst in der kommenden Zeit als das geistige Wesen des Menschen entwickeln wird. – So mußte der Mensch im Laufe der Entwickelung in die sinnlich-materielle Welt heruntersteigen, während er sich in zukünftigen Zeiten wieder zum Geistigen erheben wird.

Dann ist die christliche Kultur gekommen, mit Notwendigkeit gerade in das Zeitalter eintretend, welches die Ich-Kultur hervorgebracht hat. Sie sieht in dem Christus-Impuls dasjenige, was im Menschen, wenn er es richtig versteht, innerlich kraften kann, wodurch das Ich des Menschen den Anstoß erhält, um sich in der Zukunft wieder in das Geistige hineinzuleben, wie der Mensch einst vom Geistigen herabgestiegen ist. Wer einsehen kann, warum Plato, Sokrates und andere erst in Griechenland möglich waren, und warum damals das Ich-Bewußtsein an einem entscheidenden Punkte aufgeht, der begreift auch, warum das Mysterium von Golgatha gerade in der griechisch-römischen Kultur für die

Menschheitsentwickelung aufgehen mußte, und dann auch diesen Schwerpunkt der ganzen Menschheitsentwickelung. Nur wer nicht über diese Zusammenhänge nachdenken würde und nicht weiß, was Menschenbewußtsein ist, und wie es sich ändert, der kann auch nicht einsehen, wie sich der von einem anderen Gesichtspunkte aus im vorigen Vortrage charakterisierte Christus-Impuls hineinstellt in den Entwickelungsgang der Menschheit von der Vergangenheit durch die Gegenwart in die Zukunft. So zeigt sich gerade in der alt-hebräischen Kultur das Wesen dessen, was im menschlichen Ich auftritt. Und jetzt kann man, wenn man so die Geschichte überblickt, in alle Einzelheiten hineingehen. Oft ist von Philosophen angeführt worden, daß die Griechen gesagt hätten: alle Philosophie, alle Weltbetrachtung beginne mit dem Erstaunen.

Ja, sie muß mit dem Erstaunen beginnen, so wie sie in Griechenland aufgetreten ist. Das können wir nachweisen, wenn wir Menschheitsgeschichte und Menschengegenwart im rechten Lichte betrachten. Es ist von dem alten hellseherischen Bewußtsein noch etwas zurückgeblieben, was jetzt, da es zurückgeblieben ist, nicht mehr so wirkt, wie es früher gewirkt hat. Das ist der Traum. Der Traum ist ein letztes, dekadentes Erbstück des alten Hellsehens, weil in ihn schon die Bedingungen des Ich-Bewußtseins hineinwirken. Was fehlt dem Traum? Verfolgen Sie die Traumbilder, wie sie auf- und abwogen, so werden Sie sehen, wie eines ihnen fehlt. Wie sie für das normale Träumen kommen und gehen, geschieht das Unglaublichste. Bald ist dieses Bild da, bald reiht sich das andere daran in einer Weise, wie wir es nie im Wachbewußtsein hinnehmen würden. Warum? Weil der Mensch im Traume nicht erstaunen kann, und weil das Erstaunen erst mit dem Ich-Bewußtsein in der Wahrnehmungskultur auftritt, und weil etwas von vor-ichbewußter

Weltanschauung in den Traum hineinfällt. Und was als Ich-Weltanschauung auftritt, haben die Griechen mit einer wunderbaren Charakteristik gegeben, indem sie sagten, es beginne mit dem Erstaunen. Aber noch ein anderes fehlt dem Traume. Im Traume können wir unter Umständen die unglaublichsten Dinge tun, und nie quält uns das Gewissen. Gewissen gehört zum Ich-Bewußtsein. Es tritt erst auf, als sich das Ich-Bewußtsein entwickelt. Das kann man nachweisen, indem man zum Beispiel die Dramen des Äschylos und des Euripides nebeneinander stellt. Bei Äschylos ist nie von einem Gewissen die Rede, bei Euripides dagegen spielt der Gewissens-Begriff schon eine Rolle. Da tritt in die Menschheitsentwickelung auch das Gewissen mit dem Ich-Bewußtsein ein, und das Gewissen hat der Traum wieder nicht, der nur ein Erbstück des alten hellseherischen Bewußtseins ist.

So sehen wir, indem die Menschheitsgeschichte in die Gegenwart übergeht, wie aus anderen alten Bewußtseinsarten – und zwar aus hellseherischen Bewußtseinszuständen, aus denen sich Sprache und Mythos ergeben hat – sich nach und nach das intellektuelle Bewußtsein entwickelt, das aber gegenwärtig auf einem Höhepunkte seiner Entwickelung ist. Daher tritt als Vorausnahme notwendiger Kräfte für die Zukunft der Entwickelung in unsere Zeit das herein, was man Geistesforschung nennen kann, das darauf hinweisen soll, daß die Menschheit nicht zu ersterben braucht, wie beängstigend auch nach der Darstellung Robert Hamerlings das Tötende einer bloßen Verstandeskultur sein mag, sondern daß die Verstandeskultur eine neue Art hervorgehen lassen wird, sich wieder in den Geist hineinzufinden. Und damit ist der Geisteswissenschaft bekannt, was ein Dichter-Philosoph der neueren Zeit wirklich so wunderschön am Ende seines Werkes zum Ausdruck bringt, indem er gerade

344

seinen Schmerz über die intellektuelle Kultur sprechen läßt, die alles alte, elementare Zusammensein mit den Weltenuntergründen zu einer Dämmerung gebracht hat, dafür aber das Ich heraufziehen ließ. Da sagt der Dichter: «Das von den Sagen ans Weltende gesetzte Gottesreich, das anzustrebende goldene Zeitalter, bedeutet nur die Zurücknahme alles Lebens in den Geist, die sich auch einzeln und individuell vollziehen läßt.» So schließt ein Werk Robert Hamerlings in der Hoffnung für die Zukunft, daß sich alles Leben in den Geist zurück entwickelt, wie alles Menschenleben aus dem Geist urständet. Vergangenheit, Gegenwart und Zukunft rücken so zusammen, daß in der Mitte, in der Gegenwart, die Ich-Kultur ist, welche den Menschen zum Ich-Bewußtsein bringt, das er früher nicht hatte. Aber dieses Ich-Bewußtsein wird er als bleibendes Erbstück unseres Zeitalters behalten und mit hinaufnehmen in geistige Höhen, so daß wir wieder von einem geistigen Zeitalter der Menschheit sprechen können. Und es ergäbe sich kein Zukunfts-Ideal, das irgendwie bedrückend sein könnte, wenn wir die Menschheitsgeschichte in geistesforscherischem Sinne erfassen. Wie sind wir in das Leben hineingestellt, das oftmals so leidensvoll und schmerzensvoll sein kann, wie können wir uns zu den Weltenzielen in unseren Ideen verhalten? Diese große Weltenrätselfrage, diese große Menschheitsfrage dürfen wir uns insbesondere aus der Geisteswissenschaft heraus mit Sicherheit, die zugleich Lebenskraft und Zuversicht für alle Menschenzukunft gibt, so beantworten, wie der Dichter, von dem eben gesprochen worden ist, sich sie ahnend, phantasiemäßig beantwortet. Im Jahre 1856 hat er seiner «Venus im Exil» schöne Worte eingefügt, welche Menschenvergangenheit, Menschengegenwart und Menschenzukunft berühren, die er zwar noch nicht vom Bewußtsein der Geisteswissenschaft aus gesprochen hat. Aber das, was so in der

Menschenseele in einer ahnenden Form vorausgewußt wird und später in einer anderen Form sich erneuert, tritt uns, was wir heute intellektuell wissen, in den alten Mythen und Sagen so wunderbar entgegen! Was die Geisteswissenschaft streng begründet sagen kann, das hat in ahnender Weise das dichterische Gemüt ausgesprochen, und wir dürfen auch hier zusammenfassen, was über Menschengeschichte, Gegenwart und Zukunft gesagt werden kann, in des Dichters Worte:

> Warum ich in den Abgrund ird'schen Seins
> Gestürzt, bedroht von Leid und Todesgrimme,
> Warum ich treib' im Meer des bunten Scheins,
> Durch Schmerzeswogen nur zum Ziele schwimme?
> Ich weiß es nicht. Gewiß nur ist mir eins:
> In meinem tiefsten Innern tönt die Stimme,
> Die freudig in das Los des Lebens willigt
> Und dieses irdische Geschicke billigt!

KOPERNIKUS UND SEINE ZEIT

Berlin, 15. Februar 1912

Es gibt Menschen, die in der Tat des *Kopernikus* die größte der geistigen Kulturumwälzungen sehen, welche die Menschheit, soweit die geschichtliche Erinnerung reicht, überhaupt erlebt habe. Und man muß gestehen, daß der Eindruck und der Einfluß dieser geistigen Umwälzung für alles äußere Denken der Menschen so bedeutsam, so großartig war, daß sich in der Tat kaum irgend etwas an Eindringlichkeit, an Wirksamkeit damit vergleichen läßt. Man kann sich auch in sehr einfacher Weise klarmachen, was es für die Welt des sechzehnten Jahrhunderts bedeuten mußte, in bezug auf die Erde, den Planeten also, auf dem man sich seit Jahrtausenden als einem im Weltenall fest ruhenden glaubte, nicht nur umlernen zu müssen über das Verhältnis dieses Planeten, des eigenen Wohnplatzes, zur Sonne, sondern im Grunde genommen zum ganzen Weltall. Es wurde eigentlich damals den Menschen für ihre Anschauung buchstäblich der Boden unter den Füßen wankend gemacht. Was sie bis dahin fest geglaubt hatten, so fest geglaubt hatten, daß sie dachten, die Sonne und der ganze Sternenhimmel drehe sich um diesen festen irdischen Wohnplatz, und alles, was im Weltenraume ausgebreitet ist, sei nur da, um der Ziele und Eigenartigkeiten dieses irdischen Wohnplatzes willen, darüber mußte man jetzt denken lernen, es sei nun selber etwas, was mit rasender Geschwindigkeit durch den Weltenraum eilt. Die sich bewegende Sonne mußten sie denken lernen als etwas im Verhältnis zur Erde Stehendes und die Erde selbst als etwas Bewegliches. Wenn auch die Zeit verhältnismäßig kurz ist, seit die damit gekennzeichnete Welle des geistigen Lebens über die Menschheit hinstrich, so macht man sich heute doch gar nicht mehr klar, welches Umdenken und Umlernen notwendig war, um sich der neuen Denkweise auf diesem Gebiete zu fügen. Aber notwendig ist es auch, außer diesem sich noch klarzumachen, daß kaum irgendeine Idee der Menschheit in verhältnismäßig so kurzer Zeit die ganze menschliche Bildung und menschliche Geisteskultur ergriffen hat und sich so eingelebt hat, daß wir heute gar nicht mehr anders denken können, als daß der Mensch in seinem frühesten Kindheitsalter in der Schule unter den elementarsten Lehren und Erkenntnissen das kopernikanische Weltsystem lernt. Wenn man diese Bedeutsamkeit und Wirksamkeit ansieht, so wird es doppelt interessant, sich zu fragen: Wie stellt sich nun überhaupt dieser Fortschritt in die gesamte Entfaltung des menschlichen Geistes, in alle Kulturentwickelung hinein?

Im letzten Vortrage habe ich mir erlaubt, hier über «Menschengeschichte, Gegenwart und Zukunft im Lichte der Geisteswissenschaft» zu sprechen. Und was sich uns damals als das größte Geschehen der Menschheitsentwickelung gezeigt hat, stellt sich uns gerade in einem schönen speziellen Falle dar, wenn wir auf die Tat des Kopernikus sehen. Was ist denn eigentlich damals im sechzehnten Jahrhundert geschehen, als schon nach dem Tode des Kopernikus sein großes Werk über die Umwälzung der Himmelskörper vor die gebildete Welt trat, welches Kopernikus selber noch so im Einklange mit seiner ganzen eigenen Stellung als katholischer Domherr glaubte, daß er es dem Papste widmete, und welches doch bis zum Jahre 1821 auf dem Index der verbotenen Bücher der katholischen Kirche gestanden hat?

Nur aus der ganzen Zeitkultur und geistigen Zeiterfassung heraus läßt sich eigentlich die Tat des Kopernikus begreifen, nur dann, wenn man darauf Rücksicht nimmt, daß in den Jahrhunderten bis zum Auftreten des Kopernikus im geistigen Leben, insofern dasselbe sich wissenschaftlich glaubte, dasjenige geherrscht hat, was man den Aristotelismus nennen kann, die Weltanschauung dieses großen griechischen Weisen der vorchristlichen Kultur. Denn diejenigen mittelalterlichen Denker und Forscher, welche dem Kopernikus vorangegangen sind, standen durchaus auf dem Boden dessen, was *Aristoteles* als wissenschaftlichen Geist Jahrhunderte vor der christlichen Zeitrechnung hervorgebracht hat. Und insofern diese Weisen, diese Philosophen und Forscher des Mittelalters christlich waren, verbanden sie die christlichen Lehren in ihrer Art harmonisch mit demjenigen, was sie als wissenschaftliche Denkweise des Aristoteles aufgenommen hatten. Und des Kopernikus Lehre ist in einer gewissen Beziehung ein Bruch, man müßte sagen nicht mit der Lehre des Aristoteles, wohl aber mit demjenigen, was im Mittelalter aus dem Aristoteles durch die Forscher, namentlich durch die christlichen Forscher geworden ist. Diese christlichen Forscher haben den Aristoteles in den Dingen der natürlichen Weltordnung einen «Vorläufer des Herrn», des Christus selber, genannt. Für sie zerfiel das ganze Weltbild in zwei Teile: in einen Teil, der nur aus der christlichen Offenbarung selber, aus der Überlieferung der Schriften kommen konnte. Dieser Teil handelte von demjenigen, was nach dem damaligen Glauben der menschlichen Vernunft überhaupt unzugänglich sei. Ein zweites Glied ihres Weltbildes entnahmen sie durchaus dem Aristoteles, und mit aristotelischem Denken, mit aristotelischer Gesinnung durchzogen sie alles, was sie in bezug auf das Erkennbare, in bezug auf das, was der Mensch mit seinem Forschen und seiner Wissenschaft erreichen kann, für wissenschaftlich hielten. Wenn man nun Aristoteles in der Geisteskultur des Mittelalters so fortwirken sieht, und wenn man ihn dann abgelöst sieht von Kopernikus und dessen großen Nachfolgern Kepler, Galilei, Giordano Bruno und so weiter, dann muß man sich fragen: Wie war es denn eigentlich mit dem ursprünglichen Aristoteles, und wie war es mit jener Lehre, die bei den christlichen Gelehrten des Mittelalters als eine aristotelische angesehen worden ist?

Wenn man sich in das vertieft, was Aristoteles geleistet hat, was uns in den umfassenden, grandiosen Werken des Aristoteles vorliegt, so findet man allerdings, daß in der Leistung des Aristoteles zusammengefaßt liegt, wie aus einem gewaltigen Kopfe heraus wiedergeboren, das Sinnen der vorausgehenden Kulturepochen. Aber es tritt bei Aristoteles in einer merkwürdigen Art zutage. Es kann hier in diesem Zusammenhange natürlich nicht näher auf die Lehren des Aristoteles eingegangen werden, nur auf eines soll aufmerksam gemacht werden, was gerade für uns auf dem Gebiete der Geisteswissenschaft zum Verständnisse der Tat des Kopernikus und des Charakters seines Zeitalters notwendig ist.

Wenn man Aristoteles studiert, so findet man überall von ihm in seiner logischen, rein vernunftgemäßen Art dasjenige verarbeitet und in Ideen gebracht, von dem man doch sagen muß: Aristoteles habe es aus den alten Zeiten übernommen. Würde man sich auf das allein berufen wollen, was die menschliche Vernunft in Aristoteles hätte einsehen können, so würde man keineswegs finden, daß die Ideen der menschlichen Vernunft alles umfassen würden, was wir in den Lehren des Aristoteles vor unser Auge treten sehen. Da finden wir bei ihm durchaus eine Weltanschauung, welche das Weltall, ja, welche alle Natur bis in die weitesten Sternenräume hinaus beseelt, durchgeistigt sein läßt. Wir finden bei ihm klar ausgesprochen, daß nicht nur der menschliche physische Leib, sondern auch das, was wir das Geistig-Seelische des Menschen zu nennen haben, heraus geboren sind aus dem Weltall, daß beide darin urständen, wenn wir uns dieses Ausdruckes bedienen dürfen. Der menschliche Leib aus dem Grunde, weil im Weltall ausgebreitet ist, was man Materie oder Stoff mit ihren Gesetzen nennen kann. Das Geistig-Seelische aber ist bei Aristoteles aus dem Weltall heraus entsprungen, weil er sich dieses Weltall selber durchgeistigt, durchseelt denkt. Was wir in den Sternen erblicken, das ist für Aristoteles nicht etwa bloß eine Stoffanhäufung, sondern in jedem Sterne sieht er zugleich den Ausdruck, die materielle Verkörperung eines Seelenwesens, und der Gang eines Sternes durch das Weltall ist für Aristoteles nicht das Ergebnis bloßer mechanischer oder physikalischer Kräfte, sondern der Ausdruck des Willens des Sternengeistes oder der Sternenseele. Und wenn man tiefer auf das eingeht, was er dann im einzelnen sagt, so findet man überall etwas ganz Eigentümliches durchleuchtend. Durch seine rein logischen, man möchte sagen abstrakten Auseinandersetzungen findet man durchleuchten, um es kurz zu sagen, was als ein altes Wissen, als eine alte Erkenntnis noch den Griechen überliefert war, und was Aristoteles in Vernunftform, in Verstandesideen brachte. Und man kann den Aristoteles nicht anders wirklich verstehen, als wenn man das zugrunde legt, was hier beim letzten Vortrage gesagt worden ist: Es ist der ganze Gang der menschlichen Entwickelung ein solcher, daß die Menschheit von einem ganz anderen Bewußtsein ausgegangen ist, als jenes, welches wir in der Gegenwart und welches man seit der Morgenröte der neueren Zeit das normale menschliche Bewußtsein nennen kann, das vorzugsweise auf den Intellekt, auf die Vernunft hin organisiert ist. – So war es nicht in den alten Zeiten. In den alten Zeiten gab es auf dem Grunde einer jeden Menschenseele eine Art Hellsichtigkeit, die den Menschen angeboren war, und von der wir in den vorhergehenden Vorträgen ausgeführt haben, daß sie auch heute durch Schulung erreicht werden kann, wie dies weiter in dem Buche «Wie erlangt man Erkenntnisse der höheren Welten?» dargestellt ist.

Diese hellsichtige Erkenntnis, die nicht auf das angewiesen ist, was die Sinne sehen, und was der kombinierende Verstand erkennen kann, der an das menschliche Gehirn gebunden ist, ist etwas, aus dem sich die Menschheit heraus entwickelt hat, was in den alten Zeiten vorhanden war und im Laufe der menschlichen Entwickelung immer schwächer und schwächer geworden ist. Hineinschauen konnte die Menschheit in alten Zeiten in das, was tiefer an den Dingen und in den Dingen ist als das, was nur die Sinne sehen und der Verstand begreifen konnte. Überall findet man auf dem Grunde der Menschheitskulturen ein ursprüngliches Wissen verborgen, ein Wissen durch Intuition, Inspiration und Imagination. Aber das ist der Gang der Menschheitsentwickelung, daß dieses ursprüngliche Wissen allmählich verloren gehen mußte, denn nur unter jener Bedingung konnte sich das entwickeln, was wir heute das intellektive Element, die intellektuelle Kultur nennen. Was wir heute den Grundnerv aller Wissenschaftlichkeit und aller wissenschaftlichen Weltanschauungen nennen, konnte sich nur dadurch entwickeln, daß das alte dämmerhafte, wie die Bilder des Traumes aus seelischen Untergründen herausgeborene hellsichtige Wissen sich allmählich für die Menschenseele in unser heutiges Wissen verwandelt hat. Denn das, was wir logisches Denken, intellektives Element nennen können, was unsere heutige Wissenschaft groß und bedeutsam macht, das ging dem alten hellsichtigen Bewußtsein noch durchaus ab. Was man aber damals gewußt hat, was sich die ursprünglich hellsichtige Menschenseele erobert hat, das war fortgepflanzt bis in die griechischen Zeiten hinein. Es leuchtet auch, sogar für die äußere Erkenntnis nachweisbar, dieses Urwissen der Menschheit noch so merkwürdig durch bei einem solchen Geiste wie Plato, dem Lehrer des Aristoteles. Wir finden dieses Urwissen der Menschheit in der Form, wie es der heutige Mensch für sich selber nicht mehr erlangen kann, zum Beispiel in den orientalischen Kulturen ausgebildet, vorzugsweise in der alten indischen Kultur. Und es ist interessant zu sehen, wie in der indischen Kultur aus der alten Urkultur der Menschheit, die in die geistige Welt hineinschauen konnte, etwas Ähnliches herauswächst, wie wir es bei Aristoteles finden. In der indischen Kultur ergibt sich als ein Letztes, was die Menschen gleichsam durch die Erziehung durch Jahrtausende gewonnen haben, was man nennen kann: menschliche Verinnerlichung bis zum logischen Denken, bis zu dem Gedanken, der nun ohne Hellsichtigkeit, ohne durch Imaginationen, Inspirationen oder Intuitionen in die geistige Welt hineinzuschauen, rein durch sich selber zu einer Welterklärung kommen will. Wir sehen, wie diese alte Kultur ihre alten Erkenntnisse beibehält, aber die Seele sich so erziehen läßt, daß dasjenige, was überliefert ist, in logische Formeln, in Vernunftideen gefaßt wird. Bei der indischen Kultur sehen wir die interessante Tatsache, daß die Menschheit des Orientes auf dieser Stufe stehen bleibt, daß sie über diese Stufe, seit sie dieselbe erreicht hat, nicht mehr hinauskommt, eine Stufe, die sich seit Jahrhunderten vor unserer christlichen Zeitrechnung ergeben hat. Bei Aristoteles, dem Repräsentanten in dieser Beziehung, sehen wir, wie durch die Hereinentwickelung des alten hellsichtigen Wissens die logische Kultur, das heißt die intellektive Kultur, einen ganz anderen Charakter annimmt. Wir sehen, wie noch dasjenige durchklingt, was man die Lehre von der

Beseeltheit der Welt nennen kann. Aber indem die Menschheit aus dem alten Hellsehen die Kultur des Denkens entwickelt, wo der Mensch durch den Gedanken zur Erfassung der Welt kommen will, ergibt sich bei Aristoteles eine Art abgesonderter Wissenschaft für die Vernunft: die Logik, wodurch nun die Logik wieder das Instrument für eine ganz anders geartete Forschung werden kann.

Vergleichen wir also daraufhin Aristoteles und die indische Kultur, so müssen wir sagen: Die indische Kultur kommt in ihrem Verlaufe an einen toten Punkt, sie läuft gleichsam in eine Sackgasse, wo der Gedanke, der in sich selber lebt, sich immer, wenn er etwas Positives erkennen will, an die Urkultur zurückwenden muß, die in den Ergebnissen des alten Hellsehens gegeben ist. – Bei Aristoteles dagegen sehen wir, daß die Urkultur zwar auch in dem Gedanken ausläuft, daß aber der Gedanke so gepflegt wird, daß er jetzt etwas anderes ergreifen kann, so daß die menschliche Vernunft bereit wird, als Instrument für etwas anderes zu dienen. Man versteht Aristoteles nicht recht, wenn man nicht seine ganze Weltenlehre im Zusammenhange mit seiner Seelenlehre erblickt. Denn für Aristoteles wäre es absolut absurd gewesen zu glauben, daß das, was die menschliche Seele ist, nur eine Funktion, ein Ergebnis der Tätigkeit des menschlichen Leibes wäre, wie die Kerzenflamme das Ergebnis der stofflichen Vorgänge in der Kerze ist. Für ihn war es klar, daß dasjenige, was im physischen Leibe zusammengefügt wird, beim einzelnen Menschen, wenn dieser ins Erdendasein tritt, unmittelbar aus der geistigen Welt heraus mit dem begabt wird, was als geistig-seelischer Wesenskern in uns selber sitzt: mit dem geistig-seelischen Element. Und niemals würde er sich herbeigelassen haben zu glauben, daß der Mensch mit dem, was er ist, in den vererbten Merkmalen aufgehe, die von Vater und Mutter und so weiter herstammen, sondern Aristoteles leitete das Geistig-Seelische im Menschen aus dem her, was er die Welt seines Gottes nannte, aus welcher er den bedeutsamsten inneren Kerninhalt der Seele hervorgehen ließ. Aus dem Gotte heraus ließ er die Seele zusammengefügt werden mit dem physisch-materiellen Prozeß, der sich abspielt, wenn ein Mensch als physische Leiblichkeit ins Dasein tritt. Und ebensowenig hat Aristoteles jemals dasjenige, was aus der geistigen Welt als der geistig-seelische Wesenskern des Menschen stammt, mit dem Tode des Menschen aufhören lassen, sondern er war sich klar, daß das, was in uns lebt und wirkt und sich des Leibes als Werkzeug bedient, dann, wenn der Mensch durch die Pforte des Todes gegangen ist, weiter lebt. Er war sich aber auch klar, daß das physische Leben keineswegs überflüssig und zwecklos ist, sondern daß dasjenige, was aus dem göttlichen Dasein als Seele entlassen wird, notwendig in das physische Leben untertauchen muß, weil es nur dort sich das aneignen kann, was es dann mitbringen muß, wenn der Mensch mit dem Durchschreiten der Pforte des Todes wieder in die geistige Welt eintritt. Und interessant ist es, wie Aristoteles das Schicksal des menschlichen Seelenkernes an das Schicksal des Lebens gebunden sein läßt, welches hier zwischen Geburt und Tod erlebt wird. Er läßt es so an das Erdenleben gebunden sein, daß die leibbefreite Seele, nachdem sie durch die Pforte des Todes gegangen ist, in der geistigen Welt weiterlebt, aber zurückschauen muß in eine Welt, in der sie war. Und indem sie den geistigen Blick hinunterlenkt, sieht sie das, was früher ihre Leiblichkeit war, und wie sie sich betätigt hat in guten oder schlechten, schönen oder häßlichen, gescheiten oder dummen Taten, Empfindungen oder Gedanken. So ist im Rückblick auf das physische Leben die durch die Pforte des Todes gegangene Seele an diesen Anblick gebunden, indem das, was von ihr in der geistigen Welt lebt, von demjenigen abhängig ist, mit dem sie sich verbunden sieht als mit ihrer Leiblichkeit.

Da tritt für Aristoteles der düstere Gedanke auf: was so die Seele als eine Bindung an ihren physischen Leib in sich erleben muß, nachdem sie durch die Pforte des Todes geschritten ist, das erlebt sie bis in alle Unendlichkeit, in alle ferne Ewigkeit. – Denn Aristoteles stand schon durch seine ganze Kultur von der ursprünglichen Menschheitskultur, die noch etwas von wiederholten Erdenleben wußte, zu weit ab. Daher konnte er, wie es aber innerhalb unserer Geisteswissenschaft möglich ist, nicht zeigen, wie die Menschenseele, nachdem sie durch die Pforte des Todes gegangen ist, in einem neuen Menschenleibe wieder erscheint und den Anblick ihres letzten Erdenlebens während ihres Daseins in der geistigen Welt so verwertet, daß sie dasjenige, was sie als mangelhaft getan, empfunden oder gedacht, erblickt, nun umformt und zum Anlaß eines neuen und immer wiederkehrenden Erdenlebens nimmt, durch das wieder ausgeglichen werden kann, was in früheren, unvollkommenen Verkörperungen der Seele schlecht oder unvollkommen getan worden ist. In bezug auf das Unvollkommene liegt einzig und allein das Heil, der Trost darin, daß die Seele, wenn dieses Leben nicht nur eines ist, einen neuen Ansporn bekommt, um in einem nächsten Leben das Mangelhafte vollkommener zu machen. Das hatte Aristoteles nicht eingesehen, weil er nicht erkannte, daß zu seiner Zeit die menschliche Geisteskultur bis dahin gekommen war, wo der Mensch durch das Instrument des Gehirnes forschte, welches ebenfalls in seiner Fleischlichkeit und Leiblichkeit nur zwischen Geburt und Tod da ist. Nur so hat Aristoteles der Begründer des logischen, wissenschaftlichen Denkens werden können, daß er den Hinblick auf wiederholte Erdenleben und Leben in einer geistigen Welt für seine Zeit herabgedämmert, getrübt hatte. Er ist nicht so weit gegangen, das Geistig-Seelische an das Leibliche zu binden, obwohl für ihn der Ausblick auf die wiederholten Verkörperungen des Geistig-Seelischen verlorengegangen war. Daß dies so ist, sei im besonderen noch durch ein Buch belegt, das gerade in unserer Zeit erschienen ist und ganz zweifellos zu den besten Werken der Aristoteles-Literatur gehört, wenn es nicht nach meiner Überzeugung überhaupt das beste Werk über die Weltanschauung des Aristoteles ist. Dieses Buch, das ich Ihnen bestens empfehle, ist «Aristoteles und seine Weltanschauung» von *Franz Brentano* (Leipzig 1911). Und um anzuführen, was aus einem tiefen Eindringen in die ganze Denkungsart des Aristoteles Franz Brentano über das Schicksal der Seele schreibt, nachdem der Mensch durch die Pforte des Todes gegangen ist, möchte ich Ihnen gerade die Worte eines so ausgezeichneten Aristoteles-Kenners vorlesen: «Aber wie? Wird dann der Vergeltungsgedanke nicht ganz und gar zu nichte? – Man könnte es meinen, und dann wäre erklärt, warum Aristoteles im Gegensatz zu Platon in der Ethik gar nicht auf eine Vergeltung im Jenseits verweist. Doch so ist es nicht. Wir erinnern an den Unterschied, auf den wir bei den Sphärengeistern im Vergleiche mit der Gottheit aufmerksam machten. Ähnlich werden denn Unterschiede auch hier bestehen, und wenn die abgeschiedenen Menschengeister den Weltplan schauen und sich selbst mit ihrem Erdenleben darein verflochten sehen, so erkennt der eine sich als identisch mit einem, der Edles übt, und ein anderer mit einem, der schmähliche Taten vollbringt. Es ist die Erkenntnis, zu der sie gelangen, zugleich ein ewiges, verherrlichendes oder verdammendes Weltgericht, und ein Weltgericht, das sich als solches für ewig vor aller Augen vollzieht. Sollte hierin nicht auch eine Vergeltung und eine dem wahren Verdienst vollkommen Proportionale gesehen werden können?»

Wir sehen hier zugleich, wie nicht nur das religiöse Bekenntnis, sondern wie die Wissenschaft des Aristoteles an das eine Menschenleben angeschlossen hat ein Zusammenhängen mit diesem Menschenleben, das in seiner Gleichförmigkeit nun ewig dauert. Und hier haben wir eine Erklärung dafür, warum von der Ewigkeit der Belohnung und der Strafen so hartnäckig gesprochen wird auch da, wo die mittelalterliche Lehre wissenschaftlich sein will. Das Hinaufschauen zum Geistigen, das Durchdrungensein davon, daß in dem Menschen ein Geistig-Seelisches lebt, hatte Aristoteles als alte Überlieferung. Seine Mission war es, die alte Kultur aus einer spirituellen Kultur herauszuführen.

Nun blieb von Aristoteles durch das ganze Mittelalter hindurch bis über Kopernikus hinaus nicht ein tiefes Verständnis, sondern im Grunde genommen nur die äußere Tradition, das Schwören auf das, was in den Werken des Aristoteles stand. Und so lehrte man überall auf allen Schulen das, was man im Aristoteles gefunden hatte. Aber es reifte, für die äußere Beobachtung verborgen, in den Menschenseelen das heran, was man das Instrument des Verstandes nennen kann. Was Aristoteles aus den alten spirituellen Weisheitslehren zu berichten hatte, wurde mißverstanden und in sophistischer Weise gedeutet, so daß die, welche dann kamen, Kepler, Galilei, Giordano Bruno, nicht anders konnten, als das, was man von dem Glauben an Aristoteles übernommen hatte, zum alten Eisen zu werfen. Was also Aristoteles an Inhalt überliefert hatte, das ging verloren. Aber es bildete sich eine innere Kultur der Seele heraus, gerade eine intellektive Kultur, eine Kultur des Intellektes, der Vernunft. Vernunft, Denken ist an sich leer, wenn es sich nicht an einen andern Gegenstand der Forschung heranmachen kann. Bei Aristoteles finden wir als den Gegenstand dieser Forschung noch die alte spirituelle Weisheit. Diese aber war allmählich für die Menschheit verglommen. Das Mittelalter hatte sozusagen nur mehr für dasjenige Begabung, was man mit den Sinnen sehen und mit dem Verstande, der an das Gehirn gebunden ist, begreifen kann. Es bereitete sich auch noch in den Seelen das Instrument des Verstandes selber vor. Und Kopernikus war der, welcher nun den Blick in die Welt so hinausrichtete, daß er den Weltenzusammenhang im Raume so faßte, wie dieser zunächst mit dem bloßen äußeren Verstandesinstrument gefaßt werden konnte, mit dem Instrument, das durch Logik und Mathematik das zusammenfaßte, was sich draußen im Raume ausbreitete. Weil die alte spirituelle Urkultur vor allem darauf bedacht war, den Menschen, wie er auf der Erde steht, in bezug auf sein Geistig-Seelisches und in bezug auf sein Hervorgehen auch aus dem Geistig-Seelischen der Welt zu begreifen, deshalb kam für die alte Lehre das wenig in Betracht, was man als äußere Raumverhältnisse bezeichnen muß. Die alte Lehre nahm den Sinnenschein, was man äußerlich schaute, einfach hin, denn sie gibt nicht etwas, um Raum und Zeit äußerlich zu begreifen, sondern um zu erkennen, was in den Tiefen der Menschenseele lebt und aus den geistig-seelischen Tiefen des Weltalls heraus geboren ist. Erst als der Verstand mit dem Gedanken sich allein fühlte, bekam er den Drang, die Wirklichkeit, wie sie ringsherum ist, zu begreifen. Und wenn wir die Charakteristik des Zeitalters des Kopernikus begreifen wollen, so können wir vielleicht diese Charakteristik noch besser beschauen bei einem Geiste, der als Geist noch größer als Kopernikus ist, wenn er auch nicht auf wissenschaftlichem Gebiete so eindrucksvoll auf die Menschheit war wie Kopernikus selber.

Stellen wir uns einen Geist vor, der in der Morgenröte der neueren Zeit, in das fünfzehnte, sechzehnte Jahrhundert hineingestellt ist, jene Jahrhunderte, in denen die alte spirituelle Urkultur nun längst in ihrer Größe aus der Menschenseele gewichen war, in denen sich aber in der Menschenseele die Möglichkeit entwickelt hat, in grandioser Weise das, was die Sinne sehen, was gerade der an das Gehirn gebundene Intellekt begreifen kann, die äußere sinnliche Wirklichkeit, mit den Kräften der starken menschlichen Persönlichkeit anzufassen. Denken wir uns eine Persönlichkeit, die gerade mit dieser Tendenz ausgestattet ist, und wir haben den älteren Zeitgenossen des Kopernikus, den für eine Geistesbetrachtung wirklich so zu nennenden Wundermann *Leonardo da Vinci,* der die unmittelbare Wirklichkeit, wie sie sich den Sinnen darbietet, in einer solchen Tiefe zu erfassen vermochte, daß selbst noch aus der Entstellung, wie es heute vorhanden ist, sein «Abendmahl» in der Kirche zu Mailand so tief anspricht, und auch so tief anspricht aus den Reproduktionen heraus, die heute in der Welt verbreitet sind. Aber wir haben in Leonardo da Vinci einen Menschen vor uns, der als Künstler das geschaffen hat ganz aus den Tiefen seiner Seele, in der nicht nur die Befähigung für malerisches Schaffen war, sondern auch für das Schaffen des Bildhauers, des Ingenieurs, des Architekten, ja, in der auch in umfassender Weise wissenschaftliches Schaffen war. Grandios wirken auf uns seine wissenschaftlichen Aufzeichnungen, wenn wir uns auf sie einlassen. Da sehen wir in ihm den größten Repräsentanten der Zeit, die sich in das sechzehnte Jahrhundert herüber entwickelt, einen Mann, in dessen Innern groß und gewaltig alles das fruchtbar geworden war, was Aristoteles an Hinlenkung der Menschheit zu jenen Kräften, die für die Weltbetrachtung des Umkreises der Wirklichkeit in der Seele erwachsen, geschaffen hat. In Leonardo da Vinci war das, was in Aristoteles Abstraktion war, unmittelbare, bluterfüllte, geistige Wirklichkeit geworden. So steht er vor uns auch da, wo er als Wissenschafter die Welt erfaßt.

Und ausgerüstet mit dem, was die Menschheit an Aristoteles hat lernen können an Kultur, an Erziehung des Innern, ist nun auch der Domherr Kopernikus, der in aller Stille, in viermal neun Jahren, wie er selber sagt, nicht etwa irgendwelche äußere Tatsachen erforscht – das ist das Charakteristische, daß er nicht äußere Tatsachen erforschte –, sondern daß das, was die Sinne, die äußere Vernunft bisher über die äußeren Tatsachen des Sonnensystems wußten, hinnahm. Derjenige, der gegenüber Kopernikus wie ein «Halbfortschrittler» erscheint, *Tycho de Brahe*, erscheint in bezug auf die Erforschung von Tatsachen der Sinneswelt geradezu bahnbrechend, während Kopernikus eine Persönlichkeit ist, die in bezug auf Erforschung äußerer Tatsachen gar nichts darstellt. Was hat denn Kopernikus getan? Wer ihn kennt, wer nun wirklich in seine Schriften eindringt, der weiß, daß er die Kultur, welche die Menschheit durch Aristoteles erringen konnte, nun nicht auf das anwendete, worauf sie Aristoteles selber noch angewendet hat: auf die alte geistige Urkultur, auf das Wissen von dem Geistig-Seelischen des Menschen und dem Geistig-Seelischen des Weltalls, sondern auf die äußere, physische, sinnliche Wirklichkeit.

Fassen wir das innere Verhältnis der Sterne zur Sonne nicht so auf, wie es die mittelalterliche Wissenschaft und der Aristotelismus aufgefaßt haben, sondern nehmen wir an, daß die Sonne im Mittelpunkte stehe, und daß die Planeten um sie herum kreisen. Was würde daraus folgen, wenn wir diese Annahme machen? So fragte sich etwa Kopernikus. Und er konnte sich sagen: Dann haben wir einen großen Grundsatz, einen methodischen, einen logischen Grundsatz des Aristoteles mehr befolgt als die, welche jetzt in ihrer Art das äußerlich sinnlich Erschaubare erklären wollen.

Diese müssen komplizierte Bewegungen der einzelnen Planeten annehmen, müssen ungeheure Komplikationen suchen und Gesetze denken, welche das Sonnensystem zuletzt konstituieren. Aber ein uralter Grundsatz, der den Menschen gerade durch die Logik des Aristoteles einleuchten kann, sagt, daß wir nie, bevor ein einfacher Gedanke den Weltenzusammenhang erklären kann, einen komplizierten verwenden sollen.

So verwendet Kopernikus den einfachsten Gedanken, nicht durch eine besondere Absicht. Sondern weil er der Ansicht war, die äußeren sinnlichen Tatsachen zusammenzufassen, machte er sich darüber her, die Sonne in den Mittelpunkt des Systems zu stellen und die Planeten herumkreisen zu lassen. Und was früher nur auf komplizierte Art erklärt werden konnte, der Ort eines Sternes, wenn er gesehen wurde, das ergab sich jetzt auf einfachere Weise. So hat Aristoteles, obwohl ihn jene nicht verstanden haben, welche glaubten, echte Aristoteliker des Mittelalters zu sein, im Grunde genommen doch den Impuls gegeben, welcher die Menschheit auf jene Stufe brachte, auf der sie in Kopernikus Innern die Idee faßte, den Gedanken der Einfachheit auf das äußere Weltall anzuwenden.

So ist aus der alten Urkultur des menschlich Seelischen für die Wissenschaft das herausgeboren, was Aristoteles noch für die spirituelle Weisheit verwendet hat. Aber dies, was aus der alten spirituellen Kultur als Instrument herausgeboren ist, das beginnt jetzt sich über die Sinneswelt zu ergießen und diese in gesetzmäßiger Weise zu überschauen. Und wenn wir dann sehen, wie die Kopernikus-Tat weiter wirkt, wie sie weiter wirkt in Kepler, Galilei, Giordano Bruno, ja selbst noch in Newton, so wird uns überall klar, daß wir mit dem Zeitalter des Kopernikus dasjenige haben, was der Menschheit die Mission gegeben hat, zu der alten spirituellen Kultur und Wissenschaft die Kultur und Wissenschaft über die menschliche Sinneswelt hinzuzufügen und über das auch, was sich in den Raumesweiten als Sinneswelt darstellt. Dazu gehört allerdings, daß die menschlichen Denkgewohnheiten, die menschlichen Gemütseigenschaften und Willensimpulse auf die unmittelbare physische äußere Wirklichkeit hingelenkt wurden. Und das tritt auch in einer merkwürdigen Weise so auf, daß es sich mit der Tat des Kopernikus verbindet. Sehen wir nun doch, wie sehr Seelen wie Leonardo da Vinci und die, welche wieder zu ihm gehören, aus dem herauswachsen, was man die Renaissance-Kultur nennen kann, aus jener Kultur, die den Bruch vollzieht mit dem mittelalterlichen Abgekehrtsein von der Natur und die den Menschen die Freude an der unmittelbaren Wirklichkeit erwachsen läßt. Das ist notwendig gewesen, um die äußere Wirklichkeit auch unmittelbar an Galilei, Kepler und Kopernikus mit dem wissenschaftlichen Verstande begreifen zu können.

Es ist interessant zu sehen, wie es den Menschen sozusagen auf dem einen Gebiete leichter, auf dem anderen Gebiete schwieriger wird, sich in die ganz neue Denkweise hineinzufinden und die neuen Vorstellungen auf das Weltall anzuwenden. Wie es der Menschheit schwierig wird, die äußere Wirklichkeit zunächst als die Grundlage einer intellektiven, einer Verstandeskultur zu bekommen, das sehen wir an der Entstehung jener eigentümlichen Sage, die durchaus auch einen historischen Hintergrund hat, die sich eigentlich in jener Zeit in Mitteleuropa heranbildet, als die Tat des Kopernikus geschehen ist, an dem Auftreten der Faust-Sage im sechzehnten Jahrhundert. Da sehen wir, wie die Menschen das neue Denken als etwas empfanden, wodurch sie einen alten Zusammenhang mit dem Geistigen der Welt verlieren sollten. Wie fern auch das, was sich an die Faust-Gestalt knüpft, dem Empfinden zu sein scheint, daß der Mensch aus der spirituellen Kultur herausgerissen ist und allen Irrtümern und Fehlern verfallen muß, die aus der bloßen Persönlichkeit des Menschen entspringen, wie fern dies auch in dem eben geäußerten Gedanken von der Faust-Gestalt sein mag – es spiegelt sich doch in dem Leben des Mittelalters, des sechzehnten Jahrhunderts, wie es sich in die Volksbildung hineinlebt, als das Bewußtsein, welches etwa mit dem bekannten Ausspruche in bezug auf den Faust ausgedrückt wird. Faust legte die Bibel eine Weile hinter die Bank und wurde ein Weltmensch und Mediziner. – Das letztere stellte einen Forscher in der äußeren Natur dar. Es ist interessant zu beobachten, wie ein – und die, welche große Kulturträger sind, sind dies oft – im Grunde genommen naiver Mensch, wie Kopernikus es war, in sich fühlte: Du hast ja nichts anderes getan, als den Gedanken der Einfachheit in bezug auf das Sonnensystem bis an die verinnerlichte Menschenseele gebracht. – Und als ein frommer Mann mußte er sich sagen: Erkenne ich die Gesetze des Weltalls in ihrer wahren Gestalt, so trage ich eigentlich zur Erkenntnis der großen Gedanken bei, die als göttliche Gedanken durch die Welt pulsieren. – In dieser Naivität konnte er glauben, daß es richtig sei, sein Werk dem Papst zu widmen. Freunde allerdings hatten ihn davon abgehalten, sein Werk zu veröffentlichen, so daß es so kam, daß er erst auf dem Sterbebette die Korrektur seines ersten Bogens erhalten hatte, denn er glaubte, daß es nicht richtig wäre, aus Furcht länger damit zurückzuhalten. Wir sehen aber jetzt das Eigentümliche, wie sich die Zeitkultur dazu stellen mußte. Das Werk wurde erst nach Kopernikus Tode herausgegeben. Der es herausgegeben hat, schwächte sogleich das ab, was Kopernikus hat sagen wollen, in einer Vorrede, in welcher in einer möglichst vorsichtigen Weise, um ja nicht anzustoßen, gesagt wird, daß dieses Werk nicht etwas sei, was mit den Tatsachen der Welt unmittelbar rechne, sondern es wäre eine mögliche Hypothese unter anderen Hypothesen. Nun müssen wir uns klar sein, daß mit dem, was damals Kopernikus getan hat, der Ausgang für ein Kulturzeitalter gegeben ist, in welchem wir noch immer darinnen stehen, denn es ist ein gradliniger Fortschritt von Kopernikus heraufgegangen bis in unsere Tage herein. Aber doch eigentümlich stellt sich uns dar, was Kopernikus in seiner Naivität innerhalb des christlichen Glaubens fest begründet glaubte. Es stellt sich uns in einer eigentümlichen Weise dar, was damals von ihm geleistet worden ist, wenn wir es mit dem vergleichen, was sich im Laufe der Jahrhunderte daran angeschlossen hat. Man weiß es ja zur Genüge. Kopernikus selber ist noch allen Verfolgungen entgangen, weil er eben auf dem Totenbette erst sein weltrevolutionierendes Werk zu Gesicht bekam. Die, welche in seinem Sinne fortgewirkt haben, Galilei, Giordano Bruno, ihnen erging es anders. Das ist aller Welt bekannt. Wir sehen gerade hier an dem, was durch die Tat eines genialen Menschen aufgeht, wie alles, was später dann Allgemeingut der Menschheit wird, sich nur durch Widerstände und Widerstände zur Geltung bringen kann. Wahrhaftig, man muß gestehen, man empfindet es ganz sonderbar, wenn man – gerade so, wie wir es heute getan haben – die Tat des Kopernikus als eine Notwendigkeit betrachtet und nun sieht, wie diese Tat fortwirkt, wie aber auch die Gesinnung fortwirkt, welche um die Tat des Kopernikus herum als Gegnerschaft gegen sie aufgerufen wird.

Betrachtet man ein wenig die Zeit des Kopernikus in diesem kulturmoralischen Sinne, so ergibt sich folgendes. Wie er selbst diese Tat dachte und auffaßte, so fand er sie nicht im geringsten im Widerspruche mit seinem Bekenntnisse, das er als ein seiner Kirche fromm ergebener Mann in sich zu haben glaubte. Denn als die Tat des Kopernikus heraufkam, und die Kultur der äußeren Sinneswelt die Menschheit ergriff, da war noch aus der Kultur der alten Zeiten genug von dem vorhanden, was die Menschheit mit dem verknüpfte, was im Weltenall als Geistiges ausgebreitet ist und den Inhalt der Aristotelischen Lehre bildete. Es wäre zur Zeit des Kepler, Galilei, auch des Newton, nicht im entferntesten möglich gewesen, als ein vernünftiger Mensch zu gelten, wenn man behauptet hätte, daß etwa nur aus dem Zusammenwirken der stofflichen Vorgänge die menschliche Seele sich in ihrer Tätigkeit erhebe, wie die Flamme aus den stofflichen Vorgängen der Kerze. Gerade für die größten Geister wäre das nicht möglich gewesen. Kopernikus blieb, trotzdem seine Lehre später so weltumwälzend gewirkt hat, in bezug auf sein Bekenntnis fest gegründet in dem Glauben an ein Geistiges, das alle Welt durchlebt und durchwogt. *Kepler,* der grandiose Nachfolger des Kopernikus, wirkte noch neben dem, was er als großer Astronom war, als Astrologe. Das ist für die Charakteristik des Zeitalters des Kopernikus wichtig, daß Kepler als Astrologe wirkte. Und nur von diesem Gesichtspunkte aus braucht man es zu betrachten, daß er, trotzdem er die drei nach ihm benannten keplerischen Gesetze in die Wissenschaft eingefügt hat, davon überzeugt war, daß Geistig-Seelisches in allen mechanischen Vorgängen des Weltalls wirkt, so daß man aus den Konstellationen der Sterne etwas entnehmen könne für die Menschenseele und ihr Schicksal. Dieses Gebettetsein der Menschenseele in das Geistig-Seelische der Welt wirkte wie in Kepler, so auch in *Galilei.* Denn Galilei sagte sich, daß man nach dem, was man durch Kopernikus und durch das neubegründete Fernrohr erlebt habe – durch das er zuerst die Jupitermonde und das Zusammengesetztsein der Milchstraße aus einzelnen Sterngebilden erkannt hat, – nicht stehen zu bleiben habe bei einer Wissenschaft des Papiers, sondern zu einer Wissenschaft des Verstandes vorzuschreiten habe. Galilei war, wie andere seiner Zeit, ein Gegner des Aristoteles, aber nur des mißverstandenen Aristoteles. Dagegen war er von dem durchdrungen, was man nennen kann: Kultur des Gedankens, Verinnerlichung des Gedankens bis zum logischen Erfassen der äußeren Wirklichkeit. Aber nie hatte er sich dem Gedanken entfremdet, daß durch das, was man als Logik anerkennt, was sich der Mensch an Gesetzmäßigkeit des Gedankens erobert hat, der menschliche Geist in nacheinanderfolgenden Zeitmomenten begreifen kann, was in Raum und Zeit ausgebreitet ist. Aber diesem menschlichen Verstande gegenüber, der nacheinander, durch die Abwägung dessen, was die Sinne schauen, die Geheimnisse des Weltalls erkennen kann, sah Galilei den göttlichen Geist, den göttlichen Verstand, der die Welt durchlebt und durchwebt, und von dem er ehrfurchtsvoll fühlte, daß er in einem einzigen Augenblick das Weltall vordenkt, nicht nachdenkt wie der Mensch. So war auch für Galilei aller Welterscheinung zugrunde liegend das Spirituelle, der göttliche Geist, der in einem Augenblicke aus sich heraus den Weltgedanken erschafft, dessen Abbild die Welt ist, die dann nacheinander der menschliche Verstand und Intellekt vielleicht begreifen kann, wenigstens, wie es sich Galilei dachte, durch viele, viele Zeitalter hindurch.

So sehen wir, wie für das Zeitalter des Kopernikus überhaupt noch nicht das Bewußtsein verloren war, daß die Menschenseele in dem Geistig-Seelischen des Weltalls begründet ist. Und selbst bei *Newton* sehen wir noch, wie er, trotzdem er durch die Aufstellung des Anziehungs- und Gravitationsgesetzes die Kräfte des äußeren Weltalls als mechanische erklärt zu haben glaubt, das Geistig-Seelische des Menschen so fest in dem Geistig-Seelischen des Weltalls

gegründet glaubt, daß er, der Entdecker des Gravitationsgesetzes, zugleich ein Ausleger, ein Kommentator der Apo-
kalypse wurde. Durchdrungen waren gerade die tonangebenden Quellen dieses Zeitalters noch von dem, was zwar
von alter Wissenschaft verglommen ist, die noch bei Aristoteles nachklang, und die wußte, daß das Geistig-Seelische
im Innern des Menschen mit dem Geistig-Seelischen in den
Weltenweiten draußen zusammenhängt. Verglommen war
das alte Wissen, aber die Traditionen waren noch da, denen
man sich ruhig hingeben konnte, denn im Menschenherzen
lebte etwas, was sich ihnen ruhig hingeben wollte. Aber
etwas anderes waren die Denkgewohnheiten. Wir sehen den
im Innern auf sich selbst gestellten Gedanken verarmen. Da,
wo diese Geister selber zu einem Verständnis des geistig-
seelischen Lebens fortschreiten wollen, Kepler, Galilei,
Giordano Bruno, Newton, konnten alle die Überlieferungen
noch in dem Lebendigen ihrer Seele walten. Aber wenn sie
sich daran machten, mit den für ihren Verstand eroberten
Gesetzen das Seelenleben zu begreifen, da erwiesen sich
diese Seelenkräfte, selbst wenn sie noch so lebendig waren,
als ohnmächtig. Wie der Glanz einer verglommenen Urweisheit, so lebte in Galilei die Hinneigung zu dem Verstande seines Gottes, wie er es glaubte, und wie es in der
Überlieferung seines Glaubens vorhanden war.

Die aber, die nun neuerdings nach einem gesetzmäßigen
Zusammenhange der Menschenseele mit dem Geistig-Seelischen der Welt in ähnlicher Weise suchen wollten, wie sie
zur Zeit des Kopernikus nach einem gesetzmäßigen Zusammenhange der Erde mit den Sternen, der Raumeswelt, gesucht hatten, sahen sich zunächst vor die Verarmung des auf
sich selbst gestellten Gedankens gestellt. Und bei einem der
feurigsten Geister des kopernikanischen Zeitalters, gerade
bei *Giordano Bruno,* sehen wir diese Verarmung des Ge-

dankens, der sich ja hindurchgerungen hatte zu einem so herrlichen Durchdringen der äußeren Welt, wie es uns bei Kepler und Kopernikus entgegentritt. Aber wir sehen jetzt dieses Verarmen des Gedankens gegenüber den Gesetzen der geistigen Welt, wenn wir zum Beispiel Giordano Bruno nehmen, wie er als Renaissance-Mensch dasteht und darauf hinweist, daß dort, wo man nach der bisherigen Anschauung hinter der Fixsternsphäre die sogenannte «achte Sphäre» gewittert hatte, gar nichts ist, sondern daß man überall Welten um Welten findet, wie die Erde selber nur eine kleine Welt in der großen ist. Man braucht sich nur an diese wunderbare, herrliche, ebenso zu scharfsinniger Betrachtung wie zum Enthusiasmus hinreißende Weltanschauung des Giordano Bruno erinnern, die vieles von dem niederreißt, was der Menschheit aus alten Zeiten noch geblieben war, dann sieht man, wie gerade Giordano Bruno das Bewußtsein des geistigen Zusammenhanges der Menschenseele mit der geistigen Welt beleben will. Es ist für ihn klar, wenn man ein physisches Wesen, wie es das Menschenwesen ist, anschaut, so muß man sich vorstellen, daß es aus einem geistigen Weltall hervorgeht, daß das Geistige des Weltalls sich in einem Menschenleibe gleichsam zusammengezogen hat, um sich wieder beim Tode des Menschen auseinanderzudehnen und sich dann später wieder von neuem zusammenzuziehen. So denkt er ja die wiederholten Erdenleben aus. Aber sein Gedanke wird nicht inhaltvoll, nicht innerlich reich. Der Gedanke, der sich durch Aristoteles in sich gefunden hatte, der seine Schwungkraft und seine Fruchtbarkeit gegenüber der äußeren Welt erwiesen hatte, er schrumpft bei Giordano Bruno und später bei dem als Nachfolger des Giordano Bruno zu bezeichnenden *Leibniz* zu dem zusammen, was Giordano Bruno und dann auch Leibniz eine Monade nannten. Was war eine Monade? Etwas, wovon man dachte, es ist aus der geistigen Welt heraus geboren. Für Leibniz enthält sogar eine Monade etwas wie eine Spiegelung des ganzen Weltalls. Aber zu etwas mehr als der trockenen Abstraktion: die Monade, eine Spiegelung des Weltalls, etwas was sich zusammenzieht und wieder ausdehnt, um das Weltall wieder zu durchlaufen – zu mehr brachte es die neuere Kultur nicht. So könnte man die Kraft der Leibnizschen Philosophie als eine Wirkung der Tat des Kopernikus bewundern. Aber wenn wir in die Philosophie des Leibniz eindringen, die sich die Welt aus Monaden zusammengesetzt denkt, so sehen wir, daß sie uns so entgegentritt, daß man eigentlich nicht viel über die Menschenseele zu sagen weiß, denn es ist wenig genug, wenn man sagt, daß die Seele ein Spiegelbild des Weltalls ist. Lauter abstrakte Beschreibungen, im Unbestimmten bleibende Beschreibungen sehen wir, wenn wir auf das blicken, was sich als Philosophie, als Geisteswissenschaft unmittelbar an die Tat des Kopernikus angesponnen hat. Und bei dieser Armut bleibt es im Grunde genommen. Die alte Geisteswissenschaft des Aristoteles – davon können Sie sich aus dem erwähnten Buche Franz Brentanos überzeugen –, welche die alten Traditionen der Urkultur und auch noch ein unbestimmtes Bewußtsein davon hatte, spricht noch von dem Menschen als zusammengesetzt aus verschiedenen Gliedern seiner Wesenheit, faßt ihn auf als eine Gliederung einer reichen Harmonie, bringt die verschiedenen Glieder mit den verschiedenen äußeren Zuständen und Tatsachen in Beziehung, gliedert noch das, was mit dem Tode von dem Menschen abfällt, mit dem zusammen, was aus einer geistigen Welt stammt und in eine geistige Welt geht, und kommt so zu konkreten und inhaltvollen, reichen Vorstellungen über das, was als Geistiges in der Menschenseele ist. Wir erblicken also bei Aristoteles noch eine wirkliche Wissenschaft mit einem göttlichen Inhalt. Wir sehen da noch das Geistige beschrieben, wie man ein Geistiges wirklich heute wieder beschreibt. Aber zur ärmlichen Monade zusammengeschrumpft ist es im Zeitalter des Kopernikus. Und derselbe Giordano Bruno, der die feurigsten Worte findet, wo er die Menschen hinweist auf die Größe und Unendlichkeit der Welt, findet für die einzelne Menschenseele auch nur die Ärmlichkeit der Monade. Ein paar Begriffe, zusammengepfahlt, sollen jetzt die Menschenseele darstellen, ihre in Begriffe gefaßte Wesenheit!

Da sehen wir, wie die Zeitalter wirken, wie die Menschenmissionen wirken. Nimmermehr hätte die Menschheit ihre heutige Kultur erlangen können, wenn nicht der Kopernikanismus gekommen wäre, aber wir sehen zugleich, wie die Geisteswissenschaft zunächst notwendig verarmen mußte. Erst in unserer Zeit sehen wir nun, daß etwas auftritt – und das will die Geisteswissenschaft im Sinne unserer Zeit sein –, was nun wieder zeigen wird, daß nunmehr, nachdem der menschliche Gedanke eine Weile bloß ein Instrument für das Begreifen der äußeren Sinneswelt sein wollte, dieser menschliche Gedanke auch ein Mittel werden wird, um zu einer über den bloßen Gedanken hinausgehenden Innenwelt zu kommen. Denn als was hat, von der Tat des Kopernikus an, durch das ganze Zeitalter des Kopernikus hindurch, ja bis in unsere Tage herein, der Gedanke gedient? Er hat als das gedient, was man Mittel nennen kann für das Begreifen der äußeren Sinneswelt, er war das Instrument der äußeren Tatsachen, welche Augen sehen und welche mit dem Instrument des Gehirnes erfaßt werden können. Da mußte der Gedanke dazu dienen, um ein möglichst objektives, klares Abbild dessen zu bekommen, was sich in der Sinneswelt ausbreitet. Nachdem sich diese Art der Seelenverfassung in der Menschheitskultur gefestigt hat, darf nun der Gedanke wieder etwas anderes werden, etwas, was die Menschenseele in sich selber erzieht. Der Mensch darf den Gedanken nicht mehr nur als ein Abbild der äußeren Wirklichkeit verwenden, sondern er muß ihn so lostrennen, daß er vielleicht gar keine äußere Wirklichkeit abbildet, dafür aber wirkt, wenn die Seele in Meditation und Konzentration alles Äußere ausschließt, so daß der Gedanke aus den inneren Tiefen heraus innerlich schöpferisch wird, und daß die Seele zu einem anderen Inhalt kommt, als dem Inhalt der zusammengeschrumpften Monade. Aus seiner im Zeitalter des Kopernikus übernommenen Mission, Abbild der äußeren Wirklichkeit zu sein, wird der Gedanke nunmehr dazu übergehen, die Seele vorzubereiten, wird innere verborgene Kräfte aus den Tiefen der Seele heraufholen, wodurch diese jetzt das wieder zu schauen bekommt, was der alten Aristoteles-Kultur zugrunde liegt. Nicht werden es alte, überkommene Gedanken sein, die am fruchtbarsten sein werden. Nein, das werden die Gedanken sein, welche durch das Zeitalter der Naturwissenschaft gefunden sind. Gerade die Gedanken, die auf Grundlage des Zeitalters des Kopernikus aufgebaut werden, wirken als erschließend für die Seele, da sie aus unserer Seele jene Kräfte hervorholen, welche die Seele sich selbst und dann das Geistig-Seelische des Weltenraumes, des Weltalls erschauen lassen. So muß die Menschenseele, die durch Kopernikus darauf hingewiesen worden ist, daß sie durch ihre Kräfte, welche sie in dem Gedanken entwickelt, ein Bild der Außenwelt bekommen kann, nun den Gedanken in der anderen Mission entfalten, den Gedanken als ein Erziehungsmittel der Seele zu nehmen zu einer Kultur des höheren Selbst, zu einem Schauen wieder in der geistigen Welt.

An diesem Wendepunkte stehen wir heute, und dieser Wendepunkt in der Menschheitskultur muß sich vollziehen. Und wenn wir die Notwendigkeit begreifen, durch die das

Zeitalter des Kopernikus geboren worden ist, so können wir auch die Notwendigkeit begreifen, daß sich die Zeit wandeln muß in eine neue, in welcher der Gedanke über sich selbst hinausschreitet, und in der wir, wenn wir über die Seele reden, nicht mehr in Abstraktionen, sondern in wirklichen Beschreibungen der Taten, Eigenschaften und charakteristischen Merkmale reden, zu der ganzen Natur der Menschenseele kommen. Wenn man Geisteswissenschaft so betrachtet, dann werden vielleicht diejenigen nicht zu ihrem Rechte kommen, die heute jedem nachlaufen, der irgendwie behauptet, er wisse etwas von der Geisteswissenschaft. Wir leben heute nicht nur in einem kritischen Zeitalter, sondern auch in einem Zeitalter, wo viele Menschen, ohne zu prüfen, einer jeden Prophezeiung und so weiter gleich nachlaufen. Ebenso wie heute ein Teil der Menschheit allzu kritisch ist, so ist der andere Teil allzu leichtgläubig und nimmt alles hin, als ob es eine Offenbarung aus geistigen Welten wäre. Aber nichts will wirkliche Geisteswissenschaft damit zu tun haben, was aus einem solchen Bedürfnis nach allerlei Prophetien und Offenbarungen entspringt. Denn es ist heute nicht möglich, daß die Geisteswissenschaft die Menschen zu einem Verständnisse unseres Zeitalters bringen kann, wenn nicht der Versuch gemacht wird, darin einzudringen und zu begreifen, was die Gesetzmäßigkeit der Menschheit und der Evolution überhaupt ist. Daher kam es auch, als sich einmal ein Geist vornahm, wie Kopernikus die Gesetze des Raumes überblickt hatte, die Entwickelung der Menschheit in derselben Weise zu überblicken, daß dieser Geist – Lessing – auf die Hypothese von den wiederholten Erdenleben kam. Wie wird es denn bei denen gehen, die es in der Geisteskultur ernst meinen in bezug auf die Geisteswissenschaft?

Gerade da können wir auch von Kopernikus viel lernen. Ich habe schon einmal angeführt, was Galilei mit einem echten Bekenner des Aristoteles passiert ist. Einer seiner Freunde glaubte aus einem nicht mehr verstandenen Aristoteles heraus – und das war im Sinne des Aristotelismus der damaligen Zeit berechtigt –, Aristoteles habe gelehrt, daß die Nerven des Menschen vom Herzen ausgehen. Galilei, der auf dem Boden echter Sinnesbeobachtung stand, sagte dem Betreffenden: Ich will dich an einen Leichnam führen und werde dir zeigen, daß Aristoteles nicht recht hatte, denn die Nerven des Menschen gehen vom Gehirn aus. – Tatsächlich schaute sich auch der Mensch, der in diesem Sinne dem Aristotelismus anhing, den Leichnam an und sagte dann: Wenn ich die Natur anschaue, so kommt es mir vor, als wenn die Nerven vom Gehirn ausgehen, aber aus Aristoteles weiß ich, daß die Nerven vom Herzen ausgehen, und wenn die Natur im Widerspruche steht mit Aristoteles, so glaube ich Aristoteles und nicht der Natur! – Das ist kein Märchen, das ist eine Tatsache, die so recht zeigt, wie die großen Tatsachen sich der Menschheitskultur trotz allen Gegnern einverleiben müssen. Daher brauchen wir uns nicht verwundern, wenn in unserer Zeit etwas auftauchte, was man in folgender Art charakterisieren könnte. Es könnte jemand einem anderen zeigen wollen an dem ganzen Hergang der Entwickelung des Kindes, wie alles, was der Mensch in sich trägt, nicht aus der bloßen physischen Vererbung her stammen kann. Das könnte sich so abspielen, daß er den anderen darauf hinweist: Sieh dir einmal alles an, was die Geisteswissenschaft über dieses Gebiet gesprochen hat. – Da könnte man sich dann denken, daß jemand von den ganz gescheiten Menschen darauf erwidern würde: Ja, wenn ihr Geisteswissenschafter so redet, dann scheint es, als ob von einem früheren Erdenleben herüberkäme, was sich als Wirkung bei dem heranwachsenden Menschen zeigt. Aber der Monismus sagt es anders. Und wenn die geistigen Beobachtungen in Widerspruch kommen mit dem Monismus, so glaube ich dem Monismus und nicht der geistigen Beobachtung.

Vielleicht könnte sich auch in unserer Zeit so etwas wiederholen wie das, was sich zugetragen hat, als sich das Zeitalter des Kopernikus in die Menschheit hineinzustellen hatte. Es könnten heute viele Menschen sagen: Wir müssen die Lehre von den wiederholten Erdenleben als eine Hypothese ansehen, welche das Menschenleben vernunftgemäß erklärt, aber wir können uns noch nicht davon überzeugen. Es wird zwar gesagt, daß die, welche selbst das innere Schauen entwickelt haben, die Seele in einem Zustande erblicken, wie sie sich als einer gesetzmäßigen Geisteswelt angehörig zeigt, die hinausragt über Geburt und Tod, aber was nutzt es uns, die wir nicht so die Menschenseele belauschen können, wie sie in ihrer wahren Gestalt durch die wiederholten Erdenleben durchgehend sich zeigt, wenn uns die Gesetze der Geisteswissenschaft erzählt werden, und wenn wir so als Hypothese die Lehre von den wiederholten Erdenleben hinnehmen müssen?

Wer dies aus einer materialistisch-monistischen Denkweise sagen könnte, würde damit den Beweis liefern, daß er noch nicht einmal so weit gediehen ist wie die katholische Kirche in bezug auf die vor Jahrzehnten von ihr auch nicht glimpflich behandelte kopernikanische Lehre. Denn als was mußten die Menschen die kopernikanische Lehre hinnehmen? Kopernikus hat nichts anderes getan als einen Gedanken gefaßt, diesen Gedanken so einfach als möglich gefaßt und ihn den Erscheinungen zugrunde gelegt. Mit diesem Gedanken hat er einen Beweis erarbeitet, nicht mit Untersuchungen über das, was vorgeht. Und wenn man seinen Gedanken nimmt, so wird man sagen: Das stimmt. – Ganz dasselbe gibt es heute für die, welche den Weg zu dem geistigen Schauen der Menschenseele und ihrer unmittelbaren

Natur nicht machen können oder nicht machen wollen. Denn heute wird auch gezeigt durch die Geisteswissenschaft, daß alles, was als menschliches Schicksal, als menschliches Wirken und als Gesetze dieses Wirkens sich darstellt, nur erklärbar ist, wenn man das Gesetz von den wiederholten Erdenleben und von dem Karma annimmt. Und es wird gezeigt, daß man durch die Annahme dieser Gesetze dieselbe Gewißheit in bezug auf das Geistig-Seelische des Menschen heute haben kann, wie Aristoteles durch seine Logik eine Gewißheit haben konnte gegenüber dem aus der Urweisheit geflossenen Inhalt seiner Lehre, und wie die Anhänger des Kopernikus eine Gewißheit hatten über dessen Lehre in bezug auf die äußeren Erscheinungen im Raume.

1543 ist das Werk des Kopernikus in die Welt hinausgegangen. 1851 war das erst möglich, was man einen wirklichen Beweis für die Lehre des Kopernikus nennen kann, denn da erst wurde der Foucaultsche Pendelbeweis gefunden, der da zeigt, wie ein großes Pendel, wenn man es schwingen läßt, immer in einer Ebene schwingt, und daraus, weil sich das Pendel in Wirklichkeit in einer Ebene dreht, muß sich die Drehung der Erde ergeben. Aus der Konstanz der Pendeldrehungen konnte man erst 1851 einen inneren Beweis für die Lehre des Kopernikus finden. So geht es in bezug auf äußere Tatsachen. In bezug auf innere Tatsachen, in bezug auf die wiederholten Erdenleben kann der Mensch jederzeit den Weg antreten, der ihn zur geistigen Schauung führt, und der ihm zeigt, woher das Lebendige kommt, das in dem Menschen von Leben zu Leben hindurchgeht. Der innere Beweis, der für den Kopernikanismus erst nach Jahrhunderten geliefert worden ist, kann für die wiederholten Erdenleben jederzeit geliefert werden. Aber es ist ebensowenig notwendig für die Annahme des Gesetzes der wiederholten Erdenleben und des Karma, daß jemand dieses geistige Schauen hat, wie es für die Annahme des Kopernikanismus nicht notwendig war, daß der innere Beweis durch den Foucaultschen Pendelbeweis schon dagewesen wäre. Und ich sagte: Wer aus den angegebenen Gründen die Lehre von den wiederholten Erdenleben und dem Karma zurückweisen würde, der würde sich noch unduldsamer erweisen als die katholische Kirche, die mit der Zurücknahme des Verbannungsdekretes gegenüber dem Werke des Kopernikus nicht bis zum Jahre 1851 gewartet hat, sondern es bereits 1821 zurückgezogen hat. – Vielleicht werden die Verbannungs-Monisten so gnädig sein, ihre Widersprüche schon früher zurückzunehmen, als die katholische Kirche gnädig gewesen ist, indem sie schon Jahrzehnte vor dem Foucaultschen Pendelbeweis das Verbannungsdekret gegen die kopernikanische Lehre zurückgezogen hat.

Wir aber, die auf dem Boden der Geisteswissenschaft stehen, können gerade an Gestalten wie Kopernikus, Kepler, Galilei, Giordano Bruno lernen, wie das, was sich in die Menschheitskultur einleben muß, sich auch einleben werde trotz aller Ketzerrichterei. Denn die Gesinnungen, die dem Kopernikus, Kepler, Giordano Bruno und anderen entgegengetreten sind, sind auch heute da, wenn auch auf seiten derjenigen, welche Träumerei, Phantastik, ja Narrheiten gegenüber der Geisteswissenschaft sehen, obwohl sie zu den «aufgeklärten» Leuten gehören. Sie schreiben zwar keinen schriftlichen oder gedruckten Index, aber sie setzen die Geisteswissenschaft auf den Index des Monismus, wie die katholische Kirche ihrerseits des Kopernikus Lehre auf den Index setzte.

Gegen den Menschheitsfortschritt kann man sich zwar stemmen, aber man kann ihn nicht verhindern. Und die, welche heute die Geisteswissenschaft als Träumerei bezeichnen, werden ihre Edikte gerade so zurücknehmen müssen, wie die Edikte gegen den Kopernikanismus zurückgenommen worden sind. Die Geisteswissenschaft aber, durchdrungen von ihrer Wahrheit, kann warten auf dieses Jahr «1821» der materialistischen Monisten, und sie wird warten. Sie wird warten, indem sie zu denjenigen sprechen wird, die schon vorher verstehen werden, wie den Menschen durch die Geisteswissenschaft wieder der Blick in die geistigen Welten eröffnet wird, mit denen das innerste, kernhafte Wesen der Menschennatur so zusammenhängt, daß die Menschenseele – die Welt und sich selber verstehend und sich innerlich Kraft verleihend – sich Lebenshoffnung, Zuversicht und Stärke gibt.

Was ich in meinem zweiten Mysteriendrama «Die Prüfung der Seele» in bezug auf das Sich-zusammen-Fühlen mit dem Geistigen des Weltalls auszusprechen versuchte, das kann sich die Seele sagen über den Zusammenhang aller ihrer Kräfte mit dem Weltendasein:

> In deinem Denken leben Weltgedanken,
> In deinem Fühlen weben Weltenkräfte,
> In deinem Willen wirken Weltenwesen.
> Verliere dich in Weltgedanken,
> Erlebe dich durch Weltenkräfte,
> Erschaffe dich aus Willenswesen.
> Bei Weltenfernen ende nicht
> Durch Denkenstraumesspiel – –;
> Beginne in den Geistesweiten,
> Und ende in den eignen Seelentiefen.
> Du findest Götterziele
> Erkennend dich in dir.

DER TOD BEI MENSCH, TIER UND PFLANZE

Berlin, 29. Februar 1912

Tolstoi sprach sich einmal in seinen Schriften mit Verwunderung, man könnte auch sagen mit Mißbilligung, darüber aus, daß er beim Durchstöbern der gegenwärtigen Wissenschaft wohl alle möglichen Untersuchungen über die Entwickelung der Insektenwelt, über ihm unbedeutend erscheinende Dinge im Organismus oder sonst in der Welt gefunden habe, daß er aber gerade innerhalb der Wissenschaft nichts gefunden habe über die wichtigen, die wesentlichen, die jedes Herz bewegenden Fragen. Vor allen Dingen, sagt Tolstoi, habe er nicht irgend etwas über das Wesen des Todes gefunden. Man wird von einem gewissen Gesichtspunkte aus einem solchen, von bedeutsamer Seite her kommenden Einwand gegen den modernen wissenschaftlichen Geist nicht ganz unrecht geben können. Dennoch darf man von einer gewissen anderen Seite her betonen, daß, wenn ein solcher Ausspruch einen Vorwurf bedeuten soll, er gewissermaßen doch ungerecht ist gegenüber der modernen Wissenschaft aus dem sehr einfachen Grunde, weil die moderne Wissenschaft seit langer Zeit ihre Größe und Bedeutung gerade auf demjenigen Gebiete gehabt hat, wo man nach Antworten auf Fragen, die etwa nach dem Wesen des Todes gehen, im Grunde genommen ganz vergeblich suchte. Man braucht wahrhaftig nicht, wenn man auf dem Boden derjenigen Weltanschauung steht, die hier vertreten werden soll, sich in Ausfällen über Ausfällen ergehen über die moderne Wissenschaft. Man kann die großartigen Errungenschaften, die ganz bedeutsamen Leistungen dieser Wissenschaft sowohl auf ihrem eigenen Gebiete, wie auch mit Rücksicht auf ihre Anwendung im praktischen Leben und im menschlichen Zusammensein gar wohl auf das allerhöchste bewundern, und es ist wiederholt hier zum Ausdruck gebracht worden, daß die Geisteswissenschaft wahrhaftig keiner Art von Bewunderung, die nach dieser Richtung geht, etwa nachzustehen braucht. Nun liegen aber gerade die bedeutsamsten Errungenschaften der modernen Wissenschaftlichkeit auf einem Boden, auf dem man an jene Berührungspunkte, an die man kommen muß, wenn die Fragen nach Tod, nach Unsterblichkeit und dergleichen untersucht werden sollen, gerade nicht kommen kann. Die moderne Wissenschaft kann dies von ihren Ausgangspunkten aus deshalb nicht, weil sie sich zunächst die Aufgabe gesetzt hat, das materielle Leben als solches zu untersuchen. Überall aber, wo der Tod ins Dasein eingreift, finden wir den herangezogenen Berührungspunkt, wenn wir genauer zusehen, zwischen Geistigem und Materiellem. Wahrhaftig, man braucht, wenn man über diese Fragen spricht, nicht mit manchen billigen Ausfällen gegen die Bemühungen der modernen Wissenschaft übereinzustimmen. Ja, man darf sogar sagen, und auch das ist schon öfter betont worden, daß man sich, wenn die großen Gewissensfragen des Daseins untersucht werden sollen, in bezug auf das wissenschaftliche Verantwortlichkeitsgefühl und das wissenschaftliche Gewissen mehr hingezogen fühlen kann, auch als Geisteswissenschafter, zu der Art und Weise, wie die äußere Naturwissenschaft heute vorgeht, wenn sie auch an die wichtigsten Fragen und an das Leben nicht herankommen kann, als zu manchen leichtgeschürzten Auseinandersetzungen, die da von dilettantischen theosophischen oder sonstwie geisteswissenschaftlichen Seiten kommen, und die es sich oft recht leicht machen, besonders in methodischer Beziehung, mit den Antworten auf Fragen, wie sie uns heute beschäftigen.

In der neueren Zeit hat man allerdings angefangen, vom Standpunkte der Wissenschaft aus, der Frage von dem Tode der Wesen nahezutreten. Es ist dies in einer eigenartigen Weise geschehen. Und abgesehen von mancherlei einzelnen Versuchen, die gemacht worden sind, deren Auseinandersetzung aber heute zu weit führen würde, darf wenigstens auf einen Forscher hingewiesen werden, der die Frage nach dem Wesen des Todes in einem bedeutsamen Buche berührt hat, und der sich in einer eigenartigen Weise zu dieser Frage gestellt hat, in einer so eigenartigen Weise, daß wir wieder sagen müssen, wie es in ähnlicher Art bei den Auseinandersetzungen über den «Ursprung des Menschen» gesagt werden mußte: Man fühlt sich als Geisteswissenschafter so sonderbar gegenüber dieser Naturwissenschaft der Gegenwart, denn überall da, wo einem Tatsachen entgegengebracht werden, findet man, daß man gerade vom Standpunkte der Geisteswissenschaft aus diesen Tatsachen voll Rechnung tragen kann und in ihnen strenge Beweise für das sehen kann, was die Geisteswissenschaft darzustellen hat. – Wo einem dann freilich die Theorien und Hypothesen entgegentreten, die in der Gegenwart von Weltanschauungsleuten in einer mehr oder weniger materialistischen Weise oder, wie man glaubt vornehmer sagen zu müssen, in einer monistischen Weise aufgestellt werden, da wird die Sache anders. Da fühlt man, so sehr man übereinstimmen kann mit den Tatsachen, welche die neuere Zeit hervorgebracht hat, so wenig kann man sich oft mit den Theorien und Hypothesen einverstanden erklären, welche jene, die auf dem echten Boden der Naturwissenschaft zu stehen glauben, meinen aufbauen zu müssen auf dem, was sich als naturwissenschaftliche Tatsachen ergibt.

Der Forscher, der über das Wesen des Todes geschrieben hat, hat von seinem naturwissenschaftlichen Standpunkte aus auf einen Punkt hingewiesen, der gerade in geisteswissenschaftlicher Beziehung sehr interessant ist. Es ist der Mann, der lange Zeit Direktor am Pasteurschen Institut in Paris war: *Metschnikoff*. Er sucht nach den gegebenen Tatsachen Klarheit zu gewinnen, soweit es heute möglich ist, über die Tatsachen, welche den Tod der Wesen herbeiführen. Zunächst muß man bei einer solchen Frage absehen von dem sogenannten gewaltsamen Tode der Wesen. Wir werden vielleicht Gelegenheit haben, auf diesen gewaltsamen Tod, der durch äußere Unglücksfälle oder anderes herbeigeführt wird, auch ein wenig hinzuweisen. Wenn man aber über die Frage nach dem Wesen des Todes spricht – darauf macht auch Metschnikoff aufmerksam –, so muß man ihn hineingestellt sehen in das natürliche Dasein, muß ihn sozusagen zugehörig betrachten zu den Lebenserscheinungen, muß sich die Lebenserscheinungen so vor Augen führen können, daß der Tod zu ihnen hinzugehört. Da kann man dann das Rätsel des Todes nur an dem sogenannten natürlichen Tode lösen, der als das Ende des Lebens herbeigeführt wird, wie andere natürliche Prozesse im Laufe des Lebens herbeigeführt werden. Es ist unmöglich, da dies nur eine Einleitung bilden soll, was in Anlehnung an die Naturwissenschaft gesagt werden soll, auf die interessanten Einzelheiten der Ausführungen des genannten Forschers und Denkers einzugehen. Aber darauf soll hingewiesen werden, daß er aufmerksam macht, wie dem Naturforscher, wenn er die Tatsachen des Lebens betrachtet, in den Vorgängen des Lebens selber, in dem, wodurch gewissermaßen das Leben sich entwickelt und fortbildet, eigentlich nichts Rechtes entgegentrete, was einen Grund dafür abgeben könnte, daß die Vernichtung des Wesens, daß der Tod in das Leben eingreift.

An zahlreichen Beispielen sucht gerade Metschnikoff nachzuweisen, wie der, welcher das Leben verfolgt, überall sieht, daß der Tod auftritt, ohne daß man zum Beispiel von dem sprechen könnte, wovon im Verlaufe des Lebens, wenn es zum Tode hingeht, leicht gesprochen werden könnte, ohne daß dasjenige hervortritt, was man Erschöpfung des Lebens in sich selber nennen könnte. Auf zahlreiche Tatsachen macht dieser Forscher aufmerksam, welche beweisen, daß die Vorgänge des Lebens fortgehen in einer gewissen ungeschwächten Art, daß von einer Erschöpfung des Lebens in sich selber nicht die Rede sein könnte, und daß doch der Tod in einem bestimmten Zeitpunkte eintritt, so daß dieser Forscher in die – man muß es sich nur gestehen – jedenfalls außerordentlich merkwürdige Lage kommt, im Grunde genommen jeden Tod, jedes Beenden des Lebens im Pflanzen-, Tier- und Menschenreich äußeren Einflüssen zuzuschreiben, dem Auftreten gewisser Feinde des Lebens, die im Laufe des Lebens die Oberhand gewinnen und die zuletzt als Kämpfer gegen das Leben wie ein Gift gegen das Leben wirken und es so zuletzt zerstören. Während also der Organismus selber für diesen Forscher durchaus überall Anzeichen zeigt, daß er nicht eigentlich aus Erschöpfung sich selber endet, glaubt diese Persönlichkeit da, wo der Tod naht, solche Feinde des Lebens in irgendeiner Form auftreten zu sehen, welche wie Vergiftungserscheinungen da sind und dem Leben ein Ende machen. So haben wir also hier eine naturwissenschaftliche Hypothese vor uns – mehr ist sie ja als solche nicht –, welche im Grunde genommen jeden natürlichen Tod auf äußere Einflüsse zurückführt, auf das Auftreten von Vergiftungserscheinungen durch äußere Lebewesen aus dem Pflanzen- oder Tierreich, die als Feinde des Lebens auftreten und in gewissen Momenten den Organismus zerstören.

Eine derartige Auseinandersetzung ist eine solche, welche alle Mittel anwendet, um innerhalb der materiellen Erscheinungen selber zu einer Art von Begreifen des Wesens des Todes zu kommen. Man sucht, wenn man einen solchen Weg einschlägt, möglichst davon abzusehen, daß in das organische Leben das geistige Element selber als ein Tätiges, als ein Wirksames eingreifen könnte, und daß vielleicht dieses geistige Element als solches etwas mit dem Tode zu tun haben könnte, wie er uns in der äußeren Welt entgegentritt. Es wäre ja sogar das nicht ganz undenkbar, wenn es auch zunächst dem, der auf mehr oder weniger materialistischem oder monistischem Boden steht, absurd erscheinen müßte, daß gerade jene Feinde, welche wie vergiftende Kräfte im Verhältnis zum Organismus auftreten, sich gerade, man möchte sagen wie notwendige Begleiterscheinungen der geistigen Kräfte einstellen könnten, welche die organischen Wesen, die dem Tode entgegengehen, durchsetzen und durchströmen, durchwirken und durchkraften. Nicht undenkbar wäre es, daß der wirksame Geist, indem er auf der einen Seite darauf angewiesen ist, den Organismus als sein Werkzeug in der physischen Welt zu gebrauchen, auf der anderen Seite gleichsam durch seine Prozesse die Möglichkeit hervorruft, daß solche feindlichen Kräfte in den Organismus eingreifen, um diesen zu zerstören. Nun muß man allerdings, wenn man eine solche Auseinandersetzung wie die eben angeführte auf sich wirken läßt, eines nicht außer acht lassen, daß die Naturwissenschaft der Gegenwart durch ihre Hinordnung zu den bloß materiellen Erscheinungen sich eigentlich den Tod der Organismen zu untersuchen leicht macht, aber es eigentlich sich nicht leicht machen müßte. Und dies führt ja dazu, zu betonen, daß es der Geisteswissenschaft, die von unserer Gegenwart aus den Versuch machen muß, sich in die geistige Entwickelung der

Menschheit hineinzustellen, allerdings nicht so leicht wird, über gewisse Fragen Untersuchungen in einer so einfachen Weise anzustellen, wie es manchmal jene Weltanschauungen tun, die da glauben, bloß aus äußeren materiellen Tatsachen irgend etwas über die großen Rätsel des Daseins ausmachen zu können.

Da soll gleich von vornherein darauf aufmerksam gemacht werden, daß bei der ganzen Art und Weise, wie die Naturwissenschaft heute die Erscheinungen betrachtet, von allen denjenigen, welche glauben auf dem festen Boden der naturwissenschaftlichen Tatsachen zu stehen, kein so rechter Unterschied gemacht wird über den Tod in bezug auf die pflanzliche Welt, in bezug auf die tierische Welt und die menschliche Welt. Denn, was man den Tod in der Pflanzenwelt, den Tod in der Tierwelt, den Tod in der menschlichen Welt nennt, was haben sie miteinander anderes gemein, als daß eine äußere Erscheinung vernichtet wird? Das haben sie aber auch im Grunde genommen übereinstimmend mit der Vernichtung einer äußeren Maschine: das Aufhören des Zusammenhanges der Teile. Wenn man nur auf die äußeren Erscheinungen sieht, so hat man es insofern leicht über den Tod zu sprechen, als man über diesen Tod in einer einförmig gleichen Weise bei Pflanze, Tier und Mensch sprechen kann. Wozu das führt, sehen wir an einem Falle, den ich vor einer Anzahl von hier sitzenden Zuhörern öfter angeführt habe, der aber immer wieder interessant ist, wenn man das Verhältnis der Wissenschaft zu einer solchen Frage ins Auge faßt. Ich möchte bei einer solchen Gelegenheit nicht auf die gewöhnlichen populären Schriften hindeuten, die sich bemühen in weitere Kreise zu tragen, was die Naturwissenschaft ergeben haben soll, sondern ich möchte, wenn die Beziehung zur Naturwissenschaft hergestellt werden soll, immer auf die sogenannten besten Auseinandersetzungen dieser Art verweisen. Da haben wir immer Gelegenheit, auf ein sowohl leicht faßliches wie auch ausgezeichnetes Buch über Physiologie hinzuweisen, das von keinem Geringeren als von dem großen englischen naturwissenschaftlichen Forscher *Huxley* herrührt, und das auch von dem Erlanger Professor I. Rosenthal ins Deutsche übertragen ist. Eine Physiologie, auf deren ersten Seiten auch mit wenigen Worten in einer sehr merkwürdigen Art über den Tod gehandelt wird, an der wir sogleich sehen, wie unzulänglich gegenüber einer solchen Frage im Grunde genommen nicht das Forschen, wohl aber das Denken, das Urteilen der gegenwärtigen Wissenschaft ist. Darin sagt Huxley etwa gleich auf den ersten Seiten seiner «Grundzüge der Physiologie»: Von drei Dingen hängt das Leben des Menschen ab, und wenn deren Zerstörung eintritt, so muß der Tod herbeigeführt werden. Wenn erstens das Gehirn zerstört wird, wenn zweitens die Lungenatmung unterdrückt wird, und wenn drittens die Herztätigkeit unterbunden wird, so müsse der Tod des Menschen eintreten. – Doch merkwürdigerweise, man weiß aber gar nicht, ob in weiteren Kreisen dieses «merkwürdigerweise» heute gefühlt wird, weil sich die Denkgewohnheiten von materialistischer Weisheit haben beeinflussen lassen, sagt Huxley, sei es nicht unbedingt zu sagen, daß der Tod des menschlichen Lebewesens eintreten müsse, wenn die drei genannten Funktionen des menschlichen Organismus unterbunden seien. Man könne sich vielmehr denken, daß das Gehirn nicht mehr funktioniert; wenn aber dann noch Lungen- und Herztätigkeit künstlich unterhalten werden könnten, so könne das Leben noch eine Weile fortdauern, auch ohne daß das Gehirn tätig sei. – Ob dieses «merkwürdigerweise» gefühlt wird, ist nur eine Frage der Denkgewohnheiten. Denn eigentlich sollte man sich sagen: Ein Leben des Menschen, ohne daß er sich in der physischen Welt des Gehirnes als

Werkzeug bedienen könnte, kann doch wirklich nicht als eine Fortdauer des Lebens bezeichnet werden. – Von einem solchen Menschen muß man zugeben, daß das Leben beendet sei, wenn das für sein physisches Dasein nicht mehr auftreten kann, wozu er des Instrumentes des Gehirnes bedarf. Und wenn dann noch in irgendeiner Weise Lungentätigkeit und Herztätigkeit unterhalten werden können, so wäre das ungefähr ein Fortleben vielleicht im Sinne eines Pflanzenwesens, und man könnte, wenn man ganz vorurteilslos vorgehen will, von jenem Tode, der dann noch eintreten müßte, wenn Lungen- und Herztätigkeit aufhören, wie von einem Pflanzentode sprechen, der zu dem ersten Tode hinzukommt.

Vom menschlichen Tode vorurteilslos zu sprechen ist nur möglich, wenn man den Tod eintreten sieht, weil sich der Mensch des bedeutsamsten Werkzeuges nicht mehr bedienen kann, durch welches er sein Leben in der physischen Welt, in seinen Bewußtseinstatsachen lebt. Und das Aufhören der Bewußtseinstatsachen innerhalb der physischen Welt, insofern sie an die Notwendigkeit des Gehirnes gebunden sind, müßte man für den Menschen allein als den Tod bezeichnen. Aber wie äußerlich solche Dinge betrachtet werden, das zeigt sich hinlänglich darin, daß Huxley selber auf jenen Seiten, wo er über den Tod spricht, darauf aufmerksam macht, daß es der Naturwissenschaft noch nicht gelungen sei, ähnlich vorzugehen, wie nach seiner Anschauung eine alte Lehre, wie er meint, vorgegangen sei, nur durch die Seelenwanderung die geistigen, wesentlichen Seelentatsachen im weiteren Verlaufe des Daseins zu verfolgen, wenn der Mensch durch die Pforte des Todes gegangen ist. Noch nicht, meint Huxley, könne so die moderne Naturwissenschaft verfolgen das, was sie zu verfolgen habe: den Sauerstoff, den Wasserstoff, den Stickstoff und so weiter, welche den

Organismus des Menschen zusammensetzen und welche auseinandergehen, wenn der Mensch durch die Pforte des Todes gegangen ist. Dadurch, glaubte dieser Forscher, könnte die Naturwissenschaft etwas beitragen zu der Frage nach dem Sinn des Todes, wenn man den Wegen nachlaufen könnte, welche die Stoffe, die den menschlichen Organismus während des Lebens zusammengesetzt haben, nach dem Tode des Menschen nehmen. Und bedeutsam und interessant ist es, daß wir am Schlusse dieser ersten Abhandlung der Physiologie eines solchen Forschers auf Worte hingewiesen werden, die wir dann begreifen können, wenn sie der düster melancholische Dänenprinz Hamlet spricht, welche wir aber nicht angeführt finden dürften, wenn die ernsthafte Frage nach dem Wesen des Todes in der Welt aufgeworfen wird. Wenn wir beim Menschen nach dem Wesen des Todes fragen, so interessiert uns unbedingt das Schicksal desjenigen, das im Menschen der Wesenskern ist, und wir können niemals zufrieden sein zu wissen, wie sich die einzelnen Stoffe, die einzelnen Materien verhalten, die das äußerlich Leibliche zusammengesetzt haben, solange sich des Menschen geistig-seelischer Wesenskern der äußeren Werkzeuge bediente. Hamlet mag aus seiner düsteren Melancholie heraus sagen:

> Der große Cäsar, tot, und Lehm geworden,
> Verstopft ein Loch wohl vor dem rauhen Norden.
> O daß die Erde, der die Welt gebebt,
> Vor Wind und Wetter eine Wand verklebt.

Das mag der Melancholiker sagen, und wir begreifen es im dramatischen Zusammenhange. Wenn aber der Naturforscher darauf aufmerksam macht, daß die Moleküle und Atome, die einst im Leibe des Cäsar waren, in irgendeinem anderen Wesen weiterleben könnten, etwa, wie Huxley meint, in einem Neger oder in einem Hunde oder in einem

Mauerloch, so fühlt der, welcher die Dinge völlig ernst nimmt, aus den Tiefen des Denkens heraus, wie unmöglich ein solches Denken an die großen Fragen nach den Weltenrätseln herankommen kann. Auch das ist kein Einwand gegen die Naturwissenschaft, die eben ihre Großtaten auf materiellem Gebiete zu verrichten hat. Es soll nur charakterisieren, wie auf der einen Seite die Naturwissenschaft ihre Grenzen anschauen und wahren soll und die Fragen nach den materiellen Vorgängen und dem Schicksal der Stoffe beantworten soll, und wie auf der anderen Seite jene Weltanschauungsleute, die auf das, was man durch gewissenhaftes Erforschen über das Schicksal des Stofflichen erfahren kann, eine Weltanschauung aufbauen wollen über etwas, wie der Tod es ist, wie diese Weltanschauungsleute im wesentlichen die Grenzen weit überschreiten, deren sie sich bewußt sein sollten, wenn sie auf dem Boden der äußeren materiellen Tatsachen stehenbleiben wollen. Die Geisteswissenschaft, wurde gesagt, habe es nicht so leicht. Denn sie muß von ihren Gesichtspunkten aus getrennt untersuchen die Erscheinungen dessen, was man den Tod nennen muß bei der Pflanze, was man den Tod beim Tiere nennt, und auch getrennt davon das, was der Tod nun im besonderen im Menschenreiche ist.

Zu einer Anschauung über das Wesen des Todes in der Pflanzenwelt kommt man nicht, wenn man die Pflanzen so betrachtet, wie sie sehr häufig betrachtet werden, daß man jede einzelne Pflanze als ein Wesen für sich betrachtet. Es würde natürlich heute viel zu weit führen, wenn im einzelnen noch einmal ausgeführt werden sollte, worauf in den vorhergehenden Vorträgen auch schon hingedeutet worden ist, daß die Geisteswissenschaft die Erde selber als ein großes Lebewesen ansehen muß, dessen Lebensprozeß sich allerdings im Laufe der Entwickelung geändert hat. Wenn wir für alte Zeiten den Lebensprozeß der Erde untersuchen würden, so würden wir finden, daß die Erde in urferner Vergangenheit ein ganz anderes Wesen war, daß sie gewissermaßen einen Prozeß durchgemacht hat, welcher dazu geführt hat, das Gesamtleben der Erde mehr zu unterdrücken und an die einzelnen Lebensreiche abzugeben, an das Pflanzen-, Tier- und Menschenreich. Aber auch für unsere Gegenwart kann die Geisteswissenschaft die Erde nicht als dieses bloß physikalische Zusammensein der äußeren Stoffe denken, wie man die Sache auf dem Boden der heutigen Physik, der Geologie und Mineralogie betrachtet. Sondern die Geisteswissenschaft muß in dem, was als der mineralische Boden unseres Daseins gegeben ist, auf dem wir herumwandeln, etwas sehen, was als ein Festes aus dem gesamten Erdenorganismus ebenso oder ähnlich herausgesetzt worden ist, wie aus den Weichteilen des menschlichen Organismus das feste Knochengerüst herausgesetzt ist. Wie im Menschen das feste Knochengerüst hinneigt zu einer Art von bloß physikalischem System, zu einem bloß physikalischen Organzusammenhang, so haben wir im großen Erdenorganismus dasjenige, was uns als physisch und chemisch in seiner Wirksamkeit entgegentritt, wie eine Art Knochengerüst der Erde anzusehen. Das ist nur aus dem Gesamtleben ausgeschieden, und alles, was auf der Erde geschieht, was sich im Erdenprozesse vollzieht, muß im Sinne der Geisteswissenschaft als eine Einheit betrachtet werden. Wenn wir also die einzelne Pflanze betrachten, haben wir ebenso unrecht, wenn wir sie für sich ansehen mit der Möglichkeit eines individuellen Daseins, wie wir unrecht hätten, wenn wir ein einzelnes menschliches Haar oder einen Nagel für sich ansehen und als eine Individualität studieren wollten. Das Haar oder der Nagel haben nur Sinn und Bedeutung, und man erkennt nur ihre innere Gesetzmäßigkeit, wenn man sie nicht für sich individuell, sondern im Zusammenhange mit dem Organismus betrachtet, auf dem sich das Haar oder der Nagel befindet. In diesem Sinne gehört die einzelne Pflanze, gehört alles, was pflanzlich auf der Erde überhaupt ist, zum Erdenorganismus.

Bemerken muß ich dazu: Was die Geisteswissenschaft als ihre Behauptungen vorzubringen hat, das wird auf den Wegen erkannt, die in diesen Vorträgen schon angegeben worden sind, so daß es sich nicht um Schlüsse handelt von dem Menschen selber aus über das, was sich in der Umwelt ausbreitet. – Denn wenn gesagt wird, die Geisteswissenschaft stelle als analog die Prozesse dar, die im Menschen vor sich gehen, so kann es zwar für die Darstellung notwendig werden, daß man sich zu solchen Analogien gezwungen fühlt, indem man dasjenige, was die geisteswissenschaftliche Forschung in der Welt wahrnimmt, veranschaulicht und versinnbildlicht am menschlichen Organismus, weil derselbe zunächst den Zusammenhang darstellt des Leiblichen mit dem Geistigen, und man am besten verständlich wird, wenn man am Menschlich-Geistigen veranschaulicht. Daß aber dasjenige, was Pflanze ist, in den großen Organismus Erde eingebettet ist und zu demselben gehört, wie Haare und Nägel zum menschlichen Organismus, das ist für die Geisteswissenschaft nicht etwas durch Analogie Erschlossenes, ist für sie überhaupt nicht etwas durch einen Schluß Zustandegekommenes, sondern das ergibt sich dadurch, daß der Geistesforscher jene Wege durchmacht, die hier beschrieben oder angedeutet worden sind, und die man ausführlich verfolgen kann in dem Buche «Wie erlangt man Erkenntnisse der höheren Welten?». Das Wesentliche eines solchen Forscherweges ist, daß der Mensch dadurch sein Bewußtsein selber erweitert, daß er aufhört nur in sich zu leben, daß er nicht mehr bloß wahrnimmt, was sich der äußeren physischen Anschauung darbietet, daß er nicht mehr nur das auf sich wirken läßt, was die Sinne wahrnehmen können, und was der Verstand begreifen kann, der an das Instrument des Gehirnes gebunden ist. Sondern es ist das Ergebnis eines solchen Forscherweges, daß der Mensch von seinem leiblichen Werkzeug loskommt, daß er Teilnehmer wird an einer geistigen Welt und dann in seinem Umkreise in seinem Horizont nicht nur das hat, was sich für die äußeren Sinne und für den Verstand darstellt, sondern die geistigen Wesenheiten und geistigen Kräfte. So ist für den geisteswissenschaftlichen Forscherweg dasjenige, was man nennen könnte das Seelische der Erde, als ein die ganze Erde belebendes Seelisches ebenso vorhanden, wie das Seelische des Menschen vorhanden ist als das den menschlichen Organismus Belebende. Der geistige Forscher erweitert sein Bewußtsein zu einem Horizont, auf dem das die ganze Erde belebende Seelische unmittelbar zu seiner Anschauung kommt. Und dann ist für ihn die Pflanzenwelt nicht mehr bloß die Summe der einzelnen individuellen Pflanzen, sondern dann weiß er, daß das, was man Erden-Seele nennen könnte, mit alledem zu tun hat, was als Pflanze auf der Erde webt und lebt.

Es handelt sich aber dann noch immer darum: Wie haben wir uns nun vorzustellen, daß die Pflanzen entstehen und vergehen? Wie haben wir uns gewissermaßen das Geborenwerden oder den Tod der Pflanzen vorzustellen? – Wir werden gleich sehen, daß diese Worte, auf das Pflanzenreich angewendet, im Grunde genommen ebensowenig eine reale Bedeutung haben, wie es eine reale Bedeutung hat, wenn man sagen würde, falls jemand die Haare verliere, die Haare würden sozusagen sterben. Sobald man nur einmal zu dem Gedanken sich aufschwingt, daß man es bei der Erde als mit einem beseelten Organismus zu tun habe, muß man eine ganz neue Anschauung über Entstehen und Vergehen in der Pflanzenwelt gewinnen. Schon dem, der nicht bloß rein äußerlich vom Keime bis wieder zum Keime das einzelne pflanzliche Individuum verfolgt, sondern die Gesamtheit des Pflanzenlebens auf der Erde ins Auge faßt, wird es anschaulich, daß da noch etwas anderes im Spiele ist als das, was man Entstehen und Vergehen im Tierreich oder im Menschenreich nennen kann. Wir sehen, daß, mit Ausnahme derjenigen Gewächse, welche wir zu den Dauergewächsen zählen, das Spiel der Elemente im Verlaufe eines Jahres innig mit dem Entstehen und Vergehen der Pflanzen zusammenhängt, ganz anders zusammenhängt, als dies zum Beispiel beim Tiere der Fall ist. Wenig finden wir noch beim Tiere den Tod so an das Miterleben der äußeren Erscheinungen gebunden, wie wir das Hinwelken der Pflanzen an gewisse Erscheinungen der ganzen Erdennatur gebunden sehen, wenn es zum Beispiel gegen den Herbst zu geht. In der Tat betrachtet man das Leben der Pflanzen abstrakt, abgesondert von seiner Eingebettetheit in das ganze Erdendasein, wenn man nur die einzelne Pflanze betrachtet und nicht auf das rhythmisch durchwogende, auf- und abgehende Jahresleben hinschaut, das zu einer bestimmten Zeit die sprießenden und sprossenden Pflanzen aus sich heraustreibt, diese Pflanzen zu einer gewissen Reife und zu einer bestimmten Zeit wiederum zum Welken bringt. Wenn wir diesen ganzen Prozeß anschauen, so kann auch schon eine äußerlich sinnvolle, noch gar nicht in das Wesen der Geisteswissenschaft eindringende Betrachtung sich sagen: Da hat man es nicht bloß mit einem Entstehen und Vergehen der einzelnen Pflanze zu tun, sondern mit dem gesamten Erdprozeß, mit etwas, was lebt und webt in dem Gesamtdasein der Erde. Aber wo finden wir etwas, von dem wir sagen können, es mache uns durch das, was es in seinen eigenen Erscheinungen zeigt, verständlich, wie das unsichtbare Geistige, das wir als die Erde durchseelend zu denken haben, zusammengreift mit dem Hervorsprießen der Pflanze und wieder mit dem Welken der Pflanze? Wo finden wir irgend etwas, was uns so vor das geistige Auge tritt, daß es uns diesen Prozeß draußen verständlich machen kann?

Da zeigt sich dem Geistesforscher, daß er für dieses Weben und Leben in der Pflanzenwelt etwas in sich selber hat, etwas, was sich – man braucht es nur im richtigen Lichte zu betrachten – in der eigenen menschlichen Natur zeigt, und das uns erst sagen kann, wie es sich mit Entstehen und Vergehen in der Pflanzenwelt verhält. Wir finden innerhalb der menschlichen Natur das, was wir unsere gewöhnlichen Bewußtseinserscheinungen nennen. Aber wir wissen sehr gut, daß dieselben für den Menschen nur erlebbar sind während des wachen Tageslebens vom Aufwachen bis zum Einschlafen. Der Prozeß des Einschlafens, der Prozeß des Aufwachens sind merkwürdige Vorgänge im menschlichen Leben. Denn was nehmen wir wahr? Wir nehmen wahr beim Einschlafen ein Hinuntertauchen unserer gesamten seelischen Innenprozesse in ein unbestimmtes Dunkel; wir nehmen wahr ein Hinschwinden unserer Gedanken und Vorstellungen, unserer Gefühle, Willensimpulse in die Finsternis des Schlafzustandes. Und ein Herauftauchen dieses ganzen Seeleninhaltes nehmen wir wieder beim Aufwachen wahr. Dessen ist sich der Mensch bewußt. Nun wäre es ohne Zweifel absurd zu denken, daß der Schlaf nichts mit demjenigen zu tun habe, was entsprechend in der menschlichen Gesamtorganisation vorhanden ist. Wir wissen, wie für unser physisches Leben, insofern sich in demselben auch Geist und Seele ausleben müssen, ein geordneter, richtiger Schlafzustand eine Bedeutung hat. Wir wissen, was wir dem geordneten Schlafe verdanken. Es braucht nur immer wieder auf das aufmerksam gemacht zu werden, was derjenige hinlänglich wahrnimmt, der zum Beispiel ein gut ausgebildetes Gedächtnis braucht, der zu memorieren hat. Man sagt: wenn man sein Gedächtnis nicht zu stark abnutzen will, so daß es unbrauchbar würde, wenn man überhaupt mit seinem Gedächtnis zurecht kommen will, müsse man sich immer wieder und wieder die Sachen überschlafen. Wenn man Längeres auswendig zu lernen hat, so merkt man ganz deutlich, was man in der ganzen Wirksamkeit des Gedächtnisses dem geordneten Schlafzustande verdankt. Aber außerdem erscheint es ganz selbstverständlich, daß dasjenige, was wir als den Erfolg unseres Wachlebens verspüren als Ermüdung oder Erschöpfung, bewirkt werde von unserem bewußten Leben. Indem wir unsere seelischen Prozesse – unser Vorstellungs-, unser Gefühls-, unser Willensleben – sich abspielen lassen, greifen wir in die feinere Organisation, mit unseren Willensprozessen sogar in die gröberen Partien unseres Organismus ein. Eine ganz oberflächliche Betrachtung kann lehren, daß nur durch das Eingreifen unserer bewußten Vorstellungen, Gefühle und Willensäußerungen in unsern Organismus die Ermüdung der Nerven, der Muskeln und der sonstigen Organe bewirkt wird. Man weiß ganz gut, wenn man sich den gewöhnlichen Träumereien des Tages hingibt, wo ein Gedanke den anderen ablöst, wird man weniger ermüdet, als wenn man unter dem Zwange einer Methode oder einer Lehrmeinung seine Gedanken arbeiten lassen muß. Wir wissen auch, daß der Herzmuskel und die Lungenmuskeln das ganze Leben hindurch arbeiten, ohne daß sie Schlaf oder Ausruhen brauchen, weil in diesem Falle die Ermüdungen nicht eintreten, da der Organismus nur diejenigen Tätigkeiten im Unbewußten oder Unterbewußten hervorruft, welche ihm angemessen sind. Nur wenn wir vom Bewußtsein aus eingreifen, rufen wir Ermüdung hervor. Daher können wir sagen: Wir sehen unsere

Seelenprozesse eingreifen in das leibliche Leben, wir sehen, wie das, was in der Seele wirkt, sich auswirkt in unserem leiblichen Leben. Was wird durch dasjenige hervorgerufen, was wir die selbstverständlichen Prozesse des Leibes nennen können: Herztätigkeit, Lungentätigkeit und die kontinuierlichen Prozesse des Lebens? Es tritt nicht Erschöpfung, nicht Ermüdung ein. Wenn die bewußten Prozesse eingreifen, tritt Ermüdung ein. Ein Abnutzen, ein Zerstören des Organismus nehmen wir wahr durch das Eingreifen des Bewußtseins in unseren Organismus.

Da sind wir auf dem Punkte, wo wir einsehen können, welche Bedeutung und welche Funktion der Schlaf hat. Was während des Tages im Organismus abgenutzt wird, was durch die bewußten Tätigkeiten zerstört wird, das muß – unter Ausschaltung der bewußten Tätigkeiten – im Schlafzustande wieder hergestellt werden. Da muß der Organismus sich selbst überlassen bleiben und den Prozessen folgen können, die ihm ureigen, eingeboren sind. Hier stehen wir an dem Punkte, wo wir sagen können: Merkwürdig trifft wieder die Geisteswissenschaft mit dem zusammen, was uns die naturwissenschaftlichen Tatsachen erzählen, auch in der Gestalt, wie sie der eingangs charakterisierte russische Forscher und langjährige Direktor des Pasteur-Institutes in Paris anführt. – Können wir jetzt nicht sagen: das Bewußtsein selber, das geistige Leben des Menschen rufe selbst, damit es bestehen kann, damit es überhaupt da sein kann, die Erschöpfung und die Ermüdung des Organismus hervor? Und so könnte man, um ein wenig die Hypothese dieses Forschers zu beleuchten, auf die Frage: warum kommen denn die von ihm charakterisierten Feinde des Lebens in unseren Organismus hinein? dadurch antworten, daß wir sagen: weil im Grunde genommen dem bloß organisch Lebendigen im Menschen immer wie eine Art Vergiftungsprozeß der Bewußtseinsprozeß gegenübersteht. Wir könnten gar nicht zu unserem höheren Geistesleben kommen, wenn wir nicht den Organismus zerstörten. In den Prozessen, welche dem Organischen feindlich sind, liegt überhaupt erst die Möglichkeit unseres Bewußtseins. Wenn man von einer Vergiftungswirkung in bezug auf die organische Tätigkeit spricht, so muß man sagen: Was wir als den Segen, als das große Heil unseres Lebens ansehen müssen, daß wir ein bewußtes Wesen in einem physischen Leibe sein können, daß wir eine bewußte Tätigkeit entwickeln können, verdanken wir dem Umstande, daß wir mit unserem bewußten Leben zerstörend, vergiftend in unseren Organismus eingreifen. – Nur ist für das gewöhnliche Bewußtseinsleben dieser Vergiftungs- und Zerstörungsprozeß sozusagen kein unheilbarer, sondern es wird in den Organismus in der Weise eingegriffen, daß dann, wenn der Zerstörungsprozeß einen gewissen Punkt erreicht hat, das bewußte Geistesleben sich zurückzieht und den Organismus seiner eigenen Wirksamkeit überläßt. So daß dann also der Schlaf eintritt, in dem der Organismus seiner eigenen Wirksamkeit überlassen ist, und in dem dasjenige wieder hergestellt wird, was gerade durch die bewußten Erscheinungen des Seelenlebens zerstört wird. Wohl ist es dem Geisteswissenschafter bekannt, was alles für geistreiche, mehr oder weniger bedeutsame Hypothesen über den Schlaf und die Ermüdung aufgestellt sind, und man müßte lange sprechen, wenn man alle diese Hypothesen auseinandersetzen wollte. Es kommt aber hier nicht darauf an, diese rein materialistischen Hypothesen auseinanderzusetzen, sondern die Tatsache hinzustellen, daß das Bewußtsein mit seinem Inhalte selber in den Organismus zerstörend eingreifen muß, der das äußere Werkzeug für das Bewußtsein birgt, und daß der Schlafzustand eine Ausgleichung der entsprechenden Zerstörungsprozesse ist, die also durch ihn wirklich geheilt werden. Daher kann man sagen: Der Schlaf ist der Heiler derjenigen Zustände, welche das Bewußtsein wie Krankheitsprozesse im Organismus hervorrufen muß.

Wenn nun der Geistesforscher so weit gekommen ist, nicht nur dasjenige zu sehen, was das normale äußere Bewußtsein sieht, daß mit dem Einschlafen die bewußten Vorstellungen und so weiter in ein unbestimmtes Dunkel hinuntersinken, sondern wenn er dazu kommt, auch dann noch, wenn dieses normale gewöhnliche Bewußtsein schwindet, wirklich zu beobachten, was an ihm vorgeht, dann kommt er auch dazu, den Prozeß dieses Einschlafens und Aufwachens verfolgen zu können. Selbsterkenntnis im weitesten Umfange ist es, was man sich durch Geistesforschung aneignet. Dann kommt man zu einer wirklichen Anschauung jener Prozesse, die mit dem Einschlafen vor sich gehen, und welche Prozesse des Aufbauens, des Hervorsprießens von Lebendigem sind. Man erlebt eigentlich durch die Geistesforschung und durch alles Sinnen und Denken, das im Sinne einer geisteswissenschaftlichen Forschung ist, mit jedem Einschlafen etwas von aufsprießendem Leben im bloßen Organismus, das aber, weil es im bloß Organischen abläuft, doch nur den Wert des Pflanzenlebens hat. Was man so jeden Abend im Einschlafen erleben kann, das kann man in folgender Weise charakterisieren: Du siehst deinen eigenen Organismus mit deinem ganzen seelischen Leben, du siehst hinuntersinken, was beim Tagesleben dein Bewußtsein ausgefüllt hat. Dafür aber siehst du heraufsprießen in deinem eigenen Organismus, was aufbauende, nicht zerstörende Prozesse sind, was aber innerhalb deiner nur so ist, wie das Hervorsprießen eines Pflanzlichen. – So hat man während des Schlafzustandes im eigenen Organismus etwas wie das Erleben einer Eigenvegetation. Das Erleben des Einschlafens mit dem Hinschwinden der bewußten Vorstellungen ist etwas wie ein Frühlingserleben, wobei wir in unserem Organismus das, was nur pflanzenhaft ist, aus dem Unbewußten heraus auftauchen sehen. Der Moment des Einschlafens ist in diesem Sinne vollständig parallel zu schauen mit dem Hervorgehen der sprießenden, sprossenden Pflanzenwelt des Frühlings.

Wenn man das pflanzliche Leben so ansieht, dann kommt man davon ab, dieses Hervorsprießen der Pflanzen im Frühling etwa mit einer menschlichen Geburt zu vergleichen oder überhaupt mit dem, was man beim Menschen und bei tierischen Lebewesen Geburt nennen kann, sondern man kommt dazu einzusehen, daß die große Erdenmutter ein Gesamtorganismus ist und in sich im Frühling an dem Teil der Erde, der dann Frühling hat, das erlebt, was der Mensch seinerseits beim Einschlafen erlebt. Der Fehler, der bei solchen Vergleichen meistens gemacht wird, liegt gewöhnlich darin, daß die Dinge nicht in ihrer Realität angesehen werden, sondern nach äußeren Umständen betrachtet werden. Es wird manchem für seine Phantasie einleuchten, daß man das Aufsprießen der Pflanzen im Frühling mit etwas am Menschen vergleichen kann, was sich periodisch wiederholt, was also nicht eigentlich einen Tod und eine Geburt darstellt, aber wenn man seiner bloßen Phantasie folgen wird, so wird man die im Frühling hervorsprossende Pflanzenwelt etwa vergleichen wollen mit dem Momente des Aufwachens beim Menschen. Das ist falsch! Nicht mit dem Aufwachen, dem Wiederheraufkommen des Seeleninhaltes, ist der Frühling zu vergleichen, sondern mit dem Einschlafen, mit dem Verschwinden des inneren geistigen Lebens, der seelischen Tatsachen und dem Heraufsprießen des bloß Organischen, des bloß Pflanzlichen im Menschen.

Und wenn der Mensch durch das hellsichtige Bewußtsein den Moment des Aufwachens bewußt verfolgen kann, wie seine Vorstellungen und alles, woran er sich erinnert, aus unbestimmtem Dunkel heraufkommen, dann ist wiederum das da, was die Notwendigkeit herbeiführt, die ganze aufgesprossene Innenvegetation zu zerstören. Es ist tatsächlich so, wie wenn mit dem Heraufziehen unserer Vorstellungen beim morgendlichen Aufwachen das Element des Herbstes über alles das hingeblasen würde, was die Nacht aufsprießen ließ, ein innerer Vorgang, der vergleichbar ist für die ganze Erde mit dem Hinwelken der Pflanzen gegen den Herbst zu. Nur stellt es sich uns bei der Erde nicht so dar wie beim Menschen mit seinen zwei Bewußtseinszuständen wie Wachen und Schlafen, sondern, während immer die eine Hälfte der Erde schläft, ist die andere immer wach, so daß also der Schlaf mit dem Sonnengange immer von einer Hälfte der Erde zur anderen hinzieht. So haben wir es also bei der Erde mit einem großen Organismus zu tun, der sein Schlafesleben vom Frühling bis zum Herbst lebt, was sich uns in den äußeren Organen, in dem, was sprießt und sproßt im Pflanzenreich, zeigt, und der sich dann mit dem Herbst auf sein Geistiges zurückzieht, auf das, was Seele der Erde ist, denn Leben der Erde ist, wenn es vom Herbst bis zum Frühling geht. Daher können wir bei den Pflanzen gar nicht von einem wirklichen Tode oder von einer wirklichen Geburt sprechen, sondern nur von einem Schlafen und Wachen des gesamten Erdenorganismus. Wie sich beim Menschen im Laufe von vierundzwanzig Stunden Schlafen und Wachen rhythmisch wiederholen, und wie wir dabei nicht von Tod und Geburt unserer Gedankenwelt sprechen, ebensowenig sollten wir, wenn wir recht real sprechen wollen, von Leben und Sterben der Pflanzen sprechen, sondern den ganzen Erdenorganismus ins Auge fassen und, zugehörig dem ganzen Erdenorganismus, den Pflanzenprozeß betrachten als das Aufwachen und Einschlafen der Erde. Wenn wir uns am meisten an dem erfreuen, was uns aus der Erde hervor- sprießt, wenn wir uns erinnern daran, wie sozusagen die Menschen der früheren Zeiten daran gingen aus der Freude am sprossenden Leben das Johannes-Fest zu feiern, dann hat man gerade für die Erde die Zeit, die beim Menschen mit Bezug auf seinen Organismus, seine äußere Leiblichkeit, um Mitternacht vorhanden ist. Wenn aber die Menschen sich anschicken das Weihnachtsfest zu feiern, wenn das äußere Leben erstorben ist, dann hat man es bei der Erde mit ihren geistigen Prozessen zu tun, in welcher Zeit dann auch der Mensch am besten den Zusammenhang mit dem ganzen geistigen Leben der Erde findet, was er darin aus einem richtigen Instinkt heraus angedeutet hat, daß die geistigen Feste der Menschheit in die Winterzeit verlegt sind. Ich weiß, was äußere Naturwissenschaft hiergegen einwenden kann, aber die äußere Naturwissenschaft beobachtet nicht die richtigen Instinkte der Menschen.

Nun versuchen wir das, was wir den Tod im Tierreich nennen können, nicht etwa durch analoge Urteile zu erfor- schen, sondern wir wollen das, was die Geisteswissenschaft zu geben hat, wieder durch einen Prozeß im Menschenwesen ausdrücken. Da müssen wir beachten, daß unser seelisches Leben, wenn wir es genau betrachten, allerdings noch einen anderen Verlauf aufweist als den, der in der Förderung und Fruchtbarmachung unseres Seelenlebens durch den Wechsel von Wachen und Schlafen besteht. Es soll gleich darauf hin- gewiesen werden, daß der Mensch von jenem Momente sei- ner Kindheit ab, bis zu dem er sich dann später bewußt zu- rückerinnert, durch sein ganzes Leben eine Art Reifungs- prozeß durchmacht. Immer reifer und reifer wird der Mensch durch das, was er an Lebenserfahrung aufnehmen kann. Dieser Reifungsprozeß vollzieht sich in einer eigentümlichen Weise. Wir erinnern uns – und dadurch besteht überhaupt nur die Möglichkeit, von einem Ich in uns zu sprechen – bis zu einem gewissen Punkte der Jugend, was wir alles erlebt haben, aber wir erinnern uns nur an das Vorstellungsmäßige, an das Gedankenartige. Das ist etwas sehr Merkwürdiges, aber jeder kann es an sich erforschen. Wenn Sie sich an ein schmerz- oder lustvolles Ereignis erinnern, das Sie vor vielleicht dreißig Jahren hatten, so werden Sie sich sagen: Ich kann alle Einzelheiten ganz gut verfolgen, was ich an Vorstellungen erlebt habe, so daß ich sie in der Vorstellung nachkonstruieren kann, aber nicht wird so lebendig, wie es sonst bei Gedankenartigem der Fall ist, der Schmerz oder die Lust vor der Seele stehen können, welche damals mit dem betreffenden Ereignis verbunden waren. Die sind verblaßt, haben sich von dem Vorstellen getrennt und sind in ein unbestimmtes Dunkel hinuntergegangen. – Man möchte sagen: Die Vorstellungen können wir immer wieder aus den tiefen Schächten unseres Seelenwesens heraufholen, aber unten lassen müssen wir – auf die Ausnahmen hierbei kommt es nicht an – unsere Erinnerungen mit Bezug auf das, was wir an Gefühlen, an Affekten, an Leidenschaften erlebt haben. Was wir gefühlsmäßig erlebt haben, bleibt unten, löst sich los von den bloßen Vorstellungen. – Geht es verloren? Geht es in ein Nichts über? Das ist nicht der Fall. Es kann so für den scheinen, der das Menschenleben nicht wirklich gewissenhaft und eingehend betrachtet. Aber ein gewissenhafter und allseitiger Beobachter findet das folgende: Wenn wir ein Menschendasein in einer bestimmten Lebensstunde prüfen, zum Beispiel im vierzigsten Jahre, so finden wir es in einer gewissen Verfassung, Seelenverfassung, aber auch leiblicher Gesundheits- oder Krankheitsverfassung. Der Mensch stellt sich uns dar entweder trübsinnigmelancholisch, leicht niedergedrückt, oder heiter oder irgendwie von phlegmatischem oder sonstigem Temperament, leicht zugreifend gegenüber den Tatsachen der Welt, leicht aufnehmend, was Lust und Freude ihm geben kann und so weiter. Man sollte nicht das, was Seelenverfassung ist, immer von dem Leiblichen abtrennen, denn wie die Funktionen des Leiblichen wirken, davon hängt auch die Seelenstimmung ab, mit der sich ein Mensch darstellt. Wenn man so die Seelenstimmung und die Gesamtverfassung eines Menschen in irgendeinem Lebensalter prüft, so wird man bald darauf kommen, wohin die Gefühlserlebnisse gegangen sind, die von den Vorstellungen sich abgetrennt haben und die wir später nur noch vorstellungsmäßig erinnern. Man wird finden, was als Gemütsstimmungen sich losgetrennt hat, das hat sich mit unserer tieferen Organisation verbunden, es kann nicht in unserem Innenleben erinnert werden, aber es drückt sich im Innenleben aus bis in Gesundheit und Krankheit hinein. Wo sind die Gemütsstimmungen geblieben, da wir uns ihrer nicht erinnern? Unten sind sie im leiblich-seelischen Leben und konstituieren eine bestimmte Verfassung im Gesamtleben des Menschen. So zeigt sich uns, wie wir zum Gesamtverlauf unseres bewußten Lebens das Gedächtnis brauchen, und wie das Gedächtnis immer im Schlafe in ein unbestimmtes Dunkel taucht, so tauchen unsere Gemütserlebnisse hinunter in das Dunkel unseres Eigenwesens und arbeiten an unserer Gesamtverfassung.

So haben wir ein zweites Element in dem Menschen wirksam. Und wenn wir jetzt von den Menschen aus unseren Blick auf den gesamten Erdorganismus lenken, den wir als ein beseeltes Wesen betrachten, so betrachten wir ihn allerdings nicht in der Weise, als wenn die seelisch-geistigen Kräfte, die im Erdorganismus wirken, so organisiert wären, wie die Seele des Menschen organisiert ist. Denn die Geisteswissenschaft zeigt uns, daß viele solcher Wesen, wie der Mensch eines ist, in der Seelensphäre der Erde leben, so daß das seelische Wesen der Erde eine Vielheit darstellt, während das des Menschen eine Einheit ist. Man kann aber durchaus das Seelische der Erde in dieser Beziehung, wie es jetzt charakterisiert ist, mit den Seelenerlebnissen im Menschen selber vergleichen. Wenn wir sehen, wie unsere Gemütsstimmungen in unsere eigene Organisation hinuntertauchen, an unserem Leibe arbeiten und in unserer Gesamtverfassung zum Ausdruck kommen, so haben wir einen Parallelprozeß dazu in dem, was der Gesamtprozeß auf der Erde bildet, und zwar in alledem, was sich zum Ausdruck bringt in dem Entstehen des tierischen Lebewesens. In uns selber wird nur ein leiblich-seelischer Prozeß durch das ausgelöst, was durch unsere Gemüterlebnisse in das Dunkel unserer Leibesverfassung hinuntergedrängt wird. Für die Erde sind die entsprechenden seelisch-geistigen Erlebnisse gleichsam kristallisiert in dem Entstehen und Vergehen von tierischen Wesen. Ich weiß sehr wohl, daß bei einer solchen Auseinandersetzung, wie sie jetzt gepflogen wird, demjenigen, der da glaubt aus Hypothesen eine Weltanschauung zimmern zu können, die scheinbar fest auf dem Boden der Naturwissenschaft steht, sich der Magen umdrehen kann, und ich kann mich in die Seele eines solchen Menschen hineinversetzen. Aber man wird sehen, daß die Richtung des menschlichen Denkens und Urteilens, die zur Aufklärung über die Vorgänge von Tod und Entstehen auf der Erde führen soll, in der nächsten geistigen Entwickelung den Gang nehmen wird, der hier angedeutet ist, denn alles, was wir an Tatsachen in der Naturwissenschaft selber sehen, führt uns darauf hin, daß es so ist. Wie der Mensch in seine Leibesorganisation untergehen sieht seine Gemütsstimmungen, die seine organische Verfassung hervorrufen, so sieht er in entsprechender Weise äußerlich in der Erdenorganisation jenen Prozeß der Entstehung der tierischen Welt.

Sodann aber haben wir beim Menschen noch einen anderen Vorgang. Wir sehen, wie aus der Gesamtorganisation in der Seele wiederum auftauchen die sogenannten höheren Gefühle und Empfindungen. Was haben diese für eine Eigentümlichkeit? Wer vorurteilslos, aber auch ohne falsche asketische Stimmung, ohne falsche Scheinheiligkeit und Frömmigkeit dabei vorgeht, wird sich sagen: Was wir als die höheren moralischen Gefühle und als jene Gemütsstimmungen im Menschen bezeichnen können, die im Enthusiasmus für alles Gute, Schöne und Wahre erwachsen, für alles, was die Welt im Fortschritte weiterbringt, das lebt in uns nur dadurch, daß wir uns in unserer Gemütsverfassung über alles erheben können, was in uns ursprünglich instinktiv angelegt ist, so daß wir uns in den geistigen Gefühlen, in unserem geistigen Enthusiasmus hinausheben über das, was nur die leibliche Organisation in uns aufsteigen lassen kann. – Das kann so weit gehen, daß der, welcher seinen Enthusiasmus im geistigen Leben hat, ganz an dem hängt, was Gegenstand seines Enthusiasmus ist, so daß es ihm sogar ein Leichtes wird, sein physisches Leben hinzugeben, damit das leben soll, wofür er in seinen höheren moralischen und ästhetischen Gefühlen entflammt ist. Da sehen wir dasjenige, was in dem Enthusiasmus als Geistiges lebt, mit Unterdrückung unserer bloß organischen Natur in einer Gemütsstimmung aufsteigen, die zunächst nichts zu tun hat mit dem Verlaufe des organischen Lebens. So verläuft auch ein Element im Menschen, jenes Element, das er hinunterschickt in die Tiefen seines Wesens, und das da unten seine organischen Vorgänge konstruiert. Aber aus der Tiefe seines Wesens steigen auch seine moralischen und geistigen Gefühle auf, steigt auf seine Gemütsverfassung; die siegen in immer weitergehender Entwickelung über das, was bloß zur organischen, zur physisch instinktiven Konstitution des Menschen gehört.

Diesen Prozeß, den wir im Menschen in zwei Elemente geteilt finden, finden wir auch in der tierischen Lebewelt. Wenn wir unsere Gemütsverfassung hinuntersenken in das Leibesleben und uns beeinflussen lassen von unseren Gemütsstimmungen bis zur Gesundheit oder Krankheit, so sehen wir dagegen dasjenige, was das Einsenken der Gefühlsverfassung der gesamten Erde ist, in demjenigen, was sich im tierischen Leben auslebt. Was als Gefühl und Leidenschaft im ganzen Erdorganismus ist, das lebt sich im Tierreich aus, wie sich in unserer Gesamtorganisation unsere Leidenschaften und Affekte ausleben. Wenn wir die tierische Welt anschauen, so haben wir in jeder einzelnen Gestalt das Ergebnis der Gemütsverfassung unserer Erde. Und wenn wir darauf hinsehen, wie die Erde gleichsam über das Leben der Tierwelt hinzieht und es am engsten an den äußeren physischen Leib gebunden sein läßt, so sehen wir darin nichts anderes, als den Sieg des Geistigen, dessen, was wir beim Tiere die Gruppenseele nennen, das Übersinnliche, das im Äußeren nur den Repräsentanten findet, und das über das Äußere siegt, wie beim Menschen die geistigen Gefühle über das bloß Instinktive siegen. Daß die äußeren Prozesse der Erdenorganisation immer wieder den Tod über das einzelne Tier hingehen lassen, ist nichts anderes, als wenn in uns immerdar das Geistige als solches den Sieg über das erlangt, was bloß mit dem Organischen zusammenhängt. Wenn wir so auf das Geistige im Tier sehen, dann können wir auch nicht Entstehen und Vergehen des Tieres so betrachten, als ob wir darauf die Ausdrücke Geburt und Tod wie beim Menschen anwenden könnten. Es ist das allerdings in den Tieren ein Gesamtprozeß der Erde, der sich schon individualisierter darstellt als bei der Pflanzenwelt. Aber dennoch haben wir, wenn wir die einzelnen Gattungsseelen, die einzelnen Gruppenseelen ins Auge fassen, die den Tierarten oder -gattungen zugeteilt sind, darauf zu sehen, wie bei jedem Tode, der dem einzelnen Tiere gegenüber eintritt, das äußere Leibliche vergeht, wie aber das, was die Gattungsseele, das Geistige im Tiere ist, immerdar über die äußere Gestalt triumphiert, wie im Menschen das Geistige über das bloß Instinktive triumphiert, das nicht in der abgetrennten Gestalt, wohl aber in der Organisation seinen Repräsentanten hat.

So sehen wir gleichsam ein großes Lebendiges aus einzelnen Gattungsseelen der Tiere bestehen, und wir sehen Geburt und Tod der tierischen Lebewesen sich so darstellen, daß das, was dem einzelnen Tiere im Geistigen zugrunde liegt, immerdar seinen Sieg über die Einzelheit zu erfechten hat. Damit haben wir den Tod bei den Tieren als das dargestellt, was sich als die Gruppenseele über das Verwelken und Verfallen der einzelnen Tiergestalt hindurchbewegt. Nur dann könnten wir von einem wirklichen Tode beim Tiere sprechen, wenn wir nicht ins Auge fassen würden, was nach dem Tode des Tieres bleibt und in einer ähnlichen Weise das Geistige ist, wie beim Menschen das, was über die Gemütsverfassung wie auch über das triumphiert, was zum Hinwelken verurteilt ist, indem es sich selbst über sich erhebt.

Wenn der Darwinismus einmal über sich hinausgekommen sein wird, dann wird er sehen, wie durch das Tierreich in den scheinbaren Geburten und Toden sich ein Entwickelungsfaden hindurchschlingt von den ältesten Zeiten bis in spätere Zukunftzeiten hin, so daß die Gesamtentwickelung des Tierreiches zuletzt zu einem Siege dessen führt, was sich, indem das Niedere, die einzelne Tiergestalt, überwunden wird, herausschält aus der gesamten geistigen Welt und das Niedere, was in den einzelnen Tieren lebt, zurückläßt und über das Instinktive, das in der gesamten Tierheit zutagetritt, einstmals triumphieren wird.

Wenn wir nun im Menschen kommen zu dem, was wir des Menschen Willensnatur nennen, wenn wir also nicht nur davon sprechen, daß er seine Vorstellungen erlebt, die immer wieder erinnert werden können, und nicht nur die Gemütsverfassung ins Auge fassen, die sich in der charakterisierten Weise in die tiefere Organisation herunterbegibt, sondern wenn wir auf die Willensimpulse schauen, so werden wir sagen: Sie stellen sich zunächst als das Allerrätselhafteste in der menschlichen Natur dar. – Wie der Mensch in bezug auf die Willensimpulsivität bestimmt ist, das hängt von dem ab, was ihm sein Leben als Erfahrungen gebracht hat. Wenn wir im Leben von irgendeinem Punkte aus einen Rückblick tun, so finden wir darin einen fortlaufenden Gang, wie sich Seelenereignis an Seelenereignis schließt. Aber wir finden, wie das, was wir erfahren haben, im wesentlichen so in unseren Willen einfließt, daß wir sagen können: Wir sind eigentlich, wenn wir uns so anschauen, reicher geworden an Vorstellungen, reifer aber in bezug auf unsere Willensimpulsivität. – Allerdings machen wir eine besondere Reife in bezug auf unseren Willen durch. Das erfährt jeder, der einen solchen Rückblick in sein Leben in irgendeiner Weise macht. Wir tun irgend etwas im Leben. *Wie* wir etwas hätten tun müssen, das erfahren wir eigentlich erst, wenn wir es getan haben. Und jeder weiß, wie wenig er Gelegenheit hat, später wieder in dieselbe Situation zu kommen, das, was er als Lebensreife sich angeeignet hat, was er gewonnen hat vielleicht durch Irrtum und Schädigungen, die er erfahren hat, in einem späteren Falle anwenden zu können. Aber eines weiß er, daß alles, was er erlebt, sich in der Gesamtheit seiner Willensverfassung in dem zusammenfügt, was wir die Weisheit seines Wollens nennen können, und daß dies die Reife bildet, die wir allmählich erlangen. Unser Willensleben ist es, was immer reifer und reifer wird. Unsere ganzen Gefühle, Vorstellungen und so weiter schließen sich darin zusammen, unseren Willen immer reifer und reifer zu machen, auch in bezug auf äußere Verrichtungen. Denn daß wir durch die Lebenserfahrungen reifer im Denken werden, ist nur ein Reiferwerden in dem Willen, der sich in dem Aneinanderfügen von Gedanken an Gedanken ausspricht. So sehen wir, wie gleichsam unser gesamtes Seelenleben, indem wir es rückblickend überschauen, uns auf den Mittelpunkt unseres Wesens hinführt, der hinter den Willensimpulsen steht und in welchem sich dieses Immer-reifer-Werden ausdrückt. Wenn wir dies ins Auge fassen, so haben wir das dritte Element der menschlichen Entwickelung, dasjenige, wovon wir uns sagen können: Wir erziehen es uns heran in unserem Leben im physischen Leibe. Wir wachsen gerade in diesem Elemente heran und wachsen in diesem Elemente über das hinaus, was wir waren, als wir durch die Geburt in dieses Dasein hereingetreten sind. – Indem uns in diesem Dasein ein physischer Leib umkleidet, und der physische Leib das Werkzeug ist, dessen wir uns für unsere Seele bedienen müssen, indem sie den Verstand braucht, das Gehirn braucht, eignet sich unser Seelenwesen Lebensreife, Lebenserfahrung an, welche sich in der Gesamtverfassung des Willens, in der Willensreife gleichsam kristallisiert.

Aber wir sind in der Regel in diesem Leben nicht imstande, das auch auszuwirken, auszuführen, was jetzt in unseren Willensimpulsen lebt. Das ist es, was dem Menschen die Frage vorlegt: Was ist es mit diesen Willensimpulsen, die wir als unser intimstes Seelengut ausbilden, die wir uns vielleicht gerade durch unsere Unvollkommenheit angeeignet haben, und die wir doch niemals zum Ausdruck bringen können? – Was wir an Inhalt unserer Gemütserlebnisse hinunterschicken in die Tiefen unseres Wesens, so haben wir an zweiter Stelle unserer Betrachtung gesehen, das führt zu unserer gesamten Leibes- und Seelenverfassung, zu dem, wie wir gestimmt sind, was das Leben an uns gemacht hat in bezug auf Gesundheit und Krankheit, ob wir mehr melancholisch sind oder Heiterkeit ausdrücken und dergleichen. Was wir aber in bezug auf unsere Willensverfassung aus uns gemacht haben, das ist unser innerstes Wesen. Das sind wir geworden. Durch das sind wir aber auch über das hinausgewachsen, was wir gewesen sind. Und wir merken es, wenn es in der zweiten Hälfte unseres Lebens bergabgeht, wie unser Leib versagt, um das auszuleben, was wir durch unsere Willensimpulsivität geworden sind. Kurz, wir sehen, wie wir dadurch, daß wir erkennend, fühlend und wollend im Leben drinnenstehen, durchaus etwas werden, was mit dem, was wir schon sind, im Widerspruche steht, was sich stößt an dem, was wir schon sind. Wir fühlen innerlich seelisch, durch unsere Lebensreife, wie wir zusammenstoßen mit dem, was wir durch unsere Elemente, durch unsere körperlichen Anlagen, durch unser Seelisches geworden sind. Wir fühlen innerlich den Zusammenstoß zwischen der Gesamtheit der Willensverfassung und Lebensreife mit der Gesamtverfassung unserer Organisation, fühlen aber im Grunde genommen diesen Zusammenstoß auch bei jedem einzelnen Willensimpuls, der zur Handlung führt. Das ist es ja, daß wir unsere Gedanken bis zu einem gewissen Grade durchsichtig haben, unsere Gefühle auch noch; wie aber der Wille zur Tat und Handlung wird, das ist für das Äußere undurchdringlich. Der Wille stößt sozusagen mit dem äußeren Leben zusammen und wird sich nur bewußt, indem er mit diesem äußeren Leben zusammenstößt. Und hier können wir, was sich schon im Seelenleben zeigt, in dem Gesamtleben verfolgen, auch in der körperlichen Organisation: Was der Mensch geworden ist, was ihm die Anlagen für seine Fähigkeiten gegeben hat, das muß der Wille, der da erst wird in diesem Leben, zerbrechen, zerstören können, denn dieser Wille würde sich sonst nie zur Geltung bringen können.

Wie der Mensch überhaupt nur durch den Zusammenstoß mit der Realität sich bewußt werden kann, so kann er sich als fortschreitenden Prozeß nur erleben, indem durch den Willen das gesamte physische Leben in ihm ebenso zerstört wird, wie durch das Vorstellungsleben das Gehirn zerstört wird. Aber während das Letztere durch den Schlaf wieder ausgeglichen werden kann, kann ein Neuwerden des Willens nicht wieder ausgebessert werden, sondern es muß in der Tat durch die Impulsivität des Willens ein fortlaufender Zerstörungsprozeß in jedem Leben eintreten. Da sehen wir, daß der Mensch seinen Organismus zerstören muß und sehen so für den Menschen erst die Notwendigkeit des wirklichen Todes. Wie wir für das Vorstellungsleben die Notwendigkeit des Schlafes einsehen, so sehen wir jetzt für das Willensleben die Notwendigkeit eines Todes ein. Denn nur dadurch, daß der Mensch seine physische Organisation seinem Willen entgegenstehend hat, erkennt sich der Wille in sich selber, verstärkt sich in sich selber und geht dann durch die Pforte des Todes in ein Leben in der geistigen Welt, wo er sich die Kräfte aneignet, um in einer zukünftigen Verkörperung dasjenige aufzubauen, was er in dieser Leiblichkeit nicht mehr erreicht hat. Wofür ihm nur das Bewußtsein aufgehen konnte, das reif war für das Nächste, was die Anlagen geliefert hat für etwas Weiteres, was sich aber nicht in diesem Leben auslebte, das wird sich in einem kommenden Erdenleben ausleben, wo der Mensch sich auch sein neues Schicksal, sein neues Erdenleben in entsprechender Weise zimmern wird.

Während wir also bei der Pflanzenwelt mit Bezug auf

den Tod nur von einem Aufwachen und Einschlafen der ganzen Erdennatur sprechen konnten, während wir in der Tierwelt den Tod nur vergleichen konnten mit dem Auf- und Abfluten und Besiegen unseres niederen Instinktlebens, haben wir erst mit dem menschlichen Tode dasjenige, was uns durch das Zerstören dieses einen Lebens auf die immer wiederkehrenden Leben hinweist. Dadurch, daß wir nur durch die Zerstörung dieses einen Lebens das gewinnen kön- nen, was im neuen Erdenleben auftritt und dadurch erst zur wirklichen Vervollkommnung des gesamten Menschenlebens führt, ist auch das gegeben, daß der Wille des Menschen, um sich in der Gesamtverfassung seiner selbst bewußt zu wer- den, das Hinsterben des physischen Leibes braucht, und daß im Grunde genommen für den richtigen Willensimpuls das Erlebnis nur dann da ist, das er braucht, wenn wir durch die Pforte des Todes gehen, wenn er das allmähliche Siechwerden und Hinsterben der äußeren Organisation miterlebt. Denn an dem Widerstande, den er an der äußeren Organisation verspürt, wächst der Wille, wird immer stärker und stärker und bereitet sich vor, das zu werden, was für die Ewigkeit lebt. Daher ist es – abgesehen von alledem, was Sie in der Geisteswissenschaft ausgeführt finden über einen nicht-natür- lichen Tod – erklärlich, daß ein Tod, der durch einen äuße- ren Unglücksfall oder durch Selbstmord oder dergleichen herbeigeführt worden ist, unter allen Umständen etwas an- deres ist als ein natürlicher Tod, der da die Gewähr bietet für das Aufgehen eines neuen Lebens. Der unnatürliche Tod in irgendeiner Form kann zwar im Gesamtschicksal des Menschen durchaus auch etwas sein, was einen Fortschritt bedeutet. Aber was der Wille in seiner Gesamtverfassung erst hätte erleben müssen in dem Siege über die Leiblichkeit, das bleibt in einer gewissen Weise als innere Kraft bestehen und muß einen anderen Weg gehen, wenn der Mensch auf eine unnatürliche Art durch die Pforte des Todes geht, als wenn er sein Leben auf natürliche Weise auslebt.

So sehen wir, daß wir von Tod erst wirklich dann reden können, wenn wir von dem reden, was wir das Ausbilden eines neuen Willensartigen für ein neues Leben nennen können, und daß wir daher bei den anderen Wesenheiten nicht von einem wahren Tode reden können. Beim Menschen aber müssen wir so sprechen, daß nicht nur das Goethe-Wort wahr ist: «Die Natur hat den Tod erfunden, um viel Leben zu haben», sondern wir müssen so sprechen, daß wir sagen: Wenn es den Tod nicht gäbe, so müßte man wünschen, daß er da wäre, denn er gibt die Möglichkeit, daß an dem Widerstande und an dem Hinwelken der äußeren Organisation der Wille immer mehr wächst und wächst für das neue Leben. – Und das gibt die Möglichkeit für ein Aufsteigen der Entwickelung durch die verschiedenen Verkörperungen hindurch, so daß sich das Leben immer höher und höher gestaltet, wenn es auch die nächsten Leben nicht unmittelbar tun, wenn auch Rückschritte stattfinden. Im Gesamtverlauf aber wird man doch ein Aufsteigen durch die wiederholten Erdenleben erkennen.

So ist der Tod der große Stärker des Willenslebens für das geistige Leben. Und wir sehen, wie es schon angedeutet ist, daß sich die neuere Naturwissenschaft – wenn auch stammelnd – mit der Geisteswissenschaft begegnet, indem sie darauf hindeutet, wie das, was der Tod ist, eine Art Vergiftungsprozeß darstellt. Jawohl, es ist alle geistige Entwickelung, die ihren eigenen, selbständigen Gang geht, eine Verwüstung, eine Zerstörung des äußeren leiblichen Lebens. Was die Vorstellungswelt im Menschen verwüstet, das wird durch den Schlaf wieder ausgebessert. Was durch die Instinkt-Natur des Menschen zerstört wird, das wird wieder ausgebessert durch die höheren moralischen und ästhetischen

Gefühle und Empfindungen. Was wir sehen an Zerstörung der leiblichen Organisation durch die Tätigkeit des Willenselementes, das wird wieder ausgebessert in dem Gesamtleben des Menschen durch jene Reife des Willenslebens, die durch den Tod hindurchgeht und ein neues Leben aufbauen kann. So erhält der Tod seinen Sinn. Jenen Sinn, durch den der Mensch die Unsterblichkeit nicht nur zu denken, sondern in sich wirklich zu erleben vermag. Wer den Tod so betrachtet, sieht ihn herannahen als diejenige Macht, welche das äußere leibliche Leben dem Niedergange zuführt, aber er sieht auch dann gerade im Widerstande gegen diesen Niedergang aufleuchten wie die Morgenröte eines neuen menschlichen Seelenlebens, was der Mensch von Inkarnation zu Inkarnation, von Verkörperung zu Verkörperung durch Ewigkeiten hin durchlebt. Erst wenn man den Sinn des Todes für die menschliche Ewigkeit versteht, hat man den Sinn des Todes für die Gesamtnatur begriffen. Dann muß man aber auch von der weitverbreiteten törichten Betrachtung abkommen, die auch bei Tieren und Pflanzen von einem Tode spricht, dann muß man wissen, wie von einem wirklichen Tode eigentlich nur die Rede sein kann, wenn man diejenigen Schicksale in Betracht zieht, welche der Geist beim Durchgehen durch die Leiblichkeit erlebt, und wenn man auf die Tatsachen sieht, welche der Geist in der Leiblichkeit ausrichten muß, um seine eigene Vollkommenheit immer mehr und mehr zu erhöhen. Der Geist muß den Leib dem Tode überliefern, damit er, der Geist, selbst zu immer größeren und größeren Vollkommenheitsstufen sich emporschwingen kann. Wenn wir diesen Gesichtspunkt ins Auge fassen, dann darf unsere Seele zu uns sprechen, hinblickend auf den Tod im Menschenreiche, wie durch ihn das Geistig-Seelische des Menschen zu einer höheren Vollkommenheit kommen kann, aber auch hinblickend auf den Tod im Tier-

und Pflanzenreich, wie auf dem Grunde aller Erscheinungen der Geist durchleuchtet. Sie darf uns das tröstende nicht nur, sondern zu allen Lebenshoffnungen anregende Geständnis machen:

> Aus dem Geiste ist alles Sein entsprungen,
> In dem Geiste wurzelt alles Leben,
> Nach dem Geiste zielen alle Wesen.

DIE SELBSTERZIEHUNG DES MENSCHEN
IM LICHTE DER GEISTESWISSENSCHAFT

Berlin, 14. März 1912

Die Kulturverhältnisse der Gegenwart und insbesondere die Perspektive auf die Verhältnisse der nächsten Zukunft werden zweifellos immer mehr und mehr Bedeutung dem beilegen, was man die menschliche Selbsterziehung nennen kann. Am heutigen Abend soll im Sinne der geisteswissenschaftlichen Weltanschauung, die von mir hier vertreten wird, über diese Selbsterziehung des Menschen einiges, wenn auch bei dem Umfassenden des Themas nur andeutungsweise, gesprochen werden. Ausdrücklich sei von vornherein gleich hervorgehoben, daß dieser heutige Vortrag nicht von jener Selbsterziehung in erster Linie zu sprechen beabsichtigt, welche man die Erziehung des Menschen zur Geistesforschung nennen kann. Es soll vielmehr heute abend von jener Selbsterziehung die Rede sein, welche ihre Rolle im gewöhnlichen, alltäglichen Leben spielt, welche also gewissermaßen der Erziehung zur Geistesforschung vorangehen muß, und welche nicht nur für diese, sondern überhaupt für jeden Menschen Bedeutung und Wert hat.

Nun wird zweifellos ein jeder schon dann, wenn nur das Wort Selbsterziehung ausgesprochen wird, fühlen, daß in einer gewissen Beziehung mit diesem Worte eigentlich etwas Widerspruchsvolles angedeutet ist oder wenigstens etwas, dessen Ausführung große Schwierigkeiten sich entgegensetzen. Warum dies? Nun, aus dem sehr einfachen Grunde, weil eigentlich Erziehung die Anlehnung an ein Fremdes, an ein über dem zu Erziehenden Stehendes voraussetzt. Wenn man aber von Selbsterziehung spricht, so meint man selbstverständlich diejenige Erziehung, welche der Mensch sich selbst angedeihen lassen kann, das heißt jene Erziehung, bei welcher der Mensch gewissermaßen Erzieher und Zögling zugleich ist. Damit ist zweifellos sogleich eine große Lebensschwierigkeit bezeichnet.

Fassen wir nun einmal dasjenige ins Auge, was über die Erziehung des Kindes, des jungen Menschen, vom Standpunkte der Geisteswissenschaft aus gesagt werden kann. Sie finden ja alles, was nach dieser Richtung gesagt werden kann, in meinem kleinen Büchelchen zusammengefaßt: «Die Erziehung des Kindes vom Gesichtspunkte der Geisteswissenschaft». Es ist natürlich unmöglich, einleitungsweise heute auch nur anzudeuten, was in jenem Schriftchen gesagt ist. Aber darauf soll hingewiesen werden, daß, wenn wir im Sinne der Geisteswissenschaft den realen, den wirklichen Menschen, den ganzen Menschen ins Auge fassen, wir durch das Verfolgen seiner Entwickelung dazu kommen, gleichsam bis zu einem gewissen Grade der Reife dieses Menschen gewisse Hauptimpulse der Erziehung anzunehmen. Da finden wir, daß ungefähr bis zum siebenten Lebensjahre des Menschen, das heißt bis zum Zahnwechsel, die Erziehung von dem ausgehen müsse, was man die Nachahmung, den Nachahmungstrieb des Kindes nennen kann. Nun ist in jener Schrift hervorgehoben worden, daß im Grunde genommen bedeutungsvoller als alle Moralregeln und als alle sonstigen Unterweisungen für die Erziehung des Kindes in diesen ersten Lebensjahren das ist, was das Kind sieht und hört von denjenigen, die als Erwachsene in seiner Umgebung sind. Gehen wir weiter, so finden wir dann jenen wichtigen Zeitabschnitt im menschlichen Kindesleben, der beim Zahnwechsel beginnt und etwa bis zur Geschlechtsreife hin geht.

Da finden wir wiederum, wenn wir von allen Vorurteilen uns befreien und rein auf die reale Entwickelung des Menschen, auf die realen Bedingungen dieser Entwickelung schauen, daß der bedeutsamste Erziehungsimpuls für diese Jahre das sein muß, was wir die Autorität nennen. Und eine gesunde Erziehung für diese Jahre kommt zustande, wenn das Kind in dieser Zeit erwachsenen Menschen gegenübersteht, zu denen es Vertrauen, Glauben hat, so daß es, ohne mit irgendeiner blassen Verstandesidee, ohne mit irgendeiner unreifen Kritik einzugreifen, auf die Autorität dieser neben ihm befindlichen Personen hin seine Grundsätze, seine Verhaltungsregeln sich bilden kann. Das autoritative Prinzip ist das Grunderziehungsprinzip für diese Jahre. Sie finden, was zur Begründung dafür gesagt werden kann, in jenem Schriftchen. Und wenn wir dann den Menschen bis zum zwanzigsten, einundzwanzigsten Jahre ins Auge fassen, so finden wir durch die Grundbedingungen seiner Entwickelung, daß das Wesentliche das ist, was man Verstandesreife nennen kann und namentlich das Hinaufschauen zu einem in der Seele erfaßten unpersönlichen Ideal, also zu einem rein geistigen Erziehungsimpuls, das über dem steht, was der Mensch in diesem Alter selbst sein kann. Das ist gerade das Wesen des Ideales, daß wir ihm nachstreben und jederzeit das Gefühl haben, insbesondere in der Jugend haben können, daß wir mit unserem ganzen Verhalten und unserem ganzen Wesen dem Ideal wenig angemessen sind, daß das Ideal wie ein Himmelsbild über uns schwebt und wir ihm nachstreben mit dem Bewußtsein, daß wir es nie eigentlich erreichen können. Und erst wenn diese Zeitabschnitte vorüber sind, gelangt der Mensch in jene Epoche seines Erdendaseins, in welcher im Grunde genommen mit der Selbsterziehung begonnen werden, oder wo im engern Sinne des Wortes von der Selbsterziehung gesprochen werden kann.

Mit Ausnahme nun des letzten, des dritten Erziehungsimpulses, der aber auch für den jungen Menschen so ist, daß er ihn als Ideal den großen Impulsen des Weltgeschichtlichen entnimmt, und daß sonstiges Menschheitsideal ihm gegeben wird, das er also auch von außen übernimmt, sind die übrigen Erziehungsimpulse, wie zum Beispiel auch das autoritative Prinzip, auf ein Ideelles begründet, auch auf das, was man die Beziehung zu einem noch Fremden nennen kann, zu einem solchen also, das als Vollkommeneres vorausgesetzt wird. Der Zögling steht somit den Impulsen, die ihm für seine Erziehung kommen, als etwas Fremdem gegenüber, er schaut zu ihnen hinauf.

Wenn nun in Wahrheit von Selbsterziehung gesprochen werden soll, ist es ganz selbstverständlich, daß so, wie von den Erziehungsimpulsen für die ersten menschlichen Lebensjahre gesprochen wird, nicht gesprochen werden kann, und darin liegt das – ich meine jetzt nicht bloß Logisch-Widerspruchsvolle, sondern das Ideell-Widerspruchsvolle. Wenn der Mensch sein eigener Erzieher werden soll, muß man voraussetzen, daß die Impulse dazu in ihm selber sind. Wenn aber der Mensch sein eigener Erzieher werden soll, liegt es da nicht unendlich nahe, daß er durch diese eigene Erziehung weniger sich erweitert, sich vervollkommnet, oder daß er seine Lebensbedingungen reicher macht, als vielmehr sie einzuengen? Liegt es da nicht nahe, daß er die Selbsterziehung nach gewissen Dingen unternimmt, die schon in ihm sind, die er sich in seinen Kopf gesetzt oder angenommen hat, und daß er die reichen Möglichkeiten, die in seinem Innern hervorbrechen mögen, untergräbt, so daß er sich durch eine solche Selbsterziehung leicht einengen könnte, statt sich zu erweitern und zu vervollkommnen? Liegt nicht dieser Widerspruch ganz nahe?

Ja, wir sehen, weil in unserer Gegenwart durch die Kultur-

bedingungen, die wir jetzt haben, notwendigerweise Selbsterziehung immer mehr und mehr zum Gegenstand der Betrachtung gemacht wird, wie überall die Anschauungen über
Selbsterziehung, über Erziehung zur Individualität, zur
Persönlichkeit auftauchen. Wir können dies begreifen. Wir
brauchen nicht bis zum alten Indien zurückgehen oder zu
dem, was sich vom alten Indien ins neue hinaufgelebt hat,
wir brauchen nicht zum alten Ägypten zurückgehen und uns
klarmachen, wie dort eine bestimmte Kasteneinteilung den
Menschen von vornherein an einen bestimmten Platz des
Lebens gestellt und es ihm unmöglich gemacht hat, sich sozusagen frei zu entwickeln, und wie ihm da die Art und
Weise, wie er sich zu verhalten hat, gegeben war oder heute
noch gegeben ist durch die Art, wie er in die soziale Ordnung hineingestellt ist. Wir brauchen nicht zu diesen alten
Zeiten zurückgehen. Wir können zu den uns nahe liegenden,
jüngsten Zeiten gehen, die noch mit ihrem vollen Charakter
in die unsrige hereinragen, und wir sehen, wie das vorhanden war und teilweise noch vorhanden ist, was wir nennen
können die Bestimmtheit des Menschen durch, sagen wir
Blutsverwandtschaft, Stammesangehörigkeit, Kastenange-
hörigkeit und so weiter. Aber wir sehen auf der andern
Seite auch, wie aus diesem sozialen Gefüge sich gerade in
unserer Gegenwart ein ganz anderes bildet, ein solches, welches immer mehr und mehr den Menschen unmittelbar dem
Menschen gegenüberstellt, so daß Mensch und Mensch einander in der sozialen Ordnung gegenüberstehen. Ja, wir
sehen sogar, wie nicht nur Mensch und Mensch einander
gegenüberstehen, sondern wie der Mensch immer mehr und
mehr auf sich selbst gestellt ist, wenn er der Natur und dem
ganzen Weltall sich gegenübergestellt fühlt. Wir sehen, wie
er im Laufe des Lebens auf sein eigenes Urteil angewiesen
ist, auf die in seiner eigenen Seele gebildeten Überzeugun-

gen, auf die Art und Weise, wie er über moralische, ästheti-
sche, religiöse Beziehungen denken und sinnen kann. Ganz
selbstverständlich ist es, daß der immer mehr und mehr auf
sich selbst gestellte Mensch die Voraussetzung haben muß:
In den Tiefen meiner Seele habe ich zu suchen, was mich als
Mensch dem Menschen gegenüberstellt, ja, was mich überhaupt als Mensch in befriedigender Weise in die Welt stellt.

Wir können es begreifen, daß unter diesen Voraussetzungen immer mehr und mehr der Ruf nach Selbsterziehung
des Menschen Platz greifen muß. Wie der Mensch sich zu
verhalten hat, wenn er nach ganz bestimmten hergebrachten
Regeln sich in Leben und Welt hineinstellen soll, das kann
in die kindliche Erziehung hineingelegt werden. Wie aber
unser Leben sich immer mehr und mehr entwickelt und entwickeln muß, denn die Bedingungen dieser Entwickelung
können nicht zurückgeschraubt werden, durch keine Macht
der Welt, so stellt es sich heraus, daß der Mensch sein ganzes
Erdendasein hindurch eigentlich immer wieder und wieder
sich berufen fühlen muß, in jeder Lage des Lebens, wo er
sich einem anderen Menschen gegenüber befinden kann, ein
unbefangenes Urteil zu entwickeln. Da muß er sein ganzes
Leben an sich arbeiten, um zu einer immer größeren und
größeren Vollkommenheit in seiner ganzen Stellung zur
Welt zu kommen. In bezug auf ein solches Verhalten werden die wichtigsten Impulse nicht eigentlich während der
Kindheit gegeben, sondern wenn der Mensch sich seine
eigene Stellung in der Welt erringen soll, so daß er entsprechend seinem Alter auf sich selbst gestellt ist, dann muß
er in einer Zeit, in welcher er nicht mehr den Drang haben
kann, sich anderen Erziehern zu unterwerfen, damit beginnen, sein eigener Führer, sein eigener Erzieher zu werden,
das heißt derjenige zu werden, der ihn selbst immer vollkommener und vollkommener macht. Und so sehen wir, wie

unsere Literatur und unser öffentliches Kulturleben überschwemmt werden mit allen möglichen Betrachtungen über
die Entwickelung der Persönlichkeit, über die Entwickelung
der Individualität, über die Bestrebungen, zur Harmonie
des Lebens zu kommen, und dergleichen mehr. Das ist durchaus etwas, was für unsere Zeit begreiflich, ja selbstverständlich ist. Wer aber tiefer in diese Dinge hineinschaut, der
wird sehr bald bemerken, daß im Grunde genommen innerhalb solcher zeitgenössischen Bestrebungen gerade das oftmals ausgesprochen ist, was eben charakterisiert worden ist
als ein Impuls, der eher zur Einschränkung des Lebens als
zur Vervollkommnung und Reichermachung des Lebens
führt.

Da sehen wir, daß der eine diesem oder jenem Ideal nachstrebt, um dem Menschen durch die Anweisungen, die er
geben will, durch diese oder jene Bearbeitung des Gedankenlebens beizukommen. Der andere hält es mehr mit einer
physischen Anweisung, verordnet allen Menschen das, was
ihm selbst am meisten vielleicht gefällt nach seinem persönlichen Geschmack und seiner persönlichen Sympathie, gibt
allerlei äußere Leibesübungen oder verordnet diese oder
jene Diät, diese oder jene Tageseinteilung und dergleichen
mehr. Wie gesagt, mit solchen Prinzipien wird unser öffentliches Leben und unsere Literatur geradezu überschwemmt.
Von vornherein aber soll durchaus gesagt werden, daß hier
nicht die Meinung vertreten werden soll, als ob diese Bestrebungen damit abgekanzelt und kritisiert werden sollen;
es kann sehr vieles in ihnen gut sein. Es kann aber auch
vieles einseitig wirken, wie etwa die Bestrebungen sind, die
an das Buch «In Harmonie mit dem Unendlichen» von
Ralph Waldo Trine anknüpfen. Denn man muß sagen, daß
der, welcher sich solchen Bestrebungen hingibt, dadurch, daß
er sich einen eng begrenzten Begriff davon macht, wie man

gewissermaßen ein harmonisches Leben entwickelt, nicht so sehr seine Lebenskräfte entwickelt, reicher macht, vervollkommnet, sondern sie einengt, begrenzt, beschränkt, wenn er auch vielleicht auf Grundlage einer solchen Beschränkung ein augenblickliches Wohlbehagen oder innere Befriedigung oder vielleicht sogar Beseligung erleben kann. Man kann aber davon absehen, daß gerade bei diesen Bestrebungen in der Gegenwart die kuriosesten Absonderlichkeiten, man möchte sagen Phantastereien unterlaufen, und jedem Gelegenheit geben, ohne daß er sich viel mit diesen Dingen beschäftigt, dasjenige als ein allgemein Menschliches anzupreisen, wofür er seine persönlichen Sympathien hat. Man muß schon tiefer in die Menschennatur hineingehen, wenn man im Sinne der Geisteswissenschaft von Selbsterziehung sprechen will. Das ist gerade die Eigentümlichkeit der Geisteswissenschaft, daß sie die Einseitigkeiten der anderen Bestrebungen vermeidet, daß sie gewissermaßen diese anderen Bestrebungen als kleine Kreise um sich hat, und daß sie der große Kreis sein will, der aus der Hingabe an die Gesamtnatur des Menschen die Bedingungen für das einzelne menschliche Leben erkennen will. Bequemer ist es ja immer, sich einseitigen Richtungen hinzugeben, wo einem versprochen wird, etwa in kurzer Zeit seine Gesundheit wiederherzustellen oder sein Gedächtnis zu erhöhen oder sich praktische Erfolge im Leben zu verschaffen. Bequemer ist es, und ein schwierigerer und unbequemerer Weg ist derjenige der Geisteswissenschaft, aber er ist derjenige, welcher auf die ganze Natur und die ganze Wesenheit des Menschen gebaut ist.

Nun können wir, wenn wir von Selbsterziehung des Menschen sprechen, vielleicht dadurch einen Hinweis bekommen, wie diese Selbsterziehung in günstiger Weise einzurichten sei, wenn wir uns einmal ansehen, wie schon zu jener Zeit, da der Mensch sozusagen noch durch sein Alter dazu berufen ist, von andern erzogen zu werden, eine gewisse Selbsterziehung eingreift. Das könnte nun als ein noch größerer Widerspruch erscheinen, als der früher angedeutete, ist es aber nicht. Die Geisteswissenschaft zeigt uns nämlich allerdings, daß das menschliche Selbst ein weiteres ist als dasjenige, was in der unmittelbaren Persönlichkeit eingeschlossen ist. Ja, darauf beruht die ganze geisteswissenschaftliche Betrachtung, daß der Mensch gewissermaßen über sich selber hinaus gelangen kann, über das, was in den Grenzen seiner Persönlichkeit eingeschlossen ist, und dennoch sich nie zu verlieren braucht. Gibt es im gewöhnlichen Leben schon ein Beispiel für das, was die Geisteswissenschaft in viel umfassenderer Weise auf allen Gebieten des Daseins eigentlich vertreten will? Ja, es gibt zwei Dinge im gewöhnlichen Leben, welche schon zeigen, daß der Mensch über sein Persönliches hinauskommt und dennoch sozusagen bei sich bleiben kann, sich nicht zu verlieren braucht. Das eine ist das, was wir menschliches Mitgefühl, Mitfreude, Mitleid, was wir die umfassende Liebe nennen. Worauf beruht denn diese Liebe, dieses Mitgefühl und diese Mitfreude? Sie erscheinen nur deshalb nicht so geheimnisvoll, wie sie sind, weil der Mensch das Gewohnte leicht hinnimmt. So wie der Wilde nicht nachfragt, warum die Sonne auf- und untergeht, sondern das Gewohnte hinnimmt, und der Mensch erst anfängt über Auf- und Untergang der Sonne nachzudenken, wenn er kultiviert wird, so denkt der Mensch des gewöhnlichen Lebens auch nicht über die Mitfreude und über das Mitleid nach. Erst wenn man beginnt, sich Aufklärung verschaffen zu wollen über Sinn und Ziel des Lebens, dann wird so etwas wie menschliches Mitleid und Mitfreude zu Lebensrätseln, stellen sich als Lebensgeheimnisse dar. Wir brauchen uns nur eines vorzustellen, und wir werden gleich einsehen, daß Mitfreude und Mitleid eine Erweiterung des menschlichen Selbstes sind, wie es sich zunächst darstellt.

Freude und Leid sind, wie sie die menschliche Persönlichkeit erlebt, das Intimste, das Innerlichste im Erleben. Wenn wir einen anderen Menschen vor uns haben, und es tritt in uns ein Impuls auf, der in uns dessen Leid, dessen Freude spiegelt, dann leben wir nicht bloß in uns, dann leben wir in dem anderen. Und alle philosophische Spekulation, daß da durch den Sinneseindruck in irgendeiner Weise etwas in uns ausgelöst werde, kann uns doch über die Realität nicht hinwegführen, wie durch das Miterleben der Freuden und Leiden des anderen sich in uns etwas Tätiges schafft. Da, wo wir seine Freude, sein Leid in intimer Weise fühlen, sind wir aus uns herausgedrungen und sind eingedrungen in das Allerheiligste des anderen Menschen, in das, was wir in uns selbst als unser Ureigenstes empfinden. Und wir brauchen uns jetzt nur vorzustellen, da wir mit unserem Bewußtsein nicht in das Bewußtsein des anderen hinüberkönnen, was auch niemand leugnen wird: Wenn wir in dem Augenblick, wo wir Mitleid oder Mitfreude in einer von uns getrennten Seele empfinden, uns wie in einem ohnmachtartigen Zustande in der Seele des anderen erleben würden, dann gäbe es keine Möglichkeit, von der einen in die andere Persönlichkeit zu gehen, ohne uns dabei selber zu verlieren. – So sonderbar es klingt, so bedeutsam ist es für das Leben: Wir dringen in ein fremdes Wesen ein, und keine Ohnmacht überfällt uns; wir dringen aus uns heraus und leben in dem anderen drinnen, und wir werden nicht ohnmächtig dabei.

Genau nach demselben Muster geht alle geisteswissenschaftliche Entwickelung vor sich, auf keine andere Weise. Wie der Mensch durch Mitfreude und Mitleid in eine fremde Wesenheit eindringt, ohne sich selbst zu verlieren, so dringt er in der Geistesforschung erkennend in fremde Wesen ein, ohne daß er sich selbst dabei verliert. Im normalen Leben ist dies nicht möglich, denn wenn der Mensch im normalen Leben erkennend, wahrnehmend aus sich herausgeht, dann schläft er eben ein, ist dann nicht mehr bei sich. Im normalen Leben tut der Mensch das nicht, was er im moralischen Leben – eben nur in dem einen Fall bei Mitfreude und Mitleid – erreicht. Daher ist das eigentümliche Verhalten des Menschen bei Mitfreude und Mitleid das Musterbild für alle geistesforscherische Betätigung; diese verläuft so, wie das normale Leben in Mitleid und Mitfreude verläuft. Das ist das eine, wo der Mensch über seine eigene Persönlichkeit hinauskommt und sich dabei nicht selbst verliert.

Das andere, was auch für das gewöhnliche Leben auf dem Gebiete des Moralischen liegt, ist das, was wir erleben in dem Impuls des Gewissens. Wer das Gewissen untersucht – es ist auch von diesem Orte aus über das Gewissen gesprochen worden –, weiß, daß der Mensch, indem er die Stimme des Gewissens hört, etwas vernimmt, was schon über seine persönlichen Sympathien und Antipathien hinausgeht, ja, sie sogar in einer mächtigen Weise korrigieren kann. Wiederum ist unser moralisches Leben so eingerichtet, daß wir, wenn wir durch solche Gewissensurteile über uns selbst hinausgehen, uns dennoch nicht selbst verlieren oder in Ohnmacht fallen. Alle Geisteswissenschaft beruht darauf, daß der Mensch eine Sphäre, ein Gebiet betreten kann, das außerhalb der Persönlichkeit liegt, die er mit seinem Bewußtsein, mit seinem alltäglichen Leben umspannt, und innerhalb welchem er sich, wenn er sich in ihm bewegt, dennoch nicht verliert. Ja, beruht darauf nicht auch, wenn wir die Sache vorurteilslos betrachten, dasjenige, was wir in diesen Vortragsreihen immer wieder behandelt haben: die Einsicht in die wiederholten Erdenleben und in das Gesetz von Ursachen und Wirkungen von dem einen Leben in das andere hinüber? Auch das beruht darauf. Der Mensch, der mit dem gewöhnlichen Bewußtsein umspannt, was zwischen Geburt und Tod liegt, lernt durch die Geisteswissenschaft erkennen, daß dies, was er da mit seinem Urteil umspannt, worüber sein Gedächtnis sich ausbreitet, von ihm als sein persönliches Selbst angesprochen werden darf. Aber er lernt auch erkennen, wenn er mit dem Gedanken dieses persönliche Selbst verläßt und zu einem solchen Selbst aufsteigt, das nun nicht nur durch das Werkzeug seines Leibes lebt, sondern diesen Leib selber aufbaut, das nicht nur in einem Leibe zwischen Geburt und Tod lebt, sondern durch viele Geburten und Tode geht und immer auf der Erde erscheint, daß dieses Selbst dann doch sein Selbst ist. Wenn der Mensch auch für das normale Bewußtsein keine Erinnerung an frühere Erdenstufen haben kann und sich von der Wahrheit der wiederholten Erdenleben und der Wirkungen jener Ursachen, die von einem Erdenleben in das andere hineinwirken, nur theoretisch überzeugen kann, so kann er doch voraussetzen, daß das, was in ihm ist, sich nicht erschöpft in seiner Persönlichkeit, sondern daß dies in ihm Befindliche gleichsam überpersönlich ist, und das, was jetzt seine Persönlichkeit ist, selber erst schafft, in ihr selber erst sich wirksam erweist. Wie wir in unserem Gewissen, wie wir mit Mitleid und Mitfreude über uns selbst hinausgehen durch unmittelbare Erfahrung, so geht die geisteswissenschaftliche Forschung durch Erfahrung hinüber in ein höheres Gebiet. Aber der Mensch kann, wenn er die Geisteswissenschaft kennt, nimmermehr zugeben, daß er selbst in diesem höheren Gebiete verloren ist, sondern da waltet etwas, was mit ihm zusammenhängt, zu dem er gehört, und in dem er sich auch durchaus nicht in Wirklichkeit verliert, wenn er sich zunächst mit seinem gewöhnlichen normalen Bewußtsein hineinverliert.

So ist die Geisteswissenschaft etwas, was nach dem Muster-
bilde eines ein höheres Selbst umfassenden Wesens sich ausnimmt, wie wir in Mitleid und Mitfreude andere fremde
Wesen umfassen, ohne uns selbst zu verlieren. Wenn wir
also unser erweitertes Selbst kennen, durch das wir in fremde
Eigenwesen eintreten, dann dürfen wir schon beim Kinde
davon sprechen, daß außer demjenigen, woran wir uns als
Erzieher halten können, was sich aus dem normalen Bewußtsein heraufentwickelt, etwas vorhanden ist als ein
außer dem gewöhnlichen Selbst befindliches höheres Wesen,
das an dem Kinde schon arbeitet. Wenn wir dies ins Auge
fassen, finden wir vielleicht etwas am Kinde, wo schon eine
Art Erziehung am Kinde stattfindet, während wir uns mit
unserer gewöhnlichen Erziehung nur an das persönliche
Selbst des Kindes wenden können. Wo finden wir das, was
an dem Kinde als ein höheres Selbst, als eine höhere Wesenheit sich betätigt, die zu dem Kinde gehört, aber nicht ins
Bewußtsein hereinkommt? Es mag sonderbar erscheinen,
dennoch aber ist es richtig, daß dies sich im Kinde betätigt
bei dem rationellen, bei dem gut geführten Spiel. Beim Spiel
des Kindes können wir nur die Bedingungen der Erziehung
herbeischaffen. Was aber durch das Spiel geleistet wird, das
wird im Grunde genommen geleistet durch die Selbstbetäti-
gung des Kindes, durch alles, was wir nicht in strenge Regeln
bannen können. Ja, gerade darauf beruht das Wesentliche
und das Erzieherische im Spiel, daß wir haltmachen mit
unseren Regeln, mit unseren pädagogischen und erzieherischen Künsten, und das Kind seinen eigenen Kräften überlassen. Denn was tut das Kind dann, wenn wir es seinen
eigenen Kräften überlassen? Dann probiert das Kind im
Spiel an den äußeren Gegenständen, ob dieses oder jenes
durch die eigene Tätigkeit wirkt. Es bringt seinen eigenen
Willen zur Betätigung, in Bewegung. Und in der Art und

Weise, wie sich die äußeren Dinge unter der Einwirkung des Willens verhalten, geschieht es, daß das Kind in einer ganz anderen Weise als durch Einwirkung einer Persönlichkeit oder ihres pädagogischen Prinzipes sich an dem Leben, wenn auch nur spielend, erzieht. Daher ist es von so großer Wichtigkeit, daß wir ins Spiel des Kindes so wenig wie möglich Verstandesmäßiges hineinmischen. Je mehr sich das Spiel betätigt in dem, was nicht begriffen wird, was angeschaut wird in seinem Lebendigen, desto besser ist das Spiel. Wenn wir dem Kinde daher ein Spielzeug geben, wo es durch Ziehen von Fäden oder sonstwie die Bewegung von Menschen oder Dingen vorgetäuscht erhält, sei es im Bilderbuche mit beweglichen Tieren oder Menschen, oder im sonstigen Spielzeug, so erziehen wir es durch das Spiel besser, als wenn wir ihm die schönsten Baukästen geben. Denn in diese mischt sich schon zuviel Verstandestätigkeit hinein, was einem persönlicheren Prinzip angehört als jenes Herumtappen an dem Lebendig-Beweglichen, das nicht verstandesmäßig begriffen, sondern in seiner vollen Tätigkeit angeschaut wird. Je weniger bestimmt und ausgedacht das ist, was im Spiel sich zeigt, desto besser ist es aus dem Grunde, weil ein Höheres, das nicht ins menschliche Bewußtsein hereingezwängt werden kann, dann eben hereinkommen kann, weil das Kind probierend und nicht verstandesmäßig sich zum Leben verhält. Da sehen wir, wie das Kind durch etwas, was über das Persönliche hinausgeht, schon erzogen wird.

In einer gewissen Weise bleibt das Spiel ein wichtiger Erziehungsfaktor für das ganze Leben. Selbstverständlich ist hier nicht das Kartenspiel gemeint, denn alle die Spiele, welche sich an den Verstand, an das kombinierende Denken richten, sind so, daß sie das Persönliche des Menschen, das am meisten an das Instrument des Gehirnes gebunden ist, in Angriff nehmen. Soviel Günstiges auch über das Schachspiel gesagt wird, so kann es deshalb doch nie ein Faktor der Selbsterziehung sein, weil es dabei auf das ankommt, was am meisten an das Instrument des Gehirnes gebunden ist, was Kombinationen machen muß. Wenn der Mensch dagegen im turnerischen Spiel, in gymnastischen Übungen sich betätigt, wo er seine Muskeln so in Bewegung setzen muß, daß er gar nichts dabei kombinieren kann, daß er gar nicht seinen Verstand anstrengt, sondern unmittelbar an dem Probieren der Muskeln, also am Tun und nicht am Begreifen sich entfaltet, dann haben wir es mit einem selbsterzieherischen Spiel zu tun. Daraus gewinnen wir gleich etwas, was ein wichtiges Prinzip für alle Selbsterziehung des Menschen ist. Das ist, daß der Mensch, der sich selbst zu erziehen hat, sowohl durch die Erziehung seines Willens wie durch die Erziehung seines Intellektes, bei der Erziehung seines Willens vor allen Dingen, darauf angewiesen sein wird, diese Willenserziehung, diese Willenskultur durch die Pflege des Umganges, des Wechselverhältnisses mit der Außenwelt sich zu vermitteln. Der Wille des Menschen kann nicht durch innere gedankenmäßige oder durch innere vorstellungsmäßige Trainierung erzogen werden, sondern der Wille des Menschen wird stark gemacht, so daß der Mensch einen festen Stützpunkt im Innern hat, wenn er diese Kultur des Willens im Wechselverhältnisse des eigenen Willens mit der Außenwelt sucht. Daher ist es für die gewöhnliche äußere, alltägliche Selbsterziehung des Menschen geradezu von Schaden, in erheblichem Maße die Selbsterziehung schädigend, wenn der Mensch durch innere Mittel, durch innere Trainierung seinen Willen für das äußere Leben zu stärken versucht.

Da kommen wir auf mancherlei, was der Selbsterziehung des Menschen heute geradezu empfohlen wird, und vor dem im Grunde genommen von einem wirklich geisteswissenschaftlichen Standpunkte aus nicht genug gewarnt werden kann. Da wird den Menschen anempfohlen, wie sie zu einem selbstsicheren, auf andere Menschen Eindruck machenden Auftreten kommen können, wie sie ihren Willen trainieren können, so daß sie sich ins Leben hineinstellen und solche Handlungen ausführen können, die ihren Intentionen entsprechen. Da wird zum Beispiel empfohlen: macht solche Übungen, welche bestehen im Vermeiden von Furcht, von Neugierde, von anderen Leidenschaften und negativen Empfindungen, – kurz, ein Arbeiten an den negativen Gefühlen und Empfindungen. Ich weiß, daß mancher, der dies jetzt hört, hinterher sagen wird: Es ist heute gegen die Beherrschung der Furcht, der Leidenschaft und so weiter gesprochen worden. – Das ist aber nicht der Fall, sondern es ist gesagt worden, daß diese Anforderungen, welche der Mensch auf diese Weise an sich stellt, zu keiner wirklichen, für das äußere Leben dienlichen Willenskultur führen können. Denn diese Willenskultur, welche der Mensch für das äußere Leben braucht, soll er sich auch im Wechselverkehr mit dem äußeren Leben erwerben. Und viel richtiger ist es, wenn der Mensch einen starken Willen für das Leben braucht, daß er diesen dadurch zu erwerben sucht, daß er äußere Stärke bewähren muß, wobei er seinen Körper anstrengen und mit seinen Augen achtgeben muß, also wirklich mit der unmittelbaren Sinneswelt den Kampf aufnimmt. Das ist es, was uns in eine wirkliche Harmonie mit der äußeren Welt bringt, mit jener äußeren Welt, aus der unser Muskelspiel und unsere gesamte physische Organisation herausgeformt ist, freilich herausgeformt ist aus dem Geiste.

Aber indem wir unsere Selbsterziehung so lenken, arbeiten wir auch an denjenigen Teilen unseres geistigen Organismus, die uns zur Harmonie führen mit jener Außenwelt, die uns zunächst umgibt. Wenn wir aber nur im Innern arbeiten mit Gedankenkonzentrationen und so weiter, die heute in den Buchhandlungen zu finden sind, so arbeiten wir in Absonderung von der Welt in dieser begrenzten Seele, die nicht in Harmonie steht mit der Welt, sondern die gerade ihre Bedeutung daraus hat, daß sie sich absondert. Es ist schon richtig, daß der, welcher sich äußeren Gefahren aussetzt und sie zu überwinden sucht, eine bessere Selbsterziehung übt als der, der sich irgendwelche Bücher zur Selbsterziehung kauft und dann Übungen zur Erzielung von Furchtlosigkeit, Leidenschaftslosigkeit und so weiter zu machen beginnt. Gewiß, solche Dinge leichter Art können dazu führen, daß der Mensch sich allerlei persönliche Vorteile verschafft, aber immer dadurch verschafft, daß er das entwickelt, was ihn aus der Welt heraussondert, während er durch das zuerst Charakterisierte sich selbstlos in die Welt hineinstellt. Ich sagte, es könnte jetzt manchen geben, der behauptet: Also sprichst du gegen Furchtlosigkeit, Leidenschaftslosigkeit und gegen alle Dinge, von denen man sagen könnte, daß ihre Überwindung zu dem gehört, was mit zu einer Erziehung des Menschen führt. – Aber nur in einem Falle muß dieses betont werden, wenn es sich um die Entwickelung des Willens für die äußere physische Welt handelt, wenn sich der Mensch erziehen will zur Stärkung und Kräftigung des Willens in der äußeren Welt, weil eben diese Dinge nur eine innere Arbeit bewirken und mit Unrecht angewendet werden auf die Erziehung des Charakters, auf die Erziehung des Willens. Mit Recht werden sie angewendet auf die Erziehung unserer Erkenntnis.

Wer Erkenntnis erreichen will, wer eindringen und hineinschauen will in die übersinnliche Welt und kein anderes Ziel zunächst hat, als das Schauen in der übersinnlichen Welt, der tut recht, solche Übungen zu machen. Daher ist, wenn so etwas in fachmännischer Weise aus der Geisteswissenschaft herausgeholt ist, auch keine Anweisung gegeben: «Wie erlangt man Kräfte, um den Willen in der Alltagswelt aus-zubilden?», sondern es sind Anweisungen gegeben: «Wie erlangt man Erkenntnisse der höheren Welten?». Wo solche Anweisungen gegeben werden, da wird in sehr genauer Weise auf solche Bezeichnungen achtgegeben. Diese Dinge, wie sie beschrieben sind in meinem Buche «Wie erlangt man Erkenntnisse der höheren Welten?», führen auch zu einer Kultur des Willens, aber nicht direkt, sondern indirekt, indem derjenige, der diese Entwickelung in die höheren Welten anstrebt, nun abwartet, was dann kommt. Von selbst muß dann die Entwickelung des Willens kommen, dann wirkt sie im rechten Sinne und nimmt gesunde Wege.

So dürfen wir sagen, daß Willenskultur, Selbsterziehung des Willens zunächst darauf gestellt sein muß, daß der Mensch ein gesundes Verhältnis, namentlich seiner gewöhn-lichen, in der physischen Welt befindlichen Natur zur Außen-welt hervorruft, sei es, daß dieses Verhältnis mehr auf die Kultur leiblicher Angelegenheiten sich bezieht, sei es, daß das, was da gesucht wird, sich mehr auf die Charakter-bildung bezieht. Da ist es, anstatt zu brüten, wie man furcht-los, leidenschaftslos und so weiter wird, von viel größerer Wichtigkeit, sich dem Leben gegenüberzustellen, von Mensch zu Mensch sich gegenüberzustellen und dann sich seinem unbefangenen Gefühl zu überlassen, das in deutlichen Schat-tierungen spielt und da oder dort sich mehr oder weniger mit Sympathie oder Antipathie erfüllt. Indem wir so durch das Leben gehen, daß wir überall an dem Leben unseren Anteil entwickeln, von dieser oder jener Nuance des Anteils ausgehen, stellen wir für unseren Willen jenes Wechselspiel mit der äußeren Welt her, das diesen Willen wirklich von Stufe zu Stufe führen kann. Also sich dem Leben gegenüber-stellen, in dem Leben drinnen stehen mit all den Sympa-thien und Antipathien, die es uns abfordert, das schult unseren Willen. Mit anderen Worten: was uns über uns weg, zur Welt hinführt, das bildet unseren Willen. Alles, was uns von der Welt wegführt, was uns in uns selbst hineinführt, das schult – und da ist es auf dem rechten Boden – unsere Erkenntnis, das bringt unser Innenleben gerade dadurch weiter, wenn wir eigene Erkenntnis, Eigenleben entwickeln wollen. Eigene Erkenntnisse aber liegen auf dem Gebiete der eigenen Entwickelung, der psychischen Entwickelung. So daß wir uns gestehen müssen, wir werden harmonischer in bezug auf Lebensauffassung, in bezug auf das Erreichen von Lebensrätseln, indem wir unser Erkenntnisvermögen ausbilden, indem wir uns innerliche Kräfte aneignen. Dagegen wird für das gewöhnliche Leben der Wille in der rechten Weise nur am Leben selbst geschult.

Damit haben wir gezeigt, wo der Lehrer eigentlich zu suchen ist, der in einer gewissen Weise, wenn wir von Selbsterziehung des Menschen sprechen, der Mensch selber sein müßte. Nein, es muß doch nicht der Mensch in seiner engen Persönlichkeit selber sein, und namentlich muß er es nicht sein in bezug auf seine Selbsterziehung des Willens. Wenn wir uns durch die Geisteswissenschaft dazu aufschwingen können, daß der Mensch seine Persönlichkeit verlassen kann, ohne sich selbst zu verlieren, dann erziehen wir, wenn wir unmittelbar in das Leben eingreifen, das Leben auf uns wirken lassen, namentlich so – der Vergleich darf jetzt nicht mißverstanden werden – wie das Spiel auf das Kind wirkt, dann erziehen wir unseren Willen. Aber wie? Nun, es gibt ein Lebensbegreifen, eine Lebensanschauung, die wir uns dadurch erwerben, daß wir überall mit unserem Verstande in die Dinge hineinreichen wollen. Diese Verstandeskultur bringt in Wahrheit unsere Entwickelung nicht weiter, hat also keinen selbsterzieherischen Wert. Dasjenige Element muß bei der Selbsterziehung des Menschen die größte Rolle spielen, was man nennen kann: das über die Intellektualität, den Verstand Hinausreichende in dem Aneignen der Lebensreife. Gerade wie das Kind dadurch am besten am Spiel erzogen wird, daß es nicht durch den Verstand erzogen wird, sondern probiert, so wird sich der Mensch in bezug auf seinen Willen an denjenigen Erfahrungen des Lebens am besten erziehen, die er nicht mit seinem Verstande begreift, sondern zu denen er sich mit seiner Sympathie, mit Liebe stellt, mit seinem Gefühl, daß die Dinge erhaben sind oder den Humor berühren. Das bringt uns weiter. Hier liegt die Selbsterziehung des Willens. Verstand, intellektualistische Kultur können gewöhnlich auf den Willen gar nicht wirken. Schauen wir uns an, wie das unmittelbare Erlebnis auf den Willen wirkt.

Der Moralphilosoph, der nicht auf dem Standpunkte der Wiederverkörperung steht – *Carneri* – macht darauf aufmerksam, wie der Charakter des Kindes etwas Konstantes ist, aber sich formt, und gerade an denjenigen Elementen sich formt, die unmittelbar aus dem Leben hervorkommen. Dann fragt er: Wodurch kann der Charakter eines Menschen sich in kurzer Zeit ändern? Und er sagt: Er kann sich in radikaler Weise ändern zum Beispiel durch eine mächtige Liebe oder durch eine Freundschaft, wobei der Mensch plötzlich eine solche Sympathie entwickelt, die nicht prüft, sondern sich im Menschen verliert. – Da kann der Charakter plötzlich eine ganz andere Wendung nehmen aus dem einfachen Grunde, weil in jene Sphären, wo der Charakter sitzt, das heißt wo der Wille wirkt, die Gemütsverfassungen im unmittelbaren Leben hineinspielen. Wenn wir einem Menschen gegenüberstehen und ihn als diesen oder jenen vortrefflichen oder schlechten Menschen erkennen, wobei wir mit unserem Verstande unmittelbar wirken, da ändert sich unser Charakter nicht, sonst müßten sich die Richter oft in einer Woche ändern. Wenn aber diese oder jene Freundschaftsgefühle eintreten, dann ändert sich oft die ganze Charakterkonfiguration des Menschen. Das ist ein voller Beweis dafür, daß die Kultur unseres Willens von der Entfaltung und Entwickelung der Gemütsverfassungen am Leben abhängt. Da wir aber in einer gewissen Weise unser Leben in die Hand nehmen können, uns sozusagen zu einer gewissen Korrektur unserer Gemütsverhältnisse bewegen können, so haben wir in gewisser Beziehung unsere Selbsterziehung in bezug auf den Willen in der Hand. Nur handelt es sich darum, daß wir dann allerdings auf das Leben achtgeben, daß wir nicht wüst drauflos leben und uns dem Strome des Lebens in bequemer Weise hingeben, sondern eben achtgeben. So sehen wir, daß derjenige Mensch mehr der Erzieher seiner selbst sein kann, der es dazu gebracht hat, seine Gemütsstimmungen ein wenig in der Hand zu haben, daß aber der schlechteste Erzieher seiner selbst derjenige Mensch sein wird, der es nie dazu bringt, seine Gemütsstimmungen in der Hand zu haben, sondern sich an dieselben fortwährend verliert.

Wollen wir daher Selbsterzieher unseres Willens sein, dann haben wir, indem wir dies mittelbar erreichen wollen, uns an unsere Gefühle und Empfindungen zu wenden und in weiser Selbsterkenntnis zu forschen, wie wir an unseren Gefühlen und Empfindungen arbeiten können. Wenn wir uns in einer Sympathie oder Antipathie verloren haben, ist allerdings nicht die Zeit, um an uns zu arbeiten. Daher müssen wir uns die Momente zur Willenserziehung heraussuchen, wo wir mit unseren Gemütsstimmungen nicht besonders engagiert sind, sondern in der Lage sind, über unser Leben und unsere Empfindungen nachzudenken. Das heißt also: Selbsterziehung muß gerade dann eintreten, wenn es die geforderten Momente am wenigsten von uns verlangen. Dann aber tun es die Menschen am wenigsten, denn da geht es ihnen nicht an den Kragen. Und wer hinterher dann wieder seinen Gemütsstimmungen verfällt, merkt erst später, daß er etwas unterlassen hat. Aber dann, wenn man in einer gewissen Weise von dem Lebensengagement frei ist, vergißt man es und denkt nicht daran. Das ist eines der wichtigsten Gesetze, daß der Wille am Leben erzogen werden muß, indem der Mensch in weiser Art den Ablauf seiner Gemütsstimmungen in die Hand nimmt.

Dagegen wird der Wille immer nach der egoistischen, selbstsüchtigen Seite entwickelt, wenn der Mensch diesen Willen von der intellektuellen Kultur aus trainieren, vom Intellekt aus seinen Willen stark und kräftig für das Leben machen will. Solche Übungen taugen unmittelbar für unsere Erkenntniskultur, für das, was wir auf spirituellem oder später sogar auf psychischem Gebiete erreichen wollen. Da können wir dann allerdings nichts anderes tun, als innerhalb unserer Seele an uns selber zu arbeiten. Dabei ist es von ganz besonderer Wichtigkeit, daß der Mensch vor allen Dingen wieder einen großen Gegensatz in Erwägung hält, der zwischen der Selbstkultur des Innenlebens und der Selbstkultur des äußeren Lebens besteht. Sowohl in bezug auf das erstere wie auf das letztere werden im Leben Fehler über Fehler gemacht, und wir sehen Einseitigkeiten über Einseitigkeiten arbeiten. Der Leib des Menschen – was wird ihm nicht alles empfohlen? Es ist vielleicht seltener geworden, aber es gibt auch heute noch Leute, die besonders stark sich einhüllen und sagen, auch vor Hitze schütze Einhüllen. Das andere ist ja weit verbreiteter, daß man ein einseitiges Abhärtungssystem empfiehlt, wenig sich gegen Kälte und die Unbilden der Witterung zu schützen, dagegen sich viel Luft- und Sonnenkuren auszusetzen sucht. Das ist nicht das Wesentliche, daß der Mensch zu diesem oder jenem Zwecke, der ihm gewöhnlich höchst unklar ist, so und so lange sich der Sonnenhitze aussetzt, was unter Umständen ganz nützlich sein kann, aber nicht Erziehungsmittel zu sein braucht, oder daß er immer wieder und wieder mit kaltem Wasser seine Kuren macht, sondern das Wesentliche für das Leibliche ist, mit einem Wort zu sagen, Vielseitigkeit, die es dem Leib möglich macht, sich auch einmal der Kälte auszusetzen, ohne erkältet zu sein, oder auch einmal in der glühenden Sonnenhitze über einen ganz unbeschatteten Platz zu gehen. Daher könnte man sagen, daß eine weise Selbsterziehung in der Regel mit dem meisten nicht einverstanden sein kann, was heute anempfohlen wird, sondern darauf sehen wird, daß im Grunde genommen etwas von allem in einer gewissen Harmonie auf uns wirken soll.

Gerade das Entgegengesetzte, was für unseren Leib gut ist, ist für den Geist, für die Seele gut. Während der äußere Leib Vielseitigkeit braucht, Anpassung an die äußeren Verhältnisse, braucht die Seele für die intellektuelle Kultur Konzentration, die Möglichkeit, immer wieder und wieder die Summe der Gedanken, der Empfindungen und Wahrnehmungen auf einzelne wenige Grund-Ideen zurückzuführen. Und der Mensch, der sich für seine intellektuelle Selbsterziehung nicht bestrebt, das was Umfang seiner Erkenntnis ist, auf einige wenige Grund-Ideen zurückzuführen, die alles andere beherrschen können, wird unter diesem Nichtzurückführen sein Gedächtnis leiden sehen, auch sein Nervensystem und die Art und Weise, wie er sich ins Leben hineinstellen soll. Wer es dahin gebracht hat, gewisse Dinge auf Haupt-Ideen zurückzuführen, der wird sehen, daß er dem äußeren Leben, wo es von ihm Taten fordert, mit großer Ruhe gegenübersteht. Wer aber nur so das Leben durchläuft, daß er nicht das, was das Leben ihm bietet, auf einige große Grund-Ideen zurückführt, der wird erstens zeigen, daß er sich schwer erinnert, daß er unfruchtbar für das

Leben wird, er wird aber auch zeigen, daß er an das Leben mit einer gewissen Disharmonie herantritt. Und weil in unserer Zeit so wenig der Glaube an die Konzentration des Geistes vorhanden ist und daher auch so wenig gesucht wird, kommen daher auch so viele andere Übel, die als Mängel der Selbsterziehung auftreten, vor allen Dingen das, was man heute gewöhnlich Nervosität nennt. Während man den Willen schult, indem man seine Muskeln in Wechselspiel mit dem äußeren Leben treten läßt, hat man sein Nervensystem durch geistige Konzentration zu schulen. Kurz, alles, was von innen heraus wirkt und sich zuletzt im Nervensystem ausprägt, das wird durch die als Ziel gesteckte Zurückführung unseres Lebens auf einzelne Ideen, durch die Erinnerung gefördert. Die Pflege des Nervensystems und dessen, was ihm im Geistigen zugrunde liegt, ist notwendig, wenn sich der Mensch innerlich gefestigt dem Leben gegenüberstellen will.

Wenn wir über diese Fragen sprechen, kann sich uns eine neuere, materialistische Anschauung in dieser Beziehung aufdrängen, wenn auch die ältere vom Standpunkte der modernen Humanität vielfach angefochten werden kann. Man verwechselt da gewöhnlich zwei Dinge. Nervös kann der Mensch sein nicht durch Erziehung seines Willens, sondern durch falsche Erziehung seines Willens. Die Willenskultur kann zur Nervosität führen, indem der Mensch sie auf verkehrtem Wege sucht, wenn er, anstatt mit der Außenwelt in Verbindung zu kommen und an ihren Hindernissen und Hemmnissen seinen Willen stählt, durch allerlei innere Mittel dazu kommen will, die nur im Vorstellungsleben wirken. Dadurch kann er leicht zur Nervosität des Willens kommen. Diese Nervosität wird heute schon so aufgefaßt, daß sie recht nachsichtig behandelt werden müsse. Carneri erzählt dazu einen interessanten Fall. Da gab es einst einen

Gutsbesitzer, der, während er sonst ein durchaus gutmütiger Mensch war, manchmal in einen solchen Seelenzustand kam, daß er seine Leute durchprügelte, und das nannte man, weil dieses Ereignis schon unserer Zeit angehört, einen besonderen Fall von Nervosität. Die Leute hatten außerordentlich viel unter den Seelenzuständen des Gutsbesitzers zu leiden, aber in der neueren Zeit hatten die, welche nach den Anschauungen der Gegenwart das meiste verstehen, unendlich bedauert, daß er unter solchen Umständen lebt, daß er immer wieder und wieder seine Leute durchprügelt. Das ging so weit, bis er einmal – so erzählt Carneri selbst – an den Unrechten kam, den er auch durchprügeln wollte. Da nahm aber der Betreffende selbst einen Stock und prügelte den Gutsbesitzer tüchtig durch, so daß er eine Woche im Bett liegenbleiben mußte. Nun stellte sich etwas ein: während früher der Gutsbesitzer wegen seiner Seelenzustände bedauert wurde, hörte man jetzt nicht nur auf, ihn zu bedauern, sondern er war nach einiger Zeit ganz verändert. – Ich will damit nicht etwas anempfehlen, aber es ist doch eine solche Tatsache des Lebens außerordentlich lehrreich. Und wenn wir sie prüfen, so können wir sehr gut einsehen: hätte man dem Gutsbesitzer zugeredet, seine Nervosität wäre geblieben. Hätte man auf seinen Verstand gewirkt, wäre er nicht in Wechselspiel mit der Außenwelt gekommen, so hätte er sich nicht geändert. Aber er kam mit der Außenwelt in Wechselspiel, nämlich mit dem Stocke des anderen. Und an etwas, was er im ureigensten Sinne gar niemals begriffen haben würde, lernte er, als er dem Leben gegenüberstand, so die Wirkung kennen, die er aus seiner Gemütsverfassung, der Nervosität, hervorgebracht hatte. So muß der Begriff Willenskultur erst einmal zurechtgerückt werden, daß der Wille nur gestählt werden kann durch die Berührung mit der Außenwelt, wenn wir auch unseren Willen nicht immer so erziehen wollen wie an dem angeführten drastischen Fall.

Was nun das intellektive Leben bei der Selbsterziehung des Menschen betrifft, so handelt es sich darum, daß wir in die Lage kommen, innerlich so zu leben, daß wir das uns innerlich befruchtende Element wachrufen, das in uns zwar ist, aber brach liegen bleiben kann, dürr bleiben kann. Wir entwickeln es, indem wir unseren Vorrat an Wahrnehmungen zusammenhalten, indem wir ihn immer wieder und wieder durchlaufen, zurückblicken auf gewisse Ideen und überblicken, was wir im Leben durchgemacht haben, um es immer wieder vor uns hinzustellen. Namentlich ist es von besonderer Bedeutung, daß wir nicht nur auf den Verstand und seine Kultur sehen, daß wir nicht nur erinnern, denken, vorstellen können, sondern, was viel wichtiger und wesentlicher ist, in guter Selbsterziehung darauf sehen, daß wir in richtiger Weise vergessen lernen. Vergessen soll hier nicht etwa als eine besondere Tugend anempfohlen werden, sondern wenn wir im Leben dem oder jenem gegenüberstehen, so merken wir sehr bald, daß wir das, was wir erleben, durchaus nicht voll von einem Momente des Erlebens in einen späteren herübertragen können. Wir können es manchmal mit Vorstellungen, können es aber in den wenigsten Fällen mit Empfindungen, Gefühlen, Schmerzen und Leiden, die wir erlebt haben. Wie aber wirken diese weiter? Sie verblassen, und in den verborgenen Tiefen der Seele wirken sie weiter. Was da vergessen wird, ist ein gesundes Element, das in die verborgenen Tiefen unseres Seelenlebens hinuntersteigt. Und durch dieses Hinuntersenken eines gesunden Elementes haben wir etwas, das an uns arbeitet, das uns wieder von Stufe zu Stufe bringen kann. Nicht darum handelt es sich, daß wir uns gewissermaßen mit allerlei Material vollpfropfen, sondern die Dinge aufmerksam verfolgen, das aber zurückbehalten, was wir brauchen, was wir sonst erlebt haben, hinuntersenken in die Tiefen der Seele. Da pflegen wir unser intellektualistisches Element, pflegen wir etwas, was besonders wichtig ist: das Element der Aufmerksamkeit. Wer da glaubt, daß dies nicht ein besonders Wichtiges ist, der wird sagen: Ach, was kommt es viel darauf an! – Er nimmt sozusagen seine eigene Persönlichkeit nicht viel in die Hand. Wer aber weiß, daß es darauf ankommt, was man vergißt, der sagt sich: Ich muß mein Leben in die Hand nehmen, ich darf nicht alles auf mich wirken lassen. Wenn ich in diese oder jene Gesellschaft gehe, wo nur dummes Zeug geschwatzt wird, so kann es ja sein, daß ich, weil ich ein intellektueller Mensch bin, es vergesse, aber es kommt doch darauf an, ob ich dieses dumme Zeug oder etwas Gesundes, Vernünftigeres vergesse. – So kommt es darauf an, welchen Gegenstand man in sein Vergessen einbezieht. Denn aus diesem Vergessenen steigt oft etwas herauf, was nun der Gegenstand unserer im echten Sinne des Wortes gemeinten Einbildung, unserer Phantasie ist. Und während das verstandesmäßige Element ein das Leben ermüdendes, erschöpfendes Element ist, ist alles dasjenige, was unsere Seelenkräfte so in Bewegung bringt, daß wir etwas erfinden, ein befruchtendes, belebendes und lebenförderndes Element. Das ist etwas, was wir in einer weisen Selbsterziehung ganz besonders zu pflegen haben.

So haben wir auch einige Momente der Selbsterziehung in bezug auf den Intellekt und das innere Seelenelement betrachtet, und wenn wir dieses innere Seelenelement ganz besonders kultivieren und auf dasselbe den Hauptwert legen, so werden wir sehen, daß es ganz von selber auch in den Willen, in den Charakter einfließt, während wir durch alle Bemühungen, die wir unternehmen, um den Charakter direkt zu beeinflussen, eher eine Schwächung erreichen, weil wir uns nicht in ein Wechselverhältnis zur großen Welt setzen.

Für alle solche Dinge, die so zur Selbsterziehung des Menschen dienen können, liefert dasjenige ein unterstützendes Element, was die Geisteswissenschaft geben kann in dem Gesetz von den wiederholten Erdenleben und in dem Gesetz von Karma, das heißt von der Tatsache, daß das, was ich im gegenwärtigen Leben erlebe, Wirkungen sind von früheren Leben, und daß das, was ich jetzt erlebe, auch wieder Ursachen bilden wird für das, was mir im späteren Leben entgegentreten wird. Dadurch lernt man, wenn man die Ideen von den wiederholten Erdenleben und von Karma in sein Leben einführt, auch einen richtigen Pendelschlag herbeiführen zwischen Ergebung und Tätigkeitstrieb. In bezug auf diese beiden können wir die größten Sünden in betreff unserer Selbsterziehung machen. In unserer Gegenwart liegt sogar in bezug auf Ergebung und Tätigkeitstrieb die Sache so, daß die Menschen gerade das Umgekehrte von dem tun, was einer wirklichen weisen Selbsterziehung entsprechen würde. Wer auf dem Boden der wiederholten Erdenleben steht, der wird sich sagen: Was mich im Leben als mein Schicksal trifft, als Schmerzen oder Freuden, was mich zusammenbringt mit diesen oder jenen Menschen und so weiter, das muß ich unter dem Gesichtspunkte betrachten, daß ich mit meinem Selbst, das über meine enge Persönlichkeit hinausgeht, selbst es bin, der das alles herbeigeführt hat. Dann kommen wir zu etwas, was zunächst so erscheinen könnte, als wenn es zu einer Schwäche führen könnte, zur Ergebung in unser Schicksal, unser Schicksal deshalb hinzunehmen, weil wir wissen, wir haben es selbst gezimmert. So wie die Dinge uns treffen, müssen sie uns treffen, weil sie so durch uns geworden sind. Wenn wir diese Ergebung haben, so wird gerade solche Ergebung unseren Willen stärken und kräftigen, weil sie nicht hervorgerufen wird durch eine innere Trainierung des Willens, sondern durch eine Beziehung zum äußeren Schicksal, zu dem, was uns trifft. Es gibt nichts in der Selbsterziehung, was unseren Willen stärker machen kann, als die Ergebung und die Hingabe gegenüber dem Schicksal, das, was man die Gelassenheit nennt. Derjenige schwächt seinen Willen, der bei jeder Gelegenheit mürrisch ist und sich über sein Schicksal empört. Derjenige stärkt seinen Willen, der sich in weiser Selbsterziehung in sein Schicksal zu ergeben vermag. Diejenigen Menschen sind die schwächsten Willensmenschen, welche bei jeder Gelegenheit so empfinden, als ob das oder jenes sie ganz und gar unverdient nur treffe, als ob sie es einfach von sich abschütteln müssen.

Diese Ergebenheit ist oftmals durchaus nicht dem gegenwärtigen Menschen gelegen. Dafür entwickelt er eine andere um so mehr. Da sehen wir überall in der Gegenwart die Ergebenheit in bezug auf das Innere stark verbreitet, in bezug auf den Verstand, die inneren Kräfte, und was in bezug auf innere Kräfte vorliegt. Da ergibt sich der Mensch sogleich an seine innere Seelenbeschaffenheit und sagt sofort: Ja, wenn dir das nicht gefällt, so liegt es an dir, liegt daran, daß du nicht aufmerksam genug bist. – Die Ergebenheit in bezug auf das Innere haben heute gerade diejenigen Menschen am allermeisten, die gegenüber dem äußeren Schicksal sich am meisten empören. Wie selbstzufrieden ist im Grunde genommen da der Mensch. Und er ist besonders dann selbstzufrieden, wenn er immer wieder und wieder betont, es müsse eigentlich nichts entwickelt werden als das, was heute schon in ihm liegt. Die heutige Lehre von der Individualität ist die reinste Ergebenheitslehre. Dagegen, daß die Individualität hinaufgeführt werden müsse, und daß man keine Gelegenheit dazu unbenutzt lassen soll, das ist etwas, was gegen die Ergebenheitsgefühle der heutigen Taten-Menschen ungemein streitet.

Den Einklang herzustellen zwischen innerer Demut und Aktivität ist das, was man als den richtigen Pendelschlag herbeiführen muß. Das können wir aber nur, wenn wir die Aufmerksamkeit für das offen lassen, was das Leben bietet. Die Aufmerksamkeit, das Interesse offenzuhalten, ist eine Forderung, die wir gerade in bezug auf Selbsterziehung an uns stellen müssen. So sehen wir, daß der Mensch, wenn er auf die Zukunft hinblickt, sich sagt: Was ich jetzt entwickele, wie ich reif werde und Kräfte entfalte, das wird in Zukunft an meinem Dasein arbeiten, das wird mein Schicksal bereichern. – Wenn der Mensch so sein Leben über die gegenwärtige Verkörperung hinaus weitet und auf das hinblickt, was als Wirkung aus seinem gegenwärtigen Dasein hervorgehen kann, dann wird der Tätigkeitsdrang erwachen und der Mensch wird sich erheben über seine gegenwärtige Natur, und sein Ergebenheitsgefühl wird sich in richtiger Weise betätigen, wenn er das, was ihn in der Gegenwart trifft, als durch sich selbst gezimmert auffassen kann.

So können die Ideen von Reinkarnation und Karma über unser Schicksal das ausgießen, was gerade der Gegenwartsmensch braucht. Und nicht eher werden die Fragen, die so zahlreich über Selbsterziehung heute aufgeworfen werden, eine richtige Antwort erhalten, bevor nicht die Geisteswissenschaft dem innersten Trieb, der inneren Sehnsucht der wirklich suchenden Seele der Gegenwart sich einverleiben kann. Die Geisteswissenschaft will nicht agitieren, aber sie will der Gegenwart das geben, was der innerste Drang der modernen Menschenseele sein muß. Es war immer so, daß die Wahrheit zwar einem jeglichen Zeitalter, für das sie in entsprechender Gestalt bestimmt war, dienen mußte, daß aber zugleich dieses Zeitalter stets die Wahrheit abgelehnt hat. Daher kann auch die Geisteswissenschaft, obgleich sie für alle Kulturfragen der Gegenwart und der nächsten Zukunft den sichersten Boden liefert, dem Schicksal nicht entgehen, so notwendig sie auch ist, verkannt zu werden und dasjenige sich entgegengestellt zu finden, was heute einzig und allein Mode ist, daß man sagt, sie sei eine leere Phantasterei, Träumerei, wenn nicht etwas Schlimmeres. Aber gerade wenn man solche so tief einschneidende Fragen ins Auge faßt, sieht man die Bedeutung und die Tragweite dessen, was Geisteswissenschaft als ein Lebenselixier bieten kann und bietet. Dann kann man, so sehr sich die Gegnerschaft und der Hohn gegen die Geisteswissenschaft geltend machen werden, auch ahnen, was sie ist, und was sie als ein Lebenselixier sein kann. Man kann auf sie ein Wort anwenden, das dem, der ihre wahren Tiefen und ihre Bedeutung einsieht, über alles, was sich an Gegnerschaft und Mißverständnissen gegen sie erhebt, hinweghelfen kann, ein Wort, das ein Mann gesprochen hat, dem man sonst nicht überall zustimmen kann, der aber in gewisser Beziehung damit den Nagel auf den Kopf getroffen hat. Anwendbar ist auf das Schicksal jener Wahrheit, die mit der Geisteswissenschaft für alle Kulturfragen der Gegenwart und der nächsten Zukunft in die Menschheit einziehen muß, das Wort *Arthur Schopenhauers:* In allen Jahrhunderten hat die arme Wahrheit darüber erröten müssen, daß sie paradox war, und es ist doch nicht ihre Schuld. Sie kann nicht die Gestalt des thronenden allgemeinen Irrtums annehmen. Da sieht sie seufzend auf zu ihrem Schutzgotte, der Zeit, welcher ihr Sieg und Ruhm zuwinkt, aber dessen Flügelschläge so groß und langsam sind, daß das Individuum darüber hinstirbt. – Und was Schopenhauer noch nicht hinzufügen konnte, die moderne Geisteswissenschaft kann es hinzufügen, indem sie sagt: Mag der Schutzgott, die Zeit, so große und so weite Flügelschläge haben, daß die einzelne Persönlichkeit, das Individuum, nicht die Wahrheit der Zeit einsehen kann, daß die Persönlichkeit hinsterben muß, bevor die Wahrheit zum Siege kommen kann, so zeigt uns doch die Geisteswissenschaft, daß in dieser Persönlichkeit ein ewiger Wesenskern lebt, der immer wiederkommt und sich nicht auf die einzelne Persönlichkeit beschränkt, sondern der von Leben zu Leben geht.

Daher können wir uns sagen: Und wenn auch der Zeit Flügelschläge so groß und so weit sind, daß das einzelne Individuum hinstirbt und den Sieg der Wahrheit nicht erlebt, – was in uns lebt, unser Selbst, das kann, wenn wir über die Persönlichkeit hinausdringen, diesen Sieg und alle Siege doch erleben, denn es wird das stets neue Leben den alten Tod besiegen. – Es wird die Geisteswissenschaft aus tiefen Wahrheitsuntergründen heraus das als den Sieg der Wahrheit erst recht ins Auge fassende Wort *Lessings* bekräftigen, das uns wie ein Extrakt schon aus früheren Jahrhunderten entgegenleuchtet. Was der Geistesforscher über die umfassende Wesenheit des Menschen zu sagen hat, indem er auf dasjenige blickt, was er außerhalb seiner Persönlichkeit erreicht, wenn er sich außerhalb dieser Persönlichkeit nicht verliert, die Seele vermag es als die tiefste, bedeutsamste Kraft ihres Lebens auszudrücken, indem sie sich sagt: «Ist nicht die ganze Ewigkeit mein?!»

DAS WESEN DER EWIGKEIT
UND DIE NATUR DER MENSCHENSEELE
IM LICHTE DER GEISTESWISSENSCHAFT

Berlin, 21. März 1912

Als *Lessing* in einer Gedankenskizze jene Lehre andeutete, die ihm als die einzige der Menschenseele würdige erschien, die er dann in seiner Art deutlich für ein abendländisches Bewußtsein durchgeführt hat in seiner meisterhaften Abhandlung über die «Erziehung des Menschengeschlechtes», als er diese Lehre von der Wiederverkörperung der Menschenseele, von dem Durchleben wiederholter Erdenleben durch die menschliche Seele aussprach, da bemerkte er etwa das Folgende. Er sagte: Sollte denn diese Lehre, da sie in den urältesten Zeiten der Menschenseele einleuchtete, als diese noch nicht durch allerlei Gedankenspekulationen verdorben war, da sie also sozusagen zu den primitivsten Gütern der Menschenseele gehörte, deshalb weniger wahr sein als so manche andere Lehre, welche im Laufe der Zeit durch philosophische Spekulation oder dergleichen sich dieser Menschenseele ergeben hat? – Und nachdem Lessing deutlich darauf hingewiesen hat, daß eben für die Seele diese Lehre von den wiederholten Erdenleben des Menschen die einzig sinnvolle sei, da meinte er, es wäre wohl die Aussicht vorhanden, daß diese Lehre sich bei allen denjenigen einleben könnte, die wirklich unbefangen das Wesen der Menschenseele auf sich wirken lassen, wenn nicht zwei Dinge wären. Nun ist man gewiß gespannt, was Lessing unter diesen zwei Dingen, die gegenüber der Lehre von den wiederholten

Erdenleben hindernd für die Menschenseele eintreten sollen, gemeint habe. Aber siehe da, Lessing hat diesen Satz nicht voll ausgeschrieben, er ist durch irgend etwas gestört worden, so daß ihm der Satz mit den Worten abbricht: «... wenn nicht gleichsam zwei Dinge wären:» mit einem Doppelpunkt. Und wir finden dann nicht in seinen Schriften einen Ausspruch von ihm selbst, was er eigentlich als diese zwei Dinge angesehen hat. Die Lessing-Gelehrten haben allerlei Spekulationen darüber angestellt, was etwa Lessings Gedanke beim Hinschreiben dieses Satzes gewesen sein könnte.

Nun, vielleicht braucht man sich keine so großen Skrupel darüber zu machen, wenn man annimmt, daß Lessing höchstwahrscheinlich jene beiden Dinge gemeint habe, welche den meisten Menschen zunächst aufstoßen, wenn von der Lehre der wiederholten Erdenleben die Rede ist. Aus zwei Impulsen heraus sträubt sich sozusagen diese Menschenseele gegen eine solche Idee. Der eine läßt sich etwa so ausdrükken, daß man sagt: Wie es sich nun auch mit dem verhalten möge, was etwa aus irgendeiner Geisteswissenschaft heraus für die Lehre von den wiederholten Erdenleben vorzubringen sei, das eine stehe doch fest, daß das normale Bewußtsein kein Gedächtnis, keine Erinnerung an schon durchlebte Erdenstufen habe. Daher scheine es zum mindesten, selbst wenn es einer Wahrheit entspräche, daß es solche wiederholten Erdenleben gibt, daß diese für das menschliche Bewußtsein selber bedeutungslos seien und daher für das normale menschliche Bewußtsein eine Art willkürlicher Hypothese darstellen. – Das ist gewiß bei vielen Seelen, die sich gegen die Annahme der wiederholten Erdenleben empören, einer der Impulse. Der zweite der Impulse dürfte aus dem heraus gegeben sein, was man nennen kann das Gerechtigkeitsgefühl des Menschen gegenüber sich selbst. Die wiederholten Erdenleben machen es notwendig, daß man annehme, daß sozusagen unser Schicksal, die Art und Weise, wie wir mehr oder weniger glücklich oder unglücklich, begabt oder unbegabt in die Welt hereingestellt sind, eine Folge dessen ist, was wir selber als Ursachen dazu in früheren Erdenleben gelegt haben, so daß wir sozusagen selber in einem weit umfassenderen Sinne, als man es gewöhnlich meint, die Schmiede unseres Glückes, unserer Fähigkeiten oder unseres Unglückes und unserer Unfähigkeiten wären. Da sagt sich wohl manche Seele: Wenn ich schon mein Geschick hinnehmen muß, wenn es sich schon belastend auf mein Erdendasein legt, so soll ich auch noch dazu annehmen, daß ich selber, das heißt dieses Ich, das in mir wohnt, in früheren Erdenleben die Ursachen zu diesem Geschick herbeigeschafft habe, in welches ich jetzt verstrickt bin. – Das ist, was man nennen könnte das Gerechtigkeitsgefühl des Menschen gegen sich selbst.

Wer Lessings sonstige Gedanken, sein ganzes Wesen durchforscht und es seiner Seele zu eigen macht, der wird wohl kaum zweifeln, daß Lessing, dieser Bahnbrecher der Lehre von den wiederholten Erdenleben, in gewisser Beziehung auf diese zwei Einwände hat hinweisen wollen, und es ist wohl gut, wenn wir gerade bei einer Betrachtung über das Wesen der Ewigkeit und über die Natur der Menschenseele und ihres Zusammenhanges mit der Ewigkeit auf diese Tatsachen, die eben charakterisiert worden sind, aufmerksam machen. Denn noch einmal sei auch am heutigen Abend an den Ausspruch des deutschen Philosophen *Hegel* erinnert, der ja in dem Zusammenhange der bisherigen Vorträge schon erwähnt worden ist: Wenn die Ewigkeit eine Eigenschaft der Menschenseele sein soll, so muß sich diese Eigenschaft innerhalb der Natur der Menschenseele nicht etwa erst nach dem Tode zeigen, sondern sie muß sich erleben lassen im irdischen Dasein selber. – Hegel spricht, man möchte sagen, das Charakteristische aus, daß die Ewigkeit für die Seele nicht erst nach dem Tode beginnen könne, sondern sie müsse eine ihr schon im Erdenleben eingepflanzte Eigenschaft sein.

Wenn man aber die Eigenschaft der Ewigkeit in der Menschenseele suchen will, wie sie in uns lebt, wie wir sie erforschen können beim Einblick in unser eigenes Seelenleben, wie sollte sie sich nicht gerade an dem zeigen lassen, was so innig verbunden ist mit dieser Menschenseele im Sinne der Geisteswissenschaft. Die bisherigen Vorträge haben gezeigt, daß diese innige Verbindung besteht mit dem, was man das Hinausgehen der Menschenseele in ihrem Schaffen und Wirken über das einzelne Dasein zwischen Geburt und Tod nennen kann, gerade zu dem, was wir eben zusammenfassen in der Idee von der sogenannten Wiederverkörperung, den wiederholten Erdenleben, und in der Idee von dem Karma, das heißt von dem Hereinwirken der Ursachen aus früheren Leben in unser gegenwärtiges Leben und von den Ursachen, die wir selber jetzt für unser zukünftiges Leben schaffen. Wir müssen die Menschenseele verknüpft denken mit diesem ganzen Ursachengewebe, müssen sie verknüpft denken in ihrem gegenwärtigen Leben mit dem, was sie in früheren Daseinsstufen erfahren hat, und mit dem, was sie in zukünftigen Daseinsstufen noch erfahren wird. So kann uns denn die Betrachtung des gegenwärtigen Lebens der Menschenseele zu einer Anschauung führen über das vergangene und über das zukünftige Leben. Und wenn man nicht den Blick auf irgendeine abstrakte Idee von Ewigkeit richtet, sondern auf die wirkliche, sich in sich erfassende Menschenseele sieht, dann wird man vielleicht zu etwas kommen, was zu einer Charakteristik des Wesens der Ewigkeit führen könnte. Denn sollte es nicht, um einen Vergleich zu gebrauchen, aussichtsvoller sein, das eigentliche Wesen einer Kette dadurch zu erforschen, daß man von Kettenglied zu Kettenglied geht, und nicht so die Kette nähme, wie sie war, als sie ein Strich, eine Linie noch war? Das Letztere wäre zu betrachten, wenn man auf die Ewigkeit direkt losgehen würde, während das Erstere in Frage kommt, wenn man die Menschenseele ins Auge faßt, wie sie sich im einzelnen Leben darstellt als ein Kettenglied unter wiederholten Kettengliedern, die sich zu der gesamten Kette zusammenschließen, die uns dann das vollkommene, das vollständige Leben des Menschen durch das Erdendasein hindurch darstellen.

Nun ist es richtig, daß der Mensch, indem er auf das blickt, was ihm zuerst die Gewähr des Ewigkeitsgedankens geben kann, sich gewöhnlich der Anschauung der Gegenwart überläßt. Die Vorträge, die bisher hier gehalten worden sind, haben aus den mannigfaltigsten Voraussetzungen heraus gezeigt, daß der Mensch immer wieder und wieder dazu kommt, wenn er sein Seelenleben überblickt, alles, was sich in seinem Seelenleben abgespielt hat, zuletzt gewissermaßen auf einen Punkt hinzuordnen, den er als sein Ich bezeichnet. Gerade wenn man sich bei den denkenden Philosophen der Gegenwart umsieht, wird man immer wieder darauf hingewiesen, daß der Mensch über das Wesen seiner eigenen Natur durch nichts anderes zu Aufschlüssen kommen könnte als dadurch, daß er die Natur seines eigenen Ich verfolgt, desjenigen, was alles wie ein Zentrum zusammenhält, was wir in der Seele erleben. Erscheint es dann nicht so, als ob alles, was wir in unserem Gemüt, in unserer Seele erleben, erleben an Gedanken, Gemütsverfassungen und Willensimpulsen, entstünde und verginge? Was erhält sich aber? Wessen Schicksal sozusagen sind alle Gedanken, Gemütsverfassungen und Willensimpulse? Das Ich ist dasjenige, was sich uns wie der bleibende Mittelpunkt erweist. Wir wissen auch ganz gut, daß wir, wenn wir unsere Seelenerlebnisse nicht auf diesen bleibenden Mittelpunkt beziehen würden, gar nicht davon sprechen könnten, eine einheitliche Menschenwesenheit zu sein. Dennoch, so schön es aussieht, was insbesondere wieder in neuerer Zeit Philosophen und sonstige Denker über die Natur des Ich sagen, gibt es einen Widerleger aller solcher philosophischen Spekulationen über die Natur des Ich. Wenn man noch so intim erforscht, wie dieser Mittelpunkt unseres Seelenlebens sich sozusagen als derselbe erweist durch unser ganzes Vorstellungs-, Gefühls- und Willensleben hindurch: einen Widerleger gibt es, der unser Ich, wie wir es im normalen Bewußtsein erleben, auslöscht, und der uns eigentlich immer wieder und wieder zu Gemüte führen kann, wie leicht widerlegbar alle Spekulationen der Philosophen über das bleibende Ich sind, wie es das normale Bewußtsein zunächst kennt. Dieser Widerleger ist der, den wir innerhalb von vierundzwanzig Stunden immer wieder selbst erleben, der Schlaf. Der Schlaf löscht mit unseren Gedanken, Empfindungen und Willensimpulsen auch den zentralen Mittelpunkt unseres Ich aus, so daß von einer Dauer des Ich, jenes Ich, welches das normale menschliche Bewußtsein zunächst kennt, in Wahrheit nicht gesprochen werden kann gegenüber dem für jeden Menschen im Laufe von vierundzwanzig Stunden eintretenden Schlaf.

Nun haben aber die bisherigen Vorträge gezeigt, daß dennoch der Mensch in einer gewissen Weise von einem solchen Ich sprechen kann, aber nicht dadurch, daß er dasjenige ins Auge faßt, was er in der unmittelbaren Gegenwart hat, indem er alle seine Vorstellungen, seine Gemütsverfassungen und Willensimpulse auf seinen Ich-Mittelpunkt bezieht, sondern dadurch, daß er etwas ganz anderes berücksichtigt. Eine Frage müssen wir uns dabei vorlegen: Finden wir unter all denjenigen Dingen, die uns in der äußeren Welt entgegentreten, die wir erleben vom Morgen bis zum Abend, finden wir unter diesen Außendingen das Ich? Wer sich unbefangen diese Frage aufwirft, wird sich sagen können: In allem, was ich als Erlebnisse der Außenwelt habe, woran sich meine Vorstellungen, Empfindungen und Willensimpulse anlehnen, finde ich das Ich nicht. Von keiner Außenwelt kann mir der Ich-Gedanke auftauchen, dennoch ist er vom Aufwachen bis zum Einschlafen da. – Was kann dasjenige sein, was vom Aufwachen bis zum Einschlafen in der Seele lebt, was immer in der Flut unserer Vorstellungen, Gemütsverfassungen und Willensimpulse gefunden werden kann, und was dennoch in dem Moment ausgelöscht werden kann, wo wir einschlafen? Da es nicht in der Außenwelt gefunden werden kann, so muß es seinem Ursprunge nach in unserer eigenen Innenwelt gesucht werden. Aber unser eigenes Innere ist wiederum so, daß wir dieses, was wir als unser eigenes Ich im normalen Bewußtsein haben, auslöschen. Es gibt im ganzen weiten Umkreise von Begriffen, die sich der Mensch bilden kann, keinen einzigen, der eine solche Tatsache wirklich zum Verständnis bringen könnte außer demjenigen, welcher annimmt, daß dies, was da von keiner Außenwelt gegeben, als der Ich-Gedanke auftritt, wie das normale Bewußtsein ihn hat, eben so nicht eine Wirklichkeit ist, denn eine Wirklichkeit könnte nicht so verschwinden, wie der Ich-Gedanke im Schlafe verschwindet. Eine Wirklichkeit ist dieser Ich-Gedanke nicht. Was ist er also dann? Wenn es keine Wirklichkeit ist, dann gibt es keine andere Möglichkeit, um die Sache zu verstehen, als daß man annimmt, daß es ein Bild ist, aber ein Bild, das uns im weiten Umkreise unserer Erfahrungswelt nicht werden kann, sondern zu dem wir nur durch einen Vergleich kommen, den Vergleich des Menschen mit seinem Spiegelbilde. Nehmen wir an, ein Mensch hätte nie Gelegenheit gehabt, sein Gesicht selber zu sehen. Es ginge ihm dann in bezug auf sein Äußeres wie mit seinem Ich. Das normale Bewußtsein erlebt das Ich immer nur als Bild, es kann nicht dahinterkommen, was dieses Ich ist, so wie ein Mensch im Äußeren sein Gesicht nicht anschauen kann. Wenn er aber vor den Spiegel tritt, dann erscheint ihm sein Gesicht, aber es ist das Bild seines Gesichtes. Und wenn er sich umschaut, was spiegelt sich dann? Wenn er sich umschauen würde, so würde er eben Tische, Stühle oder dergleichen sehen. Aber nicht alles, was um ihn herum ist, spiegelt sich. Doch wenn er sagen kann, daß es etwas ist, was er in seinem Umkreise nicht hat, was sich ihm nur spiegelt – denn nichts, was da ist, kann sich zunächst in unserem Bewußtsein so spiegeln, wie das Ich sich zeigt –, so ist es unser eigenes Wesen, zu dem aber zunächst das Ich im normalen Bewußtsein nicht kommt, es aber im Spiegelbilde erlebt. Und so wahr sich nicht spiegeln kann, was nicht da ist, so wahr muß das Ich da sein, weil es sich spiegelt und weil die Ursache vom Spiegelbilde nicht etwas anderes sein kann. Daß dies richtig ist, dazu genügt ein einziger Blick auf die Weltentatsachen. Daher müssen wir sagen: Da dem Menschen sein Ich zunächst nur im Spiegelbilde gegeben ist, kann es verschwinden, wie das Spiegelbild unseres Gesichtes verschwindet, wenn wir nicht mehr in den Spiegel hineinschauen. Ein Bild kann verschwinden, die Realität bleibt, sie ist da, trotzdem wir sie nicht wahrnehmen. Denn wer die Richtigkeit des letzten Satzes bestreiten wollte, der müßte behaupten, nur das sei vorhanden, was der Mensch wahrnimmt. Da würde er sehr bald die Absurdität dieses Satzes einsehen, sobald er ihn in seinen Konsequenzen verfolgen würde.

So müssen wir sagen: In dem Ich-Gedanken haben wir zunächst gar nicht eine Realität. Aber wir gewinnen aus ihm die Möglichkeit, eine Realität unseres Ich vorauszusetzen. Wie aber kann der Mensch durch das gewöhnliche Leben in einer gewissen Weise zu einer Erkenntnis dieses Ich kommen?

Der Mensch kann zu einer Erkenntnis seines Ich gerade dadurch kommen, daß er nicht bloß in der Gegenwart, sondern eben auch in der Vergangenheit lebt durch seine Erinnerungen. Könnten wir, wenn wir den Gedankenblick zurückrichten auf die vorhergehenden Tage, Wochen, Jahre oder Jahrzehnte bis zu jenem Punkte, der hier schon erwähnt worden ist und bis zu dem sich das Kind zurückerinnert, nicht alle die Erlebnisse, die wir gehabt haben, gleichsam auf einen Faden aufreihen, so würden sich uns nicht diese Erlebnisse unseres eigenen Innern als in einer Einheit in der Erinnerung zusammenschließen, wir könnten dann nicht von irgendeinem Ich sprechen. Es war durchaus richtig, was jene Psychologen betont haben, welche gesagt haben, daß der Mensch in dem Grade sein Ich verliert – wenigstens als Bewußtsein seines Ich –, als die Erinnerungen an seine Erlebnisse in der jetzt charakterisierten Zeit sich auslöschen. So weit unsere Erinnerung gestört ist, so weit ist unser Ich zerbrochen.

Wir haben nun schon öfter darauf hingewiesen, wie der Mensch, zunächst durch sein Denken, über diesen Punkt hinauskommen kann, bis zu dem er sich zurückerinnert. Aber wir wollen heute zuerst berücksichtigen, was es eigentlich macht, daß der Mensch sein wahres reales Ich – nicht bloß ein Bild des Ich – in der Erinnerung erlebt. Würden wir uns nur zurückerinnern an die Erlebnisse, die wir durchgemacht haben, bis in unsere Kindheitserinnerungen hinein, so wäre der Unterschied gegenüber dem gegenwärtigen Auftauchen des Ich-Gedankens nicht besonders groß. Denn schließlich ist es ganz gleichgültig, ob wir ein Spiegelbild unseres Ich erleben, wenn wir gegenwärtig unsere Vorstellungen, Empfindungen und Willensimpulse auf einen ein-

heitlichen Ich-Punkt beziehen, oder ob wir unsere vergangenen Vorstellungen, Gemütserlebnisse und Willensimpulse
auf einen solchen Punkt beziehen. Es bleibt da doch das Ich
immer nur ein Bild, auf das wir alle unsere Erlebnisse beziehen. Wenn es so wäre, daß wir nur unsere Erlebnisse auf
unser Ich beziehen, so kämen wir auch in der Erinnerung
nie zum Ergreifen der Wirklichkeit unseres Ich. Wir kommen aber zum Ergreifen der Wirklichkeit unseres Ich allein
dadurch, daß wir dieses Ich als ein tätiges, als ein schaffendes erleben, daß wir etwas in unserem Seelenleben erleben,
was uns den Beweis liefert: In unserem Seelenleben ist etwas,
was schafft und wirkt, und was wieder nicht von einer
Außenwelt beeinträchtigt wird, was aber so schafft und
wirkt, daß es jetzt nicht vom Schlaf ausgelöscht wird. –
Was ist das, was da in uns lebt und webt, und was nicht vom
Schlaf ausgelöscht wird?

Ein jeder Mensch, der sich zurückerinnert, der unbefangen diese Rückerinnerung wirklich betreibt, wird sich sagen:
Innerhalb des Lebens habe ich meine Erlebnisse nicht nur so
erfahren, daß ich sie auf mein Ich beziehen kann, sondern
es ist unleugbar, daß ich sie durch das, was ich in mir selbst
erlebt habe, abgesehen von den äußeren Erfahrungen, verarbeitet habe. Ich bin reicher geworden an meinen inneren
Erlebnissen. – Wer diese Tatsache der Lebensreife erlebt, die
im Innern sich heranzüchtet, und sich ein Bewußtsein für
die Steigerung der Lebensverhältnisse erwirbt, der weiß,
daß dies von keiner äußeren Realität kommen kann, sondern nur von etwas, was in uns arbeitet. Und wer dann das
gesamte Leben überblickt, wird sich klar machen, was auch
schon in dem Zusammenhange dieser Vorträge erwähnt
worden ist, daß er den Schlaf braucht, um wirklich zu dieser
Lebenssteigerung, zu dieser inneren Entwickelung zu kommen. Wir wissen ganz genau, wenn wir unser Seelenleben

prüfen, wie der Mangel an Schlaf unsere Vorstellungen zerstört, wie er in einer gewissen Weise verwüstend auf unsere Gemütsverfassung wirkt. Wir wissen, daß wir den Schlaf als etwas Schöpferisches brauchen, wenn das, was wir an der Außenwelt erfahren, was wir immer durch die äußere Welt wahrnehmen, wirklich in uns Lebensreife heranzüchten soll. Wir erfahren dadurch, daß gewiß nicht jenes Bild des Ich, welches wir am Tage beobachten, an uns arbeitet, daß aber die hinter diesem Bilde stehende Realität auch während des Schlafes hindurch arbeitet, denn der Mangel an Schlaf erweist sich eben als zerstörend für das Fortschreiten der Seelenentwickelung. So erkennen wir an der Steigerung, an der Reifwerdung des Seelenlebens das arbeitende Ich. Und indem wir erfahren, was uns fehlt, wenn der Schlaf nicht zur rechten Zeit eintritt, und dieses Ich ausgespannt wird aus der Verbindung mit der äußeren Leiblichkeit und – abgesehen von dieser – arbeiten kann, indem wir so erfahren, wie der Mangel an Schlaf die Steigerung unserer Lebensreife hindert, werden wir unser reales, wirkendes Ich gewahr. Nicht nehmen wir es in einem Bilde wahr, sondern als eine innere Kraft, die im Wachen und Schlafen das Leben hindurch wirkt.

Da haben wir den ersten der Hinweise, der ein wirklich in die Realität hineingehender ist, auf dasjenige, was als ein von aller äußeren Welt unabhängiges Kraftendes in uns lebt und webt. Und wenn wir diese Innenerfahrung weiter treiben, was stellt sich dann heraus? Viele der Einzelheiten, die heute erwähnt werden müssen, sind in den vorhergehenden Vorträgen schon angedeutet worden, so auch die wichtige Tatsache, die jetzt erwähnt werden muß. Es stellt sich heraus, daß wir diese Steigerung des Lebens erfahren, daß wir immer reifer und reifer werden. Aber es stellt sich auch die merkwürdige Tatsache heraus, daß wir das Beste an unserer

Lebensreife, dasjenige, wodurch wir am meisten zu etwas Besserem heranwachsen, als was wir vorher waren, wodurch wir das Wesen des Ich am besten beobachten können, so erfahren, daß wir sagen können: Es stellt sich als etwas dar, was wir an unseren Fehlern, an unseren Mängeln am besten erfahren. – Wenn wir eine Sache so recht verfehlt haben, wenn wir etwas getan haben, was uns so recht unsere Unvollkommenheit, unsere Unfähigkeit am besten zeigt, dann lernen wir von dem, was wir in unserer Unfähigkeit vollbracht haben, wie wir es hätten machen sollen. Wir sind reifer geworden. Und gerade durch solche Gelegenheiten – seien es Gelegenheiten des Denkens, des Fühlens, des Wollens, des Handelns – entwickeln wir unsere Lebensweisheit, unsere Lebensreife. Dadurch müssen wir aber auch sagen: Wir sehen an dem, was wir so als Lebensweisheit und Lebensreife in uns ansammeln, was eine immer stärkere innere Kraft wird, weil wir doch nie ein zweites Mal in dieselbe Lage kommen und wieder an unseren Fehlern lernen können, wie wir diese in uns aufspeichern müssen und wie wir für diese wichtigsten Dinge keine Verwendung im Leben haben. – So sehen wir also, daß wir in unserem irdischen Dasein dahinleben und fortwährend Kräfte aufspeichern, die sich ausdrücken als Lebensreife, und die, wenn wirklich ein Leben richtig durchgeführt wird, sich am stärksten angesammelt haben, wenn wir an der Pforte des Todes angelangt sind. Wir sehen, daß da etwas in uns ist, in uns lebt und sich zunächst nicht in einer Außenwelt ausleben kann.

Wie leben wir? Wir leben in der Seele dadurch, daß wir auf unser abgelebtes Dasein zurückblicken können. Die Erinnerung hält uns sozusagen den Seelenfaden zusammen. Aber aus dieser Erinnerung tritt gleichsam etwas heraus, was in uns lebt und webt als unsere innere Lebensreife, und was wie eine überschüssige Kraft in dem gegenwärtigen

Erdendasein sich darstellt. Man kann nun geisteswissenschaftlich zunächst einfach ein Gesetz anwenden, das in der ganzen äußeren Wissenschaft gilt, das Gesetz, daß Kräfte nicht verschwinden können. Für die äußere Welt gibt das jeder Naturforscher, jeder Physiker zu. Er weist darauf hin, wenn man nur mit dem Finger über die Tischplatte fährt und eine Druckkraft anwendet, so wird diese Druckkraft umgewandelt in Wärme. Man sagt: Kräfte, die einmal aufgewendet werden, können sich umwandeln, verwandeln, aber sie können nicht in Nichts verschwinden. – Wenn man das mit Bewußtsein erlebt hat, daß wir in dem, was wir als Lebensreife und Lebensinhalt haben, die Kräfte aufgespeichert haben, die zunächst keine Verwendung mehr finden und die am stärksten angespannt sind, wenn wir durch die Pforte des Todes schreiten, dann darf nach dem gewöhnlichen Menschenverstande der Gedanke nicht mehr ferne liegen, daß die Kräfte, die als Kräfte vorhanden sind und die unabhängig von dem äußeren Leibeswerkzeug durch die Arbeit des Ich entstanden sind, nicht in ein Nichts verschwinden können. Der äußere Leib – das ist die einzige Konsequenz –, dem diese Lebensreife nicht verdankt ist, mag abfallen, mag seinen Elementen übergeben werden; diese Kräfte sind da. Und weil wir in diesen Kräften das Ich als den wirksamen, den kraftenden Mittelpunkt haben, so ist das Ich in den Kräften seiner Lebensreife da, wenn der Mensch durch die Pforte des Todes tritt. Das mögen diejenigen bestreiten, die keine Lust dazu haben, die Gesetze der gewöhnlichen Physik auch auf das geistige Leben anzuwenden, nur sollten sich diese bewußt sein, daß sie eine Inkonsequenz in dem Augenblick begehen, wo sie in der Betrachtung von der äußeren physischen Wirklichkeit nach der geistigen Wirklichkeit aufsteigen. So also brauchen wir durchaus nicht etwas anderes zunächst zu Hilfe zu rufen als den gewöhnlichen gesunden Menschenverstand, wenn die Geisteswissenschaft davon redet, daß in demjenigen, was wir unser Inneres nennen, wenn wir durch die Pforte des Todes gehen, Kräfte aufgespeichert liegen, welche wir uns im Leben erworben haben, und die dann gerade ihre größte Spannung haben und am meisten wirken müssen in einer Welt, welche nicht die Welt des äußeren physischen Leibes ist. Fortwirken müssen diese Kräfte nach dem Tode in einer Welt, welche dann offenbar vorausgesetzt werden muß, in welcher dann diese Kräfte, das heißt das von dem Ich durchsetzte und durchkraftete Innere des Menschen fortlebt, wenn der Mensch im entkörperten, leibfreien Zustande ist. So weist der gesunde Menschenverstand auf das Leben nach dem Tode hin und nicht nur darauf, daß es im allgemeinen ein solches Leben nach dem Tode gibt, sondern er weist sogar darauf hin, welche Kräfte in dieses Leben nach dem Tode hineinspielen.

Wenn nun aber die Geisteswissenschaft weitergeht und im genaueren von diesem Leben spricht, welches nun zwischen dem Tode und einer neuen Geburt verfließt, dann natürlich beginnt das Lachen aller derjenigen, welche heute auf dem festen Boden der Wissenschaft zu stehen glauben. Der Geisteswissenschafter kann dieses Lachen begreifen, denn er weiß, daß die Behauptungen der Menschen und auch ihr Lachen nicht von ihren Gründen und Beweisen abhängen, sondern von ihren Denkgewohnheiten. Wer diese Denkgewohnheiten so entwickelt hat, daß er nicht auf das einzugehen vermag, was die Geisteswissenschaft aus ihren Forschungen heraus über das Leben nach dem Tode zu berichten weiß, dem muß selbstverständlich alles, was in bezug auf dieses Leben zwischen dem Tode und einer neuen Geburt gesagt wird, lächerlich oder gar als etwas Phantastisches oder Verträumtes erscheinen. Die Geisteswissenschaft zeigt nämlich, daß, wenn der Mensch durch die Pforte des Todes geschritten ist, zunächst eine Erscheinung auftritt, welche sonst im Leben äußerst selten auftritt, aber sie tritt auch im Leben auf und ist dann auch wiederholt beobachtet worden. Das ist, daß der Mensch nach dem Tode zunächst so etwas erlebt wie eine nicht von Gefühlen und Empfindungen durchdrungene Rückschau auf sein eben abgelaufenes Erdenleben. Ich sage ausdrücklich eine Rückschau, die nicht von Gefühlen und Empfindungen durchzogen ist, sondern sich gleichsam wie in aufeinanderfolgenden Bildern dem Menschen die Summe des Erlebens seines letzten Erdendaseins darstellt. Das ist etwas, was nur kurze Zeit dauert. Im gewöhnlichen Leben wird dies erfahren, wenn der Mensch zum Beispiel so etwas erlebt, daß er dem Ertrinken nahe ist und einen Schock bekommt, aber nicht das Bewußtsein dabei verliert; wenn das Bewußtsein verloren geht, tritt die Erscheinung nicht auf. Aber Menschen, welche in einer solchen Lage waren, daß sie einen großen Schreck in einer Lebensgefahr durchgemacht haben, haben dann durch diesen Schrecken etwas wie eine Rückschau auf ihr bisheriges Erdenleben gehabt. Das geben sogar ganz nur der Außenwelt zugewendete Naturforscher zu, und ich habe bereits daran erinnert, daß der ausgezeichnete Kriminal-Anthropologe *Moriz Benedikt* beschreibt, wie er, als er einmal nahe am Ertrinken war, eine solche Rückschau auf sein vergangenes Leben gehabt habe. Durchaus kann die Geisteswissenschaft von solchen Naturen lernen, und sie lernt gern, wenn auch heute noch die Dinge so stehen, daß auf diesem Gebiete eine Gegenliebe nicht geübt wird.

Was tritt ein, wenn ein Mensch einen solchen Schrecken durch eine Lebensgefahr durchmacht? Für einen Augenblick tritt dann das ein, daß er sich nicht seiner äußeren Leibeswerkzeuge bedient und dennoch das Bewußtsein behält. Der

Mensch verliert durch ein solches Erlebnis die Möglichkeit, durch seine Augen zu sehen, durch seine Ohren zu hören und so weiter. Er wird gleichsam durch seine Innenwesenheit herausgerissen aus seinem physischen Leib, der alle Werkzeuge seines physischen Lebens enthält. Er wird herausgerissen aus dem gewöhnlichen Leben, behält aber doch das gewöhnliche Bewußtsein. Daraus nun, daß er eine Rückschau auf sein bisheriges Leben gewinnen kann, kann auch geschlossen werden, daß der Mensch, wenn er – und zwar bewußt – auf sein Inneres blickt, alles, was in seiner Erinnerung auftauchen kann, zu diesem seinem Inneren hinzurechnen muß. Denn indem er aus seinem physischen Leib herausgerissen wird, bleibt ihm diese Erinnerung. Der Mensch erlebt also in einem solchen Momente des Schreckens so in seinem Innern, wobei dieses Innere noch vom Gedächtnis erfüllt ist, was durch das ganze Leben hindurchgeht, aber in keinem Zusammenhange steht mit den äußeren Sinneswerkzeugen, die sonst das Bewußtsein vermitteln. Daher muß man davon sprechen, wenn man das Leben verstehen will, daß der Mensch mit einer feineren Seelen-Leiblichkeit verbunden ist, die der Träger des Gedächtnisses ist, die aber in einem solchen Momente aus dem äußeren Leibeswerkzeug herausgehoben ist. Der Mensch ist – das kann wieder der gesunde Menschenverstand einsehen – in einem solchen Schreck nicht im Schlafe, denn sonst müßte er im Schlafe auch eine solche Rückerinnerung haben. Daraus folgt, daß er bei einem solchen Schreck etwas in sich hat, was er im Schlafe nicht in sich hat.

Damit ist bestätigt, was die Geisteswissenschaft zu sagen hat, daß der Mensch im Schlafe mit seiner Seelenwesenheit aus dem physischen Leibe herausgeht, aber das zurückläßt, woran sein Gedächtnis gebunden ist, woran er sein Leben hindurch arbeitet, so arbeitet, daß er die Gedächtnisbilder behalten kann. Der Mensch ist im Schlafe aus dem physischen Leib und aus diesem äußeren Seelenleibe heraus, den wir in der Geisteswissenschaft den Ätherleib nennen, und der im gewöhnlichen Schlafe mit dem physischen Leibe verbunden bleibt. Im Momente des Todes aber tritt dieser Ätherleib, welcher zugleich der Erreger des Lebens ist – das kann heute nicht weiter ausgeführt werden – nun auch aus dem physischen Leibe heraus, und was zurückbleibt, ist lediglich der physische Leib, die äußere Hülle des Menschen. Der Tod tritt eben gerade dadurch ein, daß sich nicht zeigt, was sich im gewöhnlichen Schlafe zeigt, sondern daß dies mitgeht, was der Mensch im gewöhnlichen Schlafe hat: nämlich sein Ätherleib. Daher tritt für eine kurze Zeit nach dem Tode das ein, was auch bei einem Schock, bei einem Schreck im gewöhnlichen Leben als eine Rückerinnerung eintritt.

Nun ist das, was der Mensch da als Rückerinnerung erlebt, eigentlich an etwas gebunden, was, wie es die Tatsachen bezeugen, mit dem physischen Leibe so zusammenhängt, daß nicht einmal der Schlaf es abtrennen kann. Der Mensch nimmt nach dem Tode etwas mit, was nicht zu dem Innersten der Seele gehört, sondern was zu dem physischen Leibe gleichsam hinzugehört. Daher wird es auch, so zeigt die Geisteswissenschaft, nach einer verhältnismäßig kurzen Zeit, die nur nach Tagen zählt, dem physischen Leibe nachgeschickt. Der Mensch legt seinen Ätherleib ab und hat dann im wesentlichen nur das an sich, was er auch im Schlafe hat. Aber jetzt ist dieses andere, das innere Seelische – so zeigt die Geisteswissenschaft – in einem anderen Falle, als es im ganzen Leben ist. In welchem Falle ist der Mensch, wenn er durch das Wechselspiel von Wachen, Schlafen, Wachen, Schlafen und so weiter durchgeht? Er ist in die Lage versetzt, daß er an jedem Morgen wieder zu seinem physischen Leib und Ätherleib zurückkehren muß. Er ist an seinen physischen Leib, an seine Außenhülle gebunden, an alles, was ihn umkleidet, was nicht im besonderen zu dem gehört, das wir den eigentlichen Inhalt des Seelenlebens nennen.

Wenn wir uns nun aber darüber klar sind, daß der Mensch während des ganzen wachen Tageslebens seinen physischen Leib abnutzt, daß im Grunde genommen das ganze wache Tagesleben – das zeigt sich ja in der Hervorrufung der Ermüdung – eine Art Zerstörungsarbeit ist, so können wir daraus ersehen, daß in der Nacht, weil wir am Morgen unsere bewußte Arbeit wieder aufnehmen können, die Zerstörung aufgehoben werden kann. So daß wir, während wir im Verlaufe des Wachzustandes, im Bewußtsein, an der Zerstörung unserer Leiblichkeit arbeiten, umgekehrt in der Nacht an der Wiederherstellung dessen tätig sind, was wir im Wachen zerstört haben. Wir sind also an der Wiederherstellung unseres Leibes beteiligt. Dadurch führen wir eine Tätigkeit aus, die wir nicht bewußt ausführen können, die unser Bewußtsein übertönt. In dem Augenblick, wo wir nur einigermaßen das Bewußtsein bekommen, steigen ja die eigentümlichen Traumbilder auf, die so sehr mit unserem Leibesleben zusammenhängen. Man braucht nur daran zu erinnern, wie zuweilen gerade krankhafte Zustände des Leibes sich in diesen Bildern ausleben. Da zeigt sich, in was das Bewußtsein verstrickt ist. Wenn nun nach dem Tode der physische Leib fort ist, dann ist keine Ermüdung auszubessern, dann entfällt die Arbeit des Menschen an seinem physischen Leibe. Dadurch treten aber auch die Kräfte, welche sonst während des Schlafes an dem physischen Leibe aufgewendet werden, in die Seele selbst zurück, und die Folge ist, daß die Seele nach dem Tode diese Kräfte, wenn sie vom physischen Leibe weg ist, in sich verwenden kann. Nun tritt diese Kraft als das auf, was Bewußtsein der Seele zwischen dem Tode und einer neuen Geburt ist. In dem Maße, als die

Seele frei vom physischen und ätherischen Leibe und allem, was dazu gehört, wird, tritt ein anderes Bewußtsein auf, das sich sonst nicht in dieser Art auslebt, nämlich in der Arbeit an dem physischen Leibe, und dadurch seiner selbst nicht bewußt werden kann.

Was jetzt gesagt worden ist, scheint nichts anderes zu sein als ein Bündel von Behauptungen. Aber abgesehen davon, daß auf dasjenige hingewiesen werden muß, was Sie in meinem Buche «Wie erlangt man Erkenntnisse der höheren Welten?» als Methoden angegeben finden, kann man schon durch das gewöhnliche Leben darauf aufmerksam werden. Wie verläuft denn das gewöhnliche Leben des Menschen gegen den Tod hin? Wenn wir verfolgen, wie unsere Gedanken und Erinnerungen auftauchen, so tritt uns das vor die Seele, was auch schon gesagt worden ist. Wir erinnern uns immer wieder und wieder recht genau vorstellungsmäßig an das, was wir in der Vergangenheit erlebt haben, aber an die Gefühle und Empfindungen, an die Stärke der Willensimpulse, die wir einmal in dem erlebt haben, woran wir uns erinnern können, daran erinnern wir uns sehr wenig. Wer wüßte nicht, wenn ein schmerzhaftes Ereignis in seiner Vorstellung auftritt, daß er sich zwar gedankenmäßig an den Schmerz erinnern kann, der ihn einmal betroffen hat, daß aber auch dieser Schmerz, der damals seine Seele getroffen hat, nicht wieder heraufkommt. Auch andere Gemütserlebnisse und so weiter kommen nicht wieder herauf. Aber in anderen Formen leben sie in uns so weiter, daß sie sich in unserer Gesamtverfassung zeigen, so daß wir darnach unsere gesamte Seelenverfassung haben, je nachdem was wir in vergangenen Zeiten an Schmerz und Leid, an Freude und lustvollen Stunden erlebt haben. Wer wüßte nicht, wenn er einen Menschen prüfend, teilnahmsvoll anschaut, der eine trübselige, melancholische Gemütsverfassung zeigt, daß dessen Gemütserlebnisse hinuntergezogen sind in die Seelentiefen, nicht heraufkommen, aber dennoch unten ruhen und in der besonderen melancholischen Art für den Beobachter zum Vorschein kommen. Ebenso ist es mit einem sanguinischen Menschen, der immer seine Freude am Leben hat. Wir können sagen: Es trennt sich, was wir erlebt haben, in das, was wir immer zurückrufen können, und in das, was da unten ist und an uns arbeitet und bis in das leibliche Dasein in uns wieder erscheint. – Wenn wir dies recht überblicken, können wir uns davon überzeugen, daß unsere Gedanken und Vorstellungen deshalb so machtlos und farblos und leblos sind, weil jene kräftige Schattierung, jene eigentümliche Seelen-Nuance, welche der Gedanke im unmittelbaren Erleben erhält, in die Tiefen der Seele hinunterzieht und da unter dem Bewußtsein arbeitet. Nur der mehr oder weniger bloße Gedanke bleibt, der gefühls- und willensentblößt ist. Gefühl und Wille, die mit dem Gedanken verbunden sind, wenn wir unmittelbar im Leben stehen, senden wir hinunter in die verborgenen Seelentiefen, aber der Gedanke bleibt allein.

Was jetzt charakterisiert ist, stellt sich einer unbefangenen Lebensbeobachtung nicht immer in gleicher Art dar, sondern so, daß der Mensch in einer bestimmten Periode des Lebens die mit den Gedanken verbundenen Gefühle und Willensimpulse hinunterschickt, dagegen in einer anderen Lebensepoche sich mehr an den Gedanken hält. Die Lebensepoche, wo wir das, was unsere Schmerzen und Freuden und unsere Willensimpulse sind, so mehr an unser Unterbewußtsein abgeben, das ist die Zeit unserer Jugend, und in unserer Jugend sind wir auch am leichtesten geneigt, die bloßen Ideen abzusondern und unsere Gemütserlebnisse an das Unterbewußtsein abzugeben, so daß sie dann später als unsere Gemütsverfassung, ja, als unsere Leibesverfassung wirken. Immer mehr aber verfestigt sich unser Leib, und immer weniger und weniger sind die in unserem Bewußtsein liegenden Partien noch dieselben. Die Folge ist, daß wir nicht mehr so wie früher in das Unterbewußte hineinarbeiten können. Daher kommt es, daß das, was mit den Gefühlen und Willensimpulsen verbunden ist, auch mit den Gedanken später verbunden ist. Man fühlt, je älter man wird, wenn man das Leben nur in treuer Selbsterkenntnis beobachtet, daß man in der Jugendzeit den weitaus größten Teil dessen, was mit Gemütsstimmungen und so weiter verknüpft ist, hinuntersendet, damit es in der Leibesverfassung fortlebt. Je mehr man aber später fest und trocken geworden ist, desto mehr bleibt das, was im späteren Leben das Gemüt erlebt als Gemütsstimmungen, und bleiben die Willensimpulse, die sich nicht in Handlungen ausleben, mit den Gedanken verbunden. So sehen wir, daß das Innenleben in dieser Beziehung reicher wird, indem wir dem Tode zuschreiten. Wir sehen unsere Leiblichkeit nach und nach vertrocknen, nach und nach weniger fähig werden, um das in sich aufzusaugen, was wir in der Seele erleben. Dagegen aber wird die Seele frischer und reifer, wenn wir fortwährend an dem Leben als an einer Schule lernen können. Deshalb ist es, daß in der Jugend dasjenige, was mit Idealen, mit Ideen, ja mit bloßen Vorstellungen verbunden ist, unsere unbewußte Wesenheit durchzuckt, unser Blut, unser Nervensystem ergreift, sich darin einlebt, um dann im späteren Leben als unsere Lebenstüchtigkeit oder Lebensuntüchtigkeit herauszukommen. Im späteren Leben fühlen wir, daß unser Blut mit dem nicht mehr mit will, was wir an Enthusiasmus an unseren Idealen erleben. Das ist etwas, was durch die heutige verkehrte Erziehung gewissermaßen zurückgehalten wird, was aber immer mehr und mehr zu den besten Gütern und zur Seligkeit des Lebens gehören wird, indem nämlich dasjenige, was wir sonst an die Leiblichkeit abgeben und was sich mit ihr vereinigt, nun, während wir dem Lebenswinter zueilen, unsere Seelenverfassung stärker machen wird, aber nicht herein kann in das äußere Leibliche, weil ihm dieses äußere Leibliche Widerstände darbietet.

Wenn wir dies ins Auge fassen, werden wir sagen: Wir sehen unser Inneres immer reicher und reicher werden, wenn es der Pforte des Todes zugeht. – Dagegen sind die Einwände, man werde mit dem Alter schwach und so weiter durchaus nicht maßgebend, sie entspringen materialistischen Denkgewohnheiten und Vorurteilen. In dem Maße, als unser Leib erstirbt, erfrischt sich innerlich, man möchte sagen verkindlicht sich innerlich unser eigenes Seelenleben, so daß wir auch daran sehen, es gibt eine Art von Annäherung an jene Kräfte, die am höchsten gespannt sind, wenn wir der Pforte des Todes zueilen. Besonders zeigt sich das bei demjenigen, dem die Schulung, wie sie in dem Buche «Wie erlangt man Erkenntnisse der höheren Welten?» dargestellt ist, die Möglichkeit gibt, wahrzunehmen und etwas zu erleben unabhängig von den Werkzeugen der Leiblichkeit. Das ist auch beschrieben worden, daß man sich durch Meditation, Konzentration und so weiter hinaufschulen kann, so daß das Erleben und Erfahren der geistigen Welt innerhalb der Seele zur Realität wird, und daß die Seele zu gleicher Zeit ganz genau weiß: Was ich jetzt erfahre, dazu hilft mir kein Auge, kein Ohr, keine äußere Leiblichkeit, denn ich bin außer der Leiblichkeit. – In einem solchen Falle müssen immer zu der Meditation, Konzentration und so weiter, die der Mensch durchmacht, lebendige Gefühle und auch Willensimpulse hinzutreten. Daher genügt es nicht, daß sich jemand nur Gedanken hingibt. In «Wie erlangt man Erkenntnisse der höheren Welten?» ist genau beschrieben, daß sich der Mensch mit Gefühlen und Empfindungen verbinden muß, das heißt mit dem, was sonst in der Jugend in die unbewußten Seelentiefen hinuntertaucht. Der Mensch muß meditieren, sich konzentrieren in dem Gedankenleben, aber so, daß die Gedanken von dem Feuer der Gemütsstimmungen immerdar durchdrungen sind, daß sie belebt sind von den Willensimpulsen, die sich nicht in Handlungen umsetzen, sondern in den Gedanken leben.

Wenn sich der Mensch so zu einer wahren, der heutigen Zeit angemessenen Hellsichtigkeit schult, dann erlebt er im physischen Dasein schon das, was sonst erst erlebt wird, wenn der Mensch durch die Pforte des Todes geschritten ist. Nur erlebt er alle Hellsichtigkeit so, daß er den großen Unterschied empfindet, den etwa die hellsichtige Seele in folgender Weise aussprechen kann: Ja, ich erlebe eine geistige Welt, eine Welt, in welcher die Menschen sind zwischen dem Tode und einer neuen Geburt; ich lebe mit ihnen. Alles aber, was ich als Erkenntnis erlebe, schaue ich an. Der Unterschied zwischen mir und diesen Seelen besteht darin, daß ich dieses anschauen, aber darin nicht wirken, nicht schaffen kann. – Diesen Unterschied merkt die Seele. Aber das rührt nur her von dem Verbundensein mit dem physischen Leibe, denn in dem Augenblicke, wo das hellsichtige Bewußtsein befreit ist von dem physischen Leibe und dem Ätherleibe, da ist das, was als Spannkraft an den physischen Leib gebunden ist und nur Erkenntnis möglich macht, entbunden, da sind das die Kräfte, welche den Menschen auszeichnen, wenn er die Zeit zwischen dem Tode und einer neuen Geburt durchlebt. Es ist das, was das Hellsehen durchlebt, etwa wie die Kraft eines Bogens, der gespannt ist. Der Hellseher empfindet alle Kraft als Kraft des Anschauens. In dem Augenblicke, wo man die Spannung aufhebt, schnellt der Bogen weiter und geht von der Ruhe in die Bewegung über. So ist es mit dem Hellseher, wenn er von dem Leben im physischen Leibe übergeht zu dem Leben in der Welt nach dem Tode. Der Hellseher kann sich sagen: Du kannst die geistige Welt nur anschauen, du siehst, was sich abspielt. Aber indem mit dem Tode dein Leib von dir abfällt, werden Kräfte frei wie bei dem Bogen, wenn der Pfeil abgeschossen wird. Diese Kräfte gehen in der Menschenseele für die Zeit vom Tode bis zur neuen Geburt in andere Wirksamkeiten über. – Das sind die Zeiten, in welchen der Mensch auf sein abgelaufenes Erdendasein zurücksehen kann und dann an seiner neuen Erdenverkörperung arbeitet, bis er zu einem neuen Erdendasein erwacht.

Aber nicht nur, indem wir die Betrachtungen in dieser Weise anstellen, sondern noch in einer anderen Art, können wir, wenn auch nicht einen mathematischen Beweis, wohl aber doch in einer genügenden Art uns einen Beweis dafür verschaffen, wenn wir im Einklang mit der Natur unsere Betrachtungen anstellen. Wenn eine Pflanze wächst, dann sehen wir, wie sie Blatt für Blatt entwickelt, wie sie endlich die Blüte entwickelt, wie die Blüte befruchtet wird, und wie sich die Frucht zum Samen entwickelt. Dann schließt sich die Pflanze ab. Ist ihre Kraft abgeschlossen? Nein, sondern dann sind diejenigen Kräfte am stärksten in der Pflanze vorhanden, welche die ganze Pflanze wie von neuem ins Dasein rufen. Die Kraft, die innerlich gespannt, wie in einen Punkt zusammengezogen ist, tritt anders wieder auf, wenn wir die Pflanze in die Erde legen, und wir die ganze Pflanze wieder neu entstehen sehen. So verbindet sich uns Anfang und Ende des Pflanzenlebens. So verbindet sich auch das, was wir, indem wir durch den Tod schreiten, als die Kräfte in uns haben, welche da am höchsten gespannt sind, mit demjenigen, was wir am Anfange des Erdenlebens erblicken. Da sehen wir, daß sich der Mensch als kleines Kind in einer Art von Dämmerzustand wie hereinschläft in das

Leben. Aber in diesem Hereinschlafen wird in einem gewissen Spielraume an seiner Leiblichkeit gearbeitet, so gearbeitet, daß seine Leibeswerkzeuge genau zu dem passen, was sein Seelenleben ist. Es wäre traurig, wenn jemand behaupten wollte, die Tätigkeit des Ich beginne erst, wenn beim Kind das Selbstbewußtsein auftritt. Nein, es ist vorher da, und der Mensch hat nur nachher seine Kräfte dazu zu verwenden, um Bewußtsein und Erinnerung auszubilden. Vorher sind die Kräfte des Ich daran tätig, die Leibeswerkzeuge plastisch auszugestalten, um den Leib, der noch weich und biegsam ist, kunstvoll zu bearbeiten, damit er das wird, was nachher Bewußtsein in sich bergen kann. So sehen wir das Ich am kunstvollsten arbeiten, wenn der Mensch ins Dasein hereintritt, und es zeigt sich uns, wie der Mensch tätige Kräfte hat, die er, wenn er an das herantritt, was die Erinnerung sein kann, nicht mehr zu eigen hat. Wenn wir so einen Menschen vorurteilslos beobachten, dann sehen wir, wie er sich in eigenartiger Weise mit der Welt zusammenschließt, sich in sie hineinfindet. Wir sehen, wie seine zuerst unbestimmten Gesichtszüge und unbestimmten Fähigkeiten zu immer entwickelteren werden. Und wir sehen schließlich, wie das, was vorher wie gespannt durch die Pforte des Todes getreten ist, was sich dazu vorbereitet hat, einen neuen Leib zu konstruieren, jetzt wirklich an einem neuen Leibe arbeitet, so daß der Mensch in einen neuen Leib hereingesetzt wird mit den Früchten des vorhergehenden Lebens. So schreitet das Ich hinüber von einem Erdendasein in das andere. In der Steigerung unseres Seelenlebens, indem es sich in dieser Steigerung tätig erwiesen hat, zeigt es sich mit den stärksten Kräften ausgestattet, die bis zum Tode sich steigern, und lebt sie so aus in der Zeit zwischen dem Tode und der neuen Geburt, daß es sie dann in einem neuen Erdendasein wieder ausprägt.

So sehen wir, wie die Ursachen, die wir selbst legen, in das nächste Leben hineinspielen, indem dieses das vorhergehende fortsetzt. Wir sehen, wie Kettenglied an Kettenglied sich reiht. Wir brauchen diese Betrachtung nur mit dem zu vergleichen, was zum Beispiel der Buddhismus gibt, dann werden wir sehen, daß die moderne Geisteswissenschaft, wie sie aus einem hellseherisch durchdrungenen Entwickelungsgedanken hervorgehen kann, die guten Gedanken des Buddhismus aufnehmen kann, aber das andere ablehnen muß. Der Buddhismus ist die letzte Frucht einer hellsichtigen Urkultur, während welcher die Menschen das frühere primitive Hellsehen hatten, und für seine Zeit vertrat er den Gedanken, daß es wiederholte Erdenleben gibt, aus dem Grunde, weil es die Menschen als unmittelbare Erfahrung ihres alten Hellsehens hatten. Dagegen aber behauptet der Buddhismus durchaus, daß alles dasjenige, was aus einem früheren Leben herüberspielt und sich im gegenwärtigen zum Ich zusammenballt, eigentlich nichts wird als das Schein-Ich, das wir im Bilde erblicken. Der Buddhismus kennt im Grunde genommen nicht das wirkliche Ich, sondern nur das Schein-Ich, das Bild, von dem wir gesprochen haben. Er spricht daher davon, daß das Ich vergeht wie unser Leib, wie unsere Hülle und unsere sonstigen Erlebnisse. Was der Buddhismus aus dem früheren ins gegenwärtige Erdenleben herüberspielen läßt, das sind nur die Taten des früheren Lebens, das Karma. Wie sich die Taten zusammengruppieren, das ruft nach dem Buddhismus in einem jeden neuen Leben ein Schein-Ich hervor, so daß in unser neues Leben kein Ich, sondern nur die Taten, nur das Karma hinüberspielt. Daher sagt der Buddhist: Was als Ich wirkt, ist Schein wie alles andere, ist Maja wie alles andere, und ich muß das Bestreben haben, über das Ich hinauszukommen. Die Taten meines früheren Lebens sind so verlaufen, daß sie sich jetzt herumgruppieren wie um einen Mittelpunkt. Jenes Ich ist aber ein bloßer Schein-Mittelpunkt. Daher muß ich auslöschen, was mit dem Karma in das Leben hereingestellt ist. – Umgekehrt sagt die Geisteswissenschaft: Das Ich, welches da auftritt, ist die konzentrierende Tat des Karma. – Und während alle anderen Taten zeitliche sind und auch in der Zeit wieder ausgeglichen werden, ist jene Tat des Karma, die den Menschen zum Ich-Bewußtsein geführt hat, keine zeitliche, so daß mit dem Ich-Bewußtsein etwas auftritt, was wir nur so charakterisieren können, wie wir es heute getan haben, das heißt, daß es sein Dasein steigert und steigert, und daß wir, wenn wir wieder ins Dasein treten, um das Ich gruppiert wieder auftreten. – So löscht der Buddhist das Ich aus und läßt nur das Karma gelten, das von dem einen Leben in das nächste hinüberwirkt und dort ein neues Schein-Ich schafft. Während der Bekenner der modernen Geisteswissenschaft, für den Karma und Ich nicht eins sind, sich sagt: Aus meiner jetzigen Erdenstufe geht mein Ich mit einer Lebenssteigerung hervor und wird als solches wieder erscheinen in meinem nächsten Erdendasein und sich dann mit den Taten dieses nächsten Lebens verbinden. Wenn ich als Ich etwas getan habe, so bleibt es mit dem Mittelpunkt verbunden und geht mit den Taten von Verkörperung zu Verkörperung.

Damit ist der radikale Unterschied zwischen dem Buddhismus und der modernen Geisteswissenschaft angegeben, und wenn auch beide in gleicher Weise von Wiederverkörperung und von Karma sprechen, so ist es doch eben das Ich selber, was von Leben zu Leben sich steigert und unser inneres Seelenleben bildet. Und wenn wir diese Steigerung in Betracht ziehen, tritt sie uns schon im einzelnen Erdendasein so vor Augen, daß wir in unserem Einzeldasein bis zu einem bestimmten Zeitpunkt zurückgeführt werden, da wir Kinder waren. Was vor diesem Punkt liegt, dessen können wir uns nicht erinnern, das können wir uns nur von unseren Eltern und so weiter erzählen lassen. Das Gedächtnis erwacht erst in einem bestimmten Zeitpunkt, aber wir können nicht sagen, daß diese Kräfte, welche sich im Gedächtnis zeigen, vorher nicht auch da gewesen wären. Sie waren in der Tat vorher da und haben an unserem Innern gearbeitet. Darauf beruht die Entwickelung, daß in einem bestimmten Zeitpunkte das Gedächtnis in den frühen Lebensstufen erst erwacht.

Die Geisteswissenschaft zeigt nun weiter: Wie in einer bestimmten Zeit unserer Kindheit unser gewöhnliches Gedächtnis für das Erdenleben erwacht, so gibt es auch die Möglichkeit, daß der Mensch, wenn er sein eigenes Bewußtsein bis zu einem gewissen Grade gesteigert hat, es dann immer höher und höher steigern kann, so daß er nicht nur für sein jetziges Erdendasein das Gedächtnis hat, sondern auch für seine früheren Erdenleben. Das ist eine Tatsache der Entwickelung, die sich gegenwärtig nur dem hellseherischen Bewußtsein ergibt, die aber im Einklange steht mit dem, was auch sonst gewußt werden kann. Wenn gesagt wird, es empöre sich ein Gerechtigkeitsgefühl des Menschen gegen die wiederholten Erdenleben, weil man sich nicht daran erinnern könne, so muß dagegen angeführt werden, wie das gewöhnliche Gedächtnis eine Tatsache ist, obwohl man sich nicht an das erinnern kann, was man vor dem Auftreten des Gedächtnisses erlebt hat, wie es sich aber dennoch nachher entwickelte, so muß ich auch jenes Gedächtnis erst entwickeln, welches auf die früheren Erdenleben zurückschauen kann. Dadurch wird das Gedächtnis, das der Mensch sonst zu einem Entwickelungs-Einwand macht, gerade zu einem Entwickelungs-Ideal, und man muß sich sagen: Wie ich in meiner Kindheit für das Erdendasein

ein Gedächtnis entwickelt habe, so muß ich auch weiterhin ein Gedächtnis entwickeln für die wiederholten Erdenleben. – So kommen wir zu der beruhigenden Tatsache, welche allerdings gewöhnliche Philisterseelen nicht teilen werden, daß wir noch viele Menschheits-Ideale vor uns haben, nicht nur jene, die wir mit dem gewöhnlichen Bewußtsein uns bilden können, sondern außerdem auch noch dasjenige Ideal, was wir als das Gedächtnis für die vorhergehenden Erdenleben uns erringen müssen. Ich sage, das ist eine Tatsache, welche gewöhnliche Philisterseelen nicht mit der Geisteswissenschaft teilen können. Denn ich las erst vor kurzem einen Ausspruch eines Menschen, der gegenwärtig viel geschätzt wird, der meinte, es könnten nicht alle Welträtsel vom menschlichen Verstande gelöst werden, und es könnte auch nicht die Forderung des Guten vom Menschen erfüllt werden, denn wenn alles erfüllt würde, und alle Rätsel gelöst würden, so hätte ja der Mensch nichts mehr auf der Erde zu tun. – Der betreffende Mann kann sich nicht vorstellen, daß die Entwickelung über die gegenwärtige Stufe noch hinausgeht, so daß der Mensch damit neue Fähigkeiten und neue Aufgaben erhält, und daß auch für ein erhöhteres Bewußtsein neues Gutes kommt.

Das ist auch eine der Segnungen, welche aus der Geisteswissenschaft kommen, daß einem eine Perspektive gezeigt wird, die nicht irgendwie im Ungewissen endet. Wir brauchen nicht zu sagen: Wir blicken in die leere Zeit hinein, – sondern wir haben vor uns die Perspektive der ganzen Ewigkeit. Wir sehen, wie Kettenglied an Kettenglied sich reiht, und sagen uns: Du trägst in dem gegenwärtigen Leben die Kräfte, welche du dir in diesem Leben erworben hast, dadurch zimmerst du dir ein künftiges Dasein, welches dir Gelegenheit gibt, diese Kräfte wieder neu auszuleben. – Da erleben wir Stück für Stück, wie der Ewigkeitsgedanke

Realität wird und sich als weite, ewige Perspektive vor der menschlichen Seele ausbreitet. Das ist die Errungenschaft der Geisteswissenschaft, daß wir nicht bloß in Gedanken fragen: Was ist Ewigkeit? und daß wir auch nicht bloß einen abstrakten Gedanken empfangen, sondern wir sehen durch eine wirkliche, reale Betrachtung des Menschenlebens, wie diese Ewigkeit entsteht, wie Glied für Glied sich aufbaut. Und damit ist jede abstrakte Betrachtung aus dem Felde geschlagen. Die Realität zeigt uns, was immer in der Realität gezeigt werden muß, wie alles sich aufbaut aus den einzelnen Stücken, aus den einzelnen Gliedern. So zeigt uns die Geisteswissenschaft, wie sich die Ewigkeit aus dem Wesen der menschlichen Seele erklären läßt, und wie der Zusammenhang ist der Menschenseele mit dem Wesen der Ewigkeit.

Und wenn man den anderen Einwand nun betrachtet, an den vielleicht eine Persönlichkeit wie Lessing noch glaubte, so könnte jemand sagen: Mein Schicksal stellt sich mir jetzt in dieser Weise dar, aber wenn ich mir vorstellen soll, daß ich mir selbst durch das Karma dieses Schicksal bereitet haben soll, so vermehrt das noch meine Pein, denn meine Unfähigkeiten müßte ich mir dann selbst zuschreiben. – Aber unter dem Gesichtspunkte der Geisteswissenschaft verwandelt sich dieser Gedanke in einen anderen. In der Zeit, welche unserer jetzigen Geburt vorangegangen ist, haben wir uns gleichsam das Unglück gesucht, das uns getroffen hat. Denn durch das Aufsuchen und besonders durch die Überwindung des Unglückes erwerben wir uns gerade eine vollkommenere Fähigkeit, von der wir bisher nicht wissen konnten, daß wir sie brauchen werden. Im entkörperten Zustande waren wir uns der Notwendigkeit davon durchaus bewußt: nur wenn wir zu diesem Unglück hinsteuern, machen wir uns geeignet, jene Vollkommenheitsstufe zu erreichen, die wir brauchen und die wir jetzt noch nicht haben. So wird uns die Lebensschule zu unserem Glück durch das Karma-Gesetz. Das Unglück stellt sich dar als der Bringer von Kräften in bezug auf das Ewigkeits-Ideal.

Es ist jetzt nicht mehr möglich zu zeigen, wie an den Anfang unserer Erdenformen immer andere sich gliedern, und wie auch an das Ende des Erdendaseins eine andere Daseinsart sich anschließen wird, so daß nicht nur die jetzigen Erdenleben das Menschendasein ausfüllen, denn die Erdenleben haben auch einen Anfang genommen. Aber was sich der Mensch durch die wiederholten Erdenleben erwirbt, das wird ihm bleiben auch für andere Daseinsformen. Für die irdische Betrachtung aber genügt eine solche Perspektive, wenn wir die Natur des menschlichen Seelenkernes berücksichtigen, denn da blicken wir auf das, was uns belehrt, daß Ewigkeit nicht erst mit dem Tode beginnt, sondern sich schon in dem zeigt, was die Seele im Leibe ist.

Die Geisteswissenschaft knüpft sich dadurch mit etwas zusammen, indem sie aus dem Alten heraufhebt in ein Neues, Höheres, was alte Geistesforscher bis zu einem gewissen Grade geahnt und auch erforscht haben. Wahr ist, was von Hegel gesagt worden ist, die Ewigkeit könne für die Seele nicht erst mit dem Tode beginnen, sondern müsse eine ihr eingepflanzte Eigenschaft schon im Erdenleben sein. Und was die Geisteswissenschaft zu einer immer größeren Klarheit bringen wird, die von Gefühlen und Willensimpulsen durchdrungen und so zum Lebenselixier wird, das ist etwas, was doch durch alle Zeiten hindurchgeht und von den besten Geistern als mit dem Wesen und der Natur der Menschenseele verbunden gedacht ist. So kann ich auch heute einen alten Ausspruch anführen, gleichsam zusammenfassend, wenn auch nicht den Inhalt, so doch den Charakter der heutigen Betrachtung, der im dritten nachchristlichen

Jahrhundert von dem großen Mystiker und Philosophen *Plotin* getan worden ist, der über das Wesen von Zeit und Ewigkeit nachdachte:

Ewigkeit ist etwas, was als eine Eigenschaft nicht etwa bloß zufällig verbunden ist mit dem geistig-seelischen Wesenskern des Menschen, sondern Ewigkeit gehört als eine Notwendigkeit zu der Natur der Menschenseele. Ewigkeit ist nicht eine zufällige Eigenschaft des Geistes; Ewigkeit gehört zum Geiste, Ewigkeit ist in dem Geiste, Ewigkeit kommt aus dem Geiste, Ewigkeit lebt durch den Geist.

DARWIN

UND DIE ÜBERSINNLICHE FORSCHUNG

Berlin, 28. März 1912

Es war am dreizehnten Oktober des Jahres 1882. Da fuhr
ein Mann mit dem Todeskeime in sich von einem Hotel in
Turin nach dem Bahnhof. Und auf dem Wege zum Bahn-
hofe zeigte es sich, daß er seinen Weg, den er sich bis nach
Pisa vorgesetzt hatte, nicht unternehmen konnte. Er starb
noch in Turin, einsam, nicht von Freunden umgeben, von
denen ihm einige nach den getroffenen Dispositionen erst in
Pisa wieder begegnen sollten. Ein merkwürdiger Mann,
dessen Tod, man möchte sagen symbolisch bezeichnend für
die Art und Weise ist, wie er gelebt hat. Einsam starb er in
Turin auf dem Wege vom Hotel bis zum Bahnhof, damals
eigentlich nur gepflegt von dem Hotelleiter, der das Schwie-
rige seiner leiblichen Lage vorausgesehen hatte. Einsam starb
der Mann, wie er lange mit dem Besten, was er besessen
hatte, einsam gelebt hat, einsam in seiner Seele in einem
eigentlich viel bewegten und von reichen gesellschaftlichen
Abwechslungen durchsetzten Leben. Ein merkwürdiger
Mann. Er stellte Nachforschungen an über seinen Stammbaum. Wir mögen nun seine Nachforschungen mehr oder
weniger als historische Wahrheit anerkennen, ihr Ergebnis
wurde wirksam, wie wir gleich sehen werden, in dem Bewußtsein dieses Menschen, und wir können in einer gewissen
Weise sein Weltwirken wie durchsetzt von den Impulsen
erkennen, die ihm aus diesen Nachforschungen über seinen
Stammbaum wurden. Er leitete seinen Stammbaum zurück

bis in das neunte Jahrhundert und betrachtete im neunten Jahrhundert den Wiking Otar Jarl als seinen Vorfahren und leitete weiter seinen Stammbaum zurück durch die Nachkommenschaft des germanischen Gottes Odin bis zu diesem Odin selber. Man möchte sagen, ein stolzes Bewußtsein mag hervorgegangen sein aus dem Ergebnis einer solchen Stammbaumuntersuchung. Bei der Persönlichkeit, die ich hier meine, bei *Arthur Graf Gobineau*, verwandelte sich dieses Bewußtsein in weittragende, bedeutsame Ideen, die wie wenige tonangebend und richtungverratend für die ganze Geistesentwickelung des neunzehnten Jahrhunderts geworden sind, ja, man möchte sagen, für die ganze Geistesentwickelung der neueren Zeit. Und als 1853 das wichtigste Werk Gobineaus erschien, welches die Ergebnisse seiner Ideenforschung enthielt, da konnten die wenigen – es waren ja nur wenige, die etwas von dem verstanden, was dieses Werk enthielt – daraus das Bewußtsein gewinnen, daß in diesem Manne nicht ein Einzelner gesprochen hatte, nicht eine besondere Persönlichkeit, sondern das Bewußtsein der abendländischen Menschheit in einer ganz bestimmten Zeit ihrer Entwickelung. Für viele vielleicht sonderbare Ideen sind in diesem Werke enthalten. Für diejenigen aber, welche es im Sinne der Geisteswissenschaft zu betrachten versuchen, wie sie uns auch in den Vorträgen dieses Winters hat vor Augen treten können, ist das Werk von Ideen erfüllt, welche uns mehr als irgend etwas anderes auf die Art hinweisen, wie ein Vorgerückter, ein besonders Ausgezeichneter um die Mitte des neunzehnten Jahrhunderts denken mußte.

«Von der Ungleichheit der Menschenrassen», so würde, in deutschen Worten wiedergegeben, der Titel des französischen Werkes sein, das wie gesagt 1853 erschienen ist: «Essai sur l'inégalité des races humaines». Belebt wurde dieses Werk von den Anschauungen, die Graf Gobineau auf seinen zahlreichen Gesandtschaftsposten gewonnen hatte, die er nicht nur an europäischen Höfen, sondern vor allen Dingen im Orient ausgefüllt hat. Vieles hatte er gesehen von dem, was an intellektuellen, an psychischen, an moralischen Kräften zusammenspielt in dem Gewebe, das wir das Menschenleben nennen. Und aus einer außerordentlich reichen Fülle von Beobachtungen, die noch dazu mit scharfsinnigster Eindringlichkeit gemacht worden waren, war ihm die Idee hervorgegangen, daß die Menschheit von einer Anzahl ursprünglicher Menschentypen ihren Ursprung genommen habe, welche er beim Ausgangspunkte der Menschheitsentwickelung sah, soweit sie ihm, rückblickend, durchsichtig war, an verschiedenen Orten der Erde sich geltend machend, Menschentypen von verschiedener Gestalt und verschiedenem Wert. Jedem dieser Menschentypen schrieb er gleichsam eine gewisse innere Fülle von Entwickelungsinhalt zu, den er bei weiterer Entfaltung in der Erdgeschichte aus seinem Innern hervorzuholen habe oder hatte, herauszutragen aus den Anlagen in das umfassende Erdenleben. Und die aufsteigende Entwickelung sah Graf Gobineau darin, daß diese ursprünglichen Menschheitstypen, namentlich solange sie unvermischt blieben, aus ihrem Innern ihre ursprünglichen Anlagen herausholten und sie immer mehr und mehr über das Erdenrund hin zur Entfaltung brachten, so daß die Ergebnisse dieser Entfaltung der verschiedenen Menschheitstypen in ihrem Wechselspiele dasjenige ausmachten, was wir die Geschichte der Erde nennen. In demselben Maße aber, sagte sich Graf Gobineau, als die Angehörigen dieser ursprünglichen Menschheitstypen sich vermischten – und daß sie sich vermischten, ist die Notwendigkeit der späteren, weiteren Menschheitsentwickelung –, beginnt zwar das sich auszubreiten, was wir eine gewisse Gleichheit der Einzelnen über die Erde hin nennen können; aber alles Große, Gewaltige, alles Elementare und Fortwirkende in der Menschheitskultur sah er in dem, was aus den verschiedenen, ungleichen Menschentypen hervorgeht, die er als verschiedene Menschenrassen auffaßte. Das sah er nach seiner Anschauung darin, wie sich im Laufe der Zeit zwar herausbildete, was man das Überfluten der Menschheit mit der Idee der Gleichheit, das Überwinden der Ungleichheit der Rassen nennen könnte. Aber Graf Gobineau sah darin zu gleicher Zeit die Impulse für die niedergehenden Kulturen. Daher stellte er sich den Menschheitsfortschritt so vor, daß das, was geschehen soll, ganz gewiß geschehen werde, daß die Menschen immer mehr und mehr sich untereinander vermischen werden, daß aber mit dieser Vermischung, mit dieser Angleichung von Mensch an Mensch dasjenige eintreten werde, was die Menschen zwar gleich, aber auch, wie Graf Gobineau – so radikal, wie er ist – meint, wertlos macht.

Insbesondere sieht Graf Gobineau in dem, was man christliche Kultur nennen kann mit ihren Gleichheits-Ideen, mit ihren Ideen von allgemeiner Menschlichkeit dasjenige, was für die Fortentwickelung der Menschheit zwar den unendlichen Wert hat, was aber gerade dasjenige enthält, was auf die Angleichung von Mensch an Mensch allmählich hinführen muß. So charakterisiert er das Christentum als die Religion, welche sich im Grunde genommen nach seinen Anschauungen nie verwandeln könne in eine christliche Zivilisation. Scharf drückt er sich dahingehend aus, daß das Christentum dem Chinesen, dem Eskimo ebenso, seine äußere Gewandung lassen werde, daß es dem Chinesen, wenn er auch das Christentum annehmen sollte, das lassen werde, was das Grundgefüge seines religiösen Wesens ist, und ebenso dem Eskimo. Denn in dem Christentum sieht Graf Gobineau eine Religion, die «nicht von dieser Welt» ist, das heißt, die dem Menschen etwas gibt, was im Innern der Seele wirksam sein kann, was sich aber nicht so umbilden kann, daß es nach außen tritt, zu Impulsen wird, welche die Menschheit umgestalten und weiter entfalten in bezug auf das, was an den Menschen nach außen hin, an der äußeren Kultur, an der äußeren Gesittung zutage tritt. Alles, was in solcher äußeren Kultur und Gesittung zutage treten kann, sieht er in dem, was ursprünglich in den typischen Rassencharakteren veranlagt war, die beim Ausgangspunkte der Menschheitsentwickelung auf der Erde ungleich waren. Und in bezug auf unser Erdendasein quillt nun aus dieser Menschheitsanschauung des Grafen Gobineau ein merkwürdiger Pessimismus. Indem er den Blick auf das wirft, was durch die Ausgleichung der Gegensätze der ursprünglichen Menschentypen werden kann, indem er den Werdegang der Menschheit, wie sie das Christentum immer mehr und mehr aufnimmt, in die Zukunft hinein verfolgt, stellt sich ihm heraus, daß sich eben in den Menschen nach und nach in bezug auf das, was ihnen das Heiligste, das Wichtigste ist, unter den christlichen Anschauungen etwas entwickeln werde, was nicht Impuls werden kann für eine äußere Zivilisation. Dafür aber werde die christliche Anschauung, indem sie die Menschen gleich macht, zugleich zur Degenerierung führen, so daß immer weniger und weniger an keimkräftigen Impulsen für das Weiterschreiten der Menschheit da sein werden und die Menschen immer mehr und mehr in bezug auf die Zivilisation herunterkommen werden, daß die Zivilisation von Degenerierung abgelöst werde. Und einst, wie er sich ausdrückt, werde die Erde das Menschengeschlecht überleben, das auf ihr aussterben werde, weil es im Grunde genommen alles, was es keimhaft in sich enthielt, aus sich herausgesetzt hat und keine weiteren Lebensimpulse in die Zukunft hinein mehr habe. So richtet sich der Blick des Grafen Gobineau hin auf die Erde, die einstmals als überlebender Planet zurückbleiben werde. Die Menschheit auf ihr werde ausgestorben sein, und die Vorzeichen dieses Aussterbens sind alle diejenigen Impulse im Fortgang der Menschheitsentwickelung, die auf Angleichung von Mensch an Mensch, auf Ausgleichung der Gegensätze hinweisen.

Wenn wir diesen Gedankengang – wir dürfen ihn immerhin einen gewaltigen nennen – überblicken, so müssen wir ihn nach allem, was sich uns aus den Vorträgen dieser Winterzeit ergeben kann, als einen solchen bezeichnen, der durchaus allen Voraussetzungen des Geisteslebens des neunzehnten Jahrhunderts entspricht, der nur so gegeben ist, wie diese Voraussetzungen des Geisteslebens des neunzehnten Jahrhunderts in einem großen, genialen Manne sich spiegeln mußten, der das Bedürfnis hatte, die Ideen seiner Zeit nicht nur zu einem Viertel oder halb zu denken, sondern sie in ihren letzten Konsequenzen wirklich zu verfolgen. So bedeutsam in dem eben charakterisierten Sinne aber die Ideen des Grafen Gobineau waren, so konnten sie sich doch nur wenig in das Zeitbewußtsein einleben. Man darf sagen, der Name des Grafen Gobineau war von wenigen gekannt, auch nachdem das gigantische Werk «Über die Ungleichheit der Menschenrassen» erschienen war.

Wenige Jahre darauf kam in einer ganz anderen Art das Bewußtsein der Zeit zum Vorschein, wiederum durch eine Persönlichkeit, in der sich eigenartig nicht bloß die Individualität, sondern die ganze Zeit zum Ausdruck brachte. 1853 erschienen die zwei ersten Bände des eben gekennzeichneten Werkes des Grafen Gobineau, 1855 die zwei letzten. 1859 erschien das Werk von *Charles Darwin:* «Über die Entstehung der Arten im Tier- und Pflanzenreich durch natürliche Züchtung, oder Erhaltung der vervollkommneten Rassen im Kampfe ums Dasein.»

Zunächst können wir an der Art und Weise, wie das Werk

wirkte, sehen, daß in diesem Werke von Darwin etwas Bedeutsames in die geistige Entwickelung der Menschheit hineingeworfen wird. Wie wirkte es zum Beispiel in unserem deutschen Lande? Wie Bedeutsames in der Regel zunächst gewirkt hat, so wirkte auch dies, indem die tonangebenden Gelehrten, welche da glaubten mit ihrer Logik alle Wissenschaft zu umfassen, sich zunächst zu Darwins Werk so verhielten, daß sie darüber lachten, daß sie denjenigen auslachten, der da aus der Beobachtung der Erscheinungen der Tierwelt heraus vermeinte von einer Umwandlung der Tierformen sprechen zu können, die man bis dahin gewohnt war nebeneinander hinzusetzen, ohne daran zu denken, wie sie sich gegenseitig verhalten, und ohne daran zu denken, in den Gedanken des Seins, des beständigen Seins, die Idee des Werdens hineinzubringen. Aber wenige Jahre dauerte es nur, da zeigte das Werk Darwins seine Wirkung, insbesondere innerhalb der deutschen Forschung, wo der mutige und kühne *Ernst Haeckel* im Jahre 1863 auf der Naturforscherversammlung in Stettin sofort die äußerste Konsequenz aus den darwinistischen Voraussetzungen zog, daß nun daran zu denken sei, daß auch der Mensch in bezug auf sein Werden mit dem Werden der Tierformen zusammenzubringen sei, die nicht bloß in der Welt nebeneinander stehen, sondern sich auseinander von unvollkommenen zu immer vollkommeneren entwickelt haben. Aber nicht nur dies fand statt, sondern noch etwas ganz anderes. Die leitenden Gedanken des Werkes, die leitenden Ideen der darwinistischen Anschauung überhaupt, drangen in die ganze naturwissenschaftliche Forschung ein, lebten sich so ein, daß innerhalb weniger Jahrzehnte die ganze naturwissenschaftliche Literatur von dem durchsetzt ist, was als Idee zuerst Darwin angeschlagen hat. Und heute sehen wir, daß diejenigen, welche noch nicht begriffen haben, daß der Darwinismus über sich selbst gerade in der ernsten Forschung hinausgeführt hat, sogar eine vollständige Weltanschauung, ja man darf sagen eine «Religion» auf die darwinistischen Ideenrichtungen hin gründen. Merkwürdige Verschiedenheit des Schicksals dieser zwei Menschen: Graf Gobineau wenig bekannt, Darwins Name weithin bekannt werdend, seine Ideen sich einlebend in die Gemüter. So daß, wer die Kulturentwickelung wirklich auf die geistige Entwickelung hin überschaut, sagen kann: Das Denken einer großen Anzahl von Menschen ist in wenigen Jahrzehnten durch Darwin überhaupt umgestaltet worden. – Bezweifeln kann diesen letzten Satz nur, wer sich mit dem, was heute gangbare Ideen sind, nicht bekannt machte, sich nicht bekannt machte mit dem, was alles öffentliche Denken durchdringt, und zugleich mit dem, was vor der Ausbreitung der darwinistischen Naturanschauung die Ideen waren, welche das öffentliche Denken beherrschten. In der Beantwortung der Frage, warum die Schicksale dieser beiden Menschen so verschieden sind, liegt zugleich etwas von dem, was uns die Aufgabe und die Bedeutung der Geisteswissenschaft in der Gegenwart vor Augen legen kann.

Wenn wir zunächst einen Blick auf das werfen, was durch den Darwinismus in einen Teil des Menschheitsbewußtseins hineingetragen worden ist, so müssen wir sagen: Dieser Darwinismus beruht ganz und gar auf dem Gedanken, daß wissenschaftliche Betrachtung des Werdens nur den äußeren Sinnestatsachen und der Bearbeitung dieser äußeren Sinnestatsachen durch das Denken, das an das Instrument des Gehirns gebunden ist, entströmen kann. Alles, was über eine solche wissenschaftliche Richtung hinausginge, das gehört im Sinne darwinistischer Denkungsweise, wie sie geworden ist, wie sie Darwin noch nicht selbst gehegt hat, in das Reich des Unwissenschaftlichen, in das Reich dessen, womit sich vielleicht ein bloßer Glaube abfinden mag, was aber nimmermehr in die Wissenschaft hineinspielen soll. Diejenigen nun, welche so von außen her den Gang der Ereignisse und das, was geworden ist, betrachten, werden leichthin sagen: Nun ja, was die früheren Zeiten über das Werden des Menschen und über das Werden der übrigen Organismen gedacht haben, das entspricht eben unvollkommener menschlicher Forschung; die Wissenschaft konnte es erst im neunzehnten Jahrhundert dahin bringen, streng auf dem Boden wirklicher, guter, fundierter Untersuchungen eine Weltanschauung aufzubauen. – Daher werden solche leichthin sprechende Denker sagen: Die Wissenschaft selber zwinge den Menschen, in seiner Erkenntnis von allem Übersinnlichen abzusehen und sich auf den Hergang zu beschränken, der sich ergibt, wenn man die Wissenschaft lediglich beschränkt auf die Sinnestatsachen und auf das, was der Verstand aus denselben machen kann. – Und so glaubt wohl mancher in der Gegenwart, daß die Wissenschaft und ihr Denken dazu zwingen, alles übersinnliche Forschen einfach abzuweisen.

Ist das so? Viel hängt heute von der Beantwortung dieser Frage ab! Wenn es wirklich so wäre, daß uns die Wissenschaft zwänge, alles Übersinnliche aus den Beobachtungen fortzulassen, dann müßte der, welcher mit der Wissenschaft ernst macht, sich dieser Konsequenz auch unweigerlich unterziehen. Aber fragen wir einmal: Worauf wird denn dasjenige begründet, was so etwas wie eine wissenschaftliche Notwendigkeit hinstellt, die sich der gereiften Menschheit erst im neunzehnten Jahrhundert ergeben habe? Für Darwin und für die nächsten Darwinianer war der Grund, warum sie den Menschen unmittelbar an die Tierreihe so angliederten, daß er nicht nur mit seinem körperlichen, sondern auch mit seinem seelisch-geistigen Wesen nur ein vervollkommneteres Wesen darstellen soll, das sich allmählich aus der Tierreihe entwickelt habe, für diese Menschen war der Grund zu dieser Annahme der, daß sie sich sagten: Wenn man den Menschen und auch die übrige Tierreihe betrachtet, so zeigt sich überall, vor allem zuerst zum Beispiel im Knochenbau, dann aber auch in den übrigen Organformen und in den Betätigungen der einzelnen Wesen eine durchgreifende Ähnlichkeit. – Insbesondere betonten Darwinianer wie *Huxley,* wie ähnlich der Knochenbau des Menschen mit demjenigen der höheren Tiere sei. Das zwingt, sagte man, zu der Annahme, daß tatsächlich das, was der Mensch an sich trägt, alles in allem denselben Ursprung habe wie die Tierwelt, ja, sich nach und nach aus der Tierwelt durch eine bloße Vervollkommnung der tierischen Eigenschaften und Organe heraus entwickelt habe. Wir fragen uns: Liegt es wirklich für den menschlichen Geist so, daß dieser aus solchen Ergebnissen heraus gezwungen wird, die eben charakterisierte Konsequenz zu ziehen?

Nichts ist zur Beantwortung dieser Frage lehrreicher als die Tatsache, daß vor Darwin *Goethe* in einer eigenartigen Weise zu einem Vorläufer Darwins wurde. Sie finden die ganze Goethesche Weltanschauung nicht nur in meinem Buche, das sich direkt betitelt «Goethes Weltanschauung», sondern auch in der Vorrede, die ich in den achtziger Jahren des vorigen Jahrhunderts zu den Goethe-Ausgaben der «Deutschen Nationalliteratur» geschrieben habe. Wenn wir sehen, wie sich Goethe eindringlich mit den tierischen und menschlichen Formen beschäftigte, um zu einem ganz bestimmten Ergebnis zu kommen, und wenn wir namentlich die bedeutsame Tatsache ins Auge fassen, daß er zu den Grundgedanken seiner Anschauungen durch *Herder* angeregt worden ist, dann müssen wir sagen: Es konnte auch ein Mensch mit einer ganz anderen Denkweise, mit ganz anderer wissenschaftlicher Gesinnung und Seelenverfassung als Darwin, dieselben Ergebnisse haben, ja, die Notwendigkeit dieser Ergebnisse verspüren. – Goethe hat sich in verhältnismäßiger Jugend, gegen den Ausspruch aller tonangebenden Naturforscher seiner Zeit, zu zeigen bemüht, wie ein äußerer Unterschied in dem Bau des Menschen gegenüber dem der höheren Tiere nicht besteht. Man hatte zu Goethes Jugendzeit einen solchen Unterschied sonderbarerweise in bezug auf Einzelheiten angenommen. Man hatte zum Beispiel behauptet, daß die höheren Tiere sich von dem Menschen dadurch unterscheiden, daß sie insgesamt in der oberen Kinnlade den sogenannten Zwischenkieferknochen haben, in dem die oberen Schneidezähne sitzen, daß aber der Mensch diesen Knochen nicht habe, sondern daß sein Oberkiefer aus einem einzigen Stück bestehe. Das war die Meinung, welche die bedeutendsten Naturforscher zu Goethes Jugendzeit glaubten haben zu müssen, weil sie sich sagten: Zwischen den höheren Tieren und dem denkenden, auf der Erde dastehenden Menschen muß ein Unterschied walten, der sich auch im äußeren Bau anzeigt. – Goethe ging wahrhaftig mit aller wissenschaftlichen Gewissenhaftigkeit zu Werke, als er gegen den Widerspruch der damaligen wissenschaftlichen Welt den Beweis führte, daß der Mensch in seiner Keimanlage, vor der Geburt, den Zwischenkieferknochen in der oberen Kinnlade gerade so hat wie die übrigen Tiere, nur daß dieser Knochen beim Menschen dann verwächst, so daß er sich im ausgewachsenen Zustande nicht mehr zeigt. Bedeutungsvoll kam Goethe diese Entdeckung vor. Wir sehen insbesondere an der Art und Weise, wie er damals an Herder darüber schrieb, daß er deren Tragweite als eine bedeutungsvolle auch ansieht, denn am 27. März 1784 schreibt er an Herder: «Es soll Dich auch recht herzlich freuen, denn es ist wie der Schlußstein zum Menschen, fehlt nicht, ist auch da! Aber wie! Ich habe mir's auch in Verbindung mit Deinem Ganzen gedacht, wie schön es da wird.» Und daß man dies wahrhaftig keiner materialistischen Gesinnung, sondern dem Gegenteile zuschreiben muß, das beweist uns, daß Goethe eben, in vollem Einklange mit Herder, gerade die Befestigung einer auf geistige Tatsachen begründeten Weltanschauung in dieser seiner Entdeckung, in dieser seiner Konsequenz sah, daß der Geist allüberall waltet, von den niedersten Geschöpfen bis hinauf zum höchsten, und überall den gleichen Grundplan verfolgt.

Dies zu beweisen war Goethes Absicht, und ihm war das Ergebnis, zu dem er gekommen war, eben ein Beweis für die Wirksamkeit des Geistes. Daher war es ihm auch ein Beweis für die Wirksamkeit des Geistes, als er die Entdeckung machte, die ja eigentlich erst in der zweiten Hälfte des neunzehnten Jahrhunderts von der Naturwissenschaft wieder gemacht worden ist, daß man in den Schädelknochen umgewandelte Wirbelknochen zu sehen habe. Das bedeutete für Goethe das Walten des Geistigen in der Weise, daß dieses Geistige in dem Rückenwirbel eine Grundform hat, die es umgestaltet, deren Form es verändert, so daß diese Form brauchbar wird zum Umschließen des Organes des Gehirns, indem aus einfachen Formen heraus der schaffende, waltende Geist sich gerade in der Verwandlung der Formen zeigt. Und es war mir, wenn ich dabei auf etwas Persönliches zu sprechen kommen darf, in gewisser Beziehung eine ganz wunderbare Tatsache, als ich bei meinen sechseinhalbjährigen Studien und Forschungen im Weimarischen Goethe- und Schiller-Archiv eines Tages ein Notizbuch Goethes in die Hand bekam, worin mit Bleistift eine Eintragung war, die dahin ging, daß Goethe sich sagte: Das ganze Gehirn des Menschen ist eigentlich nur ein umgewandeltes Nervenknötchen, in jeglichem Nervenknötchen ist gleichsam keimhaft schon das enthalten, was der Geist umwandelt und umgestaltet, so, daß es zum komplizierten Organ des Gehirnes wird. – Da sehen wir, wie das, was in einer späteren Zeit bei den Darwinianern wie ein Beweis dafür galt, daß man nur auf die sinnlichen Tatsachen sehen dürfe, wenn man das Werden des Menschen erklären will, bei Goethe zu einem Beweis für den allwirkenden und allwebenden Geist wurde, der aus den einfachsten Formen sozusagen die kompliziertesten hervorzaubert und auf diese Weise das Werk der Natur allmählich zur Entwickelung bringt.

Dürfen wir – wir wollen uns nicht auf logische Deduktionen oder auf ein dialektisches Spiel einlassen, sondern auf die vorhandenen Tatsachen – gegenüber einer solchen Tatsache die Behauptung aufrecht erhalten, daß wissenschaftliche Beobachtungen die Menschen gewungen hätten, auf den Darwinismus eine Art materialistisch-monistischer Weltanschauung zu begründen? Wir dürfen es nimmermehr, denn wir sehen, wie bei Goethe derselbe Gang der Forschung zu einem idealistisch-spirituellen Resultate führt. Wovon kann es denn dann nur abhängen, daß in der zweiten Hälfte des neunzehnten Jahrhunderts auf Grundlage des Darwinismus, den wir ganz dreist einen ausgeführten Goetheanismus nur in bezug auf die Sinnestatsachen nennen können, eine darwinistisch-monistische Weltanschauung oder sogar Religion sich entwickelt? Nicht aus den Tatsachen kommt es, welche die Forscher dazu zwingen, sondern lediglich aus den Denkgewohnheiten, aus dem, was die Menschen über die Tatsachen glauben wollen, denn einem Geiste, der anders geartet ist als die, welche heute aus den Ergebnissen des Darwinismus eine darwinistisch-monistische Weltanschauung entwickeln, einem solchen anders gearteten Geiste dient gerade dieselbe wissenschaftliche Denkweise zur Grundlegung einer ganz anderen Weltanschauung. Das ist das Wichtige und Wesentliche, das wir ins Auge fassen müssen. Dann werden wir auch begreifen, wie im Grunde genommen die materialistisch-monistische Denkweise etwas ist, was in der zweiten Hälfte des neunzehnten Jahrhunderts die Menschen gefangen nimmt, was tief eingreift in alles menschliche Denken bei denen, die sich fortgeschrittene Denker eben nennen, und wir werden begreifen, wie diese Denkweise auch dort eingreift, wo man nicht darwinistisch sein will.

Ein bedeutsames Beispiel – für eine geisteswissenschaftliche Betrachtung ist es gut, wenn überall gründlich zu Werke gegangen wird und daher überall an die Quellen gegangen wird – bietet sich uns an einem Forscher, der ganz gewiß in der Gegenwart zu wenig gewürdigt wird, der zwar durch die Art und Weise, wie er aufgetreten ist, manches vielleicht Unsympathische hat, der aber in bezug auf seine wissenschaftlichen Resultate eine große Bedeutung für die Gegenwart hat. Ich meine den auch im Laufe der Jahre hier schon genannten *Moriz Benedikt*. Moriz Benedikt ist kein Darwinianer, aber Entwickelungstheoretiker. Er gibt eine Entwickelung zu, wenn auch nicht im Sinne der darwinistischen. Ein einziges Resultat aus der Fülle der Ergebnisse Benedikts sei hier hervorgehoben. Benedikt richtete seinen Blick darauf, moralisch defekte Menschen, sogenannte Verbrecher-Naturen, zu untersuchen. Bevor in einer mehr mundgerechten Weise, wie es dem Publikum mehr zu Recht ist, Lombroso in einer dilettantenhaften Weise auf solche Tatsachen hingewiesen hat, hatte lange vorher Benedikt bereits solche Untersuchungen gemacht, wenn sich auch dieses «lange vorher» nur auf einige Jahre erstreckt. Da sehen wir, wie Moriz Benedikt Verbrechergehirne untersucht, Gehirne von Mördern. Er findet, daß diese Verbrechergehirne alle ein Merkmal haben. Es stellte sich ihm die Tatsache als ganz merkwürdig dar, daß gewisse Furchen, welche sonst an der Oberfläche des Gehirns liegen, beim Verbrechergehirn mehr im Innern sich hinzogen, also von der Gehirnmasse bedeckt waren und nicht nach außen gingen. Er hat aber auch Gehirne von Mördern untersucht, die sozusagen sonst den Eindruck von gutmütigen Menschen machten. Da zeigte sich ihm überall, wie am Hinterhaupt gewisse Unregelmäßigkeiten auftraten, wie der Hinterhauptslappen des Gehirns nicht in rechter Weise das bedeckt, was unter ihm ist, und wie bei solchen Menschen, die zu derartigen Verbrechen getrieben waren, in der Form des Gehirns sich eine Ähnlichkeit mit dem Affengehirn ausspricht. Daher kam Benedikt zu dem Resultat, daß im Grunde genommen in dieser physischen Organisation des Menschen, in der Nichtvollentwickeltheit des Menschen, der Grund läge für seine abnormen Handlungen, so daß gleichsam dasjenige, wovon der Mensch den Ursprung genommen habe, das niedere Tierische, in den inneren Formen bis zum Gehirn hinauf wieder zum Ausdruck komme. Und weil so der Mensch das, worüber er hinausschreiten sollte, noch in sich trägt, werde er zum Verbrecher. So begründet Moriz Benedikt seine ganze Anschauung über das Recht, über die Moral und über die Strafe darauf, daß eigentlich beim Verbrecher, bei der Verbrecher-Individualität etwas zu finden sei wie eine Erbschaft aus denjenigen Zeiten her, da der Mensch noch unten bei seinem Ursprungswesen war bei den höheren Tieren. Wie gesagt, Moriz Benedikt ist kein Darwinist, aber er kommt mit seinem Denken auch nicht weiter, als zu glauben, daß man dabei stehen bleiben müsse, dem Verbrecher in seiner Individualität eine solche Organisation zuzuschreiben, welche ihn vom Physischen heraus zu seinen Taten zwinge. In der Anthropologie sucht dieser Forscher des neunzehnten Jahrhunderts dasjenige, was er zum Verständnisse abnormer Menschentaten haben zu müssen glaubt.

So sehen wir – und wir könnten Hunderte und Hunderte

ähnlicher Beispiele anführen zum Belege dessen, was gesagt werden soll –, wie sich überall, ob nun die Menschen, die sich denkerisch betätigen, darwinistisch sind oder nicht, der bloße Glaube geltend macht an das Maßgebliche der äußeren Sinnestatsachen und jener Wissenschaft, welche sich auf diese äußeren Sinnestatsachen begründet. Wir brauchen uns auch darüber nicht zu wundern, daß die Ergebnisse Darwins in einer materialistisch-monistischen Weise ausgedeutet wurden. Nicht die Ergebnisse Darwins selber zwingen zu dieser Ausdeutung, sondern die Gewohnheiten des Denkens in der zweiten Hälfte des neunzehnten Jahrhunderts. Und man darf sagen: Wenn es möglich gewesen wäre, daß Darwin mit seiner Forschung in ein anderes Zeitalter hineingefallen wäre, so wäre es auch denkbar, daß dieselben Resultate Darwins in einem ideell-spirituellen Sinne ausgedeutet worden wären, wie wir es ja bei Goethe antreffen, daß der schaffende, waltende Geist sich der Umwandlung der Formen bediene, um das Mannigfaltige der Erscheinungen aus wenigen Grundformen hervorgehen zu lassen. – Dies ist die eigentümliche Tatsache, die sich uns aus allen diesen Betrachtungen mit einer inneren Notwendigkeit ergeben muß, daß das Zeitalter, welches eben abgelaufen ist, der Menschheit die Vertiefung in die äußeren Sinnestatsachen, in die äußere Sinneswissenschaft bringen mußte, daß eine Weile die Menschheit davon absehen mußte, sozusagen ihre Aufmerksamkeit ablenken mußte von alledem, was den Blick in die geistigen, in die übersinnlichen Welten hinaufwenden läßt, damit das ganze Gewebe der sinnlichen Tatsachen, das Gewebe dessen, was in der äußeren physischen Welt geschieht, einmal auf die menschliche Seele wirken könne. So sehen wir im Gesamtgange der Menschheitsentwickelung gleichsam die Notwendigkeit der materialistisch-monistischen Denkweise, sehen, wie das neunzehnte Jahrhundert dazu berufen war, eine Weile den Blick von dem Übersinnlichen abzulenken und lediglich genau auf das hinzuschauen, was im Sinnlichen vorgeht. Und wollen wir den tieferen Sinn dieser Tatsache ins Auge fassen, so müssen wir uns fragen: Hat denn die Menschheit aus einer solchen Vertiefung in die Sinneswelt wirklich Bedeutsames für ihr Geistesleben gewonnen?

Wenn wir diese Frage beantworten wollen, dann müssen wir uns manches vor Augen halten, was in diesen Vorträgen schon erwähnt worden ist, was in der entsprechenden Literatur aber auch zu finden ist, daß eine Unsumme von bedeutungsvollen Tatsachen wirklich nur erforscht werden konnte, indem man eben auf diese Tatsachenwelt selber unbefangen den Blick richtete, indem man sich durch allerlei Annahmen aus der übersinnlichen Welt nicht den Blick trüben ließ, sondern ihn nur auf das richtete, was man äußerlich sah. Und das ist das viel Wesentlichere gegenüber dem, was man gewöhnlich als den Grundnerv des Darwinismus in der zweiten Hälfte des neunzehnten Jahrhunderts ansieht, daß bedeutungsvolle, großartige Zusammenhänge zwischen den Organen der einzelnen Tier- und Pflanzenformen, Zusammenhänge zwischen den einzelnen Wesenheiten aufgeklärt worden sind. Wir haben in diesen Vorträgen gesehen, wie sich der Darwinismus selber überwunden hat, wie eigentlich die Tatsachen heute dazu zwingen, nicht mehr in einer so einfachen Weise, wie es Ernst Haeckel einst machte, von einem Zusammenhange der Tierwelt mit dem Menschen zu sprechen. Aber trotz alledem, wenn man das ungeheure Meer von Forschungsergebnissen überblickt, welche gerade unter dem Einfluß des Darwinismus in der zweiten Hälfte des neunzehnten Jahrhunderts zustande gekommen sind, so findet man in demselben Aufklärungen über das, was man einen großen, gewaltigen Grundplan der tierischen und pflanzlichen Welt, der Welt der gesamten Organismen nennen könnte. Wir blicken heute dank dieser Forschung in Zusammenhänge hinein, welche sich nicht so ergeben hätten, wenn man mit vorgefaßten Ideen einer alten übersinnlichen Forschung an sie herangetreten wäre. Dank der materialistischen Einseitigkeit liegen uns heute Ergebnisse vor, die man einst in der rechten Weise wird zu deuten wissen, die aber bei der Schwäche der Menschennatur nur eben durch die Einseitigkeit gefunden werden konnten. So dürfen wir nicht das große Verdienst des Darwinismus verkennen, dürfen nicht übersehen, daß es eine Bedeutung hat, wenn Haeckel, angefangen von seiner «Generellen Morphologie der Organismen» (1866) bis zu seiner umfangreichen «Systematischen Phylogenie» (1896), die Ähnlichkeit der Tier- und Pflanzenformen zusammenstellt, um sozusagen einen Stammbaum für das Leben daraus zu konstruieren. Mag es immerhin sein, daß alle Stammbäume, die Haeckel konstruiert, falsch sind – sie sind es nicht –, mag man sie über Bord werfen, mag der Gedanke der Abstammung bei Haeckel ganz falsch sein, wir können absehen von dem, was sich als Theorien bei ihm ergibt, und auf das hinblicken, was uns Ähnlichkeiten und Zusammenhänge zwischen den Formen in einer für frühere Zeiten ungeahnten Weise zeigt. Das ist das Bedeutsame. Wenn wir dieses Bedeutsame einmal auf unsere Seele wirken lassen, dann können wir sagen: In ihm hat erst die Geisteswissenschaft, wie wir sie heute betrachten, einen festen Boden unter den Füßen, denn nunmehr stellt sich neben alles, was die Geisteskultur des neunzehnten Jahrhunderts gebracht hat, die geistige, die übersinnliche Forschung hin.

Wie stellt sich diese geistige, übersinnliche Forschung daneben hin? So, daß sie zeigt, wie der Mensch in der Tat durch eine gewisse Entwickelung, welche er in seinem Innern durchmachen kann, den Blick in übersinnliche Welten hinein lenken kann, daß er dann, wenn er durch jene Methoden, die hier hinlänglich geschildert worden sind, seinen Blick in die übersinnlichen Welten lenkt, eine übersinnliche Tatsachenwelt findet, und daß in dieser die wahren Gründe, die wahren Ursachen für die sinnlichen Tatsachen zu finden sind. So haben wir gesehen, wie der Mensch schon in sich selber – dies zog sich eben wie ein roter Faden durch alle Vorträge – ein umfassendes Seelisch-Geistiges in übersinnlicher Selbsterkenntnis findet, das nicht nur so in ihm lebt, wie er es mit seinem normalen Bewußtsein erfaßt, sondern das als ein Reales hinter dem normalen Bewußtsein vorhanden ist, das wir in einer geistigen Form zu suchen haben, lange bevor der Mensch das Erdendasein betritt. In der Weise haben wir es zu suchen, daß sich dasjenige, was von Vater und Mutter kommt, mit dem verbindet, was von einer geistigen Welt herkommt, indem es nun die Ereignisse in der Zeit zwischen Geburt und Tod durchlebt. Und wenn der Mensch durch seine imaginative, inspirative und intuitive Erkenntnis in die geistige Welt eintritt, dann lernt er den Werkmeister kennen, das schaffende, bauende Wesen, das noch vor dem Auftreten des Bewußtseins an uns arbeitet, das den menschlichen Leib gerade da aufbaut, wo der Mensch mit seinem Bewußtsein noch nicht an sich arbeiten könnte, weil diese Arbeit in die feinere Organisation und in die feinere Ausgestaltung des Leibes hineingeht. Gerade da arbeitet das Ich, das aus der geistigen Welt kommt, an der feineren Ausbildung nicht nur des Gehirns, sondern des gesamten Leibes.

So kann der Mensch, wenn er sich durch die Methoden der Geistesforschung zur Erkenntnis seines eigenen geistig-seelischen Wesenskernes hinauflebt, der sich im Leibe nur den äußeren Ausdruck schafft, erkennen, ohne daß er durch die

Pforte des Todes geht, wie durch die Sinneswelt eine geistige Welt durchblickt, die für eine übersinnliche Erkenntnis ebenso wirklich ist wie die Sinneswelt für die Sinneserkenntnis. Wenn er so seinen geistig-seelischen Wesenskern wirksam weiß, und wenn er weiß, daß dieser sich aus der geistigen Welt die Kräfte und Impulse holt, um sich ein neues Leben und eine neue Erdenverkörperung zu zimmern, dann kann er sich auch leicht zu derjenigen Erkenntnis aufschwingen, welche die Anschauungen über die Menschennatur, über die wahre menschliche Wesenheit sozusagen verbindet mit Moral-Ideen, welche die Anschauungen über die geistig-seelische Wesenheit des Menschen mit dem zusammenbringt, was der Mensch braucht als Kraft für das Leben, als Kraft zur Arbeit, als Trost im Leben, als Sicherheit im Leben und so weiter. Und alle die Fragen, ob der Mensch mit denjenigen, die ihm auf Erden lieb geworden sind, ein Wiedersehen feiern wird, beantworten sich in einer ganz sachgemäßen Weise mit einem «Ja» – weiter ist dies ausgeführt in meiner «Geheimwissenschaft im Umriß» –, indem gezeigt wird, daß der Mensch mit seiner wahren Wesenheit nicht nur im physischen Leibe erkennend und handelnd lebt, sondern auch entkörpert leben kann, wo dann alles, was er im physischen Leben begründet hat, im Geistigen weiterlebt und die Grundlagen für eine neue Verkörperung bildet. Jene Beziehungen von Mensch zu Mensch, wie wir sie hier erleben, spielen in der geistigen Welt weiter und bilden geradezu den Ausgangspunkt für unsere nächste Verkörperung, so daß wir mit denselben Menschen zusammenkommen, deren Verbindung sich uns ergibt, wenn wir leibbefreit sind, indem wir uns zu ihnen hingezogen fühlen, und uns die Kräfte aneignen, um in einer neuen Verkörperung wieder mit ihnen zusammenkommen zu können.

So wird der Mensch durch die Geistesforschung in die

Sphäre einer geistigen Welt hinausgeführt, und er wird weiter hinausgeführt in der Weise, daß er seinen Ursprung nicht mehr in einer tierischen Form der Vorwelt findet, sondern er findet den Ursprung seiner selbst und den der Tiere in der geistigen Welt. Das hat uns der Vortrag über den «Ursprung des Menschen» gezeigt. Indem wir immer weiter zurückdringen, können wir dazu kommen, einzusehen, daß der Mensch seinen Ursprung in der geistigen Welt hat, und daß der schaffende Geist, der im Menschen lebt und webt, als solcher vom Menschen auch verstanden und erkannt werden kann. Das wird die Geisteswissenschaft immer klarer und klarer der gegenwärtigen Kultur zeigen. Damit stellt sie sich neben das hin, was die mehr materialistisch-monistische Kultur im Laufe des neunzehnten Jahrhunderts geleistet hat. Wenn wir sehen, wie uns diese darwinistische Kultur gezeigt hat, daß ein gemeinsamer Plan der ganzen Lebewesen-Entwickelung zugrunde liegt, daß wir wirklich Grundgedanken und Grundkräfte sehen können, die von den unvollkommensten bis zu den vollkommensten Lebensstufen hinauf durchgehen, dann gewinnt ein solches Ergebnis gerade im Lichte der Geisteswissenschaft seine echte Bedeutung. Wir können heute in diesem zusammenfassenden Vortrage nur durch ein Gleichnis aufmerksam machen, wie das Aufgezeigte Bedeutung gewinnt.

Wenn wir den Menschen in einem späteren Lebensalter sehen und ihn mit dem vergleichen, was er zum Beispiel in seiner Kindheit gewesen ist, dann sagen wir uns: Unser geistig-seelischer Wesenskern hat an unserer äußeren Organisation gearbeitet. Dasselbe, dessen ich mir bewußt werde, wenn ich mir Bewußtsein erringe, was aus dunklen Seelengründen Gedanken, Gefühle und Willensimpulse hervorbringt, das hat, als es dies noch nicht hervorbringen konnte, als ich mich ins Leben hereinträumte, an meinem Leibe gearbeitet, der noch ein unvollkommenes Werkzeug für den Geist war und später erst ein vollkommeneres geworden ist. Was rein übersinnlich ist, was nur in meinen Gedanken, Gefühlen und Vorstellungen lebt, das hat als eigentlicher Wesensgrund zuerst an meiner äußeren physischen Sinnlichkeit gearbeitet, aber später konnte ich mir erst dessen bewußt werden. – Begreift man das in seiner fundamentalen Bedeutung, dann hat man auch begriffen, wie der Geist durch Jahrmillionen und Jahrmillionen gearbeitet hat, um die ganze Reihe der Lebewesen in ihren aufsteigenden Formen erst hervorzubringen, um später auf Grundlage derselben dasjenige hervorzubringen, was der Mensch in seiner Gegenwartskultur ist. Wie sich das, was wir als Dreißigjähriger sind, in seiner inneren Geistigkeit dadurch ergeben muß, daß wir zuerst an unserem unvollkommenen Kindheitsorganismus – mit demselben, was wir später geistig sind – arbeiten, so konnte sich das menschliche Geschichtsleben, das Kulturleben, wie wir es überblicken, nur dadurch ergeben, daß dasselbe, was nun übersinnlich in aller Geschichte und in aller Menschheitskultur arbeitet – dieser geistig-seelische Wesenskern, der doch der Ausgangspunkt alles geistigen Werdens ist –, sich erst langsam und allmählich in der ganzen Organismenreihe den eigenen menschlichen Organismus vorbereitete, so wie der einzelne Mensch im Kindheitsalter seinen eigenen Organismus vorbereitet, der später das Werkzeug des entwickelten Geistes sein soll. Wie es dasselbe Ich ist, das mit dreißig Jahren denkt, fühlt und will, und das in den ersten Lebensjahren an der äußeren Körperorganisation arbeitet, diese überwindet und zum Werkzeuge für den Geist umgestaltet, so kann man sich auch die Vorstellung bilden – und sie wird nach den Wintervorträgen auch als eine vollgültige erscheinen, zu der man kommen kann –, daß der Mensch selber mit all seinem Geistesleben vorausbilden, überwinden mußte, was uns jetzt ausgebildet in der Tierwelt entgegentritt. Die Taten des Menschengeistes, der sich erst zu dem vorbereitet hat, was er in der äußeren tierischen oder überhaupt organischen Gestalt werden sollte, treten uns entgegen, wenn wir den Zusammenhang der äußeren Gestaltungen überblicken.

Was hat denn die darwinistische Kultur des neunzehnten Jahrhunderts getan, ohne daß sie es weiß? Indem sie so eminent, so bewundernswert groß die äußeren Formen entwickelt hat, hat sie die Taten des Menschengeistes gezeigt, als dieser an der Außenwelt arbeitete, bevor er zu seinem Innern vordringen und als Geschichte sein eigenes Wesen und Werden entfalten konnte. Das wird der Fortschritt in der Menschheitsentwickelung in bezug auf die Geisteskultur sein, daß man erkennen wird, wie in demjenigen, was, ohne es zu ahnen, die darwinistische Kultur gegeben hat, die Gesamttat des Menschengeistes liegt. Darinnen hat er gewaltet, wie unser Ich in dem kindlichen Organismus waltet. Studiert hat der Darwinismus in der zweiten Hälfte des neunzehnten Jahrhunderts und bis in unsere Tage herein, ohne daß er es wußte, die Gottestaten des Menschengeistes. Und man wird recht würdigen, was auf Grundlage des Darwinismus geschaffen worden ist, wenn man den schaffenden Menschengeist in allen diesen Einzelheiten schauen wird, die zutage gefördert sind, wenn man bewundern wird, was der Menschgeist sich vorgesetzt hat, bevor er zu seinem bewußten, geschichtlichen Schaffen gekommen ist. So ist ein Großes, ein Gewaltiges vorbereitet, das nur mißverstanden wird, das so genommen wird, als wenn es aus sich selber wirksam ist, während es der Plan ist, den der schaffende göttliche Geist auf seinem Wege zur Menschheit hin befolgt hat. Damit wird der Mensch in bezug auf seine Selbsterfassung um eine gewisse Stufe vorwärts schreiten können und wird durch das Vorwärtsschreiten in bezug auf diese Stufe erst wirklich erkennen, was eigentlich in der zweiten Hälfte des neunzehnten Jahrhunderts getan worden ist.

Und nun wenden wir den Blick noch einmal zurück zu dem Grafen Gobineau. Da finden wir, wie der geniale Geist dieses Mannes durchaus – aber aus dem Bewußtsein des neunzehnten Jahrhunderts heraus – wirkt, wie er sozusagen dasjenige sieht, was in der äußeren Welt sich darbietet, es aber allerdings mit dem stolzen Bewußtsein eines Menschen sieht, der noch etwas davon weiß, persönlich weiß, daß der Mensch vom Geistigen abstammt. So phantastisch das heute erscheinen kann, gerade darauf ist ein besonderer Wert in diesem Zusammenhange zu legen, daß es einen solchen Menschen im neunzehnten Jahrhundert gegeben hat, für den eine persönliche, individuelle Tatsache das war, was für andere Menschen nur Theorie, vielleicht religiöse Überzeugung ist, daß wir, wenn wir zu unserem Ursprung zurückgehen, nicht zu einem Physischen, sondern zu einem Geistigen kommen. Man wird die einzigartige Persönlichkeit des Grafen Gobineau erst würdigen, wenn man sein Bewußtsein ins rechte Licht zu stellen vermag, das sich sagt: Wenn ich das zurückverfolge, was ich bin, was in meinen Fähigkeiten und Eigenschaften lebt, wie sie mir von den Vorfahren vererbt sind, da finde ich, daß die Vererbungslinie zurückgeht bis zu dem Wiking Otar Jarl, daß sie weiter zurückgeht bis zu den Nachkommen des Gottes Odin, und daß sie schließt nicht bei einem physischen, sondern bei einem überphysischen Wesen wie Odin selber. – Aber was alles auch in diesem Gedankengange des Grafen Gobineau lag, eines lag nicht darin. Es lag nicht darin der Hinweis auf jenen geistig-seelischen Wesenskern, der da im Menschen wirkt, nicht durch die Vererbungslinie hindurch, nicht innerhalb der Rasse bloß, sondern der im Menschen wirkt von

Verkörperung zu Verkörperung, der unabhängig ist von der äußeren physischen Gestaltung, ja, der selbst erst mitwirkt an der äußeren Konfiguration, die innerhalb der physischen Gestaltung auftritt. So schaut Graf Gobineau in der Mitte des neunzehnten Jahrhunderts doch nur auf das Äußere, doch nur auf das, was nicht den geistig-seelischen Wesenskern des Menschen mit einschließt. Wie steht er deshalb mit seiner Betrachtung da? Er steht da, wie eben ein mutvoller Mensch dasteht, der nicht bei einer Halbheit stehenbleibt, sondern der die letzten Konsequenzen seiner Voraussetzungen zieht, indem er sich sagt: Wenn ich die Welt überblicke, so ergibt sich mir dasjenige, was ich nur so bezeichnen kann, daß ich sage: das Werden stellt mir einen Niedergang dar, es vertrocknet, es verdorrt in seiner Äußerlichkeit; es stirbt die Menschheit auf der Erde aus, und die Erde wird die Menschheit überleben. – So steht dieser Gedanke da, wie wenn ihn etwa eine Pflanze aussprechen würde, eine Pflanze, die von Blatt zu Blatt bis zur Blüte und zum Fruchtkeim sich entwickelt hat und sich nicht bewußt werden kann, daß sie ein Äußeres aufnehmen kann, das ihr zufliegt, und daß sie von einer anderen Pflanze den Befruchtungskeim aufnehmen und ausbilden kann zu einer neuen Gestalt. Was sich die Pflanze für sich nicht vorstellen kann, das kann sich auch Graf Gobineau nicht vorstellen. Er kann sich nicht vorstellen, daß in dem Menschen im Rassendasein ein geistiger Kern lebt, welcher im entsprechenden Zeitpunkte ein neues geistiges Element aufnehmen kann, das nicht in den heraufkommenden ursprünglichen und sich vermischenden Rassen liegt, sondern das in dem geistig-seelischen Wesenskerne, in der Individualität liegt, was die Individualitäten so aufnehmen, wie die Pflanzen den Keim, der ihnen von anderen Pflanzen zufliegt, und was befruchtend wirkt aus der geistigen Welt heraus auf den geistig-seelischen Wesenskern des Menschen und das Menschenwesen fortsetzt, wenn das Äußere abfällt, wie Blätter und Blüten von der Pflanze abfallen, wenn die Mission des Äußeren erfüllt ist.

So konnte Graf Gobineau richtig das Äußere denken, richtig so denken, daß dieses einer Degenerierung entgegengeht. Aber ihm fehlte noch der Hinblick auf jenen geistig-seelischen Wesenskern des Menschen, der sich durch die übersinnliche Forschung ergibt. Er konnte sich das noch ersetzen durch sein Bewußtsein seines persönlichen Zusammenhanges mit der göttlichen Welt. Das konnte er persönlich, aber er blieb einsam damit. Die Menschheit aber war an der Stufe angelangt, wo sie zurückschauend nur die sinnlichen Tatsachen als Ausgangspunkt des eigenen Ursprunges fand; sie fand die Ahnen in der Tierreihe, während in der Tat die Tierreihe so vorzustellen ist, wie es eben charakterisiert worden ist. Wenn aber der Mensch in der Lage ist zu verstehen, was da in ihm wirkt, unabhängig von allen äußeren Formen, die uns in so grandioser Weise die Naturwissenschaft des neunzehnten Jahrhunderts erklärt hat, wenn er seinen Aufblick zur geistigen Welt hält, und das, was ihm aus dieser ersprießt, in seiner Ähnlichkeit mit seinem geistig-seelischen Wesenskerne ergründet, dann wird er auch zugeben können, daß immer neue und neue Befruchtungen für den geistig-seelischen Wesenskern eintreten, so daß der Gedanke, der sonst pessimistisch ist, sich in den wunderbaren Gedanken einer Menschheitsentwickelung in die Zukunft hinein verwandelt. Wenn wir also mit dem Grafen Gobineau auf das blicken, was den Rassen ursprünglich mitgegeben war, so stirbt zwar das ab, was man äußerlich schauen kann, aber im Innern lebt dasjenige, was neue Impulse aufnehmen kann, was immer inhaltvoller wird, und von der Erde, die es verläßt – wie der Geist den Leichnam, wenn wir durch die Pforte des Todes schreiten – zu neuen Gestaltungen hinschreitet, um aus dem Geiste heraus ein neues Dasein zu schaffen im Laufe jener Ewigkeit, die wir im letzten Vortrage besprochen haben. Jetzt sehen wir, wie sozusagen in Graf Gobineau ein kühner, energischer, ein genialer Denker aus einer verflossenen Zeit hereinragt, der den Gedanken zu Ende denkt, was aus der Menschheit werden muß, wenn der Blick nur auf das Äußere gerichtet ist. So sehen wir, wie die Menschheit, nachdem sie zu diesen Konsequenzen gekommen ist, in einem anderen Gedanken dasjenige braucht, was das Werdende so erkraftet, daß das Ewige in ihm erkannt wird, welches das Wesentliche in andere Daseinsformen hinüberträgt, auch wenn das äußere Hüllenhafte von dem Wesentlichen abfällt und tatsächlich den Gang einschlägt, den Graf Gobineau vorgezeichnet hat. Alle Kraft entwickelt sich durch Besiegung der Gegenkräfte. Graf Gobineau hatte sozusagen noch aus seinem persönlichen Glauben an den eigenen Ursprung die Erfüllung seines Denkens mit einem Göttlich-Geistigen. Der Darwinismus hat endlich aus allen Anschauungen über den menschlichen Ursprung und über den geistigen Ursprung der Organismen das herausgetrieben, was nicht-sinnenfällige Tatsachen sind, er hat den Blick des Menschen nur auf die Sinnestatsachen hingelenkt und auf das, was aus den Sinnestatsachen mit dem Instrument des Gehirnes gewonnen werden kann. Aus der Gegenkraft, die sich aus dem bloßen Hinschauen des landläufigen Darwinismus auf die nur äußere Tatsachenwelt entwickelt, wird sich die Sehnsucht der Menschenherzen nach der übersinnlichen Welt entzünden, und weil unsere Zeit die Morgenröte dieser Sehnsucht schon erblickt, die als Gegenkraft gegen den landläufigen Darwinismus ersteht, kommt sie ihr entgegen und wirkt in den Gemütern der Menschen. Immer größer und größer wird die

Zahl der Menschen werden, die diese Sehnsucht verspüren, die verspüren, daß altes Denken selbst in den genialsten Denkern zu solchen Konsequenzen führen muß, wie es eben die Konsequenzen des Grafen Gobineau oder des landläufigen Darwinismus sind. Wenn aber die Menschen einsehen werden, daß sie unmöglich bei dem stehenbleiben können, was so scheinbar fest gegründet in der äußeren Wissenschaft ist, dann werden sie nach übersinnlicher Forschung verlangen, und dann wird man immer mehr und mehr einsehen, wie die Logik und alles Denken dieser übersinnlichen Forschung in genau derselben gewissenhaften Weise vorgehen kann, wie die äußere Wissenschaft vorgeht, die es im Verlaufe des neunzehnten Jahrhunderts gerade so weit gebracht hat, und die wahrlich von keiner Seite mehr bewundert werden könnte als gerade von seiten der Geisteswissenschaft.

Wenn wir so die Zusammenhänge überblicken, erkennen wir die Notwendigkeit der übersinnlichen Forschung in unserer Zeit, und dann werden wir leicht wissen, was diese übersinnliche Forschung eigentlich will. Eine Vorstellung von dem, was sie will, sollte ja auch in diesen Wintervorträgen erweckt werden, wie schon in den zahlreichen Zyklen der verflossenen Jahre. Der ganze Vortragszyklus war im Grunde genommen ein Hinweis auf das, was heute zusammengefaßt worden ist, und er versuchte im einzelnen gerade zu zeigen, wie diese Geisteswissenschaft sich ganz bewußt in das Kulturleben unserer Gegenwart hereinstellt, um demselben in der entsprechenden Weise zu dienen. Daher ist es nicht zu verwundern, daß diese Geisteswissenschaft heute so vielfach mißverstanden wird. Der ganze Ton der Vorträge hat ja zweifellos für den, der es durchschauen wollte, gezeigt, daß der, welcher auf dem Boden der Geisteswissenschaft steht, die Einwände sehr wohl kennt, die gegen sie gemacht werden können. Und zahlreiche der Einwände sind von diesem

Orte aus selbst gemacht worden, um zu zeigen, wie eben Einwände gegen das hier Vorgebrachte entstehen können. Man muß es immer wieder erleben, daß diese oder jene solcher Einwände, die hier gemacht werden, später von denen, die zugehört haben, als ihre Einwände vorgebracht werden, so daß also gar nicht darauf geachtet wird, wie das, was eventuell eingewendet werden könnte, von der Geisteswissenschaft selber schon fortgeschafft ist. Wer aber den Gang der Menschheitskultur versteht und alles ins Auge faßt, was sich in bezug auf die Fortschritte der Menschheit zugetragen hat, der wird nicht kleinmütig werden über die Beurteilungen, welche die Geisteswissenschaft heute in der äußeren Welt erfährt, sondern er wird auf die zahlreichen Beispiele hinweisen können, wie das, was später als selbstverständlich angesehen worden ist, zum Beispiel der Darwinismus selber, zuerst die stärkste Gegnerschaft hervorgerufen hat. Beispiele dieser Art sind zahlreich. Das eine wird ja immer im Hintergrunde des wahren Geisteswissenschafters stehen, daß er sich sagt: Mag auch einzelnes abbröckeln, so ist es damit doch nicht anders als in jeder anderen Wissenschaft, aber der Grundnerv und die Grundwahrheiten müssen bleiben und werden sich einleben, denn jeder wahrhaftige Blick in unser Leben zeigt uns die Notwendigkeit dieser Geisteswissenschaft. – Gerade wenn wir zu den Größten gehen, wie wir es heute bei dem Grafen Gobineau und den Bekennern des Darwinismus gesehen haben, werden wir gewahr, wie stark notwendig es ist, die übersinnliche Forschung dem Geistesleben unserer Zeit einzufügen, und wir werden gewahr, wie die übersinnliche Forschung geradezu der Sehnsucht derjenigen Menschen entspricht, die den wahren Fortschritt des Geisteslebens in unserer Zeit wollen.

Allerdings wird es in nächster Zeit so gehen, daß man

draußen in der Welt, wenn man sich überhaupt um Geisteswissenschaft oder Anthroposophie kümmert, viel mehr Wert
auf mancherlei Sensationelles legen wird, was da oder dort
aufgetreten ist, oder noch auftritt wie Auswüchse der Geisteswissenschaft. Man wird es leicht haben, diese Geisteswissenschaft als etwas Phantastisches, Groteskes, vielleicht
auch als Narretei hinzustellen, wenn man sich darauf beschränkt, ihre Auswüchse ins Auge zu fassen, aber es wird
eben für eine gewisse Öffentlichkeit bequemer sein, über die
Auswüchse zu spotten, als sich ernst und würdig mit dem
zu befassen, was als wissenschaftliche Forschung innerhalb
dieser Geisteswissenschaft walten kann. Und wer den Geist
dieser hier gehaltenen Vorträge ins Auge faßt, der muß
wenigstens das eine zugestehen, daß in diesen Vorträgen
versucht worden ist, dieselbe Logik, dasselbe Streben, dasselbe wissenschaftliche Denken in diese Geisteswissenschaft
einzuführen, wie sie in der äußeren Wissenschaft herrschen.
Und wenn es mancher auch nicht zugeben will, so darf ich
hier vielleicht doch mit dem deutschen Biographen des Grafen Gobineau sprechen, der da sagte: Gegen die Ideen des
Grafen Gobineau hat mancher etwas einzuwenden gehabt
und gesagt: was da Graf Gobineau meint, das läßt sich
leicht widerlegen, denn dies kann jeder Sekundaner wissen,
und jeder Sekundaner kann diese Gedanken fassen. – Aber
die Voraussetzung muß gemacht werden, daß Sekundaner-
gedanken nicht genügen, um den Grafen Gobineau zu verstehen, und daß man über das, was man als seine feste Logik
zu besitzen glaubt, hinausgehen muß und nicht bei Sekun-
danerlogik stehenbleiben darf, wenn man den Nerv der
Geisteswissenschaft erfassen will. Mag man in der Beurteilung der Geisteswissenschaft und ihrer Ergebnisse noch lange
einen solchen Weg gehen, wie eben angedeutet wurde, es
wird immer einzelne solcher Menschen geben, welche doch

einsehen werden, wie wenigstens die Versuche gemacht werden, in der geistigen Forschung mit derselben Gewissenhaftigkeit und mit derselben strengen Logik vorzugehen, wie sie nach der Gedankenschulung üblich sind, welche die Menschheit im Laufe der neueren Jahrhunderte durchgemacht hat. An diesem Wollen soll die Geisteswissenschaft erkannt werden, – nicht an manchen Fehlern, die innerhalb ihrer gemacht werden, und auch nicht an manchen Auswüchsen, die sich vielleicht innerhalb ihrer zeigen werden. Und die wenigen, die das einsehen, werden zunächst den Kern bilden für dasjenige Menschendenken und Menschenwollen, das man in seiner Notwendigkeit gerade dann erkennt, wenn man an die konsequentesten Denker anknüpft, die in unsere Gegenwart herauftauchen. Deshalb wurde heute in diesem Schlußvortrage nicht nur an Darwin, sondern auch an Graf Gobineau angeknüpft.

Mögen die, welche den Kern eines solchen Menschendenkens und Menschenwollens bilden, heute noch einsam dastehen. Einsam waren alle, welche die Träger solcher Ideen wurden, die in einer späteren Zeit als selbstverständlich galten. In der Zeit, in welcher die Wissenschaft aus ihren Grundlagen eine materialistisch-monistische Religion herausgetrieben hat, ist es nicht zu verwundern, wenn eine spirituelle Wissenschaft, die Geisteswissenschaft, den Menschen auch in einer gewissen Weise zur Einsamkeit treibt. Steht doch diese Geisteswissenschaft mit ihrem eigentlichen Objekt, mit dem, was sie erfassen will, zunächst so da, daß ihr Objekt in den weitesten Kreisen heute abgeleugnet wird, oder wenigstens, daß die Möglichkeit einer Erkenntnis dieses Objektes ihr abgeleugnet wird. Aber der Mensch wird nicht ohne die Erkenntnis des Geistes bleiben können. Und daß er nicht ohne diese Erkenntnis des Geistes bleiben müsse, deshalb tritt die Geisteswissenschaft auf den Plan. Daß die

Sachen sich so verhalten, das sollte in diesen Vorträgen dargestellt werden. Daß wir in der äußeren Sinneswelt, gerade wenn sie uns in ihren wunderbarsten Gestalten und Zusammenhängen vor Augen tritt, wie es durch die neuere Wissenschaft geschehen kann, etwas zu sehen haben wie eine Schale, die ein Schaltier absondert, nachdem es die Kräfte dieser Schale erlebt, so erscheint die äußere Welt. Und wie das, was die Schale überwunden hat, so erscheint das Geistige, das sich durch sich selbst erschafft, durch die Geisteswissenschaft. Was überwunden werden mußte, und was, indem es überwunden wurde, noch immer als Werkzeug dient, dessen wir uns bedienen müssen, das lehrt die äußere Wissenschaft. Daß aber die Erkenntnis nicht auf die äußere Schale, auf die äußere Kruste des Seins beschränkt bleiben muß, das wird die Geisteswissenschaft eindringlich den Menschen zu Gemüte führen. Sie wird zeigen, daß wir in der äußeren Gestalt, in der äußeren Schale die Taten des Geistes zu sehen haben, wie er in seinen Wirksamkeiten, in seinen Ergebnissen lebt, und wie er derselbe ist, wenn er sich in seinen eigentlichen Quellpunkt, in sein Inneres zurückzieht, wie er aber in diesem Quellpunkt etwas hat, was ihm Perspektive gibt für die Ewigkeit.

Erneuern wird die Geisteswissenschaft – das war gleichsam das Programm dieser Wintervorträge – aber in einer erhöhten Art eine gewisse Goethesche Anschauung, die mit einer tiefen Überzeugung das ganze Programm dieser Vorträge gegeben hat, mit der Goethe der Naturwissenschaft seiner Zeit entgegengetreten ist, als von einem ihrer Vertreter, Haller, das Wort ertönte:

> Ins Innre der Natur
> Dringt kein erschaffner Geist.
> Glückselig! wem sie nur
> Die äußre Schale weist!

Goethe erwiderte, was die Geisteswissenschaft immer zu einer äußeren Erkenntnis und äußeren Überzeugung erwidern wird, die da glaubt, daß alles menschliche Wissen sich auf die Außenwelt beschränken müsse. Die Geisteswissenschaft wird erwidern: Auch diese Außenwelt erkennt ihr in ihrer wahren Gestalt erst dann, wenn ihr den wirklichen Geist erblickt. Was der Darwinismus geschaffen hat, das werdet ihr in der wahren Gestalt erkennen, wenn ihr es als Taten des wirkenden Geistes schaut, als Schalen und Taten, die der wirkende Geist abgesondert hat, damit er sich ihrer bedienen kann. – Und die menschliche Seele auf sich selbst weisend, wird die Geisteswissenschaft dem Menschen zum vollen Bewußtsein bringen, daß man auch die Schale nur erkennt, wenn man sie als den Ausdruck des Geistes erkennt, und da man den Geist nur erkennt, wenn man ihn in seinem Schaffen ergreift, wie er im jetzigen Dasein schon verspricht, neue Gestaltungen aus dem Schoße der Zukunft hervorzuheben, wie er in seinem Innern schaffend werden muß. Das ist, was die äußere Schale zeigt; sie zeigt, was der Geist geschaffen hat. Deshalb ruft die Geisteswissenschaft aus der Art, die aus ihr kommt, wenn ihr der Ausspruch vorgehalten wird:

> Ins Innre der Natur
> Dringt kein erschaffner Geist.
> Glückselig! wem sie nur
> Die äußre Schale weist!

einem so Sprechenden das von Goethe schon geahnte und ausgesprochene Wort so zu:

> Dich selber prüfe du zu allermeist,
> Ob du *Geist* oder *Schale* seist!

Damit seien diese Wintervorträge geschlossen, und es

darf gesagt werden, daß in dem Vortragenden die Gesinnung waltet: Es möge die Geisteswissenschaft wirklich ihr Ziel finden und ihre Aufgabe lösen in der Art, daß sie nicht eine bloße Theorie, eine bloße Summe von Gedanken bleibt, sondern daß sie, was schon öfter charakterisiert worden ist, ein Lebenselixier werde, das im Menschen schaffend bleibt und wirkt, indem es nicht bloß in der Erkenntnis der äußeren Schale wirkt, sondern vor allem im Innern wirksam ist, daß der Mensch erkenne, ob er Kern oder Schale sei, damit aus einem starken Wollen der Impuls hervorgehe, nicht Schale zu bleiben, sondern immerdar Kern zu sein und Kern zu werden.

HINWEISE

Textunterlagen: Die Vorträge wurden mitstenographiert von Walther Vegelahn, von Franz Seiler und Clara Michels. Dem Druck wurde die Übertragung in Klartext von Vegelahn zugrundegelegt, die in einigen Fällen aus den Mitschriften von Seiler und Michels ergänzt wurde. Originalstenogramme sind keine vorhanden.

Die *Titel der einzelnen Vorträge* wurden von Rudolf Steiner selbst bestimmt. Dem *Titel des Bandes* wurde von den Herausgebern der Titel des XI. Vortrages zugrundegelegt.

Da Rudolf Steiner zur Zeit dieser Vorträge noch innerhalb der Theosophischen Gesellschaft stand, gebrauchte er die Bezeichnungen «Theosophie» und «theosophisch», verstand sie jedoch von Anfang an immer im Sinne seiner anthroposophisch orientierten Geisteswissenschaft (Anthroposophie). Aufgrund seiner späteren Angabe wurde sie an den sachlich in Betracht kommenden Stellen durch «Geisteswissenschaft» oder «Anthroposophie» ersetzt.

Veröffentlichungen in Zeitschriften
Die Vorträge VII und X erschienen in der Stuttgarter Monatsschrift «Die Drei», 6. Jg. 1926/27, Heft 2 und 3.

Werke Rudolf Steiners innerhalb der Gesamtausgabe (GA) werden in den Hinweisen mit der Bibliographie-Nummer angegeben. Siehe auch die Übersicht am Schluß des Bandes.

Zu Seite

14   *Karl, Freiherr von Rokitansky:* Professor der pathologischen Anatomie in Wien. Die vorangehenden Gedanken, welche nicht im genauen Wortlaut wiedergegeben sind, äußerte Hofrat Prof. K. v. Rokitansky am 31. Mai 1867 am Ende von zwei Vorträgen (S. 42 ff.) über «Der selbständige Wert des Wissens». Siehe «Die feierliche Sitzung der kaiserl. Akademie der Künste, Wien»; R. war Vice-Präsident der Akademie.

16   *Max Planck:* «Physikalische Rundblicke.» Gesammelte Reden und Aufsätze von Max Planck. «Die Stellung der neueren Physik zur mechanischen Naturanschauung.» Vortrag, gehalten am 23. September 1910 auf der 82. Versammlung Deutscher Naturforscher und Ärzte in Königsberg. Leipzig 1922.

37   *Jacques Loeb:* Physiologe, Professor am Rockefeller-Institut, New York.

      1. Monisten-Kongreß: Hamburg, 8.–11. September 1911, siehe «Der Monismus», VI. Jahrgang, Nr. 64. – Der Vortrag «Das Leben» wurde am Sonntag, 10. September 1911, in Konventgarten gehalten. – Loeb verfaßte ein Selbstreferat für die genannte Zeitschrift.

40   *Ottokar Lorenz:* Siehe Rudolf Steiner «Briefe I», GA Bibl.-Nr. 38.

46   *den Gedanken ausgesprochen:* «Über die Grenzen des Naturerkennens», Leipzig, 14. August 1872, 5. Aufl. Leipzig 1882. – Siehe «Luzifer-Gnosis. Gesammelte Aufsätze 1903–1908», S. 94, GA Bibl.-Nr. 34, 1960.

58   *in einem sehr schönen Aufsatz:* Goethe, «Hymnus an die Natur».

60   *Zitat:* Zahme Xenien IV, in: Gedichte 3. Band (1), S. 312 Sophien-Ausgabe.

62   *Shakespeare:* Hamlet «Prinz von Dänemark», 1. Akt, 5. Szene.

86   *Berliner Arzt:* Wilhelm Fließ, Begründer der Periodenlehre.

102   *So sind seine Worte:* Zitiert nach «Theophrastus Paracelsus. Das Wissenswerteste über dessen Leben, Lehre und Schriften». P. Raymund Netzhammer, O. S. B; S. 85. 1901 Verlagsanstalt Benziger & Co. AG.

103   *sein Wahlspruch:* «Alterius non sit, qui suus esse potest», findet sich über den ältesten Bildern. Siehe Hinweis zu S. 102, ebenda Seite 56.

104   *um mit Goethe zu sprechen:* Parabase.

105   *sein «Buch»:* Siehe Hinweis zu S. 102, Seite 45.

106   *seine stolzen Worte:* Ebenda Seite 66, «Paragranum».

107   *sagte er von sich:* Nicht wörtlich zitiert. Siehe Hinweis zu S. 102, ebenda Seite 32 f.

112   *sein schöner Ausspruch:* Vegl. «Von Ursprung und Herkommen der Franzosen samt der Rezepten und Heilung», VII. Buch, 5. Kapitel. Sämtl. Werke, Sudhoff, VII. Band Otto Wilh. Barth-Verlag, München 1923.

118   *«Habe nun, ach! . . .»:* «Faust» I, Studierzimmer.

      «Erhabner Geist, . . .»: «Faust» I, Wald und Höhle

119   *«Die Nacht . . .»:* «Faust» II, 5. Akt: Mitternacht.

123   *«Geheimnisvoll am lichten Tag . . .»:* «Faust» I, Nacht: Faust zu
        Wagner.

124   *«Wer will . . .»:* «Faust» I, Studierzimmer; Mephistopheles.

133   *Carl Albrecht Bernoulli:* «Overbeck und Nietzsche. Eine Freund-
        schaft», 1908.

136   *Eine Bäuerin träumte . . .:* Siehe F. Th. Vischer «Altes und Neues»,
        1. Heft «Der Traum», Stuttgart 1881– 1882, S. 203.

144   *Eduard von Hartmann:* Siehe: «Phänomenologie des sittlichen Be-
        wußtseins», 2. Abt. C. «Der Urgrund der Sittlichkeit, IV. Das Moral-
        prinzip der Erlösung».

151   *was etwa Goethe darunter versteht . . .:* Siehe z. B. «Goethes Natur-
        wissenschaftliche Schriften», herausgegeben und kommentiert von
        Rudolf Steiner in Kürschners «Deutsche National-Litteratur» (1883–
        97), 5 Bände, Nachdruck Dornach 1975, GA Bibl.-Nr. 1 a–e, 2.
        Band. Ernst Stiedenroth: Psychologie, S. 23 f., oder Sophien-Aus-
        gabe, Weimar 1891, 6.Band «Zur Morphologie. Verfolg», S. 361:
        «Poetische Metamorphosen».

154   *«Geheimnisvoll . . .»:* Siehe Hinweis zu Seite 123.

161   *Albrecht von Haller:* In dem Lehrgedicht «Die Falschheit der
        menschlichen Tugenden», 1730.

162   *«Müsset im Naturbetrachten . . .»:* Gedicht «Epirrhema».

166   *eine kleine Abhandlung:* Hamerlings sämtliche Werke, 16. Band,
        Leipzig, Hesse & Becker Verlag.

172   *eine sehr schöne Erzählung:* Jean Pauls ausgewählte Werke in acht
        Bänden, mit einer Einleitung von R. Steiner, Stuttgart und Berlin, J.
        G. Cotta'sche Buchhandlung Nachfolger, 1897 (Dritter Band).

178   *Aristoteles:* Die zwei ersten Bücher der Ethik. 1. Buch, 8. Kap., hersg.
        v. Christian Garve, Breslau 1798, S. 489–493.

193   *der Goetheschen Worte:* «Seefahrt», Schlußverse.

220   *«Geheimnisvoll . . .»:* Siehe Hinweise zu S. 123.

222   *auf einer deutschen Naturforscherversammlung:* 1863 in Stettin, siehe
        auch S. 486 (Haeckel).

229   *Julius Kollmann:* Anatom.

232   *Hermann Klaatsch*, Mediziner und Anthropologe.

     Karl Snell, Mathematiker.

255   *Gustav Theodor Fechner:* «Ideen zur Schöpfungs- und Entwicklungsgeschichte der Organismen», Leipzig 1873.

256   *Wilhelm Preyer:* Siehe «Methodische Grundlagen der Anthroposophie, Gesammelte Aufsätze 1884–1901», GA Bibl.-Nr. 30, 1961, S. 346, Nachruf für W. Preyer.

257/58 *Darwin:* Siehe «Über die Entstehung der Arten durch natürliche Zuchtwahl oder die Erhaltung der begünstigten Rasse im Kampfe ums Dasein». Stuttgart 1876. Schlußbemerkung: «Es ist wahrlich eine großartige Ansicht, daß der Schöpfer den Keim alles Lebens, das uns umgibt, nur wenigen oder nur einer einzigen Form eingehaucht hat.»

258   *«. . . der Schöpfer ihnen einstmals das Leben eingegossen habe»:* Siehe «Über die Entstehung der Arten im Tier- und Pflanzenreich durch natürliche Züchtung oder Erhaltung der vervollkommneten Rassen im Kampfe ums Dasein»: «Ich halte dafür, daß alle organischen Wesen, die je auf dieser Erde gelebt haben, von einer Urform abstammen, welcher das Leben vom Schöpfer eingehaucht wurde.» – 1859.

259   *Jean Baptiste Lamarck:* Siehe «Philosophie zoologique», Kröners Volksausgabe (o. J.), Drittes Kapitel «Über den Begriff der Art bei den Organismen», S. 21 und Zusätze zum siebenten und achten Kapitel, S. 95.

261   *Der heilige Isidor:* Erzbischof von Sevilla, der letzte abendländische Kirchenvater.

264   *Svante Arrhenius:* «Das Weltall». Vortrag gehalten auf dem Ersten Monisten-Kongreß zu Hamburg am 9. Sept. 1911; Leipzig 1911, Kröner.

282   *Emil Selenka:* Zoologe.

     Oscar Hertwig: Anatom. «Der Kampf um Kernfragen der Entwicklungs- und Vererbungslehre», Jena 1909, S. 111.

     Richard Hertwig: Zoologe.

283   *wie Goethe sagt . . .:* Siehe z. B. «Winkelmann und sein Jahrhundert», Antikes; Sophien-Ausgabe Band 46, S. 22.

294/95 *Adolf Harnack:* «Das Wesen des Christentums», sechzehn Vorlesungen an der Universität Berlin, Leipzig 1910.

296   *William Benjamin Smith:* «Der vorchristliche Jesus. Vorstudien zur Entstehungsgeschichte des Urchristentums». Jena 1911. «Ecce Deus. Die urchristliche Lehre des reingöttlichen Jesu». Jena 1911. «Ist ‹der vorchristliche Jesus› widerlegt? Eine Auseinandersetzung mit Weinel.» In Arthur Drews «Die Christusmythe», Teil 2., Jena 1911.

313   *Goethe:* «Entwurf einer Farbenlehre, Einleitung». Siehe Hinweis zu S. 151

314   *Goethesche Ausspruch:* «Die Geheimnisse, ein Fragment».

317   *Herder:* Siehe «Ideen zur Philosophie der Geschichte der Menschheit», 4 Bände, Riga 1784–91.

323   *Friedmannsche Blutforschung:* Siehe «Die Konvergenz der Organismen. Eine empirisch begründete Theorie als Ersatz für die Abstammungslehre», Berlin 1904; bes. 10. Kapitel: «Über die Urgeschichte der Säugetiere, insbesondere des Menschen».

326   *Paul Deußen,* Philosoph und Indologe: «Allgemeine Geschichte der Philosophie»

336   *von dieser intellektuellen Kultur:* Robert Hamerling, «Die Atomistik des Willens», Beiträge zur Kritik der modernen Erkenntnis. Zweiter Band: «Das Problem der Gesittung». – Hamburg 1891.

341   *Robert Hamerling:* Siehe Hinweis zu Seite 336.

345   *Das sagt der Dichter:* Siehe Hinweis zu Seite 336.

357   *Franz Brentano:* Im Kapitel: «Das Diesseits als Vorbereitung für ein allbeseligendes und jedem gerecht vergeltendes Jenseits».

367 f.   *Isaac Newton:* «Observations upon the Prophecies of Daniel and the Apocalypse of St. John», London 1753.

368   *Giordano Bruno:* «Vom Unendlichen, dem All und den Welten», hrsg. v. L. Kuhlenbeck, Jena 1904, S. 81.

369   *Leibniz:* Siehe «Monadologie», 1714.

376   *Foucaultsche Pendelbeweis:* Léon Foucault.

378   *«Die Prüfung der Seele»:* In «Vier Mysteriendramen», 1910–13, GA Bibl.-Nr. 14

379   *Tolstoi:* Vergl. «Über die Wissenschaft». Heidelberg/Leipzig 1910.

382   *Metschnikoff:* Ilja Metschnikoff, Professor der Zoologie.

386   *Thomas Henry Huxley,* «Grundzüge der Physiologie» neu bearbeitet
      von Dr. I. Rosenthal, Professor an der Universität in Erlangen, Ham-
      burg/Leipzig 1910. – Erste Vorlesung: «Allgemeine Übersicht über
      den Bau und die Verrichtungen des menschlichen Körpers», S. 20–23.

413   *Goethe-Wort:* Siehe Hinweis zu Seite 58.

422   *Trine:* «In Harmonie mit dem Unendlichen»: Autor. Übersetzung
      von Max Christlieb. Stuttgart 1906.

435   *Carneri:* Siehe «Methodische Grundlagen der Anthroposophie, Ge-
      sammelte Aufsätze 1884–1901», S. 452, GA Bibl.-Nr. 30.

446   *das Wort Arthur Schopenhauers:* In Band VII, Sämtliche Werke in
      XII Bänden, mit Einleitung von Dr. Rudolf Steiner «Die beiden
      Grundprobleme der Ethik», Kapitel «Metaphysische Grundlage»,
      Stuttgart 1894.

447   *Wort Lessings:* «Die Erziehung des Menschengeschlechts», § 100.

450   *G. W. F. Hegel:* Siehe z. B. «Enzyklopädie der philosophischen Wis-
      senschaften», 2. Teil § 258, S. 54, Band 7a, Berlin 1847.

462   *Moriz Benedikt:* «Aus meinem Leben», Wien 1906, S. 35.

479   *Plotin:* Enneaden, in Auswahl übersetzt und eingeleitet von Otto
      Kiefer, Jena/Leipzig 1905. III. Enneade, Buch 7, «Über Ewigkeit
      und Zeit». – Wörtlich: «4. Die Ewigkeit ist keine äußerliche zufällige
      Eigenschaft des Geistigen, sie ist vielmehr in ihm, aus ihm und mit
      ihm. Sie wird mit in der Substanz des Geistigen wahrgenommen, wie
      ja überhaupt alles, was man als im Geistigen vorhanden bezeichnet,
      als in seiner Substanz befindlich und von ihr unzertrennlich angese-
      hen wird; denn das ursprünglich Seiende muß mit und in dem Ur-
      sprünglichen sein».

489   *Huxley:* Siehe z. B. «Zeugnisse für die Stellung des Menschen in der
      Natur», übersetzt von Victor Carus; Braunschweig 1863, III. «Über
      einige fossile menschliche Überreste», S. 117. Ferner Rudolf Steiner,
      Vortrag, Berlin, 27. Oktober 1910: «Leben und Tod», in «Antworten
      der Geisteswissenschaft auf die großen Fragen des Daseins», GA
      Bibl.-Nr. 60.

491   *ein Notizbuch Goethes:* Siehe Goethe-Jahrbuch XIII. Band 1892.
      «Goethe als Anatom» von Karl von Bardeleben. Es heißt dort (S.
      175): «Daß sich Goethe aber nicht nur mit der Osteologie, sondern
      auch mit den Bändern, den Muskeln sowie dem *Gehirne* beschäftigt
      hat, zeigen verschiedene Notizen, auf meist losen Blättern. In dem

Venezianischen Tagebuch von 1790 fand *R. Steiner* folgenden Satz, der in innerem Zusammenhange mit den Gedanken über die Wirbelnatur der Schädelknochen stehen dürfte: ‹Das Hirn selbst nur ein großes Hauptganglion. Die Organisation des Gehirns wird in jedem Ganglion wiederholt, so daß jedes Ganglion [als] ein kleines subordiniertes Gehirn anzusehen ist.›»

Ferner: «Methodische Grundlagen der Anthroposophie, Gesammelte Aufsätze 1884–1901», S. 81, GA Bibl.-Nr. 30.

493   *Moriz Benedikt:* Siehe Hinweis zu S. 462. «Anatomische Studien an Verbrechergehirnen», 1878 und «Zur Psychophysik der Moral und des Rechtes», 2 Vorträge, gehalten in der 47. und 48. Versammlung deutscher Naturforscher; Druck in: «Wiener Medizinische Presse», Wien 1875, S. 26 f. Ferner: Rudolf Steiner, Vortrag Berlin 12. Januar 1911; «Anlage, Begabung und Erziehung des Menschen», in «Antworten der Geisteswissenschaft auf die großen Fragen des Daseins», GA Bibl.-Nr. 60.

512   *das von Goethe . . . ausgesprochene Wort:* Sein Gedicht: «Allerdings. Dem Physiker». Die letzte Verszeile heißt dort: «Ob du Kern oder Schale seist!» Siehe Hinweis zu S. 161.

(Die *kursiv* gesetzten Ziffern geben jeweils die Seiten an, zu denen ein Hinweis besteht.)

AUSFÜHRLICHE INHALTSANGABEN

erstellt von Hans Merkel

I. Der Mensch in seinem Verhältnis zu den übersinnlichen Welten

Rokitansky war der Auffassung, daß die Naturwissenschaft ein metaphysisches Bedürfnis nicht ausschließe. Max Planck stellte fest, daß auch die Physik ans Übersinnliche stoße. Parmenides stieß vor zu den abstrakten Gedanken; aber ein solches Gedankengebäude kann nie das volle Leben erschöpfen. Das Ich muß durch Begeisterung verstärkt werden. Das Gefühl des Nichtwissens muß überleuchtet werden vom Seelenmut. Dann kann erlebt werden das Frei-Werden vom physischen Leib. Die Frage entsteht: Kann der Mensch nur auf dem Weg des Gedankens in die Wirklichkeit hineinkommen? Der Mystiker erlebt im Innern den göttlichen Funken. Der Mensch erlebt, daß er mit seinem ganzen Dasein in einer ewigen Welt wurzelt.

II. Tod und Unsterblichkeit im Lichte der Geisteswissenschaft

Die Psychologie hat nicht das eigentliche Wesen des Seelenlebens gefunden. Die materialistische Betrachtung richtet die Aufmerksamkeit nur auf das sinnlich Wahrnehmbare. Zu dem Vererbungsstrom, der den Menschen durchzieht, fügt sich der geistig-seelische Wesenskern, der das Ergebnis früherer Erdenleben in sich trägt. Lessing, Droßbach, Widenmann kamen zur Erkenntnis der wiederholten Erdenleben. Die Physiognomie drückt das Gepräge des Seelenlebens aus. Im Einschlafen und Aufwachen stößt der Mensch an Übersinnliches. Beim Einschlafen geht der Mensch in eine innere Wesentlichkeit. Durch Meditation kommt der Mensch zu einem bewußten Einschlafen, wie er in eine geistige Welt hineinwächst. Geistige Wesenheiten liegen der äußeren Sinneswelt zugrunde. Beim Aufwachen taucht der Mensch in seine Körperlichkeit unter. Beginnt der Mensch ein bewußtes Leben zu führen, so nimmt er in sich die Notwendigkeit zu sterben auf. In dem sich entfaltenden Leib sieht man das Ergebnis eines früheren Lebens, und in dem, was wir neu erwerben, liegt der Keim zu einem künftigen Leben. Der Tod ist da, um in neuen Formen auszuarbeiten, was wir uns im Leben innerlich erwerben. Indem wir dem Tod entgegengehen, wächst das Innere.

III. Der Sinn des Prophetentums

Zu Keplers Zeiten sah man Prophezeiung im Zusammenhang mit Astrologie. In der griechischen Zeit wurde die Pythia durch aufsteigende Dünste in einen anderen Seelenzustand versetzt. Die alttestamentlichen Propheten sahen Glück und Unglück ihres Volkes. Nostradamus sah in Imaginationen die Zukunft. Tycho de Brahe sagte den Tod des Sultans Soliman voraus. Die Menschen glaubten an den Zusammenhang der großen mit der kleinen Welt. Rhythmus spielt sich in beiden Welten ab. Im menschlichen Leben gibt es Knotenpunkte. Ursachen, die vorher liegen, haben ihre Wirkung später in der gleichen Anzahl von Jahren. Die griechisch-lateinische Zeit ist wie ein Lebensknotenpunkt in der Entwicklung der Menschheit. Erscheinungen der ägyptischen Zeit spiegeln sich in der abendländischen Kultur wider, die der urpersischen Zeit in der kommenden Kultur. Ursachen in diesem Leben zeigen Wirkungen in einem nächsten Leben. Nach vier mal sieben Jahren ist Wichtiges zu einem Abschluß gebracht. Dies entspricht etwa einem Saturnumlauf. Auch Geburt und Tod verlaufen rhythmisch. In Tycho de Brahe lebte die Seele eines alten Griechen, der überall die Weltharmonie sehen will. Aus überschüssigen Kräften lenken Menschen den Gang der Menschheitsentwicklung. Treten Hindernisse ein, so können solche Kräfte sich in Sehergaben wandeln. Richtige Erkenntnis der Vergangenheit läßt in der Seele Bilder der Zukunft auftauchen.

Dem Menschen können sich Hemmnisse entgegenstellen. Er kann seine Wesenskräfte ausleben. Die Vorstellungen vom Glück sind je nach dem Wesen der verschiedenen Menschen verschieden. Unglück und Glück können sehr subjektiv sein. Glück erscheint als Pfleger von harmonischer Seelenkraft. Karma kann zwar ein erklärendes Gesetz sein, aber diese Auffassung ist nur gerechtfertigt, wenn es das Leben bereichert. Es wird Keime in den inneren Wesenskern lenken, die zu höheren Vollkommenheiten führen. Ein Glücksereignis kann als Anfang für die weitere Entwicklung betrachtet werden, Unglück als Wirkung der eigenen Entwicklung. Was äußerlich an uns herantritt, wird durch ein Inneres herbeigeführt. Unglück wird zur Aufforderung, uns vollkommener zu machen. Das einzelne betrachten heißt den Schein betrachten. Sinn und Wesen zeigt sich erst, wenn wir das Gesamtleben des Menschen betrachten. Der Mensch wird Umwandler des Scheins zur Realität. Das wahre Wesen des Glücks entsteht erst, wenn der Mensch aus den äußeren Tatsachen des Lebens etwas machen kann, sie einverleibt seinem sich entwickelnden Wesenskern.

Zur Zeit des Elias bestand noch das alte Hellsehen. Die Königin Jesabel hatte diese Gabe. König Ahab hatte Visionen, wenn er einer besonderen Schicksalsfrage gegenüberstand. Man wußte, daß die Mosesreligion im Keim die Jahvereligion hatte. Jetzt entstand eine Fortbildung, ein Umschwung. Die richtige Hingabe hat der, der auch im größten Elend nicht wankend wird im Aufblick zum unsichtbaren Gott. Bei geschichtlichen Umschwüngen müssen immer Persönlichkeiten vorhanden sein, in deren Seelen sich etwas zuerst vollzieht. Dies war Elias. In ihm vollzog sich eine mystische Einweihung erster Art. Der physische Träger des Elias war Naboth. Er reift allmählich heran, vor den König Ahab hinzutreten. Elias wurde getötet. Sein Schüler war Elisa. Die Bilder, mit denen die Elias-Geschichte umkleidet ist, werden durch die Geistesforschung verständlich. In Elias haben wir ein Durcharbeiten des Jahvegedankens für die Menschheit in hervorragendem Maße.

VIII. Der Ursprung des Menschen im Lichte der Geisteswissenschaft

Haeckel vertrat die Anschauung über die Abstammung des Menschen von der höheren Tierwelt. Andere Naturforscher wie Klaatsch und Snell traten dem entgegen. Hiernach würden die Säugetiere von einer Urform abstammen. Sie hätten sich herunterentwickelt. Der Mensch sei ihr am treuesten geblieben. In Wirklichkeit ist das Geistig-Seelische des Menschen ein Erstes. Der Mensch übernimmt den Grundunterbau seines Stoffeswesens aus den Vererbungsverhältnissen. Innerhalb der Leiblichkeit bleibt noch so viel innere Biegsamkeit, daß sich der seelisch-geistige Wesenskern hineinarbeiten kann. Die Tiere haben sich in ihren Formen nicht den späteren Erdverhältnissen angepaßt. Geisteswissenschaft kann man erst mitteilen, wenn man die Erlebnisse ins Bewußtsein hinunterführen und in Begriffe bringen kann. Wie wir auf einen Anfang der Verkörperungen zurückblicken, so schauen wir auch ein Ende der Verkörperungen, ein Wiederaufgenommenwerden des Menschen in die geistige Welt.

IX. Der Ursprung der Tierwelt im Lichte der Geisteswissenschaft

Fechner und Preyer stellten sich vor, daß die Erde ein lebendiges Wesen gewesen sei. Darwin nimmt an, daß der Schöpfer den ursprünglichen Wesen das Leben eingegossen habe, ebenso auch Lamarck. Nach ihm müßten geistige Triebkräfte in der Entwicklung gearbeitet haben. Das Geistige im Menschen kann nur auf ein früheres Geistiges zurückgeführt werden. Die Erde war an ihrem Ausgangspunkt belebt und durchgeistigt. Der Erdenleib war umschwebt vom Erdengeist. In ihm wirkte, was später Form geworden ist. Das

Formprinzip ist als geistiges Prinzip zu denken. Das Geistige war materieschaffend. Der Mensch ist am spätesten aus dem Formlosen in die Gestaltung herabgetreten. Bei den Tieren haben sich bestimmte Formen bestimmten Territorien der Erde angepaßt. Beim Menschen hat das Formprinzip auf dem Umweg des Geistigen seine Gestalt bestimmt. Beim Tier mußte das Formprinzip viel mehr in das Unlebendige und Unorganische hineingreifen. Stirbt das Tier, so fällt das Seelische in ein allgemeines tierisches Seelenleben zurück. Das Tier ist vom fortlaufenden Entwicklungsprinzip zurückgelassen. Der Mensch mußte, um sein Geistiges zu entwickeln, die gesamte Tierwelt absondern. Alles, was uns umgibt, gewinnt dadurch seinen rechten Wert, daß es sich in der menschlichen Seele spiegelt. Wir müssen uns der Erde würdig erweisen. Die Erde ist auf die Vollkommenheit des Menschen angelegt.

X. Christus und das 20. Jahrhundert

Bei keiner Frage ist der Zwiespalt zwischen den Denkgewohnheiten und der Wirklichkeit so groß, wie bei der Christusfrage. Die Gnosis bildete gewaltige Ideen über die Christuswesenheit heraus. Ihre Ideen wurden überdeckt von denen, die Inhalt der Kirchenbewegung wurden. Für die Gnosis war Christus mit der Entwicklung der Menschheit und des Kosmos verbunden. Er stieg herab in die Erdenwelt bei der Johannestaufe. In der allgemeinen Vorstellung wurde Jesus zum liebenden Menschenheiland. Für die mittelalterliche Anschauung wurde Christus Gegenstand des Glaubens. Zuletzt sah man, wie bei Harnack, in Jesus eine auserlesene Menschen-Individualität. Christus wird ein gedachter Gott. Geisteswissenschaft zeigt die Einwirkung der Mysterien auf die Entwicklung geistiger Fähigkeiten, durch die ein Emporsteigen in die geistige Welt möglich ist. Als das Christentum seinen Anfang nahm, wurde die menschliche Seele zur Selbsteinweihung reif. Die Evangelien zeigen die alten Einweihungszeremonien, angewendet auf Jesus von Nazareth, am genauesten das Johannes-Evangelium. Seine Einweihung mit dem Christus bildet einen Impuls für alles spätere Werden der Menschheit. Den Gott im Ich zu suchen, das hat der Christus-Impuls der Menschheit gebracht. In den Tiefen des geschichtlichen Werdens walten reale Wesenheiten und die vorzüglichste ist der Christus. Zu dem bloß ursächlichen Erkennen muß der Begriff der Erlösung hinzutreten. Wiedergeburt der Seele auf einer höheren Stufe wird sich herausentwickeln aus den Ergebnissen der naturwissenschaftlichen und geschichtlichen Forschung. Ohne Christus gibt es kein inneres mystisches Erlebnis, wie es der Mensch im 20. Jahrhundert erleben wird.

XI. Menschengeschichte, Gegenwart und Zukunft im Lichte der Geisteswissenschaft

Der Mensch kann seine Stellung innerhalb der Entwicklung aus dem Bewußtsein seiner Aufgabe beeinflussen. Lessing sieht die Notwendigkeit der wiederholten Erdenleben. Herder sieht einen sinnvollen Plan in der Entwicklung der Menschheit. Die Logik entstand, als sich die Menschheit der logischen Gesetze bewußt wurde. Wir haben zu Bewußtseinsformen aufzusteigen, die einer geistigen Seeleninnerlichkeit entsprechen würden. In den Mythen treten uns Bilder entgegen. Der heutige Geistesforscher behält bei seiner Imagination das logische Denken bei. Die ägyptische Kultur ist eine Offenbarungskultur. Bei Sokrates entsteht eine Verstandeskultur. Mit dem Erlöschen des Hellsehens ersteht die Wahrnehmungskultur. In der Zeit der Mythen fühlte sich der Mensch gottbeseelt, aber noch nicht Ich-beseelt. Perseus verstümmelt die Medusa, das Bewußtsein, das wie ein Rest des alten Bewußtseins dargestellt wird. Pegasus ist das Bild der Ich-Kultur. Der Mensch mußte zur Ich-Kultur kommen. Aber er muß darüber hinauskommen, zu einer imaginativen Kultur. Vor der Offenbarungskultur lebte beim Perser die Kultur des Mithra-Enthusiasmus. Auf die hebräische Kultur folgte die christliche Kultur. In Griechenland geht das Ich-Bewußtsein auf. Deshalb mußte damals das Mysterium von Golgatha eintreten, der Schwerpunkt der Menschheitsentwicklung.

In der Leistung des Aristoteles ist zusammengefaßt das Sinnen der vorhergehenden Kulturepochen. Bei ihm ist die Natur bis in die Sternenräume beseelt und durchgeistigt. Das Urwissen der Menschheit leuchtet noch durch bei Plato. Auch in Indien findet man die menschliche Verinnerlichung bis zum logischen Denken. Bei Aristoteles muß man die Weltenlehre in Zusammenhang sehen mit seiner Seelenlehre. Er ist sich bewußt, daß der geistig-seelische Wesenskern des Menschen nach dem Tod weiterlebt, aber er dringt nicht bis zur Wiederverkörperung vor. Seine Mission war, die alte Kultur aus einer spirituellen Welt herauszuführen. Erst mit dem Aufkommen des Verstandes trat der Drang auf, die Wirklichkeit zu begreifen. Für Lionardo war das, was in Aristoteles Abstraktheit war, unmittelbare geistige Wirklichkeit. Kopernikus wendet das Denken, das Aristoteles gebracht hat, an auf die physische Wirklichkeit. Kepler wirkt auch als Astrolog. Für Galilei lag der göttliche Geist aller Welterscheinung zugrunde. Giordano Bruno und Leibniz sahen die Monade als Spiegelung des Weltalls. Bei Aristoteles finden wir eine wirkliche Wissenschaft mit einem göttlichen Inhalt. Bruno findet für die menschliche Seele nur die Ärmlichkeit einer Monade. Jetzt erhält der Gedanke die Mission, Erziehungsmittel der Seele zu werden zu einer Kultur des höheren Selbst, zum Schauen der geistigen Welt.

Metschnikoff will nachweisen, daß der Tod auf äußere Einflüsse, auf Vergiftungserscheinungen zurückzuführen sei. Man sieht aber davon ab, daß in das organische Leben ein geistiges Element eingreifen kann, das mit dem Tod zu tun haben könnte. In der Pflanzenwelt kann man nicht die einzelne Pflanze für sich betrachten. Die Erde ist ein großes Lebewesen. Die materielle Erde ist dem Knochengerüst des Menschen vergleichbar. Die Erdenseele hat mit dem Pflanzenreich zu tun, das Spiel der Elemente im Lauf eines Jahres mit dem Entstehen und Vergehen der Pflanzen. Die bewußte

Tätigkeit verdanken wir dem Umstand, daß wir zerstörend in unseren Organismus eingreifen. Während des Schlafes hat man im eigenen Organismus das Erleben einer eigenen Vegetation. Das Einschlafen ist vergleichbar dem Hervorgehen der Pflanzenwelt im Frühling, das Aufwachen mit ihrem Hinwelken im Herbst. In der Winterzeit findet der Mensch am besten den Zusammenhang mit dem geistigen Leben der Erde. Die Vorstellungen können wir wieder aus den tiefen Schächten des Seelenlebens heraufholen. Die Gemütsstimmungen sind in das leiblich-seelische Leben herabgesunken. Für die Erde sind die entsprechenden Erlebnisse kristallisiert in dem Entstehen und Vergehen von tierischen Wesen. Die höheren moralischen Gefühle siegen über die organische Konstitution des Menschen. Was als Gefühl und Leidenschaft im Erdorganismus ist, lebt sich im Tierreich aus. Wie im Menschen das Geistige über das Instinktive triumphiert, triumphiert die Gattungsseele des Tieres beim Tod über die äußere Gestalt. Wir selbst werden reicher an Vorstellungen, reifer in Bezug auf Willensimpulsivität. Durch den Willen wird das gesamte physische Leben zerstört. Wie für das Vorstellungsleben die Notwendigkeit des Schlafes besteht, so für das Willensleben die Notwendigkeit des Todes. Was sich nicht in diesem Erdenleben auslebte, wird in einem kommenden Erdenleben ausgelebt. Was die Vorstellungswelt verwüstet, wird im Schlaf ausgebessert. Was durch die Instinktnatur zerstört wird, wird ausgebessert durch die moralisch-ästhetischen Empfindungen. Was durch die Tätigkeit des Willens zerstört wird, wird ausgebessert durch die Reife des Willenslebens, die durch den Tod hindurchgeht und ein neues Leben aufbauen kann.

XIV. Die Selbsterziehung des Menschen im Lichte der Geisteswissenschaft

Der Mensch wird erzogen in jeweils sieben Jahren durch Nachahmung, Autorität, Ideale. Alsdann kann die Selbsterziehung beginnen. Geisteswissenschaft vermeidet die Einseitigkeiten anderer Bestrebungen, die die Gesundheit rasch wieder herstellen, das Gedächtnis erhöhen oder praktische Erfolge erringen wollen. Der Mensch kommt über sein Persönliches hinaus durch Liebe. Ähnlich tritt man durch Geisteswissenschaft erkennend in fremdes Wesen ein. Das andere ist der Impuls des Gewissens. Das höhere Wesen betätigt sich beim Kind im Spiel. Hier darf nicht Verstandesmäßiges hineingemischt werden, nicht das Kartenspiel, nicht das Schachspiel. Kombinationen sind am meisten an das Gehirn gebunden. Die Willenskultur wird im Verkehr mit der Außenwelt gewonnen, wenn man sich anstrengt, äußere Gefahren überwindet. Wir werden harmonisch in Bezug auf Lebensauffassung, indem wir das Erkenntnisvermögen ausbilden. Der Wille muß am Leben erzogen werden, indem der Mensch den Ablauf seiner Gemütsstimmungen in die Hand nimmt. Der äußere Leib braucht Vielseitigkeit, Anpassung an die äußeren Verhältnisse. Die Seele braucht für die intellektuelle Kultur Konzentration, Grundideen. Wir müssen auch in rechter Weise vergessen lernen. Das sinkt in gesunder Weise in die Tiefen des Seelenlebens. Unterstützendes Element ist das Gesetz der wiederholten Erdenleben und Karma. Gelassenheit, Ergebung in das Schicksal macht den Willen stark.

XV. Das Wesen der Ewigkeit und die Natur der Menschenseele im Lichte der Geisteswissenschaft

Das normale Bewußtsein hat kein Gedächtnis an schon durchlebte Erdenstufen. Hegel sagt, daß die Ewigkeit sich im irdischen Dasein selbst muß erleben lassen. Das Leben des Menschen ist verknüpft mit früheren und zukünftigen Daseinsstufen. Man geht von Kettenglied zu Kettenglied. Erst die gesamte Kette stellt das vollständige Leben durch das Erdendasein dar. Das Ich ist der bleibende Mittelpunkt. Das Ich erlebt das eigene Wesen im Spiegelbild. Das Bild kann im Schlaf versinken, die Realität aber bleibt. Der Mensch lebt in der Vergangenheit durch seine Erinnerung. Wir kommen zur Wirklichkeit des Ich, indem wir es als Schaffendes erleben. Wer sich erinnert, muß sich sagen: Ich bin reicher geworden an meinen inneren Erlebnissen. Im Reif-Werden erkennen wir das Schaffen des Ich. Die Lebensreife kann nicht verschwinden. Der Mensch erlebt nach dem Tod eine Rückschau im Ätherleib. Mit dem Tod treten die Kräfte, die im Schlaf am physischen Leib arbeiteten, in die Seele zurück. Diese Kraft gibt das Bewußtsein der Seele zwischen Tod und neuer Geburt. In der Jugend gibt man die Gemütserlebnisse ans Unterbewußte ab, so daß sie später als Gemüts-, ja Leibesverfassung wirken. Später können wir nicht mehr so ins Unbewußte hineinarbeiten. Die Seele wird reifer, wenn wir am Leben lernen. Das Innere wird reicher, wenn wir der Pforte des Todes zugehen. Tritt der Mensch ins Dasein, so arbeitet das Ich am kunstvollsten. Der Buddhismus ist letzte Frucht einer hellsichtigen Urkultur. Er kennt nur das Schein-Ich. Für die Geisteswissenschaft ist es das Ich, das sich von Leben zu Leben steigert. Sie hat die Perspektive der Ewigkeit.

XVI. Darwin und die übersinnliche Forschung

Graf Gobineau schrieb über die Ungleichheit der Rassen. Er ging aus von den verschiedenen Menschentypen. In der fortschreitenden Gleichheit sah er den Impuls für die niedergehenden Kulturen. Darwin schrieb über die Entstehung der Arten. Haeckel zog daraus die Folgerung, daß der Mensch mit dem Werden der Tierformen zusammenhänge. Goethe kam zu anderen Folgerungen, daß der Geist überall waltet, von den niedersten Geschöpfen bis zum höchsten. Bei ihm führen die naturwissenschaftlichen Beobachtungen zu idealistisch-spirituellen Ergebnissen. Benedikt kam bei der Untersuchung von Verbrechergehirnen zum Ergebnis, daß diese Ähnlichkeit mit dem Affengehirn hätten. Neben die naturwissenschaftliche Forschung stellt sich die geisteswissenschaftliche hin. In den übersinnlichen Tatsachen sind die wahren Gründe für die sinnlichen Tatsachen. Was der Mensch im physischen Leben begründet, lebt im Geistigen weiter und bildet die Grundlage für eine neue Verkörperung. Wir kommen auch mit denselben Menschen wieder zusammen. Der Mensch findet den Ursprung seiner selbst in der geistigen Welt. In das menschliche Ich kann sich das Geistige einsenken. Das Äußere wird absterben, aber im Innern lebt, was neue Impulse aufnehmen kann. Alle Kraft entwickelt sich durch Besiegung der Gegenkräfte. Gegenüber der äußeren Tatsachenwelt entwickelt sich die Sehnsucht nach der geistigen Welt. Notwendig ist es, die übersinnliche Forschung dem geistigen Leben unserer Zeit einzufügen.

Das Lebenswerk, welches Rudolf Steiner der Nachwelt hinterlassen hat, dürfte nach Gehalt und Umfang innerhalb der Kulturwelt wohl ohne Beispiel dastehen. Seine Schriften – die Werke und Aufsätze – bilden die Grundlage für das, was er im Laufe seines Lebens in Vorträgen und Kursen seinen Zuhörern als «anthroposophisch orientierte Geisteswissenschaft» von immer neuen Aspekten aus darstellte und ausführte. Der größte Teil dieser rund sechstausend Vorträge ist in Nachschriften erhalten geblieben. Daneben entfaltete er auch auf künstlerischem Gebiet eine große Tätigkeit, welche ihren Höhepunkt in der Errichtung des ersten Goetheanumbaues in Dornach fand. So liegen eine große Anzahl malerischer, plastischer und architektonischer Arbeiten, Entwürfe und Skizzen von seiner Hand vor. Die durch ihn gegebenen Anregungen für die Erneuerung zahlreicher Lebensgebiete beginnen in der gegenwärtigen Zeit vermehrte Beachtung zu finden.

Seit dem Jahre 1956 wird durch die «Rudolf Steiner-Nachlaßverwaltung» an der Herausgabe der *Rudolf Steiner Gesamtausgabe* gearbeitet, die einen Umfang von etwa 330 Bänden erhalten wird. In den beiden ersten Abteilungen erscheinen die *Schriften* und das *Vortragswerk*, während in einer dritten Abteilung das *künstlerische Werk* in geeigneter Form zur Wiedergabe gelangt.

Einen systematischen Überblick über das Gesamtwerk gibt der Band «Bibliographische Übersicht. Das literarische und künstlerische Werk von Rudolf Steiner», auf welchen sich die im folgenden verwendete Bezeichnung «Bibl.-Nr.» bezieht. Über den jeweiligen Stand der erschienenen Bände orientieren die Bücherverzeichnisse und der Gesamtkatalog des Rudolf Steiner Verlages.

Chronologischer Lebensabriß
(zugleich Übersicht über die geschriebenen Werke)

1861   Am 27. Februar wird Rudolf Steiner in Kraljevec (damals Österreich-Ungarn, heute Jugoslawien) als Sohn eines Beamten der österreichischen Südbahn geboren. Seine Eltern stammen aus Niederösterreich. Er verlebt seine Kindheit und Jugend an verschiedenen Orten Österreichs.

1872   Besuch der Realschule in Wiener-Neustadt bis zum Abitur 1879.

1879	Studium an der Wiener Technischen Hochschule: Mathematik und Naturwissenschaft, zugleich Literatur, Philosophie und Geschichte. Grundlegendes Goethe-Studium.
1882	Erste schriftstellerische Tätigkeit.
1882–1897	Herausgabe von Goethes Naturwissenschaftlichen Schriften in Kürschners «Deutsche National-Litteratur», fünf Bände (Bibl.-Nr. 1 a–e). Eine selbständige Ausgabe der Einleitungen erschien 1925 unter dem Titel *Goethes Naturwissenschaftliche Schriften* (Bibl.-Nr. 1).
1884–1890	Privatlehrer bei einer Wiener Familie.
1886	Berufung zur Mitarbeit bei der Herausgabe der großen «Sophien-Ausgabe» von Goethes Werken. *Grundlinien einer Erkenntnistheorie der Goetheschen Weltanschauung mit besonderer Rücksicht auf Schiller* (Bibl.-Nr. 2).
1888	Herausgabe der «Deutschen Wochenschrift», Wien (Aufsätze daraus in Bibl.-Nr. 31). Vortrag im Wiener Goethe-Verein: *Goethe als Vater einer neuen Ästhetik* (in Bibl.-Nr. 30).
1890–1897	Weimar. Mitarbeit am Goethe- und Schiller-Archiv. Herausgeber von Goethes Naturwissenschaftlichen Schriften.
1891	Promotion zum Doktor der Philosophie an der Universität Rostock. 1892 erscheint die erweiterte Dissertation: *Wahrheit und Wissenschaft. Vorspiel einer «Philosophie der Freiheit»* (Bibl.-Nr. 3).
1894	*Die Philosophie der Freiheit. Grundzüge einer modernen Weltanschauung. Seelische Beobachtungsresultate nach naturwissenschaftlicher Methode* (Bibl.-Nr. 4).
1895	*Friedrich Nietzsche, ein Kämpfer gegen seine Zeit* (Bibl.-Nr. 5).
1897	*Goethes Weltanschauung* (Bibl.-Nr. 6) Übersiedlung nach Berlin. Herausgabe des «Magazin für Literatur» und der «Dramaturgischen Blätter» zusammen mit O. E. Hartleben. (Aufsätze daraus in Bibl.-Nrn. 29–32). Wirksamkeit in der «Freien literarischen Gesellschaft», der «Freien dramatischen Gesellschaft», im «Giordano Bruno-Bund», im Kreis der «Kommenden» u. a.
1899–1904	Lehrtätigkeit an der von W. Liebknecht gegründeten Berliner «Arbeiter-Bildungsschule».

1900/01	Welt- und Lebensanschauungen 19. Jahrhundert, 1914 erweitert zu: Die Rätsel der Philosophie (Bibl.-Nr. 18). Beginn der anthroposophischen Vortragstätigkeit auf Einladung der Theosophischen Gesellschaft in Berlin. Die Mystik im Aufgange des neuzeitlichen Geisteslebens (Bibl.-Nr. 7).
1902–1912	Aufbau der Anthroposophie. Regelmäßige öffentliche Vortragstätigkeit in Berlin und ausgedehnte Vortragsreisen in ganz Europa. Marie von Sivers (ab 1914 Marie Steiner) wird seine ständige Mitarbeiterin.
1902	Das Christentum als mystische Tatsache und die Mysterien des Altertums (Bibl.-Nr. 8).
1903	Begründung und Herausgabe der Zeitschrift «Luzifer», später «Lucifer-Gnosis» (Aufsätze in Bibl.-Nr. 34).
1904	Theosophie. Einführung in übersinnliche Welterkenntnis und Menschenbestimmung (Bibl.-Nr. 9).
1904/05	Wie erlangt man Erkenntnisse der höheren Welten? (Bibl.-Nr. 10). Aus der Akasha-Chronik (Bibl.-Nr. 11). Die Stufen der höheren Erkenntnis (Bibl.-Nr. 12).
1910	Die Geheimwissenschaft im Umriß (Bibl.-Nr. 13).
1910–1913	In München werden die Vier Mysteriendramen (Bibl.-Nr. 14) uraufgeführt.
1911	Die geistige Führung des Menschen und der Menschheit (Bibl.-Nr. 15).
1912	Anthroposophischer Seelenkalender. Wochensprüche (in Bibl.-Nr. 40, und selbständige Ausgaben). Ein Weg zur Selbsterkenntnis des Menschen (Bibl.-Nr. 16).
1913	Trennung von der Theosophischen und Begründung der Anthroposophischen Gesellschaft. Die Schwelle der geistigen Welt (Bibl.-Nr. 17).
1913–1923	Errichtung des in Holz als Doppelkuppelbau gestalteten ersten Goetheanum in Dornach/Schweiz.
1914–1923	Dornach und Berlin. In Vorträgen und Kursen in ganz Europa gibt Rudolf Steiner Anregungen für eine Erneuerung auf vielen Lebensgebieten: Kunst, Pädagogik, Naturwissenschaften, soziales Leben, Medizin, Theologie. Weiterbildung der 1912 inaugurierten neuen Bewegungskunst «Eurythmie».

1914	*Die Rätsel der Philosophie in ihrer Geschichte als Umriß dargestellt* (Bibl.-Nr. 18).
1916–1918	*Vom Menschenrätsel* (Bibl.-Nr. 20). *Von Seelenrätseln* (Bibl.-Nr. 21). *Goethes Geistesart in ihrer Offenbarung durch seinen «Faust» und durch das «Märchen von der Schlange und der Lilie»* (Bibl.-Nr. 22).
1919	Rudolf Steiner vertritt den Gedanken einer «Dreigliederung des sozialen Organismus» in Aufsätzen und Vorträgen, vor allem im süddeutschen Raum. *Die Kernpunkte der sozialen Frage in den Lebensnotwendigkeiten der Gegenwart und Zukunft* (Bibl.-Nr. 23). *Aufsätze über die Dreigliederung des sozialen Organismus* (Bibl.-Nr. 24). Im Herbst wird in Stuttgart die «Freie Waldorfschule» begründet, die Rudolf Steiner bis zu seinem Tode leitet.
1920	Beginnend mit dem Ersten anthroposophischen Hochschulkurs finden im noch nicht vollendeten Goetheanum fortan regelmäßig künstlerische und Vortragsveranstaltungen statt.
1921	Begründung der Wochenschrift «Das Goetheanum» mit regelmäßigen Aufsätzen und Beiträgen Rudolf Steiners (in Bibl.-Nr. 36).
1922	*Kosmologie, Religion und Philosophie* (Bibl.-Nr. 25). In der Silvesternacht 1922/23 wird der Goetheanumbau durch Brand vernichtet. Für einen neuen in Beton konzipierten Bau kann Rudolf Steiner in der Folge nur noch ein erstes Außenmodell schaffen.
1923	Unausgesetzte Vortragstätigkeit, verbunden mit Reisen. Zu Weihnachten 1923 Neubegründung der «Anthroposophischen Gesellschaft» als «Allgemeine Anthroposophische Gesellschaft» unter der Leitung Rudolf Steiners.
1923–1925	Rudolf Steiner schreibt in wöchentlichen Folgen seine unvollendet gebliebene Selbstbiographie *Mein Lebensgang* (Bibl.-Nr. 28) sowie *Anthroposophische Leitsätze* (Bibl.-Nr. 26), und arbeitet mit Dr. Ita Wegman an dem Buch *Grundlegendes für eine Erweiterung der Heilkunst nach geisteswissenschaftlichen Erkenntnissen* (Bibl.-Nr. 27).
1924	Steigerung der Vortragstätigkeit. Daneben zahlreiche Fachkurse. Letzte Vortragsreise in Europa. Am 28. September letzte Ansprache zu den Mitgliedern. Beginn des Krankenlagers.
1925	Am 30. März stirbt Rudolf Steiner in Dornach.

Erste Abteilung: Die Schriften

I. Werke

Goethes Naturwissenschaftliche Schriften, eingeleitet und kommentiert von R. Steiner, 5. Bände (Bibl.-Nr. 1 a–e); separate Ausgabe der Einleitungen (Bibl.-Nr. 1)

Grundlinien einer Erkenntnistheorie der Goetheschen Weltanschauung (Bibl.-Nr. 2)

Wahrheit und Wissenschaft. Vorspiel einer «Philosophie der Freiheit» (Bibl.-Nr. 3)

Die Philosophie der Freiheit (Bibl.-Nr. 4)

Friedrich Nietzsche, ein Kämpfer gegen seine Zeit (Bibl.-Nr. 5)

Goethes Weltanschauung (Bibl.-Nr. 6)

Die Mystik im Aufgange des neuzeitlichen Geisteslebens und ihr Verhältnis zur modernen Weltanschauung (Bibl.-Nr. 7)

Das Christentum als mystische Tatsache und die Mysterien des Altertums (Bibl.-Nr. 8)

Theosophie. Einführung in übersinnliche Welterkenntnis und Menschenbestimmung (Bibl.-Nr. 9)

Wie erlangt man Erkenntnisse der höheren Welten? (Bibl.-Nr. 10)

Aus der Akasha-Chronik (Bibl.-Nr. 11)

Die Stufen der höheren Erkenntnis (Bibl.-Nr. 12)

Die Geheimwissenschaft im Umriß (Bibl.-Nr. 13)

Vier Mysteriendramen: Die Pforte der Einweihung – Die Prüfung der Seele – Der Hüter der Schwelle – Der Seelen Erwachen (Bibl.-Nr. 14)

Die geistige Führung des Menschen und der Menschheit (Bibl.-Nr. 15)

Anthroposophischer Seelenkalender (in Bibl.-Nr. 40)

Ein Weg zur Selbsterkenntnis des Menschen (Bibl.-Nr. 16)

Die Schwelle der geistigen Welt (Bibl.-Nr. 17)

Die Rätsel der Philosophie in ihrer Geschichte als Umriß dargestellt (Bibl.-Nr. 18)

Vom Menschenrätsel (Bibl.-Nr. 20)

Von Seelenrätseln (Bibl.-Nr. 21)

Goethes Geistesart in ihrer Offenbarung durch seinen «Faust» und durch das «Märchen von der Schlange und der Lilie» (Bibl.-Nr. 22)

Die Kernpunkte der sozialen Frage in den Lebensnotwendigkeiten der Gegenwart und Zukunft (Bibl.-Nr. 23)

Aufsätze über die Dreigliederung des sozialen Organismus und zur Zeitlage 1915–1921 (Bibl.-Nr. 24)

Kosmologie, Religion und Philosophie (Bibl.-Nr. 25)

Anthroposophische Leitsätze (Bibl.-Nr. 26)

Grundlegendes für eine Erweiterung der Heilkunst nach geisteswissenschaftlichen Erkenntnissen. Von Dr. Rudolf Steiner und Dr. Ita Wegman
(Bibl.-Nr. 27)

Mein Lebensgang (Bibl.-Nr. 28)

II. Gesammelte Aufsätze

Gesammelte Aufsätze zur Dramaturgie 1889–1900 (Bibl.-Nr. 29)

Methodische Grundlagen der Anthroposophie. Gesammelte Aufsätze zur
Philosophie, Naturwissenschaft, Ästhetik und Seelenkunde 1884–1901
(Bibl.-Nr. 30)

Gesammelte Aufsätze zur Kultur- und Zeitgeschichte 1887–1901
(Bibl.-Nr. 31)

Gesammelte Aufsätze zur Literatur 1886–1902 (Bibl.-Nr. 32)

Biographien und biographische Skizzen 1894–1905 (Bibl.-Nr. 33)

Luzifer-Gnosis. Grundlegende Aufsätze zur Anthroposophie und Berichte
aus der Zeitschrift «Luzifer» und «Lucifer-Gnosis» 1903–1908 (Bibl.-
Nr. 34)

Philosophie und Anthroposophie. Gesammelte Aufsätze 1904–1918 (Bibl.-
Nr. 35)

Der Goetheanumgedanke inmitten der Kulturkrisis der Gegenwart. Gesammelte Aufsätze aus der Wochenschrift «Das Goetheanum»
1921–1925 (Bibl.-Nr. 36)

III. Veröffentlichungen aus dem Nachlaß

Briefe – Wahrspruchworte – Bühnenbearbeitungen – Entwürfe zu den Vier
Mysteriendramen 1910–1913 – Anthroposophie. Ein Fragment aus dem
Jahre 1910 – Gesammelte Skizzen und Fragmente – Aus Notizbüchern und
-blättern (Bibl.-Nrn. 38–47)

Zweite Abteilung: Das Vortragswerk

I. Öffentliche Vorträge

Die Berliner öffentlichen Vortragsreihen («Architektenhaus-Vorträge»)
1903/04 bis 1917/18 (Bibl.-Nrn. 51–67)

Öffentliche Vorträge, Vortragsreihen und Hochschulkurse an anderen
Orten Europas 1906–1924 (Bibl.-Nrn. 68–84)

II. Vorträge vor Mitgliedern der Anthroposophischen Gesellschaft

Vorträge und Vortragszyklen allgemein-anthroposophischen Inhalts – Evangelien-Betrachtungen – Christologie – Geisteswissenschaftliche Menschenkunde – Kosmische und menschliche Geschichte – Die geistigen Hintergründe der sozialen Frage – Der Mensch in seinem Zusammenhang mit dem Kosmos – Karma-Betrachtungen (Bibl.-Nrn. 91–244)

Vorträge und Schriften zur Geschichte der anthroposophischen Bewegung und der Anthroposophischen Gesellschaft (Bibl.-Nrn. 251–263)

III. Vorträge und Kurse zu einzelnen Lebensgebieten

Vorträge über Kunst: Allgemein-Künstlerisches – Eurythmie – Sprachgestaltung und Dramatische Kunst – Musik – Bildende Künste – Kunstgeschichte (Bibl.-Nrn. 271–292)

Vorträge über Erziehung (Bibl.-Nrn. 293–311)

Vorträge über Medizin (Bibl.-Nrn. 312–319)

Vorträge über Naturwissenschaft (Bibl.-Nrn. 320–327)

Vorträge über das soziale Leben und die Dreigliederung des sozialen Organismus (Bibl.-Nrn. 328–341)

Vorträge für die Arbeiter am Goetheanumbau (Bibl.-Nrn. 347–354)

Dritte Abteilung: Das künstlerische Werk

Reproduktionen und Veröffentlichungen aus dem künstlerischen Nachlaß

Originalgetreue Wiedergaben von malerischen und graphischen Entwürfen und Skizzen Rudolf Steiners in Kunstmappen oder als Einzelblätter: Entwürfe für die Malerei des Ersten Goetheanum – Schulungsskizzen für Maler – Programmbilder für Eurythmie-Aufführungen – Eurythmieformen – Entwürfe zu den Eurythmiefiguren, u. a.

Die Bände der Rudolf Steiner Gesamtausgabe sind innerhalb einzelner Gruppen einheitlich ausgestattet. Jeder Band ist einzeln erhältlich. Ausführliche Verzeichnisse können beim Verlag angefordert werden.